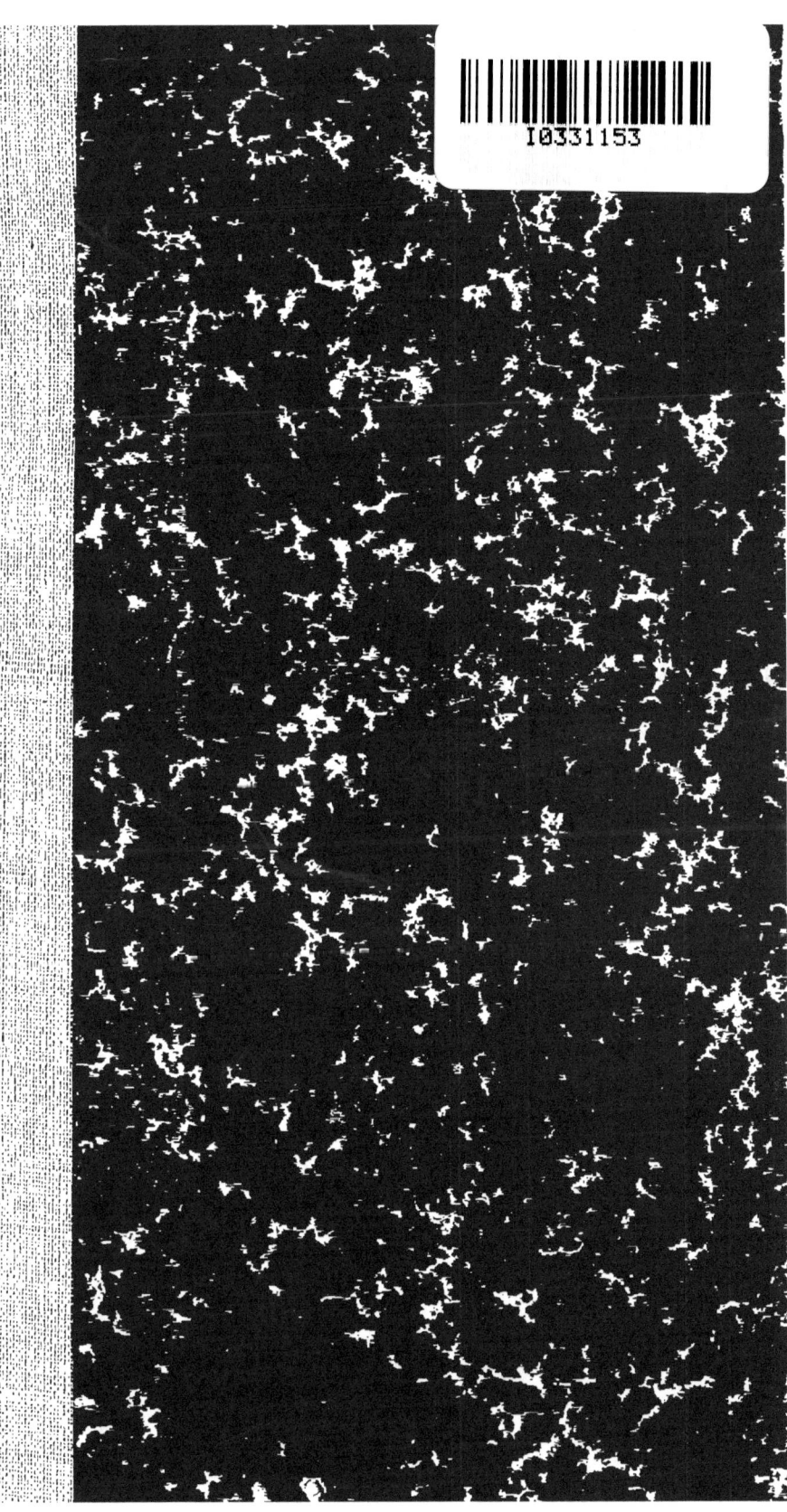

LES
AUTEURS LATINS

EXPLIQUÉS D'APRÈS UNE MÉTHODE NOUVELLE

PAR DEUX TRADUCTIONS FRANÇAISES

L'UNE LITTÉRALE ET JUXTALINÉAIRE PRÉSENTANT LE MOT A MOT FRANÇAIS
EN REGARD DES MOTS LATINS CORRESPONDANTS
L'AUTRE CORRECTE ET PRÉCÉDÉE DU TEXTE LATIN

avec des sommaires et des notes

PAR UNE SOCIÉTÉ DE PROFESSEURS

ET DE LATINISTES

OVIDE

CHOIX DES MÉTAMORPHOSES

EXPLIQUÉ LITTÉRALEMENT
TRADUIT EN FRANÇAIS ET ANNOTÉ
PAR F. DE PARNAJON
Professeur au lycée Napoléon

PARIS

LIBRAIRIE DE L. HACHETTE ET Cie
BOULEVARD SAINT-GERMAIN, N° 77

1870

LES
AUTEURS LATINS

EXPLIQUÉS D'APRÈS UNE MÉTHODE NOUVELLE

PAR DEUX TRADUCTIONS FRANÇAISES

Ce choix a été expliqué littéralement, traduit en français et annoté par M. F. de Parnajon, professeur au lycée Napoléon.

Imprimerie générale. — Lahure, rue de Fleurus, 9, à Paris.

LES
AUTEURS LATINS

EXPLIQUÉS D'APRÈS UNE MÉTHODE NOUVELLE

PAR DEUX TRADUCTIONS FRANÇAISES

L'UNE LITTÉRALE ET JUXTALINÉAIRE PRÉSENTANT LE MOT A MOT FRANÇAIS
EN REGARD DES MOTS LATINS CORRESPONDANTS
L'AUTRE CORRECTE ET PRÉCÉDÉE DU TEXTE LATIN

avec des sommaires et des notes

PAR UNE SOCIÉTÉ DE PROFESSEURS

ET DE LATINISTES

OVIDE

CHOIX DES MÉTAMORPHOSES

PARIS
LIBRAIRIE HACHETTE ET Cie
BOULEVARD SAINT-GERMAIN, 79

1870

AVIS

RELATIF A LA TRADUCTION JUXTALINÉAIRE.

On a réuni par des traits, dans la traduction juxtalinéaire, les mots français qui traduisent un seul mot latin.

On a imprimé en *italique* les mots qu'il était nécessaire d'ajouter pour rendre intelligible la traduction littérale, et qui n'ont pas leur équivalent dans le latin.

Enfin, les mots placés entre parenthèses, dans le français, doivent être considérés comme une seconde explication, plus intelligible que la version littérale.

ARGUMENT

DU PREMIER LIVRE DU CHOIX DES MÉTAMORPHOSES
D'OVIDE.

Invocation.
I. Le chaos. La création.
II. Création de l'homme.
III. Les quatre âges.
IV. Conseil des dieux; discours de Jupiter.
V. Crime de Lycaon; sa métamorphose.
VI. Le déluge.
VII. Deucalion et Pyrrha; le monde après le déluge.
VIII. Le monde repeuplé.
IX. Apollon et le serpent Python.
X. Io changée en génisse. Argus et Inachus.
XI. Mort et métamorphose d'Argus.

CHOIX
DES MÉTAMORPHOSES
D'OVIDE.

LIVRE PREMIER.

INVOCATION.
(V. 1-4.)

In nova fert animus mutatas dicere formas
Corpora. Di, cœptis (nam vos mutastis et illas)
Adspirate meis, primaque ab origine mundi
Ad mea perpetuum deducite tempora carmen.

I. — LE CHAOS. LA CRÉATION.
(V. 5-24, 34 44.)

Ante mare et terras et, quod tegit omnia, cœlum,
Unus erat toto naturæ vultus in orbe,
Quem dixere *Chaos*, rudis indigestaque moles;
Nec quidquam nisi pondus iners, congestaque eodem
Non bene junctarum discordia semina rerum.
Nullus adhuc mundo præbebat lumina Titan[1];

INVOCATION.

Je veux chanter les corps changés en des formes nouvelles. Dieux (car c'est vous aussi qui avez opéré ces métamorphoses), favorisez mon entreprise, et conduisez mon poëme sans interruption depuis l'origine du monde la plus reculée jusqu'à nos jours.

I

Avant la mer et la terre et le dôme immense du ciel, la nature entière n'offrait qu'un seul aspect; c'est ce qu'on appela le Chaos, masse informe, indigeste, poids inerte, assemblage confus d'éléments contraires et mal assortis. Le Soleil n'éclairait point encore le

CHOIX
DES MÉTAMORPHOSES
D'OVIDE.

LIVRE PREMIER.

INVOCATION.

Animus fert dicere
formas mutatas
in corpora nova.
Di, adspirate meis cœptis
(nam vos mutastis et illas),
deduciteque
carmen perpetuum
ab origine prima mundi
ad mea tempora.

Mon esprit me porte à chanter
les formes changées
en corps nouveaux.
Dieux, favorisez mes entreprises
(car vous vous avez changé aussi elles),
et conduisez
mon poëme sans-interruption
depuis l'origine première du monde
jusqu'à mes temps (mon temps).

I. — LE CHAOS. LA CRÉATION.

Ante mare et terras,
et cœlum quod tegit omnia,
unus vultus erat
in orbe toto naturæ,
quem dixere *Chaos*,
moles rudis indigestaque;
nec quidquam
nisi pondus iners,
seminaque discordia
rerum junctarum non bene
congesta eodem.
Nullus Titan
præbebat adhuc

Avant la mer et les terres,
et le ciel qui couvre toutes les choses,
un seul aspect était
dans le globe tout-entier de la nature,
aspect que *les hommes* ont appelé Chaos,
masse grossière et indigeste;
ni rien *n'était*
sinon un poids inerte,
et les semences discordantes
d'éléments réunis non convenablement
accumulées à-la-même-place.
Aucun Titan
ne fournissait encore

Nec nova crescendo reparabat cornua Phœbe [1] ;
Nec circumfuso pendebat in aere tellus,
Ponderibus librata suis ; nec brachia longo
Margine terrarum porrexerat Amphitrite [2] ;
Quaque fuit tellus, illic et pontus et aer.
Sic erat instabilis tellus, innabilis unda,
Lucis egens aer : nulli sua forma manebat,
Obstabatque aliis aliud, quia corpore in uno
Frigida pugnabant calidis, humentia siccis,
Mollia cum duris, sine pondere [3] habentia pondus.
  Hanc deus [4] et melior litem natura diremit :
Nam cœlo terras et terris abscidit undas,
Et liquidum spisso secrevit ab aere cœlum.
Principio terram, ne non æqualis ab omni
Parte foret, magni speciem glomeravit in orbis.
Tum freta diffundi, rapidisque tumescere ventis
Jussit, et ambitæ circumdare littora terræ.
Addidit et fontes, et stagna immensa lacusque,
Fluminaque obliquis cinxit declivia ripis,

monde ; la Lune ne retrouvait pas dans sa croissance une clarté nouvelle ; la terre n'était point suspendue au milieu des airs, où son poids la tient en équilibre. Amphitrite n'entourait pas de ses bras la longue étendue des rivages : la terre, la mer, l'air, tout était confondu. Alors la terre était sans consistance, l'onde, sans fluidité, l'air, sans transparence. Rien n'avait sa forme définitive ; tous les éléments étaient en guerre : car dans le même corps, le froid luttait contre le chaud, le sec contre l'humide, les atomes durs contre les mous, les atomes pesants contre les atomes sans pesanteur.

Un dieu, et la nature en s'améliorant, mirent fin à cette lutte. Ce dieu sépara le ciel de la terre, la terre de l'eau, et dégagea le pur éther de l'air grossier. D'abord, voulant que la terre fût égale dans toutes ses parties, il l'arrondit en un globe immense. Puis il ordonna aux mers de se répandre, de s'enfler sous le souffle impétueux des vents, et de former autour de la terre une ceinture de rivages. Il fit aussi les sources, les étangs et les lacs immenses, et renferma les fleuves rapides dans des rives sinueuses. Coulant en des lieux dif-

lumina mundo;	des lumières (de lumière) au monde ;
nec Phœbe	ni Phœbé
reparabat crescendo	ne réparait en croissant
cornua nova;	*ses* cornes renouvelées ;
nec tellus pendebat	ni la terre n'était-suspendue
in aere circumfuso,	dans l'air répandu-alentour,
librata suis ponderibus ;	tenue-en-équilibre par ses poids ;
nec Amphitrite	ni Amphitrite
porrexerat brachia	n'avait étendu *ses* bras
longo margine terrarum;	contre le long bord des terres ;
quaque fuit tellus,	et là où fut (était) la terre,
illic et pontus et aer.	là *étaient* aussi la mer et l'air.
Sic tellus erat	Dans-cet-état la terre était
instabilis,	telle-qu'on-ne-pouvait-s'y-tenir,
unda innabilis,	l'eau telle-qu'on-n'y-pouvait-nager,
aer egens lucis :	l'air privé de lumière :
sua forma manebat nulli,	sa *propre* forme ne restait à aucun *objet*,
aliudque obstabat aliis,	et un *principe* était opposé à d'autres,
quia in uno corpore	parce que dans un seul corps
frigida pugnabant	les *principes* froids combattaient
calidis,	les *principes* chauds,
humentia siccis,	les humides *combattaient* les secs,
mollia cum duris,	les mous contre les durs,
habentia pondus	*les principes* ayant de la pesanteur
sine pondere.	contre *les principes* sans pesanteur.
Deus et natura melior	Un dieu et la nature *devenue* meilleure
dirémit hanc litem :	sépara (terminèrent) cette lutte :
nam abscidit terras cœlo,	car *ce dieu* détacha les terres du ciel,
et undas terris,	et les eaux des terres,
et secrevit cœlum liquidum	et il sépara le ciel (l'air) limpide
ab aere spisso.	de l'air épais.
Principio glomeravit terram	D'abord il arrondit la terre
in speciem magni orbis,	en la forme d'un grand globe,
ne non foret	de peur qu'elle ne fût pas
æqualis ab omni parte.	égale de toute part.
Tum jussit	Puis il ordonna
freta diffundi, [dis,	*les* mers se répandre,
tumescereque ventis rapi-	et s'enfler par les vents impétueux,
et circumdare littora	et former des rivages autour
terræ ambitæ.	de la terre environnée *d'eau*.
Addidit et fontes	Il ajouta aussi les sources
et stagna immensa	et les étangs immenses
lacusque,	et les lacs,
cinxitque	et il ceignit
flumina declivia	les fleuves qui-descendent-en-pente
ripis obliquis,	de rives sinueuses, [lent,
quæ, diversa locis,	lesquels, séparés par les lieux *où ils cou-*

Quæ, diversa locis, partim sorbentur ab ipsa,
In mare perveniunt partim, campoque recepta
Liberioris aquæ, pro ripis littora[1] pulsant.
Jussit et extendi campos, subsidere valles,
Fronde tegi silvas, lapidosos surgere montes.

II. — CRÉATION DE L'HOMME.
(V. 69-89.)

Vix ita limitibus dissepserat omnia certis,
Quum, quæ pressa diu massa latuere sub illa,
Sidera cœperunt toto effervescere cœlo.
Neu regio foret ulla suis animantibus orba,
Astra tenent cœleste solum formæque deorum[2] ;
Cesserunt nitidis habitandæ piscibus undæ;
Terra feras cepit, volucres agitabilis aer.
Sanctius his animal, mentisque capacius altæ,
Deerat adhuc, et quod dominari in cetera posset :
Natus homo est; sive hunc divino semine fecit
Ille opifex rerum, mundi melioris origo ;
Sive recens tellus, seductaque nuper ab alto
Æthere, cognati retinebat semina cœli.
Quam satus Japeto, mixtam fluvialibus undis,

férents, les uns sont absorbés par la terre elle-même, les autres arrivent à la mer ; et dans ces espaces où l'eau se répand avec plus de liberté, il ne battent plus d'autres rivages que ceux de l'océan. Il ordonna aussi aux plaines de s'étendre, aux vallées de s'abaisser, aux forêts de se couvrir de feuillage, aux montagnes de s'élever avec leurs rochers.

II

A peine eut-il ainsi séparé tous les éléments par des limites déterminées, que les étoiles, longtemps cachées sous la masse du chaos, commencèrent à briller dans toute l'étendue des cieux ; et, afin que toute partie de l'univers eût ses habitants doués de vie, les astres et les dieux occupèrent la voûte céleste ; l'onde échut pour demeure aux poissons à l'écaille luisante, la terre reçut les quadrupèdes, l'air léger, les oiseaux. Il manquait encore un être plus auguste, doué d'une intelligence plus élevée, et fait pour commander aux autres : l'homme naquit ; soit qu'il ait été formé d'un germe divin par cet architecte de la nature, auteur d'un monde plus parfait, soit que la terre nouvellement créée, et à peine séparée de l'éther, conservât encore quelque semence du ciel avec lequel longtemps elle avait été unie. Le fils de Japhet prenant de l'argile, la détrempa dans

sorbentur partim	sont absorbés en-partie (les uns)
ab ipsa,	par *la terre* elle-même,
perveniunt partim in mare,	arrivent en-partie (les autres) à la mer,
receptaque campo	et reçus par une plaine
liberioris aquæ,	d'une eau plus libre,
pulsant littora pro ripis.	frappent des rivages au lieu de rives.
Jussit et campos extendi,	Il ordonna aussi les plaines s'étendre,
valles subsidere,	les vallées s'abaisser,
silvas tegi fronde,	les forêts se couvrir de feuillage,
montes lapidosos surgere.	les montagnes pierreuses s'élever.

II. — CRÉATION DE L'HOMME.

Vix dissepserat	A peine *le dieu* avait-il séparé
omnia ita	toutes les choses ainsi
limitibus certis,	par des limites déterminées,
quum sidera,	que les étoiles,
quæ latuere diu	qui restèrent-cachées longtemps
sub illa massa,	sous cette masse *du chaos*,
cœperunt effervescere	commencèrent à paraître-en-bouillonnant
toto cœlo.	par tout le ciel.
Neu ulla regio foret	Et-pour-qu'aucune partie *du monde* ne fût
orba animantibus suis,	privée d'êtres-animés à-elle,
astra formæque deorum	les astres et les formes des dieux
tenent solum cœleste ;	tiennent la surface céleste ;
undæ cesserunt habitandæ	les ondes échurent pour être habitées
piscibus nitidis ;	aux poissons luisants ;
terra cepit feras,	la terre reçut les bêtes-sauvages,
aer agitabilis volucres.	l'air facile-à-agiter les oiseaux.
Animal sanctius his,	Un être plus saint que ceux-ci,
capaciusque	et plus capable-de-recevoir
mentis altæ,	une intelligence élevée,
et quod posset dominari	et qui pût dominer
in cetera,	sur tous-les-autres,
deerat adhuc :	manquait encore :
homo natus est ;	l'homme naquit ;
sive ille opifex rerum,	soit que cet artisan des choses,
origo mundi melioris,	origine (auteur) d'un monde meilleur,
fecit hunc semine divino ;	ait créé celui-ci d'une semence divine ;
sive tellus recens,	soit que la terre *étant* nouvelle,
seductaque nuper	et séparée récemment
ab æthere alto,	de l'air élevé,
retinebat semina	retînt des semences
cœli cognati.	du ciel créé-avec elle.
Quam mixtam	Laquelle *terre* mêlée (détrempée)
undis fluvialibus	avec les eaux des-fleuves
satus Iapeto	le fils de Japet

8 OVIDE.

Finxit in effigiem moderantum cuncta deorum ;
Pronaque quum spectent animalia cetera terram,
Os homini sublime dedit, cœlumque tueri
Jussit, et erectos ad sidera tollere vultus.
Sic, modo quæ fuerat rudis et sine imagine, tellus
Induit ignotas hominum conversa figuras.

III. — LES QUATRE AGES.
(V. 89-162.)

Aurea prima sata est ætas, quæ, vindice nullo [1],
Sponte sua, sine lege, fidem rectumque colebat.
Pœna metusque [2] aberant; nec verba minacia fixo
Ære [3] legebantur ; nec supplex turba timebat
Judicis ora sui ; sed erant sine judice tuti.
Nondum cæsa suis, peregrinum ut viseret orbem,
Montibus, in liquidas pinus descenderat undas;
Nullaque mortales, præter sua, littora norant.
Nondum præcipites cingebant oppida fossæ ;
Non galeæ, non ensis erant : sine militis usu
Mollia securæ peragebant otia gentes.
Ipsa quoque immunis, rastroque intacta, nec ullis

l'eau des fleuves, et la façonna à l'image des dieux, maîtres de l'univers ; et tandis que les animaux la tête baissée, regardent la terre, il releva le front de l'homme ; il voulut que celui-ci contemplât le ciel, et portât fièrement ses yeux vers les astres. Ainsi cette matière, naguère brute et informe, revêtit en se transformant la figure humaine inconnue jusqu'alors.

III

L'âge d'or fut le premier. Sans magistrats, sans loi, il cultivait de lui-même la justice et la vertu. La crainte du châtiment était inconnue; on ne lisait pas des paroles menaçantes gravées sur l'airain suspendu; une foule suppliante ne redoutait pas les regards de son juge; mais il n'y avait pas de juges, et l'on vivait en sûreté. Le pin, abattu sur les montagnes, n'était point encore descendu dans les ondes pour aller visiter un monde étranger, et les mortels ne connaissaient d'autres rivages que ceux qui les avaient vus naître. Les villes n'étaient pas encore entourées de fossés escarpés; il n'y avait ni casques, ni épées ; et, sans soldats, les nations tranquilles goûtaient les douceurs de la paix. La terre elle-même exempte de tribut, donnait tout volontairement,

finxit in effigiem	façonna à l'image
deorum	des dieux
moderantum cuncta ;	qui gouvernent tout ; [més
quumque cetera animalia	et tandis que tous les autres êtres-ani-
prona spectent terram,	inclinés regardent la terre,
dedit homini	il donna à l'homme
os sublime	un visage tourné en-haut,
jussitque tueri cœlum,	et *lui* ordonna de regarder le ciel,
et tollere ad sidera	et de lever vers les astres
vultus erectos.	*ses* regards dressés.
Sic tellus,	Ainsi la terre,
quæ fuerat modo	qui avait été naguère
rudis et sine imagine,	grossière et sans forme,
induit conversa	revêtit s'étant transformée
figuras ignotas hominum.	les formes inconnues des hommes.

III. — LES QUATRE AGES.

Ætas aurea	L'âge d'-or
sata est prima,	fut semé (créé) le premier,
quæ, nullo vindice,	lequel, aucun vengeur *n'étant*,
colebat fidem rectumque	cultivait la bonne-foi et le bien,
sua sponte,	de son propre-gré,
sine lege.	sans loi. [faut ;
Pœna metusque aberant ;	Le châtiment et la crainte faisaient-dé-
nec verba minacia	ni des paroles menaçantes
legebantur ære fixo ;	n'étaient lues sur l'airain fixé ;
nec turba supplex timebat	ni la foule suppliante ne craignait
ora sui judicis ;	le visage de son juge ;
sed erant tuti	mais ils (les hommes) étaient en-sûreté
sine judice.	sans juge.
Pinus nondum descenderat	Le pin n'était pas-encore descendu
in undas liquidas,	dans les ondes liquides,
cæsa suis montibus,	ayant été coupé sur ses montagnes,
ut viseret	pour qu'il allât-voir
orbem peregrinum ;	un globe étranger ;
mortalesque norant	et les mortels ne connaissaient
nulla littora, præter sua.	aucuns rivages, excepté les leurs.
Fossæ præcipites	Les fossés escarpés
nondum cingebant oppida ;	ne ceignaient pas-encore les villes ;
non galeæ erant, non ensis:	ni casques n'étaient, ni épée :
gentes securæ	les nations exemptes-d'inquiétudes
peragebant mollia otia	passaient de doux loisirs
sine usu militis.	sans emploi du soldat.
Tellus ipsa quoque	La terre elle-même aussi
immunis,	exempte-de-tribut,
intactaque rastro,	et n'étant-pas-touchée par le hoyau,

Saucia vomeribus, per se dabat omnia tellus ;
Contentique cibis nullo cogente creatis,
Arbuteos fetus montanaque fraga legebant,
Cornaque, et in duris hærentia mora rubetis,
Et quæ deciderant patula Jovis arbore glandes.
Ver erat æternum, placidique tepentibus auris
Mulcebant Zephyri natos sine semine flores.
Mox etiam fruges tellus inarata ferebat;
Nec renovatus ager gravidis canebat aristis.
Flumina jam lactis, jam flumina nectaris ibant ;
Flavaque de viridi stillabant ilice mella.
　　Postquam, Saturno tenebrosa in Tartara misso,
Sub Jove mundus erat, subiit[1] argentea proles,
Auro deterior, fulvo pretiosior ære.
Jupiter antiqui contraxit tempora veris ;
Perque hiemes, æstusque, et inæquales autumnos,
Et breve ver, spatiis exegit quattuor annum.
Tum primum siccis aer fervoribus ustus
Canduit, et ventis glacies adstricta pependit.
Tum primum subiere domos ; domus antra fuerunt,
Et densi frutices, et junctæ cortice virgæ.
Semina tum primum longis Cerealia sulcis

sans être ni remuée par le hoyau, ni jamais déchirée par le fer. Les hommes, satisfaits des aliments qu'elle leur présentait sans y être contrainte, cueillaient les fruits de l'arbousier, les fraises des montagnes, les baies du cornouiller, les mûres suspendues aux ronces épineuses, et les glands que laissait tomber le chêne aux larges rameaux. Le printemps était éternel, et les doux Zéphyrs caressaient de leurs tièdes haleines les fleurs écloses sans semence. En outre, la terre, sans être labourée, se couvrait bientôt de moissons, et les guérets n'avaient pas besoin de repos pour se dorer de lourds épis. On voyait aussi couler des fleuves de nectar, et des fleuves de lait ; la verte écorce de l'yeuse distillait un miel vermeil.

Lorsque Jupiter eut précipité Saturne dans le sombre Tartare, et se fut emparé de l'empire du monde, l'âge d'argent succéda au premier. Inférieur à l'âge d'or, il était préférable à l'âge d'airain. Jupiter abrégea la durée de l'antique printemps ; il partagea l'année en quatre saisons, hiver, été, automne variable, printemps trop court. Alors pour la première fois l'air s'enflamma, embrasé par des chaleurs dévorantes. Alors l'eau resta suspendue, condensée en glace par les vents. Alors pour la première fois on entra dans des maisons. Des cavernes, des halliers épais, des branches liées avec de l'écorce servirent de demeure. Alors pour la première fois les semences

nec saucia ullis vomeribus,	et n'*étant* blessée par aucuns socs,
dabat omnia per se;	donnait tout par elle-même ;
contentique cibis	et *les hommes* contents d'aliments
creatis, nullo cogente,	venus, personne ne contraignant,
legebant fetus arbuteos,	cueillaient les fruits de-l'arbousier,
fragaque montana,	et les fraises des-montagnes,
cornaque,	et les cornouilles,
et mora hærentia	et les mûres attachées
in duris rubetis,	sur les dures ronces,
et glandes quæ deciderant	et les glands qui étaient tombés
arbore patula Jovis.	de l'arbre large de Jupiter.
Ver erat æternum,	Le printemps était éternel,
Zephyrique placidi	et les Zéphyrs paisibles
mulcebant auris tepentibus	caressaient de *leurs* souffles tièdes
flores natos sine semine.	les fleurs nées sans semence.
Mox etiam tellus	Bientôt aussi la terre
ferebat inarata messes;	portait sans-être-labourée les moissons;
et ager non renovatus	et le champ n'ayant pas été renouvelé
canebat aristis gravidis.	blanchissait par des épis pesants.
Jam flumina lactis,	Puis des fleuves de lait,
jam flumina nectaris ibant,	puis des fleuves de nectar couraient,
mellaque flava	et les miels dorés
stillabant ilice viridi.	dégouttaient de l'yeuse verte.
Postquam Saturno misso	Après que Saturne, ayant été précipité
in Tartara tenebrosa,	dans le Tartare ténébreux,
mundus erat sub Jove,	le monde fut sous Jupiter,
proles argentea subiit,	la race d'-argent succéda,
deterior auro,	pire que l'or,
pretiosior ære fulvo.	plus précieuse que l'airain fauve.
Jupiter contraxit	Jupiter resserra (abrégea) [temps,
tempora antiqui veris,	les temps (la durée) de l'antique prin-
excgitque annum	et mesura (distribua) l'année
quatuor spatiis,	en quatre époques,
per hiemes, æstusque,	par les hivers, et les chaleurs,
et autumnos inæquales	et les automnes variables,
et breve ver.	et le court printemps. [flamma
Tum primum aer canduit	Alors pour-la-première fois l'air s'en-
ustus fervoribus siccis,	brûlé par des ardeurs desséchantes,
et glacies adstricta ventis	et la glace durcie par les vents
pependit.	resta-suspendue.
Tum primum	Alors pour-la-première-fois [tations ;
subiere domus ;	ils (les hommes) entrèrent sous des habi-
antra fuerunt domus,	des antres furent *leur* habitation,
et frutices densi,	et des halliers épais,
et virgæ junctæ cortice.	et des baguettes liées avec de l'écorce.
Tum primum	Alors pour-la-première-fois
semina Cerealia	les semences de-Cérès

Obruta sunt, pressique jugo gemuere juvenci.
   Tertia post illas successit ahenea proles,
Sævior ingeniis, et ad horrida promptior arma;
Non scelerata tamen. De duro est ultima ferro.
Protinus irrupit venæ pejoris in ævum
Omne nefas : fugere pudor, verumque fidesque;
In quorum subiere locum fraudesque dolique,
Insidiæque, et vis, et amor sceleratus habendi.
Vela dabat ventis, nec adhuc bene noverat illos
Navita; quæque diu steterant in montibus altis,
Fluctibus ignotis insultavere carinæ;
Communemque prius, ceu lumina solis et auras,
Cautus humum longo signavit limite mensor.
Nec tantum segetes alimentaque debita dives
Poscebatur humus; sed itum est in viscera terræ;
Quasque recondiderat Stygiisque admoverat umbris,
Effodiuntur opes, irritamenta malorum.
Jamque nocens ferrum, ferroque nocentius aurum
Prodierant; prodit Bellum, quod pugnat utroque,
Sanguineaque manu crepitantia concutit arma.
Vivitur ex rapto ; non hospes ab hospite tutus,

de Cérès furent enfouies dans de longs sillons, et les jeunes taureaux gémirent sous le poids du joug.

A ces deux âges succéda l'âge d'airain. Les caractères devinrent plus violents, les hommes, plus prompts à recourir aux armes redoutables; mais ils n'étaient pas encore criminels. Le dernier âge fut l'âge de fer. Dès lors, tous les crimes débordèrent dans ce siècle d'un pire métal. La pudeur, la vérité, la bonne foi s'enfuirent. A leur place parurent les artifices, les ruses, les trahisons, la violence, et la criminelle avarice. Le nautonier livre ses voiles aux vents qu'il ne connaît pas encore bien; les arbres, longtemps restés sur les hautes montagnes, sont transformés en navires, et bondissent pour la première fois sur les flots. L'arpenteur défiant partage par de longues limites le sol, jusque-là commun à tous, comme la lumière du soleil et l'air qu'on respire. On ne se contente plus de demander à la terre le juste tribut de la moisson; on pénètre jusque dans ses entrailles. Les richesses qu'elle avait cachées non loin des ténèbres du Styx, sont tirées de son sein pour irriter nos passions. Déjà le fer funeste, et l'or plus funeste que le fer avaient paru. Puis vint la Guerre qui combat avec ces deux métaux, et agite d'une main ensanglantée des armes retentissantes. On ne vit que de rapine;

obruta sunt longis sulcis,	furent enfouies dans de longs sillons,
juvencique gemuere	et les jeunes-taureaux gémirent
pressi jugo.	étant pressés par le joug.
Proles ahenea successit	La race d'-airain succéda
tertia post illas,	la troisième après celles-là,
sævior ingeniis, [rida;	plus violente par les caractères,
et promptior ad arma hor-	et plus prompte aux armes redoutables;
non scelerata tamen.	non criminelle cependant.
Ultima fuit de ferro duro.	La dernière fut *faite* du fer dur.
Protinus omne nefas	Aussitôt tout crime
irrupit in ævum	se précipita dans *cet* âge
venæ pejoris;	d'un filon-de-métal pire :
pudor, verumque, fidesque,	la pudeur, et la vérité, et la bonne-foi
fugere;	fuirent;
in locum quorum subiere	à la place desquelles vinrent
fraudesque dolique,	et les perfidies et les ruses,
insidiæque, et vis,	et les embûches, et la violence,
et amor sceleratus habendi.	et la passion criminelle de posséder.
Navita dabat vela ventis,	Le nocher donnait *ses* voiles aux vents,
nec noverat adhuc bene il-	et il ne connaissait pas encore bien
carinæque, [los,	et les carènes, [ceux-ci,
quæ steterant diu	qui étaient restées longtemps
in montibus altis, [tis;	sur les montagnes hautes,
insultavere fluctibus igno-	bondirent-sur les flots inconnus;
mensorque cautus	et l'arpenteur defiant
signavit limite longo	marqua par une séparation longue
humum communem prius,	la terre commune auparavant,
ceu lumina solis et auras.	comme les lumières du soleil et les airs.
Et humus dives	Et la terre riche
non poscebatur tantum	n'était pas sollicitée seulement
segetes alimentaque debita;	pour les moissons, et les aliments dus;
sed itum est	mais on alla
in viscera terræ;	dans les entrailles de la terre;
opesque quas recondiderat,	et les richesses qu'elle avait cachées,
admoveratque	et *qu'*elle avait approchées
umbris Stygiis,	des ténèbres du-Styx,
irritamenta malorum,	*ces* stimulants des maux (des vices),
effodiuntur.	sont déterrées.
Jamque ferrum nocens,	Et déjà le fer nuisible,
aurumque nocentius ferro	et l'or plus nuisible que le fer
prodierant;	avaient paru;
Bellum prodit,	la Guerre paraît, [*tal*,
quod pugnat utroque,	laquelle combat avec l'un et l'autre mé-
c......itque manu sanguinea	et agite d'une main sanglante
...... crepitantia.	des armes retentissantes.
V.... ir ex rapto;	On vit de rapine;
..... s non tutus	l'hôte n'*est* pas en-sûreté

Non socer a genero ; fratrum quoque gratia rara est.
Imminet exitio vir conjugis, illa mariti ;
Lurida terribiles miscent aconita novercæ ;
Filius ante diem patrios inquirit[1] in annos ;
Victa jacet pietas ; et virgo cæde madentes,
Ultima Cœlestum, terras Astræa[2] reliquit.
 Neve foret terris securior arduus æther,
Affectasse ferunt regnum cœleste Gigantas[3],
Altaque congestos struxisse ad sidera montes.
Tum Pater omnipotens misso perfregit Olympum[4]
Fulmine, et excussit subjecto Pelion Ossæ.
Obruta mole sua quum corpora dira jacerent,
Perfusam multo natorum sanguine Terram
Immaduisse ferunt, calidumque animasse cruorem ;
Et, ne nulla suæ stirpis monumenta manerent,
In faciem vertisse hominum. Sed et illa propago,
Contemptrix Superum, sævæque avidissima cædis,
Et violenta fuit : scires e sanguine natos.

l'hôte n'est point en sûreté contre son hôte, le beau-père contre le gendre ; la concorde est rare même entre les frères. Le mari hâte de ses vœux la fin de sa femme, la femme, celle de son mari ; les cruelles marâtres préparent les poisons livides ; le fils s'enquiert, avant le terme fatal, des années qui restent à vivre à son père la piété vaincue est foulée aux pieds, et la dernière des habitants du ciel, la vierge Astrée quitte la terre abreuvée de sang.

 D'ailleurs l'air élevé ne devait pas être plus tranquille que la terre. On raconte que les Géants prétendirent alors à l'empire des cieux, et entassèrent jusqu'aux astres de hautes montagnes. Jupiter lance la foudre, fracasse l'Olympe, et renverse le Pélion que porte l'Ossa. Les corps monstrueux de ses ennemis gisaient ensevelis sous les masses que leurs mains avaient entassées, lorsque la Terre, inondée du sang de ses fils, anima, dit-on, ce sang encore tiède, et voulant qu'il restât quelque souvenir de sa postérité, en forma des hommes. Mais cette race, également contemptrice des dieux, également altérée de meurtre, ne fut pas moins violente : on pouvait reconnaître sa sanglante origine.

ab hospite,	de-la-part-de *son* hôte,
non socer a genero;	ni le beau-père de-la-part-de *son* gendre;
gratia fratrum quoque	la concorde des frères aussi
est rara.	est rare.
Vir imminet exitio	Le mari guette la mort
conjugis,	de *sa* femme,
illa mariti;	celle-ci *la mort* de *son* mari;
novercæ terribiles	les marâtres terribles
miscent aconita lurida;	mêlent (préparent) des poisons livides;
filius inquirit	le fils s'enquiert
ante diem	avant le jour (avant le temps)
in annos patrios;	des années paternelles (qui restent à vivre
pietas victa jacet;	La piété vaincue gît; [à son père);
et virgo Astræa	et la vierge Astrée [ciel,
reliquit, ultima cœlestum,	a quitté, la dernière des habitants-du-
terras madentes cæde.	les terres humides de carnage.
Neve æther arduus foret	Et pour-que l'air élevé ne fût pas
securior terris,	plus tranquille que les terres,
ferunt Gigantas	on rapporte les Géants
affectasse regnum cœleste,	avoir aspiré au royaume céleste,
struxisseque ad sidera alta	et avoir élevé jusqu'aux astres hauts
montes congestos.	des montagnes entassées.
Tum Pater omnipotens	Alors le Père tout-puissant
perfregit Olympum	fracassa l'Olympe
fulmine misso,	par la foudre qu'il avait lancée,
et excussit Pelion	et enleva-par-une secousse Pélion
Ossæ subjecto.	à Ossa placé-dessous.
Quum corpora dira jacerent,	Comme *ces* corps affreux gisaient
obruta	écrasés [avaient entassées),
sua mole,	par leur masse (par les montagnes qu'ils
ferunt Terram immaduisse,	on rapporte la Terre avoir été mouillée,
perfusam sanguine multo	arrosée du sang abondant
natorum,	de *ses* fils,
animasseque	et avoir animé
cruorem calidum;	*ce* sang encore chaud;
et ne nulla monumenta	et de peur qu'aucuns souvenirs
suæ stirpis	de sa race
manerent,	ne subsistassent *pas*,
vertisse in faciem hominum.	l'avoir changé en forme d'hommes.
Sed et illa propago,	Mais aussi cette race,
contemptrix Superum,	contemptrice des dieux,
avidissimaque cædis sævæ,	et très-avide de carnage cruel,
fuit et violenta:	fut également violente:
scires	tu saurais
natos e sanguine.	que *ces hommes* étaient nés du sang.

IV. — CONSEIL DES DIEUX ; DISCOURS DE JUPITER.
(V. 163-206.)

Quæ pater ut summa vidit Saturnius arce,
Ingemit ; et facto nondum vulgata recenti,
Fœda Lycaoniæ [1] referens convivia mensæ,
Ingentes animo et dignas Jove concipit iras,
Conciliumque vocat : tenuit mora nulla vocatos.
Est via sublimis, cœlo manifesta sereno ;
Lactea [2] nomen habet, candore notabilis ipso :
Hac iter est Superis [3] ad magni tecta Tonantis
Regalemque domum ; dextra lævaque, deorum
Atria [4] nobilium valvis celebrantur apertis.
Plebs habitat diversa locis ; a fronte potentes
Cœlicolæ clarique suos posuere penates.
Hic locus est quem, si verbis audacia detur,
Haud timeam magni dixisse palatia cœli.
Ergo ubi marmoreo Superi sedere recessu,
Celsior ipse loco, sceptroque innixus eburno,
Terrificam capitis concussit terque quaterque
Cæsariem, cum qua terram, mare, sidera movit.
Talibus inde modis ora indignantia solvit :

IV

Du haut de sa demeure le fils de Saturne voit les excès de cette race impie. Il gémit, et se ressouvenant de l'abominable festin que lui a servi Lycaon, crime encore trop récent pour être connu, il conçoit un violent courroux, un courroux digne de Jupiter. Il convoque les dieux ; à son appel les dieux s'empressent d'accourir. Il est dans le ciel une voie, visible quand l'air est sans nuage ; on la nomme la voie lactée ; elle est reconnaissable à sa blancheur même. C'est par là que les habitants de l'Olympe se rendent à la demeure royale du puissant maître du tonnerre. A droite et à gauche, s'ouvrent les cours des grands dieux, animées par une foule nombreuse. La plèbe habite en différents endroits ; les divinités puissantes ont placé sur le devant leurs brillants pénates. C'est ce lieu que j'oserai appeler, si une telle hardiesse est permise à mon langage, le palais du vaste Olympe. Lors donc que les dieux eurent pris place dans une salle écartée, revêtue de marbre, Jupiter, assis sur un trône plus élevé, et appuyé sur un sceptre d'ivoire, secoue trois et quatre fois sa chevelure redoutable. La terre, la mer, le ciel, en sont ébranlés. Puis son indignation éclate en ces termes :

IV. — CONSEIL DES DIEUX; DISCOURS DE JUPITER.

Quæ ut pater Saturnius vidit summa arce,	Lesquelles *violences* dès que le père fils-de-Saturne eut vues du-haut-de *sa* demeure-élevée,
ingemit;	il gémit-sur *elles*;
et referens convivia fœda mensæ Lycaoniæ,	et *se* rappelant les festins affreux de la table de-Lycaon,
nondum vulgata facto recenti,	*festins* non-encore divulgués le fait *étant* récent,
concipit animo iras ingentes et dignas Jove,	il conçoit dans *son* âme des colères immenses et dignes de Jupiter,
vocatque concilium :	et il appelle l'assemblée :
nulla mora tenuit vocatos.	aucun retard n'arrêta *les dieux* appelés.
Est via sublimis,	Il est une route dans-les-airs,
manifesta cœlo sereno ;	visible par un ciel serein ;
habet nomen lactea,	elle a nom lactée ;
notabilis candore ipso.	remarquable par *sa* blancheur même.
Iter est Superis hac ad tecta	Le chemin est aux dieux-d'en-haut par-là *pour aller* vers les demeures
magni Tonantis domumque regalem ;	du grand dieu-du-tonnerre et à l'habitation royale ;
dextra lævaque	à droite et à gauche [dieux)
atria deorum nobilium celebrantur	les galeries des dieux nobles (des grands sont fréquentées
valvis apertis.	les portes étant ouvertes.
Plebs habitat diversa locis;	La plèbe habite diverse par les lieux ;
cœlicolæ potentes clarique posuere suos penates a fronte.	les habitants-du-ciel puissants et illustres ont établi leurs pénates sur le devant.
Hic est locus quem,	C'est le lieu que, [rôles,
si audacia detur verbis,	si *cette* hardiesse était permise à *mes* pa-
haud timeam dixisse palatia magni cœli.	je ne craindrais pas d'avoir appelé le palais du vaste ciel.
Ergo ubi Superi sedere recessu marmoreo,	Donc dès que les dieux-d'en-haut furent assis dans une salle-retirée en-marbre, [siége),
ipse celsior loco,	lui même plus élevé par sa place (son
innixusque sceptro eburno,	et appuyé-sur un sceptre d'-ivoire,
concussit terque quaterque cæsariem terrificam capitis,	secoua et trois-fois et quatre-fois la chevelure effrayante de *sa* tête,
cum qua movit terram, mare, sidera.	avec laquelle *chevelure* il ébranla la terre, la mer, les astres.
Inde solvit modis talibus ora indignantia :	Puis il ouvrit par des manières telles (de cette manière) *sa* bouche indignée :

« Non ego pro mundi regno magis anxius illa
Tempestate fui, qua centum quisque parabant
Injicere Anguipedum [1] captivo brachia cœlo.
Nam, quanquam ferus hostis erat, tamen illud ab uno
Corpore et ex una pendebat origine bellum.
Nunc mihi, qua totum Nereus [2] circumsonat orbem,
Perdendum mortale genus. Per flumina [3] juro
Infera, sub terra Stygio labentia luco,
Cuncta prius tentata; sed immedicabile vulnus
Ense recidendum, ne pars sincera trahatur.
Sunt mihi semidei [4], sunt rustica numina, Nymphæ,
Faunique [5], Satyrique, et monticolæ Silvani;
Quos quoniam cœli nondum dignamur honore,
Quas dedimus certe terras habitare sinamus.
An satis, o Superi, tutos fore creditis illos,
Quum mihi, qui fulmen, qui vos habeoque regoque,
Struxerit insidias notus feritate Lycaon ? »
Confremuere omnes, studiisque ardentibus ausum
Talia deposcunt. Sic, quum manus impia sævit

« Non, je n'ai pas été plus inquiet pour l'empire du monde à l'époque où chacun des Géants à la croupe de serpent se préparait à porter ses cent bras sur le ciel pour s'en emparer. Car si l'ennemi était farouche, je n'avais à combattre qu'une seule race; la guerre n'avait qu'une seule cause. Maintenant il me faut anéantir l'espèce humaine dans tout le globe que Nérée entoure de ses eaux retentissantes. Je le jure par les fleuves infernaux, par ces fleuves qui coulent sous la terre, dans le bois sacré du Styx, j'ai tout tenté auparavant; mais quand une blessure est incurable, il faut y appliquer le fer, de peur que la partie saine ne soit atteinte par le mal. J'ai sous mes lois des demi-dieux, des divinités rustiques, les Nymphes, les Faunes, les Satyres, et les Sylvains, hôtes des montagnes. Si nous ne les jugeons pas encore dignes des demeures célestes, laissons-les du moins habiter la terre que nous leur avons donnée. Or, croyez-vous, dieux de l'Olympe, qu'ils y soient suffisamment en sûreté, quand moi, qui lance la foudre, moi votre maître et votre roi, j'ai été en butte aux piéges que m'a dressés le féroce Lycaon ? »

A ces paroles, tous les dieux frémissent; tous réclament avec ardeur, pour le punir, l'auteur d'un pareil attentat. Ainsi lorsque des

Ego non fui	Moi je n'ai pas été
magis anxius	plus inquiet
pro regno mundi	pour l'empire du monde
illa tempestate, qua	dans ce temps, dans lequel
quisque Anguipedum	chacun des *Géants* aux-pieds-de-serpents
parabant injicere	se préparait à jeter-sur
cœlo captivo	le ciel conquis
centum brachia.	*ses* cent bras.
Nam, quanquam hostis	Car, quoique l'ennemi
erat ferus,	fût sauvage,
tamen illud bellum	cependant cette guerre
pendebat	dépendait
ab uno corpore	d'un seul corps (d'une seule race)
et ex una origine.	et d'une seule origine.
Nunc genus mortale	Maintenant la race mortelle
perdendum mihi,	*est* devant être détruite par moi,
qua Nereus circumsonat	là-où Nérée retentit-autour
orbem totum.	du globe entier.
Juro per flumina infera,	Je jure par les fleuves infernaux,
labentia sub terra	coulant sous la terre
luco Stygio,	dans le bois-sacré du-Styx,
cuncta tentata prius;	tout a *été* essayé auparavant;
sed vulnus immedicabile	mais la blessure incurable
recidendum ense,	*est* devant être retranchée par l'épée,
ne pars sincera	de peur que la partie saine
trahatur.	ne soit entraînée.
Semidei sunt mihi,	Des demi-dieux sont à moi,
numina rustica sunt,	des divinités champêtres sont *à moi*,
Nymphæ, Faunique,	Nymphes, et Faunes,
Satyrique,	et Satyres,
et Sylvani monticolæ.	et Silvains habitants-des-montagnes.
Quos quoniam	Lesquels puisque
nondum dignamur	nous ne jugeons-pas-dignes encore
honore cœli,	de l'honneur du ciel,
sinamus certe habitare	laissons *les* du-moins habiter
terras quas dedimus.	les terres que nous *leur* avons données.
An creditis, o Superi,	Est-ce-que vous croyez, ô dieux-d'en-haut,
illos fore satis tutos,	eux devoir être suffisamment en-sûreté,
quum Lycaon notus feritate	quand Lycaon connu par *sa* cruauté
struxerit insidias mihi,	a dressé des embûches à moi,
qui habeoque regoque,	qui et possède et gouverne,
fulmen,	la foudre,
qui vos.	qui et *possède et gouverne* vous.
Omnes confremuere,	Tous frémirent-ensemble,
deposcuntque	et demandent
studiis ardentibus	avec des ardeurs brûlantes
ausum talia.	*celui* qui a osé de tels *attentats*.

Sanguine Cæsareo Romanum exstinguere [1] nomen,
Attonitum tantæ subito terrore ruinæ
Humanum genus est, totusque perhorruit orbis.
Nec tibi grata minus pietas, Auguste, tuorum
Quam fuit illa Jovi. Qui postquam voce manuque
Murmura compressit, tenuere silentia cuncti.

V. — CRIME DE LYCAON; SA MÉTAMORPHOSE.
(V. 207-261.)

Substitit ut clamor, pressus gravitate regentis,
Jupiter hoc iterum sermone silentia rumpit :
« Ille quidem pœnas (curam hanc dimittite) solvit;
Quod tamen admissum, quæ sit vindicta, docebo.
Contigerat nostras infamia temporis aures ;
Quam cupiens falsam, summo delabor Olympo,
Et deus humana lustro sub imagine terras.
Longa mora est, quantum noxæ sit ubique repertum,
Enumerare : minor fuit ipsa infamia vero.
Mænala [2] transieram, latebris horrenda ferarum,
Et cum Cyllene gelidi pineta Lycæi;
Arcados [3] hinc sedes et inhospita tecta tyranni

mains impies voulaient éteindre dans le sang de César le nom romain, tous les mortels furent soudain épouvantés d'un si grand désastre; l'univers entier en frémit d'horreur, et l'attachement de tes concitoyens, ô Auguste, ne te fut pas moins agréable que ne l'avait été à Jupiter celui des dieux. Mais de la voix et du geste il arrête les murmures, et tous font silence.

V

Lorsque le respect qu'inspire le souverain des dieux eut rétabli le calme, Jupiter reprend son discours en ces termes : « L'impie a subi son châtiment, bannissez ce souci: je veux cependant vous apprendre et son crime et la vengeance que j'en ai tirée. Le bruit de la dépravation du siècle était parvenu jusqu'à nos oreilles. J'espérais qu'il n'était pas fondé. Je descends du haut de l'Olympe, je déguise ma divinité sous une forme humaine, et je parcours la terre. Il serait trop long d'énumérer combien de crimes j'ai trouvés partout. La renommée avait affaibli la vérité. J'avais franchi le Ménale, repaire affreux des bêtes fauves, le Cyllène et les sommets glacés du Lycée couronné de pins; j'entre alors dans la demeure et sous le toit

Sic, quum manus impia	Ainsi, lorsqu'une troupe impie
sævit exstinguere	brûla-dans-sa-fureur d'éteindre
nomen Romanum	le nom romain
sanguine Cæsareo,	dans le sang de-César,
genus humanum	le genre humain
attonitum est	fut épouvanté [grande,
terrore subito ruinæ tantæ,	par la terreur soudaine d'une chute si-
orbisque totus perhorruit.	et le globe tout-entier frissonna.
Nec pietas tuorum, Auguste,	Ni la piété des tiens, Auguste,
fuit minus grata tibi,	ne fut moins agréable à toi,
quam illa	que cette *piété des dieux*
Jovi.	*ne le fut* à Jupiter.
Qui, postquam compressit	Lequel, après-qu'il eut réprimé
voce manuque	de la voix et de la main
murmura,	les murmures,
cuncti tenuere silentia.	tous gardèrent le silence.

V. — CRIME DE LYCAON; SA MÉTAMORPHOSE.

Ut clamor substitit,	Dès que le cri se fut arrêté,
pressus gravitate	réprimé par l'autorité
regentis,	de *celui* qui gouverne,
Jupiter rumpit iterum	Jupiter rompt de nouveau
silentia	les silences (le silence)
hoc sermone :	par ce discours-ci :
Ille quidem solvit pœnas	Celui-là certes a payé des châtiments
(dimittite hanc curam),	(chassez ce souci);
docebo tamen	je *vous* apprendrai cependant
quod admissum	quel *est* le *crime* commis,
quæ sit vindicta.	quelle est la punition.
Infamia temporis	La mauvaise-réputation de *ce* temps
contigerat nostras aures ;	avait atteint nos oreilles;
quam cupiens falsam,	laquelle *moi* désirant *être* fausse,
delabor summo Olympo,	je descends du-haut-de l'Olympe,
et deus lustro terras	et dieu je parcours les terres
sub imagine humana.	sous une forme humaine.
Mora est longa	Le retard est (serait) long
enumerare quantum noxæ	d'énumérer combien de fautes
repertum sit ubique :	ont été trouvées partout :
infamia ipsa	la mauvaise-réputation elle-même
fuit minor vero.	fut moins grande que la vérité.
Transieram Mænala,	J'avais passé le Ménale, [ves,
horrenda latebris ferarum,	horrible par les retraites des bêtes-fau-
et pineta Lycæi gelidi	et les bois-de-pins du Lycée glacé
cum Cyllene ;	avec le Cyllène;
hinc ingredior sedes	de-là j'entre dans les demeures
et tecta inhospita	et sous les toits inhospitaliers

Ingredior, traherent quum sera crepuscula noctem.
Signa dedi venisse deum; vulgusque precari
Cœperat. Irridet primo pia vota Lycaon;
Mox ait : « Experiar, deus hic [1] discrimine aperto,
An sit mortalis : nec erit dubitabile verum. »
Nocte gravem somno necopina perdere morte
Me parat : hæc illi placet experientia veri.
Nec contentus eo, missi de gente Molossa [2]
Obsidis unius jugulum mucrone resolvit;
Atque ita semineces partim ferventibus artus
Mollit aquis, partim subjecto torruit igni.
Quos simul imposuit mensis, ego vindice flamma
In dominum dignosque everti tecta Penates.
Territus ille fugit, nactusque silentia ruris,
Exululat, frustraque loqui conatur : ab ipso
Colligit os rabiem, solitæque cupidine cædis
Vertitur in pecudes, et nunc quoque sanguine gaudet.
In villos abeunt vestes, in crura lacerti;
Fit lupus, et veteris servat vestigia formæ.

inhospitalier du roi d'Arcadie, à l'heure où le crépuscule tardif précède la nuit. Je fais connaître par des signes la présence d'un dieu; la foule commençait à m'adresser des prières. Lycaon tourne d'abord en dérision ces pieux hommages, puis il ajoute : « J'éprouverai d'une manière sûre si cet étranger est un dieu ou un mortel : la vérité ne laissera plus de doute. » Il se préparait à me surprendre pendant mon sommeil pour me faire périr. C'est ainsi qu'il prétendait connaître la vérité. Mais cette épreuve ne lui suffit pas : il égorge un otage que les Molosses lui avaient envoyé, puis il plonge dans l'eau bouillante une partie des membres encore palpitants de cet infortuné, et place les autres sur le feu pour les rôtir. A peine ces mets sont-ils apportés sur la table, que des flammes vengeresses font crouler le toit sur le maître et sur les pénates dignes d'un tel maître. Lycaon fuit épouvanté; il gagne les campagnes silencieuses. Là il veut parler, mais en vain; il ne fait que hurler. L'impuissance même de ses efforts le remplit de rage; il tourne contre les troupeaux son ardeur sanguinaire, et maintenant encore il est affamé de meurtre. Ses vêtements se changent en poils, ses bras, en jambes. Il devient loup, mais il conserve encore des traces de sa première forme. C'est tou-

tyranni Arcados,	du tyran arcadien,
quum crepuscula sera	lorsque les crépuscules tardifs
traherent noctem.	traînaient *après eux* la nuit.
Dedi signa	Je donnai des signes (je fis connaître par [des signes]
deum venisse;	un dieu être venu ;
vulgusque cœperat precari.	et la foule commençait à prier.
Lycaon irridet primo	Lycaon se moque d'abord
vota pia ;	de *ces* vœux pieux ;
mox ait : Experiar	puis il dit : J'éprouverai
discrimine aperto	par une épreuve évidente
hic sit deus,	*si* celui-ci est un dieu,
an mortalis :	ou-bien un mortel :
et verum non erit dubitabile.	et la vérité ne sera pas douteuse.
Parat perdere nocte	Il se prépare à faire-périr la nuit
morte necopina	et par une mort non-prévue
me gravem somno :	moi appesanti par le sommeil :
hæc experientia veri	cette expérience de la vérité
placet illi.	plaît à lui.
Nec contentus eo,	Et non content de cela,
resolvit mucrone	il ouvre avec la pointe *d'une épée*
jugulum unius obsidis	la gorge d'un otage
missi de gente Molossa ;	envoyé de la nation molosse ;
atque ita mollit partim	et ainsi (ensuite) il amollit en-partie
aquis ferventibus	dans des eaux bouillantes
artus semineces,	*ses* membres à-demi-morts,
torruit partim	il *les* rôtit en-partie
igni subjecto.	par du feu placé-dessous.
Quos simul imposuit mensis,	Lesquels dès qu'il eut posés-sur les tables,
ego everti tecta	moi je renversai les toits
flamma vindice	par une flamme vengeresse
in dominum	sur le maître
Penatesque dignos.	et sur *ses* Penates dignes *de lui*.
Ille territus fugit,	Celui-ci effrayé fuit,
nactusque silentia ruris,	et ayant trouvé les silences de la campa- [gne,
exululat,	il pousse-des-hurlements,
conaturque frustra loqui :	et il s'efforce vainement de parler :
os colligit rabiem	sa bouche contracte de la rage
ab ipso,	par cet *effort* même,
vertiturque in pecudes	et il se tourne contre les troupeaux
cupidine cædis solitæ,	par la passion du meurtre accoutumé,
et nunc quoque	et maintenant encore
gaudet sanguine.	il aime le sang.
Vestes abeunt in villos,	*Ses* vêtements s'en-vont en poils,
lacerti in crura ;	*ses* bras en jambes ;
fit lupus,	il devient loup,
et servat vestigia	et il garde les vestiges
veteris formæ.	de *son* ancienne forme.

Canities eadem est, eadem violentia vultu ;
Idem oculi lucent ; eadem feritatis imago.
Occidit una domus ; sed non domus una perire
Digna fuit : qua terra patet, fera regnat Erinnys[1] :
In facinus jurasse putes. Dent ocius omnes,
Quas meruere pati, sic stat sententia, pœnas. »
 Dicta Jovis pars voce probant, stimulosque furenti
Adjiciunt ; alii partes assensibus implent.
Est tamen humani generis jactura dolori
Omnibus ; et quæ sit terræ mortalibus orbæ
Forma futura rogant ; quis sit laturus in aras
Tura, ferisne paret populandas tradere terras.
Talia quærentes (sibi enim fore cetera curæ)
Rex Superum trepidare vetat, sobolemque priori
Dissimilem populo promittit origine mira.
Jamque erat in totas sparsurus fulmina terras ;
Sed timuit ne forte sacer tot ab ignibus æther
Conciperet flammas, longusque ardesceret axis.
Esse quoque in fatis reminiscitur affore tempus

jours le même poil grisâtre, le même air farouche, le même feu dans le regard. C'est toujours l'image de la férocité. Une maison donc a péri ; mais il y a plus d'une maison qui mérite ce sort. Dans toute l'étendue de la terre règne la cruelle Erynnis. On dirait que les hommes se sont voués au crime par serment. Il faut que tous, et tel est mon arrêt irrévocable, reçoivent promptement le châtiment qu'ils ont mérité. »

Parmi les dieux, les uns approuvent à haute voix les paroles de Jupiter et attisent sa fureur, les autres se contentent de donner en silence leur assentiment. Tous cependant s'affligent de la perte du genre humain : ils demandent à Jupiter ce que deviendra le monde dépeuplé, qui apportera de l'encens sur les autels, s'il veut livrer la terre aux ravages des bêtes féroces. Le souverain des dieux les interrompt, et leur ordonne de se rassurer. Il promet qu'il aura soin de tout le reste, et qu'il fera naître une race d'hommes bien différente de la première, une race dont l'origine sera merveilleuse. Déjà il allait lancer ses foudres sur tout l'univers ; mais il craint que tant de feux n'enflamment l'éther sacré et n'embrasent la vaste étendue du ciel. Il se souvient aussi que le livre des destins annonce un

Canities est eadem,	Sa blancheur est la même,
eadem violentia vultu;	la même violence *est* dans *son* regard;
oculi lucent idem;	ses yeux brillent les mêmes;
imago ferocitatis eadem.	l'image de *sa* férocité *est la* même.
Una domus occidit;	Une seule maison est tombée;
sed non una domus	mais non une seule maison
fuit digna perire :	a été digne (mérite) de périr :
fera Erynnis regnat	la cruelle Érynnis règne
qua terra patet :	là-où la terre s'étend :
putes	vous croiriez les *hommes*
jurasse in facinus.	avoir juré pour le crime.
Omnes dent ocius	Que tous subissent plus promptement
pœnas quas meruere pati,	les peines qu'ils ont mérité de souffrir,
sententia stat sic.	*ma* résolution est arrêtée ainsi. [voix
Pars probant voce	Une partie (les uns) approuve de la
dicta Jovis,	les paroles de Jupiter,
adjiciuntque stimulos	et ils ajoutent des aiguillons
furenti ;	à *ce dieu* furieux ;
alii implent partes	d'autres remplissent *leur* rôle
assensibus.	par des assentiments *muets*.
Jactura generis humani	La perte du genre humain
est tamen dolori omnibus;	est cependant à douleur à tous;
et rogant	et ils demandent
quæ forma sit futura	quelle forme est devant être
terræ orbæ mortalibus,	à la terre privée des mortels,
quis sit laturus tura	qui est devant apporter l'encens
in aras;	sur les autels;
paretne tradere feris	s'ils se prépare à livrer aux bêtes-fauves
terras populandas.	les terres devant être ravagées.
Rex Superum vetat	Le roi des dieux défend
quærentes talia	à *eux* demandant de telles choses
trepidare	de s'inquiéter
(cetera enim	(*il dit* le reste en effet
fore curæ sibi),	devoir être à-souci à lui-même),
promittitque sobolem	et il promet une race
origine mira	d'une origine merveilleuse
dissimilem populo priori.	race différente du peuple précédent.
Jamque erat	Et déjà il était
sparsurus fulmina	devant lancer les foudres
in terras totas;	sur les terres tout-entières;
sed timuit	mais il craignit
ne forte æther sacer	que peut-être l'éther sacré
conciperet flammas	ne prît des flammes (ne s'enflammât)
ab tot ignibus,	par l'*effet* de tant de feux, [brûlât.
axisque longus ardesceret.	et que le ciel dans-toute-son-étendue ne
Reminiscitur	Il se ressouvient
esse quoque in fatis	qu'il est aussi dans les destins

26 OVIDE.

Quo mare, quo tellus, correptaque regia cœli
Ardeat[1], et mundi moles operosa laboret.
Tela reponuntur, manibus fabricata Cyclopum ;
Pœna placet diversa, genus mortale sub undis
Perdere, et ex omni nimbos demittere cœlo.

VI. — LE DÉLUGE.
(V. 262-312.)

    Protinus Æoliis[2] Aquilonem[3] claudit in antris,
Et quæcumque fugant inductas flamina nubes,
Emittitque Notum[4]. Madidis Notus evolat alis,
Terribilem picea tectus caligine vultum[5].
Barba gravis nimbis ; canis fluit unda capillis ;
Fronte sedent nebulæ ; rorant pennæque sinusque.
Utque manu lata pendentia nubila pressit,
Fit fragor, et densi funduntur ab æthere nimbi.
Nuntia Junonis, varios induta colores,
Concipit Iris[6] aquas, alimentaque nubibus affert.
Sternuntur segetes, et deplorata coloni
Vota jacent, longique labor perit irritus anni.
Nec cœlo contenta suo[7] Jovis ira ; sed illum

temps où la mer, la terre et la voûte céleste seront consumées par les flammes, et où périra l'édifice du monde si laborieusement construit. Il dépose alors ses traits forgés par les mains des Cyclopes, et choisit un châtiment contraire : la race humaine périra sous les eaux, et des torrents de pluie se précipiteront de toutes les parties du ciel.

VI

    Aussitôt il enferme dans les antres d'Éole l'Aquilon et tous les vents qui mettent en fuite les nuages annoncelés, puis il déchaîne le Notus. Le Notus s'élance sur ses ailes humides. Son visage redoutable est couvert d'un sombre brouillard ; sa barbe est chargée d'orages ; l'eau coule de ses cheveux blancs: son front est couvert de nues ; l'eau ruisselle de ses ailes et de son sein. A peine a-t-il pressé de sa large main les nuages suspendus, qu'un fracas se fait entendre, et une pluie épaisse se précipite du haut des airs. La messagère de Junon, Iris, à l'écharpe aux mille couleurs, aspire les eaux, et apporte aux nuages de nouveaux aliments. Les moissons sont détruites, les espérances du laboureur, anéanties, et le travail d'une longue année, perdu sans retour. Jupiter ne renferme pas son courroux dans le

tempus affore	un temps devoir arriver
quo mare, quo tellus,	dans lequel la mer, dans lequel la terre,
regiaque cœli correpta	et le palais du ciel saisi *par les flammes*
ardeat,	devra-brûler,
et moles operosa mundi	et la masse péniblement-faite du monde
laboret.	devra-souffrir (périr).
Tela fabricata	Les traits forgés
manibus Cyclopum	par les mains des Cyclopes
reponuntur;	sont déposés ;
pœna diversa placet,	un châtiment opposé *lui* plaît,
perdere sub undis	c'*est* de faire-périr sous les ondes
genus mortale,	la race mortelle,
et demittere nimbos	et de faire-tomber des pluies
ex omni cœlo.	de tout le ciel.

VI. — LE DÉLUGE.

Claudit protinus	Il enferme aussitôt
Aquilonem	l'Aquilon
in antris Æoliis,	dans les antres d'-Éole,
et flamina	ainsi que les souffles
quæcumque fugant	tous-ceux-qui mettent-en-fuite
nubes inductas,	les nuages amoncelés,
emittitque Notum.	et il lâche le Notus.
Notus evolat alis madidis,	Le Notus s'envole de *ses* ailes humides,
tectus vultum terribilem	couvert quant à *son* visage terrible
caligine picea.	d'un brouillard noir-comme-la-poix.
Barba gravis nimbis;	Sa barbe *est* lourde de pluies ;
unda fluit capillis canis;	l'onde coule de *ses* cheveux-blancs ;
nebulæ sedent fronte;	des nuées résident sur *son* front ;
pennæque sinusque rorant.	et *ses* ailes et *son* sein dégouttent.
Utque pressit manu lata	Et dès qu'il a pressé de *sa* main large
nubila pendentia,	les nuages suspendus,
fragor fit,	un fracas a-lieu,
et nimbi densi	et des pluies épaisses
funduntur ab æthere.	sont versées du-haut-de l'air.
Nuntia Junonis,	La messagère de Junon,
induta colores varios,	revêtue de couleurs variées,
Iris concipit aquas,	Iris aspire les eaux,
affertque alimenta nubibus.	et apporte des aliments aux nuages.
Segetes sternuntur,	Les moissons sont abattues,
et vota deplorata coloni	et les espérances ruinées du laboureur
jacent,	gisent,
laborque longi anni	et le travail d'une longue année
perit irritus.	périt inutile.
Nec ira Jovis contenta	Ni la colère de Jupiter n'*est* contenue
cœlo suo;	dans le ciel qui-lui-appartient ;

Cæruleus frater ¹ juvat auxiliaribus undis.
Convocat hic Amnes ; qui postquam tecta tyranni
Intravere sui : « Non est hortamine longo
Nunc, ait, utendum : vires effundite vestras ;
Sic opus est; aperite domos, ac mole remota,
Fluminibus vestris totas immittite habenas. »
   Jusserat : hi redeunt, ac fontibus ora relaxant,
Et defrenato volvuntur in æquora cursu.
Ipse tridente suo terram percussit ; at illa
Intremuit, motuque sinus patefecit aquarum.
Exspatiata ruunt per apertos flumina campos,
Cumque satis arbusta simul, pecudesque virosque,
Tectaque, cumque suis rapiunt penetralia sacris.
Si qua domus mansit, potuitque resistere, tanto
Indejecta malo, culmen tamen altior hujus
Unda tegit, pressæque latent sub gurgite turres.
Jamque mare et tellus nullum discrimen habebant :
Omnia pontus erant, deerant quoque littora ponto.
Occupat hic collem ; cymba sedet alter adunca,
Et ducit remos illic ubi nuper ararat ;

ciel son domaine ; son frère Neptune lui prête encore le secours de ses eaux. Ce dieu assemble les Fleuves, et quand ils sont entrés dans la demeure de leur maître : « Il n'est pas besoin, dit-il, de longues exhortations : déployez toutes vos forces, il le faut ; ouvrez vos cavernes, renversez les digues, et donnez un libre cours à vos ondes. »

Il ordonne : les Fleuves retournent à leurs demeures, ouvrent leurs sources, et se précipitent vers la mer d'une course effrénée. Neptune lui même frappe la terre de son trident ; elle tremble, et la secousse ouvre les réservoirs cachés des eaux. Les fleuves se répandent et courent à travers les plaines ouvertes : moissons, arbres, troupeaux, hommes, maisons, sanctuaires et statues des dieux, tout est emporté. Si un édifice reste debout, et soutient, sans être renversé, un choc si violent, l'eau en dépasse et en couvre le faîte ; les tours disparaissent sous l'abîme. Déjà rien ne distinguait plus la terre de la mer : tout était mer, et mer sans rivage. Celui-ci se hâte de gagner une colline ; celui-là, assis dans une barque à la proue recourbée, manie la rame là où naguère il conduisait la charrue.

sed frater cæruleus	mais *son* frère azuré
juvat illum	aide lui
undis auxiliaribus.	de *ses* ondes auxiliaires.
Hic convocat Amnes;	Celui-ci convoque les Fleuves;
qui postquam intravere	lesquels après-qu'ils furent entrés
tecta sui tyranni :	dans les demeures de leur roi :
Non est, utendum ait,	Il ne faut pas se servir, dit-il,
longo hortamine :	d'une longue exhortation :
effundite vestras vires ;	épanchez vos forces ;
est opus sic ;	il est besoin *qu'il en soit* ainsi ;
aperite domos,	ouvrez *vos* demeures,
ac mole remota,	et la digue étant écartée
immittite totas habenas	lâchez toutes les brides
vestris fluminibus.	à vos flots.
Jusserat : hi redeunt,	Il avait ordonné : ceux-ci retournent,
ac relaxant ora fontibus,	et ouvrent les bouches aux (des) sources,
et volvuntur in æquora	et ils roulent dans les mers
cursu defrenato.	par un cours effréné.
Ipse percussit terram	Lui-même a frappé la terre
suo tridente ;	de son trident ;
at illa intremuit,	mais celle-ci a tremblé,
patefecitque motu	et a ouvert par *ce* mouvement
sinus aquarum.	les replis (les retraites) des eaux.
Flumina exspatiata	Les fleuves débordés [tes,
ruunt per campos apertos,	se précipitent à travers les plaines ouver-
rapiuntque arbusta	et entraînent les arbres
simul cum satis,	en-même-temps avec les moissons,
pecudesque, virosque,	et les troupeaux, et les hommes,
tectaque,	et les demeures,
penetraliaque	et les sanctuaires
cum suis sacris.	avec leurs *objets* sacrés.
Si qua domus mansit,	Si quelque maison est restée,
potuitque resistere,	et a pu résister,
indejecta malo tanto,	non-renversée par un désastre si-grand,
tamen unda altior	cependant l'onde plus élevée
tegit culmen hujus,	couvre le comble de celle-ci,
turresque latent	et les tours sont cachées
pressæ sub gurgite.	pressées sous *cet* amas-d'-eau.
Jamque mare et tellus	Et déjà la mer et la terre
habebant nullum discrimen:	n'avaient aucune distinction :
omnia erant pontus;	tout était mer ;
littora quoque	les rivages aussi
deerant ponto.	manquaient à la mer. [gne,
Hic occupat montem,	Celui-ci gagne-avant *le flot* une monta-
alter sedet	un autre est assis
cymba adunca,	dans une barque recourbée,
et ducit remos	et conduit (manie) les rames

Ille supra segetes aut mersæ culmina villæ
Navigat; hic summa piscem deprendit in ulmo.
Figitur in viridi, si fors tulit, ancora prato;
Aut subjecta terunt curvæ vineta carinæ;
Et, modo qua graciles gramen carpsere capellæ,
Nunc ibi deformes ponunt sua corpora phocæ.
Mirantur sub aqua lucos, urbesque domosque
Nereides; silvasque tenent delphines, et altis
Incursant ramis, agitataque robora pulsant.
Nat lupus inter oves; fulvos vehit unda leones;
Unda vehit tigres; nec vires fulminis apro,
Crura nec ablato prosunt velocia cervo;
Quæsitisque diu terris, ubi sidere detur,
In mare lassatis volucris vaga decidit alis.
Obruerat tumulos immensa licentia ponti,
Pulsabantque novi montana cacumina fluctus.
Maxima pars unda rapitur; quibus unda pepercit,
Illos longa domant inopi jejunia victu.

VII. — DEUCALION ET PYRRHA; LE MONDE APRÈS LE DÉLUGE.
(V. 313-366.)

Separat Aonios [1] Œtæis [2] Phocis ab arvis,

Un autre vogue au-dessus des moissons et des toits des chaumières submergées; un autre trouve un poisson au sommet d'un orme; l'ancre s'enfonce, suivant le caprice du hasard, dans une verte prairie; les carènes recourbées écrasent les vignes sur lesquelles elles passent. Là où naguère la chèvre légère broutait le gazon, s'étend maintenant le phoque hideux. Les Néréides voient avec étonnement sous l'eau des bois, des villes et des maisons; les dauphins occupent les forêts, courent sur les branches élevées, heurtent et ébranlent les chênes. Le loup nage au milieu des brebis; l'eau emporte le lion fauve et le tigre. Que sert au sanglier sa force foudroyante? Que servent au cerf, entraîné par le torrent, ses jambes agiles? L'oiseau vagabond cherche longtemps une terre où il puisse se poser; il tombe enfin dans la mer, les ailes vaincues par la fatigue. Sous les eaux débordées les hauteurs avaient disparu, et les flots battaient pour la première fois les sommets des montagnes. La plus grande partie des hommes est entraînée par l'onde; ceux qu'elle a épargnés, manquent d'aliments; une faim lente les consume.

VII

La Phocide sépare les Béotiens des campagnes de l'Œta. C'é-

illic ubi ararat nuper; | là où il avait labouré récemment;
ille navigat | celui-là navigue
supra segetes | au-dessus des moissons
aut culmina villæ mersæ ; | ou des toits d'une ferme submergée;
hic deprendit piscem | celui-ci surprend un poisson
in summa ulmo. | sur le sommet-d'un orme. [permis).
Ancora, si fors tulit, | L'ancre, si le hasard a porté *cela* (l'a
figitur in prato viridi; | est enfoncée dans une prairie verte ;
aut carenæ curvæ | ou les carènes recourbées
terunt vineta subjecta; | broient les vignobles placés-dessous ;
et phocæ deformes | et les phoques hideux
ponunt nunc sua corpora | posent maintenant leurs corps
ibi qua modo | là où naguère
capellæ graciles | les chèvres maigres
carpsere gramen. | ont brouté le gazon.
Nereides mirantur sub aqua | Les Néréides admirent sous l'eau
lucos, urbesque, | des bois-sacrés, et des villes,
domosque; | et des maisons;
delphinesque tenent silvas, | et des dauphins occupent les forêts,
et incursant remis altis, | et courent-sur les rameaux élevés,
pulsantque robora agitata. | et heurtent les chênes qu'ils agitent.
Lupus nat inter oves; | Le loup nage parmi les brebis;
unda vehit leones fulvos, | l'onde porte les lions fauves,
unda vehit tigres; | l'onde porte les tigres ;   [sanglier,
nec vires fulminis apro, | ni les forces de la foudre *ne servent* au
nec crura velocia | ni les jambes rapides
prosunt cervo ablato; | ne servent au cerf entraîné *par les eaux*;
volucrisque vaga | et l'oiseau errant
decidit in mare | tombe dans la mer
alis lassatis, | les ailes fatiguées,
terris, ubi detur sidere, | des terres, où il *lui* soit donné de se poser,
quæsitis diu. | ayant été cherchées longtemps.
Immensa licentia ponti | L'immense débordement de la mer
obruerat tumulos. | avait couvert les hauteurs,
fluctusque novi pulsabant | et des flots inconnus battaient
cacumina montana. | les sommets-des-montagnes.
Maxima pars | La plus grande partie *des hommes*
rapitur unda; | est entraînée par l'onde ;
longa jejunia domant | de longs jeûnes domptent
victu inopi | par une nourriture insuffisante
illos quibus unda | ceux que l'onde
pepercererat. | avait épargnés.

VII. — Deucalion et Pyrrha; le monde après le déluge.

Phocis separat Aonios | La Phocide sépare les Aoniens
ab arvis OEtæis, | des champs de-l'-OEta,

Terra ferax, dum terra fuit, sed tempore in illo
Pars maris, et latus subitarum campus aquarum.
Mons ibi verticibus petit arduus astra duobus [1],
Nomine Parnassus, superatque cacumine nubes.
Huc ubi Deucalion [2] (nam cetera texerat æquor)
Cum consorte tori, parva rate vectus, adhæsit,
Corycidas [3] Nymphas et numina montis adorant,
Fatidicamque Themin [4], quæ tunc oracla tenebat.
Non illo melior quisquam, nec amantior æqui
Vir fuit, aut illa reverentior ulla deorum.
  Jupiter, ut liquidis stagnare paludibus orbem,
Et superesse videt de tot modo millibus unum,
Et superesse videt de tot modo millibus unam,
Innocuos ambo, cultores numinis ambo,
Nubila disjecit; nimbisque Aquilone remotis,
Et cœlo terras ostendit et æthera terris.
Nec maris ira manet, positoque tricuspide telo,
Mulcet aquas rector pelagi; supraque profundum
Exstantem, atque humeros innato murice tectum,
Cæruleum Tritona vocat; conchæque sonanti
Inspirare jubet, fluctusque et flumina signo

tait une terre fertile, alors que c'était une terre, mais en ce temps-là ce n'était plus qu'une étendue de mer, une vaste plaine subitement envahie par les eaux. Dans cette contrée est une haute montagne qui touche les astres de son double sommet; son nom est le Parnasse; sa tête se perd dans les nues. Lorsque Deucalion et sa compagne ont fixé là (c'était le seul endroit que les ondes n'eussent pas couvert) la petite barque qui les portait, ils adorent les nymphes de Corycie, les divinités de la montagne, et la prophétesse Thémis, qui rendait alors des oracles : car jamais il n'y eut d'homme plus vertueux et plus ami de l'équité que Deucalion, jamais femme n'eut plus de respect pour les Immortels que Pyrrha.

Quand le maître des dieux vit l'univers transformé en un lac immense, et que de tant de milliers d'hommes qui existaient naguère il n'en restait qu'un seul, et de tant de milliers de femmes également une seule, tous deux innocents, tous deux adorateurs de la divinité, il disperse les nuages; il ordonne à l'Aquilon de chasser les tempêtes, et montre la terre au ciel, et le ciel à la terre. La mer calme aussi son courroux. Neptune dépose son trident, et apaise les flots. Le dieu marin Triton élevait au-dessus de l'abîme ses épaules que la nature a revêtues de pourpre : Neptune l'appelle, et lui ordonne de souffler dans sa conque retentissante pour faire rentrer par ce signal les flots

terra ferax, dum fuit terra,	terre fertile, tant qu'elle fut une terre,
sed in illo tempore	mais dans ce temps-là
pars maris,	partie de la mer,
et latus campus	et large plaine
aquarum subitarum.	des eaux soudaines.
Ibi mons arduus,	Là un mont élevé,
Parnassus nomine, [bus,	le Parnasse par le nom,
petit astra duobus vertici-	gagne les astres par *ses* deux sommets,
superatque nubes cacumine.	et dépasse les nuages par *sa* cime.
Ubi Deucalion,	Dès que Deucalion,
vectus parva rate,	porté par un petit esquif,
adhæsit hic	se fut attaché là
(nam æquor texerat cetera)	(car la mer avait couvert tout-le-reste)
cum consorte tori,	avec celle-qui-partageait *son* lit,
adorant nymphas Corycidas	ils adorent les nymphes de-Corycie
et numina montis,	et les divinités de la montagne,
Theminque fatidicam,	et Thémis qui annonce-les-destins,
quæ tenebat tunc oracla.	laquelle occupait alors les oracles.
Quisquam vir	Aucun homme
non fuit melior illo,	ne fut meilleur que celui-là,
nec amantior æqui,	ni aimant-plus le juste, [pour les dieux
aut ulla reverentior deorum	ou aucune *femme* ne *fut* plus respectueuse
illa.	que celle-là.
Jupiter, ut videt	Jupiter, dès qu'il voit
orbem stagnare	le globe être submergé
paludibus liquidis,	par les marais liquides,
et unum superesse	et un seul *homme* rester [guère,
de tot millibus modo,	de *ceux qui étaient* tant de milliers na-
et videt unam superesse	et *qu'il* voit une seule *femme* rester
de tot millibus modo,	de tant de milliers naguère,
ambo innocuos,	tous-deux innocents,
ambo cultores numinis,	tous-deux adorateurs de la divinité,
disjecit nubila;	il dispersa les brouillards;
nimbisque remotis	et les nuages ayant été écartés
aquilone,	par l'aquilon,
ostendit et terras cœlo	il montra et les terres au ciel
et æthera terris.	et l'air aux terres.
Nec ira maris manet,	Et la colère de la mer ne subsiste pas,
rectorque pelagi,	et le maître de la mer,
telo tricuspide posito,	*son* arme à-trois-pointes étant déposée,
mulcet aquas,	apaise les eaux,
vocatque	et il appelle
Tritona cæruleum [dum,	Triton azuré
exstantem supra profun-	se tenant au-dessus de l'abîme,
atque tectum humeros	et couvert quant aux épaules
murice innato;	d'une pourpre naturelle;
jubetque inspirare	et il *lui* ordonne de souffler-dans

Jam revocare dato. Cava buccina sumitur illi
Tortilis, in latum quæ turbine crescit ab imo;
Buccina, quæ, medio concepit ubi aera ponto,
Littora voce replet sub utroque jacentia Phœbo.
Tum quoque, ut ora dei madida rorantia barba
Contigit, et cecinit jussos inflata receptus,
Omnibus audita est telluris et æquoris undis,
Et quibus est undis audita, coercuit omnes.
Jam mare littus habet; plenos capit alveus amnes;
Flumina subsidunt; colles exire videntur;
Surgit humus; crescunt loca, decrescentibus undis ;
Postque diem longam nudata cacumina silvæ
Ostendunt, limumque tenent in fronde relictum.
Redditus orbis erat. Quem postquam vidit inanem,
Et desolatas agere alta silentia terras,
Deucalion lacrimis ita Pyrrham [1] affatur obortis :
   « O soror, o conjux, o femina sola superstes,
Quam commune mihi genus, et patruelis origo,
Deinde torus junxit, nunc ipsa pericula jungunt;

dans la mer, les fleuves dans leur lit. Triton prend sa trompe creuse et recourbée qui va en s'élargissant; lorsqu'elle est remplie de l'air aspiré au milieu de l'océan, elle fait retentir les rivages situés aux deux extrémités du monde. Dans cette circonstance, à peine le dieu l'a-t-il approchée de ses lèvres, humides de l'eau qui ruisselle de sa barbe, à peine l'a-t-il enflée pour sonner la retraite, selon les ordres de Neptune, que toutes les eaux répandues sur la terre, toutes les eaux de la mer l'entendent et se retirent. Déjà l'océan retrouve ses rivages, les fleuves coulent à pleins bords dans leurs lits, les eaux s'abaissent; les collines semblent sortir de terre; le sol s'élève et s'étend à mesure que l'onde se retire; et après un long espace de temps les forêts montrent leurs cimes dépouillées et encore chargées du limon déposé sur leur feuillage. Le monde était rendu à sa première forme; mais Deucalion le voit sans habitants. Effrayé du profond silence qui règne sur les terres dépeuplées, il parle ainsi à Pyrrha, les yeux baignés de larmes :

   « O ma sœur, ô mon épouse, qui survis seule de toutes les femmes, toi qui, issue comme moi de Japhet, m'étais unie par la communauté d'origine et par les liens du sang, et qui m'es maintenant unie par

jungunt;	unissent *à moi*; [pulation)
nos duo sumus turba terrarum, [tus	nous deux nous sommes la foule (la po- des terres, [vant
quascumque occasus et or- vident;	de toutes-celles que le couchant et le le- voient;
pontus possedit cetera.	la mer a occupé tout-le-reste.
Hæc fiducia quoque nostræ vitæ	Cette assurance aussi de notre vie
non est adhuc satis certa :	n'est pas encore suffisamment certaine :
nubila terrent etiamnum mentem.	les nuages effrayent encore *mon* esprit, [timent)
Nunc quid animi foret tibi, miseranda,	Maintenant quoi de sentiment (quel sen- serait à toi, malheureuse,
si erepta fuisses fatis sine me?	si tu avais été arrachée aux destins sans moi?
Quo modo posses ferre sola timorem?	De quelle manière pourrais-tu supporter seule la crainte?
Quo consolante doleres?	Qui *te* consolant t'affligerais-tu?
Namque ego, crede mihi,	Car moi, crois-moi,
si pontus te haberet modo,	si la mer t'avait maintenant,
sequerer te, conjux,	je te suivrais, *mon* épouse,
et pontus me haberet quoque.	et la mer m'aurait aussi.
O utinam possim reparare populos artibus paternis,	O que je puisse refaire des peuples par les moyens paternels,
atque infundere animas terræ formatæ!	et verser des âmes (la vie) dans la terre (l'argile) pétrie!
Nunc genus mortale restat in nobis duobus (visum sic Superis), manemusque exempla hominum.	Maintenant la race mortelle reste en nous deux (il a paru-bon ainsi aux dieux), et nous restons *comme* exemplaires des hommes.

VIII. — LE MONDE REPEUPLÉ.

Dixerat, et flebant:	Il avait dit, et ils pleuraient :
placuit precari numen cœleste,	il *leur* plut de prier la puissance céleste,
et quærere auxilium per sortes sacras.	et de chercher un secours par les prédictions sacrées.
Nulla mora est :	Aucun retard n'est :
adeunt pariter undas Cephisidas,	ils vont ensemble vers les ondes du-Céphise,
ut nondum liquidas, sic secantes jam vada nota.	de-même-que non-encore limpides, ainsi fendant déjà les fonds connus.
Ubi irroravere vestibus et capiti	Dès qu'ils eurent versé-sur *leurs* vêtements et *leur* tête

Ad delubra deæ, quorum fastigia turpi
Squalebant musco, stabantque sine ignibus aræ.
Ut templi tetigere gradus, procumbit uterque
Pronus humi, gelidoque pavens dedit oscula saxo.
Atque ita : « Si precibus, dixerunt, numina justis
Victa remollescunt, si flectitur ira deorum,
Dic, Themi, qua generis damnum reparabile nostri
Arte sit, et mersis fer opem mitissima rebus. »
Mota dea est, sortemque dedit : « Discedite templo,
Et velate caput, cinctasque resolvite vestes [1],
Ossaque post tergum magnæ jactate parentis. »
Obstupuere diu; rumpitque silentia voce
Pyrrha prior, jussisque deæ parere recusat;
Detque sibi veniam pavido rogat ore, pavetque
Lædere jactatis maternas ossibus umbras.
Interea repetunt cæcis obscura latebris
Verba datæ sortis secum, inter seque volutant.
Inde Promethides [2] placidis Epimethida dictis
Mulcet, et : « Aut fallax, ait, est solertia nobis,

nent leurs pas vers le temple de l'auguste déesse. Le faîte de l'édifice était couvert d'une mousse hideuse; les autels étaient sans feu. A peine ont-ils touché les degrés du temple que tous les deux se prosternent à terre, et, pleins de frayeur, ils baisent le marbre glacé. « Si les dieux, disent-ils, deviennent plus doux, et se laissent fléchir par de justes prières, si leur courroux n'est point implacable, enseigne nous, Thémis, par quel moyen nous pourrons réparer la perte de notre race, et, dans ta bonté, viens au secours de l'univers submergé. » Touchée de leur prière, la déesse rend cet oracle : « Sortez du temple; voilez-vous la tête, détachez les ceintures qui retiennent vos vêtements, et jetez derrière vous les os de votre auguste mère. » Longtemps ils restent étonnés. La première, Pyrrha rompt le silence et refuse d'obéir à l'ordre de la déesse. Elle la prie d'une voix tremblante de lui pardonner, mais elle craint d'offenser les mânes de sa mère en dispersant ses os. Cependant ils repassent dans leur esprit les paroles énigmatiques de l'oracle, et cherchent à en pénétrer le sens. Enfin le fils de Prométhée apaise par ces paroles rassurantes les scrupules de la fille d'Épiméthée : « Ou ma sagacité me trompe, dit-il, ou cet

liquores libatos inde,	les eaux puisées de-là (du Céphise),
flectunt vestigia	ils tournent *leurs* pas
ad delubra deæ sanctæ,	vers le temple de la déesse sainte,
quorum fastigia squalebant	duquel *temple* les faîtes étaient-salis
musco turpi,	par une mousse hideuse,
aræque stabant	et les autels se dressaient
sine ignibus.	sans feux. [temple,
Ut tetigere gradus templi,	Dès qu'ils eurent touché les degrés du
uterque pronus	l'un et l'autre penché-en-avant
procumbit humi,	se prosterne à terre,
pavensque dedit oscula	et effrayé donna des baisers
saxo gelido.	à la pierre glacée.
Atque ita : Si, dixerunt,	Et ainsi (ensuite) : Si, dirent-ils,
numina remollescunt	les divinités se ramollissent
victa precibus justis,	vaincues par des prières justes,
si ira deorum flectitur,	si la colère des dieux est fléchie,
Dic, Themi, qua arte	Dis, Thémis, par quel moyen
damnum nostri generis	la perte de notre race
sit reparabile,	est réparable,
et mitissima fer opem	et très-douce porte secours
rebus mersis.	aux choses (à l'univers) submergées.
Dea mota est,	La déesse fut touchée,
deditque sortem :	et donna une prédiction :
Discedite templo,	Éloignez-vous du temple,
et velate caput,	et voilez-*vous* la tête,
resolviteque vestes	et déliez *vos* vêtements
cinctas,	retenus-par-une-ceinture,
jactateque post tergum	et jetez derrière *votre* dos
ossa parentis magnæ.	les os de la mère grande.
Obstupuere diu ;	Ils restèrent-stupéfaits longtemps ;
Pyrrhaque prior	et Pyrrha la première
rumpit silentia voce,	rompt les silences par la parole,
recusatque parere	et refuse d'obéir
jussis deæ ;	aux ordres de la déesse ;
rogatque ore pavido	et elle demande d'une bouche craintive
det veniam sibi,	qu'elle (la déesse) accorde le pardon à
pavetque lædere	et elle craint d'offenser [elle-même,
umbras maternas	les ombres (les mânes) maternelles
ossibus jactatis.	les os ayant été jetés.
Interea repetunt secum	Cependant ils repassent avec-eux-mêmes
verba sortis datæ	les paroles de la prédiction donnée
obscura latebris cæcis,	*paroles* obscures par des mystères cachés,
volutantque inter se.	et ils *les* roulent entre eux.
Inde Promethides	Puis le-fils-de-Prométhée
mulcet dictis placidis	apaise par des paroles calmes
Epimethida,	la-fille-d'Épiméthée,
et : Aut, ait,	et : Ou, dit-il,

Aut pia sunt, nullumque nefas oracula suadent.
Magna parens Terra [1] est; lapides in corpore Terræ
Ossa [2] reor dici : jacere hos post terga jubemur. »
   Conjugis augurio quanquam Titania mota est,
Spes tamen in dubio est : adeo cœlestibus ambo
Diffidunt monitis! Sed quid tentare nocebat?
Discedunt, velantque caput, tunicasque recingunt,
Et jussos lapides sua post vestigia mittunt.
Saxa (quis hoc credat, nisi sit pro teste vetustas?)
Ponere duritiem cœpere suumque rigorem,
Mollirique mora, mollitaque ducere formam.
Mox, ubi creverunt, naturaque mitior illis
Contigit, ut quædam, sic non manifesta, videri,
Forma potest hominis, sed uti de marmore cœpto,
Non exacta satis, rudibusque simillima signis.
Quæ tamen ex illis aliquo pars humida succo
Et terrena fuit, versa est in corporis usum;
Quod solidum est flectique nequit, mutatur in ossa,
Quod modo vena fuit, sub eodem nomine mansit.
Inque brevi spatio, Superorum numine, saxa

oracle n'offense point la piété, et ne nous conseille aucun crime. La Terre est notre mère auguste, ses ossements sont sans doute les pierres : ce sont des pierres qu'on nous ordonne de jeter derrière nous. »

La fille des Titans est ébranlée par l'explication de son mari. Cependant cet espoir est mêlé de doutes : tant cet avis du ciel leur laisse d'incertitude à tous deux! Mais quel danger y avait-il à essayer? Ils sortent du temple, se voilent la tête, dénouent leurs tuniques, et jettent des pierres derrière eux, selon l'ordre de Thémis. Ces pierres (qui le croirait si l'antiquité n'en rendait témoignage?) perdent leur dureté et leur rigidité; elles s'amollissent peu à peu, et revêtent une forme. Puis, à mesure qu'elles grandissent, qu'elles prennent une nature plus douce, elles offrent la forme humaine, non pas distincte, mais grossière comme un marbre à peine façonné, comme une statue imparfaitement ébauchée. Ce qu'il y avait en elles d'humide et de terrestre se change en chair. Ce qui est solide et ne peut se plier, devient des os. Ce qui naguère était veine, conserve sa forme et son nom. En peu de temps, par la volonté des dieux, les pierres que jette

conchæ sonanti,	sa conque retentissante,
revocareque jam	et de rappeler maintenant
fluctus et flumina	les flots et les fleuves
signo dato.	le signal étant donné.
Cava buccina tortilis,	Sa creuse trompette recourbée,
quæ crescit in latum	qui croît en largeur
ab imo turbine,	à-partir-du bas-de sa-forme-arrondie,
sumitur illi ;	est prise par lui ;
buccina quæ,	trompette qui,
ubi concepit aera	dès qu'elle a reçu l'air
medio ponto,	au milieu de la mer,
replet voce littora jacentia	remplit de bruit les rivages situés
sub utroque Phœbo.	sous l'un-et-l'autre soleil.
Tum quoque, ut contigit	Alors aussi, dès qu'elle eut touché
ora dei	la bouche du dieu
rorantia barba madida,	dégouttante par la barbe mouillée,
et inflata cecinit	et qu'enflée elle eut sonné
receptus jussos,	les retraites ordonnées,
audita est omnibus undis	elle fut entendue par toutes les ondes
telluris et æquoris,	de la terre et de la mer,
et coercuit omnes	et arrêta toutes les *ondes*
quibus undis audita est.	*par lesquelles ondes* elle fut entendue.
Jam mare habet littus ;	Déjà la mer a un rivage ;
alveus capit amnes plenos ;	*leur* lit reçoit les rivières pleines ;
flumina subsidunt ;	les fleuves s'abaissent ;
colles videntur exire ;	les collines paraissent sortir ;
humus surgit ;	la terre s'élève ;
loca crescunt,	les lieux croissent,
undis decrescentibus ;	les ondes décroissant ;
postque longam diem	et après un long jour (un long temps)
silvæ ostendunt	les forêts montrent
cacumina nudata,	*leurs* sommets dépouillés,
tenentque limum	et elles conservent le limon
relictum in fronde.	laissé sur le feuillage.
Orbis redditus erat.	Le globe était rendu *à sa forme*.
Quem postquam Deucalion	*Lequel* globe après que Deucalion
vidit inanem,	eut vu vide,
et terras desolatas	et *qu'il eut vu* les terres dépeuplées
agere alta silentia,	mener (garder) de profonds silences,
affatur ita Pyrrham,	il parle ainsi à Pyrrha,
lacrimis obortis :	des larmes s'étant élevées *dans ses yeux* :
O soror, o conjux,	O ma sœur, ô *mon* épouse,
o sola femina superstes,	ô seule femme survivante,
quam genus commune	*toi* qu'une race commune
et origo patruelis,	et une origine germaine
deinde torus junxit mihi,	puis le lit-nuptial a unie à moi,
nunc pericula ipsa	*et que* maintenant les périls eux-mêmes

Terrarum, quascumque vident occasus et ortus,
Nos duo turba sumus : possedit cetera pontus.
Hæc quoque adhuc vitæ non est fiducia nostræ
Certa satis : terrent etiamnum nubila mentem.
Quid tibi, si sine me fatis erepta fuisses,
Nunc animi, miseranda, foret? Quo sola timorem
Ferre modo posses? Quo consolante doleres?
Namque ego, crede mihi, si te modo pontus haberet,
Te sequerer, conjux, et me quoque pontus haberet.
O utinam possim populos reparare paternis
Artibus, atque animas formatæ infundere terræ!
Nunc genus in nobis restat mortale duobus
(Sic visum Superis), hominumque exempla manemus. »

VIII. — LE MONDE REPEUPLÉ.
(V. 367-415.)

Dixerat, et flebant : placuit cœleste precari
Numen, et auxilium per sacras quærere sortes.
Nulla mora est : adeunt pariter Cephisidas[1] undas,
Ut nondum liquidas, sic jam vada nota secantes.
Unde ubi libatos irroravere liquores[2]
Vestibus et capiti, flectunt vestigia sanctæ

les périls, nous sommes à nous deux la population de toutes les terres que le soleil voit à son lever et à son coucher ; le reste est enseveli sous les eaux. Encore ne sommes-nous pas bien assurés de la vie, car les nuages m'épouvantent toujours. Quels seraient aujourd'hui tes sentiments, infortunée, si tu avais été arrachée sans moi au trépas? Comment pourrais-tu résister seule à tes craintes? Qui te consolerait dans ton affliction? Pour moi, crois-en mes paroles, si les eaux t'avaient engloutie, je t'aurais suivie, ô ma chère épouse, et les eaux m'auraient également englouti. Que n'ai-je l'habileté de mon père pour créer de nouveaux peuples, pour façonner et animer l'argile ! Maintenant la race des mortels vit tout entière en nous deux (ainsi l'ont voulu les habitants de l'Olympe), et nous restons comme type de l'humanité ! »

VIII

Il avait dit, et tous deux pleuraient. Ils prennent la résolution d'implorer la puissance divine et de demander du secours aux oracles. Aussitôt ils s'approchent ensemble du Céphise, qui, sans avoir recouvré sa limpidité, coulait alors dans son lit habituel. Ils y puisent de l'eau qu'ils versent sur leurs têtes et sur leurs vêtements, et ils tour-

rettulitque partim figuras antiquas,	et ramena en-partie des formes antiques,
partim creavit monstra nova.	en-partie elle créa des monstres nouveaux.
Illa quidem nollet; sed tum genuit te quoque, maxime Python;	Elle certes ne voudrait pas t'engen- [drer; mais alors elle t'engendra aussi, très-grand Python;
serpensque incognite, eras terror populis novis,	et serpent inconnu, [nouveaux, tu étais un objet-de-terreur aux peuples
tantum tenebas spatii de monte!	tant tu tenais d'espace de la montagne!
Deus arcitenens, et nunquam usus ante talibus armis	Le dieu qui-tient-l'arc, [vant et qui ne s'était jamais servi aupara- de telles armes
nisi in damis capreisque fugacibus,	sinon sur des daims et des chevreuils fuyards,
perdidit hunc gravem mille telis,	fit-périr ce *serpent* appesanti par mille traits,
pharetra pæne exhausta, veneno effuso per vulnera nigra.	son carquois ayant été presque épuisé, le venin *de l'animal* s'étant répandu par des blessures noires.
Neve vetustas posset delere famam operis,	Et-pour-que le temps ne pût effacer la gloire de *cette* œuvre,
instituit ludos sacros certamine celebri,	il institua des jeux sacrés d'une lutte fréquentée,
dictos Pythia, [tæ. nomine serpentis perdomi-	appelés Pythiens, du nom du serpent dompté.
Hic quicumque juvenum vicerat manu,	Là quiconque des jeunes-gens avait vaincu par la main,
pedibusve, rotave, capiebat honorem frondis æsculeæ.	ou par les pieds, ou par la roue, recevait l'honneur (la récompense) du feuillage du-chêne.
Laurus nondum erat; Phœbusque cingebat de arbore qualibet tempora decentia longo crine.	Le laurier n'existait pas encore; et Phébus ceignait d'un arbre quelconque *ses* tempes embellies par une longue chevelure.

X. — Io changée en génisse. Argus et Inachus.

Est nemus Hæmoniæ, quod silva prærupta claudit undique;	Il est un bois d'Hémonie, qu'une forêt escarpée ferme de toute-part;
vocant Tempe, per quæ Peneus,	on *l'*appelle Tempé, à travers laquelle le Pénée,
effusus ab imo Pindo, volvitur undis spumosis,	sorti du bas-du Pinde roule avec des eaux écumeuses,

Dejectuque gravi tenues agitantia fumos
Nubila conducit, summisque aspergine silvis
Impluit, et sonitu plus quam vicina fatigat.
Hæc domus, hæc sedes, hæc sunt penetralia magni
Amnis : in hoc residens facto de cautibus antro,
Undis jura dabat, nymphisque colentibus undas.
Conveniunt illuc popularia flumina primum,
Populifer Sperchius, et irrequietus Enipeus,
Apidanusque senex, lenisque Amphrysus, et Æas [1];
Moxque amnes alii, qui, qua tulit impetus illos,
In mare deducunt fessas erroribus undas.
Inachus [2] unus abest, imoque reconditus antro,
Fletibus auget aquas, natamque miserrimus Io [3]
Luget, ut amissam : nescit vitane fruatur,
An sit apud Manes; sed quam non invenit usquam,
Esse putat nusquam, atque animo pejora veretur.
   Centum luminibus cinctum caput Argus habebat ;
Inde suis vicibus capiebant bina quietem ;
Cetera servabant, atque in statione manebant.
Constiterat quocumque loco, spectabat ad Io ;
Ante oculos Io, quamvis aversus, habebat.

mantes; celles-ci dans leur chute pesante forment des nuages d'où s'échappent de légères vapeurs qui retombent en pluie sur la cime des arbres, et le bruit de ce torrent fatigue au loin les échos. C'est la demeure, c'est la retraite, et comme le sanctuaire de ce grand Fleuve. Là, dans cet antre composé de rochers, il donne des lois à ses eaux et aux nymphes qui les habitent. C'est là que se rassemblent d'abord les fleuves de la contrée, le Sperchius bordé de peupliers, l'Énipée aux eaux toujours agitées, le vieil Apidanus, le paisible Amphryse et l'Æas; puis les autres fleuves qui amènent à la mer, là où leur cours les porte, leurs ondes fatiguées de longs détours. Seul, Inachus ne vient pas; enfermé au fond de son antre il grossit ses eaux des larmes qu'il répand. L'infortuné pleure sa fille Io, comme si elle était perdue. Il ne sait si elle jouit encore de la lumière des cieux, ou si elle est dans les enfers. Mais ne la trouvant nulle part, il s'imagine qu'elle n'est plus, et il redoute ce qu'il y a de pire.

   Cent yeux entouraient la tête d'Argus. Deux à la fois prenaient du repos; tous les autres veillaient, et restaient en observation. En quelque lieu que le monstre se tînt, ses regards étaient toujours fixés sur Io; il avait Io sous les yeux, même quand il lui

solertia fallax est nobis,	une habileté trompeuse est à nous,
aut oracula sunt pia,	ou les oracles sont pieux,
suadentque nullum nefas.	et ne conseillent aucun crime.
Terra est parens magna ;	La Terre est la mère grande ;
reor lapides	je crois les pierres
in corpore Terræ	*qui sont* dans le corps de la Terre
dici ossa :	être appelées *ses* os :
jubemur	nous-recevons-l'-ordre
jacere hos post terga.	de jeter celles-ci derrière *nos* dos. »
Quanquam Titania	Quoique la fille-des-Titans [époux,
mota est augurio conjugis,	soit touchée par l'interprétation de *son*
spes est tamen	l'espérance est cependant
in dubio :	dans le doute :
adeo ambo diffidunt	tellement tous-deux se défient
monitis cœlestibus !	des avertissements célestes !
Sed quid nocebat tentare?	Mais en quoi était-il-nuisible d'essayer ?
Discedunt, velantque caput,	Ils s'éloignent, et voilent *leur* tête,
recinguntque tunicas,	et dénouent *leurs* tuniques, [pas)
et mittunt post sua vestigia	et envoient derrière leurs traces (leurs
lapides jussos.	les pierres prescrites.
Saxa (quis credat hoc,	Les pierres (qui croirait cela,
nisi vetustas sit pro teste?)	si l'antiquité n'était pour témoin ?)
cœpere ponere duritiem,	commencèrent à déposer *leur* dureté,
suumque rigorem,	et leur rigidité,
mollirique mora,	et à s'amollir par le délai (avec le temps',
mollitaque ducere formam.	et amollies à prendre une forme.
Mox, ubi creverunt,	Puis, quand elles eurent grandi,
et natura mitior	et *qu'*une nature plus douce
contigit illis,	fut échue à elles, [me
ut quædam forma hominis	de-même-qu'-une certaine forme d'hom-
potest videri,	peut être vue *en elles*, [vue,
sic non manifesta,	ainsi *une forme* non manifeste *peut être*
sed non satis exacta,	mais non suffisamment achevée,
uti de marmore cœpto,	comme *faite* d'un marbre commencé,
simillimaque	et très-semblable
signis rudibus.	à des statues grossières.
Pars tamen	La partie cependant
quæ fuit ex illis	qui fut (é'ait) de ces *pierres*
humida aliquo succo	humide de quelque suc
et terrena,	et terrestre,
versa est in usum corporis ;	se changea en usage de corps (en chair);
quod est solidum	ce qui est solide
nequitque flecti,	et ne-peut être plié,
mutatur in ossa ;	est changé en os ;
quod modo fuit vena,	ce qui naguère fut veine,
mansit sub eodem nomine.	resta sous le même nom.
Inque brevi spatio,	Et dans un court espace,

Missa viri manibus faciem traxere virilem,
Et de femineo reparata est femina jactu.
Inde genus durum[1] sumus, experiensque laborum,
Et documenta damus qua simus origine nati.

IX. — APOLLON ET LE SERPENT PYTHON.
(V. 416-419, 421-451.)

Cetera diversis Tellus animalia formis
Sponte sua peperit, postquam vetus humor ab igne
Percaluit solis, cœnumque udæque paludes,
Intumuere æstu, fecundaque semina rerum
Creverunt, faciemque aliquam cepere morando.
Sic, ubi deseruit madidos septemfluus agros
Nilus, et antiquo sua flumina reddidit alveo,
Æthereoque recens exarsit sidere limus,
Plurima cultores versis animalia glebis
Inveniunt, et in his quædam modo cœpta sub ipsum
Nascendi spatium, quædam imperfecta, suisque
Trunca vident numeris; et eodem in corpore sæpe
Altera pars vivit, rudis est pars altera tellus.
Ergo, ubi diluvio tellus lutulenta recenti
Solibus ætheriis altoque recanduit æstu,
Edidit innumeras species, partimque figuras

l'homme se changent en homme, et des pierres, lancées par la main de la femme, naît une nouvelle espèce de femmes. Aussi sommes-nous une race dure, faite pour la fatigue, et nous donnons des preuves de notre origine.

IX

La Terre enfanta d'elle-même les autres animaux sous des formes diverses, après que les feux du soleil eurent échauffé l'eau depuis longtemps stagnante, et mis en fermentation la fange des marais humides; avec le temps les semences fécondes des êtres se développèrent et revêtirent une forme. Ainsi, lorsque le Nil aux sept bouches s'est retiré des campagnes qu'il a inondées, et a fait rentrer ses eaux dans leur ancien lit, le limon récemment déposé s'échauffe par l'ardeur du soleil; alors le laboureur trouve, en retournant le sol, de nombreux animaux. Les uns à peine ébauchés sont au moment de leur naissance; d'autres sont imparfaits, et privés de leurs parties essentielles; souvent aussi dans le même corps une partie est douée de la vie, l'autre n'est encore qu'une fange grossière. Lors donc que la terre, encore couverte du limon que le déluge avait répandu, eut été profondément pénétrée par la chaleur, elle enfanta

numine Superorum,	par la volonté des dieux, [l'homme
saxa missa manibus viri	les pierres jetées par les mains de
traxere faciem virilem,	prirent l'aspect viril,
et femina reparata est	et la femme fut reproduite
de jactu femineo.	par-suite-du jet de-la-femme.
Inde sumus genus durum,	De-là nous sommes une race dure,
experiensque laborum,	et supportant les fatigues,
et damus documenta	et nous donnons des preuves
qua origine simus nati.	de quelle origine nous sommes nés.

IX. — Apollon et le serpent Python.

Tellus peperit	La Terre enfanta
sua sponte	de son propre-mouvement
cetera animalia	tous-les-autres animaux
formis diversis,	avec des formes diverses,
postquam humor vetus	après que l'eau ancienne
percaluit ab igne solis,	se fut échauffée par le feu du soleil,
cœnumque paludesque udæ	et que la fange et les marais humides
intumuere æstu,	se furent soulevés par la chaleur,
seminaque fecunda rerum	et *que* les semences fécondes des êtres
creverunt,	eurent crû,
cepereque morando	et eurent pris en tardant (avec le temps)
aliquam faciem.	quelque forme.
Sic, ubi Nilus septemfluus	Ainsi, dès que le Nil aux-sept-bouches
deseruit agros madidos,	a abandonné les champs mouillés,
et reddidit sua flumina	et a rendu ses eaux-courantes
alveo antiquo,	à *leur* lit antique,
limusque recens	et *que* le limon récent
exarsit sidere æthereo,	s'est enflammé par l'astre éthéré,
cultores inveniunt,	les laboureurs trouvent,
glebis versis,	les mottes-de-terre ayant été retournées,
animalia plurima,	des animaux très-nombreux,
et vident in his	et ils voient dans ceux-ci
quædam cœpta modo	quelques-uns commencés récemment
sub spatium ipsum	vers le moment même
nascendi,	de naître,
quædam imperfecta,	quelques-uns imparfaits,
et trunca suis numeris;	et privés de leurs parties-essentielles ;
et sæpe in eodem corpore	et souvent dans le même corps
altera pars vivit,	une partie vit,
altera est tellus rudis.	l'autre est une terre grossière.
Ergo, ubi tellus	Donc, dès que la terre
lutulenta diluvio recenti,	fangeuse par le déluge récent,
recanduit solibusætheriis	se fut réchauffée par les soleils éthérés
æstuque alto,	et par la chaleur profonde,
edidit species innumeras,	elle produisit des espèces innombrables,

Rettulit antiquas, partim nova monstra creavit [1].
Illa quidem nollet; sed te quoque, maxime Python,
Tum genuit; populisque novis, incognite serpens,
Terror eras, tantum spatii de monte [2] tenebas.
Hunc deus arcitenens, et nunquam talibus armis
Ante nisi in damis capreisque fugacibus usus,
Mille gravem telis, exhausta pæne pharetra,
Perdidit, effuso per vulnera nigra veneno.
Neve operis famam posset delere vetustas,
Instituit sacros celebri certamine ludos,
Pythia [3], perdomitæ serpentis nomine, dictos.
Hic juvenum quicumque manu, pedibusve, rotave,
Vicerat, æsculeæ capiebat frondis honorem.
Nondum laurus erat; longoque decentia crine
Tempora cingebat de qualibet arbore Phœbus.

X. — IO CHANGÉE EN GÉNISSE. ARGUS ET INACHUS.
(V. 568-587, 625-657, 664-667.)

Est nemus Hæmoniæ [4], prærupta quod undique claudit
Silva; vocant Tempe [5], per quæ Peneus, ab imo
Effusus Pindo, spumosis volvitur undis,

des êtres innombrables, reproduisit des formes anciennes, ou créa des monstres nouveaux.

Ce fut alors qu'elle t'engendra aussi, malgré elle, monstrueux Python, serpent inconnu, toi qui étais la terreur des peuples nouveaux : tant tu occupais d'espace sur la montagne! Le dieu à l'arc redoutable, qui n'avait encore essayé ses armes que sur les daims et les chevreuils prompts à fuir, le perça de mille traits, et épuisa presque son carquois contre ce reptile qui vomissait son venin par ses noires blessures. Mais, craignant que le temps n'effaçât le souvenir de cette action glorieuse, Apollon institua des jeux sacrés qui attirèrent un grand concours, et qui du nom du monstre dompté furent appelés Pythiens. Là le jeune athlète vainqueur à la lutte, à la course, dans la conduite des chars, recevait pour récompense une couronne de chêne. Le laurier n'existait pas encore, et Phébus ceignait du premier feuillage qu'il trouvait, ses tempes ornées d'une longue chevelure.

X

Il est dans l'Hémonie un vallon boisé que ferment de toutes parts des forêts s'élèvant sur des pentes abruptes; on l'appelle Tempé. Le Pénée, qui prend sa source au pied du Pinde, y roule ses ondes écu-

conducitque dejectu gravi	et il assemble par *sa* chute pesante
nubila agitantia	des nuages qui agitent
tenues fumos,	de légères fumées,
impluitque summis silvis	et il tombe-en-pluie-sur le haut-des [forêts
aspergine,	par l'aspersion,
et fatigat sonitu	et fatigue par le bruit
plus quam vicina.	plus que *des lieux* voisins.
Hæc domus, hæc sedes,	*C'est* la maison, *c'est* la demeure,
hæc sunt penetralia	ce sont les sanctuaires
magni Amnis :	du grand Fleuve :
residens in hoc antro	résidant dans cet antre,
facto de cautibus,	fait de rochers,
dabat jura undis,	il donnait des lois à *ses* ondes,
nymphisque	et aux nymphes
colentibus undas.	habitant *ses* ondes.
Flumina popularia primum	Les fleuves du-pays d'abord
conveniunt illuc,	se réunissent là,
Sperchius populifer,	le Sperchius qui-produit-des-peupliers,
et Enipeus irrequietus,	et l'Énipée qui-ne-se-repose-jamais,
senexque Apidanus,	et le vieil Apidanus,
lenisque Amphrysus et Æas;	et le doux Amphryse et l'Æas;
moxque alii amnes,	et puis d'autres fleuves,
qui deducunt in mare,	qui conduisent à la mer,
qua impetus tulit illos,	là-où *leur* impétuosité a porté eux,
undas fessas erroribus.	*leurs* ondes fatiguées par des détours.
Inachus unus abest,	Inachus seul est-absent,
reconditusque imo antro,	et caché au fond-de *son* antre.
auget aquas fletibus,	il augmente *ses* eaux de *ses* larmes,
miserrimusque	et très-malheureux
luget ut amissam	il pleure comme perdue
natam Io :	*sa* fille Io :
nescit fruaturne vita,	il ne sait si elle jouit de la vie,
an sit apud Manes,	ou-si elle est chez les Mânes ;
sed putat esse nusquam	mais il pense *elle* n'être nulle-part
quam non invenit usquam,	*elle* qu'il ne trouve pas quelque part,
atque veretur animo pejora.	et il craint dans *son* cœur les *malheurs* [pires.
Argus habebat caput	Argus avait une tête
cinctum centum luminibus;	entourée de cent yeux ;
bina inde	deux-à-la-fois de-là (de ces yeux)
capiebant quietem	prenaient du repos
in suis vicibus,	à leur tour,
cetera servabant,	tous-les-autres observaient *Io*,
atque manebant in statione.	et restaient en faction.
Quocumque loco constiterat,	En quelque lieu qu'il se fût placé,
spectabat ad Io;	il regardait vers Io;
quamvis aversus,	quoique tournant-le-dos,
habebat Io ante oculos.	il avait Io devant les yeux.

Luce sinit pasci; quum sol tellure sub alta est,
Claudit, et indigno circumdat vincula collo.
Frondibus arboreis et amara pascitur herba;
Proque toro, terræ, non semper gramen habenti,
Incubat infelix; limosaque flumina potat.
Illa etiam supplex Argo quum brachia vellet
Tendere, non habuit quæ brachia tenderet Argo;
Conatoque queri mugitus edidit ore,
Pertimuitque sonos, propriaque exterrita voce est.
Venit et ad ripas, ubi ludere sæpe solebat,
Inachidas ripas, novaque ut conspexit in unda
Cornua, pertimuit, seque exsternata refugit.
Naides ignorant, ignorat et Inachus ipse
Quæ sit; at illa patrem sequitur, sequiturque sorores;
Et patitur tangi, seque admirantibus offert.
Decerptas senior porrexerat Inachus herbas;
Illa manus lambit, patriisque dat oscula palmis,
Nec retinet lacrimas, et, si modo verba sequantur,
Oret opem, nomenque suum casusque loquatur.

tournait le dos. Il la laisse paître pendant le jour; mais lorsque le soleil disparaît sous l'enveloppe épaisse de la terre, il l'enferme, et charge son beau cou d'indignes liens. Elle se nourrit de feuilles d'arbres, et d'herbes amères, et la malheureuse n'a pour couche qu'une terre souvent nue, pour boisson qu'une eau bourbeuse. Souvent elle veut tendre vers Argus des bras suppliants; mais elle n'a point de bras à tendre vers Argus; elle veut se plaindre, et elle pousse des mugissements qui la glacent d'effroi; sa propre voix l'épouvante. Elle vint aussi vers les rives, témoins ordinaires de ses jeux, les rives de l'Inachus; mais à peine a-t-elle aperçu dans l'eau ses cornes nouvelles, qu'elle est frappée de terreur; et, dans son trouble, elle recule devant son image. Ni les Naïades, ni Inachus lui-même ne la reconnaissent. Cependant elle suit son père, elle suit ses sœurs; elle se laisse flatter; elle s'offre à leurs regards étonnés. Le vieil Inachus avait arraché de l'herbe qu'il lui présente; elle lèche les mains de son père, et les couvre de baisers; elle ne peut même retenir ses larmes. Ah! si seulement elle pouvait parler, elle implorerait du secours; elle dirait son nom et ses malheurs. A défaut de la parole, des

sinit pasci luce;	il *la* laisse paître pendant le jour;
quum sol est	lorsque le soleil est
sub tellure alta,	sous la terre profonde,
claudit,	il *l*'enferme,
et dat vincula circum	et met des liens autour
collo indigno.	de *son* cou qui-ne-*les*-mérite-pas.
Pascitur frondibus arboreis	Elle se nourrit de feuilles d'-arbres
et herba amara;	et d'une herbe amère;
proque toro,	et en-place de lit,
infelix incubat terræ	la malheureuse se couche-sur la terre,
non habenti semper	qui n'a pas toujours
gramen;	du gazon;
potatque flumina limosa.	et elle boit des eaux limoneuses.
Illa etiam quum vellet	Celle-là aussi comme elle voulait
tendere supplex Argo	tendre suppliante à Argus
brachia,	*ses* bras,
non habuit brachia	n'eut (n'avait) pas de bras
quæ tenderet Argo;	qu'elle pût-tendre à Argus;
edidit que mugitus	et elle poussa des mugissements [dre,
ore conato queri,	de *sa* bouche qui avait essayé de se plain-
pertimuitque sonos,	et elle fut effrayée *des* sons,
exterritaque est	et fut épouvantée
propria voce.	de *sa* propre voix.
Venit et ad ripas,	Elle vint aussi vers les rives,
ubi solebat ludere sæpe,	où elle avait-coutume de jouer souvent,
ripas Inachidas;	les rives de l'-Inachus;
utque conspexit in unda	et dès qu'elle aperçut dans l'onde
cornua nova,	*ses* cornes nouvelles,
pertimuit,	elle eut-très-peur, [même.
exsternataque refugit se.	et troublée elle-recula-devant-elle-
Naides ignorant,	Les Naïades ignorent,
et Inachus ipse ignorat	et Inachus lui-même ignore
quæ sit;	qui elle est;
at illa sequitur patrem,	mais celle-ci suit *son* père,
sequiturque sorores,	et elle suit *ses* sœurs,
et patitur tangi,	et elle souffre *elle* être touchée,
offertque se admirantibus.	et s'offre à eux s'étonnant.
Senior Inachus porrexerat	Le vieil Inachus avait présenté
herbas decerptas;	des herbes qu'il avait cueillies;
illa lambit manus,	celle-ci *lui* lèche les mains,
et dat oscula	et donne des baisers
palmis patriis,	aux paumes (aux mains) paternelles,
nec retinet lacrimas,	et elle ne retient pas *ses* larmes,
et, si modo verba sequantur,	et, si seulement les paroles suivaient,
oret opem,	elle implorerait du secours,
loquaturque suum nomen	et elle dirait son nom
casusque.	et *ses* malheurs.

Littera[1] pro verbis, quam pes in pulvere duxit,
Corporis indicium mutati triste peregit.
« Me miserum ! » exclamat pater Inachus ; inque gementis
Cornibus et niveæ pendens cervice juvencæ :
« Me miserum ! ingeminat. Tune es quæsita per omnes,
Nata, mihi terras ? Tu, non inventa, reperta
Luctus eras levior. Retices, nec mutua nostris
Dicta refers ; alto tantum suspiria ducis
Pectore ; quodque unum potes, ad mea verba remugis. »
  Talia mœrentem stellatus submovet Argus ;
Ereptamque patri diversa in pascua natam
Abstrahit ; ipse procul montis sublime cacumen
Occupat, unde sedens partes speculatur in omnes.

XI. — MORT ET MÉTAMORPHOSE D'ARGUS.
(V. 668-688, 713-723.)

Nec Superum rector mala tanta Phoronidos[2] ultra
Ferre potest ; natumque vocat, quem lucida partu
Pleias[3] enixa est ; letoque det imperat Argum.
Parva mora est alas pedibus virgamque potenti
Somniferam sumpsisse manu, tegimenque capillis.

lettres que son pied a tracées sur le sable, révèlent à son père cette triste métamorphose. « Infortuné que je suis ! » s'écrie alors Inachus, et il se suspend aux cornes et au cou de neige de la plaintive génisse : « Infortuné que je suis ! » répète-il-encore. « C'est donc toi, ma fille, que j'ai cherchée par toute la terre. Avant de t'avoir retrouvée, j'étais encore moins malheureux que maintenant. Tu te tais, tu n'échanges avec moi aucune parole ; tu tires seulement de ta poitrine de profonds soupirs, et tu ne peux répondre à ma voix que par des mugissements. »

Pendant qu'il exhale ces plaintes, Argus aux cent yeux l'écarte, et arrachant Io d'auprès de son père, il l'emmène dans de lointains pâturages. Il se tient lui-même près d'elle sur la cime d'une haute montagne, et, assis, promène ses regards en tous sens.

XI

Cependant le maître des dieux ne peut souffrir plus longtemps la vue des maux qui accablent la petite fille de Phoronée. Il appelle le fils que lui a donné une des brillantes Pléiades, et lui commande de faire périr Argus. Aussitôt Mercure saisit de sa main puissante la baguette qui répand le sommeil : il attache des ailes à ses talons, couvre sa tête de son bonnet ailé. Ces apprêts terminés, le fils

Littera, quam pes duxit in pulvere,	Une lettre, que *son* pied traça sur la poussière,
peregit pro verbis triste indicium corporis mutati.	accomplit au lieu des paroles la triste révélation de *son* corps métamorphosé.
Pater Inachus exclamat : Me miserum !	Son père Inachus s'écrie : O moi malheureux !
pendensque in cornibus gementis et cervice juvencæ niveæ, ingeminat : Me miserum !	et se suspendant aux cornes d'*elle* qui gémit [la-neige, et au cou de la génisse blanche-comme-il répète : O moi malheureux !
Tune es, nata, quæsita mihi per omnes terras ?	Est-ce toi, *ô ma fille*, cherchée par moi à travers toutes les terres ?
Tu non inventa eras luctus levior reperta.	Toi non trouvée tu étais un sujet-de-deuil plus léger que retrouvée.
Retices, nec refers nobis dicta mutua;	Tu te tais, et tu ne rends pas à nous des paroles réciproques ;
ducis tantum suspiria pectore alto,	tu tires seulement des soupirs de *ta* poitrine profonde, [roles,
remugisque ad mea verba, quod unum potes.	et tu réponds-en-mugissant à mes pa-laquelle chose seule tu peux.
Argus stellatus submovet, mœrentem talia, abstrahitque in pascua diversa natam ereptam patri ;	Argus étoilé *d'yeux* écarte *lui* s'affligeant par de telles *plaintes*, et il entraîne dans des pâturages éloignés la fille arrachée au père ;
ipse occupat procul cacumen sublime montis, unde sedens speculatur in omnes partes.	lui-même occupe à-quelque-distance le sommet élevé d'une montagne, d'où étant assis il guette en tous sens.

XI. — MORT ET MÉTAMORPHOSE D'ARGUS.

Nec rector Superum potest ferre ultra mala tanta Phoronidos ;	Ni le père des dieux ne peut supporter au-delà [Phoronée ; les maux si-grands de la petite-fille-de
vocatque natum quem lucida Pleias enixa est partu ;	et il appelle le fils qu'une brillante Pléiade a produit par l'enfantement ;
imperatque det Argum leto.	et il *lui* commande de livrer Argus au trépas.
Mora parva est sumpsisse alas pedibus,	Le retard est petit pour avoir pris *ses* ailes pour *ses* pieds,
manuque potenti virgam somniferam, tegimenque capillis.	et de *sa* main puissante *sa* baguette qui apporte-le-sommeil, et *son* bonnet pour *ses* cheveux.

Hæc ubi disposuit, patria Jove natus ab arce
Desilit in terras ; illic tegimenque removit,
Et posuit pennas ; tantummodo virga retenta est.
Hac agit, ut pastor, per devia rura capellas,
Dum venit, abductas, et structis cantat avenis.
Voce nova captus custos Junonis et arte:
« Quisquis es, hoc poteras mecum considere saxo,
Argus ait ; neque enim pecori fecundior ullo
Herba loco est, aptamque vides pastoribus umbram. »
Sedit Atlantiades [1] ; et euntem multa loquendo
Detinuit sermone diem, junctisque canendo
Vincere arundinibus servantia lumina tentat.
Ille tamen pugnat molles evincere somnos,
Et, quamvis sopor est oculorum parte receptus,
Parte tamen vigilat : quærit quoque (namque reperta
Fistula nuper erat) qua sit ratione reperta.
. . . .
Talia dicturus [2], vidit Cyllenius [3] omnes
Succubuisse oculos, adopertaque lumina somno.
Supprimit extemplo vocem ; firmatque soporem,
Languida permulcens medicata lumina virga.

de Jupiter quitte le séjour céleste, sa patrie, et s'élance sur la terre. Là il ôte son bonnet, se dépouille de ses ailes, et ne garde que sa baguette. Il s'en sert, comme ferait un berger, pour chasser devant lui dans ces campagnes écartées des chèvres qu'il a dérobées en chemin, et il joue du chalumeau. L'habileté avec laquelle il tire des sons de cet instrument nouveau séduit le gardien aposté par Junon : « Qui que tu sois, lui dit Argus, tu pourrais t'asseoir avec moi sur ce rocher ; les troupeaux ne trouvent en aucun lieu une herbe plus abondante, ni les bergers, d'ombrages plus frais. » Le petit fils d'Atlas s'assied ; il arrête par de longs entretiens la fuite des heures, et tâche par les sons de sa flûte rustique d'assoupir les yeux vigilants du gardien. Cependant Argus combat les langueurs du sommeil, et bien qu'une partie de ses yeux cède à une douce influence, une partie veille encore. Il demande aussi comment la flûte a été inventée (car elle l'avait été récemment).......... Telle était l'aventure que le dieu du Cyllène s'apprêtait à raconter, lorsqu'il voit que tous les yeux du monstre, sont enfin vaincus, et voilés par le sommeil. Il se tait aussitôt, et pour rendre cet assoupissement plus profond, il touche ses pau-

Ubi disposuit hæc,	Dès qu'il eut disposé ces *objets*,
natus Jove desilit	le fils de Jupiter s'élance
ab arce patria	de la demeure-élevée de-son-père
in terras ;	sur les terres ;
illic removitque tegimen,	là et il ôta *son* bonnet
et posuit pennas ;	et déposa *ses* ailes ;
virga tantummodo	la baguette seulement
retenta est.	fut retenue.
Agit hac, ut pastor,	Il chasse avec elle, comme un berger,
per rura devia	à travers *ces* campagnes écartées
capellas abductas,	des chèvres emmenées (dérobées)
dum venit,	tandis qu'il vient,
et cantat avenis structis.	et il chante sur des roseaux réunis.
Custos Junonis captus	Le gardien de Junon séduit
voce nova et arte:	par le son nouveau et par l'art :
Quisquis es, ait Argus,	Qui que tu sois, dit Argus, [moi
poteras considere mecum	tu pouvais (tu pourrais) t'asseoir avec-
hoc saxo ;	sur ce rocher ;
neque enim herba	ni en effet l'herbe
est fecundior pecori	n'est plus féconde pour un troupeau
ullo loco,	en aucun lieu,
videsque umbram	et tu vois une ombre
aptam pastoribus.	appropriée aux bergers.
Atlantiades sedit ;	le petit-fils d'-Atlas s'assit ;
et loquendo multa	et en parlant beaucoup
detinuit sermone	il arrêta par *son* entretien
diem euntem ;	le jour qui s'écoulait ;
tentatque canendo	et il essaye en chantant
arundinibus junctis	sur des roseaux réunis
vincere lumina servantia.	de vaincre *ces* yeux qui surveillent.
Ille tamen pugnat	Lui (Argus) cependant combat
evincere somnos molles,	pour vaincre les sommeils mous,
et quamvis sopor	et quoique le sommeil
receptus est	ait été reçu
parte oculorum,	par une partie de *ses* yeux,
vigilat tamen parte.	il veille cependant par une partie.
Quærit quoque	Il demande aussi
(namque fistula	(car la flûte
reperta erat nuper),	avait été inventée récemment),
qua ratione reperta sit.	de quelle manière elle a été inventée.
. . . .	. . . . [choses
Cyllenius dicturus talia	Le dieu du-Cyllène devant dire de telles
vidit oculos succubuisse,	vit *ses* yeux avoir succombé,
luminaque adoperta somno.	et *ses* regards fermés par le sommeil.
Supprimit extemplo vocem,	Il retient aussitôt *sa* voix,
firmatque soporem,	et il affermit le sommeil *d'Argus*
permulcens lumina languida	en caressant les yeux languissants

Nec mora ; falcato nutantem vulnerat ense,
Qua collo confine caput, saxoque cruentum
Dejicit, et maculat præruptam sanguine rupem.
Arge, jaces; quodque in tot lumina lumen habebas,
Exstinctum est ; centumque oculos nox occupat una.
Excipit hos, volucrisque suæ Saturnia pennis
Collocat, et gemmis caudam stellantibus implet.

pières languissantes de sa baguette chargée de sucs magiques. La tête du monstre chancelle; soudain le dieu, de son glaive recourbé, la frappe à l'endroit où elle se rattache au cou ; il l'abat toute sanglante sur le rocher, et le sang teint la pierre escarpée. Argus, tu es étendu sans vie. La lumière qui brillait dans tes cent yeux est éteinte; la nuit les couvre tous à la fois. La fille de Saturne les recueille, et les sème sur le plumage de son oiseau favori, dont la queue étincelle de mille pierreries.

virga medicata.	de *sa* baguette frottée-d'herbes-magi-
Nec mora;	Et pas de retard; [ques.
vulnerat	il blesse
ense falcato,	de *son* épée en-forme-de faux,
qua caput confine collo,	à-l'endroit où la tête *est* voisine du cou,
nutantem,	*Argus* inclinant-la-tête,
dejicitque cruentum saxo,	et *l*'abat sanglant sur le rocher,
et maculat sanguine	et tache de sang
rupem præruptam.	la roche escarpée.
Arge, jaces;	Argus, tu es-gisant;
lumenque quod habebas	et la lumière que tu avais
in tot lumina,	pour tant d'yeux,
extinctum est;	a été éteinte ;
unaque nox occupat	une seule nuit s'empare
centum oculos.	de *tes* cent yeux.
Saturnia excipit hos,	La fille-de-Saturne recueille ceux-ci,
collocatque pennis	et *les* place sur les plumes
suæ volucris,	de son oiseau,
impletque caudam	et *lui* remplit la queue
gemmis stellantibus.	de pierreries étincelantes.

NOTES

DU PREMIER LIVRE DU CHOIX DES MÉTAMORPHOSES D'OVIDE.

I

Page 2 : 1. *Titan.* Suivant une ancienne tradition, le Soleil était fils du Titan Hypérion.

Page 4 : 1. *Phœbe.* C'est un des noms sous lesquels Diane était honorée ; désignation poétique pour la lune.

— 2. *Amphitrite*, Amphitrite, épouse de Neptune ; dénomination poétique pour la mer.

— 3. *Sine pondere.* Ellipse hardie, pour *cum iis quæ erant sine pondere*.

— 4. *Deus.* A considérer ce passage isolément, on serait tenté de traduire par « Dieu » et non par « un dieu » ; mais au vers 31 de l'édition complète on lit : *quisquis fuit ille deorum*, ce qui tranche la question.

Page 6 : 1. *Ripis.... littora.* Ce passage fait bien ressortir la différence qui existe entre *ripa*, rive d'un fleuve, et *littus*, rivage de la mer.

II

Page 6 : 2. *Formæ deorum.* Le soleil et la lune que les mortels adoraient comme des divinités.

III

Page 8 : 1. *Vindice.* La langue française n'a pas d'équivalent rigoureux de ce mot dans le sens où il est employé ici : « celui qui réclame l'exécution de la loi, et par suite, la punition de quiconque l'enfreint. »

— 2. *Pœna metusque,* pour *metus pœnæ.* Figure familière aux poëtes, appelée *hendiadyin* (ἓν διὰ δυοῖν).

— 3. *Fixo ære.* A Rome, les lois étaient gravées sur des tables d'airain qu'on suspendait dans le Capitole.

Page 10 : 1. *Subiit.* La dernière syllabe devient longue par la force de la césure ; c'est une licence dont les exemples sont nombreux chez les poëtes.

Page 14 ; 1. *Inquirit in annos.* C'était à Rome un usage fort répandu de consulter les astrologues ou devins appelés *mathematici* ou *chaldæi.* Ce fut même dans la suite un crime de lèse-majesté que d'interroger les devins sur le nombre d'années que devait vivre l'empereur.

— 2. *Astræa virgo.* Thémis, ou la Justice. Cf. Virgile, Géorgiques, II, 473-474 :

Extrema per illos.
Justitia excedens terris vestigia fecit.

— 3. *Gigantas,* les Géants ou fils de la terre (γῆ, γίγνομαι).

— 4. *Olympum.... Ossæ.* L'Olympe, le Pélion, l'Ossa, montagnes de Thessalie que, suivant la Fable, les Géants avaient entassées pour escalader le ciel.

IV

Page 16 : 1. *Lycaoniæ,* de Lycaon, roi d'Arcadie.

— 2. *Lactea,* la voie lactée. C'est une constellation à laquelle la mythologie donnait une origine merveilleuse.

— 3. *Superis.* Ce mot a ici toute sa force : il désigne les dieux qui habitent le ciel par opposition à ces divinités dont Jupiter parlera plus loin, et qui ne sont pas encore jugées dignes d'habiter l'Olympe.

— 4. *Atria.* Par un artifice familier aux poëtes, Ovide transporte dans le ciel les usages de Rome. L'atrium était une cour couverte entourée de portiques ; il se trouvait à l'entrée des maisons romaines. — *Nobilium.* Les douze grands dieux, *dii majorum gentium*, sont comparés à ces nobles personnages qui recevaient tous les matins la visite de leurs nombreux clients. — *Plebs.* Les dieux inférieurs, *dii minorum gentium*, sont les plebéiens du ciel. — *Palatia.* Enfin par un excès de flatterie, Ovide s'excuse de comparer le palais de Jupiter à la maison qu'occupait Auguste sur le mont Palatin.

Page 18 : 1. *Anguipedum.* Le corps des Géants se terminait en serpents. — *Brachia.* De plus on leur donnait ordinairement cent bras ; ce qui fait que les poëtes les désignent quelquefois sous le nom de *centimani.*

— 2. *Nereus,* Nérée, dieu de la mer, pour la mer elle-même.

— 3. *Flumina.* C'était le serment le plus solennel que les dieux pussent prononcer. Cf. Virgile, Enéide, VI, 324 :

Di cujus jurare timent et fallere numen.

— 4. *Semidei.* Ces demi-dieux sont d'abord les Nymphes, divisées en dryades, déesses des bois, en oréades, ou déesses des montagnes, en naiades, ou déesses des eaux, en napées, ou déesses des vallées ; puis les Faunes, dieux champêtres, d'origine latine, les Satyres, d'origine grecque, et les Silvains, dieux des forêts.

— 5. *Faunique.* La conjonction *que* devient longue par la force de la césure.

Page 20 : 1. *Exstinguere.* Allusion à la conjuration de Brutus et de Cassius.

V

Page 20 : 2. *Mænala... Lycæi.* Le Ménale, le Cyllène, le Lycée, étaient des montagnes d'Arcadie.

— 3. *Arcados,* génitif grec. C'est par un anachronisme familier aux poëtes qu'Ovide donne le nom d'Arcadie à cette contrée qui ne fut ainsi appelée que d'Arcas, petit-fils de Lycaon.

Page 22 : 1. *Deus hic.* Il faut sous-entendre dans le premier membre de phrase *utrum* ou *ne*, ellipse fréquente même en prose.

— 2. *Molossa.* Les Molosses étaient un peuple d'Épire. Ovide s'écarte ici de la tradition ; suivant la fable la plus accréditée, ce fut son propre fils que Lycaon égorgea.

Page 24 : 1. *Erynnis.* Nom commun à toutes les furies (ἐριννύειν s'irriter).

Page 26 : 1. *Ardeat.* Le philosophe Héraclite était l'auteur de cette croyance populaire, que le monde périrait par le feu.

VI

Page 26 : 2. *Æoliis.* Éole commandait aux vents, et les tenait renfermés dans des cavernes. Cf. Virgile, Énéide, I, v. 53 et suivants.

— 3. *Aquilonem*, l'Aquilon, vent du nord qui glace et dessèche.

— 4. *Notum*, le Notus, vent du midi qui amène la pluie.

— 5. *Tectus vultum.* Hellénisme fréquent chez les poëtes, qui consiste à mettre à l'accusatif le nom de partie.

— 6. *Iris*, Iris, fille de Thaumas, l'un des fils de l'Océan, et messagère de Junon ; c'est l'arc-en-ciel personnifié.

— 7. *Suo.* Lors du partage du monde, après la chute de Saturne, Jupiter avait eu le ciel, Neptune, la mer, Pluton, les enfers.

Page 28 : 1. *Cæruleus frater.* Neptune, le dieu des mers. *Cæruleus*, azuré, épithète ordinaire de *mare*, est souvent employé comme synonyme de *marinus*.

VII

Page 30 : 1. *Aonios.* Avant l'arrivée de Cadmus en Béotie, cette contrée s'appelait Aonie.

— 2. *OEtæis.* La Phocide sépare la Béotie de la Thessalie où s'élève le mont OEta. La plupart des éditeurs conservent la leçon *Actæis* « de l'Attique », tout en constatant l'inexactitude géographique dans laquelle serait tombé le poëte ; car la Béotie n'est pas séparée de l'Attique par la Phocide : elle se trouve au contraire entre la Phocide et l'Attique. Le texte étant évidemment altéré, nous n'avons pas hésité à adopter la correction *OEtæis*.

Page 32 : 1. *Duobus*. De ces deux sommets l'un était consacré à Apollon, l'autre à Bacchus.

— 2. *Deucalion*, Deucalion, fils du Titan Prométhée.

— 3. *Corycidas*. Il y avait dans les flancs du Parnasse une vaste caverne appelée Corycie. Ce fut là que se réfugièrent les habitants de Delphes, lors de l'invasion de Xerxès.

— 4. *Themis*. Thémis, fille de l'Éther et de la Terre, rendait alors des oracles à Delphes; Apollon, dont elle avait été la nourrice, lui succéda plus tard.

Page 34 : 1. *Pyrrham*. Pyrrha, fille d'Épiméthée, frère de Prométhée, était cousine germaine de Deucalion ; ce qui expliquera plus loin : *patruelis origo*. Quant au mot *soror* que nous trouvons au vers suivant, il désignait quelquefois, ainsi que le mot *frater*, ce degré de parenté.

VIII

Page 36 : 1. *Cephisidas*. Le Céphise était une rivière qui arrosait la Phocide et la Béotie, et se jetait ensuite dans le lac Copaïs.

— 2. *Irroravere liquores*. On ne pouvait entrer dans les lieux sacrés qu'après s'être purifié par des ablutions.

Page 38 : 1. *Velate... vestes*. Dans les cérémonies sacrées il était d'usage de se voiler la tête et de détacher sa ceinture.

— 2. *Promethides*. Deucalion, fils de Prométhée. — *Epimethida*, Pyrrha, fille d'Épiméthée.

Page 40 : 1. *Parens Terra*. C'est l'interprétation que Brutus donna aux paroles de l'oracle de Delphes, et qui n'était qu'un souvenir de l'antique tradition rapportée par Ovide ; mais cette tradition avait un sens littéral plutôt que figuré, car Deucalion et Pyrrha, étant issus des Géants, avaient la terre pour aïeule.

— 2. *Ossa*. Les poëtes grecs appellent les pierres γῆς ὄστεα.

Page 42 : 1. *Durum genus*. Cf. Virgile. Géorgiques, I, 62-64. En grec λᾶας, pierre, et λαός, peuple, paraissent avoir la même étymologie.

IX

Page 44 : 1. *Nova monstra creavit.* Pomponius Méla parle ainsi de ce phénomène : « Nilus non pererrat tantum Ægyptum, sed æstivo sidere exundans, etiam irrigat, adeo efficacibus undis ad generandum alendumque ut præter id quod scatet piscibus, quod hippopotamos, crocodilosque, vastas belluas gignit, glebis etiam infundat animas, ex ipsaque humo vitalia effingat. Hoc eo manifestum est, quod ubi sedavit diluvia ac se sibi reddidit, per humentes campos quædam nondum perfecta animalia, sed tum primum accipientia spiritum, et ex parte jam formata, ex parte adhuc terrea, visuntur. I, 9. »

— 2. *De monte.* Cette montagne est le Parnasse.

— 3. *Pythia.* Les jeux Pythiens se célébraient tous les quatre ans dans les plaines de Delphes.

X

Page 44 : 4. *Hæmoniæ.* Ancien nom de la Thessalie, qui était ainsi appelée d'Hémon, premier roi de cette contrée.

— 5. *Tempe*, accusatif grec (τέμπεα, τέμπη). La vallée de Tempé, célèbre par ses ombrages délicieux, est traversée par le Pénée qui prend sa source dans le Pinde, montagne de Thessalie.

Page 46 : 1. *Æas.* L'Æas ou l'Aoüs prend sa source en Épire, mais il coule en Thessalie, comme le Sperchius, l'Enipée, l'Apidanus, et l'Amphryse

— 2. *Inachus.* l'Inachus, fleuve de l'Argolide.

— 3. *Io.* Io, fille d'Inachus avait été aimée de Jupiter, qui avait cru la dérober à la vengeance de Junon en la changeant en génisse. Mais la déesse avait demandé cette génisse à Jupiter qui n'avait osé la lui refuser, et elle l'avait confiée à la garde d'Argus, monstre aux cent yeux.

Page 50 : 1. *Littera.* Io traça sur le sable les deux lettres de son nom I et O.

XI

Page 50 : 2. *Phoronidos.* Io était la petite-fille de Phoronée, père d'Inachus.

— 3. *Pleias*. Maia, fille d'Atlas, métamorphosée en étoile avec ses sœurs; elles formaient le groupe des Pléiades.

Page 52 : 1. *Atlantiades*. Mercure était petit-fils d'Atlas.

— 2. *Talia dicturus*. Mercure, après avoir raconté l'amour de Pan pour la nymphe Syrinx, allait dire comment cette naiade, fuyant les poursuites du dieu, avait été changée en roseau, et comment le dieu avait formé de ce roseau l'instrument appelé syrinx du nom de celle qu'il aimait.

— 3. *Cyllenius*. C'est encore un des noms de Mercure, né sur le mont Cyllène en Arcadie.

ARGUMENT

DU DEUXIÈME LIVRE DU CHOIX DES MÉTAMORPHOSES
D'OVIDE.

I.   Le palais du Soleil. Phaéthon.
II.   Conseils du Soleil à son fils.
III.   Départ de Phaéthon ; son effroi.
IV.   Embrasement de l'univers.
V.   Plaintes de la Terre à Jupiter.
VI.   Mort de Phaéthon.
VII.   Métamorphoses des sœurs de Phaéthon et de son ami Cycnus.
VIII.   Demeure de l'Envie. Métamorphose d'Aglaure.
IX.   Métamorphose de Jupiter en taureau. Enlèvement d'Europe.

LIVRE DEUXIÈME.

1. — LE PALAIS DU SOLEIL. PHAÉTHON.
(V. 1-36, 38-48.)

Regia Solis erat sublimibus alta columnis,
Clara micante auro, flammasque imitante pyropo [1].
Cujus ebur nitidum fastigia summa tenebat;
Argenti bifores radiabant lumine valvæ.
Materiam superabat opus : nam Mulciber [2] illic
Æquora cælarat medias cingentia terras,
Terrarumque orbem, cœlumque quod imminet orbi.
Cæruleos habet unda deos, Tritona [3] canorum,
Proteaque ambiguum, balænarumque prementem
Ægæona suis immania terga lacertis,
Doridaque et natas; quarum pars nare videntur,
Pars, in mole sedens, virides siccare capillos,
Pisce vehi quædam ; facies non omnibus una,

I

Le palais du Soleil s'élevait sur de hautes colonnes; l'or y étincelait de toute part avec le pyrope, dont l'éclat égale celui du feu. Un ivoire pur en couvrait le faîte. L'argent rayonnait sur les portes à deux battants. La beauté du travail surpassait encore la richesse de la matière : Vulcain y avait gravé les mers, qui entourent la terre comme une ceinture, puis la terre elle-même, et le ciel qui est suspendu au-dessus. L'onde y est représentée avec ses dieux azurés, Triton à la conque sonore, Protée aux formes changeantes, Égéon qui appuie ses bras sur le dos des énormes baleines, enfin Doris et ses filles, dont les unes semblent nager, tandis que d'autres sèchent leurs vertes chevelures, assises sur une roche, ou sont portées par des monstres marins. Elles n'ont pas toutes les mêmes traits; mais on

LIVRE DEUXIÈME.

I. — LE PALAIS DU SOLEIL. PHAÉTHON.

Regia solis erat alta sublimibus columnis,	Le palais du soleil était élevé sur de hautes colonnes,
clara auro micante, pyropoque imitante flam-[mas.	brillant par l'or étincelant, et par le pyrope imitant les flammes.
Cujus ebur nitidum tenebat fastigia summa ;	Duquel *palais* l'ivoire poli occupait les faîtes supérieurs ;
valvæ bifores radiabant lumine argenti.	les portes à-deux-battants rayonnaient de l'éclat de l'argent.
Opus superabat materiam : nam Mulciber cælarat illic	Le travail surpassait la matière : car Vulcain avait ciselé là
æquora cingentia terras medias,	les mers entourant les terres qui-sont-au-milieu,
orbemque terrarum, [orbi. cœlumque quod imminet	et le globe des terres, et le ciel qui est suspendu-sur *ce* globe.
Unda habet deos cæruleos, Tritona canorum,	L'onde a des dieux azurés, Triton retentissant,
Proteaque ambiguum, Ægeonaque prementem suis lacertis	et Protée qui-change-de-formes, et Égéon pressant de ses bras
terga immania balænarum, Doridaque et natas ;	les dos immenses des baleines, et Doris et *ses* filles ;
quarum pars videntur nare,	desquelles une partie (les unes) paraissent nager, [rocher),
pars, sedens in mole, siccare capillos virides,	une partie, assise sur une masse (un *paraît* sécher *ses* cheveux verts,
quædam vehi pisce ;	quelques-unes être portées par un poisson ;
facies non una omnibus, nec tamen diversa,	le visage n'*est* pas un (le même) à toutes, ni cependant différent,

Nec diversa tamen, qualem decet esse sororum.
Terra viros urbesque gerit, silvasque ferasque,
Fluminaque et nymphas, et cetera numina ruris.
Hæc super imposita est cœli fulgentis imago,
Signaque sex foribus dextris, totidemque sinistris.
Quo simul accliνo Clymeneia [1] limite proles
Venit, et intravit dubitati tecta parentis [2],
Protinus ad patrios sua fert vestigia vultus ;
Consistitque procul (neque enim propiora ferebat
Lumina). Purpurea velatus veste, sedebat
In solio Phœbus claris lucente smaragdis.
A dextra lævaque, Dies [3], et Mensis, et Annus,
Sæculaque, et positæ spatiis æqualibus Horæ ;
Verque novum stabat, cinctum florente corona ;
Stabat nuda Æstas, et spicea serta gerebat ;
Stabat et Autumnus, calcatis sordidus uvis ;
Et glacialis Hiems, canos hirsuta capillos.
  Inde loco medius, rerum novitate paventem
Sol oculis juvenem, quibus adspicit omnia, vidit.
« Quæque viæ tibi causa? Quid hac, ait, arce petisti,
Progenies, Phaethon, haud infitianda parenti ? »

remarque en elles cet air de ressemblance qui convient à des sœurs. On voit la terre couverte d'hommes et de villes, de forêts et de bêtes sauvages, avec les fleuves, les nymphes, et les autres divinités champêtres. Au-dessus de ces merveilles brillent l'image du ciel, et les signes du zodiaque, six à droite, et autant à gauche. A peine le fils de Clymène a-t-il gravi la hauteur qui mène à ce palais, et est-il entré dans la demeure du dieu dont on prétend qu'il n'est pas le fils, qu'il se dirige vers son père; mais il s'arrête à quelque distance du dieu, car il ne peut soutenir de près l'éclat de son visage. Phébus, couvert d'une robe de pourpre, était assis sur un trône tout brillant d'émeraudes. A droite et à gauche se tenaient les Jours, les Mois, les Années, les Siècles, et les Heures placées à une égale distance les unes des autres. On voyait aussi le Printemps, toujours jeune, la tête couronnée de fleurs, et l'Été nu, avec une guirlande d'épis, l'Automne teint du jus des grappes foulées, et l'Hiver glacial, aux cheveux blancs et hérissés.

Le Soleil, au milieu de ce palais, aperçoit, de ces yeux qui voient tout, le jeune homme effrayé d'un spectacle si nouveau pour lui. « Quel motif t'amène ici? dit-il. Que viens-tu chercher dans cette demeure élevée, Phaéthon, fils digne de ton père? » — « O toi dont les feux

qualem decet sororum esse.	tel qu'il convient le visage de sœurs être.
Terra gerit viros urbesque,	La terre porte des hommes et des villes,
silvasque ferasque,	et des forêts et des bêtes-fauves,
fluminaque et nymphas,	et des fleuves et des nymphes, [pagne.
ceteraque numina ruris.	et toutes-les-autres divinités de la cam-
Imago cœli fulgentis	L'image du ciel brillant
imposita est super hæc,	a été placée au-dessus de ces *objets*,
sexque signa	et six signes
foribus dextris,	sur les battants de-droite,
totidemque sinistris.	et autant sur *les battants* de-gauche.
Quo simul venit	Dans-lequel-palais dès que fut arrivé
proles Clymeneia	le fils de-Clymène
limite acclivo,	par un sentier montant,
et intravit tecta	et *qu'*il fut entré dans la demeure
parentis dubitati,	de *son* père mis-en-doute,
fert protinus vestigia	il porte aussitôt *ses* pas
ad vultus patrios;	vers le visage paternel;
consistitque procul	et il s'arrête à-quelque-distance
(neque enim ferebat	(et en effet il ne supportait pas
lumina propiora).	les clartés plus rapprochées).
Phœbus,	Phébus,
velatus veste purpurea,	voilé (couvert) d'une robe de-pourpre,
sedebat in solio	était assis sur un trône
lucente smaragdis claris.	luisant d'émeraudes brillantes.
A dextra lævaque,	A droite et à gauche,
Dies, et Mensis, et Annus,	le Jour, et le Mois, et l'Année,
Sæculaque,	et les Siècles,
et Horæ positæ	et les Heures placées
spatiis æqualibus;	à des intervalles égaux;
Verque novum stabat,	et le Printemps nouveau se tenait,
cinctum corona florente;	ceint d'une couronne fleurie;
Æstas nuda stabat et,	l'Été nu se tenait aussi,
et gerebat serta spicea	et portait des guirlandes d'-épis;
Autumnus stabat et,	l'Automne se tenait aussi,
sordidus uvis calcatis;	sale par les raisins foulés;
et Hiems glacialis,	et l'Hiver glacial,
hirsuta capillos canos.	hérissé quant à *ses* cheveux blancs.
Inde sol medius loco	De-là le soleil se-tenant-au milieu par
vidit oculis	vit de *ces* yeux [sa place,
quibus adspicit omnia,	par lesquels il aperçoit tout,
juvenem paventem	le jeune-homme effrayé
novitate rerum,	de la nouveauté des objets,
aitque:	et il dit:
Quæ causa viæ tibi?	Quel motif de voyage *est* à toi?
Quid petisti hac arce,	Qu'es-tu-venu-chercher dans cette de-
Phaethon,	Phaéthon, [meure-élevée
proles haud infitianda	progéniture non à désavouer

Ille refert : « O lux immensi publica mundi,
Phœbe pater (si das hujus mihi nominis usum),
Pignora da, genitor, per quæ tua vera propago
Credar, et hunc animis errorem detrahe nostris. »
Dixerat ; at genitor circum caput omne micantes
Deposuit radios, propiusque accedere jussit ;
Amplexuque dato : « Nec tu meus esse negari
Dignus es, et Clymene veros, ait, edidit ortus ;
Quoque minus dubites, quodvis pete munus, et illud,
Me tribuente, feres : promissis testis adesto
Dis juranda palus[1], oculis incognita nostris. »
Vix bene desierat ; currus petit ille paternos,
Inque diem alipedum jus et moderamen[2] equorum.

II. — CONSEILS DU SOLEIL A SON FILS.
(V. 49 67, 74-75, 88-128, 134-152.)

Pœnituit jurasse patrem ; qui terque quaterque
Concutiens illustre caput : « Temeraria, dixit,
Vox mea facta tua est : utinam promissa liceret
Non dare ! Confiteor, solum hoc tibi, nate, negarem.

éclairent le monde immense, répond Phaéthon, Phébus, mon père (si tu me permets de t'appeler de ce nom), donne-moi des marques qui fassent connaître que je suis réellement ton fils, et ôte de mon esprit le doute qui me tourmente. » Il dit, et son père déposant la couronne de rayons qui brille tout autour de sa tête, lui ordonne de s'approcher ; puis l'embrassant : « Non, rien, dit-il, ne m'autorise à te désavouer comme mon fils, et Clymène t'a révélé ta véritable origine. Pour dissiper tous tes doutes, demande la faveur que tu voudras ; tu l'obtiendras de moi ; je prends à témoin de mes promesses le marais par lequel doivent jurer les dieux, et que mes yeux n'ont jamais vu. » A peine a-t-il fini de parler, que Phaéthon lui demande le char paternel, et le droit de diriger pendant un jour les chevaux aux pieds ailés.

II

Le père s'est repenti de son serment, et secouant trois et quatre fois sa tête étincelante : « Ta demande, dit-il, me montre l'imprudence de mes paroles. Que ne puis-je manquer à ma promesse ! Je te l'avoue, mon fils ; c'est la seule chose que je voulusse te refuser. Mais

parenti?	par *son* père?
Ille refert :	Celui-ci répond :
O lux publica	O lumière commune
mundi immensi,	du monde immense,
Phœbe pater	Phébus *mon* père
(si das mihi	(si tu accordes à moi
usum hujus nominis),	l'usage de ce nom),
da, genitor, pignora	donne, *mon* père, des gages
per quæ credar	par lesquels je sois cru
tua vera propago,	*être* ta véritable progéniture,
et detrahe hunc errorem	et ôte cette incertitude
nostris animis.	de nos esprits.
Dixerat; at genitor	Il avait dit ; mais le père
deposuit radios micantes	déposa les rayons brillant
circum omne caput,	autour de toute sa tête,
jussitque accedere propius;	et *lui* ordonna de s'approcher plus près :
amplexuque dato :	et un embrassement ayant été donné :
Nec tu dignus es	Et tu n'es pas méritant
negari esse meus,	d'être nié être mon *fils*,
et Clymene, ait,	et Clymène, dit-il,
edidit ortus veros ;	a révélé des origines vraies ;
quoque dubites minus,	et pour que tu doutes moins,
pete munus quodvis,	demande une faveur quelconque,
et feres illud	et tu obtiendras celle-ci
me tribuente :	moi *te* l'accordant : [ment par les dieux,
palus juranda dis,	que le marais devant être attesté-en-ser-
incognita nostris oculis,	*marais* inconnu à nos yeux,
adesto meis promissis.	soit-présent à mes promesses.
Vix desierat bene ;	A peine avait-il cessé complétement ;
ille petit currus paternos,	celui-ci demande les chars paternels,
inque diem	et pour un jour,
jus et moderamen	le droit et la direction
equorum alipedum	des chevaux aux-pieds-ailés.

II. — CONSEILS DU SOLEIL A SON FILS.

Patrem pœnituit jurasse;	Le père se repentit d'avoir juré
qui concutiens	lequel secouant
terque quaterque.	et trois-fois et quatre-fois
caput illustre :	sa tête brillante :
« Mea vox, dixit,	Ma parole, dit-il,
facta est temeraria tua :	a été rendue téméraire par la tienne :
utinam liceret	plût-aux-dieux qu'il fût permis
non dare promissa !	de ne pas donner les choses promises !
Confiteor,	Je l'avoue,
negarem, nate,	je refuserais, *mon* fils,
hoc solum tibi.	cela seul à toi.

Dissuadere licet : non est tua tuta voluntas.
Magna petis, Phaethon, et quæ nec viribus istis
Munera conveniant, nec tam puerilibus annis.
Sors tua mortalis ; non est mortale quod optas.
Plus etiam quam quod Superis contingere fas sit
Nescius affectas. Placeat sibi quisque licebit ;
Non tamen ignifero quisquam consistere in axe
Me valet excepto ; vasti quoque rector Olympi,
Qui fera terribili jaculatur fulmina dextra,
Non agat hos currus : et quid Jove majus habemus ?
Ardua prima via est, et qua vix mane recentes
Enitantur equi ; medio est altissima cœlo,
Unde mare et terras ipsi mihi sæpe videre
Fit timor, et pavida trepidat formidine pectus.
Ultima prona via est, et eget moderamine certo.
Finge datos currus : quid ages ? poterisne rotatis
Obvius ire polis, ne te citus auferat axis ?
At tu, funesti ne sim tibi muneris auctor,
Nate, cave ; dum resque sinit, tua corrige vota.

il m'est permis de te détourner de ce caprice plein de périls. Ce que tu demandes, Phaéthon, est considérable, et ne convient ni à tes forces ni à ton âge si tendre. Ta condition est celle d'un mortel, et tes vœux sont au-dessus de cette condition. Tu prétends, sans le savoir, à ce qui est interdit même aux Immortels. Oui, quelque confiance que chacun d'eux ait en soi, aucun, moi seul excepté, ne peut se tenir debout sur ce char enflammé. Le souverain même du vaste Olympe, dont la main redoutable lance la foudre terrible, serait impuissant à conduire ce char ; et qu'avons-nous de plus grand que Jupiter ? La route est d'abord si escarpée, que c'est à peine si, le matin, mes coursiers, tout frais encore, peuvent la gravir. Au milieu du ciel, elle est à une telle hauteur que moi-même souvent je ne puis de là voir la mer et la terre sans être saisi de crainte, et sans que mon cœur troublé palpite d'épouvante. La fin de la route est inclinée, et demande une main sûre. Suppose que je te donne mon char, que feras-tu ? Pourras-tu lutter contre la rotation des cieux, sans être emporté par la rapidité de l'axe ? Ah ! mon fils, prends garde d'obtenir de moi une faveur qui te sera fatale ; rétracte des vœux imprudents, il en est temps encore. Tu me demandes, il est vrai, des

Licet dissuadere ;	Il m'est permis de *te* dissuader :
tua voluntas non est tuta.	ton désir n'est pas sans-danger.
Petis, Phaeton,	tu demandes, Phaéthon,
munera magna,	des fonctions grandes,
et quæ conveniant	et *telles* qu'elles ne conviennent
nec istis viribus	ni à ces (à tes) forces,
nec annis tam puerilibus.	ni à des années si enfantines.
Tua sors mortalis;	Ta condition *est* mortelle ;
quod optas non est mortale.	ce que tu désires n'est pas d'un-mortel.
Affectas nescius	Tu ambitionnes sans-le-savoir
plus etiam quam	plus même que
quod sit fas contingere	ce qu'il serait permis échoir
Superis.	aux dieux-d'-en-haut.
Licebit quisque	Il sera permis que chacun (des dieux)
placeat sibi ;	se plaise à lui-même ;
quisquam tamen non valet	qui-que-ce soit cependant ne peut
consistere in axe ignifero,	se tenir sur l'essieu enflammé,
me excepto ;	moi étant excepté ;
rector quoque vasti Olympi,	le roi même du vaste Olympe,
qui jaculatur fulmina fera	qui lance les foudres sauvages
dextra terribili,	d'une main terrible,
non agat hos currus:	ne conduirait pas ces chars :
et quid habemus	et qu'avons-nous
majus Jove?	de plus grand que Jupiter ?
Prima via est ardua ;	la première-partie-de la route est ardue;
et qua equi recentes	et *telle* que par elle les chevaux frais
enitantur vix mane ;	montent à-peine le matin ;
altissima est medio cœlo,	elle est très-haute au milieu du ciel,
unde videre mare et terras	d'où voir la mer et les terres
fit sæpe mihi ipsi	devient souvent pour moi-même
timor,	un-sujet-de crainte,
et pectus trepidat	et *mon* cœur palpite
formidine pavida.	d'une épouvante qui-effraie.
Ultima via est prona,	La dernière-partie-de la route est inclinée,
et eget moderamine certo.	et elle a besoin d'une direction sûre.
Finge currus datos ;	Suppose les chars donnés *à toi* ;
quid ages?	que feras-tu ?
poterisne ire obvius	pourras-tu aller opposé
polis rotatis,	aux pôles mus-en-rond,
ne citus axis	de manière que l'axe rapide
auferat te?	n'emporte pas toi ?
At tu, nate, cave,	Mais toi, mon fils, prends-garde,
ne sim tibi auctor	que je ne sois pour toi l'auteur
muneris funesti ;	d'un présent fatal ;
dumque res sinit,	et tandis que la circonstance *le* permet,
corrige tua vota.	corrige tes vœux.
Scilicet petis	A-savoir tu demandes

Scilicet ut nostro genitum te sanguine credas,
Pignora certa petis : do pignora certa timendo,
Et patrio pater esse metu probor. Adspice vultus
Ecce meos : utinamque oculos in pectora posses
Inserere, et patrias intus deprendere curas!
Denique, quidquid habet dives, circumspice, mundus;
Eque tot ac tantis cœli terræque marisque
Posce bonis aliquid : nullam patiere repulsam.
Deprecor hoc unum, quod vero nomine pœna,
Non honor est : pœnam, Phaethon, pro munere poscis.
Quid mea colla tenes blandis, ignare, lacertis ?
Ne dubita : dabitur (Stygias juravimus undas)
Quodcumque optaris ; sed tu sapientius opta. »
    Finierat monitus ; dictis tamen ille repugnat ;
Propositumque tenet, flagratque cupidine currus.
Ergo, qua licuit, genitor cunctatus, ad altos
Deducit juvenem, Vulcania munera, currus.
Aureus axis erat, temo aureus, aurea summæ
Curvatura rotæ, radiorum argenteus ordo.
Per juga chrysolithi, positæque ex ordine gemmæ,

marques assurées qui te prouvent que tu es né de mon sang. Mais quelle marque est plus assurée que ma crainte? Les alarmes que je ressens ne prouvent-elles pas que je suis ton père? Regarde mon visage, et plût aux dieux que tu pusses voir dans mon cœur, et y découvrir les soucis paternels qui l'agitent! Enfin jette les yeux sur tout ce que renferme le riche univers. De tous les biens qu'offrent et le ciel, et la terre, et la mer, demande ce que tu voudras; tu n'éprouveras aucun refus. Il n'y a que cette grâce à laquelle je te supplie de renoncer; loin d'être pour toi un honneur, elle serait en réalité un châtiment. O Phaéthon, c'est ta perte que tu demandes et non une faveur. Pourquoi, insensé, jeter autour de mon cou tes bras caressants? N'en doute pas, j'exaucerai tes vœux, quels qu'ils soient (car je l'ai juré par les ondes du Styx); mais fais des vœux plus sensés. »

Phébus avait cessé de parler; Phaéthon résiste à ses conseils; il persiste dans son dessein et brûle de conduire le char. Enfin, après avoir différé autant qu'il l'a pu, le dieu conduit son fils vers son char élevé. C'était un présent de Vulcain. L'essieu en était d'or; d'or était le timon : d'or, le cercle qui enferme la courbe des roues; les rayons étaient d'argent. Les jougs ornés de topazes et de pierres précieuses disposées avec ordre, venant à

pignora certa	des gages assurés
ut credas te genitum	pour que tu croies toi engendré
nostro sanguine :	de notre sang :
do pignora certa timendo,	je donne des gages assurés en craignant,
et probor esse pater	et je suis prouvé être *ton* père
metu patrio.	par *ma* crainte paternelle.
Ecce adspice meos vultus;	Voici regarde mon visage;
utinamque posses	et plût-aux-dieux que tu pusses
inserere oculos	introduire *tes* yeux
in pectora,	dans *nos* cœurs,
et deprendere intus	et découvrir à-l'intérieur
curas paternas.	*nos* soucis paternels.
Denique circumspice [bet,	Enfin regarde-tout-autour
quidquid dives mundus ha-	tout ce que le riche univers a (enferme),
poscesque aliquid e bonis	et demande quelqu'un des biens
tot ac tantis	si nombreux et si-grands
cœli, terræque, marisque:	du ciel, et de la terre, et de la mer :
patiere nullam repulsam.	tu ne souffriras aucun refus.
Deprecor hoc unum,	Je détourne-par mes-prières cela seul,
quod est pœna nomine vero,	qui est un châtiment de *son* nom vrai,
non honor :	non un honneur :
poscis, Phaéthon,	tu demandes, Phaéthon,
pœnam pro munere.	un châtiment au lieu d'une faveur.
Ignare, quid tenes	Ignorant, pourquoi tiens-tu
mea colla	mon cou
lacertis blandis?	dans *tes* bras caressants ?
ne dubita :	n'*en* doute pas :
quodcumque optaris,	quelque chose que tu aies souhaitée,
dabitur	elle *te* sera donnée
(juravimus undas Stygias);	(nous avons juré les eaux du-Styx);
sed tu opta sapientius.	mais toi souhaite plus sagement.
Finierat monitus;	Il avait fini *ses* avertissements;
ille tamen repugnat dictis;	celui-ci cependant résiste à *ces* paroles;
tenetque propositum,	et il maintient *sa* résolution,
flagratque cupidine currus.	et il brûle du désir du char.
Ergo genitor cunctatus	Donc *son* père ayant différé
qua licuit,	autant-qu'il fut possible,
deducit juvenem,	emmène le jeune-homme
ad currus altos,	vers les chars élevés (le char élevé),
munera Vulcania.	présents de-Vulcain.
Axis erat aureus,	L'essieu était d'-or,
temo aureus,	le timon d'-or,
curvatura rotæ summæ	la courbure de la roue à-sa-surface
aurea,	*était* d'-or,
ordo radiorum argenteus.	la rangée des rayons *était* d'-argent.
Chrysolithi, gemmæque	Des chrysolithes et des pierreries.
positæ ex ordine	posées avec ordre

Clara repercusso reddebant lumina Phœbo.
Dumque ea magnanimus Phaethon miratur, opusque
Perspicit, ecce vigil rutilo patefecit ab ortu
Purpureas Aurora [1] fores et plena rosarum
Atria. Diffugiunt stellæ; quarum agmina cogit
Lucifer [2], et cœli statione novissimus exit.
At pater, ut terras mundumque rubescere vidit,
Cornuaque extremæ velut evanescere lunæ,
Jungere equos Titan velocibus imperat Horis [3].
Jussa deæ celeres peragunt; ignemque vomentes,
Ambrosiæ succo saturos, præsepibus altis
Quadrupedes ducunt, adduntque sonantia frena.
Tum pater ora sui sacro medicamine nati
Contigit, et rapidæ fecit patientia flammæ;
Imposuitque comæ radios, præsagaque luctus
Pectore sollicito repetens suspiria, dixit :
« Si potes his saltem monitis parere paternis,
Parce, puer, stimulis, et fortius utere loris.
Sponte sua properant ; labor est inhibere volantes.
Utque ferant æquos et cœlum et terra calores,
Nec preme, nec summum molire per æthera currum :

réfléchir le soleil, renvoyaient une lumière éclatante. L'audacieux Phaéthon admirait ces richesses et considérait cet ouvrage, lorsque la vigilante Aurore ouvre du côté de l'orient enflammé les portes éblouissantes de son palais et des galeries pleines de roses. Les étoiles se dispersent; Lucifer les chasse devant lui, et quitte le dernier la place qu'il occupe dans le ciel. Mais à peine Phébus a-t-il vu la terre et le ciel se colorer, et les croissants de la lune s'évanouir insensiblement, qu'il ordonne aux Heures rapides d'atteler ses coursiers. Les déesses se hâtent d'obéir à ses ordres. Elles font sortir des hautes étables où ils se sont rassasiés des sucs de l'ambroisie, ces coursiers qui vomissent le feu, et elles leur mettent des freins retentissants. Alors le père enduit d'une essence divine le visage de son fils pour qu'il puisse résister à la flamme dévorante ; il lui ceint la tête de ses propres rayons, et poussant de son cœur inquiet des soupirs, présages du malheur qui l'attend : « Si tu peux, dit-il, suivre du moins ces conseils de ton père, ménage l'aiguillon, mon enfant, et sers-toi plutôt des rênes. Mes coursiers ne se hâtent naturellement que trop : la difficulté est de retenir leur élan. Et afin que le ciel et la terre reçoivent une chaleur égale, n'abaisse pas ton char trop bas, et ne le dirige pas non plus dans les

per juga,	le long des jougs,
reddebant lumina clara,	renvoyaient des lumières brillantes,
Phœbo repercusso.	Phébus étant réfléchi.
Dumque	Et tandis que
magnanimus Phaethon	l'audacieux Phaéthon
miratur ea,	admire ces *richesses*,
perspicitque opus,	et regarde *cet* ouvrage,
ecce Aurora vigil	voici que l'Aurore vigilante.
patefecit ab ortu rutilo	a ouvert du côté de l'orient rougi
fores purpureas	des portes de-pourpre (étincelantes)
et atria plena rosarum.	et les galeries pleines de roses.
Stellæ diffugiunt ;	Les étoiles fuient-de-différents-côtés ;
quarum Lucifer	desquelles *étoiles* Lucifer
cogit agmina,	rassemble les troupes (la troupe),
et exit novissimus	et sort le dernier [ciel].
statione cœli.	du poste du ciel (qu'il occupe dans le
At ut pater vidit terras	Mais dès que le père vit les terres
mundumque rubescere,	et le ciel rougir,
cornuaque lunæ extremæ	et les croissants de la lune à-sa-fin
velut evanescere,	comme s'évanouir,
Titan imperat	*Ce* Titan commande
Horis velocibus	aux Heures rapides
jungere equos.	d'atteler les chevaux. [ordres ;
Deæ peragunt celeres jussa ;	*Les* déesses accomplissent promptes *ces*
ducuntque altis præsepibus	et mènent *hors* des hautes étables
quadrupedes,	les quadrupèdes,
saturos succo ambrosiæ,	rassasiés de suc d'ambroisie,
vomentes ignem,	vomissant du feu, [sants.
adduntque frena sonantia.	et elles *leur* mettent des freins retentis-
Tum pater contigit	Alors le père toucha
ora sui nati	le visage de son fils
medicamine sacro,	avec un suc sacré,
fecitque patientia	et *le* rendit capable-de-supporter
flammæ rapidæ ;	la flamme dévorante ;
imposuitque comæ radios,	et il plaça sur *sa* chevelure les rayons,
repetensque pectore sollicito	et tirant de *son* cœur inquiet
suspiria præsaga luctus,	des soupirs qui-présagent le deuil,
dixit :	il dit :
Si potes parere	Si tu peux obéir
saltem his monitis paternis,	du moins à ces avis paternels,
parce, puer, stimulis,	ménage, enfant, les aiguillons,
et utere fortius loris.	et sers toi plus fortement des rênes.
Properant sua sponte ;	Ils se hâtent de leur propre-mouvement ;
labor est inhibere volantes.	la difficulté est de retenir *eux* volant.
Utque et cœlum et terra	Et afin que et le ciel et la terre
ferant calores æquos,	supportent des chaleurs égales,
nec preme currum,	ni n'abaisse le char,

Altius egressus, cœlestia tecta cremabis ;
Inferius, terras : medio tutissimus ibis.
Neu te dexterior tortum declinet ad Anguem [1],
Neve sinisterior pressam rota ducat ad Aram [2] ;
Inter utrumque tene. Fortunæ cetera mando ;
Quæ juvet, et melius, quam tu tibi, consulat, opto !
Dum loquor, Hesperio positas in littore metas [3]
Humida Nox tetigit ; non est mora libera nobis :
Poscimur ; effulget tenebris Aurora fugatis.
Corripe lora manu ; vel, si mutabile pectus
Est tibi, consiliis, non curribus utere nostris,
Dum potes, et solidis etiamnum sedibus adstas,
Dumque male optatos nondum premis inscius axes ;
Quæ tutus spectes, sine me dare lumina terris. »
  Occupat ille levem juvenili corpore currum,
Statque super, manibusque datas contingere habenas
Gaudet, et invito grates agit inde parenti.

régions supérieures de l'air. Si tu t'élèves trop haut, tu brûleras la voûte céleste : si tu descends trop bas, tu consumeras la terre. Le milieu est le chemin le plus sûr. Garde-toi en appuyant trop à droite d'incliner vers le Dragon recourbé, et en appuyant trop à gauche d'approcher de l'Autel, situé au dessous de l'horizon. Marche entre ces deux constellations. J'abandonne le reste à la Fortune ; puisse-t-elle te seconder, et prendre plus de soin de ta vie que tu n'en prends toi-même ! Mais tandis que je parle, la Nuit humide a touché les bornes placées sur les rivages de l'Hespérie ; nous ne sommes plus libres de tarder : l'univers nous réclame ; les ténèbres se sont dissipées, l'Aurore brille. Saisis les rênes dans ta main ; ou, si ton cœur est capable de changer, use de nos conseils, plutôt que de notre char. Tu le peux, tu es encore dans une demeure solide ; tu n'es pas monté sur ce char, objet funeste de tes vœux imprudents : laisse-moi donner au monde une lumière que tu regarderas en sûreté. »

  Avec la vivacité de la jeunesse Phaéton s'élance sur le char léger : et là, debout, il est heureux de toucher les rênes qui lui sont remises, et il rend grâce à son père d'une faveur que celui-ci n'accorde qu'à regret.

nec molire	ni ne *le* dirige
per æthera summum :	à-travers l'air le-plus-élevé :
egressus altius,	étant sorti trop haut,
cremabis tecta cœlestia,	tu brûleras les demeures célestes,
inferius, terras :	trop bas, *tu brûleras* les terres : [lieu.
ibis tutissimus medio.	tu iras très-sûr (sans danger) au mi-
Neu rota dexterior	Et que la roue trop-à-droite
te declinet	ne t'incline pas
ad Anguem tortum,	vers le Dragon recourbé,
neve sinisterior ducat	et que trop-à-gauche elle ne te conduise
ad Aram pressam ;	vers l'Autel abaissé ; [pas
tene inter utrumque.	maintiens *ta course* entre l'un et-l'autre.
Mando cetera Fortunæ ;	J'abandonne le reste à la Fortune ;
quæ opto juvet te,	laquelle, je souhaite qu'elle t'aide,
et consulat tibi	et qu'elle prenne-soin de toi
melius quam tu.	mieux que tu *ne fais* toi-même.
Dum loquor, Nox humida	Pendant que je parle, la Nuit humide
tetigit metas positas	a touché les bornes placées
in littore Hesperio ;	sur le rivage de-l'-Hespérie ;
mora non est libera nobis :	le retard n'est pas libre à nous :
poscimur ;	nous sommes réclamés ;
Aurora effulget ;	l'Aurore brille,
tenebris fugatis.	les ténèbres ayant été mises-en-fuite.
Corripe lora manu,	Saisis les rênes dans *ta* main ;
vel, si pectus mutabile	ou, si un cœur capable-de-changer
est tibi,	est à toi,
utere nostris consiliis,	use de nos conseils,
non curribus,	non de *nos* chars,
dum potes,	tandis que tu *le* peux
et adstas etiamnum	et *que* tu te tiens encore-maintenant
sedibus solidis,	dans des demeures solides,
dumque nondum premis	et tandis que tu ne presses pas-encore
inscius	ignorant
axes optatos male ;	des essieux souhaités à-tort ;
sine me dare terris	laisse-moi donner aux terres
lumina quæ spectes	des lumières que tu puisses-regarder
tutus.	en-sûreté.
Ille occupat	Celui-ci occupe
corpore juvenili	de *son* corps juvénile
currem levem,	le char léger,
statque super,	et il se tient dessus,
gaudetque	et il se réjouit
contingere manibus	de toucher de *ses* mains
habenas datas,	les rênes qui *lui* sont données,
et agit inde grates	et il rend *de* là des remercîments
parenti invito.	à *son* père qui-cède-à regret.

III. — DÉPART DE PHAÉTHON; SON EFFROI.
(V. 153-182, 187-207.)

Interea volucres Pyroeis [1], Eous et Æthon,
Solis equi, quartusque Phlegon, hinnitibus auras
Flammiferis implent, pedibusque repagula [2] pulsant.
Quæ postquam Tethys [3], fatorum ignara nepotis,
Reppulit, et facta est immensi copia mundi,
Corripuere viam, pedibusque per aera motis
Obstantes scindunt nebulas, pennisque levati,
Prætereunt ortos isdem de partibus Euros.
Sed leve pondus erat, nec quod cognoscere possent
Solis equi, solitaque jugum gravitate carebat.
Utque labant curvæ justo sine pondere naves,
Perque mare instabiles nimia levitate feruntur ;
Sic, onere assueto vacuus, dat in aere saltus,
Succutiturque alte, similisque est currus inani.
Quod simul ac sensere, ruunt, tritumque relinquunt
Quadrijuges spatium, nec, quo prius, ordine currunt.
Ipse pavet, nec qua commissas flectat habenas,
Nec scit qua sit iter; nec, si sciat, imperet illis.

III

Cependant les coursiers ailés du Soleil, Pyrois, Eoüs, Éthon, et Phlégon le quatrième, remplissent les cieux de hennissements et de flammes ; de leurs pieds ils frappent la barrière que Téthys fait tomber, ignorant la destinée de son petit-fils. A peine la carrière immense leur est-elle ouverte, qu'ils s'élancent avec ardeur. Fendant les airs de leurs pieds, ils écartent les nuages qui s'opposent à leur course, et, portés par leurs ailes rapides, ils devancent l'Eurus qui s'est levé comme eux de l'orient. Mais le poids du char était trop léger pour que les chevaux le reconnussent, et le joug n'avait pas sa pesanteur accoutumée. Tel un vaisseau recourbé incline d'un côté et de l'autre, quand il n'est pas suffisamment lesté ; sa légèreté excessive en fait le jouet des vagues : tel le char trop léger bondit dans les airs, et est secoué dans ces hautes régions, comme s'il était vide. Les coursiers s'en aperçoivent : aussitôt ils se précipitent hors de la route battue : ils ne gardent plus l'ordre accoutumé. Phaéthon est saisi d'effroi : il ne sait où diriger les rênes qui lui sont confiées, ni quel est le chemin, et le sût-il, il ne pourrait commander à de tels

III. — DÉPART DE PHAÉTHON; SON EFFROI.

Interea	Cependant
equi volucres Solis,	les chevaux ailés du Soleil,
Pyroeis, Eous et Æthon,	Pyroïs, Éoüs et Éthon,
Phlegonque quartus,	et Phlégon le quatrième,
implent auras	remplissent les airs
hinnitibus flammiferis,	de hennissements enflammés,
pulsantque pedibus	et ils frappent de *leurs* pieds
repagula.	les barrières.
Quæ postquam Thetys,	Lesquelles *barrières* après que Théthys,
ignara fatorum nepotis,	ignorante des destins de *son* petit-fils,
reppulit,	eut écartées,
et copia cœli immensi	et *que* la permission du ciel immense
facta est,	eut été faite (accordée) *aux chevaux*,
corripuere viam,	ils ont saisi-rapidement la route,
scinduntque	et ils fendent
pedibus motis per aera	avec leurs pieds remués à travers l'air,
nebulas obstantes,	les nuages qui-s'opposent,
levatique pennis,	et soulevés par *leurs* ailes,
prætereunt Euros	ils dépassent les Eurus
ortos isdem partibus.	levés des mêmes parties.
Sed pondus erat leve,	Mais le poids était léger,
nec quod equi Solis	et-non *tel* que les coursiers du Soleil
possent cognoscere,	pussent *le* reconnaître,
jugumque carebat	et le joug manquait
gravitate solita.	de la pesanteur accoutumée.
Utque naves curvæ	Et de même que les navires recourbés
sine pondere justo	sans un poids régulier
labant,	chancellent,
feruuturque per mare	et sont portés à travers la mer
instabiles levitate nimia;	ballottés par une légèreté excessive;
sic currus vacuus	ainsi le char vide
onere assueto	du fardeau accoutumé
dat saltus in aere,	donne (fait) des sauts dans l'air,
succutiturque alte,	et il est secoué en-haut,
estque similis inani.	et il est semblable à *un char* vide.
Quod simul ac quadrijuges	Laquelle chose dès que les chevaux-du-
sensere,	ont sentie, [quadrige
ruunt, relinquuntque	ils s'élancent, et ils abandonnent
spatium tritum,	l'espace battu,
nec currunt ordine,	et ils ne courent pas dans l'ordre,
quo prius.	dans lequel *ils couraient* auparavant.
Ipse pavet,	Lui-même (Phaéthon) a-peur,
nec scit qua flectat	et il ne sait pas où il doit-diriger
habenas commissas,	les rênes confiées,
nec qua sit iter;	ni par-où est le chemin;

Tum primum radiis gelidi caluere Triones [1],
Et vetito [2] frustra tentarunt æquore tingi;
Quæque polo posita est glaciali proxima Serpens,
Frigore pigra prius, nec formidabilis ulli,
Incaluit, sumpsitque novas fervoribus iras.
Te quoque turbatum memorant fugisse, Boote [3],
Quamvis tardus eras, et te tua plaustra tenebant.

 Ut vero summo despexit ab æthere terras
Infelix Phaethon, penitus penitusque jacentes,
Palluit, et subito genua intremuere timore,
Suntque oculis tenebræ per tantum lumen obortæ.
Et jam mallet equos nunquam tetigisse paternos.
Quid faciat? multum cœli post terga relictum;
Ante oculos plus est! Animo metitur utrumque :
Et modo, quos illi fato contingere non est,
Prospicit occasus, interdum respicit ortus;
Quidque agat ignarus, stupet; et nec frena remittit,
Nec retinere valet, nec nomina novit equorum.
Sparsa quoque in vario passim miracula cœlo,

coursiers. Ce fut alors pour la première fois que les étoiles glacées du Septentrion sentirent les rayons du Soleil, et tentèrent, mais en vain, de se plonger dans l'océan qui leur est interdit. Le Dragon, voisin du pôle glacial, avait été jusqu'alors engourdi par le froid, et n'avait jamais inspiré de terreur. Il s'échauffe, et conçoit une fureur inaccoutumée. Toi-même, Bouvier, saisi de crainte, tu t'enfuis, dit-on, quoique tes pas soient pesants, quoique ton chariot te retarde.

 Mais dès que Phaéthon aperçoit du haut du ciel la terre dans un éloignement prodigieux, il pâlit; soudain ses genoux tremblent; au milieu de tant de lumière, ses yeux se couvrent de ténèbres. Combien il aimerait mieux n'avoir jamais touché le char paternel! Que faire? Il a laissé derrière lui une grande partie du ciel; une plus grande encore est devant ses yeux. Il les mesure toutes deux dans sa pensée. Tantôt il regarde le couchant que le destin ne lui permet pas d'atteindre, tantôt il se retourne vers le levant. Frappé de stupeur, il ne sait quel parti prendre. Il n'abandonne pas les rênes, mais il n'a pas la force de les retenir, et il ne conaît pas les noms des chevaux. Il voit aussi avec terre r les Pro-

nec, si sciat,	ni, si il *le* savait,
imperet illis.	il ne commanderait à eux.
Tunc primum	Alors pour-la-première-fois
Triones gelidi	les bœufs glacés
caluere radiis,	s'échauffèrent par les rayons,
et tentarunt frustra tingi	et ils essayèrent en-vain de se mouiller
æquore vetito ;	dans la mer qui *leur* est interdite ;
Serpensque quæ posita est	et le Serpent qui est placé
proxima polo glaciali,	le plus près du pôle glacial,
pigra prius frigore,	paresseux auparavant par le froid,
nec formidabilis ulli,	et *n'étant* redoutable à personne,
incaluit,	s'échauffa,
sumpsitque fervoribus	et prit (conçut) par *ces* chaleurs
iras novas.	des colères toutes-nouvelles.
Memorant te quoque, Boote,	On rapporte toi aussi, Bouvier
turbatum fugisse,	troublé avoir fui,
quamvis eras tardus,	quoique tu fusses pesant,
et tua plaustra te tenebant.	et *que* tes chariots te retinssent.
Ut vero infelix Phaethon	Mais dès que le malheureux Phaéthon
despexit ab æthere summo	regarda de l'air supérieur
terras jacentes	les terres situées
penitus penitusque,	au loin et au loin,
palluit,	il pâlit,
et genua tremuere	et *ses* genoux tremblèrent
timore subito,	par une crainte soudaine,
tenebræque obortæ sunt	et des ténèbres s'élevèrent devant
oculis	*ses* yeux
per lumen tantum.	au milieu d'une lumière si-grande.
Et jam mallet	Et déjà il aimerait-mieux
nunquam tetigisse	n'avoir jamais touché
equos paternos.	les chevaux paternels.
Quid faciat?	Que pourrait-il faire ?
Multum cœli	Beaucoup (un grand espace) de ciel
relictum post terga ;	a *été* laissé derrière *son* dos ;
plus est ante oculos !	plus (un plus grand) est devant *ses* yeux !
Metitur utrumque animo ;	Il mesure l'un et l'autre par la pensée ;
et modo prospicit occasus	et tantôt il regarde-en-avant les couchants
quos non est	lesquels il n'est pas *permis*
illi fato	à lui par le destin
contingere.	d'atteindre,
interdum respicit ortus ;	parfois il regarde-derrière *lui* les levants ;
ignarusque quid agat,	et ignorant de *ce* qu'il doit faire,
stupet ;	il est frappé-de-stupeur ;
et nec remittit frena,	et ni il ne lâche les rênes,
nec valet retinere,	ni il n'a-la-force de *les* retenir,
nec novit nomina equorum.	ni il ne connaît les noms des chevaux.
Videt quoque miracula	Il voit aussi les prodiges

Vastarumque videt trepidus simulacra ferarum.
  Est locus, in geminos ubi brachia concavat arcus
Scorpios¹, et cauda flexisque utrinque lacertis,
Porrigit in spatium signorum membra duorum.
Hunc puer, ut nigri madidum sudore veneni,
Vulnera curvata minitantem cuspide vidit,
Mentis inops, gelida formidine lora remisit.
Quæ postquam summum tetigere jacentia tergum,
Exspatiantur equi, nulloque inhibente, per auras
Ignotæ regionis eunt; quaque impetus egit,
Hac sine lege ruunt, altoque sub æthere fixis
Incursant stellis, rapiuntque per avia currum :
Et modo summa petunt, modo per decliva viasque
Præcipites, spatio terræ propiore, feruntur.

IV. — EMBRASEMENT DE L'UNIVERS.
(V. 210-218, 221, 224-239, 241-246, 248, 252-271.)

Corripitur flammis, ut quæque altissima, tellus;
Fissaque agit rimas, et succis aret ademptis.
Pabula canescunt, cum frondibus uritur arbor;

diges répandus çà et là dans le ciel et les animaux monstrueux dont il est parsemé.

Il est un endroit où le Scorpion forme deux arcs avec ses bras recourbés, et de sa queue et de ses pinces arrondies occupe l'espace de deux constellations. Le jeune homme voit ce monstre dégouttant d'un noir venin le menacer de son dard recourbé; il perd la raison, et, glacé d'épouvante, abandonne les rênes. A peine les coursiers les sentent-ils flotter sur leur dos, qu'ils sortent de leur carrière. Personne ne les retient plus; ils parcourent les régions inconnues du ciel, et se précipitent en désordre là où leur fougue les emporte. Ils se jettent sur les étoiles fixées à la voûte céleste, et entraînent le char dans des chemins écartés : tantôt ils s'élèvent aux plus hautes régions, tantôt ils descendent des pentes rapides et se rapprochent de la terre.

IV

Les points les plus élevés de la terre sont embrasés; elle se fend, s'entr'ouvre, et se dessèche privée de ses sucs. Les pâturages jaunissent, les arbres sont consumés avec leur feuillage, et

sparsa passim in cœlo vario,	répandus çà et là dans le ciel bigarré,
trepidusque	et tremblant *il voit*
simulacra	les simulacres
ferarum vastarum.	de bêtes-féroces énormes.
Est locus ubi Scorpios	Il est un lieu où le Scorpion
concavat brachia	recourbe *ses* bras
in geminos arcus,	en deux arcs,
et cauda lacertisque	et avec *sa* queue et *ses* bras
flexis utrinque,	repliés des-deux-côtés
porrigit membra	allonge *ses* membres
in spatium	dans l'espace
duorum signorum.	de deux signes (deux constellations).
Ut puer vidit hunc	Dès que l'enfant vit celui-ci
madidum sudore	humide de la sueur
nigri veneni,	d'un noir venin,
minitantem vulnera	*le* menaçant de blessures
cuspide curvata,	avec *son* dard recourbé,
inops mentis,	dépourvu de raison
remisit lora	il abandonna les rênes
formidine gelida.	*saisi* de l'épouvante-qui-glace.
Quæ postquam jacentia	lesquelles *rênes* dès que tombées
tetigere summum tergum,	elles touchèrent la surface-de *leur* dos,
equi exspatiantur,	les chevaux sortent-de-la-carrière,
nulloque inhibente,	et nul ne *les* retenant,
eunt per auras.	ils vont à-travers les airs
regionis ignotæ;	d'une région inconnue;
ruuntque sine lege	et ils se précipitent sans loi
hac qua impetus egit,	là où *leur* fougue *les* a poussés,
incursantque stellis	et ils courent-sur les étoiles
fixis sub æthere alto,	fixées sous l'éther élevé, [écartés:
rapiuntque currum per avia:	et ils entraînent le char dans des *lieux*
et modo petunt	et tantôt ils gagnent
summa,	les *régions* les plus élevées, [tes
modo feruntur per decliva	tantôt ils sont emportés le long des pen-
viasque præcipites,	et des routes à-pic,
spatio propiore terræ.	à une distance plus rapprochée de terre.

IV. — EMBRASEMENT DE L'UNIVERS.

Tellus,	La terre,
ut quæque altissima,	selon que chaque partie *est* très-élevée,
corripitur flammis;	est saisie par les flammes;
fissaque agit rimas,	et fendue elle pousse des ouvertures,
et aret succis ademptis.	et se dessèche *ses* sucs étant enlevés.
Pabula canescunt,	Les pâturages blanchissent,
arbor uritur cum frondibus,	l'arbre est brûlé avec *ses* feuilles,

Materiamque suo præbet seges arida damno.
Parva queror : magnæ pereunt cum mœnibus urbes,
Cumque suis totas populis incendia gentes
In cinerem vertunt : silvæ cum montibus ardent :
Ardet Athos[1], Taurusque Cilix, et Tmolus, et OEte;
Et tum sicca, prius celeberrima fontibus, Ide ;
Ardet in immensum geminatis ignibus Ætna,
Parnassusque biceps, et Eryx, et Cynthus, et Othrys.
Nec prosunt Scythiæ sua frigora : Caucasus[2] ardet,
Ossaque cum Pindo, majorque ambobus Olympus,
Aeriæque Alpes, et nubifer Apenninus.
Tunc vero Phaethon cunctis e partibus orbem
Adspicit accensum, nec tantos sustinet æstus ,
Ferventesque auras, velut e fornace profunda,
Ore trahit; currusque suos candescere sentit.
Et neque jam cineres, ejectatamque favillam
Ferre potest; calidoque involvitur undique fumo.
Quoque eat, aut ubi sit, picea caligine tectus
Nescit, et arbitrio volucrum raptatur equorum.

les moissons desséchées fournissent un aliment à la flamme qui les dévore. Que dis-je ? Les grandes villes périssent avec leur remparts, et des contrées entières sont réduites en cendre avec les peuples qui les habitent. Les forêts et les montagnes sont en feu, l'Athos, le Taurus en Cilicie, le Tmolus, l'OEta, l'Ida, naguère si riche en sources maintenant taries, l'Etna qui, redoublant ses feux, allume un immense incendie, le Parnasse au double sommet, et l'Éryx, et le Cynthe, et l'Othrys. Que servent à la Scythie ses frimas? Le Caucase brûle, ainsi que l'Ossa avec le Pinde, et l'Olympe plus élevé que ces deux montagnes, et les cimes aériennes des Alpes, et l'Apennin dont la tête touche les nues. Phaéthon voit l'univers embrasé de toutes parts ; il ne peut résister à cette chaleur dévorante; l'air qu'il respire semble sortir d'une ardente fournaise; il sent son char s'enflammer. Déjà il est étouffé par la cendre et les étincelles qui volent de tous côtés; une fumée brûlante l'enveloppe tout entier. Dans cette obscurité profonde, il ne sait où il va, où il est; il est emporté au gré de ses coursiers ailés.

segesque arida	et la moisson desséchée
præbet materiam	fournit une matière
suo damno.	à sa *propre* perte.
Queror parva :	Je me plains de *maux* petits :
magnæ urbes pereunt	les grandes villes périssent
cum mœnibus,	avec *leurs* murailles,
incendiaque	et les incendies
vertunt in cinerem	tournent en cendre
gentes totas	des nations (des contrées) entières
cum suis populis.	avec leurs peuples.
Silvæ ardent cum montibus :	Les forêts brûlent avec les montagnes :
Athos ardet,	L'Athos brûle,
Taurusque Cilix,	et le Taurus cilicien,
et Tmolus, et OEte ;	et le Tmolus et l'OEta ;
et Ide tum sicca,	et l'Ida alors desséché
celeberrima prius fontibus ;	très-abondant auparavant en sources,
Ætna ardet in immensum	l'Etna brûle en une proportion immense
ignibus geminatis,	*ses* feux étant redoublés,
Parnassusque biceps,	et le Parnasse à-deux-têtes,
et Eryx, et Cynthus,	et l'Éryx, et le Cynthe,
et Othrys.	et l'Othrys.
Nec sua frigora prosunt	Ni ses froids ne servent
Scythiæ :	à la Scythie :
Caucasus ardet,	*Le* Caucase brûle,
Ossaque cum Pindo, [bus,	et l'Ossa avec le Pinde,
Olympusque major ambo-	et l'Olympe plus grand que tous-deux,
Alpesque aeriæ,	et les Alpes aériennes,
et Apenninus nubifer.	et l'Apennin qui porte-les-nues.
Tunc vero Phaethon	Mais alors Phaéthon
adspicit orbem accensum	aperçoit l'univers embrasé
e cunctis partibus,	de tous les côtés, [grandes ;
nec sustinet æstus tantos ;	et il ne soutient pas des chaleurs si-
trahitque ore	et il aspire par la bouche
auras ferventes,	des airs brûlants,
velut e fornace profunda ;	comme d'une fournaise profonde ;
sentitque	et il sent
suos currus candescere.	ses chars (son char) s'enflammer.
Et neque potest jam	Et ni il ne peut plus
ferre cineres,	supporter les cendres,
favillamque ejectatam ;	et l'étincelle lancée ;
involviturque undique	et il est enveloppé de-toute-part
fumo calido.	d'une fumée chaude. [la-poix,
Tectusque caligine picea,	Et couvert d'une obscurité noire-comme-
nescit ubi sit,	il ne sait-pas où il est,
aut quo eat,	ou-bien où il va,
et raptatur arbitrio	et il est entraîné par le caprice
equorum volucrum.	des coursiers ailés.

Sanguine tum credunt in corpora summa vocato
Æthiopum populos nigrum traxisse colorem.
Tum facta est Libye[1], raptis humoribus æstu,
Arida. Tum nymphæ passis fontesque lacusque
Deflevere comis : quærit Bœotia Dircen[2],
Argos Amymonen, Ephyre Pirenidas[3] undas.
Nec sortita loco distantes flumina ripas :
Tuta manent : mediis Tanaïs[4] fumavit in undis,
Quique recurvatis ludit Mæander in undis.
Arsit et Euphrates Babylonius ; arsit Orontes,
Et quæ Mæonias celebrabant carmine ripas,
Flumineæ volucres medio caluere Caystro.
Nilus in extremum fugit perterritus orbem,
Occuluitque caput, quod adhuc latet ; ostia septem
Pulverulenta vacant, septem sine flumine valles.
Sors eadem Ismarios Hebrum cum Strymone siccat,
Hesperiosque amnes, Rhenum, Rhodanumque Padumque,
Cuique fuit rerum promissa potentia, Tibrim.
Dissilit omne solum, penetratque in Tartara rimis
Lumen, et infernum terret cum conjuge regem.

Ce fut alors, croit-on, que le sang des Éthiopiens, attiré à la surface du corps, donna à ces peuples la couleur noire qui les distingue. Ce fut alors que la Libye vit ses sources taries par la chaleur et perdit sa fécondité. Alors les nymphes, les cheveux épars, pleurèrent leurs fontaines et leurs lacs : la Béotie cherche Dircé ; Argos, Amymone, et Corinthe, les eaux de Pirène. Les fleuves mêmes dont la nature a séparé les rives par un vaste lit, ne sont point en sûreté : le Tanaïs fume au milieu de ses ondes, ainsi que le Méandre qui se joue par mille détours. La flamme atteint l'Euphrate qui traverse Babylone ; elle atteint également l'Oronte. Les oiseaux, ornement des fleuves, qui faisaient retentir de leurs chants les rives de Méonie, brûlent au milieu du Caystre. Le Nil épouvanté fuit aux extrémités de l'univers, et y cache sa source qui reste encore ignorée. Il laisse à sec sept bouches poudreuses ; ce sont autant de vallées sans fleuve. La même fatalité tarit en Thrace l'Hèbre et le Strymon, ainsi que les fleuves qui arrosent l'occident, le Rhin, le Rhône, le Pô, et le Tibre auquel fut promis l'empire du monde. La terre s'entr'ouvre de toutes parts, et la lumière, pénétrant par ces fentes va dans le Tartare épouvanter le roi des enfers et son épouse.

Credunt populos Æthiopum	On croit les peuples des Éthiopiens
traxisse tum	avoir tiré (pris) alors
colorem nigrum,	la couleur noire,
sanguine vocato,	*leur* sang ayant été appelé
in summa corpora.	à la surface-des corps.
Tum Libye facta est arida,	Alors la Libye devint aride, [leur.
humoribus raptis æstu.	les eaux ayant été supprimées par la cha-
Tum nymphæ comis passis	alors les nymphes les chevelures éparses
deflevere	pleurèrent
fontesque lacusque :	et *leurs* sources et *leurs* lacs :
Bœotia quærit Dircen,	La Béotie cherche Dircé,
Argos Amymonem,	Argos *cherche* Amymone,
Ephyre undas Pirenidas.	Éphyre les eaux de-Pirène.
Nec flumina sortita ripas	Ni les fleuves qui ont obtenu des rives
distantes loco	séparées par la position (par un vaste lit)
manent tuta :	ne restent en-sûreté :
Tanais fumavit	le Tanaïs fuma
in mediis undis,	au milieu de *ses* ondes,
Mæanderque qui ludit	ainsi que le Méandre qui se joue (ses),
in undis recurvatis.	dans (par) *ses* ondes recourbées (sinueu-
Euphrates Babylonius	L'Euphrate babylonien
arsit et ;	brûla aussi ;
Orontes arsit,	l'Oronte brûla,
et volucres fluminea,	et les oiseaux de-fleuve,
quæ celebrabant carmine	qui remplissaient de *leur* chant
ripas Mæonias,	les rives méoniennes,
caluere medio Caystro.	eurent-chaud au milieu-du Caystre.
Nilus perterritus fugit	Le Nil épouvanté fuit
in extremum orbem,	à l'extrémité-de l'univers,
occuluitque caput,	et il cacha *sa* tête,
quod latet adhuc ;	qui est cachée encore ;
septem ostia pulverulenta,	sept bouches poudreuses
vacant,	sont-vides,
septem valles sine flumine.	*ce sont* sept vallées sans fleuve.
Eadem sors siccat Ismarios,	Le même sort dessèche les *fleuves* thraces,
Hebrum cum Strymone,	L'Hèbre avec le Strymon,
amnesque Hesperios,	et les fleuves occidentaux,
Rhenum, Rhodanumque,	le Rhin, et le Rhône
Padumque, Tibrimque,	et le Pô, et le Tibre,
cui potentia rerum	auquel la puissance des choses
fuit promissa.	fut promise.
Omne solum dissilit,	Tout sol s'entr'ouvre,
lumenque penetrat rimis	et la lumière pénètre par des fentes
in Tartara,	dans le Tartare,
et terret regem infernum	et effraye le roi infernal
cum conjuge.	avec *son* épouse.
Et mare contrahitur,	Et la mer se rétrécit,

Et mare contrahitur, siccæque est campus arenæ
Quod modo pontus erat ; quosque altum texerat æquor,
Exsistunt montes, et sparsas Cycladas[1] augent.
Ima petunt pisces ; nec se super æquora curvi
Tollere consuetas audent delphines in auras.
Corpora phocarum summo resupina profundo
Exanimata natant : ipsum quoque Nerea fama est,
Doridaque, et natas tepidis latuisse sub undis.
Ter Neptunus aquis cum torvo brachia vultu
Exserere ausus erat, ter non tulit aeris ignes.

V. — PLAINTES DE LA TERRE A JUPITER.
(V. 272-289, 298-303.)

Alma tamen Tellus, ut erat circumdata ponto,
Inter aquas pelagi, contractosque undique fontes,
Qui se condiderant in opacæ viscera matris[2],
Sustulit omniferos, collo tenus arida, vultus ;
Opposuitque manum fronti, magnoque tremore
Omnia concutiens, paulum subsedit, et infra
Quam solet esse, fuit ; siccaque ita voce locuta est :
« Si placet hoc, meruique, quid, o! tua fulmina cessant,
Summe deum? Liceat periturae viribus ignis,

La mer se retire : ce qui naguère était l'océan, n'est plus qu'une plaine desséchée ; les montagnes s'élèvent au-dessus des eaux qui les couvraient et augmentent le nombre des Cyclades disséminées. Les poissons gagnent les retraites les plus profondes ; les dauphins n'osent plus, selon leur habitude, se montrer sur la plaine liquide, ni s'élancer hors de l'eau. Les phoques étendus sur le dos à la surface de la mer flottent inanimés. On dit même que Nérée avec Doris et ses filles se tient caché sous les ondes attiédies. Trois fois Neptune ose sortir de l'eau ses bras et son visage courroucé ; trois fois il est vaincu par les feux dont l'air est embrasé.

V

Cependant la Terre qui nourrit les humains voit se retirer la mer qui l'environne, et décroître de toute part les sources qui s'étaient cachées dans les entrailles ténébreuses de leur mère ; desséchée jusqu'au cou, elle lève sa tête qui porte tous les fruits. Elle place sa main devant son front, et ébranlant l'univers par une forte secousse, elle s'arrête un peu au dessous de sa place ordinaire : puis, la gorge desséchée, elle dit : « S'il te plaît que je périsse, si je l'ai mérité, pourquoi, souverain des dieux, tes foudres restent-elles oisives? Si je dois périr par le feu, puissé-je périr par les feux que tu lances,

quodque erat modo pontus	et *ce* qui naguère était mer
est campus arenæ siccæ;	est une plaine de sable desséché;
montesque,	et les montagnes,
quos æquor altum texerat,	que la mer profonde avait couvertes,
exsistunt,	sortent (paraissent),
et augent Cycladas sparsas.	et augmentent les Cyclades dispersées.
Pisces petunt	Les poissons gagnent
ima;	les *retraites* les plus profondes;
nec delphines curvi audent	ni les dauphins recourbés n'osent
se tollere super æquora	s'élever au-dessus des mers
in auras consuetas.	dans les airs accoutumés.
Corpora phocarum	Les corps des phoques
resupina summo profundo	étendus-sur-le-dos à la surface-de la mer
natant exanimata.	nagent (flottent) inanimés.
Fama est	La renommée est (rapporte)
Nerea quoque ipsum,	Nérée aussi lui-même,
Doridaque, et natas,	et Doris, et *ses* filles,
latuisse sub undis tepidis.	s'être cachés sous les ondes tièdes.
Ter Neptunus ausus erat	Trois-fois Neptune avait osé
exserere aquis brachia	sortir des eaux *ses* bras
cum vultu torvo,	avec *son* visage menaçant, [l'air.
ter non tulit ignes aeris.	trois fois il ne supporta pas les feux de

V. — PLAINTES DE LA TERRE A JUPITER.

Tamen Tellus alma,	Cependant la Terre nourricière,
ut erat circumdata ponto	comme elle était entourée par la mer,
sustulit inter aquas pelagi,	leva au milieu des eaux de la mer,
fontesque,	et des sources
contractos undique,	resserrées de toute-part,
qui se condiderant	qui s'étaient enfermées
in viscera matris opacæ,	dans les entrailles de *leur* mère épaisse,
vultus omniferos,	leva, dis-je, *son* visage qui-produit-tout,
arida tenus collo;	*étant* desséchée jusqu'au cou;
opposuitque fronti manum,	et elle plaça-devant *son* front *sa* main,
concutiensque omnia	et ébranlant tout
magno tremore,	par un grand tremblement,
subsedit paulum,	elle s'abaissa un peu,
et fuit infra	et fut (descendit) plus-bas
quam solet esse;	qu'elle n'a coutume d'être;
estque locuta ita voce sicca:	et elle parla ainsi d'une voix desséchée:
Si hoc placet, meruique,	Si cela *te* plaît, et *si* je *l'*ai mérité,
quid, o summe deum,	pourquoi, ô souverain des dieux,
tua fulmina cessant?	tes foudres sont-elles oisives?
Liceat periturae	Qu'il soit permis *à moi* devant périr
viribus ignis	par les forces du feu
perire tuo igne,	de périr par ton feu;

Igne perire tuo, clademque auctore levare.
Vix equidem fauces hæc ipsa in verba resolvo
(Presserat ora vapor) : tostos en adspice crines,
Inque oculis tantum, tantum super ora favillæ!
Hosne mihi fructus, hunc fertilitatis honorem?
Officiique refers, quod adunci vulnera aratri
Rastrorumque fero, totoque exerceor anno?
Quod pecori frondes, alimentaque mitia, fruges
Humano generi, vobis quod tura ministro?
Si freta, si terræ pereunt, si regia cœli,
In chaos antiquum confundimur : eripe flammis
Si quid adhuc superest, et rerum consule summæ. »
 Dixerat hæc Tellus; neque enim tolerare vaporem
Ulterius potuit, nec dicere plura ; suumque
Rettulit os in se, propioraque Manibus antra.

VI. — MORT DE PHAÉTHON.
(V. 304-328.)

At Pater omnipotens, Superos testatus, et ipsum
Qui dederat currus, nisi opem ferat, omnia fato
Interitura gravi, summam petit arduus arcem,
Unde solet nubes latis inducere terris,
Unde movet tonitrus, vibrataque fulmina jactat.

et me consoler de ma ruine en songeant que tu en es l'auteur. C'est à peine si j'ai la force d'ouvrir la bouche pour prononcer ces quelques paroles (la chaleur étouffait sa voix): regarde ma chevelure brûlée, toutes ces étincelles dans mes yeux, ces étincelles sur mon visage. Est-ce là ma récompense ? Est-ce là le prix de ma fertilité et de mes services, moi qui supporte les morsures de la charrue recourbée et du hoyau, qui toute l'année suis tourmentée sans relâche, moi qui donne des feuilles aux troupeaux, de douces moissons au genre humain, de l'encens à vos autels? Si la mer, si la terre, si la voûte céleste périssent, nous voilà rejetés dans la confusion de l'antique chaos. Arrache aux flammes tout ce qui reste, et sauve l'univers. »
 La Terre avait parlé ; elle ne peut supporter plus longtemps la chaleur, ni en dire davantage. Elle cache sa tête dans son sein et dans les demeures souterraines voisines du Tartare.

VI

Cependant le père tout puissant prend à témoin les dieux et celui-là même qui avait donné son char à Phaéthon, que s'il ne vient au secours de l'univers, tout va périr par un destin terrible ; puis il monte au plus haut du ciel. C'est de là qu'il étend les nuages sur la terre immense, qu'il fait gronder la foudre, qu'il brandit et lance ses traits.

levareque cladem auctore. | et d'alléger ce désastre par l'auteur.
Vix equidem resolvo fauces | A peine certes j'ouvre la gorge
in hæc verba ipsa | pour ces paroles mêmes
(vapor presserat ora) : | (la chaleur avait serré sa bouche) :
en adspice crines tostos, | voici regarde mes cheveux brûlés,
tantumque favillæ in oculis, | et autant d'étincelles dans mes yeux,
tantum super ora ! | autant sur mon visage !
Refersne mihi hos fructus, | Rends-tu à moi ces récompenses
hunc honorem fertilitatis | ce prix de ma fertilité,
officiique, | et de mon service,
quod fero vulnera [que, | de ce que je supporte les blessures
aratri adunci, rastrorum- | de la charrue recourbée et des hoyaux,
exerceorque toto anno ? | et de ce que je suis remuée toute l'année ?
quod ministro | de ce que je fournis
frondes pecori | des feuilles au troupeau,
frugesque, mitia alimenta, | et des grains, doux aliments,
generi humano, | au genre humain,
quod vobis tura ? | de ce que je vous fournis l'encens ?
Si freta, si terræ pereunt, | Si les mers, si les terres périssent,
si regia cœli, | si le palais du ciel périt,
confundimur | nous sommes confondus
in antiquum chaos : | dans l'antique chaos :
eripe flammis | arrache aux flammes
si quid superest adhuc, | si quelque chose (tout ce qui) reste encore,
et consule summæ rerum. | et veille à l'ensemble des choses.

Tellus dixerat hæc; | La Terre avait dit ces paroles;
neque enim potuit | ni en-effet elle ne put
tolerare vaporem ulterius, | supporter la chaleur au-delà,
nec dicere plura; | ni dire plus de choses ;
rettulitque suum os in se, | et elle retira sa tête en elle-même,
antraque | et dans les antres
propiora Manibus. | plus proches des Mânes.

VI. — MORT DE PHAÉTHON.

At pater omnipotens | Mais le père tout-puissant
testatus Superos, | ayant attesté les dieux,
et ipsum | et celui-là même
qui dederat currus, | qui avait donné les chars (le char),
omnia interitura | tout devoir périr
fato gravi, | par une destinée terrible,
nisi ferat opem, [cem, | s'il ne porte secours, [demeure,
petit arduus summam ar- | gagne élevé (en s'élevant) la haut-de sa
unde solet inducere nubes | d'où il a-coutume d'étendre les nuages
terris latis, | sur les terres vastes,
unde movet tonitrus, | d'où il met-en-mouvement les tonnerres,
jactatque fulmina vibrata. | et d'où il lance les foudres brandies.

Sed neque, quas posset terris inducere, nubes
Tunc habuit, neque quos cœlo demitteret, imbres.
Intonat, et dextra libratum fulmen ab aure
Misit in aurigam; pariterque animaque rotisque
Expulit, et sævis compescuit ignibus ignes.
Consternantur equi, et, saltu in contraria facto,
Colla jugo eripiunt, abruptaque lora relinquunt.
Illic frena jacent, illic temone revulsus
Axis, in hac radii fractarum parte rotarum;
Sparsaque sunt late laceri vestigia currus.
At Phaethon, rutilos flamma populante capillos,
Volvitur in præceps, longoque per aera tractu
Fertur ; ut interdum de cœlo stella sereno,
Etsi non cecidit, potuit cecidisse videri.
Quem, procul a patria, diverso maximus orbe
Excipit Eridanus [1], fumantiaque abluit ora.
Naides Hesperiæ trifida fumantia flamma
Corpora dant tumulo; signant quoque carmine saxum:
« Hic situs est Phaethon, currus auriga paterni :
Quem si non tenuit, magnis tamen excidit ausis. »

Mais il ne trouve alors ni nuages à étendre sur la terre, ni pluies à précipiter du haut des cieux. Il fait entendre un coup de tonnerre, balance sa foudre à la hauteur de son oreille droite, et la darde sur Phaéthon qui perd en même temps et la vie et son char. Ces feux redoutables arrêtent les ravages du feu. Les chevaux s'effarouchent et, par un brusque mouvement en arrière, ils détachent leur cou du joug, brisent les rênes et s'en dégagent. Ici tombent les freins, là un essieu arraché du timon, là encore les rayons des roues brisées; les débris du char fracassé sont dispersés au loin. Cependant Phaéthon, de qui l'ardente chevelure est consumée par les flammes, roule la tête en avant, et laisse dans les airs une longue traînée de feu. Telle dans un ciel serein une étoile tombe, ou plutôt semble tomber. Le superbe Éridan le recueille loin de sa patrie, dans un autre hémisphère, et lave son visage encore tout fumant. Les naïades de l'Italie ensevelissent son corps qui exhale l'odeur de la foudre, et elles gravent sur son tombeau cette épitaphe : « Ci-gît Phaéthon qui conduisit le char de son père; s'il ne put s'y maintenir, grande du moins était l'entreprise dans laquelle il a échoué. »

Sed neque habuit tunc nubes	Mais ni il n'eut alors des nuages
quas posset inducere terris,	qu'il pût étendre-sur les terres,
neque imbres	ni des pluies
quos demitteret cœlo.	qu'il précipitât du ciel.
Intonat,	Il tonne,
et misit in aurigam	et il envoya contre le cocher,
fulmen libratum	la foudre balancée
ab aure dextra;	du côté de *son* oreille droite;
expulitque pariter	et *le* chassa à-la-fois [du char],
animaque rotisque,	et du souffle (de la vie) et des roues (et
et compescuit ignes	et il arrêta les feux
ignibus sævis.	par des feux terribles.
Equi consternantur,	Les chevaux sont épouvantés,
et saltu facto in contraria,	et un saut étant fait en *sens* contraire,
eripiunt colla jugo,	ils arrachent *leurs* cous au joug,
relinquuntque lora abrupta.	et ils laissent les rênes brisées.
Frena jacent illic,	Les freins gisent là,
illic axis revulsus temone,	là *gît* l'essieu arraché du timon,
radii rotarum fractarum	les rayons des roues brisées
in hac parte;	*gisent* dans cette partie; [cassé
vestigiaque currus laceri	et les vestiges (les débris) du char fra-
sunt sparsa late.	sont répandus au loin.
At Phaethon,	Mais Phaéthon,
flamma populante	la flamme ravageant
capillos rutilos,	*ses* cheveux rougis,
volvitur in præceps,	est roulé en avant,
ferturque per aera	et est porté à travers l'air
longo tractu;	par une longue traînée;
ut interdum stella	comme parfois une étoile
potuit videri cecidisse	a pu paraître être tombée
de cœlo sereno,	du ciel serein,
etsi non cecidit.	quoiqu'elle ne soit pas tombée.
Quem maximus Eridanus	lequel *Phaéthon* le très-grand Éridan
excipit procul a patria,	reçoit loin de *sa* patrie,
orbe diverso,	dans un globe éloigné,
abluitque ora fumantia.	et il lave *son* visage fumant.
Naides Hesperiæ	Les naïades de-l'-Occident
dant tumulo corpora	donnent au tombeau le corps
fumantia flamma trifida;	fumant par la flamme aux-trois-pointes;
signant quoque saxum	elles marquent aussi la pierre
carmine :	d'une épitaphe :
Phaethon est situs hic,	Phaéthon est placé ici,
auriga currus paterni;	conducteur du char paternel;
quem si non tenuit,	lequel *char* s'il n'a pas retenu,
excidit tamen	il est tombé du moins
magnis ausis.	du *haut* de grandes entreprises.

VII. — MÉTAMORPHOSES DES SŒURS DE PHAÉTHON ET DE SON AMI CYCNUS.
(V. 329-380.)

At pater obductos luctu miserabilis ægro
Condiderat vultus, et (si modo credimus) unum
Isse diem sine sole ferunt : incendia lumen
Præbebant, aliquisque malo fuit usus in illo.
At Clymene, postquam dixit quæcumque fuerunt
In tantis dicenda malis, lugubris, et amens,
Et laniata sinus, totum percensuit orbem ;
Exanimesque artus primo, mox ossa requirens,
Repperit ossa tamen peregrina condita ripa,
Incubuitque loco; nomenque in marmore lectum
Perfudit lacrimis, et aperto pectore fovit.
Nec minus Heliades [1] lugent, et inania morti
Munera dant lacrimas, et cæsæ pectora palmis,
Non auditurum miseras Phaethonta querelas
Nocte dieque vocant, adsternunturque sepulcro.
Luna quater junctis implerat cornibus orbem ;
Illæ more suo (nam morem fecerat usus)
Plangorem dederant : e queis Phaethusa [2], sororum
Maxima, quum vellet terræ procumbere, questa est

VII

Cependant le malheureux père avait caché son visage voilé par un deuil cruel, et, si l'on en croit la tradition, il y eut un jour sans soleil. La lueur des incendies éclaira le monde ; ce fut au moins l'utilité de ce désastre. Dès que Clymène a exhalé toutes les plaintes qu'une si grande infortune pouvait suggérer, vêtue de deuil, égarée par la douleur, le sein meurtri, elle parcourt tout l'univers. Elle cherche d'abord les membres inanimés, puis les os de son fils ; elle trouve du moins ses os ensevelis dans une terre étrangère ; elle se couche sur la tombe, arrose de ses larmes le marbre où est gravé le nom, et le réchauffe de sa poitrine nue. L'affliction des Héliades n'est pas moins vive. Elles apportent au mort le vain tribut de leurs larmes, se frappent la poitrine de leurs mains, et, couchées près de son tombeau, elles appellent nuit et jour Phaéthon qui ne peut entendre leurs tristes plaintes. Quatre fois la lune avait reformé son disque de ses croissants réunis ; elles se livraient à leur désespoir selon leur coutume (car le temps avait changé leur douleur en habitude), lorsque Phaéthuse, l'aînée des sœurs, voulant s'é-

VII. — MÉTAMORPHOSES DES SŒURS DE PHAÉTHON ET DE SON AMI CYCNUS.

At pater miserabilis	Mais le père digne-de-pitié
condiderat vultus	avait caché *ses* visages
obductos luctu ægro,	couverts par un deuil affligeant,
et (si modo credimus)	et (si toutefois nous *le* croyons)
ferunt unum diem	on rapporte un jour
isse sine sole :	s'être écoulé sans soleil :
incendia præbebant lumen,	les incendies fournissaient la lumière,
aliquisque usus fuit	et quelque utilité fut
in illo malo.	dans ce mal.
At Clymene,	Mais Clymène,
postquam dixit	après qu'elle eut dit
quæcumque fuerunt dicenda	toutes les choses qui furent à-dire
in tantis malis,	dans de si-grands maux,
lugubris, et amens,	vêtue-de-deuil, et hors-d'elle-même,
et laniata sinus,	et meurtrie quant à *ses* seins,
percensuit orbem totum ;	parcourut le globe tout-entier ;
requirensque primo	et recherchant d'abord
artus exanimes,	les membres inanimés *de son fils*,
mox ossa ;	ensuite *ses* os ;
repperit tamen ossa	elle trouva du moins *ses* os
condita in terra peregrina,	renfermés dans une terre étrangère,
incubuitque loco ;	et elle se-coucha-sur la place ;
perfuditque lacrimis	et elle arrosa de larmes
nomen lectum in marmore,	le nom lu *par elle* sur le marbre,
et fovit pectore aperto.	et *le* réchauffa de *sa* poitrine découverte.
Nec Heliades lugent minus,	Et les Héliades ne pleurent pas moins
et dant morti lacrimas,	et elles donnent à *sa* mort des larmes
munera inania,	hommages inutiles, [*leurs* mains,
et cæsæ pectora palmis,	et frappées quant à *leurs* poitrines avec
vocant nocte dieque	elles appellent nuit et jour
Phaethonta non auditurum	Phaéthon ne devant pas entendre
querelas miseras ;	*leurs* plaintes tristes ; [beau.
adsternunturque sepulcro.	et elles se prosternent-auprès du tom-
Luna impleratquater orbem	La lune avait rempli quatre-fois son dis-
cornibus junctis ;	de *ses* croissants réunis ; [que
illæ dederant plangorem	elles avaient poussé *leur* lamentation
suo more	selon leur coutume
(nam usus fecerat morem) ;	(car l'usage *en* avait fait une coutume) ;
e queis Phaethusa,	parmi lesquelles Phaéthuse,
maxima sororum,	la plus âgée des sœurs,
questa est,	se plaignit,
quum vellet	comme elle voulait
procumbere terræ,	se coucher à terre,

Diriguisse pedes; ad quam conata venire
Candida Lampetie [1], subita radice retenta est.
Tertia [2] quum crinem manibus laniare pararet,
Avellit frondes : hæc stipite crura teneri,
Illa dolet fieri longos sua brachia ramos.
Dumque ea mirantur, cortex humerosque manusque
Ambit, et exstabant tantum ora vocantia matrem.
Quid faciat mater? nisi quo trahit impetus illam,
Huc eat, atque illuc, et, dum licet, oscula jungat?
Non satis est : truncis avellere corpora tentat,
Et teneros manibus ramos abrumpit ; at inde
Sanguineæ manant, tanquam de vulnere, guttæ.
« Parce, precor, mater! quæcumque est saucia clamat.
Parce, precor; nostrum laceratur in arbore corpus :
Jamque vale. » Cortex in verba novissima venit.
Inde fluunt lacrimæ, stillataque sole rigescunt
De ramis electra novis, quæ lucidus amnis
Excipit, et nuribus mittit gestanda Latinis.

Adfuit huic monstro, proles Stheneleïa [3], Cycnus,

tendre à terre, se plaignit que ses pieds fussent devenus immobiles. La brillante Lampétie s'efforce d'aller vers elle; elle est retenue par une racine qui s'est formée subitement. La troisième voulait s'arracher les cheveux ; elle n'arrache que des feuilles. L'une déplore que ses jambes soient retenues par un tronc, l'autre que ses bras deviennent de longs rameaux. Pendant qu'elles s'étonnent de ce prodige, l'écorce enveloppe leurs épaules et leurs mains; on ne voit plus que leurs bouches, d'où sort le nom de leur mère? Mais que pouvait faire celle-ci? elle va de l'une à l'autre, obéissant aux élans de son cœur, et tandis qu'il en est temps encore, elle couvre ses filles de baisers. Ce n'est point assez: elle tente d'arracher leurs corps à ces troncs; elle détache de ses mains des rameaux encore tendres; mais voici qu'il s'en échappe des gouttes de sang comme d'une blessure : « Épargne nous, ma mère, s'écrie chacune de celles qu'elle blesse; épargne-nous, je t'en prie ; c'est notre corps que tu déchires avec cet arbre, et maintenant, adieu. » A ces paroles qui devaient être les dernières, l'écorce couvre leurs bouches; mais de cette écorce coulent des larmes qui, durcies au soleil, deviennent des perles d'ambre. Le fleuve limpide reçoit le suc précieux de ces arbres nouveaux, et le porte aux femmes romaines pour qu'elles en fassent leur parure.

Ce prodige avait eu pour témoin le fils de Sthénélée, Cycnus.

pedes diriguisse;	ses pieds s'être raidis;
ad quam candida Lampetie conata venire,	vers laquelle la blanche Lampétie s'étant efforcée d'aller,
retenta est radice subita.	fut retenue par une racine subite.
Quum tertia pararet laniare crinem manibus,	Comme la troisième se préparait à s'arracher la chevelure de ses mains,
avellit frondes :	elle arrache des feuilles :
hæc dolet crura teneri stipite,	celle-ci se plaint ses jambes être retenues par un tronc,
illa sua brachia fieri longos ramos.	celle-là se-plaint ses bras devenir de longs rameaux.
Dumque mirantur ea,	Et tandis qu'elles admirent ces changements,
cortex ambit humerosque manusque,	l'écorce entoure et leurs épaules et leurs mains,
tantumque ora vocantia matrem exstabant.	et seulement leurs bouches appelant leur mère ressortaient.
Quid faciat mater, nisi eat huc atque illuc quo impetus trahit illam,	Que ferait leur mère, sinon qu'elle aille çà et là où l'élan entraîne elle,
et jungat oscula, dum licet?	et ne joigne (ne donne) des baisers, tandis-que cela est-possible?
Non est satis :	Cela n'est pas assez :
tentat avellere corpora truncis,	elle essaye d'arracher les corps des troncs,
et abrumpit manibus ramos teneros;	et elle détache avec ses mains des rameaux tendres;
at guttæ sanguineæ manant inde,	mais des gouttes sanglantes découlent de-là,
tanquam de vulnere.	comme d'une blessure.
Quæcumque est saucia, clamat :	Quelle-que-soit-celle-qui est blessée, elle crie :
Parce, mater, precor;	Épargne, mère, je te prie;
nostrum corpus laceratur in arbore;	notre corps est déchiré dans cet arbre;
jamque vale.	et maintenant adieu.
Cortex venit in verba novissima.	L'écorce vint sur ces paroles dernières.
Lacrimæ fluunt inde, electraque stillata de ramis novis rigescunt sole,	Des larmes découlent de-là, et les boules-d'-ambre distillées de ces branches nouvelles durcissent par le soleil,
quæ amnis lucidus excipit, et mittit gestanda nuribus Latinis.	lesquelles boules le fleuve brillant reçoit, et envoie pour être portées par les brus latines,
Cycnus, proles Stheneleia, adfuit huic monstro;	Cycnus, rejeton de-Sthénélée, fut-présent à ce prodige;

Qui tibi materno quamvis a sanguine junctus,
Mente tamen, Phaethon, propior fuit. Ille relicto
(Nam Ligurum [1] populos et magnas rexerat urbes)
Imperio, ripas virides, amnemque querelis
Eridanum implerat, silvamque sororibus auctam ;
Quum vox est tenuata viro, canæque capillos
Dissimulant plumæ, collumque a pectore longe
Porrigitur, digitosque ligat junctura rubentes.
Penna latus velat, tenet os sine acumine rostrum :
Fit nova Cycnus avis ; nec se cœloque Jovique
Credit, ut injuste missi memor ignis ab illo :
Stagna petit, patulosque lacus ; ignemque perosus,
Quæ colat, elegit contraria flumina flammis.

VIII. — DEMEURE DE L'ENVIE. MÉTAMORPHOSE D'AGLAURE.
(V. 749-751, 760-832.)

Viderat Aglauros flavæ secreta Minervæ [2] :
Vertit ad hanc torvi dea bellica luminis orbem.
Protinus Invidiæ nigro squalentia tabo
Tecta petit. Domus est imis in vallibus antri,
Abdita, sole carens, non ulli pervia vento ;

Uni à Phaéthon par le sang de sa mère, il l'était encore davantage par l'amitié. Il avait abandonné son royaume, le peuple et les grandes villes des Ligures ; il faisait retentir de ses plaintes les vertes rives de l'Éridan et la forêt dont les sœurs de Phaéthon venaient d'augmenter les ombrages. Tout à coup sa voix s'affaiblit, des plumes blanches cachent ses cheveux ; son cou s'éloigne de sa poitrine et s'allonge ; une membrane réunit ses doigts qui rougissent ; des ailes couvrent ses flancs ; un bec arrondi occupe la place de sa bouche : Cycnus devient un nouvel oiseau. Il ne se fie ni au ciel ni à Jupiter ; car il se souvient de la foudre injustement lancée par ce dieu ; il gagne les étangs, et les vastes lacs ; et, en haine du feu, il choisit pour demeure les fleuves contraires à la flamme.

VIII

Aglaure avait surpris le secret de la blonde Minerve. La déesse belliqueuse tourne vers elle des regards menaçants, et se rend aussitôt au séjour de l'Envie. Cette demeure, souillée d'un noir venin, est cachée dans les profondeurs les plus reculées d'un antre, où ne pénètrent jamais ni le soleil, ni les vents ; demeure affreuse, où règne

qui quamvis junctus tibi	lequel bien qu'uni à toi
a sanguine materno,	du côté du sang maternel,
fuit tamen, Phaethon,	fut cependant, Phaéthon,
propior mente.	plus près *de toi* par la pensée (l'affection).
Ille imperio relicto	Celui-ci *son* empire ayant été laissé
(nam rexerat populos	(car il avait gouverné les peuples
et magnas urbes Ligurum),	et les grandes villes des Ligures),
implerat querelis	avait rempli de *ses* plaintes
ripas virides,	les rives vertes,
amnemque Eridanum,	et le fleuve Éridan,
silvamque auctam	et la forêt augmentée
sororibus;	par les sœurs *de Phaéthon*;
quum vox tenuata est viro,	lorsque la voix s'affaiblit pour *cet* homme,
plumæque canæ	et des plumes blanches
dissimulant capillos,	dissimulent *ses* cheveux,
collumque porrigitur	et *son* cou s'allonge
longe a pectore,	loin de *sa* poitrine,
juncturaque ligat	et une jointure lie
digitos rubentes.	*ses* doigts qui-rougissent.
Penna velat latus,	Une aile voile *son* côté,
rostrum sine acumine	un bec sans pointe
tenet os:	occupe la bouche:
Cycnus fit avis nova;	Cycnus devient un oiseau nouveau
nec se credit	et il ne se confie pas
cœloque Jovique,	et au ciel et à Jupiter,
ut memor ignis	comme se souvenant du feu
missi injuste ab illo :	envoyé injustement par celui-là :
petit stagna,	il gagne les étangs,
lacusque patulos;	et les lacs étendus;
perosusque ignem,	et haïssant-extrêmement le feu,
elegit flumina	il a choisi les fleuves
quæ colat	pour qu'il *les* habite
contraria flammis.	*les fleuves* contraires aux flammes.

VIII. — DEMEURE DE L'ENVIE. MÉTAMORPHOSE D'AGLAURE.

Aglauros viderat secreta	Aglaure avait vu les secrets
flavæ Minervæ:	de la blonde Minerve:
dea bellica vertit ad hanc	la déesse belliqueuse tourna vers celle-ci
orbem luminis torvi.	l'orbite de *sa* vue (ses yeux) farouche.
Protinus petit	Aussitôt elle gagne
tecta Invidiæ	les demeures de l'Envie
squalentia nigro veneno.	souillées d'un noir poison.
Domus abdita est	La maison est cachée [d'un antre,
in vallibus imis antri,	dans les enfoncements les plus profonds
carens sole,	privée de soleil,
non pervia ulli vento;	n'*étant* accessible à aucun vent;

Tristis, et ignavi plenissima frigoris, et quæ
Igne vacet semper, caligine semper abundet.
Huc ubi pervenit bello metuenda virago,
Constitit ante domum (neque enim succedere ctis
Fas habet), et postes extrema cuspide pulsat :
Concussæ patuere fores. Videt intus edentem
Vipereas carnes, vitiorum alimenta suorum,
Invidiam, visaque oculos avertit : at illa
Surgit humo pigre, semesarumque relinquit
Corpora serpentum, passuque incedit inerti.
Utque deam vidit, formaque armisque decoram,
Ingemuit, vultumque deæ ad suspiria duxit [1].
Pallor in ore sedet, macies in corpore toto ;
Nusquam recta acies ; livent rubigine dentes ;
Pectora felle virent, lingua est suffusa veneno ;
Risus abest, nisi quem visi movere dolores ;
Nec fruitur somno, vigilantibus excita curis ;
Sed videt ingratos, intabescitque videndo,
Successus hominum ; carpitque et carpitur una,
Suppliciumque suum est. Quamvis tamen oderat illam,
Talibus affata est breviter Tritonia [2] dictis :

le froid qui engourdit, que le feu n'échauffe jamais, et que les brouillards remplissent toujours. Arrivée en ce lieu, la redoutable déesse de la guerre s'arrête devant cette caverne (car elle ne croit pas qu'il lui soit permis d'y entrer) ; de la pointe de sa lance elle en frappe la porte : la porte ébranlée s'ouvre. Elle voit alors dans l'intérieur le monstre qui dévore des vipères, aliments de ses fureurs. A cette vue elle détourne les yeux. Cependant l'Envie se lève lentement de terre, et, laissant là les restes des serpents à demi rongés, elle s'avance d'un pas tardif. Dès qu'elle aperçoit Minerve, elle gémit de tant de beauté et de l'éclat de ces armes, et par ses gémissements elle attire les regards de la déesse. La pâleur règne sur son visage ; tout son corps est décharné. Elle ne regarde jamais en face ; une rouille livide couvre ses dents, son sein distille le fiel, sa langue est imprégnée de poison ; elle ne rit jamais qu'à l'aspect de la souffrance. Elle ne connaît pas les douceurs du sommeil ; les soucis qui l'agitent la tiennent sans cesse éveillée. Elle voit avec tristesse les succès des hommes, et dessèche à cette vue ; elle ronge et est rongée tout à la fois ; elle est à elle-même son propre supplice. Quelque horreur que Pallas ressente pour ce monstre, elle lui adresse cependant ces courtes paroles :

tristis, et plenissima frigoris ignavi, et quæ vacet semper igne, abundet semper caligine.	triste, et très-pleine du froid qui-rend-paresseux, et *telle* qu'elle manque toujours de feu, *qu'*elle soit-pleine toujours de brouillard.
Ubi virago metuenda bello pervenit huc, constitit ante domum (neque enim habet fas succedere tectis), et pulsat postes extrema cuspide : fores concussæ patuere.	Dès que la vierge-robuste redoutable à la guerre, fut parvenue là, elle s'arrêta devant la maison [permis (et en effet elle ne regarde pas comme d'entrer-dans *ces* demeures), et elle frappe les portes de l'extrémité-de *sa* pointe (sa lance) : les battants ébranlés s'ouvrirent.
Videt intus Invidiam edentem carnes vipereas, alimenta suorum vitiorum, visaque avertit oculos :	Elle voit à l'intérieur l'Envie mangeant des chairs de-vipères, aliments de ses vices, et l'*Envie* ayant été vue elle détourne les yeux :
at illa surgit humo pigre, relinquitque corpora serpentum semesarum, inceditque passu inerti.	mais celle-ci se lève de terre avec-paresse, et laisse les corps des serpents à-moitié-rongés, et elle s'avance d'un pas inerte.
Utque vidit deam, decoram forma armisque, ingemuit, duxitque ad suspiria vultum deæ.	Et dès-qu'elle vit la déesse, belle par *sa* forme et par *ses* armes, elle gémit, et attira vers *ses* soupirs le visage de la déesse.
Pallor sedet in ore, macies in toto corpore; nusquam acies recta ; dentes livent rubigine, pectora virent felle, lingua est suffusa veneno; risus abest, nisi quem dolores visi movere; nec fruitur somno, excita curis vigilantibus; sed videt successus hominum ingratos, intabescitque videndo, carpitque et carpitur una, estque suum supplicium.	La pâleur réside sur *son* visage, la maigreur sur tout *son* corps ; nulle part (jamais) *son* regard n'est droit ; *ses* dents sont-livides de rouille, *sa* poitrine est-verte de fiel, *sa* langue est baignée de venin; le rire est-absent, sinon *celui* que les souffrances vues ont excité; et elle ne jouit pas du sommeil, [veillée; agitée par des soucis qui-la-tiennent-é- mais elle voit les succès des hommes *succès qui lui sont* désagréables, et elle se consume en *les* voyant, [temps, et elle ronge et est rongée en-même- et elle est son *propre* supplice.
Tritonia affata est breviter dictis talibus, quamvis tamen oderat illam :	La Tritonienne *lui* parla brièvement en termes tels, quoique cependant elle hait elle :

« Infice tabe tua natarum Cecropis unam ;
Sic opus est : Aglauros ea est. » Haud plura locuta,
Fugit, et impressa tellurem reppulit hasta.
Illa deam obliquo fugientem lumine cernens,
Murmura parva dedit, successurumque Minervæ
Indoluit; baculumque capit, quod spinea tortum
Vincula cingebant; adopertaque nubibus atris,
Quacumque ingreditur, florentia proterit arva,
Exuritque herbas, et summa cacumina carpit;
Afflatuque suo populos, urbesque domosque
Polluit ; et tandem Tritonida conspicit arcem,
Ingeniisque opibusque et festa pace virentem,
Vixque tenet lacrimas, quia nil lacrimabile cernit.

Sed postquam thalamos intravit Cecrope natæ,
Jussa facit; pectusque manu ferrugine tincta
Tangit, et hamatis præcordia sentibus[1] implet;
Inspiratque nocens virus, piceumque per ossa
Dissipat et medio spargit pulmone venenum.
Neve mali causæ spatium per latius errent,
Germanam[2] ante oculos, fortunatumque sororis

« Infecte de ton venin une des filles de Cécrops; il le faut : c'est Aglaure qu'elle s'appelle. » Elle dit, et soudain repoussant la terre de sa lance qu'elle appuie fortement, elle disparaît. L'Envie suit d'un œil oblique la fuite de la déesse; elle fait entendre un faible murmure, et s'afflige du succès qui couronnera le dessein de Minerve. Puis, prenant à la main un bâton noueux entouré d'épines, elle part enveloppée de sombres nuages. Partout où elle passe, elle flétrit les campagnes fleuries, dessèche les herbes, et dépouille les plus hautes cimes des arbres ; son haleine souille les peuples, les villes, les maisons. Enfin elle aperçoit la ville d'Athènes, cette ville qu'embellissent les arts, la richesse et les bienfaits de la paix ; elle a peine à retenir ses larmes, car elle ne voit aucun sujet de larmes.

Mais dès qu'elle est entrée dans la chambre où repose la fille de Cécrops, elle exécute les ordres de la déesse. Elle pose sur le cœur d'Aglaure une main teinte de rouille, remplit le sein de cette infortunée d'aiguillons acérés, et y souffle un venin funeste. Le noir poison se répand dans les os; il pénètre au milieu du poumon, et de peur que les causes du mal ne se disséminent sur trop d'objets, l'Envie lui met sous les yeux la destinée de sa sœur, son hymen fortuné, et

Infice tua tabe	Infecte de ton venin
unam natarum Cecropis;	une des filles de Cécrops;
opus est sic :	il est besoin *qu'il en soit* ainsi :
ea est Aglauros.	c'est Aglaure.
Haud locuta plura fugit,	N'ayant pas dit plus de choses elle fuit,
et reppulit tellurem	et elle repoussa la terre
hasta impressa.	de sa lance appuyée.
Illa cernens lumine obliquo	Celle-ci regardant d'un œil oblique
deam fugientem,	la déesse qui fuit,
dedit parva murmura,	donna (poussa) de faibles murmures,
indoluitque	et elle s'affligea
successurum Minervæ;	que *ce dessein* dût réussir à Minerve;
capitque baculum	et elle prend un bâton
quod tortum	lequel étant tordu
vincula spinea cingebant ;	des liens d'-épines entouraient ;
adopertaque nubibus atris	et couverte de nuages noirs
proterit arva florentia,	elle foule les campagnes fleuries,
quacumque ingreditur,	partout-où elle marche,
exuritque herbas,	et elle brûle les herbes,
et carpit cacumina summa ;	et elle arrache les cimes les plus-élevées
polluitque suo afflatu	et elle souille de son souffle
populos, urbesque	les peuples, et les villes
domosque;	et les maisons;
et tandem conspicit	et enfin elle aperçoit
arcem Tritonida,	la citadelle Tritonienne,
virentem ingeniisque	verdoyante (florissante) et par les esprits
opibusque	et par les richesses
et pace festa,	et par la paix joyeuse,
tenetque vix lacrimas,	et elle retient à peine *ses* larmes
quia cernit nil	parce qu'elle ne voit rien
lacrimabile.	digne-de-larmes.
Sed postquam intravit	Mais après qu'elle fut entrée
thalamos natæ Cecrope,	dans la chambre-à-coucher de la fille de
facit jussa ;	elle exécute les ordres; [Cécrops,
tangitque pectus	et touche la poitrine *de la jeune fille*
manu tincta ferrugine,	d'une main teinte de-rouille,
et implet præcordia	et elle *lui* remplit le cœur
sentibus hamatis ;	de piquants crochus ;
inspiratque virus nocens,	et elle souffle en *elle* un venin nuisible,
dissipatque per ossa	et *lui* disperse à travers les os
spargitque medio pulmone	et répand au milieu du poumon
venenum piceum.	un poison noir-comme-de-la-poix.
Neve causæ mali errent	Et-de-peur-que les causes du mal n'errent
per spatium latius,	à-travers un espace trop large,
ponit ante oculos germanam,	elle *lui* met devant les yeux sa sœur,
conjugiumque fortunatum	et l'hymen fortuné
sororis,	de *cette* sœur,

Conjugium, pulchraque deum sub imagine ponit;
Cunctaque magna facit, quibus irritata, dolore
Cecropis occulto mordetur, et, anxia nocte,
Anxia luce gemit; lentaque miserrima tabe
Liquitur, ut glacies incerto saucia sole;
Felicisque bonis aliter non uritur Herses
Quam quum spinosis ignis supponitur herbis,
Quæ neque dant flammas, lenique tepore cremantur.
Sæpe mori voluit, ne quidquam tale videret;
Sæpe, velut crimen, rigido narrare parenti.
Denique in adverso venientem limine sedit,
Exclusura deum. Cui blandimenta, precesque,
Verbaque jactanti mitissima : « Desine, dixit;
Hinc ego me non sum, nisi te, motura, repulso. »
— « Stemus, ait, pacto, velox Cyllenius, isto; »
Cælatasque fores virga patefecit : at illi
Surgere conanti partes, quascumque sedendo
Flectimur, ignava nequeunt gravitate moveri.
Illa quidem recto pugnat se attollere trunco :
Sed genuum junctura riget; frigusque per ungues
Labitur, et pallent amisso sanguine venæ.
Utque malum late solet immedicabile cancer

lui présente le dieu sous des traits séduisants. Ces images qu'elle peint des plus brillantes couleurs, irritent la fille de Cécrops ; une douleur secrète la ronge; inquiète, elle gémit le jour, inquiète, elle gémit la nuit. Elle se consume lentement, telle que la glace frappée par les rayons à peine tièdes du soleil. Le bonheur de l'heureuse Hersé la brûle, comme le feu caché sous des herbes épineuses, qui, sans jeter de flammes, sont insensiblement réduites en cendres. Plus d'une fois elle voulut mourir pour ne pas voir un pareil spectacle; plus d'une fois elle voulut dénoncer comme un crime cet hymen à son père rigide. Enfin elle s'assied sur le seuil du palais, du côté où le dieu s'avance; elle veut lui en fermer l'entrée. Flatteries, prières, paroles caressantes, tout est inutile. « Cesse de me presser, dit Aglaure; je ne bougerai pas d'ici que je ne t'aie repoussé. » — « Eh bien ! j'accepte la condition, » dit l'agile fils de Cyllène, et de sa baguette il ouvre les portes ciselées. Aglaure veut alors se lever : les parties que nous plions pour nous asseoir sont retenues par une pesanteur invincible. Elle tente de se redresser : les jointures de ses genoux se sont raidies ; le froid envahit ses mains; ses veines, d'où le sang s'est retiré, pâlissent. Tel un cancer incurable s'étend partout le corps, et passe des parties

CHOIX DES MÉTAMORPHOSES. — LIVRE II. 105

deumque	et le dieu
sub pulchra imagine;	sous une belle image;
facitque cuncta magna,	et elle fait toutes ces choses grandes,
quibus Cecropis irritata,	par lesquelles la fille-de-Cécrops irritée,
mordetur dolore occulto,	est mordue par une douleur cachée,
et anxia gemit nocte,	*et* inquiète gémit la nuit,
anxia luce;	inquiète *gémit* le jour;
miserrimaque liquitur	et très-malheureuse elle se fond
tabe lenta,	par une consomption lente,
ut glacies saucia	comme la glace blessée (frappée)
sole incerto;	par un soleil incertain;
uriturque bonis	et elle est brûlée par les biens (le bonheur)
felicis Herses,	de l'heureuse Hersé,
non aliter quam quum ignis	non autrement que lorsque le feu
supponitur herbis spinosis,	est placé-sous des herbes épineuses,
quæ neque dant flammas,	lesquelles et-ne donnent pas de flammes,
cremanturque tepore leni.	et sont brûlées par une chaleur douce.
Sæpe voluit mori,	Souvent elle voulut mourir, [tel;
ne videret quidquam tale;	pour qu'elle ne vît pas quelque chose de
sæpe narrare, velut crimen,	souvent, *elle voulut* raconter *cela* comme
parenti rigido.	à *son* père rigide. [un crime
Denique sedit	Enfin elle s'assit
in limine adverso,	sur le seuil opposé,
exclusura deum venientem.	devant exclure le dieu qui-venait.
Cui jactanti blandimenta,	Auquel proférant des caresses,
precesque,	et des prières,
verbaque mitissima :	et des paroles très-douces :
Desine, dixit;	Cesse, dit-elle;
ego non sum motura me hinc	moi je ne suis pas devant remuer moi d'ici
nisi te repulso.	sinon toi ayant été repoussé.
Stemus isto pacto,	Tenons-nous à cette convention,
ait velox Cyllenius;	dit le rapide fils-de-Cyllène;
patefecitque virga	et il ouvrit de *sa* baguette
fores cælatas :	les battants ciselés :
at partes,	mais les parties [mes pliés
quascumque flectimur	toutes-celles-par lesquelles nous som-
sedendo,	en nous asseyant,
nequeunt	ne-peuvent,
illi conanti surgere	à *elle* essayant de se lever
moveri gravitate ignava.	se mouvoir à cause d'une pesanteur inerte.
Illa quidem pugnat	Celle-ci certes s'efforce
surgere trunco recto;	de se lever le tronc droit;
sed junctura genuum riget;	mais la jointure des genoux est-raide;
frigusque labitur per ungues,	et le froid se glisse à travers *ses* ongles,
et venæ pallent	et *ses* veines pâlissent
sanguine amisso.	le sang étant perdu.
Utque cancer,	Et comme un cancer,

Serpere, et illæsas vitiatis addere partes :
Sic letalis hiems paulatim in pectora venit,
Vitalesque vias et respiramina clausit.
Nec conata loqui est; nec, si conata fuisset,
Vocis habebat iter : saxum jam colla tenebat,
Oraque duruerant; signumque exsangue sedebat;
Nec lapis albus erat : sua mens infecerat illam.

IX. — MÉTAMORPHOSE DE JUPITER EN TAUREAU. ENLÈVEMENT D'EUROPE.
(V. 848-875.)

Ille pater rectorque deum, cui dextra trisulcis
Ignibus armata est, qui nutu concutit orbem,
Induitur faciem tauri; mixtusque juvencis
Mugit, et in teneris formosus obambulat herbis.
Quippe color nivis est, quam nec vestigia duri
Calcavere pedis, nec solvit aquaticus Auster;
Colla toris exstant, armis palearia pendent;
Cornua parva quidem, sed quæ contendere possis
Facta manu, puraque magis pellucida gemma;
Nullæ in fronte minæ, nec formidabile lumen;
Pacem vultus habet. Miratur Agenore nata[1]
Quod tam formosus, quod prœlia nulla minetur.
Sed, quamvis mitem, metuit contingere primo;

corrompues aux parties intactes. Ainsi le froid de la mort entre peu à peu dans son sein, lui ferme les voies de la vie, et intercepte sa respiration. Elle ne tente pas de parler; mais sa voix, si elle l'eût tenté, n'eût pas trouvé de passage. Son cou avait déjà la rigidité de la pierre : son visage s'était durci; elle restait assise, statue inanimée; et ce n'était pas un marbre blanc : elle avait pris la noirceur de son caractère.

IX

Le père et le maître des dieux, dont le bras est armé des carreaux de la foudre, dont un mouvement de tête ébranle l'univers, prend la figure d'un taureau. Il se mêle à un troupeau, et erre en mugissant dans les tendres pâturages; sa beauté est éclatante, car il a la blancheur de la neige que n'a point foulée un pied brutal, que n'a point fondue l'Auster pluvieux. Des muscles vigoureux se dessinent sur son cou; son fanon pend sur sa poitrine. Ses cornes sont petites, il est vrai, mais on les dirait faites à la main; elles sont plus transparentes qu'un diamant sans tache. Son front n'a rien de menaçant, ses yeux, rien de terrible; son regard respire la paix. La fille d'Agénor s'étonne qu'il soit si beau et si pacifique. Mais, si doux qu'il soit, elle n'ose d'abord le toucher. Bientôt

malum immedicabile,	mal incurable,
solet serpere late,	a-coutume de se répandre au-loin,
et addere partes illæsas	et d'ajouter les parties intactes
vitiatis,	aux *parties* corrompues,
sic hiems letalis	ainsi l'hiver (de froid) mortel
venit paulatim in pectora,	est venu peu à peu dans *sa* poitrine,
clausitque vias vitales,	et a fermé les voies vitales
et respiramina.	et les canaux-de-la-respiration.
Nec conata est loqui;	Et elle ne s'efforça pas de parler;
nec habebat iter vocis,	et elle n'avait pas le canal de la voix,
si conata fuisset:	si elle s'était efforcée *de parler:*
jam saxum tenebat colla,	déjà la pierre tenait *son* cou,
oraque duruerant;	et *son* visage s'était durci;
sedebatque	et elle était assise
signum exsangue;	statue privée-de-sang;
nec erat lapis albus:	et elle n'était pas une pierre blanche:
sua mens infecerat illam.	son esprit avait teint (noirci) elle.

IX. — MÉTAMORPHOSE DE JUPITER EN TAUREAU.
ENLÈVEMENT D'EUROPE.

Ille pater rectorque deum,	Ce père et ce roi des dieux,
cui dextra armata est	à qui la main droite est armée
ignibus trisulcis,	des feux à-trois-pointes,
qui concutit orbem nutu,	qui ébranle l'univers d'un-signe-de-tête,
induitur faciem tauri;	se revêt de la forme d'un taureau;
mixtusque juvencis mugit,	et mêlé aux jeunes-taureaux il mugit,
et formosus obambulat	et beau il erre
in herbis teneris.	dans les herbes tendres.
Quippe color nivis est,	Car la couleur de la neige est à *lui,*
quam nec vestigia pedis duri	laquelle *neige* ni les traces d'un pied dur
calcavere,	n'ont foulée,
nec Auster aquaticus solvit.	ni l'Auster pluvieux n'a dissoute.
Colla exstant toris,	*Son* cou ressort par des muscles,
palearia pendent armis;	des fanons pendent de *ses* épaules;
cornua parva quidem,	les cornes *sont* petites à la vérité,
sed quæ possis contendere	mais *telles* que tu pourrais prétendre
facta manu,	*elles avoir été* faites avec la main,
magisque pellucida	et plus transparentes
gemma pura.	qu'une pierrerie pure (sans tache).
Nullæ minæ in fronte,	Aucunes menaces sur *son* front,
nec lumen formidabile;	et *son* œil *n'est* pas redoutable;
vultus habet pacem.	*son* regard a la paix.
Nata Agenore miratur	La fille d'Agénor s'étonne
quod tam formosus,	qu'il *soit* si beau,
quod minetur nulla prælia.	qu'il ne menace d'aucuns combats.
Sed metuit primo contingere,	Mais elle craint d'abord de *le* toucher,

Mox adit, et flores ad candida porrigit ora.
Qui nunc alludit, viridique exsultat in herba,
Nunc latus in fulvis niveum deponit arenis;
Paulatimque metu dempto, modo pectora præbet
Virginea plaudenda manu, modo cornua sertis
Impedienda novis. Ausa est quoque regia virgo,
Nescia quem premeret, tergo considere tauri.
Tum deus a terra siccoque a littore sensim
Falsa pedum primis vestigia ponit in undis;
Inde abit ulterius, mediique per æquora ponti
Fert prædam : pavet hæc, littusque ablata relictum
Respicit, et dextra cornu tenet; altera dorso
Imposita est : tremulæ sinuantur flamine vestes.

cependant elle s'approche, et présente des fleurs à ce bel animal, qui s'ébat auprès d'elle et bondit sur l'herbe verdoyante, ou qui étend sur le sable doré ses flancs aussi blancs que la neige. Quand peu à peu elle s'est rassurée, il présente tantôt son poitrail aux caresses de la jeune fille, tantôt ses cornes aux guirlandes nouvelles dont elle veut le parer. La princesse ose même monter sur le dos de l'animal; elle ignore quel est celui qui la porte. Alors le dieu s'éloigne insensiblement de la terre et du rivage; il trempe ses pieds trompeurs dans les premières vagues; puis il s'avance plus loin, et emporte sa proie au milieu de la plaine liquide. Europe s'effraye; elle tourne ses regards vers le rivage qui fuit; de sa main droite elle tient une corne du taureau; l'autre est appuyée sur le dos du ravisseur; ses vêtements se gonflent et flottent au gré des vents.

quamvis mitem;	quoique doux ;
mox adit,	bientôt elle s'approche,
et porrigit flores	et présente des fleurs
ad ora candida.	à sa bouche blanche.
Qui nunc alludit,	Lequel (taureau) tantôt s'ébat-auprès,
exsultatque in herba viridi,	et bondit sur l'herbe verte,
nunc deponit latus niveum	tantôt étend son flanc de-neige
in arenis fulvis ;	sur les sables jaunes ;
metuque dempto paulatim,	et la crainte d'*Europe* étant enlevée peu-à-peu,
modo præbet pectora	tantôt il présente *la* poitrine
plaudenda	devant être caressée
manu virginea,	par la main virginale,
modo cornua impedienda	tantôt *ses* cornes devant être enlacées
sertis novis.	de guirlandes nouvelles.
Virgo regia ausa est quoque	La vierge royale osa même
considere tergo tauri,	s'asseoir sur le dos du taureau,
nescia quem premeret.	ignorant qui elle pressait.
Tum deus ponit sensim	Alors le dieu pose peu à peu
a terra littoreque sicco	*loin* de la terre et du rivage sec
vestigia falsa pedum	les traces trompeuses de *ses* pieds
in primis undis ;	dans les premiers flots ;
inde abit ulterius,	puis il va au-delà,
fertque prædam	et il emporte *sa* proie
per æquora medii ponti :	à travers les plaines du milieu-de la mer:
hæc pavet,	celle-ci a-peur,
ablataque respicit	et emportée regarde derrière *elle*
littus relictum,	le rivage qu'elle a quitté,
et tenet cornu dextra ;	et elle tient une corne de la *main* droite;
altera imposita est dorso :	l'autre *main* est placée sur le dos *du taureau*:
vestes tremulæ	*ses* vêtements tremblants
sinuantur flamine.	sont enflés par le vent.

NOTES

DU DEUXIÈME LIVRE DU CHOIX DES MÉTAMORPHOSES D'OVIDE.

I

Page 64 : 1. *Pyropo*. Le Pyrope (πῦρ et ὤψ qui a l'apparence du feu), était un alliage de cuivre et d'or.

— 2. *Mulciber*. Épithète de Vulcain (*qui mulcet ferrum*), qui sert souvent à elle seule à désigner ce dieu, comme *Tonans* désigne Jupiter, *Arcitenens*, Apollon, etc.

— 3. *Tritona*. Triton précédait le char de Neptune en sonnant de la trompe. — *Protea*. Protée, gardien des troupeaux de Neptune, pouvait prendre toute sorte de formes. — *Ægæona*. Égéon ou Briarée était fils et gendre de Neptune. — *Dorida*. Doris était fille de l'Océan, épouse de Nérée, et mère des nymphes.

Page 66 : 1. *Clymeneia proles*. Phaéthon était fils de la nymphe Clymène et de Phébus.

— 2. *Dubitati*. C'était Épaphus, fils d'Io et de Jupiter, qui, choqué de l'orgueil de Phaéthon, avait contesté à celui-ci la divinité de son origine.

— 3. *Dies..... Horæ*. Ovide personnifie toutes ces divisions du temps.

Page 68 : 1. *Palus*, le Styx, Cf. I. IV, v. 26 et 27.

— 2. *Jus et moderamen.* Figure, appelée hendiadyin, pour *jus moderandi equos.*

II

— Page 74 : 1. *Aurora,* l'Aurore, fille d'Apollon, épouse de Tithon, et mère de Memnon qui fut tué par Achille.

— 2. *Lucifer,* l'étoile du matin.

— 3. *Horis.* Les Heures, filles de Thémis, étaient ministres du soleil.

Page 76 : 1. *Anguem.* Le Dragon était une constellation, placée au nord entre les deux Ourses qu'il enveloppait de sa queue; de là l'épithète de *tortum.*

— 2. *Aram.* L'Autel était une constellation placée au midi près de la queue du Scorpion. C'était sur cet autel, suivant la tradition, que les dieux avaient juré fidélité à Jupiter, lors de la guerre des Titans.

— 3. *Hesperio.... metas.* C'est le point où le soleil et la nuit, arrivés à la fin de leur carrière, semblent disparaître dans les ondes.

III

Page 78 : 1. *Pyroeis.... Phlegon.* Tous ces noms viennent du grec et ont une signification précise. *Pyroeis* est formé de πῦρ feu; *Eous,* de Ἠώ, aurore; *Æthon,* de αἴθω, brûler; *Phlegon,* de φλέγω, enflammer.

— 2. *Repagula.* En prose, on dirait *carceres.* C'était dans le cirque une barrière qui tombait au signal donné, et d'où s'élançaient les chevaux.

— 3. *Thetys,* Thétys. Cette déesse, femme de l'Océan, était la mère de Clymène; il ne faut pas la confondre avec Thétis, femme de Nérée et mère d'Achille.

Page 80 : 1. *Triones.* Vieux mot qui signifie *bœufs.* Ces étoiles étaient au nombre de sept (*septem triones*), et formaient la constellation du chariot.

— 2. *Vetito.* Les anciens croyaient que ces étoiles placées au-dessus de notre horizon ne se couchaient jamais. Cf. Virgile, Géorgiques. I, 246 :

Arctos Oceani metuentes æquore tingi.

— 3. *Boote.* Le Bouvier, constellation voisine de la grande Ourse. On l'appelait aussi *Arctophylax*, gardien de l'Ourse.

Page 82 : 1. *Scorpios.* Le Scorpion est une constellation de l'hémisphère austral. Le char de Phaéthon incline donc tantôt au nord tantôt au sud. Cf. l'extrait précédent, v. 67 et 68.

IV

Page 84 : 1. *Athos.... Othrys*, l'Athos, montagne de Macédoine; le Taurus en Cilicie; le Tymolus en Lydie; l'OEta en Thessalie; l'Ida, dans la Troade; le Parnasse en Thessalie; l'Etna, l'Éryx en Sicile; le Cynthe à Délos; l'Othrys en Thessalie.

— 2. *Caucasus.... Apenninus.* Le Caucase, montagne qui sépare l'Europe de l'Asie du N. O, au S. O; l'Ossa, le Pinde, l'Olympe, montagnes de Thessalie; les Alpes, chaîne de montagnes entre la France et l'Italie; l'Apennin, montagne qui partage l'Italie.

Page 86 : 1. *Libye*, la Libye, ancien nom de l'Afrique. Le mot *Africa* ne désignait que la province romaine.

— 2. *Dircen.... Pirenidas*, Dircé, source de Béotie; Amymone, source d'Argos; Pirène, source de Corinthe; cette ville s'appelait anciennement Éphyre.

— 3. *Sortita.... ripas.* Ce vers prête à deux interprétations différentes : 1° les fleuves les plus éloignés les uns des autres par leur position; 2° les fleuves dont les rives sont naturellement séparées par un large lit. Ce dernier sens, quoique moins généralement adopté, nous paraît le meilleur. Le poëte après avoir dit que les sources sont taries, nous montre les fleuves eux-mêmes desséchés malgré l'abondance de leurs eaux.

— 4. *Tanais.... Caystro*, le Tanaïs (Don) fleuve de la Sarmatie; le Méandre, fleuve de Phrygie; l'Oronte, de Syrie; le Caystre, de Lydie ou Méonie.

Page 88 : 1. *Cycladas*, les Cyclades, îles de la mer Égée.

V

Page 88 : 2. *Matris*. Leur mère était la Terre elle-même.

VI

Page 92 : 1. *Eridanus*, l'Éridan, nom poétique du Pô.

VII

Page 94 : 1. *Heliades*. Les Héliades, sœurs de Phaéthon, étaient comme lui filles du soleil (Ἥλιος).

— 2. *Phaethusa*. Ce mot est le féminin de Φαέθων, *lucens*.

Page 96 : 1. *Lampetie*. Ce nom qui vient de λάμπω briller n'est pas moins significatif que le précédent.

— 2. *Tertia*. Cette troisième sœur s'appelait Æglé, de αἴγλη, splendeur.

— 3. *Stheneleia*. Sthénélée, roi de Ligurie, avait laissé ses états à son fils Cycnus.

Page 98 : 1. *Ligurum*. Les Ligures étaient un peuple du sud-ouest de la Gaule Cisalpine.

VIII

Page 98 : 2. *Aglauros..... Minervæ*. Aglaure était fille de Cécrops, roi d'Athènes. Minerve ayant confié aux trois filles de ce prince, Pandrosos, Hersé et Aglaure, une corbeille où était enfermé Érichthon, fils de Vulcain, Aglaure avait eu l'indiscrétion d'ouvrir cette corbeille, malgré la défense de la déesse.

Page 100 : 1. *Vultumque.... duxit*. Ce vers prête à deux interprétations différentes : 1° elle fit du visage de la déesse un motif de soupir, c'est-à-dire elle ne put voir sans soupirer le visage de la déesse ; 2° elle attira par ses soupirs les regards de la déesse (qui avait détourné les yeux de ce monstre). Ce dernier sens nous paraît expliquer plus naturellement le texte, sans toutefois nous satisfaire complètement.

— 2. *Tritonia*. C'était un des surnoms de Minerve. Certaines traditions faisaient naître cette déesse sur les bords du lac Triton en Afrique.

Page 102 : 1. *Sentibus*. Ce mot qui signifie ordinairement « ronces, épines, » est pris ici dans un sens figuré.

— 2. *Germanam*, sa sœur Hersé, aimée de Mercure.

IX

Page 106 : 1. *Agenore nata*. Europe était fille d'Agénor, roi de Phénicie.

ARGUMENT

DU TROISIÈME LIVRE DU CHOIX DES MÉTAMORPHOSES
D'OVIDE.

I. Émigration de Cadmus, frère d'Europe. Malheur de ses compagnons.
II. Mort du dragon. Naissance d'un peuple nouveau.
III. Métamorphose d'Écho.
IV. Métamorphose de Narcisse.
V. Mort de Panthée qui a profané les mystères des Bacchantes.

LIVRE TROISIÈME.

I. — ÉMIGRATION DE CADMUS, FRÈRE D'EUROPE. MALHEUR DE SES COMPAGNONS.
(V. 1-49.)

Jamque deus, posita fallacis imagine tauri,
Se confessus erat, Dictæaque rura tenebat,
Quum pater ignarus Cadmo perquirere raptam
Imperat, et pœnam, si non invenerit, addit
Exsilium, facto pius et sceleratus eodem.
Orbe pererrato (quis enim deprendere possit
Furta Jovis?), profugus patriamque iramque parentis
Vitat Agenorides, Phœbique oracula supplex
Consulit, et quæ sit tellus habitanda requirit.
« Bos tibi, Phœbus ait, solis occurret in arvis,
Nullum passa jugum, curvique immunis aratri:

I

Déjà Jupiter avait quitté la figure trompeuse d'un taureau, et s'était fait reconnaître. Il avait atteint les rivages de Dicté, lorsqu'Agénor, ignorant le sort de sa fille, ordonne à Cadmus de chercher celle qui lui a été ravie; et, père, tendre et barbare à la fois, il le menace de l'exil s'il ne la trouve. Le fils d'Agénor a parcouru en vain l'univers (qui pourrait en effet découvrir les larcins du maître des dieux?). Errant il fuit sa patrie et le courroux de son père, et va consulter en suppliant l'oracle de Phébus; il lui demande sur quelle terre il doit fixer sa demeure. « Une génisse, répond le dieu, qui n'a point encore souffert le joug, ni traîné la charrue recourbée, s'offrira à tes yeux dans des plaines désertes:

LIVRE TROISIÈME.

I. — ÉMIGRATION DE CADMUS, FRÈRE D'EUROPE. MALHEUR DE SES COMPAGNONS.

Jamque deus,	Et déjà le dieu,
imagine tauri fallacis	l'image du taureau trompeur
posita,	ayant été déposée,
se confessus erat,	s'était avoué (s'était fait connaître),
tenebatque rura Dictæa,	et il tenait les campagnes de-Dicté,
quum pater ignarus	lorsque le père ignorant *ce qu'elle était*
imperat Cadmo	commande à Cadmus [*devenue*,
perquirere raptam,	de rechercher *Europe* ravie,
et addit pœnam,	et il ajoute *comme* châtiment,
si non invenerit,	s'il ne *l*'aura pas retrouvée,
exsilium,	l'exil,
pius et sceleratus	pieux et criminel
eodem facto.	par le même acte.
Orbe pererrato	L'univers ayant été parcouru
(quis enim possit	(qui en effet pourrait
deprendere furta Jovis?),	surprendre les larcins de Jupiter?),
Agenorides profugus	Le fils-d'-Agénor fugitif
vitat patriamque	évite et *sa* patrie
iramque parentis,	et le courroux de *son* père,
supplexque consulit	et suppliant il consulte
oracula Phœbi,	les oracles de Phébus,
et requirit quæ tellus	et il s'informe quelle terre
sit habitanda.	est devant être habitée *par lui*.
Bos, ait Phœbus,	Une génisse, dit Phébus,
passa nullum jugum,	n'ayant souffert aucun joug,
immunisque aratri curvi,	et exempte de la charrue recourbée,
occurret tibi	rencontrera toi
in arvis solis :	dans des plaines désertes :

Hac duce carpe vias, et, qua requieverit herba,
Mœnia fac condas, Bœotiaque [1] illa vocato. »
 Vix bene Castalio [2] Cadmus descenderat antro,
Incustoditam lente videt ire juvencam,
Nullum servitii signum cervice gerentem;
Subsequitur, pressoque legit vestigia gressu,
Auctoremque viæ Phœbum taciturnus adorat.
Jam vada Cephisi [3] Panopesque evaserat arva;
Bos stetit; et tollens speciosam cornibus altis
Ad cœlum frontem, mugitibus impulit auras.
Atque ita, respiciens comites sua terga sequentes,
Procubuit, teneraque latus submisit in herba.
Cadmus agit grates, peregrinæque oscula terræ
Figit, et ignotos montes agrosque salutat.
Sacra Jovi facturus erat : jubet ire ministros,
Et petere e vivis libandas fontibus undas.
 Silva vetus stabat, nulla violata securi;
Est specus in medio, virgis ac vimine densus,
Efficiens humilem lapidum compagibus arcum,
Uberibus fecundus aquis; ubi conditus antro
Martius anguis erat, cristis præsignis et auro;

prends-la pour guide, et ne manque pas de bâtir une ville dans le pâturage où elle se reposera, et d'appeler la contrée Béotie. »
 A peine Cadmus était-il descendu de l'antre de Castalie, qu'il voit une génisse sans gardien marcher lentement; son cou ne porte aucune marque d'esclavage. Il la suit de près, et ralentissant le pas, il marche sur ses traces, et adore en silence Phébus qui le dirige. Déjà il avait traversé les eaux du Céphise et les plaines de Panope; la génisse s'arrête; elle lève vers le ciel son front paré de cornes élevées, et fait retentir l'air de mugissements. Puis elle regarde les compagnons qui l'ont suivie, et se laissant tomber, elle se couche sur l'herbe tendre. Cadmus rend grâces à Apollon; il baise cette terre étrangère, et salue ces montagnes et ces plaines qui lui sont inconnues. Il s'apprête à faire un sacrifice à Jupiter, et ordonne à ses serviteurs d'aller chercher à des sources vives l'eau des libations.
 Non loin de là s'élevait une antique forêt que la hache avait toujours respectée. Au milieu est une caverne entourée de branches épaisses; sa voûte basse est formée d'un assemblage de pierres; il en sort des eaux abondantes. C'est la retraite d'un serpent consacré à Mars.

carpe viam hac duce,	prends ta route celle-ci *étant* guide,
et fac condas mœnia	et fais *en sorte* que tu bâtisses des murailles
herba qua requieverit,	sur l'herbe sur laquelle elle se sera re-
vocatoque illa Bœotia.	et appelle celles-ci béotiennes. [posée;
Vix Cadmus	A peine Cadmus
descenderat bene	était-il descendu complétement
antro Castalio,	de l'antre de-Castalie,
videt juvencam	il voit une jeune-génisse
incustoditam	non-gardée
ire lente,	marcher lentement,
gerentemque cervice	et *ne* portant sur le cou
nullum signum servitii;	aucun signe d'esclavage ;
subsequitur,	il *la* suit-de-près,
legitque vestigia	et il recueille (suit) ses traces
gradu presso,	d'un pas réprimé (ralenti),
adoratque taciturnus	et il adore silencieux
Phœbum auctorem viæ.	Phebus promoteur de sa route.
Jam evaserat vada Cephisi	Déjà il avait traversé les gués du Céphise
arvaque Panopes;	et les plaines de Panope ;
bos stetit,	la génisse s'arrêta,
et tollens ad cœlum	et levant vers le ciel
frontem speciosam	son front beau
cornibus altis,	par des cornes élevées,
impulit auras mugitibus.	elle frappa les airs de *ses* mugissements.
Atque ita, respiciens	Et ainsi (alors), regardant-derrière *elle*
comites sequentes sua terga,	les compagnons suivant son dos,
procubuit,	elle se coucha,
submisitque latus	et abaissa *son* flanc
in herba tenera.	sur l'herbe tendre.
Cadmus agit grates,	Cadmus rend des actions-de-grâce,
figitque oscula	et il imprime des baisers
terræ peregrinæ,	à *cette* terre étrangère,
et salutat	et il salue
montes agrosque ignotos.	ces montagnes et ces champs inconnus.
Erat facturus sacra Jovi;	Il était devant faire un sacrifice à Jupiter;
jubet ministros ire,	il ordonne à *ses* serviteurs d'aller,
et petere e fontibus vivis	et de chercher des sources vives
aquas libandas.	des eaux devant être-offertes-en libation.
Silva vetus stabat,	Une forêt antique s'élevait,
violata nulla securi;	qui n'avait été violée par aucune hache;
specus densus	une caverne épaissie
virgis ac vimine,	par des baguettes et du bois-flexible,
efficiens arcum humilem	formant une voûte basse
compagibus lapidum,	par des assemblages de pierres,
fecundus aquis uberibus,	féconde en eaux abondantes,
est in medio;	est au milieu;
ubi anguis Martius,	où un serpent consacré-à-Mars

120 OVIDE.

Igne micant oculi; corpus tumet omne veneno;
Tresque vibrant linguæ; triplici stant ordine dentes.
Quem postquam Tyria lucum de gente profecti
Infausto tetigere gradu, demissaque in undas
Urna dedit sonitum, longum caput extulit antro
Cæruleus serpens, horrendaque sibila misit.
Effluxere urnæ manibus, sanguisque relinquit
Corpus, et attonitos subitus tremor occupat artus.
Ille volubilibus squamosos nexibus orbes
Torquet, et immensos saltu sinuatur in arcus;
Ac media plus parte leves erectus in auras,
Despicit omne nemus, tantoque est corpore, quanto,
Si totum spectes, geminas qui separat Arctos[1].
Nec mora, Phœnicas (sive illi tela parabant,
Sive fugam, sive ipse timor prohibebat utrumque)
Occupat; hos morsu, longis complexibus illos,
Hos necat afflati funesta tabe veneni.

II. — MORT DU DRAGON. NAISSANCE D'UN PEUPLE NOUVEAU.
(V. 50-180.)

Fecerat exiguas jam sol altissimus umbras :
Quæ mora sit sociis miratur Agenore natus,

Sur la tête de ce monstre brille une crête dorée ; ses yeux lancent des flammes; tout son corps est gonflé de venin ; sa gueule darde une langue à trois pointes ; elle est armée d'une triple rangée de dents. A peine les exilés tyriens ont-ils d'un pas funeste touché ce bois sacré qu'au bruit de l'urne plongée dans l'eau, le dragon à la peau azurée avance sa longue tête hors de l'antre, et pousse d'horribles sifflements. Les urnes glissent des mains des Tyriens; le sang se retire de leurs veines; un frisson soudain agite leurs membres glacés par l'effroi. Le monstre aux écailles luisantes se courbe et se recourbe en mille replis; il fait, en bondissant, des cercles immenses; et se dressant de plus de la moitié de sa hauteur, il domine toute la forêt; il n'est pas moins grand, à le voir tout entier, que le dragon qui sépare les deux Ourses. Soudain (soit que les Phéniciens se disposassent à fuir ou à combattre, soit que la crainte même les tînt immobiles), il s'élance sur eux, déchire ceux-ci de ses morsures, étouffe ceux-là dans ses longs replis, et tue les autres par le souffle mortel de son haleine empoisonnée.

II

Déjà le soleil au plus haut point de sa course avait diminué l'ombre, lorsque le fils d'Agénor, étonné du retard de ses compagnons,

præsignis cristis et auro,	très-remarquable par les crêtes et l'or,
erat conditus antro.	était caché dans l'antre.
Oculi micant igne;	*Ses* yeux étincellent par le feu ;
omne corpus tumet veneno;	tout *son* corps est gonflé de poison ;
tresque linguæ vibrant;	et *ses* trois langues s'agitent;
dentes stant ordine triplici.	*ses dents* se tiennent sur un rang triple.
Quem lucum	Lequel bois-sacré
postquam profecti	après que les *hommes* partis
de gente Tyria	de la nation tyrienne
tetigere gradu infausto,	eurent touché d'un pas malheureux,
urnaque demissa in undas	et *que* l'urne descendue dans les ondes
dedit sonitum,	eut donné un son,
serpens cæruleus	le serpent azuré
extulit antro	éleva-hors de l'antre
caput longum,	sa tête longue,
misitque sibila horrenda.	et envoya des sifflements horribles.
Urnæ effluxere manibus,	Les urnes coulèrent des mains,
sanguisque relinquit corpus,	et le sang abandonne le corps,
et tremor subitus	et un tremblement soudain
occupat artus attonitos.	s'empare des membres surpris.
Ille torquet orbes squamosos	Celui-ci roule des anneaux écailleux
nexibus volubilibus,	par des nœuds rapides,
et sinuatur saltu	et se recourbe par un bond
in arcus immensos ;	en arcs immenses ;
ac erectus in auras leves	et élevé dans les airs légers
plus media parte,	plus que de la moitié *du corps*,
despicit omne nemus,	il regarde-de-haut toute la forêt,
sique spectes totum,	et si tu *le* considérais tout-entier,
est corpore tanto	il est d'un corps aussi-grand
quanto qui separat	que *celui* qui sépare
geminas Arctos.	les deux Ourses.
Nec mora,	Et pas de délai,
occupat Phœnicas	il devance les Phéniciens
(sive illi parabant tela,	(soit que ceux-ci préparassent *leurs* armes,
sive fugam,	soit qu'*ils préparassent leur* fuite,
sive timor ipse	soit que la crainte elle-même
prohibebat utrumque);	empêchât l'une et l'autre chose) ;
enecat hos morsu,	il tue ceux-ci par une morsure,
illos longis complexibus,	ceux-là par de longs enlacements,
hos tabe funesta	ceux-ci par l'infection funeste
veneni afflati.	d'un venin communiqué-par-le-souffle.

II. — MORT DU DRAGON. NAISSANCE D'UN PEUPLE NOUVEAU.

Jam sol altissimus	Déjà le soleil très-élevé
fecerat umbras exiguas :	avait fait les ombres petites :
natus Agenore miratur	le fils-d'-Agénor s'étonne

Vestigatque viros. Tegimen derepta leoni
Pellis erat; telum, splendenti lancea ferro,
Et jaculum, teloque animus præstantior omni.
Ut nemus intravit, letataque corpora vidit,
Victoremque supra, spatiosi corporis hostem,
Tristia sanguinea lambentem vulnera lingua :
« Aut ultor vestræ, fidissima corpora, mortis,
Aut comes, inquit, ero. » Dixit, dextraque molarem
Sustulit, et magnum magno conamine misit.
Illius impulsu quum turribus ardua celsis
Mœnia mota forent, serpens sine vulnere mansit;
Loricæque modo squamis defensus, et atræ
Duritia pellis, validos cute reppulit ictus.
At non duritia jaculum quoque vicit eadem :
Quod medio lentæ fixum curvamine spinæ
Constitit, et toto descendit in ilia ferro.
Ille, dolore ferox, caput in sua terga retorsit,
Vulneraque adspexit, fixumque hastile momordit.
Idque, ubi vi multa partem labefecit in omnem,

se met à leur recherche. Il a pour vêtement la dépouille d'un lion ; pour armes, une lance au fer brillant et un javelot ; mais son courage est la meilleure de toutes les armes. Il entre dans le bois, et voit les corps inanimés de ses compagnons sur lesquels est couché le vainqueur, ce monstrueux dragon, qui lèche de sa langue sanglante leurs affreuses blessures. « Amis fidèles, s'écrie-t-il, je vengerai votre mort, ou je la partagerai. » Il dit, et de la main droite prenant une pierre énorme, il lance par un puissant effort cette masse pesante. Ce choc aurait ébranlé des murailles aux tours altières et menaçantes ; le serpent n'est pas blessé : ses écailles, impénétrables comme une cuirasse, et la dureté de sa peau noire le protégent, et repoussent la violence du coup ; mais si dure que soit cette enveloppe, elle ne résiste pas au javelot qui l'atteint à l'endroit où se recourbe l'épine flexible ; il s'y fixe, et pénètre dans les entrailles de toute la longueur du fer. La douleur rend le dragon furieux : il replie sa tête sur son dos, regarde sa blessure, et mord le trait qui y est enfoncé. Après l'avoir agité en tous sens avec beaucoup de force, il

quæ mora sit sociis,	quel retard est à *ses* compagnons,
vestigatque viros.	et il cherche *ces* hommes.
Pellis derepta leoni	La peau arrachée à un lion
erat tegimen ;	était *son* vêtement ;
lancea ferro splendenti,	une pique d'un fer brillant
et jaculum,	et un javelot,
telum,	*étaient son* arme,
animusque præstantior	ainsi que *son* cœur meilleur
omni telo.	que toute arme.
Ut intravit nemus,	Dès qu'il fut entré dans le bois,
viditque corpora letata,	et *qu'*il eut vu les corps tués,
victoremque,	et le vainqueur,
hostem corporis spatiosi,	ennemi d'un corps énorme,
supra, [nea	*couché* sur *ces corps*,
lambentem lingua sangui-	léchant d'une langue sanglante
vulnera tristia :	*leurs* blessures affreuses :
Aut ero, inquit,	Ou je serai, dit-il,
corpora fidissima,	corps très-fidèles,
ultor vestræ mortis,	vengeur de votre mort,
aut comes.	ou *j'en serai* le compagnon.
Dixit, sustulitque dextra	Il dit, et il leva de la *main* droite
molarem,	une pierre-meulière,
et misit magnum	et il envoya *cette* grande *pierre*
magno conamine.	par un grand effort.
Quum mœnia	Quand des remparts
ardua altis turribus	élevés par de hautes tours
mota forent	auraient été ébranlés
impulsu illius,	par le choc de cette *pierre*.
serpens mansit sine vulnere,	le serpent resta sans blessure,
defensusque squamis	et défendu par *ses* écailles
modo loricæ,	à la manière d'une cuirasse,
et duritia pellis atræ,	et par la dureté de *sa* peau noire, [lents.
repulit cute ictus validos.	il repoussa par *cette* peau les coups vio-
At non vicit quoque jaculum	Mais il ne vainquit pas aussi le javelot
eadem duritia ;	par la même dureté ; [bure
quod fixum medio curvamine	lequel enfoncé au milieu de la cour-
spinæ lentæ	de l'épine flexible
constitit,	se fixa,
et descendit in ilia	et descendit dans les entrailles
ferro toto.	par le fer tout-entier.
Ille ferox dolore,	Lui furieux de douleur,
retorsit caput in sua terga,	retourna *sa* tête sur son dos,
adspexitque vulnera,	et regarda les blessures (la blessure),
momorditque hastile fixum.	et mordit le javelot enfoncé.
Ubique labefecit id	Et quand il eut ébranlé lui
multa vi	avec beaucoup de force
in omnem partem,	en tout sens,

Vix tergo eripuit : ferrum tamen ossibus hæret.
Tum vero, postquam solitas accessit ad iras
Plaga recens, plenis tumuerunt guttura venis,
Spumaque pestiferos circumfluit albida rictus;
Terraque rasa sonat squamis; quique halitus exit
Ore niger Stygio, vitiatas inficit auras.
Ipse modo immensum spiris facientibus orbem
Cingitur; interdum longa trabe rectior exit.
Impete nunc vasto, ceu concitus imbribus amnis,
Fertur, et obstantes proturbat pectore silvas.
Cedit Agenorides paulum, spolioque leonis
Sustinet incursus, instantiaque ora retardat
Cuspide prætenta ; furit ille, et inania duro
Vulnera dat ferro, frangitque in acumine dentes.
Jamque venenifero sanguis manare palato
Cœperat, et virides adspergine tinxerat herbas;
Sed leve vulnus erat, quia se retrahebat ab ictu,
Læsaque colla dabat retro, plagamque sedere
Cedendo arcebat, nec longius ire sinebat;
Donec Agenorides conjectum in guttura ferrum
Usque sequens pressit, dum retro quercus eunti

l'arrache avec peine de sa croupe : le fer reste encore dans les os. Cependant la blessure qui vient de l'atteindre redouble sa rage accoutumée : le venin gonfle les veines de son cou; une écume blanchâtre découle de sa gueule empestée; ses écailles rasent la terre avec bruit, et son souffle qui semble sortir des noires bouches du Styx, infecte et corrompt l'air. Tantôt il se roule en anneaux qui forment un cercle immense, tantôt il se redresse plus droit qu'une longue poutre, tantôt encore il s'élance avec une impétuosité prodigieuse, comme un torrent grossi par les pluies, et il renverse sous cet effort les arbres qui s'opposent à son passage. Cadmus recule de quelques pas; avec la dépouille du lion, il soutient ces attaques, et présente au monstre la pointe de sa lance pour arrêter cette gueule menaçante. Le dragon, au comble de la rage, cherche vainement à mordre le fer qui résiste : ses dents se brisent sur la pointe. Déjà le sang commence à couler de son palais venimeux, et rougit les herbes vertes qu'il arrose ; mais la blessure était légère; car le dragon reculant pour éviter le dard, et rejetant en arrière son cou blessé, empêchait le fer de s'y fixer et de pénétrer plus avant. Enfin, le fils d'Agénor lui plonge sa lance dans la gorge, et marchant sur lui, enfonce l'arme avec force jusqu'à ce qu'un chêne arrête

eripuit vix tergo :	il l'arracha avec peine de son dos :
ferrum hæret tamen ossibus.	le fer reste cependant dans les os.
Tum vero,	Mais alors,
postquam plaga recens	après que le coup récent
accessit ad iras solitas,	se fut ajouté à ses colères accoutumées,
guttura tumuerunt	le gosier se gonfla
venis plenis,	par les veines pleines,
spumaque albida circumfluit	et une écume blanche coule-autour
rictus pestiferos ;	de sa gueule empestée ;
terraque rasa squamis sonat;	et la terre rasée par ses écailles résonne ;
halitusque niger qui exit	et le souffle noir qui sort
ore Stygio,	de sa bouche stygienne,
inficit auras vitiatas.	infecte les airs corrompus.
Ipse modo cingitur	Lui-même tantôt se roule
spiris facientibus	par des spirales qui font
orbem immensum ;	un orbe immense ;
interdum exit	parfois il sort (il s'élève)
rectior longa trabe ;	plus droit qu'une longue poutre ;
nunc fertur	tantôt il est porté
impete vasto, [bus,	avec une impétuosité énorme,
ceu amnis concitus imbri-	comme un fleuve soulevé par les pluies,
et proturbat pectore	et il renverse de sa poitrine
silvas obstantes.	les forêts (les arbres) placées-devant lui.
Agenorides cedit paulum,	Le fils-d'-Agénor recule un peu,
sustinetque incursus	et soutient ses attaques
spolio leonis, [ta	avec la dépouille du lion,
retardatque cuspide præten-	et arrête par la pointe présentée
ora instantia ;	sa bouche qui-le-presse ;
ille furit,	celui-ci est furieux,
datque vulnera inania	et il donne des blessures inutiles
ferro duro,	au fer dur,
frangitque dentes	et il brise ses dents
in acumine.	sur la pointe.
Jamque sanguis cœperat	Et déjà le sang commençait
manare palato venenifero,	à couler de son palais venimeux,
et tinxerat adspergine	et il avait teint par cette aspersion
herbas virides ;	les herbes vertes ;
sed vulnus erat leve,	mais la blessure était légère,
quia se retrahebat ab ictu,	parce qu'il se retirait loin du coup,
dabatque retro colla læsa,	et mettait en arrière son cou blessé,
arcebatque cedendo	et empêchait en reculant
plagam sedere,	le coup de se fixer,
nec sinebat ire longius ;	et ne lui permettait pas d'aller plus loin ;
donec Agenorides	jusqu'à ce que le fils-d'Agénor
pressit sequens usque [tura,	appuya en suivant toujours
ferrum conjectum in gut-	le fer enfoncé dans le gosier,
dum quercus obstitit	jusqu'à ce qu'un chêne s'opposa

Obstitit, et fixa est pariter cum robore cervix.
Pondere serpentis curvata est arbor, et imæ
Parte flagellari gemuit sua robora caudæ.

   Dum spatium victor victi considerat hostis,
Vox subito audita est, neque erat cognoscere promptum
Unde, sed audita est : « Quid Agenore nate, peremptum
Serpentem spectas? et tu spectabere serpens. »
Ille diu pavidus pariter cum mente colorem
Perdiderat, gelidoque comæ terrore rigebant.
Ecce, viri fautrix, superas delapsa per auras,
Pallas adest, motæque jubet supponere terræ
Vipereos dentes, populi incrementa futuri.
Paret, et, ut presso sulcum patefecit aratro,
Spargit humi jussos, mortalia semina, dentes.
Inde (fide majus!) glebæ cœpere moveri,
Primaque de sulcis acies apparuit hastæ;
Tegmina mox capitum picto nutantia cono,
Mox humeri, pectusque, onerataque brachia telis
Exsistunt, crescitque seges clypeata virorum.
Sic, ubi tolluntur festis aulæa [1] theatris,

la marche rétrograde du monstre. La tête est percée du même coup que l'arbre qui plie sous ce poids, et qui gémit de sentir son tronc fouetté par la queue du dragon.

   Cependant le héros vainqueur considérait la masse énorme de l'ennemi qu'il avait vaincu. Tout à coup il entend une voix; il ne peut savoir d'où elle vient, mais il l'entend : « Fils d'Agénor, dit-elle, pourquoi regarder ce serpent étendu sans vie? Et toi aussi on te verra sous cette figure. » Cadmus, frappé de terreur, reste longtemps pâle et interdit; l'effroi qui le glace lui fait dresser les cheveux. Mais voici que la déesse qui le protége, Pallas, descend du haut des cieux; elle lui ordonne de labourer la terre et d'y semer les dents du dragon d'où naîtra un peuple nouveau. Il obéit, ouvre un profond sillon avec la charrue, et y sème, selon l'ordre de la déesse, ces dents d'où doivent sortir des mortels. Alors, prodige incroyable! les mottes de terre commencent à s'agiter. D'abord des fers de lances apparaissent hors des sillons; puis ce sont des casques à l'aigrette éclatante, enfin des épaules, des poitrines, des bras chargés de traits; on voit grandir une moisson de guerriers armés de boucliers. Ainsi au théâtre, dans

cunti retro, au *serpent* allant en-arrière,
et cervix fixa est et *son* cou fut percé
pariter cum robore. pareillement avec le bois-du-chêne.
Arbor curvata est L'arbre fut courbé
pondere serpentis, par le poids du serpent,
et gemuit sua robora et il gémit ses bois
flagellari parte être fouettés par la partie
imæ caudæ. de l'extrémité-de la queue.

Dum victor considerat Tandis que vainqueur il considère
spatium hostis victi, l'énormité de l'ennemi vaincu,
vox audita est subito; une voix fut entendue tout à coup;
neque promptum erat et il n'était pas facile
cognocere unde, de connaître d'où,
sed audita est : mais elle fut entendue :
Nate Agenore, Fils d'Agénor,
quid spectas pourquoi regardes-tu
serpentem peremptum? *ce* serpent tué?
et tu spectabere serpens. aussi toi tu seras regardé (vu) serpent.
Ille pavidus Celui-ci effrayé
perdiderat diu colorem avait perdu longtemps la couleur
pariter cum mente, pareillement avec la raison,
comæque rigebant et *ses* cheveux étaient-roides
terrore gelido. par l'effroi glacial.
Ecce Pallas, Voici-que Pallas,
fautrix viri, la protectrice du héros,
delapsa per auras superas, étant descendue à travers les airs élevés,
adest, arrive,
jubetque supponere et elle *lui* ordonne de placer-dessous
terræ motæ la terre remuée
dentes vipereos, les dents du-serpent,
incrementa populi futuri. accroissements d'un peuple futur.
Paret, et ut patefecit sulcum Il obéit, et dès qu'il eut ouvert un sillon
aratro presso, avec la charrue enfoncée *dans le sol*,
spargit humi dentes jussos, il répand à terre les dents prescrites,
semina mortalia. semences de-mortels. [ce!)
Inde (majus fide!) Puis (*prodige* plus grand que la croyan-
glebæ cœpere moveri, les mottes-de-terre commencèrent à re-
aciesque hastæ et la pointe d'une lance [muer,
prœruit prima de sulcis; apparut la première hors des sillons;
tegmina capitum puis des couvertures de têtes
via cono picto, se balançant par un cône peint,
umeri, pectusque, bientôt-après des épaules, et la poitrine,
que onerata telis et des bras chargés de traits,
nt, sortent, [boucliers
que virorum clypeata et une moisson d'hommes armée-de-
croît.
theatris festis Ainsi quand dans les théâtres en-fête

Surgere signa solent, primumque ostendere vultus,
Cetera paulatim; placidoque educta tenore
Tota patent, imoque pedes in margine ponunt.
Territus hoste novo, Cadmus capere arma parabat :
« Ne cape (de populo, quem terra creaverat, unus
Exclamat), nec te civilibus insere bellis. »
Atque ita terrigenis rigido de fratribus unum
Cominus ense ferit : jaculo cadit eminus ipse.
Hic quoque, qui leto dederat, non longius illo
Vivit, et exspirat modo quas acceperat auras;
Exemploque pari furit omnis turba, suoque
Marte cadunt subiti per mutua vulnera fratres.
Jamque, brevis spatium vitæ sortita, juventus
Sanguineam trepido plangebant pectore matrem,
Quinque superstitibus, quorum fuit unus Echion[1].
Is sua jecit humi, monitu Tritonidis[2], arma,
Fraternæque fidem pacis petiitque deditque.
Hos operis comites habuit Sidonius hospes,
Quum posuit jussam Phœbeis sortibus urbem.

les jours de fête, quand la toile se lève, on voit paraître les figures qui y sont représentées; elles montrent d'abord le visage, et peu à peu le reste du corps ; enfin, montant par un mouvement lent et continu, elles se découvrent tout entières, et viennent se poser sur le bord de la scène. A la vue de cet ennemi nouveau, Cadmus, effrayé, s'apprêtait à prendre ses armes : « Ne prends pas tes armes, s'écrie un des guerriers que la terre avait créés, ne te mêle pas à nos discordes civiles. » A peine a-t-il parlé que, d'un glaive cruel, le guerrier frappe de près un de ses frères, sorti de la terre comme lui ; il tombe à son tour percé de loin par un javelot. Mais le guerrier qui lui avait donné la mort, ne survit pas longtemps à sa victoire; la vie qu'il venait de recevoir lui échappe. Cet exemple anime toute la troupe d'une fureur semblable. Ces frères, nés en un instant, se percent de leurs armes, s'entr'égorgent; et déjà tous ces jeunes gens, créés pour disparaître aussitôt, frappent de leur poitrine palpitante leur mère ensanglantée. Cinq restaient encore; Échion était l'un d'eux. Par l'ordre de Minerve il jette ses armes à terre; il demande et donne à ses frères des gages de paix. Tels furent les compagnons qui aidèrent dans ses travaux le héros tyrien, lorsqu'il bâtit une ville pour obéir à l'oracle de Phébus.

aulæa tolluntur,	les toiles sont levées,
signa	les figures *qui y sont représentées*
solent surgere,	ont-coutume de se lever,
ostendereque primum vul-	et de montrer d'abord *leurs* visages,
cetera paulatim; [tus,	le reste peu-à-peu;
eductaque tenore placido	et élevées avec une continuité lente
patent tota,	elles se découvrent tout-entières,
ponuntque pedes	et elles placent les pieds
in imo margine.	sur l'extrême bord.
Territus hoste novo,	Effrayé par *cet* ennemi nouveau,
Cadmus parabat	Cadmus se préparait
capere arma :	à prendre *ses* armes :
Ne cape	Ne *les* prends pas
(exclamat unus de populo	(s'écrie un *homme* d'entre le peuple
quem terra creaverat),	que la terre avait créé),
nec insere te bellis civilibus.	et ne te mêle pas à des guerres civiles.
Atque ita	Et ainsi (alors)
ferit cominus ense rigido	il frappe de-près de *son* épée roide
unum de fratribus	un de *ses* frères
terrigenis;	nés-de-la terre; [javelot.
ipse cadit eminus jaculo.	lui-même tombe *frappé* de-loin par un
Hic quoque qui dederat leto,	Celui-là aussi qui l'avait donné à la mort,
non vivit longius illo,	ne vit pas plus longtemps que lui,
et exspirat auras	et il exhale les airs
quas acceperat modo;	qu'il avait reçus tout-à-l'heure;
omnisque turba furit	et toute la troupe est-furieuse
exemplo pari,	par un exemple pareil,
fratresque subiti	et *ces* frères nés-subitement
cadebant suo marte	tombaient par leur *propre* guerre
per vulnera mutua.	au moyen de blessures réciproques.
Jamque juventus,	Et déjà *ces* jeunes-gens,
sortita spatium	ayant-reçu-du-sort l'étendue
vitæ brevis,	d'une vie courte,
plangebant	frappaient
matrem sanguineam	*leur* mère ensanglantée
pectore trepido,	de *leur* poitrine palpitante,
quinque superstitibus,	cinq *étant* survivants,
unus quorum fuit Echion.	un desquels fut Échion.
Is, monitu Tritonidis,	Celui-ci, par l'avis de la Tritonienne,
jecit humi sua arma,	jeta à terre ses armes,
petiitque deditque	et il demanda et il donna
fidem pacis fraternæ.	la promesse d'une paix fraternelle.
Hospes Sidonius	L'étranger sidonien [œuvre,
habuit hos comites operis,	eut ceux-ci *comme* compagnons de son
quum posuit urbem	lorsqu'il bâtit la ville
jussam sortibus Phœbeis.	prescrite par les oracles-de-Phébus.

III. — MÉTAMORPHOSE D'ÉCHO.
(V. 359-361, 370-375, 384, 393-400.)

Corpus adhuc Echo [1], non vox erat; et tamen usum
Garrula non alium, quam nunc habet, oris habebat,
Reddere de multis ut verba novissima posset.
Illa, ubi Narcissum [2] per devia rura vagantem
Adspexit, voluit blandis accedere dictis,
Et molles adhibere preces : natura [3] repugnat,
Nec sinit incipiat; sed, quod sinit illa, parata est
Exspectare sonos, ad quos sua verba remittat.
Forte puer, comitum seductus ab agmine fido,
Dixerat : « Ecquis adest? » et : « Adest, » responderat Echo.
Hic stupet; utque aciem partes dimisit in omnes,
Voce : « Veni » magna clamat : vocat illa vocantem.
Respicit; et rursus, nullo veniente : « Quid, inquit,
Me fugis? » et totidem, quot dixit, verba recepit.
Spreta latet silvis, pudibundaque frondibus ora
Protegit, et solis ex illo vivit in antris.
Sed tamen hæret amor, crescitque dolore repulsæ,
Et tenuant vigiles corpus miserabile curæ ;
Adducitque cutem macies, et in aera succus

III

Écho était encore une nymphe, et non pas une simple voix ; et déjà cependant cette nymphe babillarde ne pouvait, comme maintenant, se servir de sa langue, que pour répéter les dernières paroles qu'elle entendait. Un jour elle voit Narcisse errant dans des campagnes écartées ; elle veut l'aborder avec des paroles caressantes, et lui adresser de douces prières : sa nature s'y refuse, et l'empêche de parler la première. Elle attend avec impatience, et c'est tout ce qui lui est permis, des paroles auxquelles elle puisse répondre. « Y a-t-il quelqu'un ici ? » avait dit par hasard l'enfant séparé de ses fidèles compagnons. « Ici » avait répété Écho. Narcisse stupéfait jette les yeux de tous côtés ; « Viens, » dit-il, d'une voix forte. « Viens, » redit Écho. Il se retourne et ne voyant personne : « Pourquoi me fuis-tu ? » s'écrie-t-il. Écho lui renvoie les paroles qu'il avait prononcées. La nymphe dédaignée se retire au fond des forêts. Elle cache derrière le feuillage son visage confus, et depuis ce temps elle vit dans des antres solitaires. Cependant son amour ne la quitte pas, son amour qu'irrite un refus outrageant. Les soucis chassent le sommeil de ses yeux et consument son triste corps ; la maigreur ride sa peau ;

III. — MÉTAMORPHOSE D'ÉCHO.

Echo erat adhuc corpus, non vox;	Écho était encore un corps, non une voix;
et tamen garrula non habebat alium usum vocis,	et cependant babillarde elle n'avait pas un autre usage de la voix,
quam habet nunc,	qu'elle n'a maintenant,
ut posset reddere de multis novissima verba.	de-sorte-qu'elle pouvait répéter d'entre les dernières paroles. [beaucoup *de sons*
Ubi illa adspexit Narcissum vagantem per rura devia,	Dès que celle-ci aperçut Narcisse errant à travers les campagnes écartées,
voluit accedere verbis blandis,	elle voulut s'approcher *de lui* avec des paroles caressantes,
et adhibere preces molles :	et *lui* adresser des prières douces :
natura repugnat, nec sinit incipiat;	*sa* nature s'y refuse, et elle ne permet pas qu'elle commence;
sed est parata, quod illa sinit, exspectare sonos, ad quos remittat sua verba.	mais elle est prête, ce que celle-ci *lui* permet, à attendre des sons, [les. auxquels elle puisse-renvoyer ses paro-
Forte puer, seductus ab agmine fido comitum,	Par hasard l'enfant, séparé de la troupe fidèle de *ses* compagnons,
dixerat : Ecquis adest?	avait dit : Quelqu'un est-il-présent?
Echo responderat : Adest.	Écho avait répondu : Est-présent.
Hic stupet; utque dimisit aciem in omnes partes,	Celui-ci est stupéfait; et lorsqu'il eut porté-çà-et-là sa vue en tous sens,
clamat magna voce : Veni.	il crie d'une grande voix : Viens.
Illa vocat vocantem.	Celle-ci appelle *celui* qui appelle.
Respicit, et nullo veniente :	Il regarde-derrière *lui*, et personne ne
Quid, inquit rursus, fugis me?	« Pourquoi, dit-il de-nouveau, [venant : fuis-tu moi?
Et recepit totidem verba quot dixit.	Et il reçut-en-retour autant de paroles qu'il *en* prononça.
Spreta latet silvis, protegitque frondibus ora pudibunda,	Dédaignée elle se cache dans les forêts, et cache par les feuilles *son* visage confus,
et vivit ex illo in antris solis.	et elle vit depuis ce *temps* dans des antres solitaires.
Sed tamen dolor hæret, crescitque dolore repulsæ;	Mais cependant *sa* douleur reste et s'accroît par la douleur d'un refus;
et curæ vigiles extenuant corpus miserabile;	et les soucis qui tiennent-éveillé exté- son corps misérable; [nuent
maciesque adducit cutem,	et la maigreur contracte *sa* peau,

Corporis omnis abit ; vox tantum atque ossa supersunt :
Vox manet ; ossa ferunt lapidis traxisse figuram.
Inde latet silvis, nulloque in monte videtur ;
Omnibus auditur : sonus est, qui vivit in illa.

IV. — MÉTAMORPHOSE DE NARCISSE.
(v. 407-510 *passim*.)

Fons erat illimis, nitidis argenteus undis,
Quem neque pastores, neque pastæ in monte capellæ
Contigerant, aliudve pecus ; quem nulla volucris,
Nec fera turbarat, nec lapsus ab arbore ramus.
Gramen erat circa, quod proximus humor alebat,
Silvaque, sole lacum passura tepescere nullo.
Hic puer, et studio venandi lassus et æstu,
Procubuit, faciemque loci fontemque secutus ;
Dumque bibit, visæ correptus imagine formæ,
Rem sine corpore amat ; corpus putat esse quod umbra est.
Adstupet ipse sibi, vultuque immotus eodem,
Hæret, ut e Pario formatum marmore signum.
Spectat, humi positus, geminum, sua lumina, sidus,

toute l'humidité de ses membres s'évapore ; il ne lui reste plus que la voix et les os : la voix demeure ; les os se changent, dit-on, en pierres. Dès lors elle se cache dans les forêts. On ne la voit sur aucune montagne ; mais tous l'entendent : il n'y a que le son qui soit vivant en elle.

IV

Il y avait une source limpide à l'eau pure et argentée. Jamais ni les bergers, ni les chèvres qui paissent sur les montagnes, ni aucun autre troupeau, ne s'y étaient désaltérés ; jamais ni oiseau, ni bête sauvage, ou rameau détaché d'un arbre n'en avaient troublé la pureté. Elle était bordée d'un gazon qu'entretenait l'humidité du voisinage, et d'une forêt qui ne permettait jamais au soleil d'attiédir ses eaux. C'est là que, fatigué de la chasse et de la chaleur, Narcisse vint se reposer, attiré par la beauté du lieu et la fraîcheur de la source. Il boit, et, séduit par l'image qu'il aperçoit, il se passionne pour un objet sans corps ; il prend une ombre pour un corps ; il reste en extase devant lui-même. Son visage demeure immobile comme une statue faite de marbre de Paros. Étendu à terre, il contemple ses yeux

et omnis succus corporis	et tout le suc de *son* corps
abit in aera;	s'en va dans l'air;
tantum vox ossaque	seulement la voix et les os
supersunt :	survivent :
vox manet;	la voix reste;
ferunt ossa	on rapporte les os
traxisse figuram lapidis.	avoir pris la forme d'une pierre.
Inde latet silvis,	Dès-lors elle se-cache dans les forêts,
videturque in nullo monte;	et elle n'est vue sur aucune montagne;
auditur omnibus :	elle est entendue de tous :
sonus est	le son est (c'est le son)
qui vivit in illa.	qui vit en elle.

IV. — MÉTAMORPHOSE DE NARCISSE.

Fons illimis erat,	Une source pure était,
argenteus undis nitidis,	argentée par *ses* ondes claires,
quem neque pastores,	laquelle ni les bergers,
neque capellæ	ni les chèvres
pastæ in monte,	qu'on paissait sur la montagne,
aliudve pecus contigerant;	ou un autre troupeau n'avaient touchée;
quem nulla volucris,	laquelle aucun oiseau,
nec fera,	ni *aucune* bête-féroce,
nec ramus lapsus ab arbore	ni une branche tombée d'un arbre
turbarat.	n'avait troublée.
Gramen, quod alebat	Un gazon, que nourrissait
humor proximus,	l'eau voisine,
silvaque, passura lacum	et une forêt, devant permettre le bassin
tepescere nullo sole,	ne s'échauffer par aucun soleil,
erat circa.	était alentour.
Hic puer procubuit,	Là l'enfant se coucha,
lassus et studio venandi	fatigué et par *son* ardeur pour chasser
et æstu,	et par la chaleur,
secutus	ayant suivi
faciemque loci fontemque;	et la beauté du lieu et la source;
dumque bibit,	et tandis qu'il boit,
correptus imagine	saisi par l'image
formæ visæ,	de la forme qu'il a vue,
amat rem sine corpore;	il aime une chose sans corps;
putat quod est umbra	Il pense *ce* qui est une ombre
esse corpus.	être un corps.
Ipse adstupet sibi,	Il reste lui-même stupéfait-devant lui,
hæretque immotus	et il demeure immobile
eodem vultu,	avec le même visage,
ut signum	comme une statue
formatum marmore Pario.	faite de marbre de-Paros.
Positus humi, spectat	Couché à terre, il contemple

Et dignos Baccho, dignos et Apolline crines,
Impubesque genas, et eburnea colla, decusque
Oris, et in niveo mixtum candore ruborem ;
Cunctaque miratur quibus est mirabilis ipse.
Credule, quid frustra simulacra fugacia captas ?
Quod petis est nusquam ; quod amas, avertere, perdes :
Ista repercussæ, quam cernis, imaginis umbra est ;
Nil habet ista sui ; tecum venitque manetque ;
Tecum discedet, si tu discedere possis.
  Non illum Cereris, non illum cura quietis
Abstrahere inde potest ; sed, opaca fusus in herba,
Spectat inexpleto mendacem lumine formam ;
Perque oculos perit ipse suos ; paulumque levatus,
Ad circumstantes tendens sua brachia silvas :
« Ecquis, io ! silvæ, crudelius, inquit, amavit ?
Quoque magis doleam, nec nos mare separat ingens,
Nec via, nec montes, nec clausis mœnia portis ;
Exigua prohibemur aqua ; minimumque, quod obstat.
Quisquis es, huc exi : quid me, puer unice, fallis ?
Spem mihi, nescio quam, vultu promittis amico :

qui brillent comme deux astres, ses cheveux dignes de Bacchus, dignes aussi d'Apollon, ses joues sans duvet, son cou d'ivoire, sa bouche gracieuse, et son teint où l'incarnat se mêle à la blancheur de la neige. Enfin il admire tout ce qui le rend lui-même admirable. Crédule enfant, pourquoi chercher vainement à saisir un fantôme fugitif ? Ce que tu veux saisir, n'existe pas ; détourne-toi, et tu perdras l'objet de ton amour. L'image que tu aperçois c'est ton ombre que les eaux réfléchissent. Elle n'est rien par elle-même ; elle est venue et elle reste avec toi ; elle s'éloignera avec toi, si toutefois tu peux t'éloigner.

  Ni la faim, ni le sommeil ne peuvent l'arracher de ces lieux. Etendu sur l'herbe épaisse, il contemple sans se lasser cette image qui l'abuse ; il périt par ses propres regards. Enfin, se soulevant un peu, et les bras tendus vers les forêts d'alentour : « Hélas ! forêts, dit-il, avez-vous jamais vu un amant plus malheureux ? Et ce qui redouble mon affliction, c'est que nous ne sommes séparés ni par la vaste mer, ni par des chemins inaccessibles, ni par des montagnes, ni par des remparts aux portes fermées ; une eau peu profonde est entre nous : bien faible est l'obstacle qui s'oppose à notre union. Qui que tu sois, viens ici : Pourquoi me tromper, enfant si tendrement aimé ? Ton air bienveillant fait naître en moi je ne sais quel espoir :

sua lumina, sidus geminum,	ses yeux, astre double,
et crines dignos Baccho,	et *ses* cheveux dignes de Bacchus,
dignos et Apolline,	dignes aussi d'Apollon,
genasque impubes,	et *ses* joues imberbes,
et colla eburnea,	et *son* cou-d'-ivoire,
decusque oris,	et la beauté de *sa* bouche,
et ruborem	et *son* incarnat,
mixtum candore niveo;	mêlé de la blancheur de-la-neige;
miraturque cuncta	et il admire toutes les *attraits*
quibus ipse est mirabilis.	par lesquels lui-même est admirable.
Credule, quid captas frustra	Crédule, pourquoi cherches-tu-à-pren-
simulacra fugacia?	des simulacres fugitifs? [dre vainement
Quod petis est nusquam;	Ce que tu cherches n'est nulle part;
avertere,	détourne-toi,
perdes quod amas:	tu perdras *ce* que tu aimes:
ista umbra, quam cernis	cette ombre, que tu vois,
est imaginis repercussæ;	est *celle* de *ton* image réfléchie;
ista nihil habet sui;	celle-ci n'a rien d'elle-même;
venitque manetque tecum;	et elle est venue et elle reste avec-toi;
discedet tecum,	elle s'éloignera avec-toi,
si tu possis discedere.	si toi tu peux t'éloigner.
Non cura Cereris potest	Ni le soin de Cérès ne peut
abstrahere illum inde,	arracher lui de-là,
non quietis illum;	ni *le soin* du *repos ne peut arracher* lui;
sed, fusus	mais, répandu (étendu)
in herba opaca,	sur l'herbe touffue,
spectat lumine inexpleto	il contemple d'un œil insatiable
formam mendacem;	*cette* forme mensongère;
ipseque perit	et lui-même périt
per suos oculos;	par ses *propres* yeux;
levatusque paulum,	et s'étant soulevé un peu,
tendens sua brachia	tendant ses bras
ad silvas circumstantes:	vers les forêts environnantes:
Ecquis, io! silvæ,	Est-il-quelqu'un-qui, hélas! forêts,
amavit crudelius, inquit?	ait aimé plus cruellement, dit-il?
Quoque doleam magis,	Et afin que je m'afflige davantage,
nec mare ingens separat nos,	ni la mer immense ne sépare nous,
nec via, nec montes,	ni une route, ni des montagnes,
nec mœnia portis clausis;	ni des remparts aux portes fermées;
prohibemur	nous sommes éloignés *l'un de l'autre*
aqua exigua,	par une eau peu-abondante,
quodque obstat, minimum.	et ce qui fait-obstacle *est* très-petit.
Quisquis es, exi huc:	Qui-que tu sois, sors *pour venir ici*:
puer unice,	enfant uniquement-chéri,
quid me fallis?	pourquoi me trompes-tu?
Promittis mihi vultu amico	Tu promets à moi d'un visage ami
nescio quam spem:	je ne sais quel espoir:

Quumque ego porrexi tibi brachia, porrigis ultro ;
Quum risi, arrides; lacrimas quoque sæpe notavi,
Me lacrimante, tuas; nutu quoque signa remittis ;
Et quantum motù formosi suspicor oris,
Verba refers, aures non pervenientia nostras.
Jamque dolor vires adimit, nec tempora vitæ
Longa meæ superant, primoque exstinguor in ævo :
Nec mihi mors gravis est, posituro morte dolores. »
  Dixit, et ad faciem rediit malesanus eamdem.
Dumque dolet, summa vestem diduxit ab ora,
Nudaque marmoreis percussit pectora palmis ;
Pectora traxerunt tenuem percussa ruborem,
Non aliter quam poma solent, quæ, candida parte,
Parte rubent ; aut ut variis solet uva racemis
Ducere purpureum, nondum matura, colorem.
At neque jam color est mixto candore rubori,
Nec vigor et vires, et quæ modo visa placebant ;
Ultima vox solitam fuit hæc spectantis in undam :
« Heu ! frustra, dilecte puer ! » Totidemque remisit

lorsque je te tends les bras, tu me tends les tiens ; tu ris quand je ris ; souvent aussi quand je pleure, je remarque des larmes sur ton visage ; tu me rends signe, pour signe ; et, si j'en juge par le mouvement de tes lèvres gracieuses, tu me réponds des paroles qui ne parviennent pas à mes oreilles. Mais déjà la douleur m'enlève mes forces : il ne me reste plus longtemps à vivre, et je m'éteins à la fleur de mon âge. Cependant la mort ne m'est point pénible, puisqu'elle mettra un terme à mes douleurs. »

Il dit, et dans son égarement il retourne vers la même image. Pendant qu'il s'afflige ainsi, il écarte le haut de sa robe, frappe sa poitrine nue de ses mains blanches comme le marbre, et sa poitrine meurtrie se couvre d'une légère rougeur ; tels sont les fruits qui, blancs d'un côté, rougissent de l'autre ; ou tel encore le raisin, dont les grappes nuancées prennent avant la maturité une couleur de pourpre ; mais il n'a plus ce teint de lis et de roses, il n'a plus cette vigueur de la jeunesse ni ces attraits dont naguère la vue le charmait. Enfin, les yeux toujours fixés sur les ondes, il prononce ces dernières paroles : « Hélas ! enfant, vain objet de mon amour ! » et les lieux d'alentour

quumque ego porrexi tibi brachia, porrigis ultro ;	et lorsque moi j'ai tendu à toi les bras, tu *me les* tends de-toi-même;
quum risi, arrides;	lorsque j'ai ri, tu *me* ris;
notavi quoque sæpe tuas lacrimas, me lacrimante;	j'ai remarqué aussi souvent tes larmes, moi pleurant; [coup-de-tête;
remittis quoque signa nutu ;	tu *me* renvoies aussi des signes par un
et quantum suspicor motu formosi oris,	et autant que je *le* soupçonne par le mouvement de *ta* belle bouche,
refers verba, non pervenientia nostras aures.	tu réponds des paroles, qui ne parviennent pas à nos oreilles.
Jamque dolor adimit vires;	Et déjà la douleur *m'*enlève *mes* forces;
nec tempora longa meæ vitæ superant,	ni des temps longs de ma vie ne restent,
exstinguorque in primo ævo.	et je m'éteins dans mon premier âge.
Nec mors gravis est mihi posituro dolores morte.	Et la mort n'est pas pénible pour moi qui dois déposer *mes* douleurs par la
Dixit, et malesanus rediit ad eamdem faciem ;	Il dit, et insensé il revint [mort. vers la même image;
dumque dolet, diduxit vestem ab ora extrema,	et tandis qu'il s'afflige, il écarta *sa* robe par l'extrémité supérieure,
percussitque pectora nuda palmis marmoreis;	et il frappa *sa* poitrine nue [bre; avec des paumes (de ses mains) de-mar-
pectora percussa traxerunt tenuem colorem,	*sa* poitrine frappée prit une faible couleur,
non aliter quam poma solent,	non autrement que les fruits ont-coutume,
quæ, candida parte, rubent parte ;	lesquels, blancs d'un côté, rougissent d'un *autre* côté;
aut ut uva, nondum matura, solet ducere colorem purpureum racemis variis.	ou comme le raisin, non-encore mûr, a-coutume de prendre une couleur de-pourpre par *ses* grappes nuancées.
At neque color jam est candore mixto rubori, nec vigor et vires, et quæ modo visa placebant.	Mais ni la couleur n'est plus à *lui* de blanc mêlé au rouge, ni la vigueur et les forces, et les *charmes* qui naguère étant vus plaisaient.
Ultima vox spectantis in undam solitam fuit hæc :	La dernière parole [coutumée de *Narcisse* regardant dans l'onde ac- fut celle-ci :
Heu! puer, dilecte frustra!	Hélas! enfant, chéri en vain!
Locusque remisit	Et le lieu renvoya

138 OVIDE.

Verba locus; dictoque Vale, « Vale » inquit et Echo.
Ille caput viridi fessum submisit in herba;
Lumina mors clausit domini mirantia formam.
Tum quoque se, postquam est inferna sede receptus,
In Stygia spectabat aqua. Planxere sorores [1]
Naides, et sectos fratri posuere capillos.
Planxerunt Dryades; plangentibus assonat Echo.
Jamque rogum quassasque faces feretrumque parabant;
Nusquam corpus erat : croceum pro corpore florem
Inveniunt, foliis medium cingentibus albis.

V. — MORT DE PENTHÉE, QUI A PROFANÉ LES MYSTÈRES DES BACCHANTES.
(V. 702-734.)

Vadit[2], ubi electus facienda ad sacra Cithæron [3]
Cantibus et clara Bacchantum voce sonabat.
Ut fremit acer equus, quum bellicus ære canoro
Signa dedit tubicen, pugnæque assumit amorem :
Penthea sic ictus longis ululatibus æther
Movit, et audito clamore recanduit ira.
Monte fere medio est, cingentibus ultima silvis,
Purus ab arboribus, spectabilis undique campus.
Hic oculis illum cernentem sacra profanis

répètent ces paroles. « Adieu, » dit-il, « Adieu, » redit Écho. Il incline alors sur le vert gazon sa tête languissante, et la mort ferme pour jamais ces yeux épris de la beauté de leur maître. Mais lors même qu'il est descendu dans la demeure des enfers, il continue à se regarder dans l'eau du Styx. Les Naïades, ses sœurs, le plaignent; elles coupent leurs cheveux pour les consacrer sur sa tombe; les Dryades aussi le plaignent; Écho répète leurs plaintes. Déjà le bûcher, les torches qu'on agite et le lit funèbre étaient préparés, mais le corps avait disparu. A sa place on ne trouve plus qu'une fleur au cœur de safran, entourée de blancs pétales.

V

Penthée sort au moment où le Cithéron, choisi pour le sacrifice, retentissait des chants et de la voix perçante des prêtresses de Bacchus. Tel qu'un coursier fougueux frémit au signal guerrier que donne l'airain sonore, et s'enflamme d'une ardeur belliqueuse, tel Penthée s'irrite aux longs hurlements dont l'air est ébranlé. Les clameurs qui frappent ses oreilles, rallument sa colère. Vers le milieu de la montagne, dans une enceinte formée par les forêts, il est une plaine dépouillée d'arbres où la vue plonge de toute part. C'est là que Penthée regardait ces mystères d'un œil

totidem verba ;	autant de paroles ;
Valeque dicto,	et Adieu ayant été dit,
Echo inquit et, Vale.	Écho dit aussi, Adieu.
Ille submisit in herba viridi	Celui-ci abaissa sur l'herbe verte
caput fessum ;	sa tête fatiguée ;
mors clausit lumina	la mort ferma *ses* yeux
mirantia formam domini.	qui admiraient la beauté *de leur* maître.
Postquam est receptus	Après qu'il eut été reçu
sede inferna,	dans la demeure infernale,
tum quoque se spectabat	alors encore il se contemplait
in unda Stygia.	dans l'onde stygienne.
Naides sorores planxere,	Les Naïades, *ses* sœurs, se lamentèrent,
et posuere fratri	et déposèrent pour *leur* frère
capillos sectos.	*leurs* cheveux coupés.
Dryades planxerunt	Les Dryades se lamentèrent ;
Echo assonat plangentibus.	Écho répond à *elles* se lamentant.
Jamque parabant rogum,	Et déjà elles préparaient le bûcher,
facesque quassas,	et les torches qu'on-agite,
feretrumque ;	et le brancard ;
corpus erat nusquam :	le corps n'était nulle-part :
inveniunt pro corpore	elles trouvent au lieu du corps
florem croceum,	une fleur de-la-couleur-du safran,
foliis albis	des feuilles blanches
cingentibus medium.	*en* entourant le milieu.

V. — MORT DE PENTHÉE QUI A PROFANÉ LES MYSTÈRES DES BACCHANTES.

Vadit, ubi Cithæron,	*Penthée* s'avance, lorsque le Cithéron,
electus ad sacra facienda,	choisi pour les sacrifices devant être faits,
sonabat cantibus	retentissait des chants
et voce clara Bacchantum.	et de la voix claire des Bacchantes.
Ut equus acer fremit,	De même qu'un cheval fougueux frémit,
quum tubicen bellicus	lorsqu'un trompette belliqueux
dedit signa ære canoro,	a donné des signaux par l'airain sonore,
assumitque amorem pugnæ,	et prend l'amour du combat,
sic æther	ainsi l'air
ictus ululatibus longis	frappé de hurlements prolongés
movit Penthea,	a ému Penthée,
et ira recanduit	et *sa* colère s'est réchauffée
clamore audito.	le cri ayant été entendu.
Campus purus ab arboribus,	Une plaine nette d'arbres,
spectabilis undique,	d'où-l'on-voit de-toute part,
est fere medio monte,	est presqu'au milieu-de la montagne,
silvis cingentibus ultima.	les forêts entourant les extrémités.
Mater videt prima	*Sa* mère voit la première
illum cernentem hic sacra	lui regardant là les sacrifices

Prima videt, prima est insano concita cursu,
Prima suum misso violavit Penthea thyrso
Mater[1] : « Io! geminæ, clamavit, adeste sorores!
Ille aper[2], in nostris errat qui maximus agris,
Ille mihi feriendus aper. » Ruit omnis in unum
Turba furens : cunctæ coeunt, trepidumque sequuntur,
Jam trepidum, jam verba minus violenta loquentem,
Jam se damnantem, jam se peccasse fatentem.
Saucius ille tamen : « Fer opem, matertera, dixit,
Autonoe ; moveant animos Actæonis[3] umbræ. »
Illa, quis Actæon nescit, dextramque precantis
Abstulit : Inoo lacerata est altera raptu.
Non habet, infelix, quæ matri brachia tendat,
Trunca sed ostendens disjectis corpora membris:
« Adspice, mater, » ait. Visis ululavit Agave,
Collaque jactavit, crinemque per aera movit ;
Avulsumque caput digitis complexa cruentis,
Clamat : « Io ! comites, opus hæc victoria nostrum est. »
Non citius frondes autumni frigore tactas,

profane, lorsque, la première, sa mère l'aperçoit; la première, elle s'élance vers lui avec fureur, la première, elle lui jette son thyrse et le blesse. « Venez, mes deux sœurs, s'écrie-t-elle! Voici cet énorme sanglier qui erre dans nos montagnes ; il faut que je le frappe. » La troupe furieuse se précipite tout entière sur cet infortuné; toutes réunies poursuivent Penthée tremblant; car il tremble maintenant, et loin de tenir de superbes paroles, il se condamne lui-même; il avoue son crime. « Autonoé, ma chère tante, dit-il, déjà couvert de blessures, viens à mon secours; que les mânes d'Actéon touchent ton cœur. » Mais Autonoé ne sait pas ce que c'est qu'Actéon, et elle arrache la main qui l'implore. Un coup porté par Ino déchire l'autre main. L'infortuné n'a plus de bras à tendre à sa mère, mais montrant son corps mutilé et ses membres dispersés : « Regarde, ma mère, » dit-il. A cette vue Agavé pousse des hurlements, remue violemment le cou, agite sa chevelure dans les airs, coupe la tête de Penthée, et la prenant dans ses doigts ensanglantés : « Oh! mes compagnes, s'écrie-t-elle, cette victoire est notre œuvre. » Telles les feuilles atteintes par le froid de l'automne,

oculis profanis;	avec des yeux profanes ;
prima concita est	la première elle fut excitée
motu insano;	par un mouvement insensé ;
prima violavit thyrso misso	la première elle blessa de *son* thyrse lancé
suum Penthea :	*son fils* Penthée :
Io! geminæ sorores,	Oh! *mes* deux sœurs,
adeste, clamavit!	venez, cria-t-elle!
Ille maximus aper	Ce très-grand sanglier
qui errat in nostris agris,	qui erre dans nos campagnes,
ille aper est feriendus mihi.	ce sanglier est devant être frappé par moi.
Turba furens	La troupe furieuse
ruit omnis in unum ;	se précipite toute sur *lui* seul;
cunctæ coeunt,	toutes se rassemblent,
sequuunturque trepidum,	et poursuivent *Penthée* tremblant,
trepidum jam,	tremblant maintenant,
loquentem jam	parlant (disant) maintenant
verba minus violenta,	des paroles moins violentes,
damnantem jam se,	*se* condamnant maintenant lui-même,
fatentem jam se peccasse.	avouant maintenant soi avoir failli.
Tamen ille saucius dixit :	Cependant celui-ci blessé dit :
Fer opem,	Porte *moi* secours,
matertera Autonoe;	*ma* tante Autonoé;
umbræ Actæonis	que les ombres d'Actéon,
moveant animos.	touchent *tes* esprits.
Illa nescit quis sit Actæon,	Celle-ci ignore quel est Actéon,
abstulitque dextram	et elle enleva la *main* droite
precantis.	de *Penthée* priant.
Altera lacerata est	l'autre *main* fut déchirée
raptu Inoo.	par l'enlèvement (le coup) d'-Ino.
Infelix non habet brachia	Malheureux il n'a pas de bras
quæ tendat matri,	qu'il puisse tendre à *sa* mère,
sed ostendens	mais montrant
corpora trunca	*son* corps mutilé
membris disjectis :	les membres *en* étant dispersés :
Adspice, mater, ait.	Regarde, mère, dit-il.
Agave ululavit visis,	Agavé hurla à la suite des choses vues,
jactavitque colla,	et elle secoua *son* cou,
movitque crinem per aera ;	et agita *sa* chevelure au milieu-de l'air ;
complexaque	et ayant entouré
digitis cruentis	de *ses* doigts sanglants
caput avulsum,	la tête détachée,
clamat : Io! comites	elle crie : Oh! compagnes,
hæc victoria	cette victoire
est nostrum opus.	est notre ouvrage.
Ventus non rapit	Le vent n'enlève pas
arbore alta	d'un arbre élevé
frondes tactas	des feuilles touchées

Jamque male hærentes alta rapit arbore ventus,
Quam sunt membra viri manibus direpta nefandis.
Talibus exemplis monitæ nova sacra frequentant,
Turaque dant, sanctasque colunt Ismenides [1] aras.

et tenant déjà à peine, sont détachées d'un arbre élevé par le souffle du vent, tels les membres du héros sont mis en pièces par ces mains cruelles. Instruites par de tels exemples, les Thébaines se pressent en foule aux nouveaux sacrifices ; elles font fumer l'encens, et honorent les saints autels de Bacchus.

gore autumni,	par le froid de l'automne,
nque hærentes male,	et déjà tenant mal, [*cet* homme
ius quam membra viri	plus promptement que les membres de
·epta sunt	ne furent mis-en-pièces
inibus nefandis.	par des mains abominables.
nenides,	Les Isménides,
)nitæ talibus exemplis,	averties par de tels exemples,
quentant nova sacra,	fréquentent les nouveaux sacrifices,
ntque tura,	et donnent des encens,
untque aras sanctas.	et honorent les autels saints.

NOTES

DU TROISIÈME LIVRE DU CHOIX DES MÉTAMORPHOSES D'OVIDE.

Page 116 : 1. *Dictæa*. L'île de Crète était appelée Dicté de la montagne de ce nom sur laquelle Jupiter avait reçu le jour.

— Page 118 : 1. *Bœotia*. Ce mot semble venir du grec βόος par contraction βοῦς, bœuf, génisse.

— 2. *Castalio*. L'antre de Castalie, voisin de la fontaine de ce nom, était situé sur le Parnasse ; ce qui explique le verbe *descenderat*.

— 3. *Cephisi*, le Céphise, fleuve qui arrose la Béotie et la Phocide. — *Panopes*, Panope, ville de Phocide.

Page 120 : 1. *Qui separat Arctos*. C'est la constellation du Dragon placée entre les deux Ourses.

II

Page 126 : 1. *Aulæa.... ponunt*. Dans les théâtres de l'antiquité, la toile, au lieu de descendre du cintre, s'élevait du dessous. Il en résultait que les figures qui y étaient représentées, montraient d'abord la tête, puis le corps, et enfin les pieds, et venaient se poser sur le bord de la scène.

Page 128 : 1. *Echion*, Échion. Le nom de ce héros qui devint gendre de Cadmus, semble indiquer son origine : ἔχις, vipère.

III

Page 130 : 1. *Echo*. Junon, importunée par le bavardage de la nymphe Écho, l'avait condamnée à ne jamais parler la première, et à répéter seulement les derniers mots des questions qu'on lui faisait.

— 2. *Narcissum*. Narcisse, fils du fleuve Céphise et de la nymphe Liriope, était célèbre par sa beauté.

— 3. *Natura*, sa nature transformée par la vengeance de Junon.

IV

Page 138 : 1. *Vale*. La dernière syllabe de ce mot s'abrége la seconde fois, au lieu de s'élider. Cf. Virgile Églogues III, v. 79.

Et longum formose vale, vale, inquit, Iolla.

— 2. *Sorores*. Narcisse, étant fils du fleuve Céphise, les Naïades étaient ses sœurs.

V.

Page 138 : 2. *Vadit*. Ce verbe a pour sujet *Pentheus*. — Penthée, fils d'Echion et d'Agavé, fille de Cadmus, régnait à Thèbes. Il voulut s'opposer à l'introduction du culte de Bacchus. Ce dieu était son cousin; car il avait pour mère Sémélé, une des sœurs d'Agavé.

— 3. *Cithæron*, Le Cithéron, montagne de Béotie, où se célébraient les mystères de Bacchus. Cf. Virgile, Énéide, IV, v. 302-3.

...Ubi audito stimulant trieterica Baccho
Orgia nocturnusque vocat clamore Cithæron.

Page 140 : 1. *Mater*. Agavé était une des Bacchantes, ainsi que ses sœurs Autonoé et Ino.

— 2. *Aper*. Dans son transport, Agavé prend son fils pour un sanglier.

— 3. *Actæonis*. Actéon, qui avait été métamorphosé en cerf et dévoré par ses propres chiens pour avoir encouru la colère de Diane, était le fils d'Autonoé.

Page 142 : 1. *Ismenides*. Les Thébaines étaient ainsi nommées de l'Ismène, fleuve de Béotie.

ARGUMENT

DU QUATRIÈME LIVRE DU CHOIX DES MÉTAMORPHOSES D'OVIDE.

I. Les filles de Minée punies d'avoir méprisé Bacchus.
II. Descente de Junon aux enfers.
III. Délire d'Ino et d'Athamas poursuivis par la haine de Junon.
IV. Métamorphoses d'Ino, de Mélicerte et de leurs serviteurs.
V. Métamorphose de Cadmus et d'Hermione.
VI. Voyage de Persée dans les airs. Métamorphose d'Atlas.
VII. Délivrance d'Andromède.
VIII. Origine du corail.
IX. Persée épouse Andromède. Récit des voyages de ce héros.

LIVRE QUATRIÈME.

I. — LES FILLES DE MINÉE PUNIES D'AVOIR MÉPRISÉ BACCHUS.
(V. 389-415.)

Finis erat dictis, et adhuc Mineia proles [1]
Urget opus, spernitque deum, festumque profanat,
Tympana quum subito non apparentia raucis
Obstrepuere sonis, et adunco tibia cornu [2]
Tinnulaque æra sonant, redolent myrrhæque crocique ;
Resque fide major, cœpere virescere telæ,
Inque hederæ faciem pendens frondescere vestis ;
Pars abit in vites, et quæ modo fila fuerunt,
Palmite mutantur; de stamine pampinus exit ;
Purpura fulgorem pictis accommodat uvis.
Jamque dies exactus erat, tempusque subibat
Quod tu nec tenebras, nec posses dicere lucem,

I

Les filles de Minée venaient d'achever leur récit, et elles pressaient encore leurs travaux, méprisant le dieu dont elles profanent la fête, quand tout à coup un bruit rauque de tambours invisibles frappe leurs oreilles. La flûte à la corne recourbée et les cymbales sonores retentissent; l'odeur de la myrrhe et du safran se répand de toute part ; et, prodige incroyable! la toile qu'elles tissent, devient verte ; l'étoffe suspendue se couvre de feuilles de lierre ou se change en vignes; ce qui naguère était fil, se convertit en ceps; le pampre sort de la trame, la pourpre prête son éclat au raisin coloré. Déjà le soleil avait terminé sa carrière : c'était l'heure où l'on ne saurait dire si c'est la nuit ou le jour qui règne,

LIVRE QUATRIÈME.

I. — LES FILLES DE MINÉE PUNIES D'AVOIR MÉPRISÉ BACCHUS.

Finis erat dictis,	La fin était aux paroles,
et proles Mineia	et la progéniture de-Minée
urget adhuc opus,	presse encore *son* ouvrage,
spernitque deum,	et elle méprise le dieu,
profanatque festum,	et elle profane la fête,
quum subito	quand tout à coup
tympana non apparentia	des tambours non visibles
obstrepuere sonis raucis,	retentirent avec des sons rauques,
tibiaque cornu adunco	et la flûte *faite* d'une corne recourbée
æraque tinnula sonant,	et les airains qui-tintent résonnent,
myrrhæque crocique	et les myrrhes et les safrans
redolent ;	répandent-de-l'odeur ;
resque major fide,	et chose plus grande que la croyance,
telæ cœpere virescere,	les toiles commencent à verdir,
vestisque pendens	et l'étoffe suspendue
frondescere	à se couvrir-de-feuilles
in faciem hederæ ;	en forme de lierre ;
pars abit in vites,	une partie s'en va en vignes,
et quæ fuerunt modo fila,	et les *substances* qui furent naguère des [fils,
mutantur palmite ;	sont changées en sarment ;
pampinus exit de stamine ;	le pampre sort de la trame ;
purpura	la pourpre
accommodat fulgorem	prête *son* éclat
uvis pictis.	aux raisins colorés.
Jamque dies exactus erat,	Et déjà le jour était passé,
tempusque subibat	et le temps succédait
quod tu posses dicere	que tu ne pourrais appeler
nec tenebras, nec lucem,	ni ténèbres, ni lumière,

150 OVIDE.

Sed cum luce tamen dubiæ confinia noctis.
Tecta repente quati, pinguesque ardere videntur
Lampades, et rutilis collucent ignibus ædes,
Falsaque sævarum simulacra ululare ferarum.
Fumida jamdudum latitant per tecta sorores,
Diversæque locis, ignes ac lumina vitant ;
Dumque petunt tenebras, parvos membrana per artus
Porrigitur, tenuesque includunt brachia pennæ.
Nec, qua perdiderint veterem ratione figuram,
Scire sinunt tenebræ. Non illas pluma levavit;
Sustinuere tamen se perlucentibus alis,
Conatæque loqui, minimam pro corpore vocem
Emittunt, peraguntque levi stridore querelas ;
Tectaque, non silvas celebrant, lucemque perosæ
Nocte volant, seroque tenent a vespere [1] nomen.

II. — DESCENTE DE JUNON AUX ENFERS.
(V. 432-479.)

Est via declivis, funesta nubila taxo ;
Ducit ad infernas per muta silentia sedes :
Styx nebulas exhalat iners, umbræque recentes

mais où la lumière lutte encore contre les ténèbres qui se répandent. Tout à coup le toit s'ébranle ; on voit des torches résineuses s'allumer ; la demeure resplendit de feux étincelants, et on entend hurler des simulacres trompeurs de bêtes féroces. Depuis longtemps déjà les Minéides se cachent dans les appartements qu'envahit la fumée, et courant çà et là, elles fuient les feux et la lumière. Mais pendant qu'elles cherchent les ténèbres, une membrane s'étend sur leurs doigts, de minces ailes enveloppent leurs bras, et l'obscurité qui règne en ces lieux ne leur permet pas de savoir comment elles ont perdu leur première figure. Leur corps, sans le secours de plumes, s'élève cependant à l'aide d'ailes transparentes. Elles veulent parler, mais elles ne font entendre qu'un faible cri proportionné à leur taille, et leurs plaintes s'achèvent par un léger murmure. Elles hantent les maisons et non les forêts : ennemies de la lumière, elles ne volent que la nuit, et tirent leur nom du soir tardif.

II

Il est une route inclinée qu'assombrissent des ifs funèbres ; elle conduit aux demeures infernales. Il y règne un profond silence, et le Styx aux eaux dormantes y forme d'épais brouillards par ses exhalaisons. C'est par là que descendent les ombres nouvelles, les

sed confinia noctis dubiæ cum luce tamen.	mais les limites de la nuit douteuse avec de la lumière cependant.
Repente tecta videntur quati,	Tout à coup les toits paraissent être ébranlés,
lampadesque pingues ardere,	et des torches grasses brûler,
et ædes collucent ignibus rutilis,	et les appartements brillent-tout-entiers de feux rouges,
simulacraque falsa ferarum sævarum ululare.	et des simulacres faux de bêtes-sauvages cruelles *semblent* hurler. [longtemps
Sorores latitant jamdudum per tecta fumida,	Les sœurs se tiennent-cachées depuis-à travers la demeure enfumée,
diversæque locis, vitant ignes ac lumina;	et dispersées par les lieux, elles évitent les feux et les lumières;
dumque petunt tenebras, membrana porrigitur per artus parvos,	et tandis qu'elles gagnent les ténèbres, une membrane s'étend [doigts), le long des articulations petites (des
pennæque tenues includunt brachia.	et des ailes minces enferment *leurs* bras.
Nec tenebræ sinunt scire qua ratione perdiderint veterem figuram.	Ni les ténèbres ne permettent de savoir de quelle manière elles ont perdu *leur* ancienne figure.
Pluma non illas levavit; se sustinuere tamen alis perlucentibus,	La plume ne les a pas soulevées; [dant elles se sont soutenues (elevées) cepen-avec des ailes transparentes,
conatæque loqui, emittunt vocem minimam pro corpore,	et s'étant efforcées de parler, [faible elles laissent-échapper une voix très-en-proportion-avec *leur* corps,
peraguntque querelas stridore levi;	et elles achèvent *leurs* plaintes par un sifflement léger;
celebrantque tecta, non silvas,	et elles fréquentent les toits, non les forêts,
perosæque lucem volant nocte,	et haïssant-extrêmement la lumière, elles volent la nuit,
tenentque nomen a vespere sero.	et elles tiennent *leur* nom du soir tardif.

II. — DESCENTE DE JUNON AUX ENFERS.

Est via declivis, nubila taxo funesta;	Il est une route inclinée, ténébreuse par l'if funèbre;
ducit ad sedes infernas per silentia muta :	elle conduit aux demeures infernales à travers des silences muets (profonds):
Styx iners exhalat nebulas, umbræque recentes simulacraque	le Styx dormant exhale des brouillards, et les ombres récentes et les fantômes

Descendunt illac, simulacraque functa sepulcris[1].
Pallor Hiemsque tenent late loca senta ; novique
Qua sit iter Manes Stygiam quod ducat ad urbem,
Ignorant, ubi sit nigri fera regia Ditis.
Mille capax aditus et apertas undique portas
Urbs habet ; utque fretum de tota flumina terra,
Sic omnes animas locus accipit ille, nec ulli
Exiguus populo est, turbamve accedere sentit.
Errant exsangues sine corpore et ossibus umbræ.
Parsque forum celebrant[2], pars imi tecta tyranni ;
Pars aliquas artes, antiquæ imitamina vitæ,
Exercent ; aliam partem sua pœna coercet.
 Sustinet ire illuc, cœlesti sede relicta
(Tantum odiis iræque dabat[3] !), Saturnia Juno.
Quo simul intravit, sacroque a corpore pressum
Ingemuit limen, tria Cerberus extulit ora,
Et tres latratus simul edidit. Illa sorores
Nocte vocat genitas[4], grave et implacabile numen.
Carceris ante fores clausas adamante sedebant,
Deque suis atros pectebant crinibus angues.
Quam simul agnorunt inter caliginis umbras,

corps privés de vie, quand ils ont reçu les honneurs de la sépulture. La Pâleur et le Froid étendent au loin leur empire dans ces lieux incultes. Là errent les mânes récemment arrivés, ignorant quel est le chemin qui conduit à la ville du Styx, où est le terrible palais du noir Pluton. Mille avenues aboutissent à cette immense cité ouverte de toutes parts. Semblable à l'océan où se rendent les fleuves de toute la terre, ce lieu reçoit toutes les âmes ; quelque nombreuses qu'elles soient, il n'est jamais trop petit, et ne s'aperçoit pas que la foule s'en accroisse. On y voit errer de pâles ombres sans chair et sans os. Les unes se pressent sur le forum, d'autres se rendent au palais du roi des enfers, d'autres exercent des métiers, images de leur première existence ; il en est d'autres enfin qui expient leurs crimes.

 C'est là que la fille de Saturne, Junon, ose descendre, abandonnant les célestes demeures ; tant elle est dominée par la haine et la colère ! A peine est-elle entrée, à peine le seuil a-t-il gémi sous son poids sacré, que Cerbère lève ses trois têtes, et pousse trois aboiements à la fois. Junon appelle les sœurs, filles de la Nuit. Divinités terribles et implacables, elles étaient assises devant les portes de la prison que ferme le plus dur métal, et s'occupaient à peigner les horribles serpents de leurs chevelures. Dès qu'au milieu des ténèbres elles reconnaissent la fille de Saturne,

functa sepulcris	s'étant acquittés des sépultures
descendunt illac.	descendent par là.
Pallor Hiemsque	La Paleur et le Froid
tenent late loca senta;	occupent au-loin *ces* lieux rudes;
Manesque novi ignorant	et les mânes nouveaux ignorent
qua sit iter quod ducat	par-où est le chemin qui conduit
ad urbem Stygiam,	à la ville du-Styx,
ubi sit regia fera	où est le palais sauvage
nigri Ditis.	du noir Pluton.
Urbs capax	*Cette* ville immense
habet mille aditus,	a mille accès,
et undique portas apertas;	et de-toute-part des portes ouvertes;
utque fretum accipit	et-de-même-que la mer reçoit
flumina de tota terra,	des fleuves de toute la terre,
sic ille locus omnes animas;	ainsi ce lieu *reçoit* toutes les âmes;
nec exiguus est	et il n'est exigu
ulli populo,	pour aucun peuple (aucune foule),
sentitve turbam accedere.	ou il ne sent pas la foule s'ajouter.
Umbræ exsangues	Des ombres privées-de-sang
sine corpore et ossibus,	sans corps et sans os
errant;	y errent;
parsque celebrant forum,	et une partie fréquente le forum, [bas;
pars tecta tyranni imi;	une partie la demeure du tyran d'en-
pars exercent aliquas artes,	une partie exerce quelques métiers,
imitamina vitæ antiquæ;	imitations de *leur* vie ancienne;
sua pœna coercet	son châtiment retient
aliam partem.	une autre partie.
Juno Saturnia	Junon fille-de-Saturne
sustinet ire illuc,	ose aller là,
sede cœlesti relicta	la demeure céleste étant abandonnée
(tantum dabat	(tant elle donnait
odiis iræque!).	à *ses* haines et à *sa* colère!).
Quo simul intravit	Dans-lequel-lieu dès qu'elle fut entrée,
limenque pressum	et *que* le seuil pressé
ingemuit a corpore sacro,	eut gémi par *son* corps sacré, [têtes),
Cerberus extulit tria ora,	Cerbère éleva *ses* trois visages (ses trois
et edidit	et produisit
tres latratus simul.	trois aboiements à-la-fois.
Illa vocat	Celle-ci appelle
sorores genitas Nocte,	les sœurs nées de la Nuit, [implacable.
numen grave et implacabile.	*sœurs qui sont* une divinité terrible et
Sedebant	Elles étaient assises
ante fores carceris	devant les portes de la prison
clausas adamante,	fermées par un métal-dur,
pectebantque atros angues	et elles peignaient les noirs serpents
de suis crinibus.	de leurs cheveux. [connurent
Quam simul deæ agnorunt	Laquelle *Junon* dès que les déesses re-

Surrexere deæ. Sedes scelerata vocatur :
Viscera præbebat Tityus [1] lanianda, novemque
Jugeribus distentus erat ; tibi, Tantale [2], nullæ
Deprenduntur aquæ, quæque imminet, effugit arbor.
Aut petis, aut urges ruiturum, Sisyphe [3], saxum :
Volvitur Ixion [4], et se sequiturque fugitque ;
Molirique suis letum patruelibus ausæ,
Assidue repetunt, quas perdant, Belides [5] undas.
Quos omnes acie postquam Saturnia torva
Vidit, et ante omnes Ixiona, rursus ab illo
Sisyphon adspiciens : « Cur hic e fratribus [6], inquit,
Perpetuas patitur pœnas ; Athamanta superbum
Regia dives habet, qui me cum conjuge semper
Sprevit? » Et exponit causas odiique viæque,
Quidque velit. Quod vellet, erat ne regia Cadmi
Staret, et in facinus traherent Athamanta sorores.
Imperium, promissa, preces confundit in unum,
Sollicitatque deas. Sic hæc Junone locuta,
Tisiphone [7], canos ut erat turbata capillos,

elles se lèvent. L'endroit où elles se tenaient, s'appelait la demeure du crime. Là Tityus présente ses entrailles au vautour qui les déchire ; son corps étendu couvre neuf arpents. Là Tantale cherche vainement à saisir l'onde, et l'arbre qui se penche sur sa tête échappe à ses mains. Et toi, Sisyphe, tu cours après un rocher que tu roules et qui retombe sans cesse. Ixion tourne sur une roue : il se poursuit et se fuit à la fois. Là les petites filles de Bélus, qui osèrent tramer la mort de leurs cousins, puisent sans cesse de l'eau qui s'écoule toujours. Junon regarde d'un air farouche tous ces malheureux, surtout Ixion. Puis se tournant vers Sisyphe : « Pourquoi, dit-elle, souffre-t-il un éternel supplice quand son frère, l'orgueilleux Athamas habite un riche palais, Athamas qui avec son épouse m'a constamment dédaignée ? » Elle expose alors aux Furies les causes de sa haine, le but de sa descente aux enfers, ce qu'elle attend de leur secours. Elle veut que la maison de Cadmus périsse, que les Furies poussent Athamas au crime. Ordres, promesses, prières, elle emploie tout à la fois, et presse vivement ces déesses. Quand Junon a ainsi parlé, Tisiphone, ses cheveux blancs toujours en désordre,

...iter umbras caliginis,	parmi les ombres du brouillard,
...rrexere.	elles se levèrent.
...edes vocatur scelerata :	*Cette* demeure est appelée criminelle :
...ityus præbebat	Tityus présentait
...iscera lanianda,	*ses* entrailles à-déchirer,
...istentusque erat	et il était étendu
...ovem jugeribus ;	sur neuf arpents ;
...antale, nullæ aquæ	ô Tantale, nulles eaux
...eprenduntur tibi ;	ne sont saisies par toi ;
...rborque quæ imminet,	et l'arbre qui s'élève-au-dessus *de ta tête*
...ffugit ;	s'éloigne-en-fuyant ;
...isyphe, aut petis,	ô Sisyphe, ou tu cherches-à-atteindre,
...ut urges	ou tu pousses
...axum ruiturum ;	un rocher qui va-tomber ;
...xion volvitur,	Ixion est roulé,
...t sequiturque fugitque se ;	et *se* suit et *se* fuit lui-même ;
...elidesque ausæ	et les-petites-filles-de Bélus ayant osé
...oliri letum	préparer la mort
...uis patruelibus,	à leurs cousins,
...epetunt assidue	reprennent continuellement
...ndas quas perdant.	des ondes qu'elles doivent-perdre.
...uos omnes	Lesquels tous
...ostquam Saturnia vidit	après que la fille-de-Saturne eut vus
...cie torva,	d'un regard farouche,
...t Ixiona ante omnes,	et Ixion avant tous,
...dspiciens rursus ab illo	regardant de nouveau après celui-là
...isyphon :	Sisyphe :
...ur hic e fratribus, inquit,	Pourquoi celui-ci *seul* des frères, dit-elle,
...atitur pœnas perpetuas ;	souffre-t-il des peines éternelles ;
...egia dives habet	*et pourquoi* un palais riche renferme-t-il
...thamanta superbum,	Athamas orgueilleux,
...ui cum conjuge	qui avec *son* épouse
...ne sprevit semper ?	m'a méprisé toujours ?
Et exponit causas	Et elle expose les motifs
...diique viæque,	de *sa* haine et de *son* voyage,
...uidque velit.	et quelle chose elle veut.
Quod vellet, erat	*Ce* qu'elle voudrait, était
...ne regia Cadmi staret,	que le palais de Cadmus ne subsistât pas,
...t sorores traherent	et *que* les sœurs (les Furies) entraînas-
Athamanta in scelus.	Athamas dans le crime. [sent
Confundit in unum	Elle confond en une seule chose
imperium, promissa, preces,	ordre, promesses, prières,
sollicitatque deas.	et tourmente *ces* déesses.
Junone locuta hæc sic,	Junon ayant dit ces choses ainsi,
Tisiphone,	Tisiphone,
turbata capillos canos,	en-désordre quant à ses cheveux blancs,
ut erat,	comme (dans l'état où) elle était,

Movit et obstantes rejecit ab ore colubras ;
Atque ita : « Non longis opus est ambagibus, inquit :
Facta puta quæcumque jubes; inamabile regnum
Desere, teque refer cœli melioris ad auras. »
Læta redit Juno; quam, cœlum intrare parantem,
Roratis lustravit aquis Thaumantias Iris[1].

III. — DÉLIRE D'INO ET D'ATHAMAS POURSUIVIS PAR LA HAINE
DE JUNON.
(V. 480-529.)

Nec mora, Tisiphone madefactam sanguine sumit
Importuna facem, fluidoque cruore rubentem
Induitur pallam, tortoque incingitur angue;
Egrediturque domo. Luctus comitatur euntem,
Et Pavor, et Terror, trepidoque Insania vultu.
Limine constiterat : postes tremuisse feruntur
Æolii, pallorque fores infecit acernas ;
Solque locum fugit. Monstris est territa conjux,
Territus est Athamas, tectoque exire parabant ;
Obstitit infelix, aditumque obsedit Erinnys;
Nexaque vipereis distendens brachia nodis,
Cæsariem excussit : motæ sonuere colubræ,
Parsque jacent humeris, pars circum tempora lapsæ

et rejetant en arrière les serpents qui couvrent son visage: « Il n'est
pas besoin, dit-elle, de longs discours : regardez vos ordres comme
accomplis. Quittez cet odieux empire, et remontez à l'air plus pur du
céleste séjour. » Junon part avec joie. Au moment où elle va rentrer
dans le ciel, Iris, fille de Thaumas, répand de l'eau sur le corps de
la déesse pour la purifier.

III

Aussitôt Tisiphone prend une torche trempée de sang ; elle jette
sur ses épaules un manteau également teint d'un sang qui dégoutte,
et roule un serpent autour de sa taille; puis elle quitte sa demeure. Le Deuil accompagne ses pas, avec la Cruauté, la Terreur, et la Folie au visage égaré. Elle s'arrête sur le seuil du
palais qu'habite le fils d'Éole. La porte trembla, dit-on, et l'érable dont elle est faite, en pâlit; le soleil fuit loin de ces lieux.
Ino est effrayée de ces prodiges, Athamas ne l'est pas moins. Ils
veulent sortir, mais l'odieuse Furie les arrête; elle occupe l'entrée du palais, et étendant ses bras qu'enlacent des vipères, elle secoue
sa chevelure. Les serpents qu'elle agite entre-choquent leurs écailles
avec bruit. Les uns tombent sur ses épaules; les autres glissent

CHOIX DES MÉTAMORPHOSES. — LIVRE IV.

ovit	remua
rejecit ab ore	et rejeta de *son* visage
...ubras obstantes ;	les couleuvres placées-devant ;
...que ita :	et ainsi (et alors):
...n opus, inquit,	Il n'est pas besoin, dit-elle,
...igis ambagibus :	de longs détours :
...ta facta	regarde *comme* faites
...æcumque jubes.	toutes-les-choses-que tu ordonnes.
...sere regnum inamabile,	Quitte un royaume odieux,
...erque te ad auras	et rends toi aux airs
...li melioris.	d'un ciel meilleur.
...no redit læta ;	Junon retourne joyeuse ;
...am, parantem	laquelle, se préparant
...rare cœlum,	à entrer dans le ciel,
...s Thaumantias lustravit	Iris fille-de-Thaumas purifia
...uis roratis.	avec des eaux aspergées.

— DÉLIRE D'INO ET D'ATHAMAS POURSUIVIS PAR LA HAINE DE JUNON.

Nec mora,	Et *il n'est* pas de retard,
...portuna Tisiphone sumit	la cruelle Tisiphone prend
...em madefactam sanguine,	une torche humectée de sang,
...luiturque pallam	et elle se revêt d'un manteau
...bentem cruore fluido,	rougi d'un sang qui-dégoutte,
...ingiturque angue torto ;	et se ceint d'un serpent enroulé ;
...rediturque domo.	et elle sort de *sa* demeure.
...ctus comitatur euntem,	Le Deuil accompagne *elle* allant,
Pavor, et Terror,	et la Crainte, et la Terreur,
...saniaque vultu trepido.	et la Folie d'un visage égaré.
...nstiterat limine :	Elle s'était arrêtée sur le seuil *du palais*
...stes Æolii	les jambages-de-la porte d'-Éole
...untur tremuisse,	sont rapportés avoir tremblé,
...llorque infecit	et la pâleur colora
...res acernas ;	les battants d'-érable ;
...lque fugit locum.	et le soleil a fui le lieu.
...njux est territa monstris,	*Son* épouse fut effrayée de *ces* prodiges,
...hamas territus est,	Athamas *en* fut effrayé, [meure ;
...rabantque exire tecto ;	et ils se préparaient à sortir de la de-
...felix Erynnis obstitit,	la funeste Érynnis se plaça-devant,
...seditque aditum ;	et occupa l'entrée ;
...stendensque brachia	et étendant *ses* bras
...xa nodis vipereis,	enlacés de nœuds de-vipères,
...cussit cæsariem :	elle secoua *sa* chevelure :
...lubræ motæ sonuere ;	les couleuvres remuées firent-du-bruit ;
...rsque jacent humeris,	et une partie tombe sur *ses* épaules,
...rs lapsæ	une partie ayant glissé

Sibila dant, saniemque vomunt, linguisque coruscant.
Inde duos mediis abrupit crinibus angues,
Pestiferaque manu raptas immisit : at illi
Inoosque sinus Athamanteosque pererrant,
Inspirantque graves animas : nec vulnera membris
Ulla ferunt; mens est, quæ diros sentiat ictus.
Attulerat secum liquidi quoque monstra veneni,
Oris Cerberei spumas, et virus Echidnæ [1],
Erroresque vagos, cæcæque oblivia mentis,
Et scelus, et lacrimas, rabiemque, et cædis amorem:
Omnia trita simul, quæ sanguine mixta recenti
Coxerat ære cavo, viridi versata cicuta.
Dumque pavent illi, vertit furiale venenum
Pectus in amborum, præcordiaque intima movit;
Tum face jactata per eumdem sæpius orbem,
Consequitur motos velociter ignibus ignes.
Sic victrix, jussique potens, ad inania magni
Regna redit Ditis, sumptumque recingitur anguem.
   Protinus Æolides, media furibundus in aula,
Clamat : « Io! comites, his retia tendite silvis;
Hic modo cum gemina visa est mihi prole leæna. »

en sifflant autour de ses tempes ; ils vomissent une bave infecte, et dardent leurs langues menaçantes. Elle détache ensuite deux serpents du milieu de sa chevelure, et les saisissant, les lance d'une main funeste. Ces reptiles errent sur le sein d'Ino et sur celui d'Athamas, et leur soufflent une haleine empestée. Ils ne déchirent pas leurs membres; c'est l'esprit qui doit sentir leurs cruelles atteintes. Tisiphone avait aussi apporté avec elle un poison liquide, poison affreux, composé de la bave de Cerbère, et du venin d'Échidna : elle y avait mêlé et le délire, et l'oubli qui aveugle l'esprit, et le crime, et les larmes, et la rage, et l'amour du meurtre. Tous ces poisons pétris ensemble, et détrempés avec du sang fraîchement répandu, elle les avait fait cuire dans un vase d'airain, en les remuant avec une tige verte de ciguë. Athamas et Ino restaient immobiles de terreur; elle répand dans leurs cœurs cet atroce venin qui pénètre jusqu'au fond de leurs entrailles ; elle agite avec vivacité sa torche dans un même sens, et lui fait décrire par un tournoiement rapide un cercle de flammes non interrompues. Alors, victorieuse et fière d'avoir exécuté les ordres de la déesse, elle retourne dans l'empire des Ombres où règne le grand Pluton, et détache le serpent qu'elle avait pris pour ceinture.
   Aussitôt le fils d'Éole transporté de fureur au milieu de sa cour, s'écrie : « A moi, compagnons ! entourez ces bois de filets. Je viens de voir ici une lionne avec ses deux lionceaux. » Et tout

circum tempora	autour de *ses* tempes
dant sibila,	donne (pousse) des sifflements,
vomuntque saniem,	et ils vomissent de la bave, [leurs langues).
coruscantque linguis.	et dardent par *leurs* langues (dardent
Inde abrupit	De-là (ensuite) elle détacha
duos angues	deux serpents
de mediis crinibus,	du milieu-de *ses* cheveux,
immisitque manu pestifera	et lança d'une main pernicieuse
raptos :	ces *reptiles* qu'elle avait saisis :
at illi pererrant sinus	mais ceux-ci errent-sur les seins
Inoosque Athamanteosque,	et d'-Ino et d'-Athamas,
inspirantque animas graves;	et *leur* soufflent des haleines funestes;
nec ferunt ulla vulnera	et ils n'apportent aucune blessure
membris;	aux membres;
est mens	c'est l'esprit
quæ sentiat ictus diros.	qui doit-sentir *leurs* coups affreux.
Attulerat quoque secum	Elle avait apporté aussi avec-elle
monstra veneni liquidi,	les horreurs d'un poison liquide,
spumas oris Cerberei,	des écumes de la gueule de-Cerbère,
et virus Echidnæ,	et le venin d'Échidna,
erroresque vagos,	et les égarements qui-font-errer,
obliviaque mentis cæcæ,	et les oublis de l'esprit aveugle,
et scelus et lacrimas, [dis:	et le crime et les larmes,
rabiemque, et amorem cæ-	et la rage, et l'amour du meurtre :
omnia trita simul,	tous *poisons* pilés ensemble,
quæ coxerat aere cavo,	qu'elle avait cuits dans l'airain creux,
mixta sanguine recenti,	mêlés d'un sang nouveau,
versata cicuta viridi.	agités avec une ciguë verte.
Dumque illi pavent,	Et tandis que ceux-ci ont-peur,
vertit venenum furiale	elle tourna *ce* poison qui-rend-furieux
in pectus amborum,	contre la poitrine de tous-deux,
movitque intima præcordia.	et elle remua le fond-de *leurs* entrailles.
Tum face jactata sæpius	Alors *sa* torche ayant été agitée plus
per eumdem orbem,	en un même cercle, [souvent
consequitur ignibus	elle atteint par *ses* feux
ignes motos celeriter.	les feux remués rapidement.
Victrix sic,	Victorieuse ainsi, [les ordres),
potensque jussi,	et maîtresse de l'ordre (ayant exécuté
redit ad regna inania	elle retourne vers les royaumes vides
magni Ditis,	du grand Pluton,
recingiturque	et ôte-de-sa-ceinture
anguem sumptum.	le serpent qu'elle avait pris.
Protinus Æolides,	Aussitôt le fils-d'Éole,
furibundus in media aula,	furieux au milieu de *sa* cour,
clamat : Io! comites,	crie : Oh! compagnons,
tendite retia his silvis;	tendez des rets pour ces forêts; [ment
leæna visa est hic mihi modo	une lionne a été vue ici par moi récem-

Utque feræ, sequitur vestigia conjugis amens;
Deque sinu matris ridentem et parva Learchum [1]
Brachia tendentem rapit, et bis terque per auras
More rotat fundæ, rigidoque infantia saxo
Discutit ora ferox. Tum denique concita mater,
Seu dolor hoc fecit, seu sparsi causa veneni,
Exululat, passisque fugit malesana capillis;
Teque ferens parvum nudis, Melicerta [2], lacertis :
« Evoe [3], Bacche » sonat. Bacchi sub nomine Juno
Risit, et : « Hos usus præstet tibi, dixit, alumnus [4]. »
Imminet æquoribus scopulus : pars ima cavatur
Fluctibus, et tectas defendit ab imbribus undas;
Summa riget, frontemque in apertum porrigit æquor.
Occupat hunc (vires insania fecerat) Ino ;
Seque super pontum, nullo tardata timore,
Mittit, onusque suum : percussa recanduit unda.

IV. — MÉTAMORPHOSES D'INO, DE MÉLICERTE ET DE LEURS SERVITEURS.
(V. 530-535, 537-561.)

At Venus, immeritæ neptis [5] miserata labores,

hors de lui, il s'élance sur les traces de son épouse qu'il prend pour une bête fauve. Léarque lui tendait en riant ses petits bras; il l'arrache sur le sein maternel, le fait pirouetter trois et quatre fois dans les airs, comme ferait un frondeur, et d'une main barbare brise contre un dur rocher cette bouche qui ne sait point encore parler. C'est alors seulement qu'Ino saisie de rage, soit par l'effet de la douleur, soit par l'effet du poison répandu dans ses veines, pousse des hurlements. Elle fuit échevelée et hors d'elle-même ; tenant dans ses bras nus, le petit Mélicerte, elle crie : « Évoé, Bacchus. » Au nom de Bacchus, Junon se met à rire : « Reçois, dit-elle, ce salaire des soins que tu as donnés à son enfance. » Au bord de la mer s'élève un rocher dont la base couvre et protége contre les tempêtes les vagues qui l'ont creusé. Son sommet escarpé s'avance au loin sur la plaine liquide. Ino, dont la folie a doublé les forces, s'y élance, et sans être arrêtée par la crainte, se précipite dans les flots avec l'enfant qu'elle porte. L'onde blanchit sous ce poids.

IV

Cependant Vénus, touchée des malheurs immérités de sa petite

cum gemina prole;	avec une double progéniture;
amensque sequitur	et hors-de-lui il suit
vestigia conjugis,	les traces de *son* épouse,
ut feræ;	comme *celles* d'une bête-sauvage;
rapitque de sinu matris	et il saisit du sein de sa mère
Learchum ridentem	Léarque qui riait
et tendentem parva brachia,	et qui tendait *ses* petits bras,
et rotat bis terque per auras	et il *le* fait-tourner deux-fois et trois fois
more fundæ,	à la manière d'une fronde, [par les airs
feroxque discutit	et féroce il fracasse
saxo rigido	contre un rocher dur
ora infantia:	cette bouche qui-ne-parle-pas.
Tum denique mater concita,	Alors enfin la mère excitée,
seu dolor,	soit que la douleur,
seu causa veneni sparsi	soit que la cause du poison répandu
fecit hoc,	ait fait cela,
exululat,	pousse-des-hurlements,
malesanaque fugit	et égarée fuit
capillis passis;	les cheveux épars;
ferensque te parvum,	et portant toi *étant* petit,
Melicerta	Mélicerte,
lacertis nudis,	dans *ses* bras nus,
sonat : Evoe, Bacche.	elle crie : Évoé, Bacchus.
Juno risit	Junon rit
sub hoc nomine Bacchi,	sous (à) ce nom de Bacchus,
et dixit : Alumnus	et elle dit : Que *ton* nourrisson
præstet tibi hos usus.	rende à toi ces services.
Scopulus imminet	Un rocher s'élève-sur
æquoribus :	les plaines *liquides* : [flots,
pars ima cavatur fluctibus,	la partie inférieure est creusée par les
et defendit ab imbribus	et défend des orages
aquas tectas ;	les eaux couvertes *par elle*;
summa riget,	la *partie* supérieure est-raide,
porrigitque frontem	et avance *son* front
in æquor apertum.	sur la plaine *liquide* découverte.
Ino occupat hunc	Ino s'élance-sur ce *rocher*
(insania fecerat vires);	(la folie *lui* avait fait (donné) des forces);
tardataque nullo timore,	et n'étant arrêtée par aucune crainte,
mittit super pontum	elle envoie sur la mer
se suumque onus :	elle-même et son fardeau :
unda percussa recanduit.	l'onde frappée a blanchi.

IV. — MÉTAMORPHOSE D'INO, DE MÉLICERTE ET DE LEURS SERVITEURS.

At Venus miserata	Mais Vénus ayant-eu-pitié [cente,
labores neptis immeritæ,	des souffrances de sa petite-fille inno-

Sic patruo blandita suo est : « O numen aquarum,
Proxima cui cœlo cessit, Neptune, potestas [1],
Magna quidem posco ; sed tu miserere meorum,
Jactari quos cernis in Ionio immenso,
Et Dis adde tuis : aliqua et mihi gratia ponto est [2]. »
Annuit oranti Neptunus, et abstulit illis
Quod mortale fuit ; majestatemque verendam
Imposuit, nomenque simul faciemque novavit ;
Leucotheaque deum cum matre Palæmona dixit.
 Sidoniæ comites, quantum valuere, secutæ,
Signa pedum primo videre novissima saxo :
Nec dubium de morte ratæ, Cadmeida palmis
Deplanxere domum, scissæ cum veste capillos.
Invidiam fecere deæ : convicia Juno
Non tulit, et : « Faciam vos ipsas maxima, dixit,
Sævitiæ monimenta meæ. » Res dicta secuta est.
Nam quæ præcipue fuerat pia : « Prosequar, inquit,
In freta reginam, » saltumque datura, moveri
Haud usquam potuit, scopuloque affixa cohæsit.
Altera, dum solito tentat plangore ferire

fille, flatte en ces termes le dieu son oncle : « Souverain maître des eaux, Neptune, à qui est échu en partage le premier empire après celui du ciel, je te demande, il est vrai, une grande faveur ; mais prends pitié de mes enfants que tu vois flotter sur la vaste mer ionienne ; mets-les au rang de tes divinités. Ce ne sera pas le premier bienfait que je devrai à la mer. » Neptune exauce ses vœux. Il dépouille Ino et Mélicerte de ce qu'ils ont de mortel, imprime à leurs traits une majesté auguste, et, changeant à la fois leur nom et leur forme, il fait de la mère une déesse appelée Leucothéa, du fils un dieu appelé Palémon.

 Les femmes Thébaines qui accompagnaient Ino l'avaient suivie autant qu'elles l'avaient pu. Elles aperçoivent à l'extrémité du rocher la dernière trace de ses pas. Elles ne doutent point qu'elle ne soit morte ; elles déchirent leurs habits, s'arrachent les cheveux, et se frappant la poitrine de leurs mains, déplorent les malheurs de la famille de Cadmus, et accusent amèrement Junon. La déesse ne peut supporter leurs reproches. « Eh bien ! dit-elle, vous deviendrez vous-mêmes de terribles exemples de ma cruauté. » L'effet suit la menace. Celle des compagnes d'Ino qui lui était la plus attachée, s'écrie : « Je suivrai la reine dans les flots, » et elle veut s'élancer ; mais il lui est impossible de bouger ; elle reste clouée sur la roche. Une autre tente de se frapper la poitrine, signe de douleur accoutumé :

blandita est sic suo patruo :	flatta ainsi son oncle :
O numen aquarum,	O dieu des eaux,
Neptune,	Neptune, [ciel
cui potestas proxima cœlo cessit,	auquel la puissance la plus proche du est échue, [vœux ;
posco quidem magna ;	je demande à la vérité de grandes *fa-*
sed tu miserere meorum,	mais toi aie-pitié des miens,
quos cernis jactari	que tu vois être ballottés
in immenso Ionio,	sur l'immense *mer* ionienne,
et adde tuis dis :	et ajoute *les* à tes dieux :
aliqua gratia ponto est et mihi.	quelque reconnaissance à la mer est aussi à moi.
Neptunus annuit oranti,	Neptune accorda à *elle* priant,
et abstulit illis	et il enleva à ceux-ci
quod fuit mortale ;	ce qui fut (était) mortel ;
imposuitque	et plaça-en *eux*
majestatem verendam,	une majesté respectable,
novavitque simul	et il renouvela à-la-fois
nomenque faciemque,	et le nom et la forme,
dixitque deum Palæmona	et appela *l'enfant* le dieu Palémon
cum matre Leucothea.	avec sa mère Leucothéa.
Comites Sidoniæ secutæ, quantum valuere,	Les compagnes sidoniennes ayant suivi, autant qu'elles purent,
videre primo saxo	virent sur l'extrémité-du rocher
novissima signa pedum :	les dernières traces des pieds *d'Ino :*
et ratæ	et persuadées [mort,
non dubium de morte,	qu'*il n'y avait rien de* douteux sur *leur*
deplanxere palmis	elles déplorèrent avec leurs mains (en se
domum Cadmeida,	la maison de-Cadmus, [frappant)
scissæ capillos cum veste.	s'-arrachant les cheveux avec *leur* robe.
Fecere invidiam deæ :	Elles excitèrent de la haine contre la déesse :
Juno non tulit convicia, et dixit :	Junon ne supporta pas *leurs* reproches, et elle dit :
Faciam vos ipsas	Je ferai vous-mêmes
maxima monimenta	très-grands monuments
meæ sævitiæ.	de ma cruauté.
Res secuta est verba.	L'effet suivit les paroles.
Nam quæ fuerat præcipue pia :	Car celle qui avait été principalement affectionnée :
Prosequar, inquit,	Je suivrai, dit-elle,
reginam in freta,	la reine dans la mer, [de sauter).
daturaque saltum,	et devant donner un saut (sur le point
haud potuit moveri usquam,	elle ne put remuer en-aucune-manière,
cohæsitque affixa scopulo.	et adhéra fixée au rocher.
Dum altera tentat	Tandis qu'une seconde essaye
ferire pectora	de frapper *sa* poitrine

Pectora, tentatos sensit riguisse lacertos.
Illa, manus ut forte tetenderat in maris undas,
Saxea facta, manus in easdem porrigit undas.
Hujus, ut arreptum laniabat vertice crinem,
Duratos subito digitos in crine videres.
Quo quæque in gestu deprensa est, hæsit in illo.
Pars volucres factæ, quæ nunc quoque gurgite in illo
Æquora destringunt summis Cadmeides alis.

V. — MÉTAMORPHOSE DE CADMUS ET D'HERMIONE.
(V. 614-681.)

Nescit Agenorides natam parvumque nepotem
Æquoris esse deos; luctu serieque malorum [1]
Victus, et ostentis quæ plurima viderat, exit
Conditor urbe sua [2], tanquam fortuna locorum,
Non sua, se premeret; longisque erroribus actus,
Contigit Illyricos profuga cum conjuge [3] fines.
Jamque malis annisque graves, dum prima retractant
Fata domus, releguntque suos sermone labores :
« Num sacer ille, mea trajectus cuspide, serpens,
Cadmus ait, fuerit, tum quum, Sidone profectus,

elle sent que ses bras dont elle essaye de se frapper se sont roidis. Une autre avait étendu les mains sur les flots; elle est changée en pierre, et ses mains restent étendues sur les flots. Une autre avait saisi ses cheveux, et se les arrachait. Tout à coup on voit ses doigts durcis sur sa chevelure. Chacune demeure dans l'attitude où elle a été surprise. D'autres sont changées en oiseaux, et maintenant encore ces filles de Thèbes rasent du bout de leurs ailes la surface de ces mers.

V

Cadmus ignore que sa fille et son petit-fils dans un âge si tendre, sont devenus des divinités de la mer. Vaincu par cette douleur nouvelle ajoutée à tant de maux, et par tous les prodiges dont il avait été témoin, il abandonne la ville qu'il avait fondée, comme si la fortune qui le poursuit était attachée au lieu et non à lui-même. Après avoir longtemps erré, il touche avec son épouse la terre d'Illyrie. Accablés déjà par leurs malheurs et par le poids des ans, ils repassaient les premières destinées de leur maison et s'entretenaient de leurs souffrances. « Était-il donc consacré à un dieu, dit Cadmus, le serpent que je perçai de ma lance, lorsque, parti de Sidon,

plangore solito,	d'un coup usité, [essaye de se frapper]
sensit lacertos tentatos	elle sentit *ses* bras essayés (dont elle
riguisse.	s'être roidis. [hasard
Illa, ut tetenderat forte	Celle-là, comme elle avait étendu par-
manus in undas maris,	*ses* mains sur les ondes de la mer,
facta saxea,	devenue de-pierre,
porrigit manus	avance les mains
in easdem undas.	sur les mêmes ondes.
Videres digitos hujus	Tu verrais les doigts de celle-ci
duratos subito in crine,	durcis subitement sur *sa* chevelure,
ut laniabat vertice	au-moment-où elle arrachait de *sa* tête
crinem arreptum.	*sa* chevelure saisie.
Quæque hæsit in illo gestu	Chacune resta dans ce geste
in quo deprensa est.	dans lequel elle fut surprise.
Pars factæ volucres,	Une partie devint des oiseaux,
quæ Cadmeides	lesquelles Cadmeides (Thébaines)
destringunt nunc quoque	effleurent encore maintenant
æquora	les plaines *liquides*
in illo gurgite	sur ce gouffre (sur cette mer)
summis alis.	avec les extrémités-de *leurs* ailes.

V. — MÉTAMORPHOSE DE CADMUS ET D'HERMIONE.

Agenorides nescit	Le fils-d'-Agénor ne-sait-pas
natam nepotemque parvum	*sa* fille et *son* petit-fils *tout* petit
esse deos maris ;	être des divinités de la mer ;
victus luctu	vaincu par *ce* deuil
serieque malorum,	et par *cette* suite de maux,
et ostentis	et par les prodiges
quæ viderat plurima,	qu'il avait vus très-nombreux,
conditor exit sua urbe,	fondateur il sort de sa ville,
tanquam fortuna locorum,	comme-si la fortune des lieux
non sua, se premeret ;	*et* non la sienne, l'accablait ; [rantes,
actusque longis erroribus,	et poussé par de longues courses-er-
contigit fines Illyricos	il toucha les confins illyriens
cum sua conjuge.	avec son épouse.
Jamque graves malis	Et déjà appesantis par les maux
annisque,	et par les années, [tien
dum retractant	tandis qu'ils reprennent *dans leur entre-*
prima fata domus,	les premières destinées de *leur* maison,
releguntque sermone	et repassent dans *leur* conversation
suos labores :	leurs souffrances :
Num ille serpens,	Est-ce que ce serpent,
ait Cadmus,	dit Cadmus,
trajectus mea cuspide,	percé par ma pointe (mon javelot),
tum quum,	alors que
profectus Sidone,	parti de Sidon,

Vipereos sparsi per humum, nova semina, dentes?
Quem si cura deum tam certa vindicat ira,
Ipse precor serpens in longam porrigar alvum. »

   Dixit; et, ut serpens, in longam tenditur alvum;
Durataeque cuti squamas increscere sentit,
Nigraque caeruleis variari corpora guttis;
In pectusque cadit pronus, commissaque in unum
Paulatim tereti sinuantur acumine crura.
Brachia jam restant; quae restant, brachia tendit;
Et lacrimis per adhuc humana fluentibus ora :
« Accede, o conjux, accede, miserrima, » dixit.
Ille quidem vult plura loqui, sed lingua repente
In partes est fissa duas; nec verba volenti
Sufficiunt; quotiesque aliquos parat edere questus,
Sibilat : hanc illi vocem natura reliquit.
Nuda manu feriens exclamat pectora conjux :
« Cadme, mane, teque his, infelix, exue monstris.
Cadme, quid hoc? ubi pes? ubi sunt humerique manusque,
Et color et facies? et, dum loquor, omnia? Cur non

je répandis sur la terre les dents de ce monstre, semence jusqu'alors inconnue? Si la sollicitude des Immortels venge sa mort par ces coups inévitables, puissé-je moi-même, devenu serpent, voir mon corps s'étendre en longs replis! »
   Il dit, et son corps s'allonge comme celui d'un serpent; il sent que sa peau durcie se revêt d'écailles. Son corps devenu noir est moucheté de taches d'azur; il tombe en avant sur la poitrine, et ses deux jambes, n'en formant plus qu'une, se recourbent insensiblement en un dard acéré. Il ne lui reste plus que les bras; il tend les bras qui lui restent; les larmes coulent le long de ses joues qui conservent encore la forme humaine : « Approche, dit-il, approche, malheureuse épouse. »
Il voudrait en dire davantage, mais sa langue s'est tout à coup fendue en deux parties : ses plaintes ne s'expriment que par des sifflements : c'est la seule voix que la nature lui ait laissée. « Cadmus, s'écrie son épouse en meurtrissant sa poitrine découverte, Cadmus, reste, et dépouille, infortuné, cette forme monstrueuse. Cadmus, que vois-je? Que sont devenus tes pieds? Que sont devenues tes épaules, tes mains, ta couleur, ton visage, et tout enfin, pendant que je parle? O dieux,

sparsi per humum	j'ai répandu sur la terre
dentes vipereos,	les dents du-serpent,
semina nova,	semences nouvelles,
fuerit sacer?	aura été sacré?
Quem si cura deum	Lequel *serpent* si la sollicitude des dieux
vindicat ira tam certa,	venge avec une colère si sûre,
precor ipse serpens	je prie que moi-même *devenu* serpent
porrigar in longam alvum.	je m'étende en un long ventre.
Dixit, et tenditur	Il a dit, et il s'étend
in longam alvum,	en un long ventre,
ut serpens;	comme un serpent;
sentitque squamas	et il sent les écailles
increscere cuti duratæ,	croître-sur sa peau durcie,
corporaque nigra variari	et *son* corps noir être moucheté
guttis cæruleis;	de taches azurées;
caditque pronus in pectus,	et il tombe en-avant sur la poitrine,
cruraque commissa	et *ses* jambes réunies
in unum	en une seule
sinuantur paulatim	se recourbent insensiblement
acumine tereti.	par une pointe polie.
Brachia restant jam;	Les bras restent maintenant (encore);
tendit brachia quæ restant;	il tend les bras qui *lui* restent;
et lacrimis fluentibus	et les larmes coulant
per ora adhuc humana:	le long de *son* visage encore humain :
Accede, o conjux, dixit,	Approche, ô mon épouse, dit-il;
accede, miserrima.	approche, *femme* très-malheureuse.
Ille vult quidem loqui plura,	Celui-ci veut à-la-vérité *en* dire plus,
sed lingua fissa est repente	mais *sa* langue s'est fendue soudain
in duas partes;	en deux parties;
nec verba sufficiunt	et les paroles ne se-présentent pas
volenti;	à *lui* voulant *parler*;
quotiesque parat	et toutes-les-fois-qu'il se prépare
edere aliquos questus,	à pousser quelques plaintes,
sibilat :	il siffle :
natura reliquit illi	la nature a laissé à lui
hanc vocem.	cette voix.
Conjux feriens manu	*Son* épouse frappant de *sa* main
pectora nuda	*sa* poitrine nue
exclamat : Cadme, mane,	s'écrie : Cadmus, reste,
exueque te, infelix,	et dépouille-toi, malheureux, [trueuse).
his monstris.	de ces monstres (de cette forme mons-
Cadme, quid hoc? ubi pes?	Cadmus, qu'est-cela? où *est ton* pied?
ubi sunt humerique,	où sont et *tes* épaules
manusque,	et *tes* mains,
et color et facies,	et *ta* couleur et *ta* face,
et, dum loquor, omnia?	et, tandis que je parle, tout?
Cur, Cœlestes,	Pourquoi, habitants-du-ciel,

168   OVIDE.

Me quoque, Cœlestes, in eamdem vertitis anguem ? »
   Quisquis adest (aderant comites) terretur : at illa
Lubrica permulcet cristati colla draconis;
Et subito duo sunt, junctoque volumine serpunt,
Donec in appositi nemoris subiere latebras.
Nunc quoque nec fugiunt hominem, nec vulnere lædunt ;
Quidque prius fuerint, placidi meminere dracones.

VI. — VOYAGE DE PERSÉE DANS LES AIRS. MÉTAMORPHOSE D'ATLAS.
(V. 662-738.)

Viperei referens spolium memorabile monstri [1],
Aera carpebat tenerum stridentibus alis [2].
Quumque super Libycas victor penderet arenas,
Gorgonei capitis guttæ cecidere cruentæ;
Quas humus exceptas varios animavit in angues :
Unde frequens illa est infestaque terra colubris.
   Inde per immensum ventis discordibus actus,
Nunc huc, nunc illuc, exemplo nubis aquosæ,
Fertur; et ex alto seductas æthere longe
Despectat terras, totumque supervolat orbem.
Ter gelidas Arctos [3], ter Cancri brachia vidit;

pourquoi ne me changez-vous pas aussi en serpent ? »
   Tous ceux qui étaient présents (c'étaient les compagnons de Cadmus), sont saisis d'effroi. Cependant elle caresse le cou luisant du dragon à la crête brillante. Tout à coup on voit deux serpents ramper côte à côte, puis disparaître dans les profondeurs du bois voisin. Et maintenant encore, ils ne fuient point l'approche de l'homme, et ne lui font aucun mal; reptiles inoffensifs, ils se souviennent de ce qu'ils ont été précédemment.

VI

   Chargé de la célèbre dépouille du monstre à la chevelure hérissée de serpents, Persée fendait l'air léger de ses ailes frémissantes. Pendant que vainqueur il plane au dessus des sables de la Libye, des gouttes de sang tombent de la tête de la Gorgone. La terre qui les reçoit, en forme mille espèces de serpents. Voilà pourquoi cette contrée est infectée de nombreux reptiles.
   Puis poussé par des vents contraires dans le ciel immense, il va tantôt d'un côté tantôt de l'autre, comme un nuage chargé de pluie. Il voit la terre au-dessous de lui à une distance prodigieuse, et parcourt dans son vol l'univers tout entier. Trois fois il a vu les Ourses glacées, et trois fois les bras du Cancer. Souvent il est emporté aux

non vertitis me quoque	ne changez-vous pas moi aussi
in eamdem anguem?	en un même (un semblable) serpent?
Quisquis adest,	Quiconque est-présent
(comites aderant),	(des compagnons étaient-présents),
terretur :	est effrayé :
at illa permulcet	mais elle caresse
colla lubrica	le cou glissant
draconis cristati ;	du dragon qui-a-une-crête ;
et subito sunt duo,	et tout à coup ils sont deux *serpents*,
serpuntque volumine juncto,	et ils rampent par un repli uni,
donec subiere in latebras	jusqu'à ce qu'ils soient entrés dans les
nemoris appositi.	d'un bois situé-auprès. [cachettes
Nunc quoque nec fugiunt	Maintenant encore ni ils ne fuient
nec lædunt hominem	ni ils ne lèsent l'homme
vulnere,	par une blessure,
draconesque placidi,	et dragons paisibles, [paravant.
meminere quid fuerint prius.	ils se souviennent de *ce* qu'ils ont été au-

VI. — VOYAGE DE PERSÉE DANS LES AIRS. MÉTAMORPHOSE D'ATLAS.

Referens	Rapportant
spolium memorabile	la dépouille mémorable
monstri viperei,	du monstre hérissé-de-serpents,
carpebat alis stridentibus	il (Persée) fendait de *ses* ailes frémis-
aera tenerum.	l'air qui-cède-facilement. [santes
Quumque victor penderet	Et comme vainqueur il était-suspendu
super arenas Libycas,	au-dessus des sables libyens,
guttæ cruentæ	des gouttes sanglantes
capitis Gorgonei	de la tête de-la-Gorgone
cecidere ;	tombèrent ;
quas exceptas	lesquelles ayant été reçues
humus animavit	la terre anima
in angues varios :	en serpents variés :
unde illa terra facta est	d'où cette terre devint
frequens infestaque colubris.	peuplée et infestée par des couleuvres.
Inde actus per immensum	De-là poussé à travers l'immensité
ventis discordibus,	par des vents contraires,
fertur nunc huc, nunc illuc,	il est porté tantôt ici, tantôt là,
exemplo nubis aquosæ ;	à l'exemple d'une nuage plein-d'-eau ;
et despectat	et il regarde-sous *lui*
ex æthere alto	de l'air élevé
terras seductas longe ;	les terres écartées au-loin ;
supervolatque orbem totum.	et il vole-au-dessus du globe tout-entier.
Vidit ter Arctos gelidas,	Il vit trois-fois les Ourses glacées,
ter brachia Cancri ;	trois-fois les bras du Cancer ;
ablatus est	il fut emporté

Sæpe sub occasus, sæpe est ablatus in ortus.
Jamque cadente die, veritus se credere nocti,
Constitit Hesperio [1], regnis Atlantis, in orbe,
Exiguamque petit requiem, dum Lucifer ignes
Evocet Auroræ, currus Aurora diurnos.
Hic hominum cunctis ingenti corpore præstans
Iapetionides Atlas fuit : ultima tellus
Rege sub hoc, et pontus erat qui solis anhelis
Æquora subdit equis, et fessos excipit axes.
Mille greges illi, totidemque armenta per herbas
Errabant ; et humum vicinia nulla premebat.
Arboreæ frondes [2], auro radiante virentes,
Ex auro ramos, ex auro poma tegebant.
« Hospes, ait Perseus illi, seu gloria tangit
Te generis magni, generis mihi Jupiter auctor ;
Sive es mirator rerum, mirabere nostras :
Hospitium requiemque peto. » Memor ille vetustæ
Sortis erat ; Themis hanc dederat Parnassia [3] sortem :
« Tempus, Atla, veniet, tua quo spoliabitur auro
Arbor, et hunc prædæ titulum Jove natus habebit. »
Id metuens, solidis pomaria clauserat Atlas

régions où le soleil se couche, et souvent aux lieux où cet astre se lève. Déjà le jour était à son déclin : Persée n'ose se confier aux ténèbres de la nuit ; il s'arrête sur la côte occidentale où règne Atlas : il veut s'y reposer un peu, jusqu'à ce que l'étoile du matin appelle les feux de l'Aurore, et que l'Aurore appelle le char du jour. C'était là que régnait Atlas, fils de Japhet, Atlas qui dépassait tous les autres mortels par sa haute stature. Il avait sous son empire les extrémités du monde ainsi que la mer qui ouvre ses eaux aux coursiers haletants du Soleil, et reçoit son char fatigué. Il voyait mille brebis et autant de taureaux errer dans ses pâturages ; aucun voisin ne limitait ses possessions. Dans ses jardins, les feuilles des arbres, étincelantes d'or, couvraient des branches d'or et des fruits du même métal. « Cher hôte, lui dit Persée, si tu es sensible à l'éclat d'une haute naissance, Jupiter est le chef de ma race ; ou bien si tu admires les belles actions, tu admireras les nôtres : je te demande l'hospitalité et le repos. » Atlas se souvenait d'un ancien oracle que Thémis avait rendu sur le Parnasse : « Atlas, avait-elle dit, un temps viendra, où tes arbres seront dépouillés de leur or ; un fils de Jupiter aura la gloire d'une pareille conquête. » Dans cette crainte, Atlas avait entouré ses jardins de soli-

sæpe sub occasus,	souvent sous les couchants (le couchant),
sæpe in occasus.	souvent dans les levants (le levant).
Jamque die cadente,	Et déjà le jour tombant,
veritus se credere nocti,	ayant craint de se fier à la nuit,
constitit in orbe hesperio,	il s'arrêta dans le globe occidental,
regnis Atlantis,	dans les états d'Atlas,
petitque exiguam requiem,	et cherche un petit (un peu de) repos,
dum Lucifer evocet	jusqu'à ce que Lucifer évoque,
ignes Auroræ,	les feux de l'Aurore,
Aurora currus diurnos.	et que l'Aurore évoque les chars du-jour.
Hic Atlas Iapetionides	Là Atlas fils-de-Japhet
fuit,	fut (était),
præstans cunctis hominum	l'emportant sur tous parmi les hommes
corpore ingenti :	par un corps immense :
ultima tellus	la dernière terre (l'extrémité de la terre)
erat sub hoc rege,	était sous ce roi,
et pontus qui subdit æquora	ainsi que la mer qui place ses plaines
equis anhelis Solis,	sous les chevaux essoufflés du Soleil,
et excipit axes fessos.	et reçoit ses essieux fatigués.
Mille greges	Mille brebis
totidemque armenta	et autant-de bœufs
errabant illi per herbas ;	erraient pour lui à travers les herbes ;
et nulla vicinia	et aucun voisinage
premebat humum.	ne resserrait la terre.
Frondes arboreæ,	Des feuilles d'-arbres,
virentes auro radiante,	qui verdissaient par un or rayonnant,
tegebant ramos ex auro,	couvraient des branches d'or,
poma ex auro.	et des fruits d'or.
Hospes, ait Perseus illi,	Hôte, dit Persée à lui,
seu gloria magni generis	soit que la gloire d'une grande race
tangit te,	touche toi,
Jupiter mihi auctor generis;	Jupiter est pour moi l'auteur de ma race;
sive es mirator rerum,	soit que tu sois un admirateur d'exploits,
mirabere nostras :	tu admireras les nôtres :
peto hospitium requiemque.	je demande l'hospitalité et le repos.
Ille erat memor	Celui-ci était se-souvenant
vetustæ sortis ;	d'un ancien oracle;
Themis Parnassia	Thémis du-Parnasse
dederat hanc sortem :	avait donné cet oracle :
Tempus veniet, Atla,	Un temps viendra, Atlas,
quo tua arbor	dans lequel ton arbre
spoliabitur auro,	sera dépouillé de son or,
et natus Jove habebit	et un fils de Jupiter aura
hunc titulum prædæ.	cette gloire de butin.
Atlas metuens id,	Atlas craignant cela
clauserat pomaria	avait fermé ses vergers
solidis mœnibus,	avec de solides murailles,

Mœnibus, et vasto dederat servanda draconi;
Arcebatque suis externos finibus omnes.
Huic quoque : « Vade procul, ne longe gloria rerum,
Quas mentiris, ait, longe tibi Jupiter absit. »
Vimque minis addit, foribusque expellere tentat
Cunctantem, et placidis miscentem fortia dictis.
Viribus inferior (quis enim par esset Atlanti
Viribus?), « At quoniam parvi tibi gratia nostra est,
Accipe munus, » ait; lævaque a parte Medusæ,
Ipse retro versus[1], squalentia protulit ora.
Quantus erat, mons factus Atlas : jam barba comæque
In silvas abeunt; juga sunt humerique manusque ;
Quod caput ante fuit, summo est in monte cacumen;
Ossa lapis fiunt ; tum partes auctus in omnes,
Crevit in immensum (sic, di, statuistis), et omne
Cum tot sideribus cœlum requievit in illo.

VII. — DÉLIVRANCE D'ANDROMÈDE.
(V. 663-739.)

Clauserat Hippotades[2] æterno carcere ventos;

des murailles, et en avait confié la garde à un dragon monstrueux; de plus, il repoussait de ses états tous les étrangers. « Va-t-en d'ici, dit-il aussi à Persée; autrement la gloire de tes prétendus exploits et le sang de Jupiter ne te serviraient de rien. » Et aux menaces il ajoute la violence. Le héros hésitait à partir, et mêlait dans ses paroles la douceur et la fermeté : Atlas essaye de le chasser du palais. Persée était trop faible pour résister (quel mortel en effet aurait pu égaler la force d'Atlas?) : « Eh bien, dit-il, puisque notre amitié a pour toi si peu de prix, reçois cette récompense de ton hospitalité ; » et détournant lui-même la tête, il lui présente de son bras gauche la face hideuse de Méduse. A cet aspect, le corps énorme d'Atlas se change en une montagne non moins énorme : sa barbe et ses cheveux deviennent les forêts qui la couvrent; ses épaules et ses mains en forment la chaîne; ce qui naguère était sa tête, en est le sommet ; ses os sont convertis en rochers. Il se développe dans tous les sens, et s'accroît tellement (ainsi le veulent les dieux) que le ciel tout entier, avec ses astres innombrables, repose sur cette montagne.

VII

Éole avait enfermé les vents dans leur prison éternelle, et

et dederat servanda vasto draconi;	et les avait donnés à-garder à un énorme dragon;
arcebatque suis finibus omnes externos :	et il repoussait de ses frontières tous les étrangers :
Vade procul, ait quoque huic,	Va-t'-en au-loin, dit-il aussi à celui-ci,
ne gloria rerum quas mentiris absit longe tibi, Jupiter longe.	de peur que la gloire des exploits que tu allègues-faussement [toi, ne soit-éloignée loin (beaucoup) pour que Jupiter ne soit éloigné beaucoup.
Additque vim minis; tentatque expellere foribus cunctantem, et miscentem fortia dictis placidis.	Et il ajoute la violence aux menaces, et essaye de pousser-hors des portes Persée qui hésitait, et qui mêlait des paroles courageuses à des paroles douces.
Inferior viribus (quis enim esset par viribus Atlanti?),	Inférieur en forces (qui en effet serait égal en forces à Atlas?),
At quoniam, ait, nostra gratia est parvi tibi, accipe munus;	Mais puisque dit-il, notre amitié est de peu de prix pour toi, reçois ce présent;
ipseque versus retro, protulit a parte læva ora squalentia Medusæ.	et lui-même s'étant tourné en-arrière, il présenta de son côté gauche le visage sale (hideux) de Méduse.
Atlas factus mons, quantus erat :	Atlas devint un mont, aussi grand qu'il était :
jam barba comæque abeunt in silvas;	déjà sa barbe et ses cheveux s'en vont en forêts;
humerique manusque sunt juga;	et les épaules et les mains sont les chaînes de la montagne;
quod fuit ante caput, est cacumen in summo monte;	ce qui fut auparavant sa tête, est le sommet sur le haut-de la montagne;
ossa fiunt lapis;	ses os deviennent pierre;
tum auctus in omnes partes crevit in immensum (di, statuistis sic),	alors augmenté en tous sens il crut en une proportion immense (dieux, vous l'avez arrêté ainsi),
et cœlum omne cum tot sideribus requievit in illo.	et le ciel tout-entier avec tant d'astres se reposa (s'appuya) sur lui.

VII. — DÉLIVRANCE D'ANDROMÈDE.

Hippotades clauserat ventos carcere æterno,	Le petit-fils d'Hippotas avait enfermé les vents dans leur prison éternelle,

Admonitorque operum, cœlo clarissimus alto
Lucifer ortus erat. Pennis ligat ille resumptis
Parte ab utraque pedes, teloque accingitur unco,
Et liquidum motis talaribus aera findit.
Gentibus innumeris circumque infraque relictis,
Æthiopum populos Cepheaque [1] conspicit arva.
Illic immeritam maternæ pendere linguæ [2]
Andromedam pœnas immitis jusserat Ammon.
Quam simul ad duras religatam brachia cautes
Vidit Abantiades [3], nisi quod levis aura capillos
Moverat, et tepido manabant lumina fletu,
Marmoreum ratus esset opus. Trahit inscius ignes,
Et stupet, et, visæ correptus imagine formæ,
Pæne suas quatere est oblitus in aere pennas.
Ut stetit : « O, dixit, non istis digna catenis,
Pande requirenti nomen terræque tuumque,
Et cur vincla geras. » Primo silet illa, nec audet
Appellare virum virgo ; manibusque modestos
Celasset vultus, si non religata fuisset :
Lumina, quod potuit, lacrimis implevit obortis.

l'étoile du matin, rappelant les humains au travail, brillait au haut des cieux. Persée reprend ses ailes, et les attache à ses pieds. Il s'arme d'un glaive recourbé, et, agitant ses talonnières, il fend l'air transparent. Après avoir laissé autour de lui et derrière lui des nations innombrables, il voit les peuples de l'Éthiopie et les plaines où règne Céphée. Là l'innocente Andromède expiait la folle jactance de sa mère ; tel était l'ordre de l'impitoyable Ammon. Quand le héros la vit, les bras attachés à un dur rocher, sans le zéphyr qui soulevait sa chevelure, sans les larmes tièdes qui coulaient de ses yeux, il l'aurait prise pour une statue de marbre. L'amour l'enflamme à son insu. Il demeure stupéfait ; ébloui à la vue de tant de beauté, il oublie presque de remuer ses ailes dans les airs : et s'arrêtant : « O toi, dit-il, qui n'es point faite pour de pareilles chaînes, réponds à mes questions ; quel est ton nom, le nom de cette contrée, pourquoi es-tu chargée de fers ? » D'abord Andromède se tait : jeune fille elle n'ose adresser la parole à un homme, et si ses mains eussent été libres, elle eût caché son visage que couvre une modeste rougeur : du moins elle pouvait pleurer ; ses yeux se remplissent de larmes.

Luciferque	et Lucifer
admonitor operum	qui fait-souvenir des travaux
ortus erat clarissimus	s'était élevé très-brillant
cœlo alto.	du ciel haut (du haut du ciel).
Ille ligat pedes	Celui-ci attache *ses* pieds
ab utraque parte	de l'un et l'autre côté
pennis resumptis,	avec *ses* ailes qu'il a reprises,
accingiturque telo unco,	et il se ceint d'une arme recourbée,
et findit aera liquidum	et il fend l'air transparent
talaribus motis.	de *ses* talonnières remuées.
Gentibus innumeris	Des nations innombrables [sous de *lui*,
relictis circumque infraque,	ayant été laissées et autour et au-des-
conspicit populos Æthiopum	il aperçoit les peuples des Éthiopiens
arvaque Cepheia.	et les campagnes de-Céphée.
Immitis Ammon jusserat	L'impitoyable Ammon avait ordonné
Andromedam immeritam	Andromède innocente
pendere illic	payer là [maternelle].
pœnas linguæ maternæ.	les peines de la langue (de la jactance
Quam simul Abantiades	Laquelle *Andromède* dès que le descen-
vidit religatam brachia	vit attachée *par* les bras [dant-d'-Abas
ad duras cautes, [reum,	à de durs rochers, [bre,
ratus esset opus marmo-	il aurait cru *elle être* un ouvrage de-mar-
nisi quod aura levis	si ce n'est qu'un souffle léger
moverat capillos,	avait soulevé *ses* cheveux,
et lumina manabant	et *que ses* yeux dégouttaient
fletu tepido.	d'une larme tiède. [*mour*,
Trahit inscius ignes,	Il aspire sans-le-savoir les feux *de l'a-*
et stupet,	et il reste-stupéfait,
et correptus imagine	et saisi par l'image
formæ visæ,	de la forme qu'il a vue,
oblitus est pæne	il oublia presque
quatere suas pennas in aere.	d'agiter ses ailes dans l'air.
Ut stetit :	Dès qu'il fut arrêté :
O non digna, dixit,	O *toi qui* n'es pas digne, dit-il,
istis catenis,	de ces chaînes,
pande requirenti	découvre à *moi le* demandant
nomen terræque tuumque,	le nom et de *cette* terre et le tien,
et cur geras vincla.	et pourquoi tu portes des fers.
Illa silet primo,	Celle-ci se tait d'abord,
nec virgo audet	et jeune-fille elle n'ose pas
appellare virum ;	parler-à un homme ;
celassetque manibus	et elle aurait caché de *ses* mains
vultus modestos,	*son* visage modeste,
si non fuisset religata.	si elle n'avait pas été attachée.
Implevit lumina,	Elle remplit *ses* yeux,
quod potuit,	la *seule* chose qu'elle put *faire*,
lacrimis obortis.	de larmes qui parurent.

Sæpius instanti, sua ne delicta fateri
Nolle videretur, nomen terræque suumque,
Quantaque maternæ fuerit fiducia formæ,
Indicat; et, nondum memoratis omnibus, unda
Insonuit, veniensque immenso bellua ponto
Imminet, et latum sub pectore possidet æquor.
Conclamat virgo; genitor lugubris, et amens
Mater adest; ambo miseri, sed justius illa.
Nec secum auxilium, sed dignos tempore fletus,
Plangoremque ferunt, vinctoque in corpore adhærent;
Quum sic hospes ait : « Lacrimarum longa manere
Tempora vos poterunt; ad opem brevis hora ferendam est.
Hanc ego si peterem Perseus, Jove natus et illa
Quam clausam implevit fecundo Jupiter auro,
Gorgonis anguicomæ Perseus superator, et alis
Ætherias ausus jactatis ire per auras,
Præferrer cunctis certe gener. Addere tantis
Dotibus et meritum (faveant modo numina) tento:
Ut mea sit, servata mea virtute, paciscor. »
Accipiunt legem (quis enim dubitaret?) et orant,

Cependant Persée la presse de répondre ; craignant alors de paraître coupable d'un crime qu'elle n'oserait avouer, elle lui apprend son nom, celui de la contrée, la confiance que sa mère avait eue dans sa propre beauté. Tandis qu'elle parle encore, l'onde frémit; un monstre paraît au-dessus de la mer immense, et de son poitrail, couvre au loin les flots. La jeune fille pousse un cri; son père affligé et sa mère éperdue accourent; tous deux malheureux, mais celle-ci plus justement. Impuissants à lui porter secours, ils n'ont à lui offrir que des larmes et les gémissements que provoque une pareille situation ; ils embrassent son corps enchaîné. « Vos pleurs pourront couler à loisir, dit alors l'étranger, mais le temps presse pour porter secours. Si je vous demandais votre fille, moi Persée, fils de Jupiter et de cette mortelle que le dieu, changé en pluie d'or, rendit mère dans une tour, moi Persée, vainqueur de la Gorgone à la chevelure hérissée de serpents, moi qui ai osé traverser sur des ailes rapides les plaines de 'air, vous me préféreriez sans doute à tous les gendres. Eh bien ! à tant de titres, je veux encore, si les dieux me favorisent, ajouter un bienfait : je veux qu'elle m'appartienne, sauvée par ma valeur. Céphée et Cassiope acceptent cette condition (qui, en effet, aurait hésité?);

CHOIX DES MÉTAMORPHOSES. — LIVRE IV.

Indicat	Elle révèle
instanti sæpius,	à Persée *la* pressant plus souvent,
ne videretur nolle	de peur qu'elle parût ne-pas-vouloir
fateri sua delicta,	avouer ses fautes,
nomen terræque suumque,	le nom et de la terre et le sien,
quantaque fuerit fiducia	et combien-grande a été la présomption
formæ maternæ;	de la beauté maternelle;
et, omnibus	et, tous *les faits*
nondum memoratis,	n'ayant pas-encore été rappelés,
unda insonuit,	l'onde retentit,
belluaque veniens	et un monstre venant
imminet ponto immenso,	domine la mer immense,
et possidet latum æquor	et occupe la vaste plaine *liquide*
sub pectore.	sous *son* poitrail.
Virgo conclamat;	La jeune fille crie;
genitor lugubris	le père affligé [présente;
et mater amens adest;	ainsi que la mère hors d'elle-même se
ambo miseri,	tous-deux malheureux,
sed illa justius.	mais celle-ci plus justement. [cours,
Nec ferunt secum auxilium,	Et ils n'apportent pas avec-eux du se-
sed fletus dignos tempore,	mais des pleurs dignes de la circonstance,
plangoremque,	et une lamentation,
adhærentque	et ils s'attachent
in corpore vincto;	au corps enchaîné;
quum hospes ait sic:	lorsque l'étranger parle ainsi:
Longa tempora lacrimarum	De longs temps de larmes
poterunt manere vos:	pourront être-réservés à vous:
hora ad ferendam opem	le moment pour porter secours
est brevis.	est court.
Si ego natus ex Jove	Si moi né de Jupiter
et illa quam clausam	et de cette *mortelle* laquelle étant enfer-
Jupiter implevit	Jupiter remplit [mée
auro fecundo,	d'un or fécond,
peterem hanc,	je demandais cette *jeune fille*,
Perseus superator	*moi* Persée, vainqueur [pents,
Gorgonis anguicomæ,	de la Gorgone à-la-chevelure-de-ser-
et ausus ire alis jactatis	et ayant osé aller avec des ailes mues
per auras ætherias,	à-travers les airs éthérés,
præferrer certe cunctis	je serais préféré certainement à tous
gener.	*en qualité de* gendre. [lités
Tento addere tantis dotibus	J'essaye d'ajouter à de si-grandes qua-
et meritum	encore un service
(modo numina faveant!):	(pourvu que les dieux *me* favorisent!):
paciscor	je fais-un-pacte
ut servata mea virtute	pour que sauvée par ma valeur
sit mea.	elle soit mienne (à moi).
Parentes accipiunt legem	Les parents acceptent la condition

Promittuntque super regnum dotale parentes.

Ecce, velut navis præfixo concita rostro
Sulcat aquas, juvenum sudantibus acta lacertis;
Sic fera, dimotis impulsu pectoris undis,
Tantum aberat scopulis quantum Balearica [1] torto
Funda potest plumbo medii transmittere cœli,
Quum subito juvenis, pedibus tellure repulsa,
Arduus in nubes abiit. Ut in æquore summo
Umbra viri visa est, visam fera sævit in umbram.
Utque Jovis præpes vacuo quum vidit in arvo
Præbentem Phœbo liventia terga draconem,
Occupat aversum ; neu sæva retorqueat ora,
Squamigeris avidos figit cervicibus ungues :
Sic celeri missus præceps per inane volatu,
Terga feræ pressit, dextroque frementis in armo
Inachides [2] ferrum curvo tenus abdidit hamo.
Vulnere læsa gravi, modo se sublimis in auras
Attollit, modo subdit aquis, modo more ferocis
Versat apri, quem turba canum circumsona terret.

ils le conjurent de sauver Andromède, et, avec sa main, ils lui promettent leur royaume pour dot.

Tel qu'un vaisseau rapide, poussé par les bras vigoureux des rameurs, fend les ondes avec l'éperon qui arme sa proue, tel le monstre écarte les flots sous l'effort de son poitrail. Déjà la distance que peut parcourir le plomb lancé par la fronde baléare le sépare seule du rocher, lorsque Persée, repoussant la terre du pied, s'élève dans les airs. La surface de la mer refléchissant l'ombre du héros, le monstre l'aperçoit et tourne contre elle sa fureur. Tel l'oiseau de Jupiter, qui voit dans une plaine déserte un serpent présenter au soleil son dos livide, fond par derrière sur le reptile, et, craignant qu'il ne retourne sa gueule redoutable, enfonce ses serres avides dans le col écailleux de son adversaire; tel Persée, se précipitant d'un vol rapide à travers les airs, se jette sur le dos de son ennemi, et enfonce son glaive jusqu'à la garde recourbée dans l'épaule droite du monstre frémissant. Celui-ci, atteint d'une cruelle blessure, s'élance en bondissant dans les airs, ou plonge sous les eaux, ou se roule comme un sanglier farouche que poursuit et qu'enveloppe une meute aboyante.

(quis enim dubitaret?),	(qui en effet hésiterait?),
et orant,	et ils *le* prient,
promittuntque super	et ils promettent en-outre
regnum dotale.	le royaume en-dot.
Ecce velut navis concita	Voici-que comme un vaisseau lancé
sulcat aquas	sillonne les ondes
rostro præfixo,	avec l'éperon fixé-en-avant,
acta lacertis sudantibus	poussé par les bras ruisselants-de-sueur
juvenum,	de jeunes-gens,
sic fera,	ainsi la bête-féroce,
undis dimotis	les ondes étant écartées
impulsu pectoris,	par le choc de *son* poitrail,
aberat scopulis tantum	était-éloignée des écueils autant
quantum funda Balearica	que la fronde des-Baléares
potest transmittere	peut traverser
cœli medii	du ciel intermédiaire
plumbo torto,	avec un plomb lancé,
quum subito juvenis,	quand soudain le jeune-homme,
tellure repulsa pedibus,	la terre ayant été repoussée de *ses* pieds,
abiit arduus in nubes.	s'en alla élevé dans les nues.
Ut umbra viri visa est	Dès que l'ombre de l'homme parut
in summo æquore,	à la surface de la mer, [a vue.
fera sævit in umbram visam.	la bête-féroce sévit contre l'ombre qu'elle
Utque præpes Jovis,	Et de-même que *l'*oiseau rapide de Jupi-
quum vidit in arvo vacuo	lorsqu'il a vu dans un champ vide [ter,
draconem	un dragon
præbentem Phœbo	présentant à Phébus (au soleil)
terga liventia,	*son* dos livide,
occupat aversum ;	surprend *lui* détourné (par derrière);
neu retorqueat ora sæva,	et de-peur-qu'il ne retourne *sa* gueule
figit ungues avidos	enfonce des serres avides [cruelle,
cervicibus squamigeris,	dans *son* cou écailleux,
sic Inachides,	ainsi le descendant-d'-Inachus,
missus præceps per inane	lancé la-tête-en-avant à-travers le vide
volatu celeri,	par un vol rapide,
pressit terga feræ,	a pressé (attaqué) le dos de la bête-féroce,
abdiditque ferrum	et a enfoncé le fer
tenus hamo curvo	jusqu'au crochet recourbé [sant.
in armo dextro frementis.	dans l'épaule droite *du monstre* frémis-
Læsa vulnere gravi,	Atteint d'une blessure grave,
modo sublimis	tantôt le *monstre* s'elevant
se attollit in auras,	se soulève dans les airs,
modo subdit aquis,	tantôt il s'enfonce-sous les eaux,
modo versat	tantôt il *se* tourne
more apri ferocis,	à la manière d'un sanglier farouche,
quem terret turba canum	qu'effraye une troupe de chiens
circumsona.	qui aboie-tout-autour.

Ille avidos morsus velocibus effugit alis ;
Quaque patent, nunc terga cavis super obsita conchis,
Nunc laterum costas, nunc qua tenuissima cauda
Desinit in piscem, falcato vulnerat ense.
Bellua puniceo mixtos cum sanguine fluctus
Ore vomit : maduere graves adspergine pennæ.
Nec bibulis ultra Perseus talaribus ausus
Credere, conspexit scopulum, qui vertice summo
Stantibus exit aquis, operitur ab æquore moto :
Nixus eo, rupisque tenens juga prima sinistra,
Ter quater exegit repetita per ilia ferrum.
Littora cum plausu clamor superasque deorum
Implevere[1] domos : gaudent, generumque salutant,
Auxiliumque domus servatoremque fatentur
Cassiope Cepheusque pater. Resoluta catenis
Incedit virgo, pretiumque et causa laboris.

VIII. — ORIGINE DU CORAIL.
(V. 740-752.)

Ipse manus hausta victrices abluit unda,
Anguiferumque caput dura ne lædat arena,
Mollit humum foliis, natasque sub æquore virgas

Le héros, grâce à ses ailes légères, se dérobe aux dents avides de son ennemi, et partout où il le voit exposé à ses coups, il le frappe de son épée recourbée, tantôt sur son dos hérissé d'écailles, tantôt sur les flancs, tantôt à l'endroit où son corps se termine en une queue mince comme celle d'un poisson. De sa gueule rougie, le monstre vomit du sang et de l'eau qui arrose et alourdit les ailes de Persée. Celui-ci n'ose plus se fier à ses talonnières que l'onde a pénétrées. Il aperçoit un rocher dont le sommet s'élève au-dessus de la mer, lorsqu'elle est calme, et qui disparaît sous les vagues irritées. Il s'y appuie, et saisissant de sa main gauche l'extremité du roc, il plonge trois ou quatre fois son fer dans les entrailles du monstre qu'il attaque sans relâche. Le rivage retentit d'applaudissements et de cris qui montent jusqu'aux demeures célestes. Transportés de joie, Cassiope et Céphée saluent le héros du nom de gendre ; ils le reconnaissent pour le soutien et le sauveur de leur maison. La jeune fille, objet et prix de ce combat, s'avance délivrée de ses chaînes.

VIII

Persée puise de l'eau pour purifier ses mains victorieuses, et, craignant que la dureté du sable n'endommage la tête de Méduse hérissée de serpents, il étend sur le sol un lit moelleux de feuilles

Ille effugit alis velocibus avidos morsus ;	Celui-ci (Persée) échappe avec *ses* ailes aux avides morsures ; [rapides
vulneratque ense falcato, qua patent,	et il blesse avec *son* épée recourbée, par-où *ces parties* sont découvertes,
nunc terga oblita super conchis cavis,	tantôt *son* dos couvert par-dessus de coquilles creuses,
nunc costas laterum,	tantôt les côtes de *ses* flancs,
nunc qua cauda tenuissima desinit in piscem.	tantôt *l'endroit* où la queue très-mince finit en poisson.
Bellua vomit ore puniceo fluctus mixtos cum sanguine :	Le monstre vomit par *sa* gueule rougie des flots mêlés avec du sang :
pennæ graves adspergine maduere.	*ses* ailes appesanties par l'aspersion *de* se sont mouillées. [*l'eau*
Nec Perseus ausus credere ultra talaribus bibulis,	Et Persée n'ayant pas osé se fier au-delà (plus longtemps) à *ses* talonnières imbibées,
conspexit scopulum qui exit aquis stantibus vertice summo,	aperçut un rocher qui sort des eaux étant-calmes par *son* sommet supérieur,
operitur ab æquore moto.	*et qui* est couvert par la mer soulevée.
Nixus eo,	Appuyé sur ce *rocher*,
tenensque sinistra prima juga rupis,	et tenant de *sa main* gauche les premières crêtes du rocher,
exegit ferrum ter quater per ilia repetita.	il poussa le fer trois-fois *et* quatre-fois à travers les entrailles frappées-sans-
Clamor cum plausu implevere littora	Un cri avec applaudissement [relâche. remplit les rivages
domosque superas deorum :	et les demeures élevées des dieux :
Cassiope, Cepheusque pater gaudent,	Cassiope et Céphée père *d'Andromède* se réjouissent,
salutantque generum,	et ils *le* saluent *comme* gendre, [seur)
fatenturque auxilium servatoremque domus.	et *le* reconnaissent *comme* secours (défen- et sauveur de *leur* maison.
Virgo, resoluta catenis, pretiumque et causa laboris, incedit.	La jeune-fille, délivrée de *ses* chaînes, et prix et cause de l'épreuve, s'avance.

VIII. — ORIGINE DU CORAIL.

Ipse abluit manus victrices unda hausta,	Lui-même (Persée) lave *ses* mains victorieuses avec de l'onde puisée, [sable dur
et ne lædat arena dura caput anguiferum,	et pour qu'il n'endommage pas par le la tête qui-porte-des-serpents,
mollit humum foliis,	il amollit la terre par des feuilles,

Sternit, et imponit Phorcynidos [1] ora Medusæ.
Virga recens, bibulaque etiam nunc viva medulla,
Vim rapuit monstri, tactuque induruit hujus,
Percepitque novum ramis et fronde rigorem.
At pelagi Nymphæ factum mirabile tentant
Pluribus in virgis, et idem contingere gaudent,
Seminaque ex illis iterant jactata per undas.
Nunc quoque curaliis [2] eadem natura remansit,
Duritiem tacto capiant ut ab aere, quodque
Vimen in æquore erat, fiat super æquora saxum.

IX. — PERSÉE ÉPOUSE ANDROMÈDE. RÉCIT DES VOYAGES DE CE HÉROS.
(V. 753-788.)

Dis tribus [3] ille focos totidem de cespite ponit:
Lævum Mercurio, dextrum tibi, bellica virgo;
Ara Jovis media est. Mactatur vacca Minervæ,
Alipedi vitulus, taurus tibi, summe deorum.
Protinus Andromeden, et tanti præmia facti
Indotata rapit : tædas Hymenæus Amorque
Præcutiunt; largis satiantur odoribus ignes;
Sertaque dependent tectis; et ubique lyræque
Tibiaque et cantus, animi felicia læti
Argumenta, sonant. Reseratis aurea valvis

et de branches nées sous les ondes, et y dépose la tête de la fille de Phorcys. Mais ces plantes, fraîchement coupées, et encore pleines de vie et de moelle humide, subissent aussitôt l'influence du monstre, et se durcissent à ce contact. Les branches et les feuilles prennent une rigidité jusqu'alors inconnue. Cependant les nymphes de la mer essayent de renouveler ce prodige, et elles ont la joie de voir le même fait se produire. Alors elles jettent à plusieurs reprises dans la mer des semences de ces plantes, et telle est encore aujourd'hui la nature du corail : il durcit au contact de l'air, et, branche flexible sous les eaux, il se pétrifie, quand il en sort.

IX

Persée élève à trois dieux trois autels de gazon : un à gauche pour Mercure, un à droite pour la déesse des combats; au milieu est l'autel de Jupiter. Il immole une génisse à Minerve, un veau à Mercure, au souverain des dieux un taureau. Puis il épouse, sans exiger la dot, Andromède, prix de ce glorieux exploit. Hyménée et Amour secouent les torches devant les deux époux ; on verse à pleines mains les parfums sur les feux ; les maisons se parent de guirlandes; partout retentissent les sons de la lyre et de la flûte, ainsi que les chants, signes joyeux de l'allégresse publique. Le palais s'ouvre et laisse

nitque virgas	et étend des branches
natas sub æquore,	nées sous la mer,
et imponit ora	et place-dessus le visage
Medusæ Phorcynidos,	de Méduse fille-de-Phorcys.
Virga recens,	La branche nouvelle,
vivaque etiam nunc	et vivante encore maintenant
medulla bibula,	par *sa* moelle imbibée, [monstre,
rapuit vim monstri,	saisit-rapidement la force (la nature) du
induruitque tactu hujus ;	et durcit par le contact de celui-ci ;
percepitque rigorem novum	et elle reçut une rigidité nouvelle
ramis et fronde.	par les rameaux et le feuillage.
At nymphæ pelagi	Mais les nymphes de la mer
tentant in pluribus virgis	essayent sur plusieurs branches
factum mirabile,	ce fait admirable, [ver,
et gaudent idem contingere,	et elles se réjouissent le même *fait* arri-
iterantque semina ex illis	et elles recommencent les semences de ces
jactata per undas.	lancées à-travers les ondes. [branches
Nunc quoque eadem natura	Maintenant encore la même nature
remansit curaliis,	est restée aux coraux,
ut capiant duritiem	de-sorte-qu'ils prennent de la dureté
ab aere tacto,	par l'air touché,
quodque erat vimen	et *que ce* qui était branche-flexible
in æquore,	dans la mer,
fiat saxum super æquora.	devienne pierre au-dessus des mers.

IX. — PERSÉE ÉPOUSE ANDROMÈDE. RÉCIT DE SES VOYAGES.

Ille ponit tribus dis	Il (Persée) pose pour trois dieux
totidem focos de cespite :	autant-de foyers de gazon :
lævum Mercurio,	un à-gauche pour Mercure,
dextrum tibi, virgo bellica ;	un à-droite pour toi, vierge belliqueuse ;
ara Jovis est media.	l'autel de Jupiter est au-milieu.
Vacca mactatur Minervæ,	Une génisse est immolée à Minerve,
vitulus alipedi,	un veau au *dieu* qui-a-des-ailes-aux-pieds,
taurus tibi, summe deorum.	un taureau à toi, souverain des dieux.
Protinus rapit	Aussitôt il saisit
Andromeden,	Andromède,
et præmia indotata	et les récompenses non-dotées
tanti facti :	d'une si-grande action :
Hymenæus Amorque	Hyménée et Amour
præcutiunt tædas ;	agitent-devant *eux* des torches ;
ignes satiantur	les feux sont rassasiés
odoribus largis ;	de parfums abondants,
sertaque dependent tectis ;	et des guirlandes pendent des demeures
et ubique lyræque	et partout et les lyres
tibiaque et cantus sonant,	et la flûte et les chants résonnent,
argumenta felicia	indices heureux

Atria tota patent; pulchroque instructa paratu
Cephenum proceres ineunt convivia regis.
  Postquam, epulis functi, generosi munere Bacchi
Diffudere animos, cultusque genusque locorum
Quærit Abantiades. Quærenti protinus unus
Narrat Lyncides moresque habitusque virorum.
Quæ simul edocuit : « Nunc, o fortissime, dixit,
Fare, precor, Perseu, quanta virtute, quibusque
Artibus abstuleris crinita draconibus ora. »
Narrat Agenorides[1] gelido sub Atlante jacentem
Esse locum solidæ tutum munimine molis,
Cujus in introitu geminas habitasse sorores
Phorcydas, unius partitas luminis usum.
Id se solerti furtim, dum traditur, astu
Supposita cepisse manu; perque abdita longe,
Deviaque, et silvis horrentia saxa fragosis,
Gorgoneas tetigisse domos, passimque per agros,
Perque vias vidisse hominum simulacra ferarumque
In silicem ex ipsis visa conversa Medusa;
Se tamen horrendæ, clypei quod læva gerebat

voir la file entière de ses portiques dorés. Les chefs des Céphéniens se rendent au festin que le roi a préparé avec magnificence.

Lorsque la faim est apaisée, et que la liqueur généreuse de Bacchus a épanoui les cœurs, Persée demande quelle est la race qui habite cette contrée, quelles sont les mœurs des habitants. Un des convives, Lyncide, s'empresse de répondre à ces questions : il lui fait connaître les usages et les coutumes de ces peuples. Puis après qu'il a satisfait la curiosité du héros : « Vaillant Persée, continue-t-il, dis-nous maintenant, je t'en prie, par quel prodige de valeur, par quels artifices tu t'es emparé de cette tête hérissée de serpents. » Le descendant d'Agénor raconte alors qu'au pied du froid Atlas il est un lieu que protége un solide rempart de rochers ; à l'entrée habitaient deux sœurs, filles de Phorcys, qui ne possédaient pour elles deux qu'un œil dont elles se servaient tour à tour. Pendant qu'une des sœurs passait à l'autre cet œil unique, Persée s'en était emparé furtivement par une ruse ingénieuse : il avait substitué sa main à celle qui devait le recevoir. Puis après avoir traversé des lieux éloignés de tous les regards, des chemins écartés, des rochers hérissés d'âpres forêts, il avait atteint la demeure des Gorgones : çà et là il avait vu dans les plaines et sur les routes des hommes et des bêtes qui, perdant leur première forme, avaient été changés en pierre à l'aspect de Méduse. Pour lui, il avait cependant regardé l'image

animi læti.	d'un cœur joyeux.
Atria aurea	Les portiques dorés
patent tota	se découvrent tout-entiers,
valvis reseratis,	les battants-des-portes étant ouverts,
proceresque Cephenum	et les grands des Céphéniens
ineunt convivia regis	vont aux festins du roi
instructa pulchro paratu.	dressés avec un bel appareil.
Postquam functi epulis,	Après que s'étant acquittés des mets,
diffudere animos	ils eurent épanoui *leurs* cœurs
munere Bacchi generosi,	par le présent de Bacchus généreux,
Abantiades quærit [rum.	le descendant-d'Abas s'informe
cultusque genusque loco-	et des coutumes et de la race de *ces* lieux.
Lyncides unus	Lyncide un *des Céphéniens*
narrat protinus quærenti	raconte aussitôt *à lui* questionnant
moresque habitusque	et les mœurs et les manières-d'être
virorum.	des hommes (des habitants).
Quæ simul edocuit :	Lesquels *détails* dès qu'il *lui* eut appris :
Nunc, o fortissime Perseu,	Maintenant, ô très-vaillant Persée,
fare, precor, dixit,	énonce, je *t'en* prie, dit-il,
quanta virtute,	par quel-grand courage
quibusque artibus abstuleris	et par quels moyens tu as enlevé
ora crinita draconibus.	*ce* visage chevelu par des serpents.
Agenorides narrat	Le descendant-d'-Agénor raconte
locum esse jacentem	un lieu exister situé
sub Atlante gelido,	sous l'Atlas glacé,
tutum munimine	sûr (protégé) par le rempart
molis solidæ,	d'une masse solide,
in introitu cujus	à l'entrée duquel
geminas sorores Phorcydas	deux sœurs filles-de-Phorcys
habitasse,	avoir habité,
partitas usum	s'étant partagé l'usage
unius luminis.	d'un seul œil.
Se cepisse id furtim	Lui-même avoir pris cet *œil* furtivement
astu solerti,	par une ruse habile,
manu supposita,	sa main, étant substituée,
dum traditur;	pendant que *l'œil* passe *de l'une à l'autre*;
perque saxa abdita longe,	et à travers des rochers cachés au-loin,
deviaque,	et écartés,
et horrentia silvis fragosis,	et hérissés de forêts âpres,
tetigisse domos Gorgoneas,	avoir atteint les demeures des-Gorgones,
vidisseque passim	et avoir vu çà et là [routes
per agros perque vias	à travers les champs et à travers les
simulacra hominum	des simulacres d'hommes
ferarumque,	et de bêtes-féroces,
conversa ex ipsis in silicem	changés d'eux-mêmes en pierre
Medusa visa ;	Méduse ayant été vue;
se tamen adspexisse	lui-même cependant avoir regardé

Ære repercusso, formam adspexisse Medusæ ;
Dumque gravis somnus colubrasque ipsamque tenebat,
Eripuisse caput collo ; pennisque fugacem
Pegason et fratrem [1] matris de sanguine natos.
Addidit et longi non falsa pericula cursus ;
Quæ freta, quas terras sub se vidisset ab alto,
Et quæ jactatis tetigisset sidera pennis.

effroyable de ce monstre, mais réfléchie par le bouclier d'airain qu'il portait à son bras gauche. Et tandis qu'un profond sommeil accablait Méduse et ses serpents, il lui avait coupé la tête. Il raconte aussi comment Pégase aux ailes rapides, ainsi que le frère de Pégase, naquirent du sang de la Gorgone. Il dit également les dangers trop réels de ses longues courses, les mers et les terres qu'il a vues sous lui du haut des nues, vers quels astres l'ont porté ses ailes.

formam Medusæ horrendæ,	la forme de Méduse effroyable,
ære clypei	l'airain du bouclier
quod læva gerebat,	que *sa main* gauche portait,
repercusso;	ayant été réfléchi;
dumque somnus gravis	et tandis qu'un sommeil pesant
tenebat	tenait
colubrasque ipsamque,	et les couleuvres et elle-même,
eripuisse caput collo;	avoir arraché la tête au cou;
narratque	et il raconte
Pegason fugacem pennis	Pégase qui-fuit avec des ailes
et fratrem	et *son* frère
natos de sanguine matris.	nés du sang de *leur* mère.
Addidit et	Il ajouta aussi
pericula non falsa	les périls non faux
longi cursus;	d'une longue course;
quæ freta, quas terras,	quelles mers, quelles terres
vidisset sub se ab alto,	il avait vues sous lui-même d'en haut,
et quæ sidera tetigisset	et quels astres il avait touchés
alis jactatis.	de *ses* ailes mises-en-mouvement.

NOTES

DU QUATRIÈME LIVRE DU CHOIX DES MÉTAMORPHOSES D'OVIDE.

I

Page 148 : 1. *Mineia proles*. Les filles de Minée, roi d'Orchomène, en Béotie, n'avaient pas suspendu leurs occupations accoutumées, le jour où se célébraient les mystères de Bacchus ; elles venaient de se raconter à tour de rôle des histoires peu honorables pour les dieux, tout en travaillant à leurs tapisseries.

— 2. *Adunco tibia cornu*, la flûte phrygienne qui était recourbée. L'invention en était attribuée à Midas.

Page 150 : 1. *Vespere.... nomen*. Ce nom est *vespertilio* « chauve-souris. »

II

Page 152 : 1. *Functa sepulcris*. Il fallait que les corps eussent reçu les honneurs de la sépulture pour traverser le Styx.

— 2. *Parsque forum*. Les morts conservaient dans les enfers les goûts qu'ils avaient eus ici-bas : les uns donc couraient au forum, les autres allaient saluer Pluton dans son palais, d'autres enfin se livraient à diverses occupations Cf. Virgile, Énéide, VI, v. 643-655.

— 3. *Tantum dabat.* Junon voulait se venger d'Athamas et d'Ino qui avaient élevé le jeune Bacchus.

— 4. *Sorores.... genitas.* Les Furies étaient filles de la Nuit et de l'Érèbe.

Page 154 : 1. *Tityus*, Tityus, un des géants, puni pour avoir offensé Latone.

— 2. *Tantale.* Tantale, roi de Phrygie, fut condamné à souffrir perpétuellement la soif et la faim pour avoir servi aux dieux dans un repas les membres de son fils Pélops.

— 3. *Sisyphe*, Sisyphe, fameux brigand, fils d'Éole.

— 4. *Ixion.* Ixion, roi de Thessalie, avait voulu attenter à l'honneur de Junon.

— 5. *Belides*, les petites filles de Bélus, les Danaïdes. Elles avaient égorgé leurs cousins, les cinquante fils d'Égyptus, le jour même où elles les avaient épousés.

— 6. *E fratribus.* Sisyphe et Athamas étaient tous deux fils d'Éole.

— 7. *Tisiphone.* C'était le nom d'une des Furies (τίω, φόνος, qui punit le meurtre).

Page 156 : 1. *Thaumantias.* Thaumas, père d'Iris, était fils de l'Océan et de la Terre.

III

Page 158 : 1. *Echidna*, Échidna (ἔχιδνα vipère), fille de Chrysaor, mère de Cerbère.

Page 160 : 1. *Learchum*, Léarque, un des fils d'Athamas et d'Ino.

— 2. *Melicerta*, Mélicerte, fils d'Athamas et d'Ino.

— 3. *Evoe.* C'était le cri de Jupiter encourageant Bacchus qui combattait avec lui contre les Géants, εὖ, υἱέ, courage, mon fils. Ce fut ensuite le cri des bacchantes.

— 4. *Alumnus.* Ino avait été la nourrice de Bacchus.

IV

Page 160 : 5. *Neptis.* Ino avait pour mère Hermione ou Harmonie, fille de Vénus.

Page 162 . 1. *Proxima... potestas.* Quand les fils de Saturne s'étaient partagé l'empire du monde, Jupiter avait eu le ciel, Neptune la mer, et Pluton, le moins heureux, les enfers.

— 2. *Ionio immenso.* Ce vers est spondaïque, et, de plus, par une licence qui n'est point à imiter, la dernière syllabe de *Ionio* n'est pas élidée devant *immenso.*

— 3. *Aliqua.... est.* Mot à mot : « je dois déjà quelque reconnaissance à la mer. » Je n'ignore pas que cette phrase est entendue autrement par les commentateurs les plus autorisés, mais il me paraît impossible de considérer *ponto* comme un ablatif gouverné par *a* sous-entendu, et de traduire avec eux : « J'ai moi aussi droit à quelque faveur *de la part* de la mer. » — Le premier bienfait que Vénus avait reçu de la mer c'était la vie ; elle était née de l'écume de l'Océan ; de là son nom grec Ἀφροδίτη (ἀφρός, écume).

V

Page 164 : 1. *Serieque malorum.* La famille de Cadmus avait en effet péri presque tout entière sous les coups de Junon et de Bacchus.

— 2. *Urbe sua,* Thèbes.

— 3. *Conjuge.* Hermione ou Harmonie fille de Mars et de Vénus.

VI

Page 168 : 1. *Viperei... monstri.* Persée, fils de Jupiter et de Danaé, venait de triompher avec l'aide de Minerve de la célèbre Méduse, une des trois Gorgones, et lui avait coupé la tête.

— 2. *Alis.* Mercure avait prêté ses ailes à Persée pour que ce héros allât combattre les Gorgones.

— 3. *Arctos,* les Ourses, constellations du nord. — *Cancri* le Cancer ou l'Écrevisse, constellation du midi.

Page 170 : 1. *Hesperio orbe*. C'était en Mauritanie, sur la côte occidentale de la Libye, que régnait Atlas, fils de Japhet et de Clymène.

— 2. *Arboreæ frondes*. Il s'agit ici des pommes d'or du jardin des Hespérides.

— 3. *Themis Parnassia*. Thémis, fille de Jupiter, rendait, avant Apollon, des oracles sur le mont Parnasse. Cf. I, VII, 9.

Page 172 : 1. *Retro versus*. Persée se détourne ; autrement il serait lui-même changé en pierre par la tête de Méduse.

VII

Page 172 : 2. *Hippotades*, Éole. Ce dieu était fils de Jupiter et d'Acesta, fille d'Hippotas.

Page 174. 1. *Cephea*, de Céphée, fils de Phénix et roi d'Éthiopie.

— 2. *Maternæ linguæ*. Cassiope, femme de Céphée, avait offensé les Néréides, en mettant sa beauté au-dessus de la leur. Neptune, pour la punir de son orgueil, allait engloutir le royaume de Céphée, quand l'oracle d'Ammon donna l'ordre à ce prince, s'il voulait sauver ses états, d'exposer sa fille Andromède sur un rocher où elle serait la proie d'un monstre marin.

— 3. *Abantiades*. Persée était arrière petit-fils d'Abas, père d'Acrisius.

Page 178 : 1. *Balearica*. Les frondeurs des îles Baléares étaient célèbres pour leur habileté.

— 2. *Inachides*, l'Argien, Persée : Inachus avait régné sur Argos.

Page 180 : 1. *Implevere*. Ce verbe est au pluriel, comme s'il avait pour sujet *plausus* et *clamor*.

VIII

Page 182 : 1. *Phorcynidos*. Méduse était fille de Phorcys, roi de l'île de Corse.

— 2. *Curaliis*. Les anciens croyaient que le corail était un végétal ; on sait aujourd'hui qu'il appartient au règne animal.

IX

Page 182 ; 3. *Dis tribus.* Persée témoigne sa reconnaissance à Minerve qui l'avait aidé à triompher de Méduse, à Mercure qui lui avait prêté ses ailes pour attaquer ce monstre, et à Jupiter, l'auteur de ses jours.

Page 184 : 1. *Agenorides.* Persée descendait d'Agénor par Bélus, père de ce prince, et chef de la race des rois Argiens.

Page 186 : 1. *Fratrem.* Le frère de Pégase était Chrysaor (χρυσός, or, ἀόρ, épée), ainsi nommé, suivant Hésiode, parce qu'en naissant il portait une épée d'or.

ARGUMENT

DU CINQUIÈME LIVRE DU CHOIX DES MÉTAMORPHOSES D'OVIDE.

I. Persée attaqué par Phinée et les Céphéniens.
II. Combat. Mort d'Atys.
III. Suite du combat. Danger de Persée.
IV. Persée présente à ses ennemis la tête de Méduse.
V. Enlèvement de Proserpine. Métamorphose de la nymphe Cyané.
VI. Inquiétudes et voyages de Cérès. Métamorphose de Stellio en lézard.
VII. Douleur de Cérès. Discours d'Aréthuse.
VIII. Plaintes de Cérès. Jugement de Jupiter. Métamorphose d'Ascalaphe.

LIVRE CINQUIÈME.

I. — PERSÉE ATTAQUÉ PAR PHINÉE ET LES CÉPHÉNIENS.
(V. 1-45.)

Dumque ea Cephenum medio Danaeius heros
Agmine commemorat, fremitu regalia turbæ
Atria complentur; nec conjugialia festa
Qui canat, est clamor, sed qui fera nuntiet arma;
Inque repentinos convivia versa tumultus
Assimilare freto possis, quod sæva quietum
Ventorum rabies motis exasperat undis.
Primus in his Phineus, belli temerarius auctor,
Fraxineam quatiens æratæ cuspidis hastam :
« En, ait, en adsum, præreptæ conjugis[1] ultor;
Nec mihi te pennæ, nec falsum[2] versus in aurum
Jupiter eripient. » Conanti mittere Cepheus :

I.

Le héros, fils de Danaé, racontait ces aventures au milieu des Céphéniens quand le frémissement de la foule remplit les portiques du palais. Ce ne sont pas les cris qui accompagnent les fêtes de l'hymen, mais ceux qui annoncent les cruels combats. Tout à coup à la joie du festin succède le tumulte. Ainsi la mer tranquille hérisse ses vagues soulevées par la rage des vents. Le premier de tous s'élance Phinée, Phinée, téméraire auteur de cette lutte. Il brandit un javelot de frêne à la pointe d'airain : « Me voici, me voici, dit-il, prêt à percer le ravisseur de mon épouse. Ni tes ailes, ni Jupiter changé en or perfide, ne te déroberont à mes coups. » Il allait lancer son jave-

LIVRE CINQUIÈME.

I — PERSÉE ATTAQUÉ PAR PHINÉE ET LES CÉPHÉNIENS.

Dumque heros Danaeius commemorat ea	Et tandis que le héros fils-de-Danaé raconte ces *aventures*
medio agmine Cephenum,	au milieu de la troupe des Céphéniens,
atria regalia complentur fremitu turbæ;	les galeries royales sont remplies du frémissement de la foule;
nec est clamor qui canat festa conjugialia,	et ce n'est pas un cri *tel* qu'il chante les fêtes conjugales,
sed qui nuntiet arma fera;	mais *tel* qu'il annonce les armes farouches;
possisque assimilare convivia versa	et tu pourrais assimiler les festins convertis
in tumultus repentinos	en tumultes soudains
freto, quod quietum	à un bras-de-mer, lequel *étant* tranquille
rabies sæva ventorum exasperat,	la rage terrible des vents hérisse,
undis motis.	les ondes étant soulevées.
Primus in his Phineus,	Le premier parmi ceux-ci Phinée,
auctor temerarius belli,	auteur téméraire de la guerre,
quatiens hastam fraxineam cuspidis æratæ:	brandissant un javelot de-frêne d'une pointe garnie-d'-airain:
En, ait, en adsum	Voici, dit-il, voici je suis-présent
ultor conjugis præreptæ;	vengeur de *mon* épouse enlevée;
nec pennæ,	ni *tes* ailes,
nec Jupiter conversus	ni Jupiter changé
in aurum falsum	en or trompeur
te eripient mihi.	*ne* t'arracheront à moi.
Cepheus exclamat	Céphée crie
conanti mittere:	à *Phinée* s'efforçant d'envoyer *sa lance*

« Quid facis? exclamat ; quæ te, germane, furentem
Mens agit in facinus? Meritisne hæc gratia tantis
Redditur? hac vitam servatæ dote rependis?
Quam tibi non Perseus, verum si quæris, ademit,
Sed grave Nereïdum numen, sed corniger Ammon[1],
Sed quæ visceribus veniebat bellua ponto
Exsaturanda meis. Illo tibi tempore rapta est
Quo peritura fuit ; nisi si, crudelis, id ipsum
Exigis ut pereat, luctuque levabere nostro.
Scilicet haud satis est quod te spectante revincta est,
Et nullam quod opem patruus sponsusve tulisti?
Insuper, a quoquam quod sit servata, dolebis,
Præmiaque eripies? Quæ si tibi magna videntur,
Ex illis scopulis, ubi erant affixa, petisses :
Nunc sine, qui petiit, per quem hæc non orba senectus,
Ferre quod et meritis et voce est pactus; eumque
Non tibi sed certæ prælatum intellige morti. »
   Ille nihil contra ; sed et hunc, et Persea vultu
Alterno spectans, petat hunc ignorat, an illum ;
Cunctatusque brevi, contortam viribus hastam,
Quantas ira dabat, nequidquam in Persea misit.

lot, quand Céphée s'écrie : « Que fais-tu, ô mon frère? Quelle fureur te pousse à ce crime? Est-ce ainsi que tu reconnais un si grand service? Est-ce là le prix dont tu payes la vie d'Andromède? Ce n'est pas, à vrai dire, Persée qui t'a enlevé ta fiancée. C'est le courroux des Néréides, c'est Ammon au front armé de cornes, c'est le monstre qui s'élançait des flots pour se repaître de mes entrailles. Elle t'a été enlevée le jour où elle fut condamnée à périr. Mais peut-être, cruel, est-ce là ce que tu exiges ! Tu veux qu'elle périsse; nos larmes adouciraient tes regrets. Ainsi donc ce n'est pas assez pour toi de l'avoir laissé enchaîner sous tes yeux, et de n'avoir rien fait pour la secourir, toi son oncle, et son fiancé! Tu t'affliges encore qu'un autre l'ait sauvée, et tu veux arracher à ce héros la récompense de sa victoire. Mais si cette récompense te paraît si précieuse, que n'allais-tu la chercher sur le roc où Andromède était attachée? Souffre donc maintenant que celui qui est allé la chercher, qui a garanti ma vieillesse de l'isolement, reçoive le prix que lui assurent ses services et nos promesses : comprends que ce n'est pas à toi, mais à une mort inévitable, que ce rival, est préféré. »
   Phinée ne répond rien à ce discours, mais regardant tantôt son frère, et tantôt Persée, il ne sait lequel des deux il doit frapper. Enfin, après avoir hésité quelque temps, il lance son javelot de toutes les forces que lui donnait la colère. C'est Persée qu'il veut atteindre ; mais

CHOIX DES MÉTAMORPHOSES. — LIVRE V.   197

Quid facis ?	Que fais-tu ?
Quæ mens, germane,	Quelle pensée, *mon* frère,
agit in scelus	pousse dans le crime
te furentem ?	toi furieux ?
Hæcne gratia redditur	Cette reconnaissance est-elle rendue
tantis meritis ?	à de si-grands services ?
Rependis hac dote	Payes-tu par cette récompense
vitam servatæ ?	la vie d'*Andromède* sauvée ? [vérité,
Quam, si quæris verum,	Laquelle *Andromède*, si tu cherches la
non Perseus ademit tibi,	non pas Persée a enlevée à toi,
sed numen grave Nereidum,	mais la volonté redoutable des Néréides,
sed Ammon corniger ;	mais Ammon armé-des-cornes ;
sed bellua	mais le monstre
quæ veniebat ponto [bus.	qui venait de la mer
exsaturanda meis visceri-	devant être rassasié de mes entrailles.
Rapta est tibi illo tempore	Elle a été ravie à toi dans ce temps
quo fuit peritura ;	dans lequel elle fut devant périr ;
nisi si exigis, crudelis,	à moins que tu n'exiges, cruel,
id ipsum ut pereat,	cela même qu'elle périsse,
levabereque nostro luctu.	et tu seras soulagé par notre deuil.
Scilicet haud est satis	Ainsi ce n'est pas assez
quod revincta est	qu'elle ait été enchaînée
te spectante,	toi regardant,
et quod patruus sponsusve	et que oncle ou fiancé
tulisti nullam opem ?	tu n'aies porté aucun secours ?
Dolebis insuper	Tu t'affligeras en outre
quod servata sit a quoquam,	qu'elle ait été sauvée par quelqu'un,
eripiesque præmia ?	et tu arracheras les récompenses ?
Quæ si tibi videntur magna,	Lesquelles si elles te paraissent grandes,
petisses ex illis scopulis	tu *les* aurais cherchées de ces rochers
ubi erant affixa ;	où elles étaient attachées ; [chées,
nunc sine qui petiit,	maintenant laisse *celui* qui *les* a cher-
per quem hæc senectus	par qui cette vieillesse
non orba,	n'*est* pas privée-d'-enfants, [pacte
ferre quod pactus est	emporter ce qu'il a acquis-en-vertu-d'un-
et meritis et voce ;	et par *ses* services et par *ma* parole ;
intelligeque	et comprends
eum prælatum esse	lui avoir été préféré
non tibi,	non à toi,
sed morti certæ.	mais à une mort certaine.
Ille nihil contra ;	Celui-ci ne *dit* rien contre *ces paroles* ;
sed spectans vultu alterno	mais regardant d'un visage qui-alterne
et hunc et Persea,	et celui-ci et Persée,
ignorat petat hunc,	il ignore s'il visera celui-ci,
an illum ;	ou celui-là ;
cunctatusque brevi	et ayant hésité un peu,
misit nequidquam in Persea	il envoya inutilement contre Persée

Ut stetit illa toro, stratis tum denique Perseus
Exsiluit, teloque ferox inimica remisso
Pectora rupisset, nisi post altaria Phineus
Isset; et (indignum!) scelerato profuit ara.
Fronte tamen Rhœti non irrita cuspis adhæsit :
Qui postquam cecidit, ferrumque ex osse revulsum est,
Calcitrat, et positas adspergit sanguine mensas.
Tum vero indomitas ardescit vulgus in iras,
Telaque conjiciunt; et sunt qui Cephea dicant
Cum genero debere mori; sed limine tecti
Exierat Cepheus, testatus jusque fidemque,
Hospitiique deos, ea se prohibente moveri.

II. — COMBAT. MORT D'ATYS.
(V. 47-76.)

Bellica Pallas adest, et protegit ægide fratrem,
Datque animos. Erat Indus Atys, quem flumine Gange
Edita Limniace vitreis peperisse sub undis
Creditur, egregius forma, quam divite cultu
Augebat, bis adhuc octonis integer annis,
Indutus Tyriam chlamydem, quam limbus obibat

en vain ; le fer s'enfonce dans le bois du lit. Alors seulement le héros se lève ; furieux il renvoie le trait à son ennemi, et il lui aurait percé la poitrine, si Phinée ne s'était caché derrière les autels qui (faveur indigne !) sauvèrent le criminel. Cependant le trait n'est pas perdu : il pénètre le front de Rhétus qui tombe. On arrache le fer de la plaie, et le malheureux se débat convulsivement, et arrose de son sang les tables voisines. Mais alors une aveugle fureur enflamme la multitude; les traits pleuvent de toute part. Quelques-uns s'écrient que Céphée doit périr avec son gendre; mais Céphée était sorti du palais, prenant à témoin la justice et la bonne foi, avec les dieux protecteurs de l'hospitalité, que cette lutte s'engage malgré lui.

II

La belliqueuse Pallas vole au secours de son frère, le couvre de l'égide, et lui inspire un nouveau courage. Parmi les assaillants était l'Indien Atys, que la fille du Gange, Limnacé, avait, dit-on, mis au jour sous les ondes transparentes. Remarquable par sa beauté que relevait encore une riche parure, il était dans toute la fraîcheur de ses seize ans. Il portait une chlamyde teinte de pourpre, qu'entourait

hastam contortam viribus	un javelot lancé avec des forces [nait.
quantas ira dabat.	aussi-grandes que la colère *lui en* don-
Ut illa stetit toro,	Quand ce *javelot* se fut fixé dans le bois-
tum denique Perseus	alors enfin Persée [du-lit,
exsiluit stratis,	sauta-à-bas des couvertures,
feroxque rupisset	et furieux il aurait percé [son ennemi)
pectora inimica	les poitrines ennemies (la poitrine de
telo remisso,	avec le trait renvoyé,
nisi Phineus isset	si Phinée n'était allé
post altaria ;	derrière les autels ;
et ara (indignum !)	et l'autel (chose indigne !)
profuit scelerato.	servit au criminel.
Tamen cuspis non irrita	Cependant la pointe non inutile
adhæsit fronte Rhœti :	s'attacha au front de Rhétus ;
qui postquam cecidit,	lequel après qu'il fut tombé,
ferrumque revulsum	et *que* le fer fut arraché
ex osse,	de l'os,
calcitrat,	se débat,
et adspergit sanguine	et arrose de sang
mensas positas.	les tables placées *auprès*.
Tum vero vulgus ardescit	Mais alors la foule s'enflamme
in iras indomitas,	en colères indomptées,
conjiciuntque tela ;	et ils lancent des traits ;
et sunt qui dicant	et il en est qui disent
Cephea debere mori	Céphée devoir mourir
cum genero ;	avec *son* gendre ;
sed Cepheus exierat	mais Céphée était sorti
limine tecti,	du seuil de la demeure,
testatus jusque fidem,	ayant attesté et le droit et la foi,
deosque hospitii,	et les dieux de l'hospitalité,
ea moveri se prohibente.	ces *troubles* être excités lui *le* défendant.

II. — COMBAT. MORT D'ATYS.

Bellica Pallas adest,	La belliqueuse Pallas est-présente,
et protegit fratrem ægide,	et protége *son* frère de l'égide,
datque animos.	et *lui* donne des esprits (du courage).
Indus Atys erat,	L'Indien Atys était *là*,
quem Lemniace,	lequel Lemniacé,
edita flumine Gange,	née du fleuve *du* Gange,
creditur peperisse	est crue avoir enfanté
sub undis vitreis,	sous les ondes transparentes,
egregius forma,	distingué par sa beauté,
quam augebat divite cultu,	qu'il augmentait par une riche parure,
integer adhuc	intact encore
bis octonis annis, [riam,	par deux-fois huit années,
indutus chlamydem Ty-	revêtu d'une chlamyde tyrienne,

Aureus; ornabant aurata monilia collum,
Et madidos myrrha curvum crinale capillos.
Ille quidem jaculo quamvis distantia misso
Figere doctus erat, sed tendere doctior arcus.
Tum quoque lenta manu flectentem cornua Perseus
Stipite, qui media positus fumabat in ara,
Perculit, et fractis confudit in ossibus ora.
Hunc ubi fœdatos jactantem in sanguine vultus
Assyrius vidit Lycabas, junctissimus illi
Et comes, et veri non dissimulator amoris;
Postquam exhalantem sub acerbo vulnere vitam
Deploravit Atyn, quos ille tetenderat arcus
Arripit, et : « Mecum tibi sint certamina dixit ;
Nec longum pueri fato lætabere, quo plus
Invidiæ quam laudis habes. » Hæc omnia nondum
Dixerat, emicuit nervo penetrabile telum ;
Vitatumque tamen sinuosa veste pependit.
Vertit in hunc harpen, spectatam cæde Medusæ,
Acrisioniades, adigitque in pectus ; at ille
Jam moriens, oculis sub nocte natantibus atra,

une bordure d'or; un collier d'or ornait son cou, une aiguille recourbée brillait dans ses cheveux humides de myrrhe. Habile à percer d'un javelot un but quelque éloigné qu'il fût, il l'était encore plus à tirer de l'arc. En ce moment même il bandait la corde flexible, lorsque Persée, saisissant un tronc d'arbre qui fumait sur le milieu de l'autel, l'en frappe à la face, et fait un horrible mélange de chair et d'os fracassés. L'Assyrien Lycabas voit Atys tourner et retourner dans le sang ce visage qu'il admire, Lycabas le plus dévoué des compagnons de cet enfant, Lycabas épris pour lui d'une passion sincère qu'il ne dissimulait pas. Il pleure son ami qui exhale sa vie par une cruelle blessure, et saisissant l'arc que les mains d'Atys avaient bandé : « C'est avec moi, dit-il, qu'il faut combattre : tu n'auras pas longtemps à te réjouir du trépas d'un enfant, trépas qui te rend odieux plutôt qu'il ne t'honore. » Il n'avait pas fini de parler, que la corde lance le trait aigu ; mais Persée l'évite : la flèche reste suspendue dans les plis de son vêtement. Alors il tourne contre Lycabas son cimeterre éprouvé par la mort de Méduse, et le lui plonge dans la poitrine. Celui-ci, sur le point d'expirer, cherche Atys avec des yeux qui flottent déjà dans les ténèbres de la mort,

quam limbus aureus	qu'une bordure d'-or
obibat;	entourait ;
monilia aurata	des colliers dorés
ornabant collum,	ornaient *son* cou,
et crinale curvum	et une aiguille-à-cheveux recourbée
capillos madidos myrrha.	*ornait ses* cheveux humides de myrrhe.
Ille quidem erat doctus	Celui-ci certes était habile
figere jaculo misso	à percer d'un javelot lancé
quamvis distantia,	*des objets* quoique éloignés, [arcs.
sed doctior tendere arcus.	mais il *était* plus habile à tendre des
Perseus perculit stipite,	Persée frappa d'un tronc-d'-arbre,
qui fumabat	qui fumait
positus in media ara,	placé au milieu-de l'autel,
flectentem	*Atys* courbant
tum quoque manu	alors même de *sa* main
cornua lenta,	les cornes flexibles *d'un arc*,
et confudit ora	et il mêla *son* visage
in ossibus fractis.	sur *ses* os brisés.
Ubi Assyrius Lycabas,	Dès-que l'Assyrien Lycabas,
et comes junctissimus illi,	et compagnon très-uni à celui-ci,
et non dissimulator	et ne dissimulant pas
amoris veri,	*son* amour véritable,
vidit hunc jactantem	vit celui-ci remuant
in sanguine	dans le sang
vultus laudatos;	*son* visage loué (admiré);
postquam deploravit Atyn	après qu'il eut pleuré Atys,
exhalantem vitam	exhalant *sa* vie
sub vulnere acerbo,	sous une blessure cruelle,
arripit arcus	il saisit les arcs (l'arc)
quos ille tetenderat,	que celui-ci avait bandés,
et dixit :	et il dit :
Certamina sint tibi mecum,	Que les luttes soient à toi avec-moi,
nec lætabere longum	et tu ne te réjouiras pas longtemps
fato pueri,	de la destinée (du trépas) d'un enfant,
quo habes plus invidiæ	par lequel *trépas* tu acquiers plus de
quam laudis.	que de louange. [haine
Nondum dixerat omnia hæc:	Il n'avait pas-encore dit toutes ces pa-
telum penetrabile	le trait pénétrant [*roles:*
emicuit nervo ;	s'elança de la corde ;
tamenque vitatum	et évité cependant
pependit veste sinuosa.	resta-suspendu dans la robe onduleuse.
Acrisioniades	Le petit-fils-d'Acrisius
vertit in hunc harpen	tourna contre celui-ci *son* cimeterre
spectatam cæde Medusæ,	éprouvé par le meurtre de Méduse,
adegitque in pectus;	et *le lui* enfonça dans la poitrine;
at ille jam moriens,	mais celui-ci déjà mourant,
oculis natantibus	*ses* yeux nageant (flottant)

Circumspexit Atyn, seque acclinavit ad illum :
Et tulit ad Manes junctæ solatia mortis.

III. — SUITE DU COMBAT. DANGER DE PERSÉE.
(V. 107-122, 149-158, 160-173.

Hinc gemini fratres, Broteasque et cæstibus [1] Ammon
Invicti, vinci si possent cæstibus enses,
Phinea cecidere manu, Cererisque sacerdos
Ampycus, albenti velatus tempora vitta.
Tu quoque, Iapetide, non hos adhibendus in usus,
Sed qui, pacis opus, citharam cum voce moveres,
Jussus eras celebrare dapes festumque canendo.
Quem procul adstantem, plectrumque [2] imbelle tenentem
Pettalus irridens : « Stygiis cane cetera, dixit,
Manibus; » et lævo mucronem tempore figit.
Concidit, et digitis morientibus ille retentat
Fila lyræ, casuque canit miserabile carmen.
Non sinit hunc impune ferox cecidisse Lycormas,
Raptaque de dextro robusta repagula poste
Ossibus illidit mediæ cervicis; at ille
Procubuit terræ, mactati more juvenci.

et il se laisse tomber près de lui, consolé parce qu'il descend aux enfers avec son ami.

III

Ensuite Brotée et Ammon, jumeaux invincibles au combat du ceste (mais que peut le ceste contre l'épée?), tombent sous les coups de Phinée. Avec eux il immole Ampycus, prêtre de Cérès, malgré les blanches bandelettes qui ornent son front. Et toi aussi tu péris, fils de Japet; tu n'étais pas fait pour ces jeux sanglants ; mais, habitué à chanter au sein de la paix en t'accompagnant de la lyre, tu avais été appelé pour égayer par tes accents ce festin solennel. Tu te tenais à l'écart, ton plectre impuissant à la main : Pettale t'aperçoit : « Va, te dit-il d'un ton railleur, achever ces chants aux enfers ; » et il te plonge son épée dans la tempe gauche. Tu tombes, et de tes doigts mourants tu touches encore les cordes de ta lyre ; dans ta chute tu fais entendre des accents plaintifs. Le farouche Lycormas ne laisse pas ce meurtre impuni. Il arrache à la porte de droite une barre de chêne, et en frappe violemment Pettale sur le milieu de la tête; celui-ci tombe comme un taureau qu'on immole.

CHOIX DES MÉTAMORPHOSES. — LIVRE V.

sub nocte atra,	sous la nuit sombre,
circumspexit Atyn,	regarda-autour de *lui* Atys,
seque acclinavit ad illum,	et se pencha vers lui,
et tulit ad Manes	et il emporta chez les Mânes
solatia mortis junctæ.	les consolations d'une mort réunie.

III. — SUITE DU COMBAT. DANGER DE PERSÉE.

Hinc gemini fratres,	De-là (puis) deux frères jumeaux,
Broteasque et Ammon,	et Brotée et Ammon,
invicti cæstibus,	invincibles par les cestes,
si enses possent vinci	si les épées pouvaient être vaincues
cæstibus,	par les cestes,
cecidere manu Phinea,	tombèrent par la main de-Phinée,
Ampycusque,	et Ampycus
sacerdos Cerereris,	prêtre de Cérès,
velatus tempora	voilé quant aux tempes
vitta albenti.	d'une bandelette blanche.
Tu quoque, Japetide,	Toi aussi, fils-de-Japhet, [usages,
non adhibendus in hos usus,	ne devant pas être employé pour ces
sed qui moveres,	mais qui devais-mouvoir,
opus pacis,	œuvre de paix,
lyram cum voce,	la lyre avec la voix (en chantant),
jussus eras	tu avais reçu-l'-ordre
celebrare canendo	de célébrer en chantant
dapes festumque.	les mets (le banquet) et la fête.
Quem adstantem procul,	Lequel étant-debout à-l'-écart,
tenentemque	et tenant
plectrum imbelle	*son* plectre impuissant
Pettalus irridens :	Pettale raillant :
Cane cetera, dixit,	Chante le reste, dit-il,
Manibus Stygiis ;	au Mânes du-Styx ;
et figit mucronem	et il *lui* enfonce la pointe *de son épée*
tempore lævo.	dans la tempe gauche.
Ille concidit,	Celui-ci tombe, [lyre
et retentat fila lyræ	et il touche-de-nouveau les cordes de la
digitis morientibus,	de *ses* doigts mourants,
et canit casu	et il chante *dans sa* chute
carmen miserabile.	un chant plaintif.
Ferox Lycormas non sinit	Le farouche Lycormas ne permet pas
hunc cecidisse impune,	celui-ci être tombé impunément,
illiditque ossibus	et il heurte-contre les os
mediæ cervicis	du milieu de la nuque *de Pettale*
repagula robusta	une barre de-chêne
rapta de poste dextro ;	enlevée de la porte à-droite ;
at ille procubuit terræ	mais celui-ci tomba à terre
more juvenci mactati ;	à la manière d'un taureau immolé.

Plus tamen exhausto superest : namque omnibus unum
Opprimere est animus ; conjurata undique pugnant
Agmina pro causa meritum impugnante fidemque;
Hac pro parte socer, frustra pius, et nova conjux
Cum genitrice favent, ululatuque atria complent.
Sed sonus armorum superat gemitusque cadentum,
Pollutosque semel multo Bellona penates
Sanguine perfundit, renovataque prœlia miscet.
Circumeunt unum Phineus et mille secuti
Phinea : tela volant, hiberna grandine plura.
Applicat hic humeros ad magnæ saxa columnæ,
Tutaque terga gerens, adversaque in agmina versus,
Sustinet instantes. Instabat parte sinistra
Chaonius[1] Molpeus, dextra, Nabathæus Ethemon.
Tigris ut, auditis diversa valle duorum,
Exstimulata fame, mugitibus armentorum,
Nescit utro potius ruat, et ruere ardet utroque :
Sic dubius Perseus, dextra lævane feratur,
Molpea trajecti submovit vulnere cruris,
Contentusque fuga est; neque enim dat tempus Ethemon,

Persée a déjà abattu bien des ennemis ; mais il lui en reste encore plus à vaincre : car tous réunissent leurs efforts contre lui seul, et brûlent de l'accabler. De toute part combattent des bataillons ligués pour une cause qui outrage la reconnaissance et la bonne foi. Le héros a pour lui son beau-père, en vain fidèle à ses serments, sa nouvelle épouse et la mère de celle-ci ; elles remplissent le palais de leurs lamentations ; mais leurs voix sont dominées par le bruit des armes et les cris des mourants. Bellone inonde de sang ces pénates qu'elle a une fois souillés, et ranime la lutte de toute part. Phinée et ses mille compagnons entourent Persée ; les traits volent plus épais que la grêle qui tombe pendant l'hiver. Le héros s'adosse à une grande colonne de marbre, et, protégé par derrière, la face tournée contre les ennemis il soutient leurs efforts. Molpée d'Épire le pressait à gauche, à droite Éthémon d'Arabie. Tel un tigre qu'aiguillonne la faim, entendant aux deux extrémités d'une vallée deux troupeaux mugir, ne sait sur lequel il se jettera d'abord, et brûle de fondre sur tous les deux ; tel Persée hésite s'il doit fondre à droite ou à gauche. Il se débarrasse de Molpée en lui perçant la cuisse, et se contente de l'avoir mis en fuite ; car Éthémon ne lui

Plus tamen superest exhausto :	Plus cependant reste *à faire* qu'il n'a été épuisé (qu'il n'a été fait) :
namque animus est omnibus opprimere unum ;	car l'intention est à tous d'accabler *lui* seul ;
agmina conjurata pugnant undique pro causa impugnante meritum fidemque.	les bataillons conjurés combattent de-toute-part pour la cause qui-attaque le bienfait et la foi.
Socer, pius frustra, et nova conjux, favent cum genitrice pro hac parte, complentque atria ululatu.	Le beau-père, pieux en-vain, et la nouvelle épouse, favorisent avec la mère pour ce parti-ci, et remplissent les portiques de hurle-[ments.
Sed sonus armorum superat gemitusque cadentum, Bellonaque perfundit sanguine multo penates semel pollutos, miscetque prœlia renovata.	Mais le bruit des armes domine ainsi que les gémissements de *ceux* qui et Bellone inonde [tombent, d'un sang abondant les pénates une fois souillés, et mêle les combats renouvelés.
Phineus et mille secuti Phinea circumeunt unum ; tela volant, plura grandine hiberna.	Phinée et mille qui ont suivi Phinée entourent *Persée* seul ; les traits volent, plus nombreux que la grêle d'-hiver.
Hic applicat humeros ad saxa magnæ columnæ, gerensque terga tuta, versusque in agmina adversa, sustinet instantes.	Celui-ci appuie *ses* épaules aux pierres d'une grande colonne, et portant (ayant) le dos en-sûreté, et tourné vers les bataillons placés-en face, il soutient *ceux* qui *le* pressent.
Chaonius Molpeus instabat parte dextra, Nabathæus Ethemon parte sinistra.	Le Chaonien Molpée *le* pressait du côté droit, le Nabathéen Éthémon du côté gauche.
Ut tigris exstimulata fame, mugitibus duorum armentorum auditis in valle diversa, nescit utro ruat potius, et ardet ruere utroque, sic Perseus dubius feratur dextra lævane, submovit Molpea vulnere cruris trajecti, contentusque est fuga ;	Comme un tigre aiguillonné par la faim, les mugissements de deux troupeaux-de-bœufs [parée, ayant été entendus dans une vallée sé-ne sait vers-lequel-des-deux-côtés il se précipitera de-préférence, [l'autre, et brûle de se précipiter vers-l'un-et-ainsi Persée incertain s'il se portera à droite ou à gauche, écarta Molpée par la blessure de *sa* jambe transpercée, et il se contente de *sa* fuite ;

Sed furit; et cupiens alto dare vulnera collo,
Non circumspectis exactum viribus ensem
Fregit, et, extrema percussæ parte columnæ
Lamina dissiluit, dominique in gutture fixa est.

IV. — PERSÉE PRÉSENTE A SES ENNEMIS LA TÊTE DE MÉDUSE.
(V. 177-183, 188-199, 207-235.)

Verum ubi virtutem turbæ succumbere vidit :
« Auxilium, Perseus, quoniam sic cogitis ipsi,
Dixit; ab hoste petam; vultus avertite vestros,
Si quis amicus adest; » et Gorgonis extulit ora.
« Quære alium, tua quem moveant miracula, » dixit
Thescelus ; utque manu jaculum fatale parabat
Mittere, in hoc hæsit, signum de marmore, gestu.
At Nileus, qui se genitum septemplice Nilo
Ementitus erat, clypeo quoque flumina septem
Argento partim, partim cælaverat auro :
« Adspice, ait, Perseu, nostræ primordia gentis;
Magna feres tacitas solatia mortis ad umbras
A tanto cecidisse viro. » Pars ultima vocis
In medio suppressa sono est ; adapertaque velle

donne pas de répit ; mais ce guerrier aveuglé par la fureur, et voulant frapper le cou élevé du héros, pousse son épée sans mesurer ses forces, et la brise : la lame avait atteint l'extrémité de la colonne ; elle se rompt ; un éclat vient se fixer dans la gorge de son maître.

IV

Enfin Persée voyant que la valeur va succomber sous le nombre : « Puisque vous m'y forcez vous-mêmes, dit-il, je demanderai du secours à mon ennemie. Détournez les yeux, vous qui m'aimez. » Et il présente la tête de la Gorgone. « Cherche ailleurs quelqu'un qu'effraient tes prestiges », dit Thescelus ; et il se préparait à lancer de sa main un trait fatal ; mais, changé en statue de marbre, il reste dans cette attitude. Nilée qui se vantait faussement d'être le fils du Nil aux sept embouchures, et qui montrait sur son bouclier les sept bouches du fleuve gravées les unes en or, les autres en argent, menace Persée: « Regarde, lui dit-il, l'origine de notre race ; ce sera pour toi une grande consolation en descendant sous l'empire silencieux des Ombres d'être mort de la main d'un héros tel que moi. » Pendant qu'il prononce ces dernières paroles, la voix s'arrête dans son gosier ; sa bouche ouverte semble vou-

neque enim Ethemon dat tempus,	ni en effet Éthémon ne *lui* donne de temps,
sed furit;	mais il est-furieux;
et cupiens dare vulnera collo alto,	et désirant donner des blessures à *son* cou élevé,
fregit ensem exactum viribus non circumpectis,	il brisa *son* épée poussée avec des forces non mesurées,
et lamina dissiluit parte extrema columnæ percussæ,	et la lame vola-en-éclats sur la partie extrême de la colonne atteinte,
fixaque est in gutture domini.	et elle s'enfonça dans le gosier de *son* maître.

IV. — PERSÉE PRÉSENTE A SES ENNEMIS LA TÊTE DE MÉDUSE.

Verum ubi vidit virtutem succumbere turbæ:	Mais quand il vit le courage succomber sous la foule :
Quoniam ipsi, dixit Perseus, cogitis sic,	Puisque vous-mêmes, dit Persée, vous *me* forcez ainsi (à cela),
petam auxilium ab hoste;	je demanderai du secours à *mon* ennemie;
avertite vestros vultus,	détournez vos visages,
si quis amicus adest;	si quelque ami est-présent;
et extulit ora Gorgonis.	et il produisit le visage de la Gorgone.
Quære alium quem tua miracula moveant,	Cherche un autre que tes prodiges émeuvent,
dixit Thescelus;	dit Thescelus;
utque parabat mittere manu telum fatale,	et comme il se préparait à lancer de *sa* main un trait fatal,
signum de marmore hæsit in hoc gestu.	*devenu* statue de marbre, il resta dans ce geste.
At Nileus, qui ementitus erat se genitum Nilo septemplice,	Mais Nilée, qui avait prétendu-faussement lui-même être né du Nil aux-sept-bou- [ches,
cælaverat quoque clypeo partim argento, partim auro, septem flumina :	*et qui* avait ciselé aussi sur *son* bouclier partie en argent, partie en or, les sept fleuves (bouches du fleuve):
Adspice, ait, Perseu, primordia nostræ gentis; feres ad umbras tacitas magna solatia mortis cecidisse a tanto viro.	Regarde, dit-il, Persée les origines de notre race; [cieuses tu emporteras vers les ombres silen- *comme* grandes consolations de *ta* mort d'être tombé par *le fait* d'un si-grand [guerrier.
Pars ultima vocis suppressa est in medio sono;	La dernière partie de la voix ut arrêtée au milieu du son ;
credasque ora adaperta	et tu croirais *sa* bouche ouverte

Ora loqui credas, nec sunt ea pervia verbis.
Increpat hos : « Vitioque animi, non viribus, inquit,
Gorgoneis torpetis, Eryx ; incurrite mecum,
Et prosternite humi juvenem magica arma moventem. »
Incursurus erat : tenuit vestigia tellus,
Immotusque silex armataque mansit imago.
Nomina longa mora est media de plebe virorum
Dicere : bis centum restabant corpora pugnæ ;
Gorgone bis centum rigueruut corpora visa.
  Pœnitet injusti tunc denique Phinea belli ;
Sed quid agat? Simulacra videt diversa figuris,
Agnoscitque suos, et nomine quemque vocatum
Poscit opem ; credensque parum sibi, proxima tangit
Corpora ; marmor erant. Avertitur ; atque ita supplex,
Confessasque manus obliquaque [1] brachia tendens :
« Vincis, ait, Perseu ; remove fera monstra, tuæque
Saxificos vultus, quæcumque ea, tolle Medusæ,
Tolle, precor : non nos odium regnive cupido
Compulit ad bellum ; pro conjuge movimus arma.
Causa fuit meritis melior tua, tempore nostra.

loir parler ; mais elle ne laisse passer aucun son. Éryx gourmande ses compagnons : « Ce ne sont pas les forces de la Gorgone, dit-il, c'est votre lâcheté qui vous tient engourdis ; élancez-vous avec moi, et terrassez un ennemi qui n'a d'autres armes que des enchantements. » Il allait s'élancer sur Persée ; mais ses pieds sont enchaînés à la terre ; et, rocher immobile, il offre encore l'image d'un combattant. Il serait trop long d'énumérer les guerriers obscurs qui furent ainsi métamorphosés. Deux cents survivaient à la lutte ; deux cents furent pétrifiés à l'aspect de la Gorgone.

Phinée commence enfin à se repentir de cette injuste querelle ; mais que faire? Il voit des statues dans des attitudes diverses ; il reconnaît en elles ses amis ; il les appelle tous par leurs noms ; il implore leur secours ; et, croyant à peine le témoignage de ses yeux, il touche les corps qui sont les plus proches de lui : ce n'était plus que du marbre. Il détourne les regards, et alors, s'avouant vaincu, il tend de côté ses bras et ses mains suppliantes : « Tu triomphes, Persée, dit-il ; écarte ce monstre terrible ; éloigne la tête de ta Méduse, quelle qu'elle soit ; éloigne, je t'en conjure, cette tête qui pétrifie. Ce n'est ni la haine ni le désir de régner qui nous ont poussé à la guerre ; c'est pour notre épouse que nous avons pris les armes. Tu avais pour toi tes services, j'avais pour moi des promesses antérieures.

velle loqui,	vouloir parler, [paroles.
nec ea sunt pervia verbis.	et celle-ci n'est pas praticable pour les
Eryx increpat hos :	Eryx gourmande ceux-ci :
Torpetisque, inquit,	Et vous-êtes engourdis, dit-il,
vitio animi,	par un défaut de *votre* courage,
non viribus Gorgoneis ;	non par les forces de-la-Gorgone;
incurrite mecum,	courez-sur *lui* avec-moi,
et prosternite humi juvenem	et renversez à terre *ce* jeune-homme
moventem arma magica.	mettant-en-mouvement des armes magi-
Erat incursurus :	Il était devant-courir-sur *lui* : [ques.
tellus tenuit vestigia,	la terre retint ses traces (ses pieds)
mansitque silex immotus	et il resta pierre immobile
imagoque armata.	et image armée.
Dicere nomina	Dire les noms
de media plebe virorum	du milieu du vulgaire des hommes
est longa mora :	est (serait) un long retard :
bis centum corpora	deux fois cent corps
restabant pugnæ;	survivaient au combat ;
bis centum corpora	deux fois cent corps
riguerunt Gorgone visa.	se-raidirent la Gorgone ayant été vue.
Tunc denique Phinea	Alors enfin Phinée
pœnitet belli injusti ;	se repent de *cette* guerre injuste,
sed quid agat?	mais que pourrait-il-faire ?
Videt simulacra	Il voit des simulacres
diversa figuris,	divers par les figures,
agnoscitque suos,	et il reconnaît les siens,
et poscit opem	et il demande du secours
quemque vocatum nomine ;	à chacun appelé par *son* nom ;
credensque parum sibi,	et croyant peu à lui-même,
tangit corpora proxima:	il touche les corps les plus proches :
erant marmor.	ils étaient du marbre.
Avertitur,	Il se détourne,
atque ita supplex,	et ainsi (alors) suppliant, [vaincues
tendensque manus confessas	et tendant *des* mains qui s'avouent
brachiaque obliqua :	et des bras obliques :
Vincis, ait, Perseu ;	Tu vaincs, dit-il, Persée ;
remove monstra fera,	écarte *ces* prodiges cruels,
tolleque vultus saxificos	et enlève le visage pétrifiant
tuæ Medusæ,	de ta Méduse,
quæcumque ea ;	quelle que *soit* celle-ci ;
tolle, precor :	enlève-*le*, je *te* prie :
odium cupidove regni	la haine ou le désir de la royauté
non compulit nos ad bellum;	n'a pas poussé nous à la guerre; [mes
movimus arma	nous avons mis-en-mouvement les ar-
pro conjuge;	pour une épouse ; [vices,
tua causa fuit melior meritis,	ta cause fut (était) meilleure par les ser-
nostra tempore.	la nôtre par le temps (la date).

OVIDE

Non cessisse piget. Nihil, o fortissime, præter
Hanc animam concede mihi; tua cetera sunto. »
Talia dicenti, neque eum, quem voce rogabat,
Respicere audenti : « Quod, ait, timidissime Phineu,
Et possum tribuisse, et magnum est munus inerti,
Pone metum, tribuam: nullo violabere ferro.
Quin etiam mansura dabo monumenta per ævum,
Inque domo soceri semper spectabere nostri,
Ut mea se sponsi soletur imagine conjux. »
Dixit, et in partem Phorcynida transtulit illam,
Ad quam se trepido Phineus obverterat ore.
Tunc quoque conanti sua flectere lumina cervix
Diriguit, saxoque oculorum induruit humor;
Sed tamen os timidum vultusque in marmore supplex,
Submissæque manus, faciesque obnoxia mansit.

V. — ENLÈVEMENT DE PROSERPINE. MÉTAMORPHOSE DE LA NYMPHE CYANÉ.
(385-411, 412-414, 432, 435-438.)

Haud procul Ennæis[1] lacus est a mœnibus, altæ,
Nomine Pergus, aquæ : non illo plura Cayster[2],
Carmina cycnorum labentibus audit in undis.

Je me repens de n'avoir pas cédé. Je ne te demande que la vie, valeureux Persée; que tout le reste t'appartienne. » Il parlait ainsi sans oser regarder celui que sa voix implorait. « Timide Phinée, répond le héros, bannis toute crainte. Ce que je peux t'accorder, et ce qui est une faveur sans prix pour un lâche, je te l'accorderai : le fer ne touchera pas ton corps. Je ferai plus : je te donnerai un tombeau qui durera pendant tous les siècles ; on te verra toujours dans la demeure de notre beau-père, et l'image de celui qui fut son fiancé, consolera mon épouse. » Il dit, et présente la Gorgone du côté ou Phinée avait tourné son visage tremblant. L'infortuné voulait encore détourner ses regards; son cou devient raide, ses larmes se durcissent en pierre. Cependant le marbre conserve encore un visage craintif, des regards qui implorent la pitié, des mains suppliantes, et un air humble.

V

Non loin des remparts d'Enna est un lac aux eaux profondes, appelé Pergus. Le Caystre n'entend pas plus de cygnes chanter sur ses ondes

Piget non cessisse.	Je suis fâché de n'avoir pas cédé.
Concede nihil mihi,	N'accorde rien à moi,
o fortissime,	ô *guerrier* très-courageux,
præter hanc animam;	excepté ce souffle;
cetera sunto tua.	que tous-les-autres *biens* soient tiens.
Ait dicenti talia,	*Persée* dit à *Phinée* prononçant de telles
neque audenti	et n'osant pas [*paroles*,
respicere	se retourner-pour-voir
eum quem rogabat voce:	celui qu'il suppliait de la voix :
Pone metum,	Dépose *ta* crainte ;
Phineu timidissime;	Phinée très-craintif;
tribuam quod	je *t'*accorderai ce que
et possum tribuisse, [ti :	et je puis avoir accordé, ¡[lâche.
et est magnum munus iner-	et *ce* qui est une grande faveur pour un
violabere nullo ferro.	tu ne seras blessé par aucun fer.
Quin etiam dabo monumenta	Bien plus je *te* donnerai des monuments
mansura per ævum,	devant subsister à travers le temps,
spectabereque semper	et tu seras toujours vu
in domo nostri soceri,	dans la maison de notre beau-père,
ut mea conjux se soletur	afin que mon épouse se console
imagine sponsi.	par l'image de *son* fiancé.
Dixit, et transtulit	Il dit, et il transporta
Phorcynida	la fille-de-Phorcys
in illam partem	de ce côté
ad quam Phineus	vers lequel Phinée
se obverterat ore trepido.	s'était tourné d'un visage tremblant.
Cervix diriguit	Le cou devint-entièrement-raide
conanti tum quoque	à *lui* s'efforçant alors encore
flectere sua lumina,	de détourner ses yeux,
humorque oculorum	et l'humidité des yeux
induruit saxo;	se durcit par la pierre ;
sed tamen os timidum,	mais cependant *son* visage craintif,
vultusque supplex,	et *son* regard suppliant,
manusque submissæ,	et *ses* mains abaissées,
faciesque obnoxia	et *sa* face soumise (humble)
mansit in marmore.	resta (restèrent) dans le marbre.

V. — ENLÈVEMENT DE PROSERPINE. MÉTAMORPHOSE DE LA NYMPHE CYANÉ.

Haud procul	Non loin
mœnibus Ennæis	des remparts d'-Enna
est lacus aquæ altæ,	il est un lac d'une eau profonde,
Pergus nomine:	Pergus par le nom :
Cayster non audit	le Caystre n'entend pas
in undis labentibus	sur *ses* ondes qui coulent
carmina cycnorum	des chants de cygnes

Silva coronat aquas, cingens latus omne, suisque
Frondibus, ut velo, Phœbeos submovet ignes.
Frigora dant rami, varios humus humida flores;
Perpetuum ver est. Quo dum Proserpina luco
Ludit, et aut violas aut candida lilia carpit,
Dumque puellari studio calathosque sinumque
Implet, et æquales certat superare legendo,
Pæne simul visa est, dilectaque, raptaque Diti :
Usque adeo properatur amor! Dea territa, mœsto
Et matrem et comites, sed matrem sæpius, ore
Clamat; et, ut summa vestem laniarat ab ora,
Collecti flores tunicis cecidere remissis ;
Tantaque simplicitas puerilibus adfuit annis,
Hæc quoque virgineum movit jactura dolorem.
Raptor agit currus, et nomine quemque vocatos
Exhortatur equos, quorum per colla jubasque
Excutit obscura tinctas ferrugine habenas;
Perque lacus altos et olentia sulfure fertur
Stagna Palicorum[1], rupta ferventia terra ;
Et qua Bacchiadæ[2], bimari gens orta Corintho[3],

rapides. Une forêt, qui couronne ce lac, l'entoure complétement, et de son feuillage repousse comme un voile les rayons du soleil. Les branches donnent de frais ombrages, la terre humide est émaillée de fleurs, le printemps y est éternel. Proserpine jouait dans ce bois, cueillant des violettes ou des lis d'une éclatante blancheur. Elle remplissait avec l'ardeur de son âge ses corbeilles et les plis de sa robe ; c'était entre elles et ses compagnes à qui en cueillerait davantage. Pluton l'aperçoit : la voir, s'éprendre d'elle, c'est l'affaire d'un instant: l'amour ne sait point attendre ! La déesse effrayée appelle d'une voix plaintive sa mère et ses compagnes, sa mère surtout. Le haut de sa robe se déchire, les fleurs qu'elle avait ramassées, s'échappent de sa tunique ouverte ; et telle était la candeur de ses tendres années que cette perte aussi excite les regrets de la jeune fille. Le ravisseur pousse son char, et appelant ses chevaux par leurs noms, il les anime, et agite sur leurs cous et leurs crinières des rênes teintes de la sombre couleur du fer. Il traverse les étangs des Paliques, lacs profonds qui répandent une odeur de soufre, et s'échappent en bouillonnant de la terre entr'ouverte; il traverse aussi la plaine où les Bacchiades, sortis de Corinthe

plura illo.	plus nombreux que lui (que ce lac).
Silva coronat aquas,	Une forêt couronne les eaux,
cingens omne latus,	entourant tout le côté (toute la rive),
submovetque ut velo,	et il écarte comme par un voile,
suis frondibus,	avec ses feuilles,
ignes Phœbeos.	les feux de-Phébus. [fraîcheur),
Rami dant frigora, [rios;	Les branches donnent des froids (de la
humus humida flores va-	la terre humide des fleurs variées ;
ver est perpetuum.	le printemps y est perpétuel.
Quo luco	Dans lequel bois-sacré
dum Proserpina ludit,	tandis que Proserpine joue,
et carpit aut violas	et cueille ou des violettes
aut lilia candida,	ou des lis blancs.
dumque implet	et tandis qu'elle emplit
studio puellari	avec l'empressement d'-une-jeune-fille
calathosque sinumque,	et les corbeilles et le plis-*de-sa-robe*,
et certat superare legendo	et s'efforce de surpasser en cueillant
æquales ;	les *jeunes-filles*-de-son-âge ;
visa est pæne simul,	elle fut vue presqu'en-même-temps,
dilectaque, raptaque Diti :	et aimée, et enlevée par Pluton :
usque adeo	jusqu'à un-tel-point
amor properatur !	l'amour est précipité !
Dea territa	La déesse effrayée
clamat ore mœsto	appelle-en-criant de sa bouche triste
et matrem et comites,	et *sa* mère et *ses* compagnes,
sed sæpius matrem ;	mais plus souvent *sa* mère ;
et, ut laniarat vestem	et comme elle avait déchiré sa robe,
ab ora summa,	par l'extrémité supérieure,
flores collecti cecidere	les fleurs recueillies tombèrent [verte);
tunicis remissis,	des tuniques lâchées (de la tunique ou-
simplicitasque tanta	et une simplicité si-grande
adfuit annis puerilibus,	fut à *ses* années enfantines,
hæc jactura quoque movit	*que* cette perte aussi excita
dolorem virgineum.	la douleur de-la-jeune-fille.
Raptor agit currus,	Le ravisseur pousse *son* char,
et exhortatur equos	et il exhorte *ses* chevaux
vocatos quemque nomine,	appelés chacun par *son* nom,
quorum per colla jubasque	desquels *chevaux* le-long-des cous et
excutit habenas,	il secoue les rênes [des crinières,
tinctas ferrugine obscura,	teintes de rouille obscure,
ferturque	et il est porté
per lacus altos	à travers les lacs profonds
stagnaque Palicorum	et les étangs des Paliques
olentia sulfure,	sentant par le soufre,
ferventia terra rupta ;	bouillonnant la terre étant ouverte ;
et qua Bacchiadæ,	et par-où les Bacchiades, [deux-mers,
gens orta Corintho bimari,	famille née de Corinthe baignée-par-

Inter inæquales¹ posuerunt mœnia portus.
   Est medium Cyanes² et Pisææ Arethusæ,
Quod coit angustis inclusum cornibus, æquor.
Hic fuit, a cujus stagnum quoque nomine dictum est,
Inter Sicelidas Cyane celeberrima nymphas,
Agnovitque deum : « Nec longius ibitis, inquit ;
Non potes invitæ Cereris gener esse ; roganda,
Non rapienda fuit. Quod si componere magnis
Parva mihi fas est, et me dilexit Anapus³ :
Exorata tamen, nec, ut hæc, exterrita nupsi. »
Dixit, et in partes diversas brachia tendens
Obstitit. Haud ultra tenuit Saturnius iram ;
Terribilesque hortatus equos, in gurgitis ima
Contortum valido sceptrum regale lacerto
Condidit : icta viam tellus in Tartara fecit,
Et pronos currus medio cratere⁴ recepit.
At Cyane, raptamque deam contemptaque fontis
Jura sui mœrens, inconsolabile vulnus
Mente gerit tacita, lacrimisque absumitur omnis ;
Et quarum fuerat magnum modo numen, in illas
Extenuatur aquas. Molliri membra videres,
Ossa pati flexus, ungues posuisse rigorem ;

baignée par deux mers, ont élevé une ville entre deux ports d'inégale grandeur.

   Entre Cyané et Aréthuse de Pise la mer est resserrée par deux langues de terre étroites en forme de croissant. Là était Cyane, la plus célèbre des nymphes de Sicile, Cyané qui avait aussi donné son nom à un étang. Elle reconnaît le dieu : « Vous n'irez pas plus loin, dit-elle : tu ne peux être le gendre de Cérès malgré cette déesse ; il fallait lui demander sa fille, et non l'enlever. Et moi aussi (s'il m'est permis de comparer mon humble condition à la vôtre) je fus aimée d'Anapus : mais c'est par les prières et non par la terreur qu'il a obtenu ma main. » Elle dit, et étendant ses bras en sens contraire, elle s'oppose au passage du dieu. Le fils de Saturne ne contient plus son courroux. Il anime ses terribles coursiers, et, d'un bras vigoureux, brandissant son sceptre royal, il l'enfonce dans le gouffre. La terre frappée lui ouvre un chemin pour descendre au Tartare, et reçoit au milieu de l'ouverture le char incliné. Mais Cyané pleure et la déesse enlevée et les droits de sa propre source méprisés. Elle nourrit silencieusement une blessure dont rien ne la console, et se consume tout entière en larmes. Bientôt elle se fond ; et elle se mêle aux eaux dont elle était naguère la souveraine. On voit ses membres s'amollir, ses os devenir flexibles, ses ongles perdre leur dureté :

posuerunt mœnia	ont posé des murailles
inter portus inæquales.	entre des ports inégaux.
Æquor quod coit,	Une mer qui se resserre,
inclusum cornibus angustis,	enfermée par des croissants étroits,
est medium Cyanes	est au milieu de Cyané
et Arethusæ Pisææ.	et d'Aréthuse de-Pise.
Hic fuit Cyane,	Là fut (était) Cyané,
celeberrima inter nymphas Sicelidas,	la plus célèbre parmi les nymphes siciliennes,
a nomine cujus	du nom de laquelle *nymphe*
stagnum quoque dictum est,	l'étang aussi a été appelé,
agnovitque deum :	et elle reconnut le dieu :
Nec ibitis longius, inquit;	Et vous n'irez pas plus loin, dit-elle;
non potes esse gener	tu ne peux être le gendre
Cereris invitæ;	de Cérès malgré *elle*;
fuit roganda, non rapienda.	elle fut (était) à-demander, non à-ravir.
Quod si fas est mihi	Que s'il est permis à moi [des,
componere parva magnis,	de comparer les petites choses aux gran-
et Anapus dilexit me :	et Anapus a chéri moi : [stamment,
tamen nupsi exorata,	cependant je me suis mariée priée-in-
nec exterrita, ut hæc.	et non effrayée, comme celle-ci.
Dixit, et tendens brachia	Elle dit, et étendant les bras
in partes diversas	en des sens contraires
obstitit.	elle se plaça-devant *lui*.
Saturnius haud tenuit	Le fils-de-Saturne ne contint pas
iram ultra; [les,	sa colère au-delà (plus longtemps);
hortatusque equos terribi-	et ayant exhorté *ses* chevaux terribles,
condidit in imo gurgite	il enfonça dans le fond du gouffre
sceptrum regale	*son* sceptre royal
contortum lacerto valido :	lancé d'un bras vigoureux :
tellus icta fecit viam	la terre frappée fit une route
in Tartara,	*pour descendre* dans le Tartare,
et recepit medio cratere	et elle reçut au milieu-de l'ouverture
currus pronos.	le char incliné-en-avant.
At Cyane mœrens	Mais Cyané s'affligeant
deamque raptam, [ta,	et de la déesse enlevée,
juraque sui fontis contemp-	et des droits de sa source méprisés,
gerit mente tacita,	porte dans *son* cœur silencieux
vulnus inconsolabile,	une blessure inconsolable,
absumiturque omnis	et est consumée tout-entière
lacrimis;	par les larmes;
et extenuatur in illas aquas	et est diminuée (se fond) en ces eaux
quarum fuerat modo	dont elle avait été naguère
magnum numen.	la grande divinité.
Videres membra molliri,	Tu verrais *ses* membres s'amollir,
ossa pati flexus,	*ses* os subir des flexions,
ungues posuisse rigorem;	*ses* ongles avoir déposé *leur* dureté;

Primaque de tota tenuissima quæque liquescunt,
Cærulei crines, digitique, et crura, pedesque ;
Denique pro vivo vitiatas sanguine venas
Lympha subit, restatque nihil quod prendere possis.

VI. — INQUIÉTUDES ET VOYAGES DE CÉRÈS. MÉTAMORPHOSE DE STELLIO EN LÉZARD.
(V. 438-461.)

 Interea pavidæ nequidquam filia matri
Omnibus est terris, omni quæsita profundo.
Illam non rutilis veniens Aurora capillis
Cessantem vidit, non Hesperus : illa duabus
Flammiferas pinus manibus succendit ab Ætna,
Perque pruinosas tulit irrequieta tenebras.
Rursus, ut alma dies hebetarat sidera, natam
Solis ad occasum solis quærebat ab ortu.
Fessa labore sitim conceperat, oraque nulli
Colluerant fontes, quum tectam stramine vidit
Forte casam, parvasque fores pulsavit ; at inde
Prodit anus, divamque videt, lymphamque roganti
Dulce dedit, tosta quod coxerat ante polenta.

les parties les plus déliées de son corps, sa chevelure azurée, ses pieds, ses jambes deviennent liquides les premières : au lieu du sang qui donne la vie, c'est de l'eau qui court dans ses veines décomposées : il ne reste plus rien d'elle que la main puisse saisir.

VI

Cependant alarmée du sort de sa fille, Cérès la cherche en vain par toutes les terres, par toutes les mers. Ni l'Aurore aux blonds cheveux en se levant, ni Vesper ne la voient se reposer. De ses deux mains elle a allumé aux feux de l'Etna deux torches de pin qu'elle porte, infatigable, dans les ténèbres glacées de la nuit. Puis, quand le jour bienfaisant fait pâlir les étoiles, elle cherche sa fille depuis le lever du soleil jusqu'au coucher de cet astre. Enfin, accablée de fatigue, elle souffrait de la soif, et aucune source n'avait humecté ses lèvres, quand elle aperçoit une chaumière couverte de paille. Elle frappe à cette humble demeure ; il en sort une vieille femme, qui voyant la déesse, lui donne au lieu de l'eau qu'elle demande, un doux breuvage qu'elle venait elle-même de faire bouillir avec de l'orge grillée.

et quæque tenuissima	et chacunes de *ses extrémités* les plus min-
liquescunt prima	se liquéfient les premières [ces
de tota,	de *la nymphe* tout-entière,
crines cærulei,	*ses* cheveux azurés,
digitique, et crura,	et *ses* doigts, et *ses* jambes,
pedesque ;	et *ses* pieds ;
denique lympha subit	enfin l'eau pénètre-dans
venas vitiatas	les veines viciées
pro sanguine vivo,	à la place du sang vivant,
nihilque restat	et rien ne reste
quod possis prendere.	que tu puisses saisir.

VI. — INQUIÉTUDES ET VOYAGES DE CÉRÈS. MÉTAMORPHOSE DE STELLIO EN LÉZARD.

Interea filia	Cependant la fille
quæsita est nequidquam	fut cherchée inutilement
omnibus terris,	sur toutes terres,
omni profundo,	sur toute mer,
matri pavidæ.	par la mère effrayée.
Aurora capillis rutilis	l'Aurore aux cheveux rouges
veniens	venant
non vidit illam cessantem,	ne vit pas elle se reposant,
non Hesperus :	ni Vesper :
illa succendit ab Ætna	celle-ci (Cérès) alluma à l'Etna
duabus manibus	de *ses* deux mains
pinus flammiferas,	des pins qui-portent-la flamme,
irrequietaque tulit	et sans-se-reposer *les* porta
per tenebras pruinosas.	à travers les ténèbres glacées. [sant
Rursus, ut dies alma	D'un-autre-côté, quand le jour bienfai-
hebetarat sidera,	avait émoussé les astres,
quærebat natam	elle cherchait *sa* fille
ab ortu solis	depuis le lever du soleil
ad occasum solis.	jusqu'au coucher du soleil.
Fessa labore	Accablée par la fatigue
conceperat sitim ;	elle avait conçu (éprouvé) de la soif ;
nullique fontes	et aucunes sources
colluerant ora,	n'avaient mouillé *sa* bouche,
quum vidit forte casam	lorsqu'elle vit par hasard une chaumière
tectam stramine,	couverte de paille,
pulsavitque fores parvas ;	et elle frappa les portes petites ;
at anus prodit inde,	mais une vieille-femme sort de-là,
videtque divam,	et elle voit la déesse, [l'eau
deditque roganti lympham	et elle donna à *celle-ci* demandant de
dulce	un *doux* breuvage
quod coxerat ante	qu'elle avait fait-cuire auparavant
polenta tosta.	avec de la farine-d'-orge grillée.

Dum bibit illa datum, duri puer oris et audax
Constitit ante deam, risitque, avidamque vocavit.
Offensa est; neque adhuc epota parte, loquentem
Cum liquido mixta perfudit diva polenta.
Combibit os maculas, et qua modo brachia gessit,
Crura gerit; cauda est mutatis addita membris;
Inque brevem formam, ne sit vis magna nocendi,
Contrahitur, parvaque minor mensura lacerta est.
Mirantem flentemque, et tangere monstra parantem,
Fugit anum, latebramque petit[1]; aptumque colori
Nomen habet, variis stellatus[2] corpora guttis.

VII. — DOULEUR DE CÉRÈS. DISCOURS D'ARÉTHUSE.
(V. 462-508.)

Quas dea per terras et quas erraverit undas,
Dicere longa mora est : quærenti defuit orbis.
Sicaniam[3] repetit; dumque omnia lustrat eundo,
Venit et ad Cyanen : ea, ni mutata fuisset,
Omnia narrasset; sed et os et lingua volenti
Dicere non aderant, nec, quo loqueretur, habebat;
Signa tamen manifesta dedit, notamque parenti,

Pendant que Cérès boit, un enfant, à l'air grossier et insolent, se place devant elle, et, se prenant à rire, l'appelle gourmande. Cette insulte pique la déesse : elle n'avait pas fini son breuvage; elle jette sur l'enfant qui parlait encore ce liquide mêlé d'orge. Le visage du malheureux se couvre de taches, et ses bras se changent en cuisses; une queue termine ses membres transformés. Il se rapetisse, et perd ainsi la force de nuire : il devient lézard de la plus petite espèce. La vieille femme étonnée pleure, et veut toucher cet animal étrange : il fuit, et se cache dans un trou; parsemé de taches qui forment sur son corps autant d'étoiles, il porte un nom approprié à sa couleur.

VII

Il serait trop long d'énumérer toutes les contrées, toutes les mers que parcourut la déesse : le monde manqua à ses recherches. De retour en Sicile, elle allait visitant tous les lieux, quand elle arrive auprès de Cyané. Cette nymphe, sans sa métamorphose, lui eût tout raconté; elle voulait parler, mais elle n'avait ni bouche, ni langue; elle ne savait comment se faire entendre. Cependant Cyané donne à Cérès des indices évidents : Proserpine avait laissé tomber dans la source sacrée une ceinture bien connue de sa mère;

Dum illa bibit datum,	Tandis que celle-là boit *le breuvage* donné,
puer oris duri et audacis	un enfant d'un visage dur et audacieux
constitit ante deam,	se plaça devant la déesse,
risitque, vocavitque avidam.	et rit, et l'appela gourmande.
Offensa est;	Elle fut offensée;
neque parte adhuc epota,	et une partie n'étant pas encore bue
diva perfudit loquentem	la déesse arrosa *lui* parlant [quide.
polenta mixta cum liquido.	de la farine-d'-orge mêlée avec le li-
Os combibit maculas,	Le visage absorbe les taches,
et gerit crura	et l'*enfant* porte des jambes
qua gessit modo brachia;	là-où il porta naguère des bras;
cauda addita est	une queue fut ajoutée
membris mutatis;	à *ses* membres changés;
contrahiturque	et il est resserré
in formam brevem,	en une forme courte, [soit pas *à lui*,
ne magna vis nocendi sit,	pour qu'une grande force de nuire ne
mensuraque est minor	et *sa* mesure est plus petite
parva lacerta.	qu'un petit lézard.
Fugit anum mirantem	Il fuit la vieille-femme s'étonnant
flentemque, et parantem,	et pleurant, et se préparant
tangere monstra,	à toucher *ce* monstre,
petitque latebram;	et il gagna une cachette;
stellatusque corpora	et étoilé quant au corps
guttis variis,	de taches variées,
habet nomen aptum colori.	il a un nom approprié à *sa* couleur.

VII. — DOULEUR DE CÉRÈS. DISCOURS D'ARÉTHUSE.

Dicere per quas terras	Dire par quelles terres
et quas undas dea erraverit	et *par* quelles ondes la déesse erra
est longa mora :	est (serait) un long retard :
orbis defuit quærenti.	le globe manqua à *elle* cherchant.
Repetit Sicaniam;	Elle regagne la Sicile;
dumque lustrat omnia	et tandis qu'elle examine tout
eundo,	en allant,
venit et ad Cyanen :	elle vint aussi auprès de Cyané :
ea narrasset omnia,	celle-ci aurait raconté tout,
ni fuisset mutata;	si elle n'avait été changée;
sed et os et lingua	mais et la bouche et la langue [parler,
non aderant volenti dicere,	n'étaient pas présentes à *elle* voulant
nec habebat,	et elle n'avait pas
quo loqueretur; [ta,	avec quoi elle pût-parler; [festes,
dedit tamen signa manifes-	elle donna cependant des indices mani-
ostenditque	et elle montra
in undis summis	sur *ses* ondes à-la-surface
zonam Persephones,	la ceinture de Proserpine,
notam parenti;	*ceinture* connue de la mère,

Illo forte loco delapsam gurgite sacro,
Persephones zonam summis ostendit in undis.
Quam simul agnovit, tanquam tum denique raptam
Scisset, inornatos laniavit diva capillos,
Et repetita suis percussit pectora palmis.
Nescit adhuc ubi sit; terras tamen increpat omnes,
Ingratasque vocat, nec frugum munere dignas,
Trinacriam[1] ante alias, in qua vestigia damni
Repperit. Ergo illic sæva verlentia glebas
Fregit aratra manu, parilique irata colonos
Ruricolasque boves leto dedit; arvaque jussit
Fallere depositum, vitiataque semina fecit.
Fertilitas terræ, latum vulgata per orbem,
Cassa jacet: primis segetes moriuntur in herbis;
Et modo sol nimius, nimius modo corripit imber,
Sideraque[2] ventique nocent; avidæque volucres
Semina jacta legunt; lolium tribulique fatigant
Triticeas messes, et inexpugnabile gramen.
 Tum caput Eleis Alpheïas[3] extulit undis,
Rorantesque comas a fronte removit ad aures,
Atque ait : « O toto quæsitæ virginis orbe

la nymphe la fait flotter à la surface de ses ondes. La déesse la reconnaît : on eût dit qu'alors seulement elle venait d'apprendre l'enlèvement de sa fille : elle arrache ses cheveux en désordre et, se frappe la poitrine à coups redoublés. Elle ne sait encore où est Proserpine, mais elle accuse toutes les contrées, leur reproche leur ingratitude, les déclare indignes des riches moissons, la Sicile surtout, dans laquelle elle vient de trouver la trace de celle qu'elle a perdue. Aussi d'une main irritée elle brise les charrues qui retournent le sol, et, dans son courroux, livre au même trépas les laboureurs et les bœufs compagnons de leurs travaux rustiques. Elle ordonne aux champs de ne pas rendre le dépôt qui leur a été confié, et corrompt la moisson dans son germe. La fertilité de cette contrée, fertilité si célèbre dans le vaste univers, est anéantie : les blés naissants meurent en herbe, et tantôt un soleil trop ardent, tantôt des pluies trop abondantes les attaquent. Les astres, les vents, tout leur est funeste. Les oiseaux avides ramassent les grains qu'à semés le laboureur; les moissons périssent étouffées sous l'ivraie, les chardons et le chiendent que rien ne peut extirper.

 Alors la nymphe aimée du fleuve Alphée lève la tête au-dessus de ses eaux qui ont arrosé l'Élide ; elle écarte de son front sa chevelure humide et la rejette en arrière : « O déesse, dit-elle, mère de cette

delapsam forte illo loco gurgite sacro.	tombée par hasard en ce lieu dans le gouffre sacré.
Quam simul diva agnovit, tanquam scisset tum denique raptam,	Laquelle *ceinture* dès que la déesse reconnut, comme-si elle avait su alors seulement *sa fille avoir été* enlevée,
laceravit capillos inornatos, et percussit suis palmis pectora repetita.	elle arracha *ses* cheveux-non-ornés, et frappa de ses paumes-de-main *sa* poitrine attaquée-à-coups-répétés.
Nescit adhuc ubi sit; tamen increpat omnes terras, vocatque ingratas, nec dignas munere frugum, Trinacriam ante alias, in qua repperit vestigia damni.	Elle ne-sait encore où est *sa fille*; cependant elle gourmande toutes les terres, et *les* appelle ingrates, et non dignes du présent des moiss la Trinacrie avant les autres, dans laquelle elle a trouvé des traces de *sa* perte.
Ergo fregit illic manu sæva aratra vertentia glebas, irataque dedit colonos bovesque ruricolas leto parili; jussitque arva fallere depositum, fecitque semina vitiata.	Donc elle brisa là d'une main cruelle les charrues retournant les mottes-de-terre, et irritée elle livra les laboureurs et les bœufs qui-labourent à un trépas semblable; et elle ordonna les champs tromper sur (ne pas rendre) *le grain* déposé, et elle rendit les semences corrompues.
Fertilitas terræ, vulgata per orbem latum, jacet cassa: segetes moriuntur in herbis primis; et modo sol nimius, modo imber nimius corripit, sideraque ventique nocent; volucresque avidæ legunt semina jacta; folium tribulique et gramen inexpugnabile fatigant messes triticeas.	La fertilité de *cette* contrée, *fertilité* connue à travers le globe vaste, gît inutile: les moissons meurent en herbes premières (naissantes); et tantôt le soleil excessif, tantôt la pluie excessive *les* saisit, et les astres et les vents *leur* nuisent; et les oiseaux avides ramassent les semences jetées; l'ivraie et les tribules et l'herbe qu'on-ne-peut-vaincre (extirper fatiguent les moissons de-blé.
Tum Alpheias extulit caput undis Eleis, removitque a fronte ad aures comas rorantes, atque ait:	Alors la nymphe-d'-Alphée éleva sa tête hors des eaux d'-Élide, et elle écarta de *son* front vers *ses* oreilles, *ses* cheveux mouillés, et dit:
O genitrix virginis	O mère de la jeune-fille

Et frugum genitrix, immensos siste labores,
Neve tibi fidæ violenta irascere terræ.
Terra nihil meruit, patuitque invita rapinæ.
Nec sum pro patria supplex ; huc hospita veni.
Pisa mihi patria est, et ab Elide ducimus ortum;
Sicaniam peregrina colo ; sed gratior omni
Hæc mihi terra solo est; hos nunc Arethusa penates,
Hanc habeo sedem ; quam tu mitissima serva.
Mota loco cur sim, tantique per æquoris undas
Advehar Ortygiam, veniet narratibus hora
Tempestiva meis, quum tu curisque levata
Et vultus melioris eris. Mihi pervia tellus.
Præbet iter, subterque imas ablata cavernas,
Hic caput attollo, desuetaque sidera cerno.
Ergo, dum Stygio sub terris gurgite labor,
Visa tua est oculis illic Proserpina nostris :
Illa quidem tristis, neque adhuc interrita vultu ;
Sed regina tamen, sed opaci maxima mundi,
Sed tamen inferni pollens matrona tyranni. »

jeune fille que tu cherches par tout l'univers, mère aussi des moissons, mets un terme à tant de fatigues ; ne persévère pas dans ton violent courroux contre une terre qui ne t'a point trahie. Elle n'est pas coupable, elle s'est ouverte malgré elle au ravisseur. Ce n'est pas pour ma patrie que je t'adresse des paroles suppliantes; je ne suis ici qu'une étrangère. Pise m'a donné le jour ; c'est de l'Élide que je tire mon origine. Née loin d'ici, j'habite la Sicile ; et cette contrée m'est plus agréable que toutes les autres. C'est ici qu'Aréthuse a fixé ses pénates, c'est sa demeure : épargne-la, et calme ton courroux. Pourquoi j'ai changé de patrie, pourquoi je traverse une si vaste mer afin d'aborder à Ortygie ; c'est une aventure que je te raconterai dans un moment favorable, lorsque tu seras délivrée de tes soucis, et que la joie éclaircira ton front. La terre m'ouvrant ses entrailles me donne un passage ; après avoir été entraînée sous les antres les plus profonds, je lève ici la tête, et je vois les astres longtemps refusés à mes regards. Je coulais donc sous la terre près du gouffre du Styx, quand là je vis de mes yeux ta fille Proserpine. Elle était triste, il est vrai; l'effroi était encore peint sur son visage, mais elle règne ; mais elle est la souveraine du ténébreux empire, la puissante compagne du roi des enfers.

quæsitæ toto orbe,	cherchée par tout le globe,
et frugum,	et *mère* des moissons,
siste labores immensos,	arrête *tes* fatigues immenses,
neve irascere violenta	et ne te fâche pas *étant* violente
terræ fidæ tibi.	contre une terre fidèle à toi. [ment),
Terra meruit nihil,	*Cette* terre n'a mérité rien (aucun châti-
patuitque invita rapinæ.	et elle s'est ouverte malgré-*elle* au rapt.
Nec sum supplex	Et je ne suis pas suppliante
pro patria;	pour *ma* patrie;
veni huc hospita.	je suis venue ici étrangère.
Pisa est patria mihi,	Pise est la patrie à moi,
et ducimus ortum ab Elide;	et nous tirons *notre* origine de l'Élide ;
peregrina colo Sicaniam ;	étrangère j'habite la Sicile;
sed hæc terra	mais cette terre
est gratior mihi	est plus agréable pour moi
omni solo ;	que tout *autre* sol ;
Arethusa habeo nunc	*moi* Aréthuse j'ai maintenant
hos penates,	ces pénates,
hanc sedem,	cette demeure,
quam mitissima serva.	laquelle toi très-bienveillante conserve.
Hora veniet	Une heure viendra [ter)
tempestiva meis narratibus,	favorable pour mes récits (pour racon-
cur sim mota loco,	pourquoi j'ai été changée de place,
advebarque Ortygiam	et *pourquoi* je suis portée-vers Ortygie
per undas æquoris tanti,	à travers les ondes d'une mer si-grande,
quum tu eris	lorsque toi tu seras
levataque curis	et soulagée de *tes* soucis
et vultus melioris.	et d'un visage meilleur (plus gai).
Tellus pervia mihi	La terre praticable pour moi
præbet iter,	*me* fournit un passage,
ablataque	et entraînée
subter cavernas imas	sous les cavernes les plus profondes,
extollo caput hic,	j'élève la tête ici, [bitude.
cernoque sidera desueta.	et je vois les astres dont j'ai-perdu-l'ha-
Ergo dum labor sub terris	Donc tandis que je coule sous les terres
gurgite Stygio,	*dans* le gouffre stygien,
tua Proserpina visa est illic	ta Proserpine a été vue là
nostris oculis :	par nos yeux :
illa quidem tristis,	celle-ci à la vérité triste,
neque adhuc interrita vultu,	et pas encore non-effrayée de visage,
sed tamen regina,	mais cependant reine, [breux,
sed maxima mundi opaci,	mais la plus grande du monde téné-
sed tamen matrona pollens	mais cependant la femme puissante
tyranni inferni.	du tyran infernal.

VIII. — PLAINTES DE CÉRÈS. JUGEMENT DE JUPITER. MÉTAMORPHOSE D'ASCALAPHE.
(V. 509-550-564-571.)

Mater ad auditas stupuit, ceu saxea, voces,
Attonitæque diu similis fuit; utque dolore
Pulsa gravi gravis est amentia, curribus auras
Exit in ætherias. Ibi toto nubila vultu,
Ante Jovem passis stetit invidiosa capillis :
« Proque meo supplex venio tibi, Jupiter, inquit,
Sanguine, proque tuo [1]; si nulla est gratia matris,
Nata patrem moveat; neu sit tibi cura, precamur,
Vilior illius, quod nostro est edita partu.
En quæsita diu tandem mihi nata reperta est,
Si reperire vocas amittere certius, aut si
Scire ubi sit, reperire vocas. Quod rapta, feremus,
Dummodo reddat eam : neque enim prædone marito
Filia digna tua est, si jam mea filia digna est. »
Jupiter excepit : « Commune est pignus onusque
Nata mihi tecum ; sed, si modo nomina rebus
Addere vera placet, non hoc injuria factum,
Verum amor est : neque erit nobis gener ille pudori,
Tu modo; diva, velis. Ut desint cetera, quantum est

VIII

A ce discours Cérès reste immobile comme un rocher : longtemps elle semble frappée d'un coup de foudre. Enfin la vivacité de sa douleur la tire de ce profond engourdissement; montée sur son char elle s'élance dans les airs. Le front chargé de nuages, elle se présente devant le maître des dieux ; et les cheveux épars, dans une attitude propre à exciter la haine contre le ravisseur, « Jupiter, dit-elle, c'est pour ton sang et le mien que je viens te supplier. Si la mère n'a aucun crédit auprès de toi, que ton cœur paternel soit sensible au malheur de ta fille ; et ne te montre pas, nous t'en conjurons, indifférent à son sort, parce qu'elle nous doit le jour. Je l'ai retrouvée après de longues recherches, si c'est l'avoir retrouvée que d'être plus certaine de de sa perte, si c'est l'avoir retrouvée que de savoir où elle est. J'oublierai que Pluton me l'a enlevée, pourvu qu'il me la rende ; car ta fille n'est pas faite pour être l'épouse d'un ravisseur, si la mienne mérite cette humiliation. » — « Ta fille, répondit Jupiter, est l'objet commun de notre tendresse et de notre sollicitude ; mais, s'il faut appeler les choses de leur vrai nom, cet enlèvement n'est point un outrage, c'est de l'amour ; et nous n'aurons pas à rougir d'avoir un tel gendre, pourvu, déesse, que tu veuilles y consentir. Quand il n'aurait pas d'autres

VIII. — PLAINTES DE CÉRÈS. JUGEMENT DE JUPITER. MÉTAMORPHOSE D'ASCALAPHE.

Mater stupuit	La mère fut stupéfaite
ad voces auditas,	aux paroles qu'elle avait entendues,
ceu saxea,	comme étant de-pierre,
fuitque diu similis	et elle fut longtemps semblable
attonitæ ;	à une *personne* frappée-de-la-foudre ;
utque amentia gravis	et dès que *cette* stupeur profonde
pulsa est dolore gravi,	eut été chassée par une douleur profonde,
exit curribus	elle s'élance sur *ses* chars (son char) [entier
in auras ætherias.	dans les airs éthérés.
Ibi nubila vultu toto	Là nuageuse (sombre) par le visage tout-
stetit ante Jovem	elle se-plaça devant Jupiter
capillis passis	les cheveux épars
invidiosa :	cherchant-à *l'*-irriter *contre Pluton :*
Jupiter, inquit,	Jupiter, dit-elle,
venio tibi supplex	je viens à toi suppliante
proque meo sanguine,	et pour mon sang,
proque tuo.	et pour le tien.
Si gratia matris est nulla,	Si la faveur de la mère est nulle,
nata moveat patrem ;	que la fille touche le père ;
neu cura illius	et que le soin de celle-ci,
sit vilior tibi,	ne soit pas de-moins-de valeur pour toi,
precamur,	nous *t'en* prions, [notre enfantement.
quod edita est nostro partu.	parce qu'elle a été mise-au-monde par
En nata quæsita diu	Voici-que *ma* fille cherchée longtemps
reperta est tandem,	a été trouvée enfin,
si vocas reperire	si tu appelles trouver
amittere certius,	perdre d'une manière-plus-certaine,
aut si vocas reperire	ou si tu appelles trouver
scire ubi sit.	savoir où elle est.
Feremus quod rapta,	Nous supporterons qu'elle *ait été* ravie,
dummodo reddat eam ;	pourvu qu'il rende elle ;
neque enim tua filia	ni en effet ta fille
est digna prædone marito,	n'est digne d'un ravisseur *pour* mari,
si mea filia est jam digna.	si ma fille *en* est maintenant digne.
Jupiter excepit :	Jupiter reprit :
Nata est pignus onusque	*Ta* fille est un gage et une charge
commune tibi mecum ;	commune à toi avec-moi ;
sed, si modo placet	mais, si seulement il *te* plaît
addere rebus vera nomina,	d'ajouter aux choses *leurs* vrais noms,
hoc factum non est injuria,	ce fait n'*est* pas un outrage,
verum amor ;	mais de l'amour ;
neque ille gener	ni ce gendre
erit pudori nobis,	ne sera à honte à nous,
tu, diva, velis modo.	toi, déesse, veuille *le* seulement.

Esse Jovis fratrem! Quid quod nec cetera desunt,
Nec cedit nisi sorte ¹ mihi? Sed tanta cupido
Si tibi discidii est, repetet Proserpina cœlum;
Lege tamen certa : si nullos contigit illic
Ore cibos; nam sic Parcarum fœdere cautum est. »
   Dixerat, at Cereri certum est educere natam.
Non ita fata sinunt, quoniam jejunia virgo
Solverat; et cultis dum simplex errat in hortis,
Puniceum curva decerpserat arbore pomum,
Sumptaque pallenti septem de cortice grana
Presserat ore suo; solusque ex omnibus illud
Viderat Ascalaphus, quem quondam dicitur Orphne ²,
Inter Avernales ³ haud ignotissima Nymphas,
Ex Acheronte suo furvis peperisse sub antris :
Vidit, et indicio reditum crudelis ademit.
Ingemuit regina Erebi ⁴, testemque profanam
Fecit avem, sparsumque caput Phlegethontide lympha
In rostrum, et plumas, et grandia lumina vertit.
Ille, sibi ablatus, fulvis amicitur ab alis,
Inque caput crescit, longosque reflectitur ungues,

titres, n'en est-ce pas un assez grand que d'être le frère de Jupiter? Mais rien ne lui manque, et il ne m'est inférieur que par la volonté du sort. Cependant, si tu désires avec tant d'ardeur lui arracher Proserpine, celle-ci reviendra à la lumière du ciel; mais à une condition déterminée : c'est qu'elle n'ait touché là-bas à aucun aliment. Ainsi l'ont réglé les Parques. »

   Jupiter avait fini de parler; Cérès est bien résolue à retirer sa fille des enfers; mais les destins en ont décidé autrement. Proserpine avait rompu le jeûne : pendant qu'elle se promenait sans méfiance dans les beaux jardins de Pluton, elle avait cueilli une grenade à un arbre qui pliait sous les fruits; et elle avait tiré de la pâle écorce sept pepins qu'elle avait pressés de ses lèvres. Personne ne l'avait vue, sauf Ascalaphe, le fils d'Orphné, une des nymphes les plus célèbres de l'Averne. Orphné l'avait, dit-on, conçu de son cher Achéron, et mis au monde dans des antres ténébreux. Ascalaphe avait vu Proserpine, et le cruel, en la dénonçant, l'empêche de remonter sur la terre. La reine de l'Érèbe gémit, et, pour punir ce témoin, elle le change en oiseau de mauvais augure; elle jette de l'eau du Phlégéthon sur sa tête qui se change en un bec, avec des plumes et de grands yeux. Dépouillé de sa forme première, le malheureux est enveloppé d'ailes fauves; il grossit tout en tête; ses ongles s'allongent et se

Ut cetera desint,	Supposé-que tous les autres *avantages*
quantum est	combien-grand est *celui-là* [manquent,
esse fratrem Jovis?	d'être le frère de Jupiter? [manquent,
Quid quod nec cetera desunt,	Que *dirai-je* de ce que ni les autres ne *lui*
nec cedit mihi,	et *qu'*il ne cède pas à moi
nisi sorte?	sinon par le sort?
Sed si cupido discidii	Mais si le désir d'une séparation
est tanta tibi,	est si-grand à toi, [ciel);
Proserpina repetet cœlum;	Proserpine regagnera le ciel (la vue du
tamen lege certa:	cependant à une condition déterminée:
si contigit illic ore	si elle n'a touché là-bas de *sa* bouche
nullos cibos;	aucune nourriture;
nam cautum est sic	car *cela* a été réglé ainsi
fœdere Parcarum.	par l'arrêt des Parques.
Dixerat:	Il avait dit:
at educere natam	mais faire-sortir *sa* fille
est certum Cereri.	est chose arrêtée pour Cérès.
Fata non sinunt ita,	Les destins ne permettent pas ainsi,
quoniam virgo	parce que la jeune-fille
solverat jejunia;	avait rompu les jeûnes (le jeûne);
et dum simplex errat	et tandis que naïve elle erre
in hortis cultis,	dans les jardins cultivés,
decerpserat arbore curva	elle avait cueilli d'un arbre courbé
pomum puniceum,	un fruit rouge (une grenade),
presseratque suo ore	et elle avait pressé de sa bouche
septem grana	sept grains
sumpta de cortice pallente;	pris de l'écorce pâle;
solusque ex omnibus	et seul de tous
Ascalaphus, quem Orphne,	Ascalaphe, qu'Orphné,
haud ignotissima	non la plus inconnue
inter nymphas Avernales,	parmi les nymphes de-l'-Averne,
dicitur peperisse	est dit avoir enfanté
ex suo Acheronte	de son *cher* Achéron
sub antris furvis,	sous des antres ténébreux,
viderat illud:	avait vu cela:
vidit, et crudelis ademit	il vit, et cruel il enleva (empêcha)
reditum indicio.	le retour de *Proserpine* par *sa* dénoncia-
Regina Erebi ingemuit;	La reine de l'Érèbe *en* gémit; [tion.
fecitque testem	et elle rendit le témoin
avem profanam,	oiseau sinistre,
vertitque caput sparsum	et elle changea *sa* tête arrosée
aqua Phlegethontide	de l'eau du-Phlégéthon
in rostrum et plumas	en bec et *en* plumes
et grandia lumina.	et *en* grands yeux.
Ille, ablatus sibi,	Celui-ci, enlevé à lui-même,
amicitur ab alis fulvis,	est enveloppé par des ailes fauves,
crescitque in caput,	et croît en tête,

Vixque movet natas per inertia brachia pennas;
Fœdaque fit volucris, venturi nuntia luctus,
Ignavus bubo, dirum mortalibus omen.

   At medius fratrisque sui mœstæque sororis,
Jupiter ex æquo volventem dividit annum :
Nunc dea, regnorum numen commune duorum,
Cum matre est totidem, totidem cum conjuge menses.
Vertitur [1] extemplo facies et mentis et oris :
Nam modo quæ poterat Diti quoque mœsta videri,
Læta deæ frons est; ut sol, qui tectus aquosis
Nubibus ante fuit, victis e nubibus exit.

recourbent; il remue à peine les ailes qui ont poussé le long de ses bras engourdis. C'est un oiseau hideux, prophète de malheur, le paresseux hibou, présage odieux aux mortels.

   Toutefois, voulant satisfaire à la fois son frère et sa sœur affligée, Jupiter partage également le cours de l'année, et maintenant Proserpine, déesse du ciel et des enfers, passe six mois avec sa mère et autant avec son époux. Dès qu'elle quitte les enfers, elle change aussitôt de sentiments et de visage. Son front, qui naguère pouvait paraître triste à Pluton lui-même, rayonne de joie. Tel le soleil, couvert tout à l'heure de nuages chargés de pluie, perce cet obstacle de ses rayons victorieux.

reflectiturque	et est recourbé
ungues longos,	quant à ses ongles longs,
movetque vix pennas natas	et il remue à-peine les ailes poussées
per brachia inertia,	le long-de *ses* bras inertes,
fitque volucris fœda,	et il devient un oiseau hideux,
nuntia luctus venturi,	messager du deuil à-venir,
ignavus bubo,	le paresseux hibou,
omen dirum mortalibus.	présage funeste pour les mortels.
At Jupiter,	Mais Jupiter,
medius suique fratris	tenant-le-milieu-entre et son frère
sororisque mœstæ,	et *sa* sœur affligée,
dividit ex æquo	partage d'une *manière* égale
annum volventem :	l'année faisant-son-évolution :
nunc dea,	maintenant la déesse,
numen commune	divinité commune
duorum regnorum,	de deux royaumes,
est totidem menses	est autant de mois
cum matre,	avec *sa* mère,
totidem cum conjuge.	autant avec *son* époux. [visage
Species et mentis et oris	L'apparence et de *son* esprit et de *son*
vertitur extemplo :	est changée aussitôt :
nam frons deæ	car le front de la déesse
quæ poterat modo videri	qui pouvait tout à l'heure paraître
mœsta quoque Diti,	triste même à Pluton,
est læta;	est (devient) joyeux ;
ut sol, qui fuit ante	comme le soleil, qui fut auparavant
tectus nubibus aquosis,	couvert de nuages pleins-d'-eau,
exit e nubibus victis.	sort des nuages vaincus.

NOTES

DU CINQUIÈME LIVRE DU CHOIX DES MÉTAMORPHOSES D'OVIDE.

I

Page 194 : 1. *Conjugis*. Phinée était fiancé à sa nièce Andromède.

— 2. *Falsum*. Nous avons donné à ce mot le sens de « perfide » qu'il a souvent en poésie ; toutefois nous reconnaissons que le sens de « faux, » adopté par un grand nombre de commentateurs est également plausible : « Ce Jupiter que tu prétends faussement changé en or. »

Page 196 : 1. *Corniger Ammon*. Jupiter Ammon était adoré en Libye sous la forme d'un bélier.

II

Page 198 : 1. *Fratrem*. Persée devait, comme Pallas, le jour à Jupiter.

III

Page 202 : 1. *Cæstibus*. Le ceste était une sorte de gantelet en cuir de bœuf, garni d'airain, de plomb ou de fer, dont s'armaient les athlètes au pugilat.

— 2. *Plectrum*. Le plectre était une petite verge d'ivoire dont on se servait pour toucher les cordes de la lyre.

Page 204 : 1. *Chaonius*, de Chaonie. C'était l'ancien nom de l'Épire, habitée par les *Chaones*, ou *Chaonii*. — *Nabathæus*. Les Nabathéens occupaient la partie orientale de l'Arabie Pétrée.

IV

Page 208 : 1. *Obliqua*. Pour comprendre cette épithète, il faut se rappeler que Phinée, n'osant regarder en face le bouclier de Persée, a détourné la tête afin d'échapper au sort de ses amis.

V

Page 210 : 1. *Ennæis*, d'Enna, ville de Sicile.

— 2. *Cayster*. Le Caystre, fleuve de Lydie, était célèbre à cause des cygnes qui peuplaient ses rives. Cf. II, IV, 33.

Page 212 : 1. *Palicorum*. Les Paliques étaient deux frères jumeaux, fils de Jupiter et de Thalie. Près de leur temple, au pied du mont Etna, on voyait deux lacs d'une eau bouillante et sulfureuse.

— 2. *Bacchiadæ*. Les Bacchiades, descendants de Bacchus ou de Bacchis, dépouillés du trône par Cypsélus, se réfugièrent en Sicile et fondèrent Syracuse.

— 3. *Bimari*. Corinthe est baignée à l'est par la mer Égée, à l'ouest par la mer Ionienne.

Page 214 : 1. *Inæquales*. Syracuse était bâtie entre le petit port au nord, et le grand port au sud.

— 2. *Cyanes*, Cyané, source qui se trouve près de Syracuse. — *Arethusæ*. Aréthuse était également une source voisine de Syracuse. Ovide l'appelle *Pisææ*, parce qu'elle était originaire de l'Élide dont Pise était la capitale. Remarquez que dans ce vers la dernière syllabe de *Pisææ* ne s'élide pas devant *Arethusæ*. C'est une licence que les poëtes prennent avec les noms propres et dont nous avons déjà trouvé un exemple. Cf. IV, IV, 5.

— 3. *Anapus*, L'Anape, fleuve de Sicile qui reçoit les eaux de Cyané.

— 4. *Cratere*. C'est à ce fait que les mythologues attribuent l'ouverture d'un des cratères de l'Etna.

VI

Page 218 : 1. *Petit*, contraction pour *petiit*. La dernière syllabe est longue.

— 2. *Stellatus*. Ce lézard s'appelle « stellion » (lézard tacheté ou étoilé).

VII

Page 218 : 3. *Sicaniam*, la Sicile habitée primitivement par les Sicanes.

— Page 220 : 1. *Trinacriam*. La Sicile était ainsi appelée à cause de ses trois promontoires.

— 2. *Sideraque*. La syllabe *que* devient longue par la force de la césure.

— 3. *Eleis.... Alphesias.* Aréthuse, fuyant la poursuite du fleuve Alphée, avait été changée en torrent, et ses eaux réunies aux eaux de celui qui l'avait recherchée, traversaient, sans s'y confondre, les mers qui séparent l'Élide de la Sicile, et reparaissaient près de Syracuse dans l'île d'Ortygie.

VIII

Page 224 : 1. *Tuo*. Proserpine était fille de Jupiter et de Cérès.

Page 226 : 1. *Sorte*. Les fils de Saturne, Jupiter, Pluton et Neptune, avaient tiré au sort leur part dans l'empire du monde.

— 2. *Orphne*. Orphné était une nymphe des enfers dont le nom venait de ὄρφνη, ténèbres.

— 3. *Avernales*. Ce mot est synonyme d'*infernas*, parce que le lac Averne en Campanie passait pour une des entrées du royaume de Pluton.

— 4. *Erebi*, l'Érèbe. C'est encore un des noms de l'enfer; il vient de ἔρεβος, ténèbres.

Page 228 : 1. *Vertitur .... facies,* sous-entendu *deæ*, c'est-à-dire la physionomie de Proserpine. La plupart des commentateurs sous-entendent *Cereri*, et traduisent : « Cérès, après ce jugement, recouvre sa tranquillité d'esprit ; la joie reparaît sur son visage, etc. » Le texte latin étant extrêmement vague, le goût seul devra faire choisir celui des deux sens qui paraîtra préférable.

ARGUMENT

DU SIXIÈME LIVRE DU CHOIX DES MÉTAMORPHOSES
D'OVIDE.

I. Arachné défie Minerve.
II. Description des tapisseries. Mort et métamorphose d'Arachné.
III. Niobé offense Latone.
IV. Plaintes de Latone ; ses enfants la vengent.
V. Désespoir de Niobé. Sa métamorphose.
VI. Métamorphose des Lyciens en grenouilles.

LIVRE SIXIÈME.

I. — ARACHNÉ DÉFIE MINERVE.
(V. 1-19, 23-52.)

Præbuerat dictis Tritonia talibus [1] aurem;
Carminaque Aonidum [2] justamque probaverat iram.
Tum secum : « Laudare parum est, laudemur et ipsæ,
Numina nec sperni sine pœna nostra sinamus; »
Mæoniæque animum fatis intendit Arachnes,
Quam sibi lanificæ non cedere laudibus artis
Audierat. Non illa loco nec origine gentis
Clara, sed arte fuit : pater huic, Colophonius [3] Idmon,
Phocaïco [4] bibulas tingebat murice lanas.
Occiderat mater; sed et hæc de plebe, suoque
Æqua viro fuerat. Lydas tamen illa per urbes
Quæsierat studio nomen memorabile, quamvis,

I

Minerve avait prêté l'oreille à ces discours; elle avait approuvé les chants des Muses et leur juste colère : « Mais, c'est peu, se dit-elle alors, de louer les autres; il faut qu'on nous loue aussi; ne laissons pas mépriser impunément notre puissance, » et elle songe à punir la Lydienne Arachné, dont l'habileté à travailler la laine défiait, disait-on, celle de la déesse. Arachné n'était célèbre ni par sa patrie, ni par l'illustration de sa naissance; elle l'était par son art. Le père de cette jeune fille, le Colophonien Idmon, teignait avec la pourpre de Phocée la laine qui s'imbibe facilement; sa mère n'était plus; mais née aussi dans les rangs du peuple, elle était de la même condition que son mari. Cependant Arachné s'était fait par son habileté un nom célèbre dans les villes de la Lydie, bien que, issue d'une obscure famille,

LIVRE SIXIÈME.

I. — ARACHNÉ DÉFIE MINERVE.

Tritonia præbuerat aurem talibus dictis;	La Tritonienne avait prêté l'oreille à de telles paroles ;
probaveratque carmina Aonidum iramque justam.	et elle avait approuvé les chants des Muses et la colère juste.
Tunc secum :	Alors *elle dit* avec (en) elle-même :
Laudare est parum, laudemur et ipsæ,	Louer est peu, soyons louées aussi nous-mêmes,
nec sinamus nostra numina sperni sine pœna;	et ne laissons pas nos volontés être méprisées sans châtiment ;
intenditque animum fatis Arachnes,	et elle applique *son* esprit aux destinées d'Arachné,
quam audierat non cedere sibi laudibus artis lanificæ.	laquelle elle avait entendu-dire ne pas céder à elle-même [vailler-la-laine. par les mérites (le talent) de l'art de-tra-
Illa non fuit clara loco nec origine gentis, sed arte :	Celle-ci ne fut pas illustre par le lieu ni par l'origine de *sa* famille, mais par *son* art :
Idmon Colophonius, pater huic tingebat murice Phocaïco lanas bibulas.	Idmon colophonien, père à celle-ci, teignait avec le murex phocéen les laines qui-s'imprègnent-facilement.
Mater occiderat; sed et hæc fuerat de plebe, et æqua suo viro.	*Sa* mère était morte ; mais aussi celle-ci avait été du peuple, et égale *de condition* à son mari.
Tamen illa quæsierat per urbes Lydas nomen memorabile studio,	Cependant elle (Arachné) avait acquis à travers les villes lydiennes un nom mémorable par *son* application,

Orta domo parva, parvis habitabat Hypæpis[1].
Hujus ut adspicerent opus admirabile, sæpe
Deseruere sui nymphæ vineta Tymoli,
Deseruere suas nymphæ Pactolides[2] undas.
Nec factas solum vestes spectare juvabat;
Tum quoque quum fierent : tantus decor adfuit arti!
Sive rudem primos lanam glomerabat in orbes,
Sive levi teretem versabat pollice fusum,
Seu pingebat acu ; scires a Pallade doctam.
Quod tamen ipsa negat; tantaque offensa magistra :
« Certet ait, mecum ; nihil est quod victa recusem. »
   Pallas anum simulat, falsosque in tempora canos
Addit, et infirmos baculo quoque sustinet artus.
Tum sic orsa loqui : « Non omnia grandior ætas,
Quæ fugiamus, habet : seris venit usus ab annis.
Consilium ne sperne meum : tibi fama petatur
Inter mortales faciendæ maxima lanæ;
Cede deæ, veniamque tuis, temeraria, dictis
Supplice voce roga : veniam dabit illa roganti. »
Adspicit hanc torvis, inceptaque fila relinquit,

elle habitât l'obscure Hypépa. Souvent pour admirer ses ouvrages les nymphes du Timolus abandonnèrent leurs côteaux plantés de vignes ; souvent les nymphes du Pactole abandonnèrent leurs ondes. C'était un plaisir non-seulement de voir ses toiles terminées, mais encore de les lui voir exécuter : tant elle mettait de grâce à son travail ! Soit que d'abord elle dévidât en pelotons la laine brute, soit que d'un pouce léger elle fît tourner le fuseau poli, ou qu'elle traçât des broderies, on reconnaissait l'élève de Pallas. Pourtant elle refuse ce titre; elle s'indigne qu'on lui donne une pareille maîtresse. « Qu'elle lutte avec moi, dit-elle; vaincue, je me soumets à tout. »

Pallas prend la figure d'une vieille femme ; elle fait flotter sur ses tempes de faux cheveux blancs, et elle appuie sur un bâton ses membres affaiblis. Alors adressant la parole à l'ouvrière : « La vieillesse, dit-elle, n'amène pas à sa suite seulement des inconvénients : les longues années donnent l'expérience. Ne dédaigne pas mes conseils : aspire à la réputation d'être entre toutes les mortelles la plus habile à travailler la laine; mais ne prétends pas égaler une déesse. Téméraire, implore d'une voix suppliante le pardon de tes paroles : Minerve pardonnera à tes prières. » Arachné, jetant sur elle un œil farouche,

quamvis, orta domo parva,	quoique, issue d'une famille petite,
habitabat parvis Hypæpis.	elle habitât la petite Hypépa.
Sæpe nymphæ deseruere	Souvent les nymphes abandonnèrent
vineta sui Tymoli,	les vignobles de leur Tmolus,
nymphæ Pactolides	*souvent* les nymphes du-Pactole
deseruere suas undas,	abandonnèrent leurs ondes,
ut adspicerent	pour qu'elles vissent
opus admirabile hujus.	l'ouvrage admirable de celle-ci.
Nec juvabat spectare	Et il n'était pas agréable de regarder
solum vestes factas;	seulement les étoffes faites(les tapisseries;)
tum quoque quum fierent :	mais alors aussi lorsqu'elles se faisaient :
tantus decor adfuit arti !	une si grande grâce fut à *son* art !
Sive glomerabat	Soit qu'elle roulât [tons)
in primos orbes	en premiers pelotons (d'abord en pelo-
lanam rudem,	la laine brute,
sive versabat pollice levi	soit qu'elle tournât d'un pouce léger
fusum teretem,	le fuseau poli,
seu pingebat acu,	soit qu'elle peignît avec l'aiguille,
scires doctam a Pallade.	tu saurais qu'*elle avait été* instruite par
Quod tamen ipsa negat;	*Ce* que cependant elle-même nie; [Pallas.
offensaque est	et elle est offensée
magistra tanta.	d'une maîtresse si-grande.
Certet mecum, ait;	Qu'elle lutte avec-moi, dit-elle;
est nihil	il n'est rien
quod victa recusem.	que vaincue je refuse.
Pallas simulat anum,	Pallas simule une vieille-femme,
additque canos falsos	et elle ajoute *des cheveux* blancs faux
in tempora,	sur *ses* tempes,
et sustinet quoque baculo	et elle soutient aussi d'un bâton
artus infirmos.	*ses* membres faibles.
Tunc orsa loqui sic :	Alors elle commença à parler ainsi :
Ætas grandior	L'âge plus avancé
non habet omnia	n'a pas toutes choses
quæ fugiamus :	que nous devions-fuir :
usus venit ab annis seris.	l'expérience vient des années tardives.
Ne sperne meum consilium :	Ne méprise pas mon conseil :
fama maxima	que la renommée la plus grande
lanæ faciendæ	de la laine devant être travaillée
petatur tibi	soit recherchée par toi
inter mortales ;	parmi les mortels ;
cede deæ,	cède à une déesse,
temerariaque, roga	et, téméraire, demande
voce supplice	d'une voix suppliante
veniam tuis dictis :	le pardon pour tes paroles : [dant.
illa dabit veniam roganti.	celle-ci donnera le pardon *à toi* deman-
Adspicit hanc torvis,	Elle (Arachné) regarde celle-ci avec *des*
relinquitque	et elle laisse [*yeux* farouches,

Vixque manus retinens, confessaque vultibus iram,
Talibus obscuram resecuta est Pallada dictis :
« Mentis inops longaque venis confecta senecta ;
Et nimium vixisse diu nocet. Audiat istas,
Si qua tibi nurus est, si qua est tibi filia, voces :
Consilii satis est in me mihi ; neve monendo
Profecisse putes : eadem est sententia nobis.
Cur non ipsa venit? cur hæc certamina vitat? »
　Tum dea : « Venit, » ait, formamque removit anilem,
Palladaque exhibuit. Venerantur numina nymphæ,
Mygdonidesque[1] nurus ; sola est non territa virgo,
Sed tamen erubuit ; subitusque invita notavit
Ora rubor, rursusque evanuit ; ut solet aer
Purpureus fieri, quum primum Aurora movetur,
Et breve post tempus candescere solis ab ortu.
Perstat in incepto, stolidæque cupidine palmæ
In sua fata ruit ; neque enim Jove nata recusat,
Nec monet ulterius, nec jam certamina differt.

laisse l'ouvrage qu'elle a commencé ; elle retient à peine sa main prête à frapper, et, le visage animé par la colère, elle répond en ces termes à Pallas qu'elle ne reconnaît pas : « La longue vieillesse qui t'accable, affaiblit ta raison ; il est fâcheux aussi d'avoir trop vécu ; garde ces avis pour ta bru ou ta fille si tu en as : je ne prends en ce qui me regarde conseil que de moi, et afin que tu saches combien tes remontrances sont inutiles, je persiste dans les mêmes sentiments. Pourquoi Minerve ne vient-elle pas elle même? Pourquoi refuse-t-elle ce défi? »

« Elle est venue, » dit alors la déesse, et, quittant la figure d'une vieille femme, elle se montre sous les traits de Pallas. Les nymphes et les femmes lydiennes adorent sa puissance ; seule la jeune fille ne ressent aucun effroi. Cependant elle a rougi ; soudain l'incarnat colore malgré elle son visage et disparaît aussitôt. Ainsi le ciel prend une teinte de pourpre quand l'Aurore se met en marche ; bientôt après il blanchit au lever du soleil. Inébranlable dans sa résolution, et, aveuglée par le désir de vaincre, elle court à sa perte. La fille de Jupiter accepte le défi ; elle ne l'avertit plus, et engage la lutte sur le champ.

fila incepta,	les fils commencés,
retinensque vix manus,	et retenant à-peine *ses* mains,
confessaque iram vultibus,	et ayant avoué sa colère par *ses* regards,
resecuta est talibus dictis	elle répondit par des paroles telles
Pallada obscuram :	à Pallas obscure (déguisée) :
Venis inops mentis	Tu viens privée de raison
confectaque longa senecta;	et accablée par une longue vieillesse;
nocet et	il est-nuisible aussi
vixisse nimium diu.	d'avoir vécu trop longtemps.
Si qua nurus est tibi,	Si quelque bru est à toi,
si qua filia est tibi,	si quelque fille est à toi,
audiat istas voces;	qu'elle écoute ces paroles;
satis consilii	assez de conseil
est mihi in me;	est pour moi en moi;
neve putes	et-ne pense pas [sant :
profecisse monendo :	avoir gagné *quelque chose* en m'avertis-
sententia est eadem nobis.	la pensée est la même à nous.
Cur non venit ipsa?	Pourquoi ne vient-elle pas elle-même?
cur vitat hæc certamina?	pourquoi évite-t-elle ces combats ?
Tum dea : Venit, ait;	Alors la déesse : Elle est venue, dit-
removitque formam anilem,	et elle écarta *sa* forme de vieille, [elle;
exhibuitque Pallada.	et elle montra Pallas.
Nymphæ nurusque	Les nymphes et les brus
Mygdonides	de-la-Mygdonie
venerantur numina;	adorent *ses* volontés (sa divinité);
sola virgo non est territa,	seule la jeune-fille ne fut pas effrayée,
sed tamen erubuit;	mais cependant elle a rougi;
ruborque subitus	et une rougeur soudaine
notavit ora invita,	marqua *son* visage malgré *lui*,
evanuitque rursus;	et s'évanouit ensuite;
ut aer solet	de même que l'air a-coutume
fieri purpureus,	de devenir pourpre,
quum primum Aurora	lorsque d'abord l'Aurore
movetur,	se-met-en-mouvement,
et post tempus breve	et après un temps court [leil.
candescere ab ortu solis.	a *coutume* de blanchir par le lever du so-
Perstat in incepto,	Elle persiste dans l'entreprise,
cupidineque palmæ stolidæ,	et par le désir d'une palme stupide,
ruit in sua fata;	elle se précipite dans ses destinées(à sa
neque enim nata Jove	ni en effet la fille de Jupiter [mort;
recusat,	ne refuse,
nec monet ulterius,	ni elle ne *l*'avertit plus longtemps,
nec differt jam certamina.	ni elle ne diffère plus les luttes.

240 OVIDE.

II. — DESCRIPTION DES TAPISSERIES. MORT ET MÉTAMORPHOSE D'ARACHNÉ.
(V. 53-54, 59-60, 70-109, 121-122, 127-128, 129-145.)

Haud mora: consistunt diversis partibus ambæ,
Et gracili geminas intendunt stamine telas.
Utraque festinant, cinctæque ad pectora vestes
Brachia docta movent, studio fallente laborem.
  Cecropia [1] Pallas scopulum Mavortis in arce
Pingit, et antiquam de terræ nomine litem.
Bis sex cœlestes, medio Jove, sedibus altis
Augusta gravitate sedent; sua quemque deorum
Inscribit facies : Jovis est regalis imago.
Stare deum pelagi, longoque ferire tridente
Aspera saxa facit, medioque e vulnere saxi
Exsiluisse ferum, quo pignore vindicet urbem.
At sibi dat clypeum, dat acutæ cuspidis hastam,
Dat galeam capiti ; defenditur ægide pectus ;
Percussamque sua simulat de cuspide terram
Edere cum baccis fetum canentis olivæ,
Mirarique deos; operi Victoria [2] finis.
Ut tamen exemplis intelligat æmula laudis
Quod pretium speret pro tam furialibus ausis,

II

  Aussitôt elles se placent de deux côtés différents, et tendent sur le métier deux chaînes d'une trame légère. Toutes les deux se hâtent, et, la robe fixée par une agrafe sur la poitrine, agitent rapidement leurs bras habiles. L'ardeur de la lutte leur fait oublier la fatigue.
  Pallas brode la colline de Mars dans la ville de Cécrops, l'antique débat auquel donna lieu le nom de cette contrée. Les douze grands dieux, avec une imposante gravité, siégent sur des trônes élevés; au milieu est Jupiter. On reconnaît à son extérieur chacun des Immortels, Jupiter a la majesté d'un roi. La déesse représente le dieu de la mer debout, frappant un dur rocher de son long trident; le rocher s'entr'ouvre ; un cheval fougueux s'en élance : c'est le gage par lequel Neptune réclame cette contrée. Elle se représente aussi elle-même avec un bouclier, une lance à la pointe acérée, un casque sur la tête, la poitrine protégée par l'égide. De sa lance elle frappait la terre : il en sortait un pâle olivier chargé de fruits; les dieux étaient saisis d'admiration. La Victoire fermait ce tableau. Toutefois, pour faire comprendre par des exemples à sa rivale le prix qu'elle doit attendre d'une audace si insensée,

II. — DESCRIPTION DES TAPISSERIES. MORT ET MÉTAMORPHOSE D'ARACHNÉ.

Haud mora :	Point de retard :
ambæ consistunt	toutes-deux se placent
partibus diversis,	dans des côtés différents,
intenduntque	et tendent *sur le métier*
geminas telas	deux chaînes
stamine gracili.	d'une trame mince.
Utraque festinant,	L'une-et-l'-autre se hâtent,
cinctæque vestes ad pectora,	et ceintes quant aux robes à la poitrine,
movent brachia docta,	elles remuent *leurs* bras savants,
studio fallente laborem.	*leur* ardeur trompant la fatigue.
Pallas pingit	Pallas peint (brode)
scopulum Martis	la colline de Mars
in arce Cecropia,	dans la citadelle de-Cécrops,
et litem antiquam	et le débat antique,
de nomine terræ.	touchant le nom de *cette* terre.
Bis sex cœlestes,	Les deux fois six (douze) habitants-du-ciel,
Jove medio,	Jupiter *étant* au milieu,
sedent sedibus altis	sont assis sur des siéges élevés
gravitate augusta.	avec une gravité auguste.
Sua facies	Son air
inscribit quemque deorum :	désigne chacun des dieux :
imago Jovis est regalis.	l'image de Jupiter est royale,
Facit deum pelagi stare,	Elle fait le dieu de la mer se-tenir-debout,
ferireque longo tridente	et frapper de *son* long trident
aspera saxa,	les durs rochers,
ferumque exsiluisse	et un animal (un cheval) s'être élancé
e medio vulnere saxi,	du milieu de la blessure du rocher,
quo pignore	par lequel gage
vindicet urbem.	il réclame *cette* ville.
At dat sibi clypeum,	Mais elle donne à elle-même un bouclier,
dat hastam cuspidis acutæ,	elle donne une lance de pointe acérée,
dat galeam capiti ;	elle donne un casque à *sa* tête ;
pectus defenditur ægide ;	*sa* poitrine est défendue par l'égide ;
simulatque terram	et elle représente la terre
percussam de sua cuspide	frappée de sa pointe (de sa lance)
edere fetum	produire le rejeton
olivæ canentis	d'un olivier blanchissant
cum baccis,	avec *des* fruits,
deosque mirari ;	et les dieux admirer ;
Victoria finis operi.	la Victoire *est* la fin à (de) l'ouvrage.
Tamen ut æmula laudis	Cependant afin que *sa* rivale de gloire
intelligat exemplis	comprenne par des exemples
quod pretium speret	quel prix elle doit-espérer
pro ausis tam furialibus,	par des traits-d'audace si insensés,

OVIDE

Quattuor in partes certamina quattuor addit,
Clara colore suo, brevibus distincta sigillis.
Theïciam Rhodopen [1] habet angulus unus et Hæmum,
Nunc gelidos montes, mortalia corpora quondam,
Nomina summorum sibi qui tribuere deorum.
Altera Pygmææ fatum miserabile matris [2]
Pars habet ; hanc Juno, victam certamine, jussit
Esse gruem, populisque suis indicere bellum [3].
Pingit et Antigonem [4] ausam contendere quondam
Cum magni consorte Jovis : quam regia Juno
In volucrem vertit, nec profuit Ilion illi,
Laomedonve pater, sumptis quin candida pennis
Ipsa sibi plaudat crepitante ciconia rostro.
Qui superest solus, Cinyran habet angulus orbum [5];
Isque gradus templi, natarum membra suarum,
Amplectens, saxoque jacens, lacrimare videtur.
Circuit extremas oleis pacalibus oras :
Is modus est, operique sua facit arbore finem.
   Mæonis elusam designat imagine tauri
Europen : verum taurum, freta vera putares.
Ipsa videbatur terras spectare relictas,

Minerve ajoute aux quatre coins du tissu quatre combats; ces sujets brillent d'une couleur distincte, et sur le fond se détachent des figures moins grandes. Dans l'un des coins on voit Rhodopé de Thrace et Hémus, maintenant montagnes glacées, jadis mortels qui usurpèrent les noms des plus grands dieux. Dans l'autre est retracé le destin lamentable de la mère des Pygmées. Vaincue dans sa lutte contre Junon, elle est changée en grue et forcée de déclarer la guerre à ses propres sujets. Elle montre aussi Antigone qui osa jadis disputer le prix de la beauté à l'épouse du grand Jupiter. La reine Junon l'avait métamorphosée en oiseau. C'est en vain que cette infortunée a Ilion pour patrie, Laomédon pour père; revêtue des blanches plumes de la cigogne, elle agite bruyamment son bec pour s'applaudir elle-même. Dans le seul coin qui reste, on voit Cinyras privé de ses enfants. Il embrasse les degrés d'un temple : ce sont les membres de ses propres filles; couché sur la pierre, il semble verser des larmes. La déesse entoure la bordure de sa tapisserie d'une branche d'olivier pacifique : telle est la fin de son ouvrage; elle termine par l'arbre qui lui est consacré.

   Arachné dessine Europe trompée par l'image d'un taureau. On aurait cru que l'animal était véritable, que la mer était véritable. Europe elle-même paraissait tourner ses regards vers le rivage qu'elle

CHOIX DES MÉTAMORPHOSES. — LIVRE VI. 243

addit in quattuor partes	elle ajoute aux quatre côtés
quattuor certamina,	quatre luttes,
clara suo colore,	brillantes de leur *propre* couleur,
distincta brevibus sigillis.	parsemées de petites figures.
Unus angulus habet	Un coin a (représente)
Rhodopen Threïciam	Rhodopé de-Thrace
et Hæmum,	et Hæmus,
nunc montes gelidos,	maintenant montagnes glacées,
quondam corpora mortalia,	autrefois corps de-mortels,
qui sibi tribuere nomina	qui s'attribuèrent les noms
summorum deorum.	des plus grands dieux.
Altera pars habet	L'autre partie a
fatum miserabile	le destin pitoyable
matris Pygmææ;	de la mère des-Pygmées;
Juno jussit	Junon ordonna
hanc victam certamine	celle-ci vaincue dans une lutte
esse gruem,	être grue,
indicereque bellum	et déclarer la guerre
suis populis.	à ses *propres* peuples.
Pingit et Antigonem	Elle brode aussi Antigone
ausam contendere quondam	ayant osé rivaliser autrefois
cum consorte magni Jovis:	avec la compagne du grand Jupiter:
quam regia Juno	laquelle *Antigoné* la royale Junon
vertit in volucrem;	changea en oiseau;
nec Ilion profuit illi,	ni Ilion ne servit à elle,
Laomedonve pater	ou (ni) Laomédon *son* père [cogne,
quin candida ciconia,	de-manière-à-empêcher-que blanche ci-
alis sumptis,	des ailes ayant été prises,
ipsa plaudat sibi	elle même n'applaudisse à elle-même
rostro crepitante.	avec *son* bec qui craque.
Solus angulus qui superest	Le seul coin qui reste
habet Cinyran orbum;	a Cinyre privé *de ses enfants*;
isque amplectens	et celui-ci embrassant
gradus templi,	les degrés d'un temple,
membra suarum natarum,	membres de ses filles,
jacensque saxo,	et étendu sur la pierre,
videtur lacrimare.	paraît pleurer.
Circuit oras extremas	Elle entoure les bords extrêmes
oleis pacalibus:	d'oliviers pacifiques
is est modus,	c'est le terme,
deaque facit finem operi	et la déesse fait la fin à *son* ouvrage
sua arbore.	par son arbre.
Mæonis designat Europen	La Méonienne trace Europe
elusam imagine tauri;	trompée par l'image d'un taureau;
putares taurum verum,	tu penserais le taureau *être* vrai,
freta vera.	la mer *être* vraie.
Ipsa videbatur spectare	Elle-même paraissait regarder

Et comites clamare suas, tactumque vereri
Assilientis aquæ, timidasque reducere plantas.
Omnibus his faciemque suam, faciemque locorum
Reddidit. Est illic agrestis imagine Phœbus [1].
Ultima pars telæ, tenui circumdata limbo,
Nexilibus flores hederis habet intertextos.
   Non illud Pallas, non illud carpere livor
Possit opus. Doluit successu flava virago,
Et rupit pictas, cœlestia crimina [2], vestes ;
Utque Cytoriaco [3] radium de monte tenebat,
Ter quater Idmoniæ frontem percussit Arachnes.
Non tulit infelix, laqueoque animosa ligavit
Guttura. Pendentem Pallas miserata levavit,
Atque ita : « Vive quidem, pende tamen, improba dixit ;
Lexque eadem pœnæ, ne sis secura futuri,
Dicta tuo generi serisque nepotibus esto. »
Post ea discedens, succis Hecateïdos [4] herbæ
Sparsit ; et extemplo, tristi medicamine tactæ,
Defluxere comæ, cumque his et naris et auris ;
Fitque caput minimum, totoque in corpore parva est.

avait quitté ; elle appelait ses compagnes, et, craignant le contact de l'onde qui s'élevait vers elle, elle ramenait timidement ses pieds en arrière. Tous les personnages, tous les lieux sont représentés au naturel. Là on voit Apollon en berger. A l'extrémité de la tapisserie qu'entoure une étroite bordure, serpentent des lierres entrelacés de fleurs.

   Ni Pallas, ni l'envie ne pourraient critiquer cet ouvrage. La blonde déesse est affligée de ce succès ; elle déchire cette tapisserie qui accuse les dieux. Elle tenait à la main une navette d'un bois coupé sur le mont Cytore ; elle en frappe trois ou quatre fois au front la fille d'Idmon. Arachné ne peut supporter cet outrage : dans son dépit elle se passe un lacet autour du cou. Quand Pallas la vit pendue, elle eut pitié d'elle, et, voulant adoucir le sort de cette infortunée : « Tu vivras, dit-elle ; mais, insolente, tu resteras pendue, et pour que tu ne sois pas tranquille sur l'avenir, ce châtiment sera celui de ta race, de tes neveux les plus reculés. » Elle dit, et en partant elle arrose sa rivale des sucs d'une herbe magique : aussitôt les cheveux tombent atteints du funeste poison, ainsi que le nez et les oreilles ; la tête devient très-petite, tout le corps se rapetisse également ;

terras relictas,	les terres qu'elle avait quittées,
et clamare suas comites,	et appeler-en-criant ses compagnes,
vererique tactum	et craindre le contact
aquæ assilientis,	de l'eau s'élançant-vers *elle*,
reducereque	et ramener-en-arrière
plantas timidas.	*ses* plantes (ses pieds) timides.
Reddidit omnibus his	Elle a rendu à tous ces *objets*
suam faciem,	leur aspect,
faciemque locorum.	et l'aspect des lieux.
Phœbus agrestis imagine	Phébus agreste par l'image
est illic.	est là.
Ultima pars telæ,	La dernière partie de la toile,
circumdata limbo tenui,	entourée d'une bordure étroite,
habet flores intertextos	a des fleurs entrelacées
hederis nexilibus.	à des lierres souples.
Non Pallas possit	Ni Pallas ne pourrait
carpere illud opus,	critiquer cet ouvrage,
non livor illud.	ni l'envie *ne pourrait* le *critiquer*.
Flava virago	La blonde déesse-de-la guerre
doluit successu,	s'affligea de *ce* succès,
et rupit vestes pictas,	et elle rompit les toiles brodées,
crimina cœlestia;	accusations contre-les-dieux;
utque tenebat radium	et comme elle tenait une navette
de monte Cytoriaco,	*venant* du mont de-Cytore,
percussit ter quater	elle frappa trois *et* quatre-fois
frontem Arachnes Idmoniæ.	le front d'Arachné fille-d'-Idmon.
Infelix non tulit,	La malheureuse ne supporta pas *cet ou-*
animosaque	et fière [*trage*,
ligavit guttura laqueo.	elle lia *son* gosier par un lacet.
Pallas miserata pendentem	Pallas ayant eu-pitié d'*elle* pendue
levavit,	*la* souleva,
atque ita dixit :	et ainsi (alors) elle dit :
Vive quidem,	Vis à la vérité,
pende tamen, improba;	sois pendue cependant, méchante;
eademque lex pœnæ,	et que la même loi de châtiment,
ne sis secura futuri,	pour que tu ne sois pas tranquille *sur*
esto dicta tuo generi,	soit assignée à ta race, [l'avenir,
nepotibusque seris.	et à *tes* neveux tardifs (reculés).
Discedens post ea,	S'éloignant après ces *paroles*,
sparsit succis	elle *l*'arrosa des sucs
herbæ Hecateidos;	*de l*'herbe d'-Hécate;
et extemplo comæ,	et à l'instant *ses* cheveux,
tactæ medicamine tristi,	touchés par la préparation funeste,
defluxere,	tombèrent,
cumque his et naris et auris;	et avec ceux-ci et la narine et l'oreille;
caputque fit minimum	et *sa* tête devient très-petite,
estque parva in toto corpore.	et elle est petite dans tout *son* corps.

In latere exiles digiti pro cruribus hærent;
Cetera venter habet, de quo tamen illa remittit
Stamen, et antiquas exercet aranea telas.

III. — NIOBÉ OFFENSE LATONE.
(V. 146-205.)

Lydia tota fremit, Phrygiæque per oppida facti
Rumor it, et magnum sermonibus occupat orbem.
Ante suos Niobe [1] thalamos cognoverat illam,
Tum quum Mæoniam virgo Sipylumque colebat;
Nec tamen admonita est pœna popularis [2] Arachnes
Cedere Cœlitibus, verbisque minoribus uti.
Multa dabant animos; sed enim nec conjugis artes [3],
Nec genus amborum [4], magnique potentia regni,
Sic placuere illi, quamvis ea cuncta placerent,
Ut sua progenies [5]; et felicissima matrum
Dicta foret Niobe, si non sibi visa fuisset.
Nam sata Tiresia [6], venturi præscia Manto,
Per medias fuerat, divino concita motu,
Vaticinata vias : « Ismenides, ite frequentes,
Et date Latonæ Latonigenisque [7] duobus
Cum prece tura pia, lauroque innectite crinem :
Ore meo Latona jubet. » Paretur; et omnes

de maigres doigts qui tiennent lieu de jambes s'attachent à ses flancs : le reste n'est plus qu'un ventre, d'où la malheureuse tire encore du fil, et, araignée, elle exerce son ancienne industrie.

II.

Toute la Lydie s'émeut de cette vengeance; le bruit s'en répand dans les villes de la Phrygie, et devient bientôt le sujet des entretiens dans le vaste univers. Niobé, avant son hymen, avait connu Arachné, alors que, jeune fille elle-même, elle habitait le mont Sipyle en Lydie. Cependant le châtiment dont est frappée sa compatriote ne l'engage pas à céder aux dieux, et à tenir un langage moins fier. Mille choses nourrissaient son orgueil; mais ni les talents de son époux, ni leur naissance à tous deux, ni le vaste royaume soumis à leur puissance, ne la flattaient autant, bien qu'elle fût sensible à ces avantages, que le nombre de ses enfants; et Niobé aurait été appelée la plus heureuse des mères, si elle ne se fût pas estimée telle. La fille de Tirésias, la prophétesse Manto, poussée par une inspiration divine, avait crié dans les rues de Thèbes: « Allez en foule, Thébaines, au temple de Latone; offrez à cette déesse et à ses deux enfants de l'encens et de pieuses prières; couronnez vous de laurier. Elle vous l'ordonne par ma bouche. »

Exiles digiti	De maigres doigts
hærent in latere	s'attachent à *son* côté
pro cruribus;	au lieu de jambes;
venter habet cetera,	le ventre occupe le reste,
e quo tamen illa	duquel *ventre* cependant celle-ci
remittit stamen,	laisse-tomber une trame,
et aranea	et araignée
exercet telas antiquas.	elle travaille *ses* toiles anciennes.

III. — NIOBÉ OFFENSE LATONE.

Lydia tota fremit,	La Lydie tout-entière frémit,
rumorque facti	et le bruit du fait,
it per oppida Phrygiæ,	va à travers les villes de la Phrygie,
et occupat sermonibus	et occupe par des entretiens
vastum orbem.	le vaste univers.
Niobe ante suos thalamos	Niobé avant son lit-nuptial (son hymen)
cognoverat illam,	avait connu elle (Arachné),
tum quum virgo	alors que jeune-fille
colebat Mæoniam	elle habitait la Méonie
Sipylumque;	et le Sipyle;
nec tamen admonita est	et cependant elle ne fut pas avertie
pœna Arachnes popularis	par le châtiment d'Arachné *sa* compa-
cedere Cœlitibus,	de céder aux habitants-du-ciel, [triote
utique verbis	et d'user de paroles
minoribus.	moindres (moins fières). [l'orgueil;
Multa dabant animos;	Beaucoup de choses *lui* donnaient de
sed enim nec artes conjugis,	mais-en-effet ni les talents de *son* époux,
nec genus amborum,	ni la race de-tous-les-deux, [royaume,
potentiaque magni regni,	ni la puissance d'un (sur un) grand
placuere illi,	ne plurent à elles,
quamvis ea cuncta placerent,	quoique tous ces avantages *lui* plussent,
ut sua progenies;	comme sa progéniture ;
et Niobe dicta foret	et Niobé aurait été appelée
felicissima matrum,	la plus heureuse des mères,
si non visa fuisset sibi.	si elle n'avait paru *telle* à elle-même.
Nam Manto, sata Tiresia,	Car Manto, fille de Tirésias,
præscia venturi,	ayant-la-prescience de l'avenir,
concita motu divino,	poussée par un mouvement divin,
vaticinata fuerat	avait dit-en-inspirée
per medias vias:	par le milieu-des-rues :
Ismenides, ite frequentes,	Isménides, allez nombreuses,
et date Latonæ	et donnez à Latone
duobusque Latonigenis	et aux deux enfants-de-Latone
tura cum prece pia,	des encens avec une prière pieuse,
innectiteque crinem lauro :	et enlacez *votre* chevelure de laurier :
Latona jubet meo ore.	Latone *l*'ordonne par ma bouche.

248 OVIDE.

Thebaïdes jussis sua tempora frondibus ornant,
Turaque dant sanctis et verba precantia flammis.
  Ecce venit comitum Niobe celeberrima turba,
Vestibus intexto Phrygiis spectabilis auro,
Et, quantum ira sinit, formosa ; movensque decoro
Cum capite immissos humerum per utrumque capillos,
Constitit, utque oculos circumtulit alta superbos :
« Quis furor auditos, inquit, præponere visis
Cœlestes ? Aut cur colitur Latona per aras ?
Numen adhuc sine ture meum est ? Mihi Tantalus auctor,
Cui licuit soli Superorum tangere mensas ;
Pleïadum soror est genitrix[1] mihi ; maximus Atlas
Est avus, ætherium qui fert cervicibus axem :
Jupiter alter avus[2] ; socero quoque glorior illo.
Me gentes metuunt Phrygiæ ; me regia Cadmi
Sub domina est ; fidibusque mei commissa mariti
Mœnia cum populis a meque viroque reguntur.
In quamcumque domus adverto lumina partem,

On obéit ; toutes les Thébaines se couronnent de laurier selon la volonté de la déesse, et répandent avec des prières de l'encens sur la flamme sacrée.

Mais voici que Niobé paraît suivie d'un nombreux cortége ; elle est remarquable par sa robe phrygienne brochée d'or ; elle est aussi belle que la colère le permet. D'un mouvement de sa tête majestueuse elle agite sa chevelure qui flotte sur ses deux épaules, et s'arrêtant elle promène d'un air altier de superbes regards. « Quelle folie, dit-elle, de préférer des dieux que vous connaissez seulement par ouï-dire à ceux que vous voyez ? Pourquoi élever des autels à Latone, quand l'encens ne brûle pas encore en mon honneur ! J'ai pour père Tantale, le seul mortel à qui il ait été donné de s'asseoir à la table des dieux ; une sœur des Pléiades est ma mère ; j'ai pour aïeul le grand Atlas qui soutient la voûte céleste sur ses épaules. Jupiter est mon autre aïeul ; et je me fais gloire de l'avoir encore beau-pour père. Les nations de la Phrygie redoutent ma puissance. Je règne dans le palais de Cadmus ; et ces murs, qui s'élevèrent aux accords de mon époux, ainsi que les peuples qui les habitent, obéissent à ses lois et aux miennes. De quelque côté que je porte mes regards dans ma demeure,

Paretur,	On obéit,
et omnes Thebaides	et toutes les Thébaines
ornant sua tempora	ornent leurs tempes
frondibus jussis,	des feuillages prescrits,
dantque flammis sacris	et donnent aux flammes sacrées
tura verbaque precantia.	des encens et des paroles qui-prient.
Ecce Niobe venit	Voici-que Niobé vient [gues,
celeberrima turba comitum,	très-escortée par une foule de compa-
spectabilis auro intertexto	remarquable par l'or brodé-dans
vestibus Phrygiis,	ses vêtements phrygiens,
et formosa,	et belle,
quantum ira sinit;	autant que la colère le permet;
movensque	et agitant
cum capite decoro	avec sa tête belle
capillos immissos	ses cheveux laissés-en-liberté
per utrumque humerum,	le-long-de l'une-et-de-l'-autre épaule,
constitit,	elle s'arrêta, [autour
utque alta circumtulit	et comme hautaine elle eut porté tout-
oculos superbos:	des yeux superbes :
Quis furor, inquit,	Quelle folie, dit-elle,
præponere	de préférer [que l'on voit?
Cœlestes auditos visis?	des dieux connus-par-ouï dire aux dieux
Aut cur Latona colitur	Ou pourquoi Latone est-elle adorée
per aras?	au moyen d'autels?
meum numen est adhuc	et ma divinité est-elle encore
sine ture?	sans encens?
Tantalus auctor mihi,	Tantale est l'auteur (le père) à moi,
cui soli licuit	auquel Tantale seul il a été permis
tangere mensas Superorum;	de toucher les tables des dieux;
soror Pleiadum	une sœur des Pléiades
est genitrix mihi;	est mère à moi.
immensus Atlas est avus,	l'immense Atlas est mon aïeul,
qui fert cervicibus	lequel porte sur son cou
axem æthereum;	l'axe éthéré;
Jupiter alter avus;	Jupiter est mon autre aïeul; [père.
glorior quoque illo socero.	je me glorifie aussi de lui comme beau
Gentes Phrygiæ	Les nations phrygiennes
metuunt me;	craignent moi;
regia Cadmi	le palais de Cadmus
est sub me domina;	est sous moi maîtresse;
mœniaque commissa	et les murailles unies (bâties)
fidibus mei mariti	par les cordes (la lyre) de mon mari
reguntur cum populis	sont gouvernées avec leurs peuples
a meque viroque.	et par moi et par mon mari.
In quamcumque partem	Dans quelque partie
domus	de ma maison
adverto lumina,	que je tourne les yeux,

Immensæ spectantur opes : accedit eodem
Digna dea facies ; huc natas adjice septem,
Et totidem juvenes, et mox generosque nurusque.
Quærite nunc habeat quam nostra superbia causam,
Nescio quoque audete satam Titanida Cœo [1]
Latonam præferre mihi, cui maxima quondam
Exiguam sedem parituræ Terra negavit [2] !
Nec cœlo, nec humo, nec aquis dea vestra recepta est ;
Exsul erat mundi ; donec miserata vagantem
« Hospita tu terris erras ; ego, dixit, in undis, »
Instabilemque locum Delos dedit. Illa duorum
Facta parens ; uteri pars hæc est septima nostri.
Sum felix (quis enim neget hoc ?) felixque manebo ;
Hoc quoque quis dubitet ? Tutam me copia fecit ;
Major sum quam cui possit fortuna nocere ;
Multaque ut eripiat, multo mihi plura relinquet.
Excessere metum mea jam bona. Fingite demi
Huic aliquid populo natorum posse meorum ;
Non tamen ad numerum redigar spoliata duorum,
Latonæ turbam ; quæ quantum distat ab orba ?

j'aperçois des richesses immenses. En outre ma beauté est comparable à celle d'une déesse. Ajoutez à cela sept filles, autant de garçons, et bientôt sept gendres et sept brus. Puis venez demander sur quoi se fonde notre orgueil. Préférez moi, si vous l'osez, une fille des Titans, qui a pour père je ne sais quel Céus, Latone qui, pour accoucher, ne put obtenir le moindre asile de la Terre si vaste! Ni le ciel, ni le continent, ni les ondes n'accueillirent votre déesse. Elle était fugitive dans le monde, jusqu'à ce que Délos, ayant eu pitié de sa destinée errante, lui dit : « Tu es étrangère sur cette terre que tu parcours, et moi aussi sur les ondes. » Et elle lui donne un asile flottant. Là celle-ci devint mère de deux enfants. C'est la septième partie de ceux qui sont sortis de mon sein. Je suis heureuse, qui pourrait le nier ? et je serai toujours heureuse, qui oserait encore en douter ? Ma fécondité assure mon bonheur ; je suis trop grande pour que la fortune puisse me nuire ; et, quand même elle m'enlèverait beaucoup, elle me laisserait encore davantage. Mes biens défient maintenant les coups du sort. Supposez que de ce peuple d'enfants la mort m'en ravît quelques-uns ; malgré cette perte je ne serais pas réduite à deux ; et ce nombre compose toute la famille de Latone. De combien s'en faut-il qu'elle soit sans enfants ?

opes immensæ spectantur :	des richesses immenses sont vues :
facies digna deæ	un visage digne d'une déesse
accedit eodem ;	s'ajoute à-ce-même-point ;
adjice huc septem natas,	joins à cela sept filles,
et totidem juvenes,	et autant-de garçons,
et mox	et bientôt
generosque nurusque.	et des gendres et des brus.
Quærite nunc quam causam	Cherchez maintenant quel motif
habeat nostra superbia,	a notre orgueil,
audeteque præferre mihi	et osez préférer à moi
Tantalida Latonam,	une-fille-des-Titans Latone,
satam nescio quo Cœo,	engendrée de je ne sais quel Céus,
cui pariturae	à laquelle devant accoucher
Terra maxima negavit	la Terre très-grande refusa
exiguam sedem !	une petite demeure !
Vestra dea recepta est	Votre déesse n'a été accueillie
nec cœlo, nec humo,	ni par le ciel, ni par la terre,
nec aquis.	ni par les eaux.
Erat exsul mundi,	Elle était exilée du monde, [rante
donec miserata vagantem :	jusqu'à ce qu'ayant-eu pitié d'*elle* er-
Delos dixit :	Délos ait dit :
Tu erras hospita terris,	Toi tu erres étrangère sur les terres,
ego in undis,	moi dans les ondes, [bile.
deditque locum instabilem.	et elle *lui* donna un lieu (un asile) mo-
Illa facta parens duorum ;	Celle-ci devint mère de deux *enfants;*
hæc est septima pars	c'est la septième partie
nostri uteri.	de notre flanc (de notre fécondité).
Sum felix,	Je suis heureuse
(quis enim neget hoc ?),	(qui en effet nierait cela ?),
maneboque felix ;	et je resterai heureuse ;
quis dubitet quoque hoc ?	qui douterait aussi de cela ?
Copia me fecit	L'abondance m'a faite
tutam ;	à-l'abri du-danger ;
sum major quam cui	je suis plus grande que pour-qu'à-moi
fortuna possit nocere ;	la fortune puisse nuire ; [*vantages,*
utque eripiat multa,	et supposé-qu'elle enlève beaucoup d'a-
relinquet mihi multo plura.	elle *en* laissera à moi beaucoup plus.
Mea bona	*Mes* biens
excessere jam metum.	ont dépassé maintenant la crainte.
Fingite aliquis posse demi	Supposez quelque chose pouvoir être en-
huic populo	à ce peuple [levé
meorum natorum ;	de mes enfants ; [dant,
spoliata non redigar tamen	dépouillée je ne serai pas réduite cepen-
ad numerum duorum,	au nombre de deux,
turbam Latonæ ;	troupe (famille) de Latone ;
quæ quantum distat	laquelle (Latone) combien diffère-t-elle
ab orba ?	d'une *femme* sans-enfants ?

Ite sacris, properate sacris, laurumque capillis
Ponite. » Deponunt, infectaque sacra relinquunt,
Quodque licet, tacito venerantur murmure numen.
Indignata dea est, summoque in vertice Cynthi¹
Talibus est dictis gemina cum prole locuta :

IV. — PLAINTES DE LATONE ; SES ENFANTS LA VENGENT.
(V. 206-266.)

« En ego, vestra parens, vobis animosa creatis,
Et, nisi Junoni, nulli cessura dearum,
An dea sim dubitor, perque omnia sæcula cultis
Arceor, o nati, nisi vos succurritis, aris.
Nec dolor hic solus : diro convicia facto
Tantalis adjecit, vosque est postponere natis
Ausa suis, et me (quod in ipsam reccidat !) orbam
Dixit, et exhibuit linguam scelerata paternam¹. »
Adjectura preces erat his Latona relatis :
« Desine, Phœbus ait ; pœnæ mora longa querela est. »
Dixit idem Phœbe ; celerique per aera lapsu
Contigerant tecti Cadmeida nubibus arcem.

Planus erat lateque patens prope mœnia campus,
Assiduis pulsatus equis, ubi turba rotarum

Allez, hâtez-vous d'abandonner ces sacrifices, déposez ces lauriers qui ceignent vos têtes. » Les Thébaines déposent leurs couronnes; elles interrompent leurs sacrifices, et ne peuvent qu'adorer la divinité en secret. Mais Latone, indignée de cet outrage, se transporte sur le sommet du Cynthe, et parle en ces termes à ses deux enfants :

IV.

« Voici que moi, votre mère, moi fière de vous avoir donné le jour, moi qui prétends ne le céder qu'à Junon entre toutes les déesses, je vois mettre en doute ma divinité. On me chasse, mes enfants, si vous ne venez à mon secours, on me chasse des autels qui ont reçu les hommages de tous les siècles. Et ce n'est pas le seul sujet de ma douleur : à cet acte impie la fille de Tantale a joint l'insulte; elle ose vous préférer ses enfants ; elle dit (et puisse ce mot retomber sur elle-même !) elle dit que je suis mère à peine ; et sa langue criminelle répète les blasphèmes de son père. » A ce discours Latone veut joindre des prières. « C'est assez, dit Phébus : tes plaintes retarderaient trop longtemps la vengeance. » « C'est assez, » dit également Phœbé, et, tous deux enveloppés d'un nuage, ils fendent l'air d'un vol rapide, et bientôt ils ont atteint la ville de Cadmus.

Près des remparts s'étendait une plaine vaste et unie, foulée sans cesse par le dur sabot des chevaux et par les roues des chars qui en

Ite sacris,	Allez *loin* des sacrifices,
properate sacris,	hâtez-vous *loin* des sacrifices,
poniteque laurum capillis.	et déposez le laurier de dessus *vos* cheveux.
Deponunt,	Elles *le* déposent,
relinquuntque sacra infecta,	et laissent les sacrifices inachevés,
veneranturque numen	et elles adorent la divinité
murmure tacito,	par un murmure silencieux (secret),
quod licet.	ce qui *leur* est permis.
Dea indignata est,	La déesse s'indigna,
locutaque est dictis talibus	et elle parla en termes tels
cum gemina prole	avec *sa* double progéniture
in vertice summo Cynthi :	sur le sommet le plus élevé du Cynthe:

IV. — PLAINTES DE LATONE; SES ENFANTS LA VENGENT.

En ego, vestra parens,	Voici-que moi, votre mère,
animosa vobis creatis,	fière de vous procréés,
et cessura nulli dearum	et ne devant *le* céder à aucune des déesses
nisi Junoni,	si ce n'est à Junon,
dubitor an sim dea,	je suis mise-en-doute si je suis déesse,
arceorque, o nati,	et je suis repoussée, ô *mes* enfants,
nisi succurritis,	si vous ne venez-au-secours,
aris cultis	d'autels honorés
per omnia sæcula.	pendant tous les siècles.
Nec hic dolor est solus :	Ni cette douleur n'est la seule :
Tantalis adjecit convicia	la fille-de-Tantale a ajouté des outrages
facto diro,	à *cet* acte affreux,
ausaque est vos postponere	elle a osé vous mettre-après
suis natis,	ses enfants,
et dixit me orbam	et elle a appelé moi privée *d'enfants*
(quod reccidat in ipsam!),	(laquelle chose puisse retomber sur elle-même!),
et scelerata exhibuit	et criminelle elle a reproduit
linguam paternam.	la langue paternelle (de son père).
Latona erat adjectura	Latone était devant ajouter
preces his relatis :	des prières à ces *faits* rapportés :
Desine, ait Phœbus;	Cesse, dit Phébus;
querela est	la plainte est
longa mora pœnæ.	un long retard du châtiment.
Phœbe dixit idem;	Phœbé dit la même chose;
tectique nubibus	et cachés par des nuages
contigerant	ils avaient touché
lapsu celeri per aera,	par un glissement rapide à travers l'air,
arcem Cadmeida.	la citadelle cadméenne.
Campus planus	Une plaine unie
patensque late	et s'étendant au-loin
erat prope mœnia,	était auprès des remparts,
pulsatus equis assiduis,	battue par des chevaux assidus,

Duraque mollierat subjectas ungula glebas.
Pars ibi de septem genitis Amphione fortes
Conscendunt in equos, Tyrioque rubentia succo
Terga premunt, auroque graves moderantur habenas.
E quibus Ismenos, qui matri sarcina quondam
Prima suæ fuerat, dum certum flectit in orbem
Quadrupedis cursus, spumantiaque ora coercet :
« Hei mihi ! » conclamat ; medioque in pectore fixa
Tela gerit, frenisque manu moriente remissis,
In latus a dextro paulatim defluit armo.
Proximus, audito sonitu per inane pharetræ,
Frena dabat Sipylus, veluti quum præscius imbres
Nube fugit visa, pendentiaque undique rector
Carbasa deducit, ne qua levis effluat aura :
Frena tamen dantem non evitabile telum
Consequitur, summaque tremens cervice sagitta
Hæsit, et exstabat nudum de gutture ferrum.
Ille, ut erat pronus, per colla admissa jubasque
Volvitur, et calido tellurem sanguine fœdat.

avaient amolli le sol. Là quelques-uns des sept enfants d'Amphion étaient montés sur des coursiers ardents : ils pressent les flancs que couvrent des housses de pourpre, et dirigent des rênes enrichies d'or. L'un d'eux, Isménus, le premier qu'eût porté Niobé, faisait décrire à son cheval des cercles réguliers, et lui retenait la bouche pleine d'écume, quand tout à coup il gémit : un trait s'est enfoncé au milieu de sa poitrine ; sa main mourante laisse échapper les rênes ; il glisse lentement de l'épaule droite du cheval, et tombe sur le côté. Sipyle, le plus rapproché de lui, a entendu le bruit d'un carquois dans les airs : il fuit à toute bride. Tel un pilote, qui pressent la tempête, hâte sa course à la vue des nuages, et déploie de toute part ses voiles suspendues au mât pour ne pas laisser perdre le plus léger souffle ; mais Sipyle fuit en vain : le trait inévitable l'atteint ; la flèche pénètre en tremblant dans le haut du cou, et le fer en sort par la gorge. Le malheureux était penché sur son cheval lancé à toute vitesse ; il coule le long du cou et de la crinière de l'animal, et souille la terre de son sang qui fume.

ubi turba rotarum	*plaine* où la quantité des roues
ungulaque dura	et le sabot dur *du cheval,*
mollierat glebas subjectas.	avait amolli les mottes placées-dessous.
Ibi pars'	Là une partie
de septem genitis Amphione	des sept *fils* engendrés d'Amphion
conscendunt in equos fortes,	monte sur des chevaux fougueux,
premuntque terga	et ils pressent des dos
rubentia succo Tyrio,	rouges du suc tyrien,
moderanturque habenas	et ils dirigent des rênes
graves auro.	pesantes d'or.
E quibus Ismenos,	Parmi lesquels Isménus,
qui fuerat quondam	qui avait été autrefois
prima sarcina suæ matri,	le premier fardeau pour sa mère,
dum flectit cursus	tandis qu'il fait-tourner les courses
quadrupedis	du quadrupède
in orbem certum,	dans un cercle déterminé,
coercetque ora spumantia :	et *qu'*il retient *sa* bouche écumante :
Hei mihi! conclamat;	Hélas! pour moi, s'écrie-t-il ;
geritque tela fixa	et il porte des traits fixés (un trait fixé)
in medio pectore,	dans le milieu-de *sa* poitrine,
frenisque remissis	et les rênes étant lâchées
manu moriente,	par *sa* main mourante,
defluit paulatim	il tombe peu-à-peu
armo dextro	de l'épaule droite *du cheval*
in latus.	sur le côté.
Sipylus proximus,	Sipyle le plus près *de lui*,
sonitu pharetræ	le bruit d'un carquois
audito per inane,	ayant été entendu à travers le vide,
dabat frena,	donnait les rênes (fuyait à toute bride),
veluti quum rector	comme lorsqu'un pilote
præscius	pressentant *l'orage,*
nube visa fugit imbres,	un nuage ayant été vu fuit les pluies,
deducitque undique	et descend (déploie) de-toute-part
carbasa pendentia,	les voiles suspendues, [quelque-part :
ne aura levis effluat qua :	de peur qu'un souffle léger ne s'échappe
tamen telum non evitabile	cependant le trait inévitable
consequitur	atteint
dantem frena,	*Sipyle* donnant les rênes (fuyant),
sagittaque hæsit tremens	et la flèche s'arrêta en tremblant
summa cervice,	dans le haut-de *son* cou,
et ferrum nudum	et le fer nu
exstabat de gutture.	ressortait du gosier.
Ille, ut erat pronus,	Lui, comme il était penché-en-avant,
volvitur per	roule le-long [crinière,
colla admissa jubasque,	du cou lancé (du cheval lancé) et de la
et fœdat tellurem	et il souille la terre
sanguine calido.	d'un sang chaud.

Phædimus infelix, et aviti nominis heres [1]
Tantalus, ut solito finem imposuere labori,
Transierant ad opus nitidæ juvenile palæstræ [2] ;
Et jam contulerant arcto luctantia nexu
Pectora pectoribus : contento concita nervo,
Sicut erant juncti, trajecit utrumque sagitta.
Ingemuere simul, simul incurvata dolore
Membra solo posuere, simul suprema jacentes
Lumina versarunt, animam simul exhalarunt.
Adspicit Alphenor, laniataque pectora plangens
Advolat, ut gelidos complexibus allevet artus ;
Inque pio cadit officio : nam Delius illi
Intima fatifero rupit præcordia ferro.
Quod simul eductum est, pars est pulmonis in hamis
Eruta, cumque anima cruor est effusus in auras.
At non intonsum simplex Damasichthona vulnus
Afficit : ictus erat qua crus esse incipit, et qua
Mollia nervosus facit internodia poples ;
Dumque manu tentat trahere exitiabile telum,
Altera per jugulum pennis tenus acta sagitta est ;

Le malheureux Phédime, et Tantale, héritier du nom de son aïeul, avaient terminé leur course acoutumée. Tout luisants d'huile, ils se livraient à la lutte qui convenait à leur âge ; poitrine contre poitrine, ils se tenaient étroitement embrassés : une flèche lancée par la corde tendue les traverse tous deux ainsi réunis ; ils gémissent ensemble, ils tombent ensemble, courbés par la douleur. Ils roulent ensemble leurs yeux pour la dernière fois, ensemble ils exhalent leur dernier soupir. Alphénor les voit, et se frappant la poitrine à coups redoublés, il vole vers ses frères : il soulève dans ses bras leurs membres glacés ; mais il tombe en remplissant ce pieux devoir ; car le dieu de Délos lui perce le sein d'un dard mortel. Alphénor arrache le fer ; une partie des poumons reste dans les pointes recourbées, et la vie du malheureux s'échappe avec son sang. Cependant Damasichthon aux longs cheveux ne périt pas d'une simple blessure : il avait été atteint à la naissance de la jambe, au nœud souple que forme le jarret nerveux. Pendant que de sa main il essaye de retirer le trait fatal, une autre flèche s'enfonce dans sa gorge jusqu'aux plumes ;

Infelix Phædimus,	Le malheureux Phédime
et Tantalus,	et Tantale,
heres nominis aviti,	héritier du nom de-son-aïeul,
ut imposuere finem	comme ils eurent mis fin
labori solito,	au travail accoutumé,
transierant ad opus juvenile	étaient passés à l'exercice juvénile
palæstræ nitidæ,	de la palestre luisante,
et jam	et déjà [trines
contulerant pectoribus	ils avaient rapproché-contre *leurs* poi-
pectora luctantia	*leurs* poitrines luttant
nexu arcto :	avec un enlacement étroit :
sagitta concita	une flèche lancée
cornu contento	par une corne (un arc) tendue
trajecit utrumque,	traversa l'un-et-l'-autre,
sicut erant juncti.	comme ils étaient réunis.
Ingemuere simul,	Ils gémirent ensemble,
posuere simul solo	ils posèrent ensemble sur le sol
membra incurvata dolore,	*leurs* membres courbés par la douleur,
jacentes versarunt simul	gisants ils tournèrent ensemble
suprema lumina,	*leurs* derniers regards,
exhalarunt simul animam.	ils exhalèrent ensemble *leur* souffle.
Alphenor adspicit,	Alphénor *les* aperçoit,
plangensque	et frappant
pectora laniata,	*sa* poitrine meurtrie,
advolat,	il accourt, [ments
ut allevet complexibus	pour qu'il soulève par *ses* embrasse-
artus gelidos;	*leurs* membres glacés;
caditque in pio officio :	et il tombe dans *ce* pieux devoir :
nam Delius rupit illi	car le dieu-de-Délos a ouvert à lui
intima præcordia	le fond-du diaphragme
ferro fatifero.	par un fer qui-porte-la-mort.
Quod simul eductum est,	Lequel *fer* dès qu'il fut retiré,
pars pulmonis eruta est	une partie du poumon fut arrachée
in hamis,	dans les crochets,
cruorque	et le sang
effusus est in auras	se-répandit dans les airs
cum anima.	avec le souffle.
At vulnus non simplex	Mais une blessure non simple (répétée)
afficit Damasichthona	frappe Damasichthon
intonsum :	non-tondu :
ictus erat	il avait été atteint
qua crus incipit esse,	là-où la jambe commence à être,
et qua poples nervosus	et là-où le jarret nerveux
facit internodia mollia;	fait des jointures souples;
dumque tentat manu	et tandis qu'il essaye avec la main
trahere telum exitiale,	d'arracher le trait fatal,
altera sagitta	une seconde flèche

OVIDE

Expulit hanc sanguis, seque ejaculatus in altum
Emicat, et longe terebrata prosilit aura.
Ultimus Ilioneus non profectura precando
Brachia sustulerat : « Dique o ! » communiter omnes,
Dixerat, ignarus non omnes esse rogandos,
« Parcite. » Motus erat, quum jam revocabile telum
Non fuit, Arcitenens : minimo tamen occidit ille
Vulnere, non alte percusso corde sagitta.

V. — DÉSESPOIR DE NIOBÉ. SA MÉTAMORPHOSE.
(V. 267-312.)

Fama mali, populique dolor, lacrimæque suorum
Tam subitæ matrem certam fecere ruinæ,
Mirantem potuisse, irascentemque quod ausi
Hoc essent Superi, quod tantum juris haberent ;
Nam pater Amphion, ferro per pectus adacto,
Finierat moriens pariter cum luce dolorem.
Heu ! quantum hæc Niobe Niobe distabat ab illa,
Quæ modo Latois populum submoverat aris,
Et mediam tulerat gressus resupina per urbem,
Invidiosa suis ! At nunc miseranda vel hosti,

elle retombe à terre, rejetée par le sang, qui s'élance à une grande hauteur et jaillit au loin dans les airs. Le dernier de tous, Ilionée tendait en vain vers le ciel des bras suppliants : « O dieux, » s'était-il écrié, les invoquant tous ensemble, comme si tous étaient irrités, « o dieux, épargnez-moi. » Apollon fut touché de cette prière ; mais le trait était déjà parti : Ilionée meurt ; mais d'une blessure légère : le fer n'a point pénétré profondément dans le cœur.

V

Déjà la renommée, la douleur du peuple, et les larmes des siens ont appris à la malheureuse mère ce désastre si soudain. Elle s'étonne que les dieux aient pu, elle s'irrite qu'ils aient osé la frapper et s'indigne de les trouver si puissants. Son époux Amphion venait de se percer le sein, mettant à la fois un terme à sa vie et à sa douleur. Hélas ! combien en ce moment Niobé était différente de cette autre Niobé qui naguère écartait la foule des autels de Latone, et s'avançait fièrement au milieu de la ville, objet d'envie pour les siens.

CHOIX DES MÉTAMORPHOSES. — LIVRE VI.   259

acta est per jugulum | fut enfoncée à travers le gosier
tenus pennis; | jusqu'aux plumes;
sanguis expulit hanc, | le sang rejeta celle-ci,
ejaculatusque se | et s'étant élancé
emicat in altum, | il s'élève en haut,
et prosilit longe | et jaillit au-loin
aura terebrata. | l'air étant traversé.
Ultimus Ilioneus sustulerat | Le dernier Ilionée avait levé
brachia non profectura | des bras ne devant *rien* gagner
precando, | en priant,
dixeratque : O di, | et il avait dit : O dieux,
omnes communiter, | *les invoquant* tous ensemble,
ignarus | ignorant
omnes non esse rogandos : | tous ne devoir pas être invoqués :
« Parcite. » | « Épargnez-*moi*. »
Arcitenens motus erat, | Le-dieu-qui-tient-l'-arc avait été touché,
quum telum non fuit jam | lorsque le trait ne fut (n'était) plus
revocabile : | possible-à-rappeler :
tamen ille occidit | cependant celui-ci (Ilionée) tomba
vulnere minimo, | par une blessure très-petite, [dément
corde non percusso alte | le cœur n'ayant pas été frappé profon-
sagitta. | par la flèche.

V. — DÉSESPOIR DE NIOBÉ. SA MÉTAMORPHOSE.

Fama mali, | Le bruit de ce malheur,
dolorque populi, | et la douleur du peuple,
lacrimæque suorum | et les larmes des siens
fecere matrem certam | firent la mère certaine
ruinæ tam subitæ, | d'un désastre si subit,
mirantem potuisse, | *la mère* s'étonnant *les dieux* avoir pu,
irascentemque quod Superi | et s'irritant que les dieux
ausi essent hoc, | eussent osé cela,
quod haberent tantum juris. | qu'ils eussent autant de droit.
Nam pater Amphion, | Car le père *des enfants* Amphion, [trine,
ferro adacto per pectus | le fer ayant été enfoncé à travers *sa* poi-
finierat moriens | avait mis-fin en mourant
dolorem | à *sa* douleur   [temps qu'à sa vie).
pariter cum luce. | pareillement avec la lumière (en même
Heu ! quantum hæc Niobe | Hélas ! combien cette Niobé-ci
distabat ab illa Niobe, | différait de cette Niobé-là,
quæ submoverat modo | qui avait écarté naguère
turbam | la foule
aris Latoïs, | des autels de-Latone,   [porté *ses* pas
et resupina tulerat gressus | et qui renversée-en-arrière (altière) avait
per mediam urbem, | à travers le milieu-de la ville,
invidiosa suis ! | objet-d'-envie pour les siens !

Corporibus gelidis incumbit, et ordine nullo
Oscula dispensat natos suprema per omnes.
A quibus ad cœlum liventia brachia tollens :
« Pascere, crudelis, nostro, Latona, dolore,
Corque ferum satia, dixit : per funera septem
Efferor ; exsulta, victrixque inimica triumpha.
Cur autem victrix ? Miseræ mihi plura supersunt
Quam tibi felici : post tot quoque funera vinco. »
　　Dixerat : insonuit contento nervus ab arcu [1],
Qui, præter Nioben unam, conterruit omnes :
Illa malo est audax. Stabant cum vestibus atris
Ante toros fratrum demisso crine sorores ;
E quibus una, trahens hærentia viscere tela,
Imposito fratri moribunda relanguit ore.
Altera, solari miseram conata parentem,
Conticuit subito, duplicataque vulnere cæco est.
Hæc frustra fugiens collabitur ; illa sorori
Immoritur ; latet hæc ; illam trepidare videres.
Sexque datis leto, diversaque vulnera passis,
Ultima restabat ; quam toto corpore mater,

Maintenant objet de pitié même pour ses ennemis, elle se jette sur les corps glacés de ses enfants, et, allant de l'un à l'autre, elle leur distribue des baisers qui devaient être les derniers. Puis levant vers le ciel ses bras livides : « Cruelle Latone, dit-elle, repais-toi de notre douleur ; rassasie ton cœur farouche ; tu me fais mourir sept fois ; sois heureuse ; et triomphe de ton ennemie vaincue ? Mais que dis-je, vaincue ? Dans mon malheur je suis plus riche que toi dans ton bonheur : après tant de pertes je l'emporte encore. »

　A peine a-t-elle fini parler qu'on entend retentir la corde d'un arc tendu ; tous sont glacés d'effroi ; Niobé seule n'est point émue : le malheur ajoute à son audace. Ses filles, en habit de deuil, se tenaient les cheveux flottants devant les lits funèbres de leurs frères. Une d'elle veut arracher le trait qui lui a percé les entrailles ; elle meurt le visage incliné sur son frère. Une autre s'efforçait de consoler sa mère infortunée ; elle se tait tout à coup ; une flèche l'abat partie d'une main invisible. Celle-ci fuit en vain, elle tombe ; celle-là meurt sur le corps de sa sœur. Une autre cherche à se cacher ; on en voit une qui s'agite éperdue. Déjà six avaient reçu la mort, atteintes de blessures diverses ; il n'en restait plus qu'une, la dernière de toutes. Niobé

At nunc miseranda vel hosti,	Mais maintenant digne-de-pitié même pour un ennemi,
incumbit corporibus gelidis,	elle se couche sur les corps glacés,
et dispensat suprema oscula nullo ordine	et distribue les derniers baisers sans aucun ordre
per omnes natos.	à travers (à) tous *ses* fils.
A quibus tollens ad cœlum brachia liventia :	*Loin* desquels élevant vers le ciel *ses* bras devenus-livides :
Pascere nostro dolore, crudelis Latona,	Repais-toi de notre douleur, cruelle Latone,
satiaque cor ferum, dixit :	et rassasie *ton* cœur sauvage, dit-elle :
efferor per septem funera ; exsulta,	je suis portée *au bûcher* par sept funé- bondis *de joie*, [railles ;
inimicaque victrix triumpha.	et ennemie victorieuse triomphe.
Cur autem victrix?	Mais pourquoi victorieuse ?
Plura supersunt mihi miseræ	Plus de *biens* restent à moi malheureuse
quam tibi felici :	qu'à toi heureuse :
vinco quoque post tot funera	je vaincs même après tant de funérailles.
Dixerat : nervus insonuit ab arcu contento,	Elle avait dit : la corde résonna de l'arc tendu,
qui conterruit omnes, præter unam Nioben :	laquelle effraya tous *les autres*, excepté la seule Niobé :
illa est audax malo	celle-ci est audacieuse par le malheur.
Sorores crine demisso stabant cum vestibus atris ante toros fratrum ;	Les sœurs la chevelure tombante se tenaient avec des vêtements noirs devant les lits de *leurs* frères ;
e quibus una trahens tela hærentia viscere,	parmi lesquelles une tirant [entrailles, les traits (le trait) enfoncés dans *ses*
relanguit moribunda, ore imposito fratri.	languit mourante, le visage placé-sur *son* frère.
Altera conata solari parentem miseram,	Une autre s'étant efforcée de consoler sa mère malheureuse,
conticuit subito, duplicataque est vulnere cæco.	se-tut subitement, et fut pliée-en-deux [main invisible). par une blessure invisible (faite d'une
Hæc collabitur fugiens frustra ;	Celle-ci s'affaisse fuyant en vain ;
illa immoritur sorori ;	celle-là meurt sur *sa* sœur ;
hæc latet ;	cette *autre* se cache ;
videres illam trepidare.	tu verrais celle-là s'agiter-éperdue.
Sexque datis leto, passisque vulnera diversa,	Et six ayant été données à la mort, et ayant souffert des blessures diverses,
ultima restabat ;	la dernière restait ;
quam mater	laquelle la mère

Tota veste tegens : « Unam, minimamque relinque;
De multis minimam posco, clamavit, et unam ; »
Dumque rogat, pro qua rogat, occidit. Orba resedit
Exanimes inter natos natasque virumque,
Diriguitque malis : nullos movet aura capillos;
In vultu color est sine sanguine; lumina mœstis
Stant immota genis ; nihil est in imagine vivi.
Ipsa quoque interius cum duro lingua palato
Congelat, et venæ desistunt posse moveri.
Nec flecti cervix, nec brachia reddere motus,
Nec pes ire potest ; intra quoque viscera saxum est.
Flet tamen, et validi circumdata turbine venti,
In patriam rapta est; ubi fixa cacumine montis [1],
Liquitur, et lacrimis etiamnunc marmora manant.

VI. — MÉTAMORPHOSE DES LYCIENS EN GRENOUILLES.
(V. 313-381.)

Tum vero tanti manifestam numinis iram
Femina virque timent, cultuque impensius omnes
Magna gemelliparæ venerantur numina divæ;

la couvre complétement de son corps, complétement de sa robe.
« Laisse m'en une seule, s'écrie-t-elle, et la plus jeune : de tant de
filles, je ne t'en demande qu'une, et c'est la plus jeune. » Pendant
qu'elle fait cette prière, celle pour laquelle elle prie, expire. Sans
époux, sans enfants, Niobé demeure assise au milieu des corps inanimés de ses fils, de ses filles et de son mari ; tant de malheurs l'ont
rendue immobile. Le vent n'agite plus ses cheveux ; la pâleur règne
sur son visage; ses yeux fixes n'animent plus ses joues que la douleur a décolorées; elle n'a plus en elle rien de vivant. Sa langue
même glacée se colle dans sa bouche contre son palais durci; la vie
se retire de ses veines. Son cou ne peut plus se fléchir, ses bras, se
mouvoir, ses pieds, marcher; ses entrailles même sont de pierre. Elle
pleure cependant; un tourbillon impétueux l'enveloppe et l'emporte
dans sa patrie. Là, fixée sur la cime d'une montagne, elle fond en
larmes, et, changée en marbre, elle pleure encore ses malheurs.

VI

Cette marque éclatante du courroux d'une si grande déesse jette
l'effroi dans tous les cœurs. Hommes et femmes, tous s'empressent
avec une ardeur nouvelle d'adorer la mère puissante des deux ju-

tegens toto corpore,	couvrant de tout *son* corps,
tota veste :	de tout *son* vêtement :
Relinque unam,	Laisse-*m'en* une seule ;
minimamque ;	et la plus petite ;
posco, clamavit,	je demande, cria-t-elle,
minimam de multis,	la plus petite d'entre beaucoup,
et unam ;	et une seule.
dumque rogat,	et tandis qu'elle prie,
pro qua rogat, occidit.	*celle* pour laquelle elle prie, tombe.
Orba resedit	Privée-de-famille elle s'est assise
inter natos exanimes	au milieu-de *ses* fils inanimés
natasque virumque,	et de *ses* filles et de son mari *inanimés*,
diriguitque malis :	et est devenue-immobile par *ses* maux :
aura movet nullos capillos ;	le souffle n'agite aucuns *de ses* cheveux ;
color sine sanguine	une couleur sans sang
est in vultu ;	est sur *son* visage ;
lumina stant immota	*ses* yeux se-tiennent fixes
genis mœstis ;	ses joues étant affligées ;
nihil vivi est in imagine.	rien de vivant n'est dans *son* image.
Lingua ipsa quoque	La langue elle-même aussi
congelat interius	se-glace intérieurement
cum duro palato,	avec (contre) le palais dur,
et venæ desistunt	et les veines cessent
posse moveri.	de pouvoir se-mouvoir.
Nec cervix potest flecti,	Ni le cou ne peut se-plier.
nec brachia reddere motus,	ni les bras rendre *leurs* mouvements,
nec pes ire ;	ni le pied marcher ;
est saxum	elle est pierre
quoque intra viscera.	même à l'intérieur des entrailles.
Flet tamen,	Elle pleure cependant,
et circumdata turbine	et entourée par le tourbillon
venti validi,	d'un vent violent,
rapta est in patriam ;	elle fut enlevée dans *sa* patrie ;
ubi fixa cacumine montis,	où fixée sur le sommet d'une montagne,
liquitur,	elle se liquéfie,
et marmora manant lacrimis	et les marbres dégouttent de larmes
etiamnunc.	encore-maintenant.

VI. — MÉTAMORPHOSE DES LYCIENS EN GRENOUILLES.

Tum vero	Mais alors
femina virque timent	femme et homme craignent
iram manifestam	la colère manifeste
tanti numinis,	d'une si-grande divinité,
omnesque venerantur cultu	et tous adorent par *leur* culte
impensius	avec plus de dépense (plus d'empressement)
magna numina	les grandes volontés

264 OVIDE.

Utque fit, a facto propiore priora renarrant.
E quibus unus ait : « Lyciæ quoque fertilis agris
Haud impune deam veteres sprevere coloni.
Res obscura quidem est ignobilitate virorum,
Mira tamen. Vidi præsens stagnumque locumque
Prodigio notum. Nam me jam grandior ævo,
Impatiensque viæ, genitor deducere lectos
Jusserat inde boves, gentisque illius eunti
Ipse ducem dederat. Cum quo dum pascua lustro,
Ecce lacu medio, sacrorum nigra favilla,
Ara vetus stabat, tremulis circumdata cannis.
Restitit, et pavido : « Faveas mihi ! » murmure dixit
Dux meus; et simili : « Faveas ! » ego murmure dixi.
Naiadum Faunine foret tamen ara rogabam,
Indigenæne dei; quum talia rettulit hospes :
Non hac, o juvenis, montanum numen in ara est;
Illa suam vocat hanc, cui quondam regia Juno
Orbem interdixit, quam vix erratica Delos
Orantem accepit, tunc quum levis insula nabat.
Illic, incumbens cum Palladis arbore [1] palmæ,

meaux et, comme il arrive, ils prennent occasion de ce dernier événement pour en rappeler de plus anciens. « Ce n'est pas non plus impunément, dit alors un des Thébains, que dans les plaines fertiles de la Lycie des laboureurs méprisèrent jadis Latone. Le fait est presque ignoré à cause de l'obscurité des coupables, mais il n'en est pas moins étonnant. J'ai vu de mes propres yeux l'étang et le lieu que ce prodige a fait connaître. Mon père déjà avancé en âge, et incapable de supporter les fatigues d'un voyage aussi long, m'avait envoyé en Lycie pour lui ramener des bœufs choisis. A mon départ il m'avait donné un guide de cette contrée. Je parcourais avec lui les pâturages, quand au milieu d'un étang j'aperçois un antique autel noirci par la fumée des sacrifices, et entouré de roseaux qu'agitent le vent. Mon guide s'arrête, et d'une voix basse et tremblante : « Sois moi propice ! » dit-il : « Sois moi propice ! » répétai-je de même ; puis je lui demandai si cet autel était consacré aux Naïades ou à un Faune, ou à un dieu indigène. Mon hôte me fait alors le récit suivant : « Ce n'est point, jeune homme, à une divinité de la montagne que cet autel est consacré ; la déesse qu'on y honore est celle à qui Junon ferma jadis l'univers, et qui obtint à peine par ses supplications un asile de la vagabonde Délos, lorsque, île légère, celle-ci flottait encore sur les eaux. Là, s'appuyant sur un palmier

divæ gemelliparæ;	de la déesse mère-des deux-jumeaux;
utque fit,	et comme il arrive, [anciens
renarrant priora	ils racontent-de-nouveau des *faits* plus
a facto propiore.	par suite d'un fait plus proche.
E quibus unus ait :	Parmi lesquels un dit :
Veteres coloni	D'anciens laboureurs
haud sprevere impune	ne méprisèrent pas impunément
deam	la déesse [Lycie.
agris quoque fertilis Lyciæ.	dans les campagnes aussi de la fertile
Res est quidem obscura	Le fait est à-la-vérité obscur
ignobilitate virorum,	par la basse-naissance des personnages,
tamen mira.	*il est* cependant merveilleux.
Vidi præsens	J'ai vu *étant* présent
stagnumque locumque	et l'étang et le lieu
notum prodigio. [ævo,	connu par *ce* prodige.
Nam genitor jam grandior	Car *mon* père déjà plus grand par l'âge,
impatiensque viæ,	et incapable de *supporter* la route,
jusserat deducere inde	m'avait ordonné d'amener-de-là (de la
boves lectos,	des bœufs choisis, [Lycie)
ipseque dederat eunti	et lui-même avait donné à *moi* allant
ducem illius gentis.	un guide de cette nation. [pâturages,
Cum quo dum lustro pascua,	Avec lequel tandis que je parcours les
ecce vetus ara	voici-qu'un ancien autel
nigra favilla sacrorum,	noir par la fumée des sacrifices,
circumdata cannis tremulis,	entouré de roseaux tremblants,
stabat medio lacu.	se dressait au milieu-d'un lac.
Meus dux restitit,	Mon guide s'arrêta,
et dixit murmure pavido :	et dit avec un murmure craintif :
Faveas mihi !	Favorise-moi !
Et ego dixi	Et moi je dis
murmure simili :	avec un murmure semblable :
Faveas !	Favorise !
Tamen rogabam ara foret	Cependant je demandais *si* l'autel était
Naïadum Faunine	des Naïades ou d'un Faune,
deive indigenæ ;	ou d'un dieu indigène ; [telles :
quum hospes rettulit talia :	lorsque *mon* hôte me rapporta des choses
O juvenis,	O jeune homme,
numen montanum	une divinité des-montagnes
non est in hac ara;	n'est pas sur cet autel ;
Illa vocat hanc suam,	Celle-là appelle cet *autel* sien,
cui regia Juno	à laquelle-la royale Junon
interdixit quondam orbem,	interdit autrefois le globe,
quam orantem	laquelle suppliant
erratica Delos accepit vix,	l'errante Délos reçut-à-peine,
tum quum insula levis	alors qu'île légère
nabat.	elle nageait.
Illic incumbens palmæ	Là s'appuyant sur un palmier

Edidit invita geminos Latona noverca[1].
Hinc quoque Junonem fugisse puerpera fertur,
Inque suo portasse sinu, duo numina, natos.
Jamque Chimæriferæ[2], quum sol gravis ureret arva,
Finibus in Lyciæ, longo dea fessa labore,
Sidereo siccata sitim collegit ab æstu;
Uberaque ebiberant avidi lactantia nati.
Forte lacum mediocris aquæ prospexit in imis
Vallibus; agrestes illic fruticosa legebant
Vimina cum juncis, gratamque paludibus ulvam.
Accessit, positoque genu Titania terram
Pressit, ut hauriret gelidos potura liquores.
Rustica turba vetat; dea sic affata vetantes :
Quid prohibetis aquas? usus communis aquarum est.
Nec solem proprium natura, nec aera fecit,
Nec tenues undas; ad publica munera veni.
Quæ tamen ut detis, supplex peto : non ego nostros
Abluere hic artus lassataque membra parabam,
Sed relevare sitim : caret os humore loquentis,
Et fauces arent, vixque est via vocis in illis :

et sur l'arbre consacré à Pallas, Latone mit au monde deux jumeaux malgré leur marâtre; mais à peine délivrée, elle fut, dit-on, contrainte par sa rivale de sortir aussi de cette île, emportant dans son sein ses enfants, deux divinités. Déjà elle était arrivée sur le sol de la Lycie, patrie de la Chimère; un soleil brûlant désolait les campagnes. Accablée par une longue marche, et par la chaleur, la déesse mourait de soif, et ses enfants avides avaient épuisé le lait de ses mamelles. Tout à coup elle aperçoit au fond d'une vallée un étang peu considérable; là des paysans cueillaient l'osier aux nombreux rejetons, le jonc, et l'ulve agréable aux marais. La fille de Céus s'approche, et, fléchissant les genoux, elle veut se désaltérer dans ces eaux fraîches. Cette troupe grossière la repousse; la déesse essaye de la fléchir par ces prières : « Pourquoi m'interdire cette eau? l'usage de l'eau est commun à tout le monde. La nature n'a pas voulu que le soleil, ni l'air, ni les ondes légères fussent la propriété d'un seul. Cette source dont je m'approche est un bien qui appartient à tous; cependant je vous supplie de m'en accorder l'usage. Je ne voulais pas y laver mes membres ni mon corps fatigué, mais y étancher ma soif; pendant que je parle, l'humidité manque à ma bouche, ma gorge desséchée laisse à peine passer ma voix.

cum arbore Palladis,	avec un arbre (et sur un arbre) de Pallas,
Latona edidit geminos	Latone enfanta deux-jumeaux
invita noverca.	malgré *leur* marâtre.
Fertur puerpera	On rapporte qu'étant-en-couches
fugisse quoque hinc	elle avait fui aussi de-là
Junonem,	Junon,
portasseque in suo sinu	et avait emporté dans son sein
natos, duo numina.	*ses* enfants, deux divinités.
Jamque in finibus	Et déjà sur les confins
Lyciæ Chimæriferæ,	de la Lycie qui a produit-la-Chimère,
quum sol gravis	lorsque le soleil pesant
ureret arva,	brûlait les campagnes, [gue,
dea, fessa longo labore,	la déesse, accablée par une longue fati-
siccata collegit sitim	desséchée amassa (éprouva) la soif
ab æstu sidereo ;	par-suite-de la chaleur de-l'astre ;
natique avidi ebiberant	et *ses* enfants avides avaient épuisé
ubera lactantia.	*ses* mamelles pleines-de-lait.
Prospexit forte	Elle aperçut par hasard
in imis vallibus	dans le fond-de vallées,
lacum aquæ mediocris ;	un lac d'une eau peu-considérable ;
illic agrestes legebant	là des paysans cueillaient
vimina fruticosa	des osiers aux-nombreux-rejetons
cum juncis, [bus.	avec des joncs,
ulvamque gratam paludi-	et l'ulve agréable aux marais.
Titania accessit,	La fille-du-Titan approcha,
pressitque terram	et pressa la terre
genu posito,	de *son* genou posé (abaissé),
ut potura hauriret	afin que devant boire elle puisât
gelidos liquores.	les fraîches liqueurs.
Turba rustica vetat.	La troupe rustique *l'en* empêche.
Dea affata sic vetantes :	La déesse parla ainsi à *eux* empêchant :
Quid prohibetis aquas ?	Pourquoi interdisez-vous ces eaux ?
usus aquarum	l'usage des eaux
est communis.	est commun.
Natura fecit nec solem	La nature n'a fait ni le soleil
nec aera, nec undas tenues ;	ni l'air, ni les ondes légères ;
proprium ;	appartenant-en-propre *à quelqu'un* ;
veni ad munera publica.	je suis venue vers des avantages publics.
Quæ ut detis,	Lesquels pour que vous m'accordiez,
peto tamen supplex :	je demande cependant suppliante :
ego non parabam	moi je ne *me* préparais pas
abluere hic nostros artus	à laver ici nos articulations
membraque lassata,	et *nos* membres fatigués,
sed relevare sitim :	mais à soulager *ma* soif : [midité,
os loquentis caret humore,	la bouche de *moi* parlant manque d'hu-
et fauces arent,	et *ma* gorge est-desséchée, [elle.
viaque vocis est vix in illis.	et un passage de la voix est à peine en

Haustus aquæ mihi nectar erit, vitamque fatebor
Accepisse, simul vitam dederitis in unda.
Hi quoque vos moveant, qui nostro brachia tendunt
Parva sinu; et casu tendebant brachia nati.
Quem non blanda deæ potuissent verba movere?
Hi tamen orantem perstant prohibere, minasque,
Ni procul abscedat, conviciaque insuper addunt.
Nec satis est : ipsos etiam pedibusque manuque
Turbavere lacus, imoque e gurgite mollem
Huc illuc limum saltu movere maligno.
Distulit ira sitim : neque enim jam filia Cœi
Supplicat indignis, nec dicere sustinet ultra
Verba minora dea, tollensque ad sidera palmas :
« Æternum stagno, dixit, vivatis in isto. »
Eveniunt optata deæ : juvat esse sub undis,
Et modo tota cava submergere membra palude,
Nunc proferre caput, summo modo gurgite nare,
Sæpe super ripam stagni consistere, sæpe
In gelidos resilire lacus ; et nunc quoque turpes
Litibus exercent linguas, pulsoque pudore,

Une gorgée d'eau sera pour moi le nectar, et je reconnaîtrai vous devoir la vie, dès que vous m'aurez rendu la vie, en me permettant de boire. Laissez vous aussi toucher par ces enfants qui de mon sein vous tendent leurs petits bras. » Et par hasard ses enfants tendaient les bras. Qui aurait été insensible aux douces paroles de la déesse? Cependant, malgré ses prières, ils persistent à la repousser; ils la menacent même si elle ne s'éloigne, et à la menace ils ajoutent l'insulte. Ce n'est point encore assez pour eux: de leurs pieds et de leurs mains ils troublent aussi l'eau, et les méchants soulèvent çà et là par leur trépignement la boue molle qui reposait au fond du lac. La colère de Latone lui fait oublier la soif. Elle ne supplie plus ces barbares, elle ne s'abaisse plus à des prières indignes d'une déesse, et, les mains levées vers le ciel : « Vivez éternellement, dit-elle, dans votre étang. » Ses vœux sont exaucés. Maintenant ils aiment à vivre sous les ondes: tantôt ils se plongent tout entiers dans les marais, tantôt ils montrent la tête, tantôt ils nagent à la surface de l'eau, souvent aussi ils se posent sur le bord du lac, souvent ils rentrent en sautant dans leurs froides demeures. Maintenant encore leurs langues hideuses ne cessent de quereller, et, bannissant toute pudeur,

Haustus aquæ	Une gorgée d'eau
erit nectar mihi,	sera du nectar pour moi,
fateborque accepisse vitam,	et j'avouerai avoir reçu la vie,
simul dederitis vitam	dès que vous *m'*aurez donné la vie
in unda.	au-moyen-de l'eau.
Hi quoque vos moveant	Que ceux-ci aussi vous touchent
qui tendunt nostro sinu	lesquels tendent de notre sein
parva brachia;	*leurs* petits bras;
et casu nati	et par hasard *ses* enfants
tendebant brachia.	tendaient *leurs* bras.
Quem verba blanda deæ	Qui les paroles caressantes de la déesse
non potuissent movere?	n'auraient-elles pu émouvoir?
Hi tamen perstant	Ceux-ci cependant persistent
prohibere orantem,	à repousser *elle* priant,
adduntque insuper minas,	et ils ajoutent en outre des menaces,
ni abscedat procul,	si elle ne se retire au-loin,
conviciaque.	et des insultes.
Nec est satis:	Et *cela* n'est pas assez:
turbavere etiam lacus ipsos	ils ont troublé encore les lacs eux-mêmes
pedibusque manuque,	et avec les pieds et avec la main,
movereque huc et illuc	et ils ont soulevé çà et là
ex imo gurgite	du fond-du gouffre
limum mollem	une bourbe molle
saltu maligno.	par un trépignement méchant.
Ira distulit sitim:	La colère différa la soif:
neque enim filia Cœi,	ni en effet la fille de Céus
supplicat jam indignis,	ne supplie maintenant *eux* indignes,
nec sustinet dicere ultra	ni elle ne supporte de dire au-delà (encore)
verba minora dea,	des paroles moindres qu'une déesse,
tollensque palmas ad sidera,	et élevant les mains vers les astres,
dixit: Vivatis æternum	elle dit: Vivez éternellement
in isto stagno.	dans cet étang. [réalisent]:
Optata deæ eveniunt:	Les souhaits de la déesse arrivent (se
juvat esse sub undis,	il *leur* est-agréable d'être sous les eaux,
et modo submergere	et tantôt de submerger
membra tota	*leurs* membres tout-entiers
palude cava,	dans le marais creux,
nunc proferre caput,	tantôt de présenter la tête,
modo nare summo gurgite,	tantôt de nager à la surface-du gouffre,
sæpe consistere	souvent de s'arrêter
super ripam stagni,	sur le bord de l'étang,
sæpe resilire	souvent de rentrer-en-sautant
in lacus gelidos;	dans les lacs frais;
et nunc quoque	et maintenant encore
exercent litibus	ils exercent par des querelles
linguas turpes,	*leurs* langues hideuses,
pudoreque pulso,	et *toute* retenue étant éloignée,

Quamvis sint sub aqua, sub aqua maledicere tentant.
Vox quoque jam rauca est, inflataque colla tumescunt,
Ipsaque dilatant patulos convicia rictus.
Terga caput tangunt ; colla intercepta videntur ;
Spina viret ; venter, pars maxima corporis, albet ;
Limosoque novæ saliunt in gurgite ranæ. »

bien qu'ils soient sous l'onde, ils essayent même sous l'onde d'injurier. Leur voix aussi est déjà rauque ; leur cou grossit et se gonfle ; leur bouche béante se dilate par les injures qu'elle profère ; leur dos et leur tête se touchent ; le cou a disparu ; leur épine dorsale est verte ; leur ventre, qui est presque tout leur corps, est blanc ; et, grenouilles nouvelles, ils s'ébattent dans l'étang limoneux.

quamvis sint sub aqua.	quoiqu'ils soient sous l'eau,
tentant maledicere	ils s'efforcent d'injurier
sub aqua.	sous l'eau.
Vox quoque est jam rauca,	La voix aussi est déjà rauque,
collaque inflata tumescunt;	et *leurs* cous enflés se gonflent;
conviciaque ipsa	et les injures mêmes *qu'ils profèrent*
dilatant rictus patulos.	dilatent *leurs* larges-bouches béantes.
Terga tangunt caput ;	Les dos touchent la tête ; [més);
colla videntur intercepta;	les cous paraissent interceptés (suppri-
spina viret;	l'épine *dorsale* est-verte;
venter,	le ventre,
pars maxima corporis,	*qui est* la plus grande partie du corps,
albet,	est-blanc,
ranæque novæ saliunt	et, grenouilles nouvelles, ils sautent
in gurgite limoso.	dans le gouffre fangeux.

NOTES

DU SIXIÈME LIVRE DU CHOIX DES MÉTAMORPHOSES D'OVIDE.

I

Page 234 : 1. *Dictis talibus.* Les Muses venaient de raconter à Pallas leur lutte contre les filles de Piérus, qui, après leur défaite, avaient été changées en pies.

— 2. *Aonidum.* Les Muses sont ainsi appelées de l'Aonie, ancien nom de la Béotie où elles résidaient.

— 3. *Colophonius,* de Colophon, ville d'Ionie.

— 4. *Phocaïco.* Le coquillage d'où l'on tirait la pourpre (*murex*) était très-abondant près de la ville de Phocée, en Ionie.

Page 236 : 1. *Hypæpis,* Hypépa, ville d'Ionie, voisine du mont Tmolus ou Tymolus.

— 2. *Pactolides,* du Pactole. Le Pactole était un fleuve célèbre à cause des parcelles d'or qu'il roulait dans ses flots.

Page 238 : 1. *Mygdonides,* de la Mygdonie. C'est une partie de la Phrygie qui comprend tous les pays voisins de la Lydie. — *Nurus.* Ce mot s'emploie souvent en poésie dans le sens de *mulieres.*

II

Page 240 ; 1. *Cecropia.* Cécrops était regardé comme le fondateur d'Athènes. — *Scopulum Mavortis,* l'Aréopage (Ἄρειος πάγος).

— 2. *Victoria.* C'est l'image de la Victoire. Les dieux dans cette lutte s'étaient prononcés pour Minerve, qui donna son nom à la ville d'Athènes (Ἀθῆναι de Ἀθηνᾶ).

Page- 242 : 1. *Rhodopen.... Hæmum.* Rhodopé et son frère Hémus, enfants de Borée, s'étaient fait adorer sous les noms de Jupiter et de Junon.

— 2. *Pygmææ.... matris.* La mère des Pygmées, Gerané, fut changée en grue (γέρανος) pour avoir osé comparer sa beauté à celle de Junon.

— 3. *Indicere bellum.* La tradition nous montre le peuple nain des Pygmées en guerre continuelle contre les grues.

— 4. *Antigonen.* Antigone, fille de Laomédon, roi de Troie, fière de sa belle chevelure, avait osé se comparer à Junon.

— 5. *Cinyran.... orbum.* Cinyre, roi d'Assyrie, avait perdu ses filles. Junon les avait métamorphosées en degrés d'un de ses temples, pour les punir de leur orgueil.

Page 244 : 1. *Agrestis.... Phœbus.* C'est une allusion au temps où Apollon, dépouillé de ses rayons, garda les troupeaux du roi Admète.

— 2. *Cœlestia crimina.* Arachné avait affecté de ne reproduire sur sa tapisserie que des souvenirs peu honorables pour les dieux.

— 3. *Cytoriaco.* Le Cytore était un mont de Paphlagonie, sur lequel on trouvait beaucoup de buis.

— 4. *Hecateidos*, d'Hécate. C'était sous ce nom que Diane était adorée aux enfers, et présidait aux opérations magiques.

III

Page 246 : 1. *Niobe.* Niobé, fille de Tantale, roi de Phrygie, avait épousé Amphion, roi de Thèbes.

— 2. *Popularis.* Nous ne pouvons, malgré l'autorité d'un grand nombre de commentateurs, entendre ce mot dans le sens de *plebeiæ*.

— 3. *Conjugis artes.* Amphion était si habile musicien, que lorsqu'il bâtit les murs de Thèbes, les pierres vinrent, dit-on, se placer d'elles-mêmes au son de sa lyre.

— 4. *Genus amborum.* Tous deux descendaient de Jupiter.

— 5. *Sua progenies.* Niobé avait sept garçons et sept filles.

— 6. *Tiresia*, Tirésias, fameux devin de Thèbes.

— 7. *Latonigenis.* Ces deux enfants de Latone, étaient Diane et Apollon.

Page 248 : 1. *Genitrix.* La mère de Niobé était Taygète; les Pléiades étaient sept filles d'Atlas, changées en une constellation formée de sept étoiles.

— 2. *Avus.... socero.* Jupiter, dont Tantale était le fils, était l'aïeul paternel de Niobé; nous avons vu aussi qu'il était le père d'Amphion.

Page 250 : 1. *Cœo*. Céus, était un des Titans.

— 2. *Negavit*. Junon, jalouse de Latone, avait défendu à la terre de lui donner asile; mais Neptune, touché des souffrances de cette infortunée, lui permit de s'arrêter dans l'île de Délos alors flottante.

Page 252 : 1. *Cynthi*. Le Cynthe, montagne de Délos, où Latone était honorée d'un culte particulier ainsi que ses enfants.

IV

Page 252 : 1. *Linguam.... paternam*. Tantale, admis à la table des dieux, avait divulgué les secrets qu'il y avait entendus; pour punir son indiscrétion, Jupiter l'avait précipité dans le Tartare.

Page 256 : 1. *Aviti nominis heres*. Chez les anciens, et particulièrement à Athènes, les noms se transmettaient de deux en deux générations.

— 2. *Nitidæ*. Cette épithète est souvent jointe au mot *palæstræ*, à cause de l'huile dont se frottaient les lutteurs.

V

Page 260 : 1. *Arcu*, l'arc de Diane. Cette déesse s'était chargée de frapper les filles de Niobé, comme Apollon avait frappé les fils.

Page 262 : 1. *Montis*, le mont Sipyle. Pausanias dit qu'on voyait sur cette montagne un rocher qui, de loin, ressemblait à une femme assise et pleurant. D'après la tradition suivie par Ovide, cette femme serait Niobé.

VI

Page 264. 1. *Palladis arbore*, l'olivier.

Page 266 : 1. *Noverca*. Junon, étant l'épouse légitime de Jupiter, se trouve appelée, par une extension assez étrange du mot, la marâtre des enfants que ce dieu avait eus de Latone.

— 2. *Chimœriferæ*, la Chimère, volcan de la Lycie sur le mont Cragus. Cette montagne étant habitée par des lions, des serpents, et des chèvres sauvages, etc., les poëtes en avaient fait un monstre qui avait la tête d'un lion, le corps d'une chèvre, et la queue d'un dragon.

ARGUMENT

DU SEPTIÈME LIVRE DU CHOIX DES MÉTAMORPHOSES D'OVIDE.

I. Victoire de Jason qui est venu dans la Colchide conquérir la toison d'or.
II. Jason demande à Médée sa femme de rajeunir Éson, son père.
III. Invocation de Médée. Éson est rajeuni.
IV. Les filles de Pélias démandent à Médée le même miracle. Perfidie de la magicienne.
V. Éaque, roi d'Égine, raconte la peste qui a désolé ce pays.
VI. Prière d'Éaque. Naissance des Myrmidons.

LIVRE SEPTIÈME.

I. — VICTOIRE DE JASON, QUI EST VENU DANS LA COLCHIDE CONQUÉRIR LA TOISON D'OR.

(V. 100-106, 109-125, 128-133, 139-143, 149-158.)

Postera depulerat stellas Aurora [1] micantes ;
Conveniunt populi sacrum Mavortis in arvum,
Consistuntque jugis : medio rex ipse resedit
Agmine, purpureus sceptroque insignis eburno.
Ecce adamanteis Vulcanum naribus efflant
Æripedes tauri [2], tactæque vaporibus herbæ
Ardent ; utque solent pleni resonare camini,
Pectora sic intus clausas volventia flammas
Gutturaque usta sonant. Tamen illis Æsone [3] natus
Obvius it : vertere truces venientis ad ora
Terribiles vultus præfixaque cornua ferro,
Pulvereumque solum pede pulsavere bisulco,

I

Une nouvelle aurore avait mis en fuite les étoiles brillantes ; les peuples se rassemblent dans la plaine consacrée à Mars et prennent place sur les hauteurs qui l'entourent. Le roi lui-même, remarquable par sa robe de pourpre et son sceptre d'ivoire, s'assied au milieu de l'assemblée. Tout à coup les taureaux au pied d'airain soufflent le feu de leurs naseaux plus durs que le fer ; leur haleine brûlante dévore les herbes. Tel le feu gronde dans les fournaises remplies de matières inflammables, telles résonnent les flammes captives qui s'agitent dans leurs poitrines et dans leurs gorges embrasées. Cependant le fils d'Éson marche au-devant de ces monstres : ils se tournent vers lui d'un air menaçant, et lui présentent leurs fronts terribles et leurs cornes armées de fer ; ils battent le sol poudreux de leurs pieds fourchus,

LIVRE SEPTIÈME.

I. — VICTOIRE DE JASON QUI EST VENU DANS LA COLCHIDE CONQUÉRIR LA TOISON D'OR.

Aurora postera	L'Aurore suivante
depulerat stellas micantes;	avait chassé les étoiles brillantes;
populi conveniunt	les peuples se réunissent
in arvum sacrum Martis,	dans la plaine sacrée de Mars,
consistuntque jugis :	et se placent sur les hauteurs :
rex ipse resedit	le roi lui-même s'est assis
medio agmine,	au milieu de la foule,
purpureus	vêtu-de-pourpre
insignisque sceptro eburno.	et remarquable par un sceptre d'ivoire.
Ecce tauri æripedes	Voici que des taureaux aux-pieds-d'ai-
efflant Vulcanum	soufflent Vulcain (le feu) [rain
naribus adamanteis,	par *leurs* naseaux durs-comme-le-fer,
herbæque ardent	et les herbes s'enflamment
tactæ vaporibus;	touchées par *ces* exhalaisons-brûlantes;
utque camini pleni	et comme les fourneaux pleins
solent resonare,	ont-coutume de résonner, [ment
sic pectora volventia intus	ainsi *leurs* poitrines roulant intérieure-
flammas clausas,	des flammes enfermées,
gutturaque usta sonant.	et *leurs* gosiers embrasés résonnent.
Tamen natus Æsone	Cependant le fils d'Éson
it obvius illis:	va au-devant à (d') eux :
truces vertere	menaçants ils tournèrent
ad ora venientis	vers le visage de *lui* venant
vultus terribiles,	*leurs* faces terribles,
cornuaque præfixa ferro,	et *leurs* cornes armées-à-l'extrémité de
pulsavereque pede bisulco	et ils frappèrent d'un pied fourchu [fer,
solum pulvereum,	le sol poudreux,
implevereque locum	et ils remplirent le lieu

Fumificisque locum mugitibus implevere.
Diriguere metu Minyæ [1]. Subit ille, nec ignes
Sentit anhelatos (tantum medicamina possunt!);
Pendulaque audaci mulcet palearia dextra;
Suppositosque jugo pondus grave cogit aratri
Ducere, et insuetum ferro proscindere campum.
Mirantur Colchi; Minyæ clamoribus urgent,
Adjiciuntque animos. Galea tum sumit ahena
Vipereos dentes [2] et aratos spargit in agros.
Semina mollit humus valido prætincta veneno,
Et crescunt, fiuntque sati nova corpora dentes.
Jamque, ubi visceribus gravidæ telluris imago
Effecta est hominis, feto consurgit in arvo ;
Quodque magis mirum est, simul edita concutit arma.
Quos ubi viderunt præacutæ cuspidis hastas
In caput Hæmonii juvenis torquere parantes,
Demisere metu vultumque animumque Pelasgi [3];
Ille, gravem medios silicem jaculatus in hostes,
A se depulsum martem convertit in ipsos.
Terrigenæ pereunt per mutua vulnera fratres,
Civilique cadunt acie. Gratantur Achivi,
Victoremque tenent, avidisque amplexibus hærent.

et remplissent l'air de mugissements et de fumée. Les Argonautes sont glacés d'effroi. Jason s'avance; il ne sent pas le souffle brûlant des taureaux (telle est la puissance des herbes magiques!). D'une main audacieuse il caresse les fanons qui pendent de leur cou, puis il les soumet au joug, les force à traîner une pesante charrue, et à ouvrir le sein d'une plaine où le fer n'avait jamais pénétré. Les Colchidiens sont frappés d'étonnement; les Argonautes animent le héros de leurs cris, et lui inspirent une nouvelle ardeur. Il prend dans un casque d'airain les dents du serpent, et les répand sur le sol qu'il vient de labourer. La terre amollit cette semence trempée auparavant dans un poison énergique. Les dents jetées dans les sillons grandissent, et se changent en corps d'une nouvelle espèce. Après avoir reçu dans le sein fécondé de la terre une forme parfaite, des hommes sortent du sol qui les a enfantés, et, prodige plus surprenant encore, ils brandissent des armes qui sont nées avec eux. Quand les Grecs les virent prêts à lancer leurs javelots acérés contre le jeune héros, ils perdirent courage, et baissèrent la tête. Mais Jason jette une pierre pesante au milieu de ses ennemis, et il les force ainsi à tourner contre eux-mêmes les armes dont ils le menaçaient. Les enfants de la terre se frappent mutuellement, et périssent dans une lutte fratricide. Les Grecs félicitent le vainqueur; ils l'entourent, et ne peuvent se lasser de le presser dans leurs bras.

mugitibus fumificis.	de mugissements fumeux.
Minyæ diriguere metu.	Les Minyens devinrent-immobiles de crainte.
Ille subit,	Celui-ci s'avance,
nec sentit ignis anhelatos,	et il ne sent pas les feux exhalés
(tantum medicamina possunt !) ;	(tant les sucs-magiques ont-de-pouvoir !);
mulcetque dextra audaci palearia pendula,	et il caresse d'une main audacieuse les fanons pendants *des taureaux*,
cogitque suppositos jugo	et il force *eux* soumis au joug
ducere pondus grave aratri,	à mener (tirer) le poids lourd d'une charrue,
et proscindere ferro	et à ouvrir par le fer
campum insuetum.	une plaine non-accoutumée.
Colchi mirantur ;	Les Colchidiens s'étonnent ;
Minyæ urgent clamoribus,	les Minyens *le* pressent (l'excitent) par des cris,
adjiciuntque animos.	et *lui* ajoutent du courage.
Tum sumit galea ahena	Alors il prend dans un casque d'-airain
dentes vipereos,	les dents du-serpent,
et spargit in agros aratos.	et il *les* répand dans les champs labourés.
Humus mollit semina	La terre amollit les semences
prætincta veneno valido,	trempées-auparavant dans un poison violent,
et dentes sati crescunt,	et les dents semées croissent,
fiuntque corpora nova.	et deviennent des corps nouveaux.
Jamque,	Et déjà,
ubi imago hominis	dès que l'image de l'homme
effecta est visceribus	eut été formée dans les entrailles
telluris gravidæ,	de la terre grosse,
consurgit in agro feto ;	elle se lève dans le champ fécondé ;
quodque est magis mirum,	et *ce* qui est plus étonnant,
concutit arma	elle agite des armes
edita simul.	nées en-même-temps.
Quos ubi Pelasgi viderunt	Lesquels dès que les Pélages virent
parantes torquere	se-préparant à lancer
in caput juvenis Hæmonii	contre la tête du jeune Hémonien
hastas cuspidis præacutæ,	des javelots d'une pointe acérée,
demisere metu	ils abaissèrent de crainte
vultumque animumque.	et *leur* visage et *leur* cœur.
Ille jaculatus silicem gravem	Lui ayant jeté une pierre lourde
in medios hostes,	au milieu-des ennemis,
convertit in ipsos	tourne contre eux-mêmes
martem depulsum a se.	Mars (le combat) écarté de lui.
Fratres terrigenæ	*Ses* frères issus-de-la-terre
pereunt per vulnera mutua,	périssent par des blessures réciproques,
caduntque acie civili.	et tombent dans un combat de-citoyens.
Achivi gratantur,	Les Achéens félicitent,
tenentque victorem,	et ils tiennent le vainqueur,
hærentque	et s'attachent *à lui*
amplexibus avidis.	par des embrassements avides.

Pervigilem superest herbis sopire draconem,
Qui crista linguisque tribus præsignis, et uncis
Dentibus horrendus, custos erat arietis aurei.
Hunc postquam sparsit Lethæi gramine succi [1],
Verbaque ter dixit placidos facientia somnos,
Quæ mare turbatum, quæ concita flumina sistunt,
Somnus in ignotos oculos advenit, et auro
Heros Æsonius potitur ; spolioque superbus,
Muneris auctorem [2] secum, spolia altera, portans,
Victor Iolciacos [3] tetigit cum conjuge portus.

II. — JASON DEMANDE A MÉDÉE, SA FEMME, DE RAJEUNIR ÉSON, SON PÈRE.
(V. 159-191.)

Hæmoniæ matres pro natis [4] dona receptis
Grandævique ferunt patres, congestaque flamma
Tura liquefaciunt ; inductaque cornibus aurum
Victima vota cadit. Sed abest gratantibus Æson,
Jam propior leto, fessusque senilibus annis.
Tum sic Æsonides : « O, cui debere salutem
Confiteor, conjux, quanquam mihi cuncta dedisti,
Excessitque fidem meritorum summa tuorum,
Si tamen hoc possunt (quid enim non carmina possunt?),

Il restait à endormir le dragon vigilant. Ce monstre à la crête menaçante, et au triple dard, armé de dents recourbées, gardait la toison d'or. Jason répand sur lui le suc d'une herbe soporifique, et prononce trois fois des paroles qui amènent un sommeil paisible, paroles dont la vertu calme la mer soulevée, et arrête les fleuves impétueux. Alors le sommeil appesantit pour la première fois les paupières du monstre. Le héros s'empare de la toison d'or ; fier de cette dépouille, il emmène avec lui, dépouille non moins précieuse, l'épouse à qui il doit une pareille conquête, et vainqueur il touche avec elle le port d'Iolcos.

II

Les mères thessaliennes et les pères chargés d'années, heureux du retour de leurs fils, apportent aux dieux des offrandes, et brûlent l'encens amoncelé sur les autels. Pour accomplir leurs vœux ils immolent des victimes aux cornes dorées. Mais Éson ne prend point part à ces réjouissances ; déjà sur le bord de la tombe, il est épuisé par la vieillesse. Alors son fils adresse à Médée ces paroles : « O chère épouse, toi à qui je reconnais devoir la vie, bien que tu aies tout fait pour moi, et que la grandeur de tes bienfaits dépasse toute croyance, retranche, si tes enchantements ont ce pouvoir, et que ne peuvent-ils pas?

Superest sopire herbis	Il reste à endormir par des herbes
draconem pervigilem,	le dragon qui-veille-toujours,
qui præsignis crista	lequel très-remarquable par *sa* crête
tribusque linguis,	et par *ses* trois langues,
et horrendus dentibus uncis,	et effrayant par *ses* dents recourbées,
erat custos arietis aurei.	était gardien du bélier-d'or.
Postquam sparsit hunc	Après qu'il eut arrosé celui-ci
gramine succi Lethæi,	avec une herbe d'un suc de-Lethé, [les
dixitque ter verba	et qu'il eut prononcé trois-fois des paro-
facientia somnos placidos,	procurant des sommeils paisibles,[blée,
quæ sistunt mare turbatum,	lesquelles *paroles* arrêtent la mer trou-
quæ flumina concita,	lesquelles *arrêtent* les fleuves soulevés,
somnus advenit	le sommeil arriva
in oculos ignotos,	dans des yeux inconnus *pour lui*,
et heros Æsonius	et le héros fils-d'Éson
potitur auro,	s'empare de l'or,
superbusque spolio,	et fier de *cette* dépouille,
portans secum	emportant avec-lui
auctorem muneris,	l'auteur du présent,
altera spolia,	autre dépouille,
victor tetigit cum conjuge	vainqueur il a touché avec *son* épouse
portus Iolciacos.	les ports d'-Iolcos.

II. — JASON DEMANDE A MÉDÉE, SA FEMME, DE RAJEUNIR ÉSON, SON PÈRE.

Matres Hæmoniæ	Les mères hémoniennes
patresque grandævi	et les pères avancés-en-âge
ferunt dona	apportent des offrandes
pro natis receptis,	pour *leurs* enfants recouvrés,
liquefaciuntque flamma	et ils liquéfient par la flamme
tura congesta,	des encens amoncelés,
victimaque vota cadit	et la victime vouée tombe
inducta aurum cornibus.	couverte d'or sur les cornes.
Sed Æson, jam propior leto,	Mais Éson, déjà plus près de la mort,
fessusque annis senilibus,	et fatigué par les années séniles,
abest gratantibus.	est absent *de la troupe* des félicitants.
Tum Æsonides sic :	Alors le fils-d'-Éson *parla* ainsi :
O conjux, cui confiteor	O *mon* épouse, à laquelle je reconnais
debere salutem,	devoir *mon* salut,
quanquam dedisti mihi	quoique tu aies donné à moi
cuncta	tout,
summaque	et *que* l'ensemble
tuorum meritorum	de tes bienfaits
excessit fidem, [sunt	ait dépassé la croyance, [vent
si tamen carmina hoc pos-	si cependant les enchantements le peu-
(enim quid non possunt?),	(en-effet que ne peuvent-ils pas?),

Deme meis annis, et demptos adde parenti. »
Nec tenuit lacrimas. Mota est pietate rogantis,
Dissimilemque animum subiit[1] Æeta relictus.
Non tamen affectus tales confessa : « Quod, inquit,
Excidit ore tuo, conjux, scelus ? Ergo ego cuiquam
Posse tuæ videor spatium transcribere vitæ?
Non sinat hoc Hecate, nec tu petis æqua; sed isto,
Quod petis, experiar majus dare munus, Iason.
Arte mea soceri longum tentabimus ævum,
Non annis revocare tuis; modo diva triformis [2]
Adjuvet, et præsens ingentibus annuat ausis. »
  Tres aberant noctes ut cornua tota coirent,
Efficerentque orbem. Postquam plenissima [3] fulsit,
Et solida terras spectavit imagine luna,
Egreditur tectis, vestes induta recinctas,
Nuda pedem [4], nudos humeris infusa capillos ;
Fertque vagos mediæ per muta silentia noctis
Incomitata gradus. Homines, volucresque, ferasque
Solverat alta quies; nullo cum murmure sepes,
Immotæque silent frondes, silet humidus aer ;

retranche quelques années de ma vie pour les ajouter à celles de mon père. » En parlant ainsi il ne put retenir ses larmes. La piété filiale de celui qui l'implore, touche Médée; le souvenir d'Éétès qu'elle a abandonné, s'offre à son cœur animé de sentiments si contraires, mais elle ne laisse point paraître cette émotion. « Cher époux, répond-elle, quelle parole criminelle est sortie de ta bouche ! Penses-tu que je puisse prolonger les jours d'un autre aux dépens des tiens? Ta prière est injuste; mais j'essayerai, Jason, de te donner plus que tu ne demandes. C'est par le secours de mon art que je tenterai de rendre à ton père ses longues années, sans rien retrancher aux tiennes. Puisse seulement la déesse aux trois formes venir à mon aide ! puisse-t-elle m'être propice et favoriser cette grande entreprise ! »
  Trois nuits devaient s'écouler encore avant que les croissants de la lune complétement réunis formassent un globe parfait. Lorsque cet astre brille dans tout son plein, et montre à la terre sa face entière, Médée sort de sa demeure, vêtue d'une robe sans ceinture, un pied nu ; ses cheveux sans bandelettes flottent sur ses épaules. Sans compagne, elle porte ses pas errants dans le profond silence qui règne au milieu de la nuit. Les hommes, les oiseaux, les bêtes sauvages étaient plongés dans le sommeil. Tout se tait, et la haie que n'éveille aucun bourdonnement, et le feuillage immobile, et l'air humide.

deme meis annis,	retranche de mes années, [ohées.
et adde parenti demptos.	et ajoute à *mon* père *ces années* retran-
Nec tenuit lacrimas.	Et il ne retint pas *ses* larmes. [priait,
Mota est pietate rogantis,	Elle fut émue par la piété de *celui*-qui-
Æetaque relictus	et Éétès qu'elle avait abandonné
subiit animum dissimilem.	se présenta à *son* cœur différent.
Non confessa tamen	N'ayant pas avoué cependant
tales affectus :	de tels sentiments :
Quod scelus, inquit, conjux	Quel crime, dit-elle, *mon* époux
excidit tuo ore?	est sorti de ta bouche ?
Ergo ego videor posse	Ainsi-donc je *te* parais pouvoir
transcribere cuiquam	transporter à quelqu'un
spatium tuæ vitæ ?	la durée de ta vie ?
Hecate non sinat hoc,	Hécate ne permettrait pas cela,
nec tu petis æqua ;	ni tu ne demandes des choses justes ;
sed experiar, Jason	mais j'essayerai, Jason,
dare munus	de donner une faveur
majus isto quod petis.	plus grande que *celle* que tu demandes.
Tentabimus revocare	Nous tenterons de rappeler
mea arte, non tuis annis,	par mon art, non par tes années
longum ævum soceri ;	la longue existence de *mon* beau-père ;
modo dea triformis	seulement que la déesse aux trois-formes
adjuvet,	*nous* aide,
et præsens annuat	et *que* présente elle favorise
ingentibus ausis.	*cette* grande entreprise. [quaient
Tres noctes aberant	Trois nuits étaient-absentes (man-
ut cornua tota coirent,	pour que les croissants *étant* entiers se
efficerentque orbem.	et formassent un globe. [réunissent,
Postquam luna	Après que la lune
plenissima fulsit,	*étant* très-pleine eut brillé,
et spectavit terras	et eut regardé les terres
imagine solida,	de *son* image entière,
egreditur tectis,	elle (Médée) sort de la demeure, [ceinture,
induta vestes recinctas,	revêtue de vêtements non fixés-par une-
nuda pedem,	nue d'un pied,
infusa humeris	ayant-répandu-sur *ses* épaules
capillos nudos ;	*ses* cheveux nus (sans bandeau) ;
incomitataque fert	et n'étant-pas-accompagnée elle porte
gradus vagos	des pas errants
per silentia muta	à travers les silences muets (profonds)
mediæ noctis.	du milieu-de la nuit.
Quies alta solverat	Un sommeil profond avait détendu
homines, volucresque,	les hommes, et les oiseaux,
ferasque ;	et les bêtes sauvages ; [mure,
sepes cum nullo murmure,	les haies avec nul (sans aucun) mur-
frondesque immotæ silent,	et les feuilles immobiles se taisent,
aer humidus silet ;	l'air humide se tait ;

Sidera sola micant. Ad quæ, sua brachia tendens,
Ter [1] se convertit, ter sumptis flumine crinem
Irroravit aquis, ternis ululatibus ora
Solvit, et in dura submisso poplite terra :

III. — INVOCATION DE MÉDÉE. ÉSON EST RAJEUNI.
(V. 192-206, 210-226, 234-269, 273-293.)

« Nox, ait, arcanis fidissima, quæque diurnis
Aurea cum luna succeditis ignibus astra,
Tuque, triceps Hecate, quæ cœptis conscia nostris
Adjutrixque venis ; cantusque, artesque magarum,
Quæque magas, Tellus, pollentibus instruis herbis ;
Auræque, et venti, montesque, amnesque, lacusque,
Dique omnes nemorum, dique omnes noctis, adeste :
Quorum ope, quum volui, ripis mirantibus, amnes
In fontes rediere suos ; concussaque sisto,
Stantia concutio cantu freta ; nubila pello,
Nubilaque induco ; ventos abigoque vocoque ;
Vipereas rumpo verbis et carmine fauces ;
Vivaque saxa sua convulsaque robora terra,
Et silvas moveo ; jubeoque tremiscere montes,
Et mugire solum, manesque exire sepulcris.

Seuls, les astres brillent dans le ciel. Médée, élevant les bras, se tourne trois fois de leur côté, trois fois elle répand sur sa chevelure l'onde puisée à un fleuve, trois fois elle perce l'air de ses cris. Enfin fléchissant un genou sur la terre dure :

III

« O Nuit, dit-elle, discrète confidente des mystères, astres étincelants qui succédez avec la lune aux feux du jour ; et toi, triple Hécate, qui vois et secondes nos entreprises ; enchantements, arts magiques, Terre qui fournis aux magiciennes des herbes puissantes, airs, vents, montagnes, fleuves, lacs, vous tous dieux des forêts, et dieux de la nuit, venez à mon secours. C'est par vous que je force, quand je le veux, les fleuves à remonter vers leurs sources entre leurs rives étonnées ; c'est par vous que je puis calmer les flots agités, soulever les mers paisibles, dissiper et amonceler les nuages, chasser et appeler les vents, faire crever les serpents par des paroles magiques, déraciner les rochers et les arbres arrachés à leur sol natal, et transporter les forêts ; c'est par vous enfin que je fais trembler les montagnes, mugir le sol, et que j'oblige

sidera sola micant.	les astres seuls brillent.
Ad quæ,	Vers lesquels,
tendens sua brachia,	étendant ses bras,
convertit se ter,	elle s'est tournée trois-fois,
irroravit ter crinem	elle a arrosé trois-fois sa chevelure
aquis sumptis de flumine,	avec des eaux prises du fleuve, [ments,
solvit ora ternis ululatibus,	elle a ouvert sa bouche par trois hurle-
et poplite submisso	et *son* jarret étant abaissé
in terra dura :	sur la terre dure :

III. — INVOCATION DE MÉDÉE. ÉSON EST RAJEUNI.

Nox, ait, fidissima arca- astraque aurea |nis,	Nuit, dit-elle, très-fidèle aux se- et *vous* astres dorés [crets,
quæ succeditis cum luna	qui succédez avec la lune
ignibus diurnis,	aux feux du-jour,
tuque, Hecate triceps,	et toi, Hécate à-trois-têtes,
quæ venis conscia	qui viens complice
adjutrixque	et aide
nostris cœptis;	à nos entreprises;
cantusque, artesque magarum,	et enchantements, et arts des magiciennes,
Tellusque quæ instruis magas	et Terre qui pourvois les magiciennes
herbis pollentibus, [que,	d'herbes puissantes,
auræque, et venti, montes- amnesque, lacusque,	et airs, et vents, et montagnes, et fleuves, et lacs,
omnesque di nemorum,	et *vous* tous dieux des forêts,
omnesque di noctis,	et *vous* tous dieux de la nuit,
adeste :	soyez-présents : [voulu,
ope quorum, quum volui,	*vous*, par le secours desquels, quand j'ai
amnes rediere in suos fontes,	les fleuves sont retournés à leurs sources,
ripis mirantibus ;	les rives s'étonnant ;
sistoque cantu freta concussa,	et j'arrête par un enchantement les mers agitées,
concutio stantia ;	j'agite *les mers* immobiles ;
pello nubila,	je repousse les nuages,
inducoque nubila ;	et j'amène les nuages ;
abigoque vocoque ventos ;	et je chasse et j'appelle les vents ;
rumpo verbis et carmine fauces vipereas ;	je fais-crever par des paroles et un chant les gorges des-vipères ;
et moveo saxa viva roboraque convulsa sua terra,	et je déplace les rochers vivants et les chênes arrachés de leur terre,
et silvas ;	et les forêts ;
jubeoque montes tremiscere,	et j'ordonne les montagnes trembler,
et solum mugire,	et le sol mugir,

Vos mihi taurorum flammas hebetastis, et unco
Impatiens oneris collum pressistis aratro.
Vos serpentigenis in se fera bella dedistis,
Custodemque rudem somni sopistis, et aurum,
Vindice decepto, Graias misistis in urbes.
Nunc opus est succis, per quos renovata senectus
In florem redeat, primosque recolligat annos.
Et dabitis ; neque enim micuerunt [1] sidera frustra,
Nec frustra, volucrum tractus cervice draconum,
Currus adest. » Aderat demissus ab æthere currus.
Quo simul ascendit, frenataque colla draconum
Permulsit, manibusque leves agitavit habenas,
Sublimis rapitur, subjectaque Thessala Tempe
Despicit, et lætis regionibus applicat angues,
Et quas Ossa tulit, quas altus Pelion herbas,
Othrysque[2], Pindusque, et Pindo major Olympus,
Perspicit ; et placitas partim radice revellit,
Partim succidit curvamine falcis ahenæ.
    Et jam nona dies curru pennisque draconum

les morts à sortir de leurs tombes. Pour m'obéir, vous avez amorti les flammes que vomissaient les taureaux ; vous avez pressé de la charrue recourbée leur cou impatient de tout fardeau. Vous avez animé les uns contre les autres d'une fureur cruelle les guerriers nés des dents du serpent ; vous avez endormi le gardien qui ne connaissait pas le sommeil, et, trompant sa vigilance, vous avez envoyé la toison d'or dans les villes de la Grèce. Maintenant j'ai besoin de sucs qui rajeunissent la vieillesse, lui rendent la fleur de l'âge et lui fassent retrouver les premières années. Ces sucs vous me les donnerez ; car ce n'est pas en vain que les astres ont brillé dans le ciel, ce n'est pas en vain que je vois ce char traîné par des dragons ailés. » Et en effet, un char était descendu du haut des airs. Elle y monte, caresse le cou des serpents soumis au frein, et agitant de ses mains les rênes légères, elle s'élève dans les cieux, plane sur la vallée thessalienne de Tempé, et dirige les dragons vers de fertiles contrées. Là elle examine les herbes qu'a portées l'Ossa et celles qu'ont produites le haut Pélion, et l'Othrys, et le Pinde, et l'Olympe plus grand que le Pinde. Celles qu'elle choisit, elle les enlève avec leur racine, ou les coupe avec une faucille d'airain recourbée.
    Et déjà neuf jours et neuf nuits l'avaient vue parcourir toutes

manesque exire sepulcris.	et les mânes sortir des sépulcres.
Vos hebetastis mihi	Vous vous avez émoussé pour moi
flammas taurorum,	les flammes des taureaux,
et pressistis	et vous avez pressé
aratro unco	de la charrue recourbée
collum impatiens oneris.	*leur* cou impatient d'un fardeau.
Vos dedistis	Vous avez donné
serpentigenis	aux *hommes* nés-du-serpent
fera bella in se,	de cruelles guerres contre eux-mêmes,
sopistisque custodem	et vous avez assoupi le gardien
rudem somni,	étranger au sommeil,
et misistis aurum	et vous avez envoyé l'or (la toison d'or)
in urbes Graias,	dans les villes grecques,
vindice decepto.	le défenseur *de cet* or ayant été trompé.
Nunc est opus succis,	Maintenant il est besoin de sucs [velée
per quos senectus renovata	au moyen desquels la vieillesse renou-
redeat in florem,	revienne à la fleur *de l'âge,*
recolligatque primos annos.	et reprenne les premières années.
Et dabitis ;	Et vous *me* les donnerez;
neque enim sidera	ni en effet les astres
micuerunt frustra,	n'ont brillé en vain,
nec currus tractus cervice	ni le char traîné par le cou
draconum volucrum	de dragons ailés
adest frustra.	n'est-présent en-vain.
Currus demissus ab æthere	Un char descendu de l'éther
aderat.	était-présent.
Quo simul adscendit,	Dans-lequel dès qu'elle fut montée,
permulsitque	et *qu'*elle eut caressé
colla frenata draconum,	les cous bridés des dragons,
agitavitque manibus	et *qu'*elle eut secoué de *ses* mains
habenas leves,	les rênes légères,
rapitur sublimis,	elle est enlevée haute (dans les airs),
despicitque Thessala Tempe	et elle voit-d'en-haut la thessalienne
subjecta,	placée-sous *elle*, [Tempé
et applicat angues	et elle dirige les serpents
regionibus lætis,	vers des contrées heureuses,
et perspicit herbas	et elle examine les herbes
quas Ossa tulit,	que l'Ossa a portées,
quas altus Pelion,	*celles* que le haut Pélion a *portées,*
Othrysque Pindusque,	et l'Othrys et le Pinde,
et Olympus major Pindo;	et l'Olympe plus grand que le Pinde,
et revellit partim radice	et elle arrache en-partie par *leur* racine
placitas,	*celles* qui-lui-ont plu,
succidit partim	elle *les* coupe en-partie [rain.
curvamine falcis ahenæ.	avec la courbure d'une faucille d-'ai-
Et jam nona dies	Et déjà le neuvième jour
nonaque nox viderat	et la neuvième nuit *l'*avaient vue

Nonaque nox omnes lustrantem viderat agros,
Quum rediit ; neque erant tacti nisi odore dracones,
Et tamen annosæ pellem posuere senectæ.
Constitit adveniens citra limenque foresque ;
Et tantum cœlo tegitur, refugitque viriles
Adspectus, statuitque aras e cespite binas,
Dexteriore Hecates, at læva parte, Juventæ.
Quas ubi verbenis silvaque incinxit agresti,
Haud procul egesta scrobibus[1] tellure duabus,
Sacra facit, cultrosque in guttura velleris atri
Conjicit, et patulas perfundit sanguine fossas.
Tum super invergens liquidi carchesia Bacchi,
Alteraque invergens tepidi carchesia lactis,
Verba simul fundit, terrenaque numina poscit,
Umbrarumque rogat rapta cum conjuge regem,
Ne properent artus anima fraudare senili[2].
Quos ubi placavit precibusque et murmure longo,
Æsonis effetum proferri corpus ad aras
Jussit, et in plenos resolutum carmine somnos,
Exanimi similem, stratis porrexit in herbis.

les campagnes sur son char traîné par des dragons ailés. Lorsqu'elle revint, ces dragons n'avaient fait que respirer l'odeur des plantes, et, cependant ils dépouillèrent leur antique vieillesse. A son arrivée elle, s'arrête hors du seuil du palais, et sans autre abri que la voûte des cieux, fuyant l'aspect de son époux, elle élève deux autels de gazon, l'un à droite à Hécate, l'autre à gauche à la Jeunesse. Elle les entoure de verveines et de branches arrachées aux forêts, et après avoir non loin de là creusé deux fosses dans la terre, elle fait un sacrifice, enfonce le couteau dans la gorge d'un bélier à la toison noire, et inonde de sang les fosses béantes. Puis elle verse dessus une coupe remplie de la liqueur de Bacchus, et une autre pleine d'un lait tiède. En même temps elle prononce des paroles, appelle les dieux souterrains, et prie le roi des Ombres avec l'épouse qu'il a enlevée de ne pas se montrer impatients de ravir au vieillard un faible souffle. Quand elle les a apaisés par de longues prières prononcées à voix basse, elle fait apporter auprès des autels le corps épuisé d'Éson ; elle le plonge par des chants mystérieux dans un profond sommeil, et l'étend inanimé sur un lit d'herbes.

lustrantem omnes agros	parcourant tous les champs
curru pennisque draconum,	sur le char et sur les ailes des dragons,
quum rediit;	lorsqu'elle revint ;
neque dracones tacti erant	ni les dragons n'avaient été touchés
nisi odore,	sinon par l'odeur *des herbes*,
et tamen posuere pellem	et cependant ils déposèrent la peau
senectæ annosæ.	de *leur* vieillesse antique.
Constitit adveniens	Elle s'arrêta en arrivant
citra limenque foresque,	en-deçà et du seuil et des portes,
et tegitur tantum cœlo,	et elle est couverte seulement par le ciel,
refugitque adspectus viriles,	et elle fuit les aspects virils,
statuitque binas aras	et elle élève deux autels
e cespite,	de gazon,
parte dexteriore Hecates,	du côté droit *un autel* d'Hécate, [nesse.
at læva Juventæ.	mais du gauche *un autel* de la Jeu-
Quas ubi incinxit	Lesquels dès qu'elle eut entourés
verbena silvaque agresti,	de verveine et de bois champêtre,
tellure egesta haud procul	la terre ayant été retirée non loin
duabus scrobibus,	par deux fosses,
facit sacra,	elle fait des sacrifices,
conjicitque cultros	et elle enfonce les couteaux [bis) noire,
in guttura velleris atri,	dans des gorges d'une toison (d'une bre-
et perfundit sanguine	et elle inonde de sang
fossas patulas.	les fosses béantes.
Tum invergens super	Puis versant dessus
carchesia Bacchi liquidi,	des coupes de Bacchus liquide,
invergensque	et versant
altera carchesia	les autres coupes
lactis tepidi,	d'un lait tiède,
fundit verba simul,	elle répand des paroles en-même temps,
poscitque numina terrena,	et appelle les divinités souterraines,
rogatque regem Umbrarum	et prie le roi des Ombres
cum conjuge rapta,	avec l'épouse qu'il a ravie,
ne properent	pour qu'ils ne se hâtent pas
fraudare artus	de priver les membres *d'Éson*
anima senili.	d'un souffle sénile.
Quos ubi placavit	Lesquels *dieux* dès qu'elle eut apaisés
precibusque	et par des prières
et longo murmure,	et par un long murmure,
jussit corpus effetum	elle ordonna le corps épuisé
Æsonis	d'Éson
proferri ad aras,	être porté vers les autels,
et porrexit	et elle allongea
in herbis stratis	sur des herbes étendues
similem exanimi,	Éson semblable à un *homme* inanimé,
resolutum carmine	détendu par un enchantement
in somnos plenos.	dans des sommeils complets.

Hinc procul Æsonidem, procul hinc jubet ire ministros,
Et monet arcanis oculos removere profanos :
Diffugiunt jussi. Sparsis Medea capillis
Bacchantum ritu flagrantes circuit aras,
Multifidasque faces in fossa sanguinis atri
Tingit, et infectas geminis accendit in aris,
Terque senem flamma, ter aqua, ter sulfure lustrat.
   Interea validum posito medicamen aheno
Fervet, et exsultat, spumisque tumentibus albet.
Illic Hæmonia radices valle resectas,
Seminaque et flores, et succos incoquit acres ;
Adjicit extremo lapides Oriente petitos,
Et quas Oceani refluum mare ¹ lavit arenas ;
Addit et exceptas luna pernocte pruinas,
Et strigis ² infames ipsis cum carnibus alas,
Vivacisque jecur cervi ; quibus insuper addit
Ora caputque novem cornicis sæcula passæ.
His et mille aliis postquam sine nomine rebus
Propositum instruxit mortali barbara munus ³,
Arenti ramo jampridem mitis olivæ

Elle ordonne au fils d'Éson, elle ordonne à ses serviteurs de s'éloigner ; elle veut qu'aucun œil profane ne contemple ces mystères. A sa voix ils se retirent. Alors, les cheveux épars comme une Bacchante, Médée fait le tour des autels où brûle le feu sacré ; elle trempe dans les fosses remplies de sang noir des torches formées de bois fendu ; puis elle les allume sur les deux autels, et purifie le vieillard trois fois avec la flamme, trois fois avec de l'eau, trois fois avec du soufre.

   Cependant le philtre puissant bouillonne dans un vaisseau d'airain qu'entoure la flamme ; la liqueur déborde, et, en se soulevant, elle se couvre d'une blanche écume. Là Médée fait cuire les racines, qu'elle a coupées dans les vallées de la Thessalie, les graines, les fleurs et les sucs énergiques que produit cette contrée. Elle y ajoute et des pierres venues de l'extrême orient, et des sables qu'a baignés le flux de l'océan. Elle y joint des gouttes gelées de rosée, recueillies pendant une nuit claire, les ailes et le corps d'un strige odieux, et le foie d'un cerf vivace ; elle y ajoute aussi le bec et la tête d'une corneille qui avait porté le poids de neuf générations. Lorsque la barbare, avec ces substances et mille autres sans nom, eut préparé pour le vieillard moribond le breuvage qu'elle lui destinait, elle mélange le tout avec la branche depuis longtemps desséchée d'un olivier

Jubet Æsonidem	Elle ordonne le fils-d'-Éson
ire procul hinc,	aller loin de-là,
ministros ire procul hinc,	les serviteurs aller loin de-là,
et monet	et elle avertit
removere arcanis	d'éloigner de *ces* secrets
oculos profanos.	les yeux profanes.
Jussi diffugiunt.	Ayant reçu-l'ordre ils se dispersent.
Medea, capillis sparsis	Médée, les cheveux épars
ritu Bacchantum,	à la manière des Bacchantes,
circuit aras flagrantes,	va-autour des autels enflammés,
tingitque faces	et elle trempe des torches *de bois*
multifidas	fendues-en-plusieurs-parties
in fossa sanguinis atri,	dans la fosse d'un sang noir,
et accendit in geminis aris	et elle allume sur les deux autels
infectas,	*ces torches* pénétrées *de sang*,
lustratque senem	et elle purifie le vieillard [l'eau
ter flamma, ter aqua,	trois-fois avec la flamme, trois-fois avec
ter sulfure.	trois fois avec le soufre.
Interea	Cependant
medicamen validum,	le philtre puissant,
aheno posito,	la chaudière étant placée-*sur le feu*,
fervet, et exsultat,	bouillonne, et saute-en-débordant,
albetque	et il blanchit
spumis tumentibus.	par des écumes qui-enflent.
Incoquit illic radices	Elle (Médée) fait-cuire là les racines
resectas valle Hæmonia,	coupées dans la vallée hémonienne,
seminaque et flores	et les graines et les fleurs
et succos acres ;	et les sucs pénétrants ;
adjicit lapides	elle ajoute des pierres
petitos extremo Oriente,	cherchées de l'extrême orient,
et arenas	et des sables
quas mare Oceani refluum	que la mer de l'océan qui-a-un-reflux
lavit;	a lavés ;
addit et pruinas	elle joint aussi de la gelée-blanche
exceptas luna pernocte,	recueillie par une lune qui-dure-toute
et alas infames strigis	et les ailes décriées du strige [la-nuit,
cum carnibus ipsis,	avec les chairs elles-mêmes,
jecurque cervi vivaci ;	et le foie d'un cerf vivace ;
quibus addit insuper	auxquels elle joint en-outre [neille
ora caputque cornicis	la bouche (le bec) et la tête d'une cor-
passæ novem secula.	ayant supporté neuf générations.
Postquam barbara	Après-que la barbare
instruxit his rebus	eut préparé avec ces substances
et mille aliis sine nomine	et mille autres sans nom
munus propositum mortali,	le présent destiné au mortel,
confudit omnia	elle mélangea tout [tivé),
ramo olivæ mitis,	avec une branche d'un olivier doux (cul-

Omnia confudit, summisque immiscuit ima.
Ecce vetus calido versatus stipes aheno
Fit viridis primo, nec longo tempore frondes
Induit, et subito gravidis oneratur olivis;
At quacumque cavo spumas ejecit aheno
Ignis, et in terram guttæ cecidere calentes,
Vernat humus, floresque et mollia pabula surgunt.
Quæ simul ac vidit, stricto Medea recludit
Ense senis jugulum, veteremque exire cruorem
Passa, replet succis. Quos postquam combibit Æson
Aut ore acceptos aut vulnere, barba comæque,
Canitie posita, nigrum rapuere colorem.
Pulsa fugit macies, abeunt pallorque situsque;
Adjectoque cavæ supplentur corpore rugæ,
Membraque luxuriant. Æson miratur, et olim
Ante quater denos hunc se reminiscitur annos.

IV. — LES FILLES DE PÉLIAS DEMANDENT A MÉDÉE LE MÊME MIRACLE. PERFIDIE DE LA MAGICIENNE.
(V. 304-349.)

Spes est virginibus Pelia¹ subjecta creatis,
Arte suum parili revirescere posse parentem,
Idque petunt, pretiumque jubent sine fine pacisci.

vier aux doux fruits. Pendant qu'elle fait remonter à la surface ce qui était au fond du vase, tout à coup le rameau aride qu'elle tourne dans l'airain échauffé, reverdit d'abord; bientôt après il se couvre de feuilles, puis se charge d'olives pesantes. Partout où la flamme fait jaillir l'écume hors du vaisseau profond, partout où des gouttes brûlantes tombent sur le sol, la terre revêt la parure du printemps, les fleurs y croissent ainsi que l'herbe tendre. A la vue de ces prodiges, Médée, une épée nue à la main, ouvre la gorge d'Éson; elle en laisse couler le sang vieilli, et le remplace par des sucs magiques. Éson les absorbe par sa bouche ou par sa blessure; et aussitôt sa barbe et sa chevelure, de blanches deviennent noires. Sa maigreur disparaît; sa pâleur et sa décrépitude s'évanouissent; un embonpoint nouveau efface ses rides profondes; ses membres sont pleins de vigueur. Étonné, il se retrouve tel qu'il était il y a quarante ans.

IV

Les filles de Pélias conçoivent l'espérance de voir leur père rajeunir par des moyens semblables. Elles demandent cette grâce à Médée, et la prient de fixer une récompense à laquelle elles ne mettent point de borne.

arenti jampridem,	desséchée depuis longtemps,
immiscuitque ima summis.	et elle mêla le bas au haut.
Ecce vetus stipes	Voici que le vieux rameau
versatus aheno calido	tourné dans la chaudière échauffée
fit primo viridis,	devient d'abord vert,
et induit frondes	et revêt des feuilles
tempore non longo,	dans un temps *qui n'est* pas long,
et oneratur subito	et se-charge subitement
olivis gravidis;	d'olives pesantes;
at quacumque ignis	mais partout-où le feu [creuse,
ejecit spumas aheno cavo,	a jeté des-écumes-hors de la chaudière
et guttæ calentes	et *là où* des gouttes chaudes
cecidere in terram,	sont tombées à terre,
humus vernat,	la terre devient-printanière,
floresque et pabula mollia	et des fleurs et des pâturages tendres
surgunt.	s'élèvent.
Quæ simul ac Medea vidit,	Lesquels *signes* dès que Médée a vus,
recludit jugulum senis	elle ouvre la gorge du vieillard
ense stricto,	avec une épée tirée *du fourreau*,
passaque	et ayant souffert
veterem sanguinem exire,	le vieux sang sortir,
replet succis.	elle remplit *cette gorge* de sucs.
Quos postquam Æson	Lesquels après qu'Éson
combibit	eut absorbés [sure,
acceptos aut ore aut vulnere,	reçus ou par la bouche ou par la bles-
barba comæque,	la barbe et les cheveux,
canitie deposita,	*leur* blancheur ayant été déposée,
rapuere colorem nigrum.	saisirent la couleur noire.
Macies pulsa fugit,	La maigreur repoussée fuit,
pallorque situsque abeunt,	et la pâleur et la moisissure s'en vont,
rugæque cavæ supplentur	et les rides creuses sont remplies
corpore adjecto,	d'un corps (d'un embonpoint) ajouté,
membraque luxuriant.	et les membres sont-d'une-force-luxu-
Æson miratur,	Éson s'étonne, [riante.
et reminiscitur se hunc olim	et se rappelle soi *avoir été* celui-ci (tel)
ante quater denos annos.	avant quatre-fois dix ans.

IV. — LES FILLES DE PÉLIAS DEMANDENT A MÉDÉE LE MÊME MIRACLE. PERFIDIE DE LA MAGICIENNE.

Spes subjecta est	L'espérance fut suggérée
virginibus creatis Pelia,	aux jeunes filles engendrées par Pélias,
suum parentem posse	leur père pouvoir
revirescere arte parili;	reverdir (rajeunir) par un moyen pareil;
petuntque,	et elles *le* demandent *à Médée*,
jubentque pacisci	et *l'*invitent à stipuler
pretium sine fine.	une récompense sans borne.

Illa brevi spatio silet, et dubitare videtur,
Suspenditque animos, ficta gravitate, rogantum.
Mox ubi pollicita est : « Quo sit fiducia major
Muneris hujus, ait, qui vestras maximus ævo est
Dux gregis inter oves, agnus medicamine fiet. »
Protinus innumeris effetus laniger annis
Attrahitur, flexo circum cava tempora cornu.
Cujus ut Hæmonio marcentia guttura cultro
Fodit, et exiguo maculavit sanguine ferrum,
Membra simul pecudis validosque venefica succos
Mergit in ære cavo; minuunt ea corporis artus,
Cornuaque exurunt, necnon cum cornibus annos,
Et tener auditur medio balatus aheno.
Nec mora, balatum mirantibus, exsilit agnus,
Lascivitque fuga, lactantiaque ubera quærit.
Obstupuere satæ Pelia, promissaque postquam
Exhibuere fidem, tum vero impensius instant.
　　Ter juga Phœbus equis in Ibero gurgite mersis
Dempserat, et quarta radiantia nocte micabant
Sidera, quum rapido fallax Æetias igni
Imponit purum laticem, et sine viribus herbas.
Jamque neci similis, resoluto corpore, regem,

La magicienne garde quelque temps le silence; elle paraît hésiter, et, par sa gravité feinte, tient en suspens celles qui l'implorent. Enfin elle promet. « Pour augmenter votre confiance dans mon art, dit-elle, le bélier le plus vieux de vos troupeaux redeviendra agneau par la puissance de ce philtre. » Aussitôt on lui amène un bélier épuisé de vieillesse, et dont les cornes se recourbaient autour de ses tempes décharnées. Elle plonge dans son cou flétri un couteau thessalien que rougissent à peine quelques gouttes de sang, puis elle jette dans l'airain creux les membres de l'animal et des sucs énergiques. Ces substances rapetissent ses os, consument ses cornes; il se dépouille de ses années, et un tendre bêlement sort du milieu du vase. Aussitôt les filles de Pélias étonnées de ce bêlement voient bondir un agneau, qui fuit en folâtrant, et cherche une mamelle gonflée de lait. Frappées de stupeur par l'accomplissement de cette promesse, elles redoublent d'instances auprès de Médée.

　　Trois fois Phébus avait dételé ses coursiers plongés dans les mers d'Ibérie; la nuit avait pour la quatrième fois allumé ses brillants flambeaux, quand la fille perfide d'Éétès mit sur un feu ardent de l'eau pure et des herbes sans forces. Déjà le roi et avec lui les gardes

Illa silet brevi spatio,	Celle-ci se tait *pendant* un court espace,
et videtur dubitare,	et elle paraît hésiter, [feinte
suspenditque gravitate ficta	et elle tient-en-suspens par une gravité
animos rogantum.	les esprits de *celles* qui *la* prient.
Mox ubi pollicita est :	Bientôt-après dès qu'elle eut promis :
Quo fiducia major, ait,	Afin qu'une confiance plus grande, dit-
sit hujus muneris,	soit, de cette (dans) cette faveur, [elle,
dux gregis,	le conducteur du troupeau,
qui est maximus ævo	qui est le plus grand par l'âge
inter vestras oves,	parmi vos brebis,
fiet agnus medicamine.	deviendra agneau par le philtre.
Protinus laniger	Aussitôt un porte-laine (un bélier)
effetus annis innumeris	épuisé par des années innombrables
attrahitur,	est traîné-vers *elle*,
cornu flexo	la corne courbée
circum tempora cava.	autour des tempes creuses.
Cujus ut fodit	Duquel dès qu'elle eut percé
cultro Hæmonio,	avec un couteau hémonien,
colla marcentia,	le cou flétri,
et maculavit ferrum	et *qu'*elle eut taché le fer
sanguine exiguo,	d'un sang peu-abondant,
venefica mergit in ære cavo	la magicienne plonge dans l'airain creux
simul membra pecudis,	en-même-temps les membres de l'animal,
succosque validos ;	et des sucs puissants ; [corps,
ea minuunt artus corporis,	ces *substances* diminuent les membres du
exuruntque cornua,	et brûlent les cornes,
necnon annos cum cornibus,	et aussi les années avec les cornes,
et balatus tener auditur	et un bêlement tendre est entendu
medio aheno.	du milieu de la chaudière. [bondissant,
Nec mora, agnus exsilit,	Et pas de retard, un agneau sort-en-
mirantibus balatum,	*elles* s'étonnant du bêlement,
lascivitque fuga,	et s'ébat *dans sa* fuite,
quæritque ubera lactantia.	et cherche des mamelles pleines-de-lait.
Satæ Peliā obstupuere,	Les filles de Pélias furent stupéfaites,
postquamque promissa	et après que les promesses
exhibuere fidem,	eurent montré la foi (l'accomplissement),
tum vero	alors certes
instant impensius. [juga	elles pressent avec-plus-d'ardeur.
Phœbus dempserat ter	Phébus avait ôté trois-fois les jougs
equis mersis in gurgite Ibero,	à *ses* chevaux plongés dans le gouffre
et sidera radiantia	et les astres rayonnants [ibérien,
micabant quarta nocte,	brillaient la quatrième nuit,
quum fallax Aetias	lorsque la perfide fille-d'-Éétès
imponit igni rapido	place-sur le feu dévorant
laticem purum	une onde pure
et herbas sine viribus.	et des herbes sans force. [mort
Jamque somnus similis neci	Et déjà un sommeil très-semblable à la

Et cum rege suo custodes somnus habebat,
Quem dederant cantus magicæque potentia linguæ.
Intrarant jussæ cum Colchide limina natæ,
Ambierantque torum : « Quid nunc dubitatis inertes?
Stringite, ait, gladios, veteremque haurite cruorem,
Ut repleam vacuas juvenili sanguine venas.
In manibus vestris vita est ætasque parentis;
Si pietas ulla est, nec spes agitatis inanes,
Officium præstate patri, telisque senectam
Exigite, et saniem conjecto emittite ferro. »
His, ut quæque pia est, hortatibus impia prima est,
Et, ne sit scelerata, facit scelus : haud tamen ictus
Ulla suos spectare potest, oculosque reflectunt,
Cæcaque dant sævis aversæ vulnera dextris.
Ille cruore fluens, cubito tamen allevat artus,
Semilacerque toro tentat consurgere, et inter
Tot medius gladios pallentia brachia tendens :
« Quid facitis, natæ? Quis vos in fata parentis
Armat? » ait. Cecidere illis animique manusque.

étaient plongés dans un profond sommeil, voisin de la mort : c'était l'effet des enchantements puissants d'une langue habile dans la magie. Obéissant à Médée, les filles de Pélias entrent dans la demeure de leur père, et entourent son lit : « Pourquoi, leur dit-elle, hésitez-vous maintenant? Pourquoi restez-vous immobiles? Tirez vos épées, et répandez un sang vieilli, si vous voulez que je remplisse d'un sang jeune des veines devenues vides. C'est en vos mains que sont et la vie et l'âge de votre père. Si vous avez pour lui quelque tendresse, si vous n'aimez pas à caresser de vaines espérances, rendez-lui cet office; que le fer le débarrasse de sa vieillesse; que le fer ouvre un passage à son sang appauvri. » Égarée par ces exhortations, la plus pieuse est la première à devenir impie; elle commet un crime pour n'être pas criminelle. Aucune cependant n'ose considérer les coups qu'elle porte; elles détournent les yeux, et dans cette attitude elles font de leurs mains cruelles des blessures qu'elles ne voient pas. Pélias tout sanglant se redresse sur son coude; à moitié dépecé, il essaye de se lever, et entre tant d'épées qui l'entourent tendant ses bras décolorés : « Que faites-vous, mes filles? Qui vous arme, dit-il, contre les jours de votre père? » A ces mots leur résolution les abandonne; leurs bras tombent.

quem cantus	sommeil que les enchantements
potentiaque linguæ magicæ	et la puissance d'une langue magique
dederant,	avaient donné,
habebat regem,	tenait le roi (s'était emparé du roi),
corpore soluto,	son corps étant détendu,
et custodes cum suo rege.	et *tenait* les gardes avec leur roi.
Natæ jussæ	Ses filles en-ayant-reçu-l'ordre
intrarant limina	avaient franchi les seuils (le seuil)
cum Colchide,	avec la Colchidienne,
ambierantque torum :	et avaient entouré le lit :
Quid nunc	Pourquoi maintenant
dubitatis inertes?	hésitez-vous inactives?
Stringite, ait, gladios,	Tirez, dit-elle, les épées,
hauriteque	et épuisez
veterem cruorem,	un vieux sang,
ut repleam venas vacuas	afin que je remplisse *ses* veines vides
sanguine juvenili.	d'un sang jeune.
Vita ætasque parentis	La vie et l'âge de *votre* père
est in vestris manibus;	est (sont) dans vos mains ;
si ulla pietas est,	si quelque piété *filiale* est *en vous*,
nec agitatis spes inanes,	et *si* vous n'agitez pas des espérances vai-
præstate officium patri,	rendez service à *votre* père, [nes,
exigiteque senectam telis,	et chassez la vieillesse par des armes,
et emittite saniem	et faites-sortir un sang-altéré
ferro conjecto.	le fer étant enfoncé.
Ut quæque est pia	Selon que chacune est pieuse
est prima impia	elle est la première impie
his hortatibus,	par-l'effet-de ces exhortations,
et facit scelus,	et elle fait un crime,
ne sit scelerata :	pour qu'elle ne soit pas criminelle :
tamen haud ulla potest	cependant aucune ne peut [te),
spectare suos ictus,	regarder ses coups (les coups qu'elle por-
reflectuntque oculos,	et elles détournent les yeux,
aversæque	et détournées
dant dextris sævis	elles donnent de leurs mains cruelles
vulnera cæca.	des blessures aveugles (qu'elles ne voient
Ille fluens cruore,	Celui-ci ruisselant de sang, [pas).
allevat tamen artus cubito,	lève cependant *ses* membres sur *son* coude,
semilacerque	et à-moitié-déchiré,
tentat consurgere toro,	il essaye de se lever de *son* lit,
et medius inter tot gladios	et au-milieu entre tant-de glaives
tendens brachia pallentia :	tendant *ses* bras pâlissants :
Quid facitis, natæ?	Que faites-vous, *mes* filles?
Quis armat vos, ait,	Qui arme vous, dit-il,
in fata parentis?	contre les destinées (les jours) d'un père?
Animique manusque	Et les courages et les mains
cecidere illis.	tombèrent à elles.

Plura locuturo cum verbis guttura Colchis
Abstulit, et calidis laniatum mersit in undis.

V. — ÉAQUE, ROI D'ÉGINE, RACONTE LA PESTE QUI A DÉSOLÉ CE PAYS.
(V. 525-613.)

    Dum visum est mortale malum [1], tantæque latebat
Causa nocens cladis, pugnatum est arte medendi :
Exitium superabat opem, quæ victa jacebat.
Principio cœlum spissa caligine terras
Pressit, et ignavos inclusit nubibus æstus;
Dumque quater junctis explevit cornibus orbem
Luna, quater plenum tenuata retexuit orbem,
Letiferis calidi spirarunt flatibus austri.
Constat et in fontes vitium venisse lacusque,
Milliaque incultos serpentum multa per agros
Errasse, atque suis fluvios temerasse venenis.
Strage canum prima, volucrumque, oviumque, boumque,
Inque feris subiti deprensa potentia morbi.
Concidere infelix validos miratur arator
Inter opus tauros, medioque recumbere sulco.
Lanigeris gregibus, balatus dantibus ægros,

Pélias allait parler encore, mais Médée l'arrête en lui coupant la gorge; et après l'avoir mis en morceaux, elle le plonge dans l'onde qui bouillonne.

V

    Tant que le mal parut ordinaire, et que la cause d'un si grand désastre fut ignorée, on le combattit avec les secours de l'art; mais le fléau triomphait de remèdes impuissants. D'abord le ciel fit peser sur la terre un épais brouillard, et communiqua aux nuages une chaleur accablante. Quatre fois la lune forma son disque de ses croissants réunis, et quatre fois elle le défit rétrécissant sa face, pendant que soufflait l'haleine mortelle du brûlant Auster. Le mal attaqua les sources et les lacs; on vit des milliers de serpents errer dans les champs incultes, et souiller les fleuves de leur venin. Les premières victimes furent les chiens, les oiseaux, les brebis, les bœufs, les animaux sauvages; c'est par là qu'éclata soudain la violence du fléau. Le malheureux laboureur s'étonne de voir ses robustes taureaux tomber en travaillant et s'affaisser au milieu du sillon. Les brebis, poussant des bêlements plaintifs,

Colchis abstulit guttura cum verbis locuturo plura, et mersit in undis calidis laniatum.	La Colchidienne enleva (coupa) la gorge avec les paroles à *Pélias* allant-dire plus de choses, et elle plongea dans les ondes brûlantes *lui* mis-en-pièces.

V. — ÉAQUE, ROI D'ÉGINE, RACONTE LA PESTE QUI A DÉSOLÉ CE PAYS.

Dum malum visum est mortale, causaque nocens cladis tantæ latebat, pugnatum est arte medendi : exitium superabat opem, quæ jacebat victa. Principio cœlum pressit terram caligine spissa, et inclusit nubibus æstus ignavos ; dumque luna explevit quater orbem cornibus junctis, tenuata retexuit quater orbem, austri calidi spirarunt flatibus letiferis. Constat vitium venisse et in fontes lacusque, multaque millia serpentum errasse per agros incultos, atque temerasse fluvios suis venenis. Potentia mali subiti deprensa strage prima canum, volucrumque, oviumque, boumque, inque feris. Arator infelix miratur tauros validos concidere inter opus, recumbereque medio sulco. Lanæque cadunt sua sponte, et corpora tabent	Tant que le mal parut tenant-à-la-condition-mortelle, et *que* la cause funeste d'un désastre si-grand restait-cachée, on combattit par l'art de guérir : la destruction triomphait du secours, qui gisait vaincu. D'abord le ciel pressa la terre d'un brouillard épais, et enferma-dans les nuages des chaleurs énervantes ; et pendant que la lune remplit quatre-fois *son* disque de *ses* croissants réunis, *et que* diminuée elle détissa (défit) quatre-fois *son* disque, les autans chauds soufflèrent avec des haleines mortelles. Il est-constant le mal être parvenu et dans les sources et les lacs, et beaucoup *de* milliers de serpents avoir erré à-travers les champs incultes, et avoir souillé les fleuves de leurs poisons. La puissance du mal subit *fut* découverte par la destruction première des chiens, et des oiseaux, et des brebis, et des bœufs, et sur les bêtes-sauvages. Le laboureur malheureux s'étonne *ses* taureaux robustes tomber au-milieu du travail, et se coucher au milieu-du sillon. Et les laines tombent de leur propre-mouvement, et les corps se fondent

Sponte sua lanæque cadunt et corpora tabent.
Acer equus quondam, magnæque in pulvere famæ,
Degenerat palmas, veterumque oblitus honorum,
Ad præsepe gemit, leto moriturus inerti.
Non aper irasci meminit, nec fidere cursu
Cerva, nec armentis incurrere fortibus ursi.
Omnia languor habet ; silvisque, agrisque, viisque
Corpora fœda jacent ; vitiantur odoribus auræ.
Mira loquor : non illa canes, avidæque volucres,
Non cani tetigere lupi ; dilapsa liquescunt,
Afflatuque nocent, et agunt contagia late.
Pervenit ad miseros, damno graviore, colonos
Pestis, et in magnæ dominatur mœnibus urbis.
Viscera torrentur primo, flammæque latentis
Indicium rubor est, et ductus anhelitus igni ;
Aspera lingua tumet, tepidisque arentia venis
Ora patent, auræque graves captantur hiatu.
Non stratum, non ulla pati velamina possunt ;
Dura sed in terra ponunt præcordia, nec fit

perdent leur toison qui tombe d'elle-même, et leurs corps dépérissent. Le coursier, jadis fougueux, et renommé dans l'arène, déshonore ses palmes, et, oubliant ses anciens triomphes, gémit devant sa crèche, où l'attend une mort sans gloire. Que sont devenues la fureur du sanglier et la vitesse du cerf? L'ours ne se précipite plus sur les gros troupeaux. Tout languit : les forêts, les champs, les chemins sont jonchés de corps hideux dont l'odeur corrompt les airs, et, ce qu'il y a de plus étonnant, ni les chiens, ni les oiseaux de proie, ni les loups au poil grisâtre ne touchent à ces cadavres qui tombent en pourriture, et qui, par des exhalaisons funestes, répandent au loin la contagion. Le fléau, pour comble de malheur, atteint les malheureux laboureurs, et il domine dans la vaste enceinte de la ville. Il consume d'abord les entrailles : la rougeur de la peau, et une haleine brûlante révèlent la flamme secrète qu'il allume ; la langue devient âpre et s'enfle ; la bouche desséchée par le feu qui circule dans les veines, reste béante, et aspire un air empesté. Les malheureux ne peuvent supporter aucune couverture, ni le voile le plus léger ; ils posent sur la terre leur poitrine décharnée,

gregibus lanigeris,	aux troupeaux qui-portent-la-laine,
dantibus balatus ægros.	poussant des bêlements malades (plaintifs).
Equus acer quondam,	Le cheval vif autrefois,
magnæque famæ	et d'une grande renommée
in pulvere,	sur la poussière (dans le cirque),
degenerat palmas,	dégénéré-déshonore *ses* palmes,
oblitusque	et oublieux
veterum honorum,	de *ses* anciens honneurs,
gemit ad præsepe,	gémit devant la crêche
moriturus leto inerti.	devant mourir d'un trépas inactif.
Aper non meminit irasci,	Le sanglier ne se souvient pas de s'irriter,
nec cerva fidere cursu,	ni la biche de se fier à sa course,
nec ursi incurrere	ni les ours de se jeter-sur
fortibus armentis.	les forts troupeaux-de-bœufs.
Languor habet omnia :	La langueur a (s'empare de) tout :
corpora fœda jacent	des corps affreux gisent
silvisque, agrisque,	et dans les forêts, et dans les champs,
viisque ;	et dans les routes ;
auræ vitiantur odoribus.	les airs sont corrompus par *leurs* odeurs.
Loquor mira :	Je dis des choses étonnantes :
non canes,	ni les chiens
volucresque avidæ,	et les oiseaux avides, [ces *cadavres* ;
non lupi cani tetigere illa ;	ni les loups grisâtres ne touchèrent à
dilapsa liquescunt,	dissous ils se liquéfient,
nocentque afflatu,	et ils nuisent par l'émanation,
et agunt late contagia.	et ils poussent au-loin les contagions.
Pestis pervenit	Le fléau arrive
ad miseros colonos	aux malheureux laboureurs
damno graviore,	par un dommage plus grave,
et dominatur in mœnibus	et il domine dans les murailles
urbis magnæ.	de la ville grande.
Viscera torrentur primo,	Les entrailles sont brûlées d'abord,
ruborque,	et la rougeur,
et anhelitus ductus igni	et la respiration tirée avec du feu
est indicium	est (sont) l'indice
flammæ latentis.	de la flamme cachée.
Lingua aspera tumet,	La langue âpre s'enfle,
oraque patent,	et les bouches sont-ouvertes,
arentia venis tepidis,	desséchées par les veines tièdes,
auræque graves	et des airs pesants (empestés)
captantur hiatu.	sont aspirés par *cette* ouverture.
Non possunt pati stratum,	Ils ne peuvent souffrir une couverture,
non ulla velamina ;	ni aucuns voiles ;
sed ponunt in terra	mais ils posent sur la terre
præcordia dura ;	*leurs* poitrines dures ;
nec corpus fit gelidum	ni *leur* corps ne devient froid
humo,	par la terre,

Corpus humo gelidum, sed humus de corpore fervet.
Nec moderator adest, inque ipsos sæva medentes
Erumpit clades, obsuntque auctoribus artes.
Quo propior quisque est servitque fidelius ægro,
In partem leti citius venit. Utque salutis
Spes abiit, finemque vident in funere morbi,
Indulgent animis, et nulla, quid utile, cura est;
Utile enim nihil est. Passim, positoque pudore,
Fontibus et fluviis puteisque capacibus hærent;
Nec sitis est exstincta prius quam vita bibendo.
Inde graves multi nequeunt consurgere, et ipsis
Immoriuntur aquis; aliquis tamen haurit et illas;
Tantaque sunt miseris invisi tædia lecti,
Prosiliunt; aut, si prohibent consistere vires,
Corpora devolvunt in humum, fugiuntque penates
Quisque suos; sua cuique domus funesta videtur;
Et, quia causa latet, locus est in crimine notus.
Semianimes errare viis, dum stare valebant,
Adspiceres; flentes alios, terraque jacentes,

mais la terre ne rafraîchit pas leur corps; c'est leur corps qui échauffe la terre. Personne ne peut maîtriser le fléau; il sévit avec fureur contre les médecins eux-mêmes qui périssent victimes de leur art. Plus on est proche d'un malade, plus on le sert avec dévouement, plus vite on partage son sort. Tout espoir de salut a disparu : on ne voit plus que dans la mort la fin de ses souffrances; aussi se livre-t-on à ses caprices, sans se soucier de ce qui peut être utile, car rien n'est utile. Étendus de toute part, sans aucune retenue, ces malheureux ne peuvent s'arracher aux sources, aux fleuves et aux puits spacieux : c'est en vain qu'ils boivent, leur soif ne s'éteint qu'avec leur vie. Beaucoup d'entre eux, trop appesantis pour se lever, meurent dans ces eaux mêmes, et d'autres viennent encore s'y désaltérer. Telle est l'aversion que leur inspire un lit odieux, qu'ils sautent à bas, ou si leurs forces ne leur permettent pas de se tenir debout, ils se laissent rouler à terre. Chacun fuit ses pénates; chacun regarde sa maison comme une demeure mortelle; ignorant la cause de ce mal, ils accusent le lieu qu'ils connaissent. On les voyait errer à demi morts dans les rues, tant qu'ils pouvaient rester debout; d'autres pleurant et gisant à terre,

sed humus fervet	mais la terre s'échauffe
de corpore.	de *leurs* corps.
Nec moderator adest;	Ni un modérateur *du mal* n'est-présent;
cladesque erumpit sæva	et le fléau s'élance terrible [remèdes,
in ipsos medentes,	contre ceux-mêmes qui-apportent-des-
artesque obsunt	et les moyens (les remèdes) nuisent
auctoribus.	à *leurs* auteurs.
Quisque venit citius,	Chacun vient plus promptement
in partem leti,	en participation du trépas,
quo est propior ægro,	par *cela* qu'il est plus près du malade,
servitque fidelius.	et qu'il *le* sert plus fidèlement.
Utque spes salutis abiit,	Et comme l'espoir du salut s'en est allé,
videntque finem morbi	et qu'ils voient la fin de la maladie
in funere,	dans la mort, [penchants),
indulgent animis,	ils s'abandonnent à *leurs* esprits (leurs
et nulla cura est	et aucun souci n'est
quid utile;	quelle chose *peut être* utile;
nihil enim est utile.	rien en effet n'est utile.
Hærent passim,	Ils s'attachent çà et là,
pudoreque posito,	et la retenue ayant été déposée,
fontibus et fluviis	aux sources et aux fleuves,
puteisque capacibus; [bendo	et aux puits spacieux;
nec sitis exstincta est bi-	et *leur* soif n'est point éteinte en buvant
prius quam vita.	avant que *leur* vie *le soit*.
Multi graves	Beaucoup appesantis
nequeunt consurgere inde,	ne-peuvent se-lever de-là,
et immoriuntur aquis ipsis;	et ils meurent-sur les eaux mêmes;
aliquis tamen haurit	quelqu'un cependant puise (boit)
et illas;	même *ces* eaux-là;
tædiaque lecti invisi	et les dégoûts d'un lit détesté
sunt tanta miseris,	sont si-grands pour *ces* malheureux,
prosiliunt,	qu'ils sautent-à-bas,
aut, si vires prohibent	ou, si les forces *les* empêchent
consistere,	de se-tenir-debout,
devolvunt corpora	ils roulent *leurs* corps
in humum,	à terre,
fugiuntque	et ils fuient
quisque suos penates.	chacun leurs pénates.
Sua domus videtur cuique	Sa maison paraît à chacun
funesta;	funeste;
et quia causa latet,	et parce que la cause est-cachée,
locus notus est in crimine.	le lieu connu est en accusation.
Adspiceres	Tu verrais *des gens*
errare semianimes viis,	errer à-demi-morts dans les rues,
dum valebant stare;	tant qu'ils pouvaient se-tenir-debout,
alios flentes,	d'autres pleurant
jacentesque terra,	et gisant à terre,

Lassaque versantes supremo lumina motu;
Membraque pendentis tendunt ad sidera cœli,
Hic illic, ubi mors deprenderat, exhalantes.
 Quid mihi tunc animi fuit? aut quid debuit esse,
Ni vitam odissem, et cuperem pars esse meorum?
Quo se cumque acies oculorum flexerat, illic
Vulgus erat stratum, veluti quum putria motis
Poma cadunt ramis, agitataque ilice glandes.
Templa vides contra gradibus sublimia longis;
Jupiter illa tenet : quis non altaribus illis
Irrita tura dedit? quoties pro conjuge conjux,
Pro nato genitor, dum verba precantia dicit,
Non exoratis animam finivit in aris,
Inque manu turis pars inconsumpta reperta est!
Admoti quoties templis, dum vota sacerdos
Concipit, et fundit purum inter cornua vinum,
Haud exspectato ceciderunt vulnere tauri!
Ipse ego sacra Jovi pro me, patriaque, tribusque
Quum facerem natis, mugitus victima diros
Edidit, et subito collapsa sine ictibus ullis

roulaient par un suprême effort leurs yeux fatigués; ils lèvent les bras vers le ciel qui les écrase, et exhalent le dernier soupir là où la mort les a surpris.

 Quels furent ou quels durent être alors mes sentiments sinon de maudire la vie, et de vouloir partager le sort des miens? Partout où je tournais les yeux, j'apercevais une foule étendue à terre; ainsi tombent les fruits trop mûrs, lorsqu'on secoue les branches, ainsi tombent les glands de l'yeuse ébranlée. Tu vois en face un temple où l'on monte par une longue suite de degrés; il est consacré à Jupiter. Qui n'y porta point alors un encens inutile? Combien de fois l'époux priant pour son épouse, le père pour le fils, ne finirent-ils pas leurs jours au pied des autels sourds à leurs vœux! On trouvait dans leurs mains une partie de l'encens encore intacte. Combien de fois les taureaux amenés près des temples ne périrent-ils pas d'un mal imprévu, pendant que le prêtre prononçait des prières, et répandait un vin pur entre leurs cornes! Un jour que j'offrais à Jupiter un sacrifice pour ma patrie, mes trois enfants, et moi-même, la victime poussa de sinistres mugissements, et, s'affaissant tout à coup sans être frappée,

versantesque motu supremo lumina lassa;	et roulant par un mouvement suprême *leurs* yeux fatigués;
tenduntque membra ad sidera cœli pendentis,	et ils tendent les membres (les bras) vers les astres du ciel suspendu *sur eux*,
exhalantes hic illic,	exhalant *leur souffle* çà et là,
ubi mors deprenderat.	où la mort *les* avait surpris.
Quid animi fuit tunc mihi?	Quoi de sentiment (quel sentiment) fut alors à moi?
aut quid esse debuit,	ou quoi dut-il être,
ni odissem vitam,	sinon que je haïssais la vie,
et cuperem	et *que* je désirais
esse pars meorum?	être une partie des miens?
Quocumque acies oculorum se flexerat,	Partout-où la pénétration de *mes* yeux s'était tournée,
vulgus erat stratum illic,	la foule était étendue là,
veluti quum poma putria cadunt ramis motis,	comme lorsque des fruits pourris tombent des branches secouées,
glandesque	et *que* les glands *tombent*
ilice agitata.	l'yeuse ayant été agitée.
Vides contra templa sublimia longis gradibus;	Tu vois en-face des temples (un temple) élevés par de longs degrés;
Jupiter tenet illa:	Jupiter occupe ce *temple*:
quis non dedit tura irrita illis altaribus?	qui n'a pas donné des encens inutiles à ces autels là?
Quoties conjux, dum dicit verba precantia pro conjuge,	Combien-de-fois l'époux, pendant qu'il dit des paroles suppliantes pour l'épouse,
genitor pro nato,	le père pour le fils,
non finivit animam in aris non exoratis,	n'a-t-il pas fini *son* souffle sur les autels non-fléchis,
parsque turis reperta est inconsumpta in manu!	et une partie de l'encens a été trouvée non-consumée dans *leur* main!
Quoties tauri admoti templis ceciderunt	Combien-de fois les taureaux approchés des temples sont-ils tombés
vulnere haud exspectato,	d'une blessure inattendue,
dum sacerdos concipit vota,	pendant que le prêtre formule des vœux,
et fundit vinum purum inter cornua!	et répand un vin pur entre *leurs* cornes!
Quum facerem ego ipse sacra Jovi pro me,	Lorsque je faisais moi-même des sacrifices à Jupiter pour moi,
patriaque, tribusque natis,	*pour ma* patrie, et *mes* trois enfants,
victima edidit mugitus diros,	la victime poussa des mugissements sinistres,
et collapsa subito sine ullis ictibus,	et s'étant affaissée subitement sans aucuns coups,

Exiguo tinxit subjectos sanguine cultros.
Fibra quoque ægra notas veri, monitusque deorum
Perdiderat; tristes penetrant ad viscera morbi.
Ante sacros vidi projecta cadavera postes;
Ante ipsas, quo mors foret invidiosior, aras.
Pars animam laqueo claudunt, mortisque timorem
Morte fugant, ultroque vocant venientia fata.
Corpora missa neci nullis de more feruntur
Funeribus, neque enim capiebant funera portæ.
Aut inhumata premunt terras; aut dantur in altos
Indotata rogos : et jam reverentia nulla est,
Deque rogis pugnant, alienisque ignibus ardent.
Qui lacriment, desunt, indefletæque¹ vagantur
Natorumque, virumque animæ, juvenumque, senumque ;
Nec locus in tumulos, nec sufficit arbor in ignes.

VI. — PRIÈRE D'ÉAQUE. NAISSANCE DES MYRMIDONS.
(V. 614-660.)

Attonitus tanto miserarum turbine rerum :
« Jupiter, o dixi, si de te vera loquuntur,
Nec te, magne pater, nostri pudet esse parentem,

teignit de quelques gouttes de sang le couteau qui allait lui percer la gorge. Les fibres mêmes des animaux immolés n'avaient plus de signes qui fissent connaître la vérité, et révélassent la volonté des dieux ; le cruel fléau avait pénétré jusqu'aux entrailles. J'ai vu des cadavres gisants aux portes des temples ; j'en ai vu au pied même des autels afin que leur mort fût une accusation plus sanglante contre les dieux. Quelques-uns se pendent, et par la mort se délivrent de la crainte de la mort ; ils appellent un trépas qui venait de lui-même. Ceux qui succombent ne sont point inhumés avec la pompe accoutumée; les portes de la ville n'étaient point assez larges pour laisser passer tant de cadavres. Privés de sépulture ils couvrent la terre, où sont jetés sans aucun honneur sur des bûchers. Tout respect a disparu : on se bat pour la possession des bûchers ; on brûle ses proches sur des feux allumés pour d'autres. Il n'y a personne pour pleurer, et les ombres des enfants et des pères, des jeunes gens et des vieillards, frustrées des larmes de leurs parents, errent sur les rives du Styx. La place manque pour les tombeaux, les arbres pour les bûchers.

VI

Épouvanté par le déchaînement de tant de maux : « O Jupiter, m'écriai-je, si ce que l'on dit de toi est vrai, si, père tout-puissant, tu ne rougis pas de m'avoir pour fils,

tinxit sanguine exiguo	teignit d'un sang peu-abondant
cultros subjectos.	les couteaux placés-dessous.
Fibra quoque ægra	La fibre aussi malade
perdiderat notas veri,	avait perdu les indices de la vérité,
monitusque deorum;	et les avertissements des dieux;
morbi tristes	les maladies funestes
penetrant ad viscera.	pénètrent jusqu'aux entrailles.
Vidi cadavera projecta	J'ai vu des cadavres étendus
ante postes sacros,	devant les portes sacrées,
ante aras ipsas,	j'*en ai vu* devant les autels eux-mêmes,
quo mors foret	afin-que-par-là *leur* mort fût
indiviosior.	plus odieuse. [piration
Pars claudunt animam	Une partie (les uns) s'intercepte la res-
laqueo,	par un lacet,
fugantque morte	et ils mettent-en-fuite par la mort
timorem mortis,	la crainte de la mort,
vocantque fata	et ils appellent des destins
venientia ultro.	qui viennent spontanément.
Corpora missa neci	Les corps envoyés au trépas
feruntur nullis funeribus	sont emportés sans nulles funérailles
de more,	suivant la coutume,
neque enim portæ	ni en effet, les portes-de-la-ville [pour)
capiebant	ne contenaient (n'étaient assez larges
funera.	les funérailles.
Aut inhumata	Ou non-inhumés
premunt terram,	ils pressent la terre,
aut dantur indotata	où ils sont donnés (placés) non-honorés
in rogos altos:	sur des bûchers élevés:
et jam nulla reverentia est,	et déjà aucun respect n'existe,
pugnantque de rogis;	et ils combattent au sujet des bûchers;
ardentque ignibus alienis.	et ils brûlent sur les feux d'-autrui.
Qui lacriment, desunt,	*Des gens* qui puissent-pleurer, manquent,
animæque natorum,	et les ombres des fils,
virumque,	et des hommes,
juvenumque, senumque,	et des jeunes gens, et des vieillards,
vagantur indefletæ;	errent non-pleurées;
nec locus sufficit	ni la place ne suffit
in tumulos,	pour les tombeaux,
nec arbor ignibus.	ni l'arbre (le bois) pour les feux.

VI. — PRIÈRE D'ÉAQUE. NAISSANCE DES MYRMIDONS.

Attonitus tanto turbine	Épouvanté par un si-grand tourbillon
rerum miserarum:	de choses malheureuses:
O Jupiter, dixi,	O Jupiter, dis-je,
si loquuntur de te vera,	si l'on dit de toi des choses vraies,
nec te pudet, pater magne,	et *si* tu ne rougis pas, père puissant,

308 OVIDE.

Aut mihi redde meos, aut me quoque conde sepulcro. »
Ille notam fulgore dedit tonitruque secundo.
« Accipio; sintque ista precor felicia mentis
Signa tuæ, dixi : quod das mihi, pigneror omen. »
Forte fuit juxta, patulis rarissima ramis,
Sacra Jovi quercus, de semine Dodonæo [1].
Hic nos frugilegas adspeximus agmine longo
Grande onus exiguo formicas ore gerentes,
Rugosoque suum servantes cortice callem.
Dum numerum miror : « Totidem, pater optime, dixi,
Tu mihi da cives, et inania mœnia supple. »
Intremuit, ramisque sonum sine flamine motis
Alta dedit quercus : pavido mihi membra timore
Horruerant, stabantque comæ; tamen oscula terræ
Roboribusque dedi; nec me sperare fatebar,
Sperabam tamen, atque animo mea vota fovebam.
 Nox subit, et curis exercita corpora somnus
Occupat; ante oculos eadem mihi quercus adesse,
Et ramos totidem totidemque animalia ramis

rends-moi mes sujets, ou mets-moi avec eux au tombeau. » Un éclair et un coup de tonnerre d'heureux augure manifestent la volonté du dieu. « J'accepte ce présage, dis-je alors; puisse-t-il être le signe de ta bienveillance : je le reçois comme un gage de ta faveur! » Près de mon palais s'élevait un chêne consacré à Jupiter et dont les rameaux écartés s'étendaient au loin. Le gland qui l'avait produit avait été pris dans la forêt de Dodone. Sur cet arbre nous apercevons une longue file de fourmis qui ramassent des grains, portant à leur petite bouche un pesant fardeau, et suivant leur étroit chemin sur l'écorce rugueuse. Étonné de leur nombre : « Jupiter, m'écriai-je, donne moi autant de sujets, et remplis mes murailles dépeuplées. » Le chêne élevé tremble; ses rameaux, sans le plus léger vent, s'agitent avec bruit; mes membres glacés d'effroi frissonnent, mes cheveux se dressent sur ma tête. Cependant j'embrasse la terre et le chêne : j'espérais sans l'avouer, et je nourrissais dans mon cœur un secrète confiance.

La nuit succède au jour, et le sommeil s'empare de mon corps fatigué de tant de soucis. Je crois voir alors le même chêne devant mes yeux. Il avait autant de branches, et sur ces branches autant d'animaux.

esse parentem nostri,	d'être le père de nous,
aut redde mihi meos,	ou rends à moi les miens,
aut conde me quoque	ou mets moi aussi
sepulcro.	dans le tombeau.
Ille dedit notam fulgore	Celui-ci donna un signe par un éclair
tonitruque secundo.	et par un coup-de-tonnerre favorable.
Accipio;	J'accepte *le présage;*
precorque ista indicia	et je prie que ces indices
sint felicia mentis:	soient *des indices* favorables de *ton* esprit:
pigneror omen	je prends-pour-gage le présage
quod das mihi.	que tu donnes à moi.
Quercus sacra Jovi,	Un chêne consacré à Jupiter,
rarissima patulis ramis,	très-clair-semé de larges rameaux,
de semine Dodoneo,	*sorti* d'une semence de-Dodone,
fuit forte juxta.	fut (était) par-hasard auprès.
Hic nos adspeximus	Là nous aperçûmes
formicas frugilegas	des fourmis qui-ramassent-des-grains
longo agmine,	en long bataillon,
gerentes exiguo ore	portant avec *leur* petite bouche
grande onus,	un grand fardeau,
servantesque suum callem	et gardant (suivant) leur sentier-étroit
cortice rugoso.	sur l'écorce rugeuse.
Dum miror numerum :	Pendant que j'admire *leur* nombre:
Pater optime, dixi,	Père très-bon, dis-je,
tu da mihi totidem cives,	toi donne à moi autant-de citoyens,
et supple mœnia inania.	et remplis *mes* murailles vides.
Quercus alta intremuit,	Le chêne élevé trembla,
deditque sonum	et il donna un son
ramis motis	*les* branches ayant été agitées
sine flamine.	sans soufle.
Membra horruerant timore	Les membres avaient frissonné de crainte
mihi pavido,	à moi effrayé,
comæque stabant;	et *mes* cheveux se dressaient;
dedi tamen oscula	je donnai cependant des baisers
terræ roboribusque;	à la terre et aux chênes (au chêne);
nec fatebar me sperare,	et je n'avouais pas moi espérer,
sperabam tamen,	j'espérais cependant,
atque fovebam animo	et je réchauffais dans *mon* cœur
mea vota,	mes vœux.
Nox subit,	La nuit survient,
et somnus occupat	et le sommeil s'empare
corpora exercita curis;	des corps fatigués (de mon corps fati-
eadem quercus visa est	Le même chêne parut [gué) par les soucis.
adesse mihi ante oculos,	être-présent à moi devant les yeux,
et ferre totidem ramos,	et porter autant-de branches,
totidemque animalia	et autant-d'animaux
suis ramis;	sur *ses* branches;

Ferre suis visa est, parilique tremiscere motu,
Graniferumque agmen subjectis spargere in arvis;
Crescere quod subito et majus majusque videri,
Ac se tollere humo, rectoque adsistere trunco,
Et maciem numerumque pedum nigrumque colorem
Ponere, et humanam membris inducere formam.
Somnus abit ; damno vigilans mea visa, querorque
In Superis opis esse nihil : at in ædibus ingens
Murmur erat, vocesque hominum exaudire videbar,
Jam mihi desuetas. Dum suspicor has quoque somni
Esse, venit Telamon[1] properus, foribusque reclusis :
« Speque fideque, pater, dixit, majora videbis;
Egredere. » Egredior, qualesque in imagine somni
Visus eram vidisse viros, ex ordine tales
Adspicio agnoscoque : adeunt, regemque salutant.
Vota Jovi solvo, populisque recentibus urbem
Partior, et vacuos priscis cultoribus agros:
Myrmidonasque[2] voco, nec origine nomina fraudo.
Corpora vidisti ; mores, quos ante gerebant,
Nunc quoque habent : parcum genus est patiensque laborum,

Agité du même mouvement il répandait dans les plaines qui s'étendaient à ses pieds une légion de ces insectes qui portent des grains. Tout à coup je les vois croître, grandir sans cesse, se lever de terre, se tenir droits, et, perdant leur maigreur, leurs pieds si nombreux, leur couleur sombre, revêtir la forme humaine. Le sommeil me quitte; à mon réveil je condamne cette vision, et je me plains de ne trouver dans les dieux aucun secours. Cependant un grand murmure remplissait mon palais; il me semblait entendre des voix humaines auxquelles mon oreille n'était plus habituée. Je pensais que c'était encore une illusion du sommeil, quand Télamon accourt en toute hâte, et, ouvrant la porte : « Viens, mon père, dit-il; tu verras un prodige inattendu, incroyable. » Je sors, et tels ces hommes m'avaient apparu dans mon rêve, tels je les vois et je les reconnais ; ils étaient dans le même ordre : ils s'approchent, et me saluent du nom de roi. Je m'acquitte de mes vœux envers Jupiter, et je partage à ce nouveau peuple la ville et les champs privés de leurs anciens cultivateurs ; je les appelle Myrmidons, leur donnant un nom qui ne laisse pas oublier leur origine. Tu as vu quels ils sont? Ils ont conservé le caractère qu'ils avaient sous leur première forme. C'est une race économe, dure à la fatigue,

tremiscereque motu parili,	et trembler d'un mouvement pareil,
spargereque in arvis subjectis	et répandre dans les champs placés-dessous
agmen graniferum;	le bataillon qui-transporte-des-grains;
quod subito crescere	lequel *commença* subitement à croître
et videri majus majusque,	et à paraître plus grand et plus grand,
ac se tollere humo,	et à s'élever de terre,
adsistereque trunco recto,	et à se tenir sur un tronc droit,
et ponere maciem,	et à déposer *sa* maigreur,
numerumque pedum,	et le nombre de *ses* pieds,
coloremque nigrum,	et *sa* couleur noire
et inducere membris	et à étendre-sur *ses* membres
formam humanam.	la forme humaine.
Somnus abit;	Le sommeil s'en va;
vigilans damno mea visa,	éveillé je condamne mes visions,
querorque nihil opis esse in Superis :	et je me plains rien de secours n'être dans les dieux :
at murmur ingens erat in ædibus,	mais un murmure considérable était dans les appartements,
videbarque exaudire voces hominum	et je *me* paraissais entendre des voix d'hommes
desuetas jam mihi.	inaccoutumées déjà pour moi.
Dum suspicor has esse quoque somni,	Pendant que je soupçonne celles-ci être aussi *l'effet* du sommeil,
Telamon venit properus,	Telamon vient empressé,
foribusque reclusis :	et les battants de-la porte étant ouverts :
Pater, dixit, videbis,	Père, dit-il, tu verras
majora speque fideque.	des *prodiges* plus grands que l'espérance [et que la croyance.
Egredior,	Je sors,
adspicioque agnoscoque	et j'aperçois et je reconnais
ex ordine	en ordre
viros tales	des hommes tels
quales visus eram vidisse	que je *m'*étais paru *en* avoir vu
in imagine somni :	dans l'image du sommeil :
adeunt, salutantque regem.	ils viennent-vers *moi*, et *me* saluent roi.
Solvo vota Jovi,	Je paye *mes* vœux à Jupiter,
partiorque urbem	et je partage la ville
agrosque vacuos	et les champs vides
priscis cultoribus	des anciens cultivateurs
populis recentibus;	à *ces* peuples récents;
vocoque Myrmidonas,	et je *les* appelle Myrmidons, [origine.
nec fraudo nomina origine.	et je ne dépouille pas *leurs* noms de *leur*
Vidisti corpora;	Tu as vu *leurs* corps;
habent nunc quoque mores quos gerebant ante :	ils ont maintenant encore les mœurs qu'ils portaient auparavant :
genus est parcum,	*leur* race est économe,
patiensque laborum,	et capable-de-supporter les fatigues,

Quæsitique tenax, et qui quæsita reservent.
Hi te ad bella [1], pares annis animisque, sequentur,
Quum primum, qui te feliciter attulit, Eurus
(Eurus enim attulerat) fuerit mutatus in Austros.

qui ne lâche pas ce qu'elle a acquis, et qui sait amasser pour l'avenir. Tous égaux en âge et en valeur, ils te suivront à la guerre, lorsque l'Eurus qui t'a heureusement amené (c'était l'Eurus qui l'avait amené) aura fait place à l'Auster.

tenaxque quæsiti,	et tenant à *ce* qu'elle a acquis,
et qui reservent	et *ce sont des hommes tels* qu'ils mettent-
quæsita.	les *biens* acquis. [en-réserve
Hi pares annis animisque	Ceux-ci-égaux *tous* en années et en cou-
sequentur te ad bella,	suivront toi vers les guerres, [rages
quum primum Eurus	lorsque pour-la-première-fois l'Eurus
qui attulit te feliciter	qui a amené toi heureusement
(Eurus enim attulerat),	(l'Eurus en-effet *l*'avait amené),
fuerit mutatus in Austros.	aura été changé en Austers.

NOTES

DU SEPTIÈME LIVRE DU CHOIX DES MÉTAMORPHOSES D'OVIDE.

I

Page 276. 1. *Postera Aurora*. C'est le lendemain du jour où Jason avait reçu de Médée les secours magiques nécessaires pour réussir dans son entreprise. Ce héros était venu en Colchide où régnait le roi Éétès, conquérir la toison d'or consacrée à Mars.

— 2. *Tauri*. La toison d'or était gardée par des taureaux aux pieds d'airain, qui vomissaient des flammes, et par un dragon qui ne dormait jamais.

— 3. *Æsone*. Éson, roi de Thessalie, était le père de Jason.

Page 278. 1. *Minyæ*, les Argonautes, qui pour la plupart prétendaient descendre de Minyas, roi d'Orchomène en Béotie.

— 2. *Vipereos dentes*, les dents du serpent tué par Cadmus. Minerve en avait donné une partie à Éétès.

— 3. *Pelasgi*, les Pélages, c'est-à-dire les Grecs : c'est la partie prise pour le tout. Quatre vers plus bas nous trouvons *Achivi*, employé de même.

Page 280 : 1. *Lethæi.... succi*. Le suc de ces herbes avait la vertu soporifique des eaux du Léthé.

— 2. *Muneris auctorem*. C'était Médée, la fille d'Éétès, qui avait trahi son propre père pour assurer la victoire de Jason.

— 3. *Iolciacos*. D'Iolcos, où régnait Pélias, oncle de Jason. Ce prince avait promis à son neveu de lui rendre le trône qu'il avait usurpé, si ce héros lui rapportait de la Colchide la toison d'or.

II

Page 280 : 4. *Natis*, leurs fils, les Argonautes qui avaient suivi Jason.

Page 282 : 1. *Subiit*. La dernière syllabe de ce mot devient longue par la force de la césure.

— 2. *Diva triformis*. Hécate, que le poëte appellera plus loin *triceps*, était représentée quelquefois avec trois têtes, une de cheval, une de chien et une de femme.

— 3. *Plenissima*. Les magiciens choisissaient de préférence pour leurs opérations mystérieuses l'époque de la pleine lune.

— 4. *Nuda pedem*. Les magiciennes dans leurs opérations, avaient un pied nu. Cf. Virgile. Énéide. IV, 518 :

> *Unum exuta pedem vinclis, in veste recincta.*

Page 284 : 1. *Ter*. Le nombre trois était consacré dans les opérations magiques.

III

Page 286 : 1. *Micuerunt*. L'éclat plus ou moins vif dont brillaient les astres pendant les opérations magiques, était regardé comme un présage.

— 2. *Othrysque*. La conjonction *que* devient longue par la force de la césure.

Page 288 : 1. *Scrobibus*. Dans les sacrifices aux dieux infernaux on versait le sang des victimes non sur l'autel, mais dans des fosses.

— 2. *Ne properent.... senili*. Sans doute dans l'intervalle qui devait s'écouler entre le sommeil léthargique d'Éson et son rajeunissement.

Page 290 : 1. *Oceani.... mare*. On sait que dans la Méditerranée le flux et le reflux sont presque insensibles.

— 2. *Strigis* le Strige, oiseau fabuleux, sorte de vampire qui venait, disait-on, sucer le sang des enfants au berceau.

— 3. *Instruxit... munus*. Le texte de ce vers paraît altéré. Heinsius et plusieurs autres commentateurs, effrayés par l'usage insolite de *mortali* pour *morituro*, lisent *mortari*, syncope de *mortarii*, et entendent *munus mortarii*, « le breuvage préparé dans un mortier. » M. Dübner rapporte *mortali* à *nomine* qui est au vers précédent, et traduit : « sans nom parmi les mortels. » Ces interprétations nous paraissent encore plus forcées que celle que nous avons adoptée.

IV

Page 292 : 1. *Pelia*. Pélias n'avait pas rendu le trône à Jason, bien que celui-ci eût rempli toutes les conditions que son oncle lui avait imposées.

V

Page 298 : 1. *Mortale malum*. Éaque raconte à Céphale qui était venu au nom des Athéniens lui demander du secours contre Minos, les malheurs qui ont désolé ses états. Junon irritée contre l'île d'Égine, qui devait son nom à la mère d'Éaque, nymphe aimée de Jupiter, avait déchaîné contre les habitants une peste terrible.

Page 306 : 1. *Indefletæque*. Les ombres qui n'avaient pas reçu les honneurs de la sépulture étaient condamnées à errer cent ans sur les bords du Styx avant d'être admises dans leur dernière demeure. Comparez cette description de la peste avec celle que Virgile a tracée au troisième livre des Géorgiques, v. 476 et suiv., mais surtout à celle que Lucrèce a faite de la peste d'Athènes livre VI, 1135 et suivants.

VI

Page 308 : 1. *Dodonæo*. Près de la ville de Dodone, en Épire, était une forêt célèbre consacrée à Jupiter et dont les chênes rendaient des oracles par le murmure de leur feuillage.

Page 310 : 1. *Telamon*. Ce Télamon fils d'Éaque devint par la suite roi de Salamine, et fut le père d'Ajax et de Teucer.

— 2. *Myrmidonas*. Ce nom vient de $\mu\dot{\upsilon}\rho\mu\eta\xi$, fourmi.

Page 312 : 1. *Ad bella*. La guerre qui avait éclaté entre les Athéniens et Minos et pour laquelle Céphale était venu demander l'appui d'Éaque.

ARGUMENT

DU HUITIÈME LIVRE DU CHOIX DES MÉTAMORPHOSES
D'OVIDE.

I. Dédale et Icare.
II. Perdix est métamorphosé en perdrix.
III. Le sanglier de Calydon.
IV. Dénombrement des chasseurs. Atalante.
V. La chasse. Exploits de différents héros et d'Atalante.
VI. Méléagre tue le sanglier ; jalousie de ses oncles ; il les met à mort.
VII. Douleur d'Althée, mère de Méléagre ; ses hésitations ; sa vengeance.
VIII. Mort de Méléagre. Métamorphose de ses sœurs.
IX. Thésée chez le fleuve Achéloüs. Naïades métamorphosées en îles.
X. Philémon et Baucis.
XI. Protée et ses diverses formes. Érésichthon offense Cérès.
XII. Portrait de la Faim.
XIII. Supplice d'Érésichthon.
XIV. Dévouement de Métra, fille d'Érésichthon.

LIVRE HUITIÈME.

I. — DÉDALE ET ICARE.
(V. 183-235.)

Dædalus [1] interea Creten longumque perosus
Exsilium, tactusque soli natalis amore,
Clausus erat pelago. « Terras licet, inquit, et undas
Obstruat : at cœlum certe patet ; ibimus illac :
Omnia possideat, non possidet aera Minos. »
Dixit, et ignotas animum dimittit in artes,
Naturamque novat : nam ponit in ordine pennas
A minima cœptas, longam breviore sequenti [2],
Ut clivo crevisse putes : sic rustica quondam
Fistula disparibus paulatim surgit avenis.
Tum lino medias et ceris alligat imas,
Atque ita compositas parvo curvamine flectit,

I

Cependant Dédale avait pris la Crète en aversion, et, fatigué d'un long exil, il brûlait de revoir le sol natal, mais la mer le retient prisonnier. « Si Minos, dit-il, me ferme la terre et l'onde, du moins le ciel me reste ouvert ; c'est par là que nous partirons. Ce prince a beau être maître de tout, il n'est pas maître des airs. » Il dit, et tourne son esprit vers des inventions nouvelles. Il transforme la nature : il dispose par ordre des plumes en commençant par les plus petites ; une longue était suivie d'une plus courte, si bien qu'elles semblaient croître par une gradation insensible. Ainsi voit-on la flûte rustique s'élever peu à peu formée de tuyaux d'inégale grandeur. Puis Dédale joint les plumes par le milieu avec du lin, à l'extrémité supérieure avec de la cire, et, quand elles sont ainsi disposées, il les courbe légèrement

LIVRE HUITIÈME.

I. — DÉDALE ET ICARE.

Interea Dædalus	Cependant Dédale
perosus Creten	ayant haï-fortement la Crète
longumque exsilium,	et un long exil,
tactusque amore	et touché par l'amour
soli natalis,	du sol natal,
clausus erat pelago.	était enfermé par la mer.
Licet, inquit, obstruat	Quoique, dit-il, il (Minos) ferme
terras et undas,	les terres et les ondes,
at certe cœlum patet;	mais du-moins le ciel est-ouvert;
ibimus illac :	nous irons par-là :
Minos possideat omnia,	que Minos possède tout,
non possidet aera.	il ne possède pas l'air.
Dixit, et dimittit animum	Il a dit, et il dirige *son* esprit
in artes ignotas,	dans des arts inconnus,
novatque naturam :	et il renouvelle la nature :
nam ponit in ordine pennas	car il dispose en ordre des plumes
cœptas	commencées (en commençant)
a minima,	par la plus petite,
breviore sequenti longam,	une plus courte suivant une longue,
ut putes crevisse	de-sorte-que tu penserais qu'elles ont crû
clivo :	par gradation :
sic quondam fistula rustica	ainsi d'ordinaire une flûte rustique
surgit paulatim	s'élève insensiblement
avenis disparibus.	par des tuyaux-d'-avoine inégaux.
Tum alligat medias lino,	Puis il *les* attache au-milieu avec du lin,
imas cera.	à l'extrémité avec de la cire,
atque flectit	et il fléchit
curvamine parvo	par une courbure légère

Ut veras imitentur aves. Puer Icarus una
Stabat; et ignarus sua se tractare pericla,
Ore renidenti, modo, quas vaga moverat aura,
Captabat plumas, flavam modo pollice ceram
Mollibat, lusuque suo mirabile patris
Impediebat opus. Postquam manus ultima cœptis
Imposita est, geminas opifex libravit in alas
Ipse suum corpus, motaque pependit in aura.
   Instruit et natum : « Medioque ut limite curras,
Icare, ait, moneo : ne, si demissior ibis,
Unda gravet pennas; si celsior, ignis adurat :
Inter utrumque vola; nec te spectare Booten [1] :
Aut Helicen jubeo, strictumque Orionis ensem.
Me duce carpe viam. » Pariter præcepta volandi
Tradit, et ignotas humeris accommodat alas.
Inter opus monitusque genæ maduere seniles,
Et patriæ tremuere manus : dedit oscula nato
Non iterum repetenda suo ; pennisque levatus
Ante volat, comitique timet, velut ales, ab alto
Quæ teneram prolem produxit in aera nido,

pour qu'elles imitent les ailes véritables des oiseaux. Le jeune Icare se tenait auprès de lui; il manie sans le savoir l'instrument de sa perte, et, le visage riant, tantôt il court après les plumes que soulève un souffle léger, tantôt il pétrit dans ses doigts la blonde cire, et retarde par ses jeux le travail admirable de son père. Lorsqu'il eut mis la dernière main à son œuvre, l'artiste s'élève lui-même sur deux ailes, et plane dans les airs qu'il agite.

Il instruit aussi son fils : « Icare, lui dit-il, n'oublie pas de suivre le milieu des airs ; car, si tu descends trop bas, la vapeur de l'eau appesantira tes ailes; si tu t'élèves trop haut, l'ardeur du soleil les brûlera : vole entre deux. Je ne te recommande pas de regarder le Bouvier, ou Hélice, ou Orion à l'épée nue : guide ta course sur la mienne. » En même temps il lui enseigne l'art de voler, et lui adapte aux épaules des ailes inconnues jusqu'alors. Tout en travaillant, et en faisant ses recommandations, le vieillard sent ses joues s'humecter ; ses mains paternelles tremblent ; il donne à son fils des baisers qui devaient être les derniers, et s'élevant à l'aide de ses ailes, il vole le premier, plein de crainte pour son compagnon. Ainsi l'oiseau veille sur ses petits qui pour la première fois s'aventurent hors de leur nid dans les airs;

ut imitentur aves veras,	pour qu'elles imitent les oiseaux véri-
compositas ita.	ces *plumes* arrangées ainsi. [tables,
Icarus puer stabat una;	Icare enfant se tenait avec *lui*;
et ignarus se tractare	et ignorant soi manier
sua pericula,	ses *propres* dangers,
ore renidenti,	le visage souriant,
modo captabat plumas,	tantôt il cherchait-à-saisir les plumes,
quas aura vaga moverat,	que le soufle vagabond avait soulevées,
modo mollibat pollice	tantôt il amollissait avec *son* pouce
ceram flavam,	la cire jaune,
impediebatque suo lusu	et il gênait par son jeu
opus mirabile patris.	l'ouvrage admirable de *son* père.
Postquam ultima manus	Après que la dernière main
imposita est cœptis,	eut été mise à l'entreprise,
opifex ipse libravit	l'artiste lui-même tint-en-équilibre
suum corpus	son corps
in geminas alas,	sur deux ailes,
pependitque in aura mota.	et resta-suspendu dans l'air remué.
Instruit et natum,	Il instruit aussi *son* fils,
aitque : Icare, moneo,	et dit : Icare, je *t'*avertis, [milieu;
ut curras limite medio;	afin que tu coures dans le chemin du-
ne, si ibis demissior,	de-peur-que, si tu iras (tu vas) trop-bas,
unda gravet pennas;	l'eau n'appesantisse *tes* ailes;
si celsior,	si tu *vas* trop haut,
ignis adurat :	que le feu ne *les* brûle :
vola inter utrumque.	vole entre l'un-et-l'autre.
Nec jubeo	Et je n'ordonne pas
te spectare Booten	toi regarder le Bouvier
aut Helicen,	ou Hélice,
ensemque strictum Orionis :	et l'épée tirée (nue) d'Orion :
carpe viam me duce.	prends *ta* route moi *étant* guide.
Tradit pariter	Il *lui* transmet en-même-temps
præcepta volandi,	les préceptes de voler,
et accommodat humeris	et il *lui* adapte aux épaules
alas ignotas.	des ailes inconnues.
Genæ seniles maduere	*Ses* joues séniles se mouillèrent
inter opus monitusque,	pendant le travail et les avertissements,
et manus patriæ tremuere :	et *ses* mains paternelles tremblèrent :
dedit suo nato oscula	il donna à son fils des baisers
non repetenda iterum,	ne devant pas être réitérés de nouveau,
levatusque pennis	et soulevé par *ses* ailes
antevolat,	il vole-en-avant,
timetque comiti,	et il craint pour *son* compagnon,
velut ales,	comme un oiseau,
quæ produxit in aera	qui a fait-sortir dans l'air
ab nido alto	d'un nid élevé
prolem teneram;	sa progéniture délicate;

OVIDE

Hortaturque sequi, damnosasque erudit artes ;
Et movet ipse suas, et nati respicit alas.
Hos aliquis, tremula dum captat arundine pisces,
Aut pastor baculo, stivave innixus arator,
Vidit et obstupuit; quique æthera carpere possent,
Credidit esse deos. Et jam Junonia [1] læva
Parte Samos fuerant Delosque Parosque relictæ;
Dextra Lebynthos [2] erat, fecundaque melle Calymne ;
Quum puer audaci cœpit gaudere volatu,
Deseruitque ducem, cœlique cupidine tactus,
Altius egit iter. Rapidi vicinia solis
Mollit odoratas, pennarum vincula, ceras.
Tabuerant ceræ : nudos quatit ille lacertos,
Remigioque carens, non ullas percipit auras ;
Oraque cærulea, patrium clamantia nomen,
Excipiuntur aqua, quæ nomen traxit ab illo [3].
At pater infelix, nec jam pater: « Icare, dixit,
Icare, dixit, ubi es? Qua te regione requiram,
Icare ? » Dicebat: pennas conspexit in undis,
Devovitque suas artes, corpusque sepulcro
Condidit; et tellus [4] a nomine dicta sepulti.

il l'encourage à le suivre, et lui apprend un art funeste. Pendant qu'il remue lui-même ses ailes, il se retourne pour voir celles de son fils. Plus d'un pêcheur essayant de prendre le poisson avec un roseau tremblant, plus d'un berger penché sur sa houlette, plus d'un laboureur appuyé sur le manche de sa charrue, les aperçurent et furent frappés d'étonnement. En les voyant fendre l'air, ils les prirent pour des dieux. Et déjà ils avaient laissé à leur gauche Samos chère à Junon, et Délos, et Paros; Lébynthe était à leur droite ainsi que Calymne féconde en miel, quand le jeune Icare, prenant plaisir à ce vol hardi, abandonne son guide, et, désireux de se rapprocher du ciel, s'élève plus haut. Le voisinage du soleil ardent amollit la cire parfumée qui attachait ses plumes. Elle se fond : il agite ses bras dépouillés, et, privé de ses ailes, l'air ne le soutient plus. En appelant son père, il tombe, dans l'onde azurée qui a pris son nom. Cependant le père infortuné, qui déjà n'est plus père, s'écrie : « Icare, Icare, où es-tu? Dans quelle contrée te chercherai-je? » En parlant ainsi, il aperçut des plumes flotter sur les ondes. Alors il maudit son art; il recueille le corps de son fils et le met au tombeau. La terre qui l'a reçu, a gardé son nom.

hortaturque sequi,	et *il* l'exhorte à *le* suivre,
eruditque artes damnosas;	et il *lui* enseigne des arts nuisibles;
et ipse movet suas alas,	et lui-même il remue ses ailes,
et respicit nati.	et regarde-en-arrière *celles* de *son* fils.
Aliquis,	Quelqu'un, [poissons
dum captat pisces	tandis qu'il cherche-à-prendre des
arundine tremula,	avec un roseau tremblant,
aut pastor innixus baculo,	ou *quelque* pasteur *appuyé sur* un bâton,
aratorve stiva,	ou *quelque* laboureur sur un manche de-
vidit hos et obstupuit;	vit ceux-ci et fut-stupéfait; [charrue,
crediditque esse deos	et il crut *eux* être des dieux
qui possent carpere æthera.	*eux* qui pouvaient prendre (fendre) l'air.
Et jam Samos Junonia	Et déjà Samos de-Junon
Delosque Parosque	et Délos et Paros
relictæ fuerant parte læva;	avaient été laissées du côté gauche;
Lebynthos erat dextra,	Lébynthos était à-droite,
Calymneque fecunda melle;	et Calymne féconde en miel;
quum puer cœpit gaudere	lorsque l'enfant commença à se réjouir
volatu audaci,	d'un vol audacieux,
deseruitque ducem,	et abandonna *son* guide,
tactusque cupidine cœli,	et touché du désir du ciel,
egit iter altius.	il poussa le chemin plus haut.
Vicinia solis rapidi	Le voisinage du soleil violent
mollit ceras odoratas,	amollit les cires odorantes,
vincula alarum.	liens des ailes.
Ceræ tabuerant:	Les cires s'étaient fondues :
ille quatit lacertos nudos,	celui-ci agite *ses* bras nus,
carensque remigio,	et privé de *son* appareil-de-rames,
non percipit ullas auras;	il ne reçoit aucun air;
oraque clamantia	et *sa* bouche criant
nomen patrium	le nom paternel
excipiuntur aqua cærulea,	est reçue par l'eau azurée,
quæ traxit nomen ab illo.	laquelle tira *son* nom de lui.
At pater infelix,	Mais le père malheureux,
nec jam pater,	et n'*étant* plus père,
dixit : Icare,	dit : Icare,
Icare, ubi es?	Icare, où es-tu?
Icare, qua regione	Icare, dans quelle contrée
te requiram?	te chercherai-je?
Dicebat :	Il disait :
adspexit pennas in undis,	Il aperçut des plumes sur les ondes,
devovitque suas artes, [cro,	et il maudit ses arts, [tombeau,
condiditque corpus sepul-	et il enferma le corps *d'Icare* dans un
et tellus dicta	et la terre *fut* appelée
a nomine sepulti.	du nom de *celui* qui y fut enseveli.

II. — PERDIX EST MÉTAMORPHOSÉ EN PERDRIX.
(V. 236-259.)

Hunc, miseri tumulo ponentem corpora nati,
Garrula ramosa prospexit ab ilice perdix,
Et plausit pennis, testataque gaudia cantu est :
Unica tum volucris, nec visa prioribus annis,
Factaque nuper avis, longum tibi, Dædale, crimen.
Namque huic tradiderat, fatorum ignara, docendam
Progeniem germana[1] suam, natalibus actis
Bis puerum senis, animi ad præcepta capacis.
Ille etiam medio spinas in pisce notatas
Traxit in exemplum, ferroque incidit acuto
Perpetuos dentes et serræ repperit usum.
Primus et ex uno duo ferrea brachia nodo
Vinxit, ut, æquali spatio distantibus illis,
Altera pars staret, pars altera duceret orbem.
Dædalus invidit, sacraque ex arce Minervæ[2]
Præcipitem misit, lapsum mentitus ; at illum,
Quæ favet ingeniis, excepit Pallas, avemque
Reddidit, et medio velavit in aere pennis.
Sed vigor ingenii quondam velocis in alas
Inque pedes abiit ; nomen, quod et ante, remansit[3].

II

Pendant que Dédale ensevelit le corps de son malheureux fils, la perdrix babillarde l'aperçoit du haut d'une yeuse touffue ; elle bat des ailes, et témoigne sa joie par son chant. C'était alors le seul oiseau de cette espèce ; on n'en avait point vu de semblable dans les temps passés. C'était un oiseau nouvellement créé : éternel sujet d'accusation contre toi, ô Dédale. En effet, ta sœur, ignorant l'avenir, t'avait confié l'éducation de son fils : c'était un enfant qui avait vu douze fois l'anniversaire de sa naissance, et dont l'esprit était docile aux leçons. Il remarqua les arêtes de l'épine dorsale du poisson, et prenant de là un modèle, il tailla dans le fer aiguisé une série de dents, et inventa la scie. Ce fut encore lui qui le premier attacha à un même nœud deux branches de fer de manière qu'étant séparées par une distance égale, l'une demeurât fixe, pendant que l'autre décrirait un cercle. Dédale fut jaloux de son neveu : il le précipita du haut de la citadelle sacrée de Minerve, puis il fit courir le bruit que Perdix en était tombé. Mais Pallas, qui favorise le talent, reçut le jeune homme dans sa chute ; elle le métamorphosa en oiseau, et, au milieu des airs, le couvrit de plumes. La vivacité de son esprit jadis si actif passa dans ses pieds. Il garda le nom qu'il portait auparavant.

II. — PERDIX EST MÉTAMORPHOSÉ EN PERDRIX.

Perdix garrula	La perdrix babillarde
prospexit ab ilice ramosa	aperçut d'une yeuse branchue [beau
hunc ponentem tumulo	celui-ci (Dédale) plaçant dans le tom-
corpora miseri nati,	le corps de *son* malheureux fils,
et plausit pennis,	et elle battit des ailes,
et testata est gaudia cantu :	et attesta *ses* joies par *son* chant :
volucris tum unica,	oiseau alors unique, [précédentes,
nec visa annis prioribus,	et n'ayant pas été vu dans les années
factaque nuper avis,	et fait récemment oiseau,
crimen longum tibi, Daedale.	accusation longue contre toi, Dédale.
Namque germana,	Car *sa* sœur,
ignara fatorum,	ignorante des destins,
tradiderat huic	avait remis à celui-ci
progeniem docendam,	sa progéniture devant être instruite,
puerum bis senis natalibus	un enfant de deux-fois six anniversaires
actis,	écoulés, [(d'instruction).
animi capacis ad praecepta.	d'un esprit capable pour les préceptes
Ille etiam	Celui-ci aussi
traxit in exemplum	tira en exemple
spinas notatas	les épines-dorsales observées
in medio pisce,	sur le milieu-du poisson,
inciditque ferro acuto	et tailla-dans le fer aiguisé
dentes continuos,	des dents continues,
et repperit usum serrae.	et il trouva l'usage de la scie.
Primus et vinxit	Le premier aussi il attacha
duo brachia ferrea	deux bras de-fer
ex uno nodo,	*partant* d'un seul nœud,
ut illis distantibus	de manière que ceux-ci étant séparés
spatio aequali,	par un espace égal,
altera pars staret,	une partie restât-fixe,
altera pars duceret orbem.	l'autre partie traçât un cercle.
Daedalus invidit,	Dédale fut-jaloux,
misitque praecipitem	et il *l'*envoya la-tête-en-avant [nerve,
ex arce sacra Minervae,	*du haut* de la citadelle sacrée de Mi-
mentitus lapsum; [niis,	ayant dit-faussement qu'il était tombé ;
at Pallas, quae favet inge-	mais Pallas, qui favorise les talents,
illum excepit,	le reçut,
reddiditque avem,	et elle *le* rendit oiseau,
et velavit pennis	et *le* voila de plumes
in medio aere.	au milieu-de l'air.
Sed vigor ingenii	mais la vigueur de *son* esprit
quondam velocis	jadis prompt
abiit in alas inque pedes;	s'en alla dans *ses* ailes et dans *ses* pieds ;
nomen, quod et ante,	le nom, qui *était* aussi auparavant,
remansit.	*lui* resta.

Non tamen hæc alte volucris sua corpora tollit,
Nec facit in ramis altoque cacumine nidos ;
Propter humum volitat, ponitque in sepibus ova,
Antiquique memor, metuit sublimia, casus.

III. — LE SANGLIER DE CALYDON.
(V. 267-297.)

Sparserat Argolicas [1] nomen vaga Fama per urbes
Theseos [2]; et populi, quos dives Achaïa [3] cepit,
Hujus opem magnis imploravere periclis.
Hujus opem Calydon [4], quamvis Meleagron haberet,
Sollicita supplex petiit prece. Causa petendi.
Sus erat, infestæ famulus vindexque Dianæ.
OEnea namque ferunt, pleni successibus anni,
Primitias frugum Cereri, sua vina Lyæo,
Palladios flavæ latices libasse Minervæ.
Cœptus ab agricolis, Superos pervenit ad omnes
Ambitiosus honor. Solas sine ture relictas
Præteritæ cessasse ferunt Latoïdos aras.
Tangit et ira deos : « At non impune feremus,
Quæque inhonoratæ, non et dicemur inultæ, »
Inquit, et OEneos ultorem spreta per agros

Cependant cet oiseau ne prend pas un essor hardi; il ne construit pas son nid sur les branches ni sur les hautes cimes des arbres; il voltige près de terre, dépose ses œufs dans les haies, et, poursuivi par le souvenir de son ancienne chute, il craint de s'élever.

III

La Renommée vagabonde avait répandu le nom de Thésée dans les villes de la Grèce. Les peuples de la riche Achaïe implorent dans de grands périls le secours de son bras. Calydon l'implore aussi, quoiqu'elle possède Méléagre, et elle lui adresse d'inquiètes prières : un sanglier, instrument des vengeances de Diane irritée, en est la cause. OEnée, dit-on, à la suite d'une abondante récolte, avait offert à Cérès les prémices des biens de la terre, à Bacchus le vin qu'il aime, et à la blonde Minerve le suc de l'olive. Ces hommages fastueux, rendus d'abord aux dieux qui président aux champs, s'étendirent à tous les Immortels. Seule la fille de Latone fut oubliée; elle ne vit pas fumer l'encens sur ses autels délaissés. Les dieux ne sont point inaccessibles à la colère. « Non, nous ne laisserons pas cet outrage sans châtiment, s'écria-t-elle, et si on ne nous rend aucun honneur, on ne dira pas aussi que nous ne savons pas punir. » Ainsi parle la déesse méprisée, et elle envoie dans les champs où règne OEnée,

Tamen hæc volucris	Cependant cet oiseau
non tollit alte sua corpora,	n'élève pas haut son corps,
nec facit nidos in ramis	et il ne fait pas des nids dans les bran-
cacumineque alto ;	et sur une cime élevée ; [ches
volitat propter humum,	il voltige près de terre,
ponitque ova in sepibus,	et dépose *ses* œufs dans les haies,
memorque casus antiqui,	et se souvenant de *sa* chute antique,
metuit sublimia.	il craint les *lieux* élevés.

III. — LE SANGLIER DE CALYDON.

Fama vaga	La Renommée errante
sparserat nomen Theseos	avait répandu le nom de Thésée
per urbes Argolicas ;	à travers les villes argoliques (grecques);
et populi,	et les peuples,
quos dives Achaïa cepit,	que la riche Achaïe a contenus,
imploravere opem hujus	implorèrent l'assistance de celui-ci
magnis periclis.	dans de grands périls. [ci
Calydon petiit opem hujus	Calydon demanda l'assistance de celui-
prece sollicita,	avec une prière inquiète,
quamvis haberet Meleagron.	quoiqu'elle eût Meléagre.
Sus, famulus vindexque	Un sanglier, serviteur et vengeur
Dianæ infestæ,	de Diane irritée, [mande).
erat causa petendi.	était la cause de demander (de cette de-
Namque ferunt OEnea,	Car on rapporte OEnée,
successibus anni pleni,	dans les succès d'une année abondante,
libasse Cereri	avoir offert à Cérès
primitias frugum,	les prémices des biens-de-la-terre,
Lyæo sua vina,	à Bacchus ses vins,
flavæ Minervæ	à la blonde Minerve
latices Palladios.	les liqueurs de-Pallas (de l'olivier).
Honor ambitiosus	L'hommage fastueux [aux-champs
cœptus ab agricolis	commencé par les *dieux* qui-président-
pervenit ad omnes Superos.	parvint (s'étendit) à tous les dieux.
Ferunt	On rapporte
aras Latoïdos præteritæ	les autels de la fille-de-Latone oubliée
relictas solas sine ture	laissés seuls sans encens
cessasse.	avoir chômé.
Ira tangit et deos :	La colère touche aussi les dieux :
At non feremus	Mais nous ne supporterons pas *cela*
impune,	sans-punir,
quæque dicemur	et nous qui serons dites
inhonoratæ,	non-honorées, [gées,
non et inultæ,	nous ne *serons* pas *dites* aussi non-ven-
inquit ;	dit-elle ;
et spreta misit	et méprisée elle envoya
per agros OEneos.	à travers les campagnes d'-OEnée.

Misit aprum, quanto majores herbida tauros
Non habet Epirus, sed habent Sicula¹ arva minores.
Sanguine et igne micant oculi ; riget horrida cervix,
Stantque velut vallum, velut alta hastilia, setæ.
Fervida cum rauco latos stridore per armos
Spuma fluit ; dentes æquantur dentibus Indis ;
Fulmen ab ore venit, frondes afflatibus ardent.
Is modo crescenti segetes proculcat in herba,
Nunc matura metit fleturi vota coloni,
Et Cererem in spicis intercipit ; area frustra,
Et frustra exspectant promissas horrea messes.
Sternuntur gravidi longo cum palmite fetus,
Baccaque cum ramis semper frondentis olivæ.
Sævit et in pecudes ; non has pastorve canisve,
Non armenta truces possunt defendere tauri.

IV. — DÉNOMBREMENT DES CHASSEURS. ATALANTE.
(V. 298-303, 306, 308-309, 311, 313, 316-323.)

Diffugiunt populi, nec se, nisi mœnibus urbis,
Esse putant tutos, donec Meleagros et una
Lecta manus juvenum caluere cupidine laudis.
Tyndaridæ² gemini præstantes, cæstibus alter,

un sanglier ministre de ses vengeances. L'Épire aux riches pâturages n'a pas de taureaux plus grands que ce monstre, et moins grands sont ceux que nourrissent les plaines de la Sicile. Le feu brille dans ses yeux rouges de sang ; son cou velu se hérisse, et ses soies se dressent comme les pieux d'une palissade, comme une haute rangée de piques. Il pousse des grognements rauques, et une écume brûlante coule le long de ses larges flancs. Ses dents égalent celles de l'éléphant. La foudre sort de sa gueule, son souffle embrase les feuilles des arbres. Tantôt il foule en herbe les moissons naissantes, tantôt il les coupe dans leur maturité, et détruisant le blé en épis, force le laboureur à pleurer ses espérances déçues. C'est en vain que l'aire, en vain que les greniers attendent les récoltes promises. Les grappes pesantes tombent avec les longs ceps, et les fruits de l'olivier toujours vert avec ses rameaux. Le monstre tourne aussi sa fureur contre les troupeaux : ni les bergers, ni les chiens ne peuvent les défendre, et les farouches taureaux ne peuvent protéger les génisses.

IV

Les peuples fuient de toute part et ne se croient en sûreté que dans les murailles de la ville. Enfin Méléagre et une troupe de guerriers d'élite se rassemblent brûlant de s'illustrer. C'étaient les deux fils de Tyndare, remarquables l'un par son habileté à manier le ceste,

aprum ultorem,	un sanglier vengeur,
quanto	en comparaison duquel-si-grand
Epirus herbida	l'Épire couverte-d'-herbe
non habet tauros majores,	n'a pas de taureaux plus grands,
sed arva Sicula	mais les champs siciliens
habent minores.	en ont de plus petits.
Oculi micant	Ses yeux brillent
igne et sanguine;	de feu et de sang;
cervix horrida riget,	son cou hérissé est raide, [lissade,
setæque stant velut vallum,	et ses soies se dressent comme une pa-
velut alta hastilia.	comme de hautes piques.
Spuma fervida fluit	Une écume brûlante coule
cum stridore rauco	avec un grognement rauque
per armos latos;	le-long-de ses épaules larges;
dentes æquantur	ses dents sont égales (ressemblent)
dentibus Indis;	aux dents indiennes (de l'éléphant);
fulmen venit ab ore,	la foudre vient de sa gueule,
frondes ardent afflatibus.	les feuilles brûlent par ses souffles.
Is modo proculcat segetes	Celui-ci tantôt foule les moissons
in herba crescenti,	en herbe croissante,
nunc metit vota matura	tantôt il moissonne les vœux mûrs
coloni fleturi;	du laboureur qui pleurera;
et intercipit	et il arrête
Cererem in spicis;	Cérès (le blé) en épis;
area frustra,	l'aire attend vainement,
et horrea exspectant frustra	et les greniers attendent vainement
messes promissas.	les moissons promises.
Fetus gravidi sternuntur	Les fruits pesants sont renversés
cum palmite longo,	avec le cep long,
baccaque olivæ	et (ainsi que) la baie de l'olivier
semper frondentis	toujours feuillu
cum ramis.	avec les branches. [peaux;
Sævit et in pecudes;	Il sévit aussi contre les petits-trou-
pastorve canisve	ou le berger ou le chien
non possunt defendere has,	ne peuvent défendre ceux-ci, [peaux.
non tauri truces armenta.	ni les taureaux farouches les gros-trou-

IV. — DÉNOMBREMENT DES CHASSEURS. ATALANTE.

Populi diffugiunt,	Les peuples fuient-de-différents-côtés.
nec putant se esse tutos	et ils ne pensent pas soi être en-sûreté
nisi mœnibus urbis,	sinon dans les murailles de la ville,
donec Meleagros,	jusqu'à ce que Méléagre [gens
et una manus lecta juvenum	et avec lui une troupe choisie de jeunes-
caluere cupidine laudis.	brûlèrent du désir de la gloire.
Gemini Tyndaridæ,	Les deux fils-de-Tyndare,
præstantes alter cæstibus,	remarquables l'un par les cestes,

Alter equo, primæque ratis molitor Iason [1],
Et cum Pirithoo, felix concordia, Theseus,
Leucippusque ferox, jaculoque insignis Acastus,
Actoridæque pares, et missus ab Elide Phyleus.
Nec Telamon aberat, magnique creator Achillis;
Impiger Eurytion, cursuque invictus Echion,
Hippasus, et primis etiamnum Nestor in annis,
Ampycidesque [2] sagax, et adhuc a conjuge tutus
OEclides [3], nemorisque decus Tegeæa [4] Lycæi.
Rasilis huic summam mordebat fibula vestem;
Crinis erat simplex, nodum collectus in unum;
Ex humero pendens resonabat eburnea lævo
Telorum custos; arcum quoque læva tenebat.
Talis erat cultus : facies quam dicere vere
Virgineam in puero, puerilem in virgine posses.

V. LA CHASSE. — EXPLOITS DES HÉROS ET D'ATALANTE.
(V. 329-410.)

Silva frequens trabibus, quam nulla ceciderat ætas,
Incipit a plano, devexaque prospicit arva.
Quo postquam venere viri, pars retia tendunt;
Vincula pars adimunt canibus; pars pressa sequuntur

l'autre par son adresse à dompter les chevaux, Jason qui construisit le premier navire, Pirithoüs et Thésée qu'unit une heureuse amitié, le farouche Leucippe, Acaste adroit à lancer un javelot, les deux fils d'Actor semblables l'un à l'autre, Phylée qu'envoie l'Élide. Là on voyait aussi Télamon, le père du grand Achille, l'infatigable Eurytion, Échion invincible à la course, Hippasus, et Nestor, alors dans la fleur de l'âge, le fils d'Ampycus qui lit dans l'avenir, le fils d'OEclée, qui n'avait point encore à craindre les piéges de son épouse, et l'héroïne de Tégée, la gloire du bois du Lycée. Une agrafe unie retenait le haut de sa robe; ses cheveux sans ornement étaient réunis en un seul nœud; sur son épaule gauche retentissait un carquois d'ivoire; sa main gauche tenait aussi un arc. Telle était sa parure : sur son visage brillaient les grâces d'une vierge alliées à la fierté d'un jeune homme.

V

Une épaisse forêt de grands arbres que tous les siècles avaient respectés, s'élève de la plaine, et domine les campagnes inclinées. Quand les chasseurs y sont arrivés, les uns tendent des filets, les autres détachent

alter equo,	l'un par le cheval,
Jasonque	et Jason
molitor primæ ratis,	constructeur du premier navire,
et Theseus cum Pirithoo,	et Thésée avec Pirithoüs,
felix concordia,	heureuse concorde,
feroxque Leucippus,	et le farouche Leucippe,
Acastusque insignis jaculo,	et Acaste remarquable par le javelot,
Actoridæque pares,	et les fils d'-Actor semblables,
et Phyleus missus ab Elide.	et Phylée envoyé par l'Élide.
Nec Telamon aberat,	Ni Télamon n'était-absent,
creatorque magni Achillis ;	et (ainsi que) le père du grand Achille ;
impiger Eurytion,	l'actif Eurytion,
Echionque invictus cursu,	et Échion invincible par la course,
Hippasus,	Hippase,
et Nestor etiamnum	et Nestor encore-maintenant
in primis annis,	dans *ses* premières années,
sagaxque Ampicydes,	et le clairvoyant fils d'-Ampycus,
et OEclides	et le fils-d'OEclée
adhuc tutus a conjuge,	encore en-sûreté du côté de *son* épouse,
Tegeæaque,	et la Tégéenne,
decus nemoris Lycæi.	gloire de la forêt-du-Lycée.
Fibula rasilis	Une agrafe unie
mordebat huic	mordait (retenait) pour celle-ci
summam vestem ;	le haut-du vêtement ;
crinis erat simplex,	sa chevelure était simple (sans ornements),
collectus in unum nodum ;	rassemblée en un seul nœud ;
custos eburnea telorum,	une boîte en-ivoire *qui-contenait* des flèches,
pendens ex humero lævo,	pendant à *son* épaule gauche,
resonabat ;	résonnait ;
læva tenebat quoque arcum.	sa *main* gauche tenait aussi un arc.
Cultus erat talis :	Le costume était tel :
facies quam posses	le visage *tel* que tu pourrais
dicere vere	appeler véritablement
virgineam in puero	*un visage* de-jeune-fille dans un garçon,
puerilem in virgine.	*un visage* de-garçon dans une jeune fille.

V. — LA CHASSE. EXPLOITS DES HÉROS ET D'ATALANTE.

Silva frequens trabibus,	Une forêt remplie d'arbres-de-futaie,
quam nulla ætas ceciderat,	laquelle aucun siècle n'avait coupée,
incipit a plano,	commence *à partir* de la plaine,
prospicitque arva devexa.	et regarde des champs inclinés.
Quo postquam viri	Dans-lequel-lieu après que les hommes
venere,	furent arrivés,
pars tendunt retia ;	une partie tend des filets ;
pars adimunt	une partie ôte
vincula canibus ;	les liens aux chiens ;

Signa pedum, cupiuntque suum reperire periclum.
Concava vallis erat, quo se demittere rivi
Assuerant pluvialis aquæ. Tenet ima lacunæ
Lenta salix, ulvæque leves, juncique palustres,
Viminaque, et longa parvæ sub arundine cannæ [1].
Hinc aper excitus medios violentus in hostes
Fertur, ut excussis elisus nubibus ignis.
Sternitur incursu nemus, et propulsa fragorem
Silva dat. Exclamant juvenes, protentaque forti
Tela tenent dextra, lato vibrantia ferro.
Ille ruit, spargitque canes, ut quisque furenti
Obstat, et obliquo latrantes dissipat ictu.
Cuspis Echionio primum contorta lacerto
Vana fuit, truncoque dedit leve vulnus acerno.
Proxima, si nimiis mittentis viribus usa
Non foret, in tergo visa est hæsura petito :
Longius it [2]; auctor teli Pagasæus Iason [3].
« Phœbe, ait Ampycides, si te coluique coloque,
Da mihi, quod petitur, certo contingere telo. »
Qua potuit, precibus deus annuit : ictus ab illo est,

les chiens; d'autres suivent les traces du sanglier imprimées dans le sol, et brûlent de trouver l'ennemi qui doit causer leur perte. Il y avait une profonde vallée où se réunissaient les ruisseaux formés par les eaux pluviales. Au fond de ce marécage croissent le saule flexible, l'algue légère, le jonc des étangs, l'osier, et l'humble canne que domine le long roseau. C'est là qu'ils font lever le sanglier : le monstre se précipite avec impétuosité au milieu de ses ennemis, semblable à l'éclair qui jaillit du choc des nuages. Dans sa course il renverse les arbres qui se rompent en craquant. Les chasseurs poussent des cris, et de leurs bras robustes lui présentent des épieux armés d'un large fer. Le sanglier s'élance, disperse les chiens, qui s'opposent à son élan furieux, et par des coups obliques met en déroute la meute aboyante. Le premier Échion jette un trait, mais en vain; l'arme fait une légère blessure au tronc d'un érable. Un second javelot, s'il avait été envoyé avec moins de force, semblait devoir s'enfoncer dans le dos de l'animal : il va trop loin; c'était le Thessalien Jason qui l'avait lancé. « Phébus, s'écrie alors le fils d'Ampycus, si je t'ai toujours rendu, si je te rends encore un culte fidèle, accorde-moi la faveur que je te demande; fais que j'atteigne d'une main sûre le but que je vise! » Le dieu exauce cette prière

pars sequuntur signa pedum	une partie suit les traces des pattes *du*
pressa,	imprimées *dans le sol*, [*sanglier*
cupiuntque reperire	et ils désirent trouver
suum periclum.	leur danger.
Vallis concava erat,	Un vallon creux était,
quo rivi aquæ pluvialis	où les ruisseaux d'eau pluviale
assuerant se demittere.	avaient coutume de se précipiter.
Salix lenta	Le saule flexible
tenet ima lacunæ,	occupe le fond du marécage,
ulvæque leves,	et (ainsi que) des algues légères,
juncique palustres,	et des joncs de-marais,
viminaque, et cannæ parvæ	et les osiers, et les cannes petites
sub longa arundine.	sous le long roseau.
Aper excitus hinc	Le sanglier lancé hors-de-là
fertur violentus	se porte violent
in medios hostes,	au milieu-des ennemis,
ut ignis elisus	comme le feu qui a jailli
nubibus excussis.	des nuages choqués.
Nemus sternitur incursu,	Le bois est renversé par le choc,
et silva propulsa	et la forêt heurtée-en-avant
dat fragorem.	donne du fracas.
Juvenes exclamant,	Les jeunes-gens poussent-des-cris,
tenentque dextra forti	et ils tiennent d'une *main* droite forte
tela protenta,	des traits tendus en-avant,
vibrantia ferro lato.	étincelants par un fer large. [chiens,
Ille ruit, spargitque canes,	Celui-ci se précipite, et disperse les
ut quisque	selon-que chacun d'*eux*
obstat furenti,	se-tient-devant-*lui* furieux,
et dissipat ictu obliquo	et il dissémine par un coup oblique
latrantes.	*eux* aboyant.
Cuspis contorta primum	La pointe (la lance) brandie d'abord
lacerto Echionio	par le bras d'-Échion
fuit vana,	fut vaine,
deditque vulnus leve	et elle donna une blessure légère
trunco acerno.	à un tronc d'-érable.
Proxima, si non foret usa	La seconde, si elle n'avait pas usé
viribus nimiis mittentis,	des forces excessives de *celui* qui *l'en-*
visa est hæsura	parut devant s'enfoncer [*voyait*,
in tergo petito :	dans le dos visé :
it longius;	elle alla plus loin;
Iason Pagasæus auctor teli.	Jason de-Pagase *était* l'auteur du trait.
Phœbe, ait Ampycides,	Phébus, dit le-fils-d'Ampycus,
si colui que coloque te,	si et j'ai honoré et j'honore toi,
da mihi	donne-moi
contingere telo certo	de toucher d'un trait sûr
quod petitur.	ce qui est visé *par moi*.
Deus annuit precibus,	Le dieu exauça *ses* prières,

Sed sine vulnere, aper : ferrum Diana volanti
Abstulerat jaculo ; lignum sine acumine venit.
Ira feri mota est, nec fulmine lenius arsit.
Emicat ex oculis, spirat quoque pectore flamma.
Utque volat moles adducto concita nervo [1],
Quum petit aut muros aut plenas milite turres,
In juvenes certo sic impete vulnificus sus
Fertur, et Eupalamon [2] Pelagonaque, dextra tuentes
Cornua, prosternit ; socii rapuere jacentes.
At non letiferos effugit Enæsimus ictus,
Hippocoonte satus : trepidantem et terga parantem
Vertere succiso liquerunt poplite nervi.
Forsitan et Pylius [3] citra Trojana perisset
Tempora ; sed sumpto posita conamine ab hasta,
Arboris insiluit, quæ stabat proxima, ramis,
Despexitque loco tutus, quem fugerat, hostem.
Dentibus ille ferox in querno stipite tritis,
Imminet exitio ; fidensque recentibus armis,
Othriadæ magni rostro femur hausit adunco.
At gemini, nondum cœlestia sidera, fratres [4],
Ambo conspicui, nive candidioribus ambo

autant qu'il est en son pouvoir ; le javelot frappe l'animal, mais sans le blesser : Diane en avait ôté la pointe dans le trajet ; le bois arrive sans fer. Le sanglier s'irrite ; sa colère est aussi terrible que la foudre. Le feu sort de ses yeux, sa poitrine exhale des flammes. Telle lancée par une corde tendue vole une lourde pierre contre des remparts ou des tours garnies de soldats, tel le monstre aux défenses meurtrières se précipite d'un élan sûr contre les chasseurs. Il renverse Eupalamus et Pélagon qui conduisaient l'aile droite ; leurs compagnons les relèvent et les emportent. Mais Énésimus, fils d'Hippocoon, n'évita pas le coup mortel : tremblant il se préparait à fuir ; il tombe, les jarrets coupés. Peut-être aussi le héros de Pylos aurait-il péri avant la guerre de Troie, si, prenant son élan à l'aide de sa lance appuyée sur le sol, il n'avait sauté sur les branches d'un arbre qui s'élevait près de là. Du haut de ce sûr asile, il voit à ses pieds l'ennemi qu'il vient de fuir. Furieux, le monstre frotte ses défenses contre le tronc d'un arbre, et poursuit le carnage ; confiant dans ses armes fraîchement aiguisées, il perce de sa dent recourbée la cuisse du fils d'Orthias, à la haute stature. Cependant les deux jumeaux, qui n'étaient pas encore des astres du ciel, tous deux également remarquables, tous deux portés sur des chevaux plus blancs

qua potuit :	par-où il put :
aper ictus est ab illo,	le sanglier fut frappé par celui-là,
sed sine vulnere :	mais sans blessure :
Diana abstulerat ferrum	Diane avait enlevé le fer
telo volanti ;	au trait pendant-qu'il-volait ;
lignum venit sine acumine.	le bois vint sans pointe.
Ira feri mota est,	La colère de l'animal fut soulevée,
nec arsit lenius	et elle ne s'enflamma pas plus douce-
fulmine.	que la foudre. [ment
Flamma emicat ex oculis	La flamme s'élance de *ses* yeux,
spirat quoque pectore.	elle souffle aussi de *sa* poitrine.
Utque volat moles	Et comme vole une masse (une lourde
concita nervo adducto,	lancée par une corde tendue, [pierre)
quum petit aut muros	lorsqu'elle se-dirige ou vers des murs
aut turres plenas milite,	ou des tours pleines de soldats,
sic sus vulnificus	ainsi le sanglier qui-blesse
fertur impete certo	est porté avec une impétuosité sûre
in juvenes,	contre les jeunes-gens,
et prosternit	et il terrasse
Eupalamon Pelagonaque,	Eupalamus et Pélagon,
tuentes cornua dextra ;	défendant les ailes droites ;
socii rapuere jacentes.	*leurs* compagnons enlevèrent *eux* gisant.
At Enæsimus,	Mais Énésimus,
satus Hippocoonte,	fils d'Hippocoon,
non effugit ictus letiferos :	n'évita pas les coups mortels :
nervi, poplite succiso,	les nerfs, le jarret étant coupé,
liquerunt trepidantem	manquèrent à *lui* tremblant
et parantem vertere terga.	et se-préparant à tourner le dos.
Forsitan et Pylius perisset	Peut-être aussi le Pylien aurait péri
citra tempora Trojana ;	en-deçà des (avant les) temps troyens;
sed conamine sumpto	mais *son* élan ayant été pris
ab hasta posita,	à-l'aide-de *sa* lance appuyée *sur la terre*,
insiluit ramis arboris,	il sauta-sur les branches d'un arbre,
quæ stabat proxima,	qui se dressait très-proche, [haut-
tutusque loco despexit	et en-sûreté par le lieu il regarda-d'en-
hostem quem fugerat.	l'ennemi qu'il avait fui.
Ille ferox,	Celui-ci furieux, [tronc,
dentibus tritis in stipite,	*ses* dents ayant été frottées contre un
imminet exitio ;	presse la perte *de ses ennemis ;*
fidensque armis recentibus,	et confiant dans *ses* armes fraîches,
hausit rostro adunco	il perça de *son* groin recourbé
femur magni Orthiadæ.	la cuisse du grand fils-d'-Orthias.
At fratres gemini,	Mais les frères jumeaux, [tes,
nondum sidera cœlestia,	*qui n'étaient* pas-encore des astres cèles-
ambo conspicui,	tous-deux remarquables, [vaux
vectabantur ambo equis	étaient portés tous-deux par des che-
candidioribus nive ;	plus blancs que la neige ;

Vectabantur equis ; ambo vibrata per auras
Hastarum tremulo quatiebant spicula motu.
Vulnera fecissent, nisi setiger inter opacas,
Nec jaculis, isset, nec equo loca pervia, silvas.
Persequitur Telamon ; studioque incautus eundi,
Pronus ab arborea cecidit radice retentus.
Dum levat hunc Peleus, celerem Tegeæa sagittam
Imposuit nervo, sinuatoque expulit arcu.
Fixa sub aure feri summum destrinxit arundo
Corpus, et exiguo rubefecit sanguine setas.
Nec tamen illa sui successu lætior ictus,
Quam Meleagros, erat: primus vidisse putatur,
Et primus sociis visum ostendisse cruorem,
Et, « Meritum, dixisse, feres virtutis honorem. »
Erubuere viri ; seque exhortantur, et addunt
Cum clamore animos, jaciuntque sine ordine tela :
Turba nocet jactis, et, quos petit, impedit ictus.
 Ecce furens contra sua fata bipennifer Arcas [1] :
« Discite femineis quid tela virilia præstent,
O juvenes, operique meo concedite, dixit.
Ipsa suis licet hunc Latonia protegat armis,

que la neige, balançant tous deux leurs bras, brandissaient dans le
airs les pointes de leurs dards. Ils auraient blessé le sanglier, s
celui-ci ne s'était enfoncé dans un épais taillis, impénétrable au:
traits et aux chevaux. Télamon l'y poursuit, mais, dans son ardeu
imprudente, il est arrêté par une racine d'arbre et tombe en avant
Pendant que Pélée le relève, Atalante pose une flèche rapide sur l:
corde de son arc, le bande, et tire. Le trait pénètre sous l'oreille d
l'animal qu'il blesse légèrement ; quelques gouttes de sang ont roug
ses soies. Atalante s'applaudit de ce succès, mais moins que Mé
léagre. Le premier, croit-on, il voit couler le sang, le premier i
le montre à ses compagnons, et : « Vous avez mérité, dit-il à la jeun
fille, le prix de la valeur ; vous l'aurez. » Les chasseurs rougissent
ils s'excitent les uns et les autres, et s'encouragent par des cris. Il
jettent sans ordre une grêle de traits, qui, trop nombreux, s'em
barrassent les uns les autres, et nuisent aux coups qu'ils veulen
porter.
 Mais voici que l'Arcadien Ancée, armé d'une hache à deux tran
chants, Ancée que sa fureur pousse au-devant de sa perte, s'écrie
« Guerriers, apprenez combien le bras d'un homme est plus vigou
reux que celui d'une femme ; faites-moi place pour que je frappe
La fille de Latone elle-même a beau de ses armes protéger c

ambo quatiebant	tous-deux agitaient
motu tremulo	avec un mouvement tremblant
spicula hastarum	les pointes des javelines
vibrata per auras.	balancées dans les airs.
Fecissent vulnera,	Ils auraient fait des blesures,
nisi setiger isset	si l'*animal* hérissé-de-soies n'était allé
in silvas opacas,	dans des forêts touffues,
loca pervia nec jaculis,	lieux accessibles ni aux traits,
nec equo.	ni à un cheval.
Telamon persequitur,	Télamon *le* poursuit, [ler,
incautusque studio eundi,	et imprudent par l'empressement d'al-
cecidit pronus	il tomba penché-en-avant
retentus ab radice arborea.	ayant été arrêté par une racine d'-arbre.
Dum Peleus hunc levat,	Tandis-que Pélée le relève,
Tegeæa imposuit nervo	la Tégéenne plaça-sur la corde
sagittam celerem,	une flèche rapide,
expulitque arcu sinuato.	et *la* fit-partir de l'arc courbé (tendu).
Arundo fixa sub aure feri	Le roseau enfoncé sous l'oreille de l'a-
destrinxit summum corpus,	effleura la surface-du corps, [nimal
et rubefecit setas	et rougit les soies
sanguine exiguo.	avec un sang peu-abondant. [joyeuse
Nec tamen illa erat lætior	Et cependant celle-là n'était pas plus
successu sui ictus,	du succès de son coup,
quam Meleagros :	que Méléagre :
putatur vidisse primus,	il est cru avoir vu le premier,
et ostendisse primus sociis	et avoir montré le premier à *ses* com-
cruorem visum,	le sang qu'il avait vu, [pagnons
et dixisse :	et avoir dit :
Feres honorem meritum	Tu remporteras l'honneur (le prix)
virtutis.	de la valeur. [mérité
Viri erubuere;	Les hommes rougirent;
seque exhortantur,	et ils s'exhortent,
adduntque animos	et ils s'ajoutent du courage
cum clamore,	avec un cri (en criant),
jaciuntque tela sine ordine.	et ils jettent des traits sans ordre.
Turba jacet jactis,	La foule *de ceux qui lancent* nuit aux
et impedit ictus	et empêche les coups [*traits* lancés,
quos petit.	que *cette foule* cherche-à-porter.
Ecce Arcas	Voici que l'Arcadien
bipennifer,	à la hache-à deux tranchants,
furens contra sua fata,	furieux d'une manière-contraire à ses
dixit :	a dit : [destins,
Discite, o juvenes,	Apprenez, ô jeunes-gens,
quid tela virilia	en quoi les traits des-hommes
præstent femineis,	l'emportent sur *ceux* des-femmes,
concediteque meo operi.	et retirez-vous pour mon œuvre.
Licet Latonia ipsa	Quoique la fille-de-Latone elle-même

OVIDE

Invita tamen hunc perimet mea dextra Diana. »
Talia magniloquo tumidus memoraverat ore,
Ancipitemque manu tollens utraque securim,
Institerat digitis, primos suspensus in artus.
Occupat audentem, quaque est via proxima leto,
Summa ferus geminos direxit ad inguina dentes
Concidit Ancæus, glomerataque sanguine multo
Viscera lapsa fluunt, madefactaque terra cruore est.
   Ibat in adversum proles Ixionis hostem,
Pirithous, valida quatiens venabula dextra.
Cui procul Ægides : « O me mihi carior, inquit,
Pars animæ consiste meæ ; licet eminus esse
Fortibus ; Ancæo nocuit temeraria virtus. »
Dixit, et ærata torsit grave cuspide cornu :
Quo bene librato, votique potente futuro,
Obstitit æsculea frondosus ab arbore ramus.

VI. — MÉLÉAGRE TUE LE SANGLIER ; SES ONCLES SONT JALOUX DE LUI ; IL LES TUE.
(V. 411-444.)

Misit et Æsonides jaculum, quod casus ab illo
Vertit in immeriti fatum latrantis, et inter
Ilia conjectum, tellure per ilia fixum est.

monstre, il tombera pourtant sous mes coups malgré Diane. » Telles étaient les insolentes paroles qu'avait prononcées sa bouche superbe. Il lève de ses deux mains sa hache à double tranchant, et se dresse sur la pointe des pieds ; mais le sanglier prévient l'audacieux, et dirige ses deux défenses vers le haut de l'aine, là où toute blessure est suivie d'un prompt trépas. Ancée tombe ; ses entrailles s'échappent en masse avec des flots de sang qui rougissent la terre.

   Le fils d'Ixion, Pirithoüs, marchait à la rencontre de l'ennemi, brandissant un épieu d'une main robuste. « O toi qui m'es plus cher que la vie, lui crie de loin le fils d'Égée, toi qui es une partie de moi-même, arrête-toi ; nous pouvons déployer de loin notre valeur ; Ancée a péri victime de son courage téméraire. » Il dit, et jette un pesant javelot à la pointe d'airain. Le trait bien lancé aurait atteint le but, si la branche feuillue d'un chêne ne l'avait arrêté.

VI

   Le fils d'Éson envoie aussi un javelot, que le hasard détourne du but ; il frappe un innocent limier, pénètre dans ses entrailles, et après les avoir traversées, s'enfonce dans la terre.

protegat hunc suis armis,	protége celui-ci de ses armes,
mea dextra tamen	ma *main* droite cependant
perimet hunc invita Diana.	fera-périr celui-ci malgré Diane. [*roles*
Tumidus memoraverat talia	Enflé *d'orgueil* il avait dit de telles pa-
ore magniloquo,	avec une bouche vantarde,
tollensque utraque manu	et levant de l'une-et-l'autre main
securim ancipitem,	*sa* hache à-double-tranchant,
institerat digitis,	il s'était dressé sur les doigts des *pieds*,
suspensus in primos artus.	suspendu sur les extrémités-de *ces* mem-
Ferus occupat audentem,	L'animal prévient *lui* osant, [bres.
direxitque geminos dentes	et il dirigea *ses* deux dents
ad summa inguina	vers le haut-de l'aine, [mort.
qua via est proxima leto.	par-où la voie est la plus proche à la
Ancæus concidit,	Ancée tombe,
visceraque glomerata	et *ses* entrailles pelotonnées
lapsa sanguine multo	ayant glissé avec un sang abondant
fluunt, [re.	coulent,
terraque madefacta est cruo-	et la terre fut humectée de sang.
Pirithous, proles Ixionis,	Pirithoüs, progéniture d'Ixion,
ibat in hostem adversum,	marchait contre l'ennemi *qui était* er-
quatiens venabula	agitant un épieu [face,
dextra valida.	d'une *main* droite robuste.
Cui Ægides procul :	Auquel le fils-d'Égée de-loin :
O carior mihi me,	O *toi* plus cher à moi que moi-*même*,
inquit,	dit-il,
pars meæ animæ, consiste ;	partie de mon âme, arrête-toi ; [loin ;
licet esse fortibus eminus ;	il est permis à *nous* d'être braves de-
virtus temeraria	*son* courage téméraire
nocuit Ancæo.	a nui à Ancée. [sant
Dixit, et torsit cornu grave	Il dit, et il brandit un cornouiller pe-
cuspide ærata.	d'une *pointe* (à la pointe) d'-airain.
Quo librato bene,	Lequel ayant été balancé bien,
futuroque potente voti,	et devant être en possession du vœu,
ramus frondosus	une branche feuillue [(atteindre le but)
ab arbore æsculea	d'un arbre de-chêne
obstitit.	fit-obstacle.

VI. — MÉLÉAGRE TUE LE SANGLIER ; SES ONCLES SONT JALOUX DE LUI ; IL LES TUE.

Æsonides	Le fils-d'-Éson
misit et jaculum,	envoya aussi un javelot, [sanglier
quod casus vertit ab illo	que le hasard détourna de celui-là (du
in fatum	pour le destin (pour la mort)
latrantis immeriti,	d'un aboyant (d'un chien) innocent,
et conjectum inter ilia	et enfoncé dans *ses* entrailles,
fixum est tellure	il se fixa dans la terre

At manus OEnidæ variat; missisque duabus,
Hasta prior terra, medio stetit altera tergo.
Nec mora, dum sævit, dum corpora versat in orbem,
Stridentemque novo spumam cum sanguine fundit,
Vulneris auctor adest, hostemque irritat ad iram,
Splendidaque adversos venabula condit in armos.
Gaudia testantur socii clamore secundo,
Victricemque petunt dextræ conjungere dextram,
Immanemque feram multa tellure jacentem
Mirantes spectant; neque adhuc contingere tutum
Esse putant, sed tela tamen sua quisque cruentat.
Ipse pede imposito caput exitiabile pressit,
Atque ita: « Sume mei spolium, Nonacria [1], juris,
Dixit, et in partem veniat mihi gloria tecum. »
Protinus exuvias, rigidis horrentia setis
Terga dat, et magnis insignia dentibus ora.
Illi lætitiæ est, cum munere, muneris auctor.
    Invidere alii, totoque erat agmine murmur.
E quibus, ingenti tendentes brachia voce :

Cependant le fils d'OEnée lance deux traits avec un succès différent : le premier se fixe dans le sol, le second au milieu du dos de l'animal. Le sanglier furieux se tourne sur lui-même, et vomit en frémissant de l'écume avec un sang nouveau. Le vainqueur ne le laisse pas respirer; il accourt, irrite la colère de son ennemi, et lui plonge en face dans l'épaule un épieu étincelant. Ses compagnons témoignent leur joie par des cris d'allégresse; ils brûlent de presser dans leurs mains la main du vainqueur. Ils contemplent avec étonnement cette bête énorme dont le corps couvre un vaste espace; ils ne croient pas qu'il soit encore prudent d'y toucher, mais chacun pourtant trempe ses javelots dans le sang du monstre. Méléagre posant alors le pied sur cette tête funeste : « Vierge de Nonacris, dit-il, recevez cette dépouille qui m'appartient, et partagez ma gloire. » En parlant ainsi, il lui offre la peau du sanglier, hérissée de soies rudes, et cette gueule armée de dents d'une grandeur prodigieuse. Atalante est charmée à la fois du présent et de celui qui l'offre.
    Mais les autres sont jaloux; des murmures circulent dans toute la foule. Parmi les chasseurs, les fils de Thestius, levant le bras,

per ilia.	à travers (ayant traversé) les entrailles.
At manus OEnidæ variat;	Mais la main du fils-d'-OEnée varie;
duabusque missis,	et deux *javelots* ayant été envoyés,
prior hasta stetit terra,	le premier javelot s'arrêta dans la terre,
altera medio tergo.	le second dans le milieu-du dos *de l'ani-*
Nec mora,	Et pas de retard, [*mal.*
dum sævit,	pendant qu'il est furieux,
dum versat corpora	pendant qu'il tourne le corps
in orbem,	en cercle,
funditque	et répand
cum sanguine novo	avec un sang nouveau
spumam stridentem,	une écume frémissante,
auctor vulneris adest,	l'auteur de la blessure est-présent,
irritatque hostem ad iram,	et il irrite *son* ennemi à la colère,
conditque in armos adversos	et il plonge dans *ses* épaules *qui sont*
venabula splendida.	un épieu brillant. [*en-face*
Socii testantur gaudia	*Ses* compagnons témoignent *leur* joie
clamore secundo,	par un cri favorable,
petuntque conjungere	et ils cherchent à joindre [rieuse,
dextræ dextram victricem,	à *leur main* droite *sa main* droite victo-
mirantesque spectant	et s'étonnant ils contemplent
feram immanem	la bête-sauvage énorme
jacentem tellure multa;	gisant sur une terre étendue;
neque putant	et ils ne pensent pas
esse adhuc tutum	être encore sûr (sans danger)
contingere,	d'y toucher ;
sed tamen quisque	mais cependant chacun
cruentat sua tela.	ensanglante ses traits. [*mal*
Ipse pede imposito	Lui-même le pied étant posé-sur *l'ani-*
pressit caput exitiale,	pressa *cette* tête funeste,
atque dixit ita :	et il parla ainsi :
Sume, Nonacria,	Prends, *vierge* de-Nonacris, [appartient),
spolium nostri juris,	une dépouille de notre droit (qui nous
et gloria veniat mihi	et que la gloire vienne à moi
in partem tecum.	en partage avec-toi.
Protinus dat exuvias,	Aussitôt il *lui* donne les dépouilles,
terga horrentia setis rigidis,	le dos hérissé de soies raides,
et ora insignia	et la gueule remarquable
magnis dentibus.	par de grandes dents.
Auctor muneris	L'auteur du présent
est lætitiæ illi	est à joie à elle
cum munere.	avec le présent.
Alii invidere,	Les autres furent-jaloux,
murmurque erat	et un murmure était
toto agmine.	dans toute la troupe.
E quibus Thestiadæ	Parmi lesquels les fils-de-Thestius
tendentes bracchia	tendant les bras

« Pone, age, nec titulos intercipe, femina, nostros,
Thestiadæ [1] clamant; nec te fiducia formæ
Decipiat; ne sit longe tibi captus amore
Auctor. » Et huic adimunt munus, jus muneris illi.
Non tulit, et tumida frendens Mavortius [2] ira :
« Discite, raptores alieni, dixit, honoris,
Facta minis quantum distent; » hausitque nefando
Pectora Plexippi, nil tale timentia, ferro.
Toxea, quid faciat dubium; pariterque volentem
Ulcisci fratrem, fraternaque fata timentem,
Haud patitur dubitare diu, calidumque priori
Cæde recalfecit consorti sanguine telum.

VII. — DOULEUR D'ALTHÉE, MÈRE DE MÉLÉAGRE; SES HÉSITATIONS; SA VENGEANCE.
(V. 445-514.)

Dona deum templis, nato victore, ferebat,
Quum videt exstinctos fratres Althæa referri.
Quæ, plangore dato, mœstis clamoribus urbem
Implet, et auratis mutavit vestibus atras.
At simul est auctor necis editus, excidit omnis
Luctus, et a lacrimis in pœnæ versus amorem est.

s'écrient d'une voix menaçante : « Femme, laisse là cette dépouille; n'usurpe pas un honneur qui nous est dû; prends garde que ta beauté ne t'inspire une confiance trompeuse, et que celui qui t'a fait ce présent, égaré par l'amour, ne puisse te soustraire à notre vengeance. » Et ils enlèvent à Atalante la dépouille, à Méléagre le droit d'en disposer. Le fils de Mars ne peut supporter cet outrage; frémissant et le cœur gonflé de colère : « Apprenez, dit-il, ravisseurs des récompenses d'autrui, la distance qui sépare l'effet de la menace. » Et il perce d'un fer criminel Plexippe qui était loin de redouter un pareil destin. Toxée ne sait ce qu'il doit faire; il veut venger son frère, et craint en même temps de périr comme lui. Méléagre ne le laisse pas longtemps hésiter : il réchauffe dans son sang l'épée déjà tiède du premier meurtre.

VII

Althée, heureuse de la victoire de son fils, offrait des présents dans les temples des dieux lorsqu'elle voit rapporter les corps inanimés de ses frères. Elle se frappe la poitrine, remplit la ville de ses tristes plaintes, et change contre des habits de deuil ses vêtements brillants d'or. Mais à peine connaît-elle l'auteur de ce meurtre, qu'elle oublie complètement sa douleur; elle sèche ses larmes, et ne songe plus qu'à la ven-

clamant ingenti voce : crient avec une grande voix :
Age, femina, pone, Allons, femme, dépose,
nec intercipe nostros titulos; et n'intercepte pas nos honneurs ;
et fiducia formæ et que la confiance de (en) ta beauté
te decipiat; ne te trompe pas ;
ne auctor captus amore de peur que l'auteur *du présent* épris d'a-[mour
sit longe tibi. ne soit loin pour toi.
Et adimunt huic munus, Et ils enlèvent à celle-ci le présent,
illi jus muneris. à lui le droit du présent (d'en disposer).
Mavortius non tulit, Le fils-de-Mars ne supporta pas *cela*,
et frendens ira tumida, et grinçant-des-dents avec une colère [gonflée,
dixit : il dit :
Discite, raptores Apprenez, ravisseurs
honoris alieni, [nis ; de l'honneur d'-autrui, [naces ;
quantum facta distent mi- combien les actes sont éloignés des me-
hausitque ferro nefando et il perça d'un fer abominable
pectora Plexippi la poitrine de Plexippe,
nil timentia tale. *poitrine* ne craignant rien de tel.
Haud patitur Toxea, Il ne souffre pas Toxée,
dubium quid faciat, doutant *de* ce qu'il-doit-faire,
volentemque pariter et voulant en-même-temps
ulcisci fratrem, venger *son* frère,
timentemque fata fraterna, et craignant les destinées fraternelles,
dubitare diu, douter longtemps,
recalfecitque et il réchauffa
sanguine consorti dans un sang allié (fraternel)
telum calidum le trait échauffé
priori cæde. par le premier meurtre.

VII. — DOULEUR D'ALTHÉE, MÈRE DE MÉLÉAGRE ; SES HÉSITATIONS ; SA VENGEANCE.

Althæa ferebat Althée portait
dona templis deum, des offrandes aux temples des dieux,
nato victore, son fils *étant* vainqueur,
quum videt fratres lorsqu'elle voit *ses* frères
referri exstinctos. être rapportés morts. [donné,
Quæ, plangore dato, Laquelle, un coup-*sur-la-poitrine* étant
implet urbem remplit la ville
mœstis clamoribus, de tristes cris, [noirs
et mutavit atras et elle échangea pour des *vêtements*
vestibus auratis. ses vêtements dorés.
At simul auctor necis Mais dès que l'auteur de la mort
editus est, fut révélé,
omnis luctus excidit, toute *sa* douleur s'échappa,
et versus est a lacrimis et fut tournée des larmes
in amorem pœnæ. en amour (désir) de châtiment.

Stipes erat, quem, quum partus enixa jaceret
Thestias, in flammam triplices posuere Sorores [1],
Staminaque impresso fatalia pollice nentes :
« Tempora, dixerunt, eadem lignoque tibique,
O modo nate, damus. » Quo postquam carmine dicto
Excessere deæ, flagrantem mater ab igni
Eripuit torrem, sparsitque liquentibus undis.
Ille diu fuerat penetralibus abditus imis,
Servatusque tuos, juvenis, servaverat annos.
Protulit hunc genitrix, tædasque et fragmina poni
Imperat, et positis inimicos admovet ignes.
Tum conata quater flammis imponere ramum,
Cœpta quater tenuit : pugnant materque sororque,
Et diversa trahunt unum duo nomina pectus.
Sæpe metu sceleris pallebant ora futuri,
Sæpe suum fervens oculis dabat ira ruborem ;
Et modo nescio quid similis crudele minanti
Vultus erat, modo quem misereri credere posses ;
Quumque ferus lacrimas animi siccaverat ardor,
Inveniebantur lacrimæ tamen : utque carina,

geance. Il y avait un rameau que les trois Sœurs avaient posé sur le feu, lorsque la fille de Thestius était étendue sur sa couche après avoir mis au monde Méléagre, et filant entre leurs doigts la trame de sa destinée : « Enfant qui viens de naître, avaient-elles dit, les jours que nous te donnons, dureront ce que durera ce bois. » Après cette prédiction, les déesses s'étaient retirées. La mère avait arraché du feu le tison ardent, et l'avait inondé d'eau. Longtemps elle l'avait tenu caché au fond de sa demeure, et en le conservant elle avait conservé les jours de son fils. Mais alors elle le tire de sa cachette; elle commande qu'on entasse des torches et du bois, et elle approche de ce bûcher une flamme ennemie. Quatre fois elle veut mettre le rameau sur le feu, quatre fois elle s'arrête : la mère et la sœur se combattent en elle; ces deux noms tirent son cœur en sens contraire. Plus d'une fois la crainte du crime qu'elle va commettre répand la pâleur sur ses traits, plus d'une fois la colère communique à ses yeux son ardent éclat. Tantôt son visage semble annoncer je ne sais quoi de menaçant et de terrible, tantôt on peut y lire la pitié; et quand la passion cruelle qui la dévore, a tari ses larmes, elle trouve encore des larmes. Tel un navire

Stipes erat	Un morceau-de-bois était
quem triplices Sorores	que les trois Sœurs
posuere in flammam,	posèrent sur la flamme,
quum Thestias jaceret	lorsque la fille-de-Thestius était couchée
enixa partus,	ayant-mis-au-monde des enfantements,
nentesque stamina fatalia	et filant les trames fatales
pollice impresso,	avec le pouce appuyé,
dixerunt :	elles dirent :
Damus, o nate modo,	Nous donnons, ô *toi* né récemment,
eadem tempora	les mêmes temps
lignoque tibique.	et au bois et à toi.
Quo carmine dicto,	Laquelle prédiction ayant été prononcée,
postquam deæ excessere,	après que les déesses se furent retirées,
mater eripuit ab igni	la mère arracha du feu
torrem ardentem,	le tison ardent,
sparsitque undis liquentibus.	et *l*'arrosa d'ondes liquides.
Ille abditus fuerat diu	Ce *tison* avait été caché longtemps
imis penetralibus,	dans le fond-de-l'intérieur-*du-palais*,
servatusque	et conservé
servaverat, juvenis,	il avait conservé, ô jeune-homme,
tuos annos.	tes années.
Genitrix protulit hunc,	Sa mère tira ce *tison*,
imperatque	et elle commande
tædas et fragmina poni,	des torches et des éclats-de-bois être placés,
et admovet positis	et elle approche de *ceux-ci* placés
ignes inimicos.	des feux ennemis.
Tum conata quater	Alors s'étant efforcée quatre-fois
imponere ramum flammis,	de mettre la branche sur les flammes,
tenuit quater cœpta :	elle arrêta quatre-fois les choses commencées :
materque sororque pugnant,	et la mère et la sœur luttent,
et duo nomina	et ces deux noms
trahunt diversa	tirent contraires (en sens contraire)
unum pectus.	un seul cœur.
Sæpe ora pallebant	Souvent *sa* figure pâlissait
metu sceleris futuri,	par la crainte du crime futur,
sæpe ira fervens	souvent la colère bouillante
dabat oculis suum ruborem;	donnait à *ses* yeux sa rougeur ;
et modo vultus erat	et tantôt le visage était
similis minanti	semblable à un *visage* menaçant
nescio quid crudele,	de je ne sais quoi de cruel,
modo quem posses credere	tantôt *il était tel* que tu pourrais croire
misereri ;	*lui* avoir-pitié ;
quumque ardor ferus animi	et lorsque l'ardeur farouche de *son* esprit
siccaverat lacrimas,	avait séché *ses* larmes,
lacrimæ tamen	des larmes cependant
inveniebantur :	étaient trouvées :
utque carina,	et comme la carène (le navire),

Quam ventus ventoque rapit contrarius æstus,
Vim geminam sentit, paretque incerta duobus ;
Thestias haud aliter dubiis affectibus errat,
Inque vices ponit positamque resuscitat iram.
Incipit esse tamen melior germana parente,
Et, consanguineas ut sanguine leniat umbras,
Impietate pia est. Nam postquam pestifer ignis
Convaluit : « Rogus iste cremet mea viscera, » dixit ;
Utque manu dira lignum fatale tenebat,
Ante sepulcrales infelix adstitit aras :
« Pœnarumque deæ triplices, furialibus, inquit,
Eumenides, sacris vultus advertite vestros.
Ulciscor facioque nefas ; mors morte pianda ;
In scelus addendum scelus est, in funera funus ;
Per coacervatos pereat domus impia luctus.
An felix OEneus nato victore fruetur,
Thestius orbus erit ? Melius lugebitis ambo.
Vos modo, fraterni manes animæque recentes,
Officium sentite meum, magnoque paratas
Accipite inferias. Fratres, ignoscite matri ;
Deficiunt ad cœpta manus : meruisse fatemur
Illum cur pereat ; mortis mihi displicet auctor.

qu'entraînent et le vent et le courant contraire au vent, sent deux forces opposées, et, incertain, obéit à toutes deux, telle la fille de Thestius flotte irrésolue entre des sentiments divers. Tour à tour sa colère se calme, et se ranime. Cependant la sœur l'emporte sur la mère; elle veut apaiser par le sang les mânes qui lui sont unis par le sang; elle devient impie par piété. Déjà grandit la flamme funeste. « Que ce bûcher, dit-elle, consume le fils sorti de mon sein. » Et tenant d'une main cruelle le fatal tison, debout au pied de l'autel funéraire : « Triples divinités qui présidez aux châtiments, s'écrie l'infortunée, Euménides, tournez vos regards vers un sacrifice digne des Furies. Je venge et je commets un crime; c'est par la mort qu'il faut expier la mort ; il faut ajouter forfait à forfait, meurtre à meurtre. Que cette maison impie périsse par des deuils accumulés. Eh quoi ! l'heureux OEnée embrassera son fils vainqueur, et Thestius pleurera ses enfants! Il vaut mieux que vous pleuriez tous deux. Vous seulement, mânes de mes frères, âmes qui venez de descendre au ténébreux séjour, comprenez ce que je fais pour vous, et recevez des offrandes qui me coûtent si cher. O mes frères, pardonnez à une mère, si mes mains se refusent à cet office : il a mérité la mort, je l'avoue, mais est-ce à moi à la lui donner ?

CHOIX DES MÉTAMORPHOSES. — LIVRE VIII. 347

quam ventus rapit	que le vent entraîne [vent,
æstusque contrarius vento,	et (ainsi que) le courant contraire au
sentit vim geminam,	sent une force double,
incertaque paret duobus,	et incertaine obéit aux deux,
haud aliter Thestias	non autrement la fille-de-Thestius
errat affectibus dubiis,	erre (flotte) par des sentiments douteux,
inque vices ponit	et *tour* à tour elle dépose
resuscitatque iram positam.	et ranime *sa* colère déposée.
Germana incipit tamen	La sœur commence cependant
esse melior parente,	à être meilleure que la mère,
et, ut leniat sanguine	et, afin qu'elle apaise par du sang
umbras consanguineas,	les ombres consanguines (de ses frères)
pia est impietate.	elle est pieuse par impiété.
Nam postquam ignis pestifer	Car après que le feu funeste
convaluit,	eut-pris-de-la-force,
dixit :	elle dit :
Iste rogus cremet	Que ce bûcher brûle
mea viscera;	mes entrailles;
utque tenebat manu dira	et comme elle tenait d'une main cruelle
lignum fatale,	le bois fatal,
infelix adstitit	malheureuse elle se tint
ante aras sepulcrales.	devant les autels funéraires.
Et : Triplices deæ pœnarum,	Et : Triples divinités des châtiments,
Eumenides, inquit,	Euménides, dit-elle,
advertite sacris furialibus	tournez-vers des sacrifices de-Furies
vestros vultus.	vos visages.
Ulciscor facioque nefas;	Je venge et je fais un crime; [mort;
mors pianda morte;	la mort *est* devant être expiée par la
scelus addendum est	le crime est devant être ajouté
in scelus,	au crime,
funus in funera.	les funérailles aux funérailles.
Domus impia pereat	Que *cette* maison impie périsse
per luctus coacervatos.	par des deuils accumulés.
An OEneus fruetur felix	Est-ce qu'OEnée jouira heureux
nato victore,	de *son* fils vainqueur,
Thestius erit orbus?	*et que* Thestius sera sans-enfants?
Ambo lugebitis melius.	Tous deux vous pleurerez mieux.
Vos modo, manes fraterni,	Vous seulement, mânes fraternels,
umbræque recentes,	et ombres récentes, [remplis),
sentite meum officium,	comprenez mon devoir (le devoir que je
accipiteque inferias	et recevez des offrandes-funèbres
paratas magno.	préparées à grand *prix*.
Fratres, ignoscite matri;	Frères, pardonnez à une mère; [prise :
manus deficiunt ad cœpta :	les mains *me* manquent pour l'entre-
fatemur illum meruisse	nous avouons *lui* avoir mérité
cur pereat :	qu'il périsse;
auctor necis mihi displicet.	l'auteur de la mort me déplaît.

Ergo impune feret? vivusque, et victor, et ipso
Successu tumidus, regnum Calydonis habebit?
Vos cinis exiguus gelidæque jacebitis umbræ?
Haud equidem patiar : pereat sceleratus, et ille
Spemque patris regnumque trahat,patriæque ruinam.
Mens ubi materna est? ubi sunt pia vota parentum?
O utinam primis arsisses ignibus[1] infans !
Idque ego passa forem! Vixisti munere nostro;
Nunc merito moriere tuo. Cape præmia facti,
Bisque datam, primum partu, mox stipite rapto,
Redde animam; vel me fraternis adde sepulcris.
Et cupio et nequeo. Quid agam? modo vulnera fratrum
Ante oculos mihi sunt, et tantæ cædis imago;
Nunc animum pietas maternaque nomina frangunt.
Me miseram! Male vincetis, sed vincite, fratres,
Dummodo, quæ dedero vobis, solatia, vosque
Ipsa sequar. » Dixit, dextraque aversa trementi
Funereum torrem medios conjecit in ignes.
Aut dedit, aut visus gemitus est ille dedisse
Stipes, et invitis correptus ab ignibus arsit.

Ainsi donc son crime restera impuni? il vivra, et vainqueur, fier de ce succès même, il régnera dans Calydon? Et vous, vous ne sere plus qu'un peu de cendre, des ombres glacées par la mort? Non, je ne le souffrirai pas. Qu'il périsse, le criminel; qu'il emporte avec lui les espérances de son père; que sa chute entraîne celle du trône et la ruine de sa patrie. Mais sont-ce là les sentiments d'une mère? les tendres vœux que forment les parents? O plût aux dieux que le feu t'eût consumé lors de ta naissance! Plût aux dieux que je l'eusse souffert! C'est grâce à moi que tu as vécu; maintenant tu mourras par ta faute. Reçois la récompense de ton forfait; rends-moi la vie que je t'ai donnée deux fois, d'abord en te mettant au monde, puis en retirant du feu le fatal tison; ou bien plonge-moi dans la tombe avec mes frères. Je veux me venger et je ne puis. Que ferai-je? Tantôt les blessures de mes frères et l'image de cet affreux carnage s'offrent à mes yeux; tantôt l'affection maternelle et mon titre de mère amollissent mon courage. Infortunée que je suis! Ce sera un affreux triomphe, mais vous triompherez, mes frères, pourvu que je vous suive moi-même avec la victime que je sacrifie pour consoler vos mânes. » Elle dit, et détournant la tête jette d'une main tremblante le fatal tison au milieu des flammes. Le rameau gémit ou sembla gémir; le feu le saisit et le consume à regret.

rgo feret impune?	Donc il portera *cela* impunément?
vusque et victor	et vivant et vainqueur
tumidus successu ipso	et enflé par le succès même
abebit regnum Calydonis?	il aura le royaume de Calydon?
os jacebitis cinis exiguus,	Vous, vous serez-gisants cendre peu-[abondante,
mbræque gelidæ?	et ombres glacées?
aud patiar equidem :	Je ne *le* souffrirai pas certes :
eleratus pereat,	que criminel il périsse,
ille trahat	et qu'il entraîne *avec lui*
emque patris regnumque	et l'espoir *de son* père et le royaume
tinamque patriæ.	et la ruine de *sa* patrie.
bi est mens materna?	Où est l'esprit maternel?
bi sunt vota pia parentum	où sont les vœux pieux des parents?
utinam infans	O plût-aux-dieux-qu'*étant* enfant
sisses primis ignibus!	tu eusses brûlé par les premiers feux!
oque id forem passa!	et que moi je l'eusse souffert ;
ixisti nostro munere ;	Tu as vécu par notre bienfait ;
nc moriere tuo merito.	maintenant tu mourras par ta faute.
pe præmia facti,	Reçois les récompenses de *ton* action,
ddeque animam datam bis,	et rends une vie que je *t*'ai donnée
imum partu,	d'abord par l'enfantement, [deux-fois,
ox stipite rapto ;	puis par le morceau-de-bois enlevé ;
l adde me	ou ajoute moi
pulcris fraternis.	aux tombes fraternelles.
t cupio et nequeo.	Et je désire et je ne-puis.
uid agam?	Que ferai-je?
odo vulnera fratrum	Tantôt les blessures de *mes frères*
imago tantæ cædis	et l'image d'un si-grand carnage
nt mihi ante oculos ;	sont à moi devant les yeux ;
nc pietas	tantôt la tendresse
ominaque materna	et les noms maternels
angunt animum.	brisent (amollissent) *mon* âme.
e miseram!	O moi malheureuse!
incetis male,	Vous vaincrez criminellement,
d vincite, fratres,	mais vainquez, *mes* frères,
mmodo ipsa sequar	pourvu que moi-même je suive [vous,
latia quæ dedero vobis,	les consolations que j'aurai données à
sque.	et *que je* vous *suive*.
ixit, aversaque	Elle dit, et s'étant détournée
njecit dextra trementi	elle jeta d'une *main* droite tremblante
medios ignes	au milieu-des feux,
rrem funereum.	le tison funèbre.
le stipes aut dedit	Ce morceau de-bois ou donna
t visus est dedisse	ou parut avoir donné
emitus,	des gémissements,
arsit	et il s'enflamma
rreptus ab ignibus invitis.	saisi par les feux malgré-eux.

VIII. — MORT DE MÉLÉAGRE. MÉTAMORPHOSE DE SES SŒURS.
(V. 515-546.)

Inscius atque absens flamma Meleagros in illa
Uritur, et cæcis torreri viscera sentit
Ignibus; at magnos superat virtute dolores.
Quod tamen ignavo cadat, et sine sanguine, leto,
Mœret, et Ancæi felicia vulnera dicit;
Grandævumque patrem, fratresque, piasque sorores,
Cum gemitu, sociamque tori [1] vocat ore supremo,
Forsitan et matrem. Crescunt ignisque dolorque,
Languescuntque iterum ; simul est exstinctus uterque,
Inque leves abiit paulatim spiritus auras,
Paulatim cana prunam velante favilla.
  Alta jacet Calydon, lugent juvenesque senesque;
Vulgusque proceresque gemunt, scissæque capillos
Plangunt ora simul Calydonides Eveninæ [2].
Pulvere canitiem genitor vultusque seniles
Fœdat humi fusus, spatiosumque increpat ævum.
Nam de matre manus, diri sibi conscia facti,
Exegit pœnas, acto per viscera ferro.
  Non mihi si centum deus ora sonantia linguis,

VIII

Méléagre, quoique éloigné de ces lieux, est consumé par cette flamme sans le savoir. Il sent un feu secret qui dévore ses entrailles mais son courage surmonte la force de la douleur. Cependant i s'afflige de périr sans gloire, sans répandre son sang, et il envie le blessures d'Ancée. Il appelle en gémissant son vieux père, ses frères ses tendres sœurs; et ses lèvres mourantes invoquent la compagne de sa couche, et peut-être même sa mère. La flamme et ses souffrances augmentent; puis elles s'affaiblissent; puis elles s'éteignent en même temps. Peu à peu son souffle se dissipe dans l'air léger; peu à peu une cendre blanche recouvre le fatal tison.

L'altière Calydon est plongée dans le deuil; les jeunes gens et le vieillards versent des larmes; le peuple et les grands gémissent. Le femmes des rives de l'Événus s'arrachent les cheveux et se frappen le poitrine. Étendu à terre, le père de Méléagre souille de poussière ses cheveux blancs et son visage flétri par la vieillesse; il accuse la trop longue durée de sa vie. Quant à sa mère, torturée par le remords, elle s'est punie de sa propre main, en se plongeant un poignard dans le cœur.

Non, quand un dieu m'aurait donné cent bouches et cent langues, u

VIII. — MORT DE MÉLÉAGRE. MÉTAMORPHOSE DE SES SŒURS.

Meleagros	Méléagre
uritur inscius atque absens	est brûlé à-son-insu et absent
in illa flamma,	dans cette flamme,
et sentit viscera torreri	et il sent *ses* entrailles être consumées
iguibus cæcis;	par des feux aveugles (cachés);
at superat virtute	mais il surmonte par le courage
magnos dolores.	*ces* grandes douleurs.
Mœret tamen	Il s'afflige cependant
quod cadat leto ignavo,	de ce qu'il tombe d'une mort lâche,
et sine sanguine,	et sans sang,
et dicit felicia	et il nomme heureuses
vulnera Ancæi;	les blessures d'Ancée;
vocatque cum gemitu	et il appelle avec gémissement
oreque supremo	et d'une bouche suprême (mourante)
patrem grandævum,	*son* père avancé-en-âge,
fratresque, sororesque pias,	et *ses* frères *et ses* sœurs affectueuses,
sociamque tori,	et la compagne de *son* lit,
forsitan et matrem.	peut-être même *sa* mère.
Ignisque dolorque crescunt	Et le feu et la douleur croissent,
languescuntque iterum;	et languissent de-nouveau;
uterque exstinctus est simul,	l'un et l'autre fut éteint en même temps,
spiritusque abiit paulatim	et le souffle s'en alla peu à-peu
in auras leves,	dans les airs légers,
favilla cana	une cendre-chaude blanche
velante paulatim prunam.	voilant peu à peu le tison.
Alta Calydon jacet,	La haute Calydon gît (est abattue),
juvenesque senesque lugent;	et les jeunes-gens et les vieillards pleu- [rent;
vulgusque, proceresque gemunt,	et la foule et les grands gémissent,
Calydonidesque Evenīnæ,	et les Calydoniennes de-l'-Évènus,
scissæ capillos,	arrachées quant aux cheveux,
plangunt simul ora.	frappent en-même-temps *leurs* visages.
Genitor fusus humi	Le père répandu (étendu) à terre
fœdat pulvere	souille de poussière [nile,
canitiem vultusque seniles,	*sa* blanche-chevelure et *son* visage sé-
increpatque	et il gourmande
spatiosum ævum.	la longue durée-de-sa-vie.
Nam manus,	Car la main,
conscia sibi facti diri,	complice de *cet* acte affreux,
exegit pœnas de matre,	a tiré des peines de la mère, [trailles.
ferro acto per viscera.	le fer ayant été enfoncé à travers les en-
Si deus mihi dedisset ora	Si un dieu m'avait donné des bouches
sonantia centum linguis,	résonnant par cent langues,
ingeniumque capax,	et un génie vaste,

Ingeniumque capax, totumque Helicona [1] dedisset,
Tristia persequerer miserarum dicta sororum.
Immemores decoris, liventia pectora tundunt;
Dumque manet corpus, corpus refoventque foventque;
Oscula dant ipsi, posito dant oscula lecto.
Post cinerem cineres haustos ad pectora pressant,
Affusæque jacent tumulo ; signataque saxo
Nomina complexæ, lacrimas in nomina fundunt.
Quas, Parthaoniæ [2] tandem Latonia clade
Exsatiata domus, præter Gorgenque nurumque
Nobilis Alcmenæ [3], natis in corpore pennis
Allevat, et longas per brachia porrigit alas;
Corneaque ora facit, versasque [4] per aera mittit.

IX. — THÉSÉE CHEZ LE FLEUVE ACHÉLOÜS. NAÏADES MÉTAMORPHOSÉES.
(V. 547-589.)

Interea Theseus, sociati parte laboris
Functus [5], Erechtheas Tritonidos ibat ad arces [6].
Clausit iter fecitque moras Achelous [5] eunti,
Imbre tumens : « Succede meis, ait, inclyte, tectis,
Cecropide [7], nec te committe rapacibus undis :

vaste génie, et tous les dons du Parnasse, non, je ne pourrais dire les tristes plaintes qu'exhalèrent ses sœurs infortunées. Oubliant leur beauté, elles frappent leurs poitrines meurtries. Tant qu'elles voient le corps de leur frère, elles l'échauffent et le réchauffent contre leur sein; elles le couvrent de baisers; elles couvrent aussi de baisers le lit qui le porte. Puis, quand il est réduit en cendre, elles recueillent ces tristes restes, et pressent contre leur cœur l'urne qui les contient. Elles se couchent auprès de son tombeau, baisent son nom gravé sur la pierre, et le baignent de larmes. Enfin la vengeance de la fille de Latone est assouvie par les malheurs de la race de Parthaon : elle change ces infortunées en oiseaux, sauf Gorgé et la bru de la noble Alcmène; elle couvre leurs corps de plumes, étend de longues ailes sur leurs bras, transforme en bec leur bouche, et, ainsi métamorphosées, les envoie dans les airs.

IX

Cependant Thésée, après avoir partagé les périls de ses alliés, retournait vers la ville d'Érecthée que protége Pallas. Gonflé par les pluies, Achéloüs lui ferme le passage et l'arrête : « Illustre rejeton de Cécrops, lui dit-il, entre dans ma demeure, et ne t'ex-

Heliconaque totum,	et l'Hélicon tout-entier,
non persequerer	je ne raconterais-pas-en-détail
tristia dicta	les tristes paroles
miserarum sororum.	de ses malheureuses sœurs.
Immemores decoris,	Ne se-souvenant-pas de leur beauté,
tundunt pectora liventia,	elles frappent leurs poitrines livides,
dumque corpus manet,	et tant-que le corps reste,
refoventque foventque	elles réchauffent et échauffent
corpus;	le corps;
dant oscula ipsi,	elles donnent des baisers à lui-même,
dant oscula	elles donnent des baisers
lecto posito.	au lit placé (élevé). [cendre)
Post cinerem	Après la cendre (quand il est réduit en
pressant ad pectora	elles pressent contre leurs cœurs
cineres haustos,	les cendres ramassées, [sent;
affusæque tumulo jacent;	et étendues-auprès du tombeau elles gi-
complexæque nomina	et ayant embrassé les noms
signata in saxo,	gravés sur la pierre,
fundunt lacrimas	elles répandent des larmes
in nomina.	sur ces noms.
Quas, Latonia,	Lesquelles, la fille-de-Latone,
exsatiata tandem clade	rassasiée enfin du malheur
domus Parthaoniæ,	de la maison de-Parthaon,
allevat pennis	élève par des plumes
natis in corpore,	nées sur leur corps,
præter Gorgenque	excepté et Gorgé
nurumque nobilis Alcmenæ,	et la bru de la célèbre Alcmène,
et porrigit longas alas	et elle étend de longues ailes
per brachia,	le long de leurs bras, [ne un bec),
facitque ora cornea,	et fait leurs bouches de-corne (leur don-
mittitque per aera	et envoie à travers les airs
versas.	elles métamorphosées.

IX. — THÉSÉE CHEZ LE FLEUVE ACHÉLOÜS. NAÏADES MÉTAMORPHOSÉES.

Interea Theseus,	Cependant Thésée,
functus parte laboris	s'étant acquitté de sa part du travail
sociali,	associé (auquel il était associé),
ibat ad arces Erechtheas	allait vers les citadelles d'Érechthée
Tritonidos.	de la Tritonienne (que protège Minerve).
Achelous, tumens imbre,	Acheloüs, gonflé par la pluie,
clausit iter,	ferma le chemin,
fecitque moras eunti:	et fit des retards à lui allant:
Inclyte Cecropide, ait,	Illustre descendant-de-Cécrops, dit-il,
succede meis tectis,	entre-sous mes toits,
nec te committe	et ne te confie pas

Ferre trabes solidas obliquaque volvere magno
Murmure saxa solent. Vidi contermina ripæ
Cum gregibus stabula alta trahi ; nec fortibus illic
Profuit armentis, nec equis velocibus esse.
Multa quoque hic torrens, nivibus de monte solutis,
Corpora turbineo juvenilia vortice mersit.
Tutior est requies, solito dum flúmina currant
Limite, dum tenues capiat suus alveus undas. »
Annuit Ægides : « Utarque, Acheloe, domoque
Consilioque tuo, » respondit ; et usus utroque est.
Pumice multicavo nec lævibus atria tophis
Structa subit ; molli tellus erat humida musco ;
Summa lacunabant alterno murice conchæ.
   Jamque duas lucis partes[1] Hyperione menso,
Discubuere toris Theseus comitesque laborum :
Hac Ixionides[2], illa Trœzenius heros
Parte, Lelex, raris jam sparsus tempora canis ;
Quosque alios parili fuerit dignatus honore
Amnis Acarnanum, lætissimus hospite tanto.

pose pas à la violence irrésistible des ondes. Souvent elles roulent en mugissant des arbres entiers et les rochers qui s'opposent à leur course. J'ai vu de hautes étables, voisines de la rive, entraînées avec les troupeaux. Alors ni la force des taureaux, ni la vitesse des chevaux ne peuvent les sauver. Souvent aussi, quand la neige est fondue sur les montagnes, ce torrent engloutit dans ses rapides tourbillons les jeunes gens robustes. Le plus sûr pour toi est de te reposer jusqu'à ce que le fleuve coule dans ses rives accoutumées, et que ses eaux diminuées soient rentrées dans leur lit. » Le fils d'Égée y consent : « Acheloüs, dit-il, je profiterai de ton hospitalité et de tes conseils. » Et il en profite en effet. Il entre dans une galerie faite d'une pierre ponce spongieuse et de tuf non poli ; le sol humide était couvert d'une mousse moelleuse ; la voûte était tapissée de coquillages mêlés au murex.
   Et déjà Hypérion avait parcouru les deux tiers de sa course, lorsque Thésée et les compagnons de ses travaux prennent place à table sur des lits : d'un côté le fils d'Ixion, de l'autre le héros de Trézène, Lélex, les tempes déjà parsemées de quelques cheveux blancs ; puis les autres convives que le fleuve d'Acarnanie, fier de recevoir un tel hôte,

undis rapacibus :	aux ondes entraînantes :
solent ferre	elles ont-coutume d'emporter
magno murmure	avec un grand murmure
trabes solidas	des arbres entiers
saxaque obliqua.	et des rochers jetés-en-travers.
Vidi alta stabula	J'ai vu de hautes étables
contermina ripæ	contiguës à la rive
trahi cum gregibus ;	être entraînées avec les troupeaux ;
nec profuit illic armentis	et il ne servit pas là (alors) aux gros-[troupeaux
esse fortibus,	d'être forts,
nec equis esse velocibus.	ni aux chevaux d'être rapides.
Hic torrens,	Ce torrent,
nivibus resolutis	les neiges étant fondues
de monte,	*du haut* de la montagne,
mersit quoque	a submergé aussi
vortice turbineo	dans un gouffre tourbillonnant
multa corpora juvenilia.	beaucoup de corps jeunes.
Requies est tutior,	Le repos est plus sûr, [rent
dum flumina currant	jusqu'à ce que les fleuves (le fleuve) cou-
limite solito,	dans le chemin accoutumé,
dum suus alveus capiat	jusqu'à ce que leur lit contienne
undas tenues.	les ondes peu-considérables.
Ægides	Le fils-d'-Égée
annuit responditque :	consentit et répondit :
Utar, Acheloe, domoque	J'userai, Achéloüs, et de *ta* demeure
tuoque consilio ;	et de ton conseil ;
et usus est utroque.	et il usa de l'une et de l'autre.
Subit atria structa	Il entre-sous des portiques construits
pumice multicavo	avec une pierre-ponce poreuse
et tophis non lævibus ;	et avec des tufs non-polis ;
tellus erat humida	la terre était humide,
musco molli ;	par une mousse molle ;
conchæ lacunabant summa	des coquillages plafonnaient le haut
murice alterno.	avec du murex qui-alternait.
Jamque Hyperione menso	Et déjà Hypérion ayant parcouru
duas partes lucis,	deux parties (les deux tiers) du jour,
Theseusque	et Thésée
comitesque laborum	et les compagnons de *ses* travaux
discubuere toris :	se couchèrent sur des lits-de-table :
hac parte Ixionides,	de ce côté-ci le fils-d'-Ixion,
illa heros Trœzenius,	de ce *côté*-là le héros de-Trézène,
Lelex,	Lélex,
jam sparsus tempora	déjà parsemé quant aux tempes
canis raris ;	de cheveux-blancs clair-semés ;
aliosque quos	et les autres que
amnis Acarnanum,	le fleuve des Acarnaniens,
lætissimus hospite tanto,	très-joyeux d'un hôte si-grand,

Protinus appositas nudæ vestigia nymphæ
Instruxere epulis mensas; dapibusque remotis,
In gemma posuere merum. Tum maximus heros,
Æquora prospiciens oculis subjecta : « Quis, inquit,
Ille locus (digitoque ostendit), et insula nomen
Quod gerat illa, doce, quanquam non una videtur. »
Amnis ad hæc : « Non est, inquit, quod cernimus, unum;
Quinque jacent terræ; spatium discrimina fallit.
Quoque minus spretæ factum mirere Dianæ,
Naides hæ fuerant; quæ quum bis quinque juvencos
Mactassent, rurisque deos ad sacra vocassent,
Immemores nostri, festas duxere choreas.
Intumui, quantusque feror quum plurimus unquam,
Tantus eram, pariterque animis immanis et undis,
A silvis silvas et ab arvis arva revelli;
Cumque loco nymphas, memores tum denique nostri,
In freta provolvi : fluctus nosterque marisque
Continuam diduxit humum, partesque resolvit
In totidem mediis quot cernis Echinadas [1] undis. »

avait jugés dignes d'un pareil honneur. Aussitôt des nymphes, les pieds nus, apportent des tables qu'elles chargent de mets; aux plats succèdent ensuite des coupes de vin, incrustées de pierres précieuses. Alors Thesée portant les regards sur la plaine liquide qui s'étend devant lui : « Quel est, dit-il, ce lieu (et il le montre du doigt)? Apprends-moi le nom de cette île, bien qu'il me semble en voir plusieurs. » — « Ce que nous voyons, répond le Fleuve, n'est point une seule île; il y en a cinq; l'éloignement dérobe à la vue la distance qui les sépare. Et afin que tu t'étonnes moins de la vengeance que Diane a tirée des mépris d'OEnée, apprends que ces îles étaient des naïades. Après avoir immolé dix taureaux, et après avoir invité à ce sacrifice les divinités champêtres, elles menaient des danses joyeuses sans songer à nous. J'enflai mes eaux; jamais elles n'avaient été plus grosses; et non moins furieux qu'elles, je détache les forêts des forêts, les plaines des plaines, et j'entraîne dans la mer, avec le rivage où elles se tenaient, les nymphes qui se souviennent enfin de nous. Nos flots et ceux de l'océan divisent une terre qui ne formait qu'une seule masse, et la séparent en autant de parties que tu vois d'Échinades au milieu des ondes. »

dignatus fuerat	avait jugés-dignes
parili honore.	d'un pareil honneur.
Protinus nymphæ,	Aussitôt des nymphes,
nudæ vestigia,	nues quant aux plantes-des-pieds,
instruxere epulis	garnirent de mets
mensas appositas;	les tables placées-auprès ;
dapibusque remotis,	et puis) les mets ayant été écartés,
posuere merum	elles servirent un *vin* pur
in gemma.	dans une pierrerie (dans des coupes ornées
Tum maximus heros	Alors le très-grand héros [de pierreries).
prospiciens oculis	regardant-au-loin de *ses* yeux
æquora subjecta :	les plaines *liquides* placées-devant *lui* :
Quis ille locus, inquit,	Quel *est* ce lieu, dit-il,
(ostenditque digito),	(et il *le* montre du doigt),
et doce quod nomen	et apprends-*moi* quel nom
illa insula gerat,	cette île porte, [île.
quamquam non videtur una.	quoiqu'elle ne paraisse pas *être* une seule
Amnis ad hæc :	Le Fleuve à ces *paroles* :
Quod cernimus, inquit,	*Ce* que nous voyons, dit-il,
non est unum ;	n'est pas un seul *point* ;
quinque terræ jacent;	cinq terres sont situées *là* ; [*les séparent*.
spatium fallit discrimina.	la distance trompe sur les intervalles *qui*
Quoque mirere minus	Et afin que tu t'étonnes moins
factum Dianæ spretæ,	de l'action de Diane méprisée,
hæ fuerant naides ;	celles-ci avaient été des naiades ;
quæ quum mactassent	lesquelles comme elles avaient immolé
bis quinque juvencos,	deux-fois cinq jeunes-taureaux,
vocassentque ad sacra	et *qu'*elles avaient appelé au sacrifice
deos ruris.	les dieux de la campagne,
immemores nostri,	ne-se-souvenant-pas de nous,
duxere choreas festas.	elles conduisirent des chœurs de-fête.
Intumui,	Je me gonflai,
eramque tantus	et j'étais aussi-grand
quantus feror	que-grand je suis porté [dant,
quum unquam plurimus,	lorsque je *suis* jamais *porté* le plus abon-
immanisque pariter	et terrible également [ondes,
animis et undis,	par *mes* esprits (mon courroux) et *mes*
revelli silvas a silvis,	j'arrachai les forêts des forêts,
arva ab arvis,	les plaines des plaines,
provolvique in freta	et je roulai dans les mers (la mer)
cum loco nymphas tri :	avec le lieu *où elles étaient* les nymphes
memores tum denique nos-	se souvenant alors enfin de nous :
fluctus nosterque marisque	le flot et nôtre et *celui* de la mer,
diduxit humum continuam,	divisa la terre
resolvitque in totidem partes	et *la* sépara en autant *de* parties
quot cernis Echinadas	que tu vois d Échinades
in mediis undis.	au milieu-des ondes.

X. — PHILÉMON ET BAUCIS.
(V. 613-727.)

Amnis ab his tacuit. Factum mirabile cunctos
Moverat; irridet credentes, utque deorum
Spretor erat mentisque ferox Ixione natus :
« Ficta refers, nimiumque putas, Acheloe, potentes
Esse deos, dixit, si dant adimuntque figuras. »
Obstupuere omnes, nec talia dicta probarunt;
Ante omnesque Lelex, animo maturus et ævo,
Sic ait : « Immensa est, finemque potentia cœli
Non habet, et quidquid Superi voluere, peractum est.
Quoque minus dubites, tiliæ contermina quercus
Collibus est Phrygiis, modico circumdata muro.
Ipse locum vidi; nam me Pelopeïa Pittheus [1]
Misit in arva, suo quondam regnata parenti.
Haud procul hinc stagnum, tellus habitabilis olim,
Nunc celebres mergis fulicisque palustribus undæ.
Jupiter huc specie mortali, cumque parente
Venit Atlantiades [2] positis caducifer alis.
Mille domos adiere, locum requiemque petentes,
Mille domos clausere seræ; tamen una recepit,
Parva quidem, stipulis et canna tecta palustri;

X

Après ce récit, le Fleuve se tait. Ce prodige avait ému tous les convives. Le fils d'Ixion se moque de leur crédulité, et, comme son esprit superbe méprisait les dieux : « Achéloüs, dit-il, ce sont là des fables; c'est attribuer aux dieux trop de puissance que de croire qu'ils puissent donner et retirer aux corps leurs formes.» Tous furent frappés de stupeur par un tel langage, et n'eurent garde de l'approuver, Lélex surtout, dont les années avaient mûri l'expérience : « La puissance du ciel est infinie, dit-il; elle ne connaît pas de limite, et tout ce que les dieux ont voulu, s'est accompli. Pour que tu n'en doutes pas, apprends qu'il y a sur les collines de la Phrygie un chêne voisin d'un tilleul dans une enceinte qu'entoure un mur peu élevé. J'ai vu moi-même ce lieu; car Pitthée m'avait envoyé dans ces campagnes où jadis avait régné Pélops, son père. Non loin de là est un étang, autrefois terre habitée, maintenant séjour favori des plongeons et des foulques de marais. Jupiter y était venu sous les traits d'un mortel, et avec lui son fils, le dieu du caducée, qui avait déposé ses ailes. Ils frappèrent à mille portes, et demandèrent un asile pour se reposer; mille portes se fermèrent devant eux; une seule s'ouvrit pour les recevoir, mais petite, couverte de

X. — PHILÉMON ET BAUCIS.

Amnis tacuit ab his.	Le Fleuve se tut après ces *paroles*.
Factum mirabile	Ce fait merveilleux
moverat cunctos;	avait ému tous *les auditeurs*;
natus Ixione	le fils d'Ixion
irridet credentes,	se rit d'*eux* croyant,
utque erat spretor deorum,	et comme il était contempteur des dieux,
feroxque mentis,	et fier d'esprit,
dixit:	il dit : [tés,
Acheloe, refers ficta,	Acheloüs, tu rapportes des *faits* inven-
putasque deos	et tu penses les dieux
esse nimium potentes,	être trop puissants,
si dant adimuntque figuras.	s'ils donnent et retirent les figures.
Omnes obstupuere,	Tous furent stupéfaits,
nec probarunt talia dicta;	et n'approuvèrent pas de telles paroles;
Lelexque ante omnes,	et Lélex avant tous,
maturus animo et ævo,	mûr par l'esprit et par l'âge,
ait sic:	dit ainsi :
Potentia cœli est immensa,	La puissance du ciel est immense,
et non habet finem,	et elle n'a pas de limite,
et quidquid Superi voluere,	et tout-ce-que les dieux ont voulu,
peractum est.	a été accompli.
Quoque dubites minus,	Et afin-que-par-là tu *en* doutes moins,
quercus contermina tiliæ	un chêne voisin d'un tilleul
est collibus Phrygiis,	est sur les collines phrygiennes,
circumdata muro modico.	entouré d'un mur peu-élevé.
Ipse vidi locum;	Moi-même j'ai vu le lieu;
nam Pittheus me misit	car Pitthée m'envoya
in arva Pelopeia	dans les champs de-Pélops
regnata quondam	gouvernés jadis
suo parenti.	par son père.
Haud procul hinc stagnum,	Non loin de là *est* un étang,
tellus habitabilis olim,	terre habitable autrefois,
nunc undæ celebres mergis	maintenant ondes peuplées de plongeons
fulicisque palustribus.	et de foulques de-marais.
Jupiter specie mortali	Jupiter sous une apparence mortelle
venit huc,	vint là,
cumque parente	et avec *son* père [cée,
Atlantiades caducifer,	le petit-fils-d'-Atlas qui-porte-le-cadu-
alis positis.	ses ailes ayant été déposées.
Adiere mille domos,	Ils allèrent-vers mille maisons,
petentes locum requiemque;	demandant un lieu et le repos:
mille seræ clausere domos;	mille verrous fermèrent les maisons;
tamen una recepit,	cependant une seule *les* reçut,
parva quidem,	petite il-est-vrai
tecta stipulis	couverte de chaumes

Sed pia Baucis anus, parilique ætate Philemon,
Illa sunt annis juncti juvenilibus, illa
Consenuere casa, paupertatemque fatendo
Effecere levem nec iniqua mente ferendam.
Nec refert dominos illic famulosne requiras:
Tota domus duo sunt; idem parentque jubentque.

 « Ergo, ubi Cœlicolæ parvos tetigere penates,
Submissoque humiles intrarunt vertice postes,
Membra senex posito jussit relevare sedili;
Quo superinjecit textum rude sedula Baucis.
Inde foco tepidum cinerem dimovit, et ignes
Suscitat hesternos, foliisque et cortice sicco
Nutrit, et ad flammas anima perducit anili,
Multifidasque faces ramaliaque arida tecto
Detulit, et minuit, parvoque admovit aheno;
Quodque suus conjux riguo collegerat horto,
Truncat olus foliis. Furca levat ille bicorni
Sordida terga suis, nigro pendentia tigno;
Servatoque diu resecat de tergore partem
Exiguam, sectamque domat ferventibus undis.
Interea medias fallunt sermonibus horas,
Sentirique moram prohibent. Erat alveus illic

chaume et de joncs qui croissent dans les marais. Mais là vivaient la vieille Baucis qui respectait les dieux, et Philémon du même âge que Baucis. Unis dans cette cabane dès leurs jeunes années, ils y avaient vieilli ensemble; ils ne rougissaient pas de leur pauvreté qu'ils allegeaient ainsi et qu'ils savaient supporter sans peine. N'allez pas chercher là de maîtres ni de serviteurs : ils composent à eux deux toute leur maison; ils obéissent et commandent à la fois.

 « Lors donc que les Immortels eurent atteint ces modestes pénates, et qu'en baissant la tête iis eurent franchi l'humble porte, le vieillard leur présente un siége, et les invite à reposer leurs membres fatigués. Baucis empressée avait jeté sur ce siége un grossier tissu; puis elle écarte dans le foyer la cendre encore tiède, ranime le feu de la veille, l'alimente avec des feuilles et de l'écorce desséchée, et de son souffle haletant elle excite la flamme. Elle apporte aussi d'un petit appentis situé sous le toit du bois résineux fendu en mille morceaux, et des branches sèches qu'elle casse et met sous un petit vase d'airain; ensuite elle dépouille de leurs feuilles les légumes que son époux avait cueillis dans son frais jardin. Philémon, prenant une fourche à deux dents, détache le dos enfumé d'un porc suspendu à une noire solive; il coupe une petite tranche de cette précieuse conserve, et la fait cuire dans l'eau bouillante. Cependant pour abréger les heures qui s'écoulent jusqu'au repas, et pour tromper les ennuis de l'attente, ils entre-

et canna palustri;	et de jonc de-marais;
sed pia anus Baucis,	mais une pieuse vieille Baucis,
Philemonque ætate parili,	et Philémon d'un âge pareil,
juncti sunt illa casa	furent unis dans cette cabane
juvenilibus annis,	dans *leurs* jeunes années,
consenuere illa ;	ils ont vieilli dans celle-là ;
fatendoque paupertatem	et en avouant la pauvreté
effecere levem,	ils *l'*ont rendue légère,
et ferendam	et devant être supportée
mente non iniqua.	d'un esprit non irrité.
Nec refert requiras illic	Et il n'importe pas que tu cherches là
dominos famulosne :	des maîtres ou des serviteurs :
duo sunt tota domus;	eux deux sont toute la maison ;
idem parentque jubentque.	les mêmes et commandent et obéissent.
Ergo, ubi Cœlicolæ	Donc, dès que les habitants-du-ciel
tetigere parvos penates,	eurent touché *ces* petits pénates,
verticeque submisso	et que la tête ayant été baissée
intrarunt portas humiles,	ils eurent franchi les portes basses,
senex, sedili posito,	le vieillard, un siége ayant été posé,
jussit relevare membra;	*les* invita à reposer *leurs* membres;
quo Baucis sedula	où (sur lequel siége) Baucis empressée
superinjecit rude textum.	jeta-par-dessus un grossier tissu.
Inde dimovit foco	Puis elle écarta dans le foyer
cinerem tepidum,	la cendre tiède,
et suscitat ignes hesternos,	et elle ranime les feux de-la-veille,
nutritque foliis	et *les* nourrit de feuilles
et cortice sicco,	et d'écorche sèche,
et perducit ad flammas	et *les* amène aux flammes
aura anili,	par *son* haleine de-vieille,
detulitque tecto	et elle apporta du toit
faces multifidas,	des bois-résineux fendus,
ramaliaque arida,	et des branches sèches,
et minuit,	et elle *les* cassa,
admovitque parvo aheno;	et *les* approcha d'un petit vase-d'-airain ;
truncatque foliis olus	et elle dépouille de feuilles le légume
quod suus conjux collegerat	que son époux avait cueilli
horto riguo.	dans *son* jardin arrosé. [pointes
Ille levat furca bicorni	Celui-ci soulève avec une fourche à-deux-
terga sordida suis,	le dos sale d'un porc,
pendentia nigro tigno,	*dos* suspendu à une noire solive,
resecatque exiguam partem	et il coupe un petit morceau
de tergore servato diu,	du dos gardé longtemps,
domatque undis ferventibus	et il dompte par des ondes bouillantes
sectam.	le *morceau* coupé.
Interea fallunt sermonibus	Cependant ils trompent par des entre-
horas medias, [ri.	les heures intermédiaires, [tiens,
prohibentque moram senti-	et ils empêchent l'attente d'être sentie

Fagineus, curva clavo suspensus ab ansa;
Is tepidis impletur aquis, artusque fovendos
Accipit. In medio torus est de mollibus ulvis
Impositus lecto, sponda pedibusque salignis ;
Vestibus hunc velant, quas non nisi tempore festo
Sternere consuerant; sed et hæc vilisque vetusque
Vestis erat, lecto non indignanda saligno.
Accubuere dei ; mensam succincta tremensque
Ponit anus ; mensæ sed erat pes tertius impar :
Testa parem fecit. Quæ postquam subdita clivum
Sustulit, æquatam menthæ tersere virentes.
Ponitur hic bicolor sinceræ bacca Minervæ [1],
Conditaque [2] in liquida corna autumnalia fæce,
Intubaque, et radix, et lactis massa coacti,
Ovaque non acri leviter versata favilla;
Omnia fictilibus. Post hæc cælatus eodem
Sistitur argento crater, fabricataque fago
Pocula, qua cava sunt, flaventibus illita ceris.
Parva mora est : epulasque foci misere calentes ;
Nec longæ rursus referuntur vina senectæ ;

tiennent leurs hôtes. Il y avait un bassin de hêtre suspendu à un clou par son anse recourbée; ils le remplissent d'eau tiède, et il reçoit les membres fatigués des voyageurs. Au milieu de la chaumière est un lit d'algues molles, et dont le corps et les pieds sont de saule. Ils le couvrent d'un tapis qui ne servait qu'aux jours de fête; mais ce tapis, vieux et grossier, ne déparait pas un lit en bois de saule. Les dieux y prennent place. La vieille femme, la robe relevée, et toute tremblante, dresse la table. Un des trois pieds était trop court : un débris de vieux vase rétablit le niveau. Lorsque ce support a redressé la table, Baucis la frotte avec les feuilles vertes de la menthe. Elle y pose dans sa pureté native, l'olive aux deux couleurs, les cornouilles d'automne confites dans une saumure liquide, de la chicorée, des raves, du lait pressé, et des œufs légèrement retournés sous une cendre tiède, le tout dans des plats d'argile. Ensuite on apporte un cratère ciselé de même métal, et des coupes faites de hêtre, enduites à l'intérieur d'une cire dorée. Bientôt sont retirés du feu les mets brûlants. Puis un vin paraît qui n'est pas d'une grande vieillesse. A ce premier

...lveus fagineus erat illic,	Un bassin de-hêtre était là,
...spensus clavo	suspendu à un clou
...b ansa curva ;	par *son* anse recourbée ;
... impletur aquis tepidis,	il est rempli d'eaux tièdes,
...ccipitque artus fovendos.	et il reçoit les membres à-réchauffer.
...n medio	Au milieu
...orus de ulvis mollibus	un coussin d'algues molles
...npositus est lecto,	fut placé sur le lit,
...ponda pedibusque salignis.	qui *est* d'un bois et de pieds de-saule.
...elant hunc vestibus	Ils voilent ce *lit* de tapis
...uas non consuerant	qu'ils n'avaient pas-coutume
...ternere,	d'étendre.
...isi tempore festo ;	sinon en temps de-fête ;
...ed et hæc vestis erat	mais et (aussi) ce tapis était
...ilisque vetusque, [gno.	et grossier et vieux, [saule.
...on indignanda lecto sali-	ne devant pas s'indigner d'un lit de-
...ei accubuere ;	Les dieux s'y couchèrent ;
...nus succincta tremensque	la vieille retroussée et tremblante
...onit mensam ;	pose la table ;
...ed tertius pes mensæ	mais le troisième pied de la table
...rat impar :	était inégal (trop court) :
...esta fecit parem.	un tesson *le* rendit égal.
...uæ postquam subdita	Lequel *tesson* après que placé-dessous
...ustulit clivum,	il eut enlevé (fait disparaître) la pente,
...enthæ virentes	des menthes verdoyantes
...ersere æquatam.	nettoyèrent *la table* mise-de-niveau.
...acca bicolor	La baie à-deux-couleurs [sonnée)
...linervæ sinceræ	de Minerve pure (de l'olive non assai-
...onitur hic,	est placée là,
...ornaque autumnalia	et les cornouilles d'-automne [quide,
...ondita in fæce liquida,	cachées (plongées) dans la saumure li-
...itubaque, et radix,	des chicorées, et de la rave,
...t massa lactis coacti,	et une masse de lait pressé,
...vaque versata leviter	et des œufs retournés légèrement
...avilla non acri ;	sous une cendre-chaude non vive ;
...mnia fictilibus.	le tout dans des *vases* d'-argile.
...rater cælatus	Un cratère ciselé
...odem argento	du même argent
...istitur post hæc,	est placé après ces *objets*,
...oculaque fabricata fago,	et des coupes faites de hêtre,
...llita, qua sunt cava,	enduites, là-où elles sont creuses,
...eris flaventibus.	de cires jaunes,
...fora est parva :	Le retard est petit :
...ocique misere	et les foyers ont envoyé
...pulas calentes,	les mets brûlants,
...t vina senectæ non longæ	et des vins d'une vieillesse non longue
...eferuntur rursus,	sont rapportés de-nouveau ;

Dantque locum mensis paulum seducta secundis.
Hic nux, hic mixta est rugosis carica palmis,
Prunaque, et in patulis redolentia mala canistris,
Et de purpureis collectæ vitibus uvæ;
Candidus in medio favus est. Super omnia vultus
Accessere boni, nec iners pauperque voluntas.
Interea, quoties haustum, cratera repleri
Sponte sua, per seque vident succrescere vina.
Attoniti novitate pavent, manibusque supinis
Concipiunt Baucisque preces timidusque Philemon,
Et veniam dapibus nullisque paratibus orant.
Unicus anser erat, minimæ custodia villæ,
Quem dis hospitibus domini mactare parabant :
Ille celer penna tardos ætate fatigat,
Eluditque diu, tandemque est visus ad ipsos
Confugisse deos. Superi vetuere necari :
« Dique sumus, meritasque luet vicinia pœnas
« Impia, dixerunt : vobis immunibus hujus
« Esse mali dabitur; modo vestra relinquite tecta,
« Ac nostros comitate gradus, et in ardua montis

service succède le second. Là, la noix et la figue sauvage se mêlent aux dattes rugueuses, la prune et les pommes odorantes qui emplissent de larges corbeilles, aux raisins cueillis sur des vignes empourprées. Au milieu est un blanc rayon de miel. Mais par-dessus tout ce sont des visages bienveillants, c'est une bonne volonté empressé qui fait oublier la pauvreté. Cependant les deux époux voient que l cratère se remplit à mesure qu'on y puise, et que le vin reparaît d lui-même dans le vase. Étonnés de ce prodige. Baucis et le timid Philémon sont saisis d'effroi, et tendent des mains suppliantes. Il prient, et s'excusent auprès de leurs hôtes de la simplicité du repa et de leurs modestes apprêts. Ils ne possédaient qu'une oie, gardienne de leur humble cabane. Ils se disposent à l'immoler pou la servir aux dieux, leurs hôtes. Mais l'oiseau, aidant sa fuite d son aile rapide, fatigue ces vieillards appesantis par l'âge. Longtemp il trompe leur poursuite; enfin ils le voient se réfugier auprès de Immortels eux mêmes qui défendent de le tuer : « Nous sommes de dieux, disent-ils, et vos voisins impies subiront le châtiment qu'il méritent! Vous, vous serez épargnés; mais quittez votre demeure; ac compagnez nos pas, et venez avec nous sur le sommet de la montagne. »

eductaque paulum	et écartés un peu
ant locum	ils donnent (ils font) place
ecundis mensis.	aux secondes tables (au dessert).
lic nux, hic carica	Là la noix, là la figue-sauvage
ıixta est palmis rugosis,	est mêlée aux dattes rugueuses,
runaque,	et des prunes,
t mala redolentia	et des pommes odorantes
n patulis canistris,	dans de larges corbeilles,
t uvæ collectæ	et des raisins cueillis
e vitibus purpureis.	sur des vignes couleur-de-pourpre.
andidus favus	Un blanc gâteau-de-miel
st in medio.	est dans le milieu.
ultus boni,	Des visages bons,
t voluntas	et une volonté
on iners pauperque	non inactive et pauvre
ccessere super omnia.	se sont ajoutés par-dessus tout. [puisé,
nterea, quoties haustum,	Cependant, toutes-les-fois-qu'il y a été
ident cratera repleri	ils voient le cratère être rempli
ıa sponte,	de son propre-mouvement, [mêmes.
inaque succrescere per se.	et les vins renaître (reparaître) par eux-
aucisque	Et Baucis
midusque Philemon,	et le craintif Philémon,
ttoniti novitate pavent,	étonnés de cette nouveauté ont-peur,
ıanibusque supinis	et les mains renversées-en-arrière
oncipiunt preces,	ils formulent des prières,
t orant veniam dapibus	et demandent pardon pour leurs mets
aratibusque nullis.	et pour leurs apprêts nuls.
ınser unicus erat,	Une oie unique était,
ustodia minimæ villæ,	garde de la très-petite chaumière,
uem domini parabant	laquelle oie ses maîtres se préparaient
ıactare dis hospitibus :	à immoler pour les dieux leurs hôtes :
le celer penna	celle-ci rapide par son aile
atigat tardos ætate,	fatigue ses maîtres ralentis par l'âge,
luditque diu,	et leur échappe longtemps,
andemque visus est	et enfin elle fut vue
onfugisse ad deos ipsos.	s'être réfugié vers les dieux eux-mêmes.
uperi vetuere necari,	Les dieux défendirent elle être tuée,
ixeruntque :	et ils dirent :
ıumus di,	Nous sommes des dieux,
iciniaque impia	et le voisinage impie
uet pœnas meritas.	expiera (subira) des châtiments mérités.
)abitur vobis esse	Il sera donné à vous d'être
mmunibus hujus mali ;	exempts de ce désastre;
nodo relinquite vestra tecta,	seulement abandonnez vos demeures,
c comitate nostros gradus,	et accompagnez nos pas,
t ite simul	et allez (venez) en-même-temps
n ardua montis.	sur les parties élevées de la montagne.

« Ite simul. » Parent et, dis præeuntibus, ambo
Membra levant baculis, tardique senilibus annis
Nituntur longo vestigia ponere clivo.
    « Tantum aberant summo quantum semel ire sagitta
Missa potest : flexere oculos, et mersa palude
Cetera prospiciunt, tantum sua tecta manere.
Dumque ea mirantur, dum deflent fata suorum,
Illa vetus, dominis etiam casa parva duobus,
Vertitur in templum : furcas subiere columnæ,
Stramina flavescunt, aurataque tecta videntur
Cælatæque fores, adopertaque marmore tellus ;
Talia quum placido Saturnius edidit ore :
« Dicite, juste senex, et femina conjuge justo
« Digna, quid optetis. » cum Baucide pauca locutus,
Judicium Superis aperit commune Philemon :
« Esse sacerdotes, delubraque vestra tueri
« Poscimus ; et, quoniam concordes egimus annos,
« Auferat hora duos eadem, nec conjugis unquam
« Busta meæ videam, neu sim tumulandus ab illa. »
    Vota fides sequitur : templi tutela fuere,
Donec vita data est. Annis ævoque soluti,

Ils obéissent, et précédés par les Immortels, tous deux appuient sur des bâtons leurs membres appesantis sous le poids des années et gravissent avec peine la longue pente.

Ils n'étaient plus éloignés du sommet que de la distance parcourue par une flèche dans son trajet : ils tournent les yeux, et voient toute la contrée couverte d'eau ; seule, leur demeure restait debout. Étonnés de ce prodige, ils déploraient la destinée de leurs voisins, lorsque leur vieille cabane, trop étroite même pour deux maîtres, se change en un temple : des colonnes remplacent les poteaux qui la soutenaient ; le chaume devient or ; l'or brille sur les toits ; les portes sont ornées de ciselure ; le sol est couvert de marbre. Alors le fils de Saturne leur dit avec douceur : « Apprenez-moi, juste vieillard et vous, femme digne d'un si juste époux, ce que vous désirez. » Philémon s'entretient quelques instants avec Baucis, puis il fait connaître aux Immortels le souhait que tous deux ont formé : « Nous demandons à être les prêtres et les gardiens de votre temple ; et, puisque nous avons vécu dans l'union, faites que la même heure nous enlève tous deux ; faites que je ne voie jamais le bûcher de mon épouse, et qu'elle n'ait point à me mettre dans la tombe. »

Leurs vœux sont exaucés : ils furent les gardiens du temple, tant

Parent,	Ils obéissent,
et ambo, dis præeuntibus,	et tous-deux, les dieux précédant,
levant membra baculis,	ils aident *leurs* membres par des bâtons,
tardique annis senilibus,	et retardés par les années séniles,
nituntur ponere vestigia	ils s'efforcent de poser *leurs* pas
longo clivo.	sur la longue pente.
Aberant summo,	Ils étaient éloignés du sommet
tantum quantum sagitta	autant qu'une flèche
missa semel potest ire :	lancée une-seule-fois peut aller :
flexere oculos,	ils tournèrent les yeux,
et prospiciunt cetera	et ils aperçoivent-au-loin tout-le-reste
mersa palude,	submergé par un marais.
sua tecta tantum manere.	leurs demeures seulement rester. [*diges*,
Dumque mirantur ea,	Et tandis qu'ils s'étonnent de ces *pro-*
dum deflent fata suorum,	tandis qu'ils pleurent les destinées des
illa vetus casa,	cette vieille cabane, [*leurs*,
parva etiam	petite même
duobus dominis,	pour deux maîtres,
vertitur in templum :	est tournée (changée) en temple :
columnæ subiere furcas,	des colonnes ont remplacé les perches,
stramina flavescunt,	les chaumes jaunissent,
tectaque videntur aurata	et les toits paraissent dorés,
foresque cælatæ,	et les portes ciselées,
tellusque	et la terre
adoperta marmore ;	couverte de marbre ;
quum Saturnius	lorsque le fils-de-Saturne [calme :
edidit talia ore placido :	prononça de telles *paroles* d'une bouche
Dicite, juste senex,	Dites, juste vieillard,,
et femina digna	et femme digne
conjuge justo,	d'un époux juste,
quid optetis.	quelle chose vous désirez.
Philemon locutus pauca	Philémon ayant parlé un peu
cum Baucide	avec Baucis
aperit Superis	découvre aux dieux
judicium commune.	*leur* avis commun.
Poscimus esse sacerdotes,	Nous demandons à être prêtres,
tuerique vestra delubra ;	et à garder vos temples (votre temple) ;
et quoniam egimus	et puisque nous avons passé
annos concordes,	des années unies-par-la-concorde,
eadem hora auferat duos,	que la même heure *nous* enlève *tous* deux,
nec videam unquam	et que je ne voie jamais
busta meæ conjugis,	les bûchers (le bûcher) de mon épouse,
neu sim	et-que-je ne sois pas
tumulandus ab illa.	devant être enseveli par elle.
Fides sequitur vota :	L'accomplissement suit *leurs* vœux :
fuere tutela templi,	ils furent la garde (les gardiens) du tem-
donec vita data est.	tant-que la vie *leur* fut donnée. [*ple*,

Ante gradus sacros quum starent forte, locique
Inciperent casus, frondere Philemona Baucis,
Baucida conspexit senior frondere Philemon.
Jamque super gelidos crescente cacumine vultus,
Mutua, dum licuit, reddebant dicta : « Valeque
« O conjux, » dixere simul ; simul abdita texit
Ora frutex. Ostendit adhuc Tyaneïus [1] illic
Incola de gemino vicinos corpore truncos.
Hæc mihi non vani (neque erat cur fallere vellent)
Narravere senes : equidem pendentia vidi
Serta super ramos, ponensque recentia, dixi :
« Cura pii dis sunt, et qui coluere, coluntur. »

XI. — PROTÉE ET SES DIVERSES FORMES. ÉRYSICHTHON·
OFFENSE CÉRÈS.
(V. 728-790.)

Desierat ; cunctosque et res [2] et moverat auctor,
Thesea præcipue : quem facta audire volentem
Mira deum, innixus cubito Calydonius amnis [3]
Talibus alloquitur : « Sunt, o fortissime, quorum
Forma semel mota est, et in hoc renovamine mansit ;

que leur fut laissée la vie. Un jour que, épuisés par les ans, ils se tenaient devant les saints degrés, et qu'ils commençaient le récit des événements dont ce lieu avait été le théâtre. Baucis remarque que Philémon se couvre de feuilles, et le vieux Philemon, que Baucis subit la même métamorphose. Déjà la cime des deux arbres depassait leurs visages glacés ; mais, tant qu'ils le peuvent, ils se parlent encore : « Adieu, cher époux ; adieu, chère épouse, » disent-ils en même temps, et l'écorce couvre en même temps leurs visages disparus. L'habitant de Tyane montre encore dans cette contrée deux troncs voisins formés de leurs corps. Voilà ce que m'ont raconté des vieillards dignes de foi, et quel intérêt auraient-ils eu à me tromper ? Pour moi j'ai vu des guirlandes suspendues aux branches, et j'en ai posé moi-même de nouvelles en disant : « Les mortels pieux sont l'objet de la sollicitude des Immortels ; ceux qui ont honoré les dieux sont honorés à leur tour. »

XI

Lélex avait cessé de parler. Ce récit et l'autorité du narrateur avaient touché tous les convives, mais surtout Thésée ; et, comme il désirait apprendre les merveilles accomplies par les dieux, le fleuve de Calydon, appuyé sur le coude, lui parle en ces termes : « Il en est, ô vaillant héros, qui après avoir subi une métamorphose, con-

Soluti annis ævoque,	Détendus (affaiblis) par les années et [l'âge,
quum starent forte	comme ils se-tenaient par hasard
ante gradus sacros,	devant les degrés sacrés,
inciperentque casus loci,	et commençaient *à raconter* les desti-[nées du lieu,
Baucis conspexit Philemona frondere,	Baucis vit Philémon se-couvrir-de-feuilles,
senior Philemon Baucida frondere.	le vieux Philémon *vit* Baucis se-couvrir-de-feuilles.
Jamque cacumine crescente	Et déjà la cime croissant
super vultus gelidos,	au-dessus de *leurs* visages glacés,
reddebant dicta mutua,	ils rendaient des paroles réciproques,
dum licuit,	tant-qu'il *leur* fut permis,
dixereque simul :	et ils dirent en-même-temps :
O conjux, vale ;	O époux, adieu ;
frutex texit simul	le bois couvrit en-même-temps
ora abdita.	*leurs* visages cachés.
Incola Tyaneius	L'habitant de-Tyane
ostendit adhuc illic	montre encore là
truncos vicinos	des troncs voisins
de corpore gemino.	*formés* d'un corps double.
Senes non vani	Des vieillards non imposteurs
(neque erat	(et il n'y avait pas *de motif*
cur vellent fallere)	pour qu'ils voulussent tromper)
mihi narravere hæc :	m'ont raconté ces *prodiges* là :
equidem vidi serta	certes j'ai vu des guirlandes
pendentia super ramos,	suspendues sur les branches,
ponensque recentia, dixi :	et *en* plaçant de nouvelles, j'ai dit :
Pii sunt	Les *mortels* pieux sont
cura dîs,	un objet-de-soin pour les dieux,
et qui coluere, coluntur.	et *ceux* qui ont honoré, sont honorés.

XI. — PROTÉE ET SES DIVERSES FORMES. ÉRYSICHTHON OFFENSE CÉRÈS.

Desierat ;	Il avait cessé ; [teur
atque et res et auctor	et non-seulement le fait mais aussi l'au-
moverat cunctos,	avait ému tous *les convives*,
Thesea præcipue :	Thésée principalement :
quem volentem audire	lequel voulant entendre
facta mira deum,	les faits merveilleux des dieux,
amnis Calydonius,	le fleuve de-Calydon,
innixus cubito,	appuyé-sur le coude,
alloquitur talibus :	interpelle par de telles *paroles* :
Sunt, o fortissime, quorum	Il en est, ô très-valeureux, desquels
forma mota est semel,	la forme a été changée une-fois,
et mansit	et est restée
in hoc renovamine ;	dans cette métamorphose ;

Sunt quibus in plures jus est transire figuras,
Ut tibi, complexi terram maris incola, Proteu [1] :
Nam modo te juvenem, modo te videre leonem ;
Nunc violentus aper, nunc, quem tetigisse timerent,
Anguis eras ; modo te faciebant cornua taurum ;
Sæpe lapis poteras, arbor quoque sæpe videri ;
Interdum, faciem liquidarum imitatus aquarum,
Flumen eras, interdum undis contrarius ignis.

« Nec minus Autolyci conjux, Erysichthone [2] nata,
Juris habet. Pater hujus erat, qui numina divum
Sperneret, et nullos aris adoleret honores.
Ille etiam Cereale nemus violasse securi
Dicitur, et lucos ferro temerasse vetustos.
Stabat in his ingens annoso robore quercus,
Una nemus. Vittæ mediam, memoresque tabellæ [3],
Sertaque cingebant, voti argumenta potentis.
Sæpe sub hac dryades [4] festas duxere choreas ;
Sæpe etiam, manibus nexis ex ordine, trunci
Circuiere modum, mensuraque roboris ulnas [5]

servent leur nouvelle figure ; il en est d'autres qui ont le privilége de passer dans plusieurs formes. Tel on te vit, Protée, hôte de l'océan qui enserre le globe, tantôt sous les traits d'un jeune homme, tantôt avec l'aspect d'un lion, tantôt sanglier impétueux, tantôt serpent au contact redoutable, ou taureau aux cornes menaçantes. Souvent tu pouvais paraître sous la forme d'une pierre, souvent aussi sous celle d'un arbre. Quelquefois changé en onde limpide, tu devenais un fleuve, quelquefois une flamme ennemie de l'eau.

« Tel est aussi le privilége dont jouit l'épouse d'Autolycus, la fille d'Érysichthon. Son père était un de ces mortels qui méprisent la puissance des dieux, et ne chargent jamais d'offrandes leurs autels. Il osa même, dit-on, porter une hache sacrilége dans un bois consacré à Cérès, et profaner avec le fer ses antiques ombrages. Au milieu s'élevait un énorme chêne séculaire qui formait à lui seul une forêt. Le tronc en était entouré de bandelettes, de tableaux commémoratifs et de guirlandes, témoignages de vœux accomplis. Souvent les jours de fêtes les dryades menèrent leurs danses sous cet arbre ; souvent aussi, les mains entrelacées, elles en embrassèrent le tronc qui mesurait quinze aunes ;

sunt quibus jus est	il en est auxquels le droit est
transire in plures figuras,	de passer dans plusieurs formes,
ut tibi, Proteu,	comme à toi, ô Protée,
incola maris	hôte de la mer
complexi terram ;	laquelle a embrassé la terre ;
nam te videre modo juvenem	car on te vit tantôt jeune-homme,
modo leonem ;	tantôt lion ;
nunc eras aper violentus,	maintenant tu étais un sanglier violent,
nunc anguis	maintenant un serpent
quem timerent tetigisse ;	qu'on craindrait d'avoir touché ;
modo cornua	tantôt des cornes
faciebant te taurum ;	faisaient de toi un taureau ;
sæpe poteras videri lapis,	souvent tu pouvais être vu pierre,
sæpe quoque arbor ;	souvent aussi arbre ;
interdum, imitatus faciem	quelquefois, ayant imité l'apparence
aquarum liquidarum,	des eaux limpides,
eras flumen,	tu étais fleuve,
interdum ignis	quelquefois feu
contrarius undis.	contraire aux ondes.
Et conjux Autolyci,	Et l'épouse d'Autolycus
nata Erysichthone,	la fille d'Érysichton,
non habet minus juris.	n'a pas moins de droit.
Pater hujus erat qui	Le père de celle-ci était tel que
sperneret numina divum,	il méprisât les volontés des dieux,
et adoleret aris	et n'offrît aux autels
nullos honores.	aucuns honneurs (aucun sacrifice).
Ille dicitur etiam	Il est dit aussi
violasse securi	avoir violé de la hache
nemus Cereale,	une forêt de-Cérès,
et temerasse ferro	et avoir profané par le fer
antiquos lucos.	d'antiques bois-sacrés.
Quercus ingens	Un chêne énorme
robore annoso	d'un tronc vieux
stabat in his,	s'élevait dans ces bois,
una nemus.	étant à lui seul une forêt.
Vittæ tabellæque memores	Des bandelettes, et des tablettes commé-[moratives,
sertaque,	et des guirlandes,
argumenta voti potentis,	preuves d'un vœu accompli,
cingebant mediam.	le ceignaient par-le-milieu.
Sæpe dryades	Souvent les dryades
duxere sub hac	conduisirent sous ce chêne
choreas festas ;	des chœurs de-fête ;
sæpe etiam circuiere	souvent aussi elles entourèrent
modum trunci,	la circonférence du tronc,
manibus nexis in ordine,	les mains étant enlacées par ordre,
mensuraque roboris	et la mesure du chêne
implebat ter quinque ulnas ;	remplissait trois-fois cinq aunes ;

Quinque ter implebat; necnon et cetera tanto
Silva sub hac, silva quanto jacet herba sub omni.
Non tamen idcirco ferrum Triopeius illa
Abstinuit; famulosque jubet succidere sacrum
Robur; et ut jussos cunctari vidit, ab uno
Edidit hæc rapta sceleratus verba securi :
« Non dilecta deæ solum, sed et ipsa licebit[1]
« Sit dea, jam tanget frondente cacumine terram. »
 « Dixit, et obliquos dum telum librat in ictus,
Contremuit, gemitumque dedit Deoia[2] quercus.
Cujus ut in trunco fecit manus impia vulnus,
Haud aliter fluxit discussa cortice sanguis
Quam solet ante aras, ingens ubi victima taurus
Concidit, abrupta cruor e cervice profundi.
Obstupuere omnes, aliquisque ex omnibus audet
Deterrere nefas, sævamque inhibere bipennem.
Adspicit hunc : « Mentisque piæ cape præmia, » dixit
Thessalus, inque virum convertit ab arbore ferrum,
Detruncatque caput, repetitaque robora cædit;
Editus e medio sonus est quum robore talis :
« Nympha sub hoc ego sum, Cereri gratissima, ligno;

et le reste de la forêt est autant au-dessous de ce chêne que l'herbe est au-dessous du reste de la forêt. Cependant le fils de Triopas ne le respecte pas : il ordonne à ses serviteurs de couper l'arbre sacré; et voyant qu'ils hésitent à accomplir cet ordre, il saisit la hache de l'un d'eux, et prononce ces paroles criminelles : « Cet arbre fût-il chéri de la deesse, fût-il la déesse elle-même, touchera bientôt le sol de sa cime verdoyante. »

 « Il dit et balance l'arme pour en frapper les flancs du chêne; l'arbre consacré à Cérès tremble et gémit. A peine cette main impie a-t-elle fait une blessure dans le tronc, que le sang coule de l'é-corce entr'ouverte. Ainsi, quand tombe au pied des autels un taureau, grande victime, le sang jaillit du cou séparé du tronc. Tous les esclaves sont frappés de stupeur. Un d'eux ose détourner le sacrilége et arrêter la hache cruelle. Le Thessalien le regarde : « Reçois, dit-il, la récompense de ta piété, « et il tourne contre l'homme le coup destiné à l'arbre. Il lui abat la tête; puis il revient au chêne qu'il frappe de nouveau, quand du milieu du tronc sortent ces paroles : « Nymphe bien chère à Cérès, j'habite cet arbre;

nec non et cetera silva	et aussi-tout-le-reste de la forêt
jacet tanto sub hac,	est situé autant sous celui-ci,
quanto herba sub omni silva.	que l'herbe sous toute la forêt.
Triopeius tamen	Le fils-de-Triopas cependant
non abstinuit idcirco	n'éloigna pas pour-cela
ferrum illa;	le fer de cet arbre
jubetque famulos succidere	et il ordonne à ses serviteurs de couper
robur sacrum;	le chêne sacré;
et ut vidit	et comme il vit
jussos cunctari,	eux ayant-reçu-l'ordre hésiter,
securi rapta ab uno,	la hache ayant été saisie à l'un d'eux,
sceleratus edidit hæc verba:	criminel il prononça ces paroles:
Licebit sit	Il sera permis qu'il soit
non solum dilecta deæ,	non-seulement cher à la déesse,
sed et dea ipsa,	mais aussi qu'il soit la déesse elle-même,
jam tanget terram	déjà il touchera la terre
cacumine frondente.	de sa cime verdoyante.
Dixit, et dum librat telum	Il a dit, et tandis-qu'il balance l'arme
in ictus obliquos,	pour des coups obliques,
quercus Deoia contremuit,	le chêne de-Cérès trembla,
deditque gemitum.	et donna un gémissement.
In trunco cujus	Dans le tronc duquel arbre [sure,
ut manus impia fecit vulnus,	dès-que la main impie eut fait une bles-
sanguis fluxit	le sang coula
cortice discussa	l'écorce ayant été fendue
haud aliter quam cruor	non autrement que le sang [tels
solet profundi ante aras	a-coutume d'être répandu devant les au-
e cervice abrupta,	du cou détaché,
ubi taurus, ingens victima,	quand un taureau, grande victime,
concidit	tombe.
Omnes obstupuere,	Tous furent saisis-de-stupeur,
aliquisque ex omnibus	et quelqu'un de tous
audet deterrere nefas,	ose détourner le sacrilège,
inhibereque	et arrêter
bipennem sævam.	la hache cruelle.
Thessalus hunc adspicit,	Le Thessalien le regarde,
dixitque:	et il a dit: [esprit,
Cape præmia piæ mentis,	Reçois les récompenses de ton pieux
convertitque ferrum	et il tourne le fer
ab arbore in virum,	de l'arbre sur l'homme,
detruncatque caput,	et il détache-du-tronc la tête,
cæditque robora repetita,	et il frappe les bois attaqués-de-nouveau,
quum sonus talis editus est	lorsqu'un son tel fut poussé
e medio robore:	du milieu-du chêne:
Ego sum nympha	Je suis une nymphe
sub hoc ligno,	habitant sous ce bois,
gratissima Cereri;	nymphe très-agréable à Cérès;

« Quæ tibi factorum pœnas instare tuorum
« Vaticinor moriens, nostri solatia leti. »
Persequitur scelus ille suum ; labefactaque tandem
Ictibus innumeris, adductaque funibus arbor,
Corruit, et multam prostravit pondere silvam.
Attonitæ dryades damno nemorisque suoque,
Omnes germanæ, Cererem cum vestibus atris
Mœrentes adeunt, pœnamque Erysichthonis orant.
Annuit his, capitisque sui pulcherrima motu
Concussit gravidis oneratos messibus agros ;
Moliturque genus pœnæ miserabile, si non
Ille suis esset nulli miserabilis actis,
Pestifera lacerare fame : quæ, quatenus ipsi
Non adeunda deæ (neque enim Cereremque Famemque[1]
Fata coire sinunt), montani numinis unam,
Talibus agrestem compellat oreada dictis :

XII. — PORTRAIT DE LA FAIM.
(V. 791-816.)

« Est locus extremis Scythiæ glacialis in oris,
Triste solum, sterilis, sine fruge, sine arbore, tellus.
Frigus iners illic habitant, Pallorque, Tremorque[1],

je te prédis en mourant que le châtiment de tes crimes est proche ; et c'est ce qui me console de mon trépas. « Cependant Érysichthon poursuit son attentat. Enfin l'arbre ébranlé par mille coups répétés, et, tiré par des câbles, tombe, et écrase de son poids une partie de la forêt. Les dryades sont épouvantées d'une perte si cruelle pour le bois sacré et pour elles-mêmes ; éplorées et vêtues de deuil, ces nymphes, toutes sœurs, se rendent auprès de Cérès, et lui demandent le châtiment du coupable. Elle le leur promet, et du mouvement de sa tête majestueuse elle ébranle les champs chargés de pesantes moissons. Elle médite un supplice qui eût excité la pitié, si la pitié était faite pour de tels crimes : elle veut que la faim cruelle déchire Érysichthon ; mais comme Cérès ne peut aller trouver la Faim (car les destins ne permettent pas qu'elles se rencontrent), elle appelle une des divinités de la montagne, une rustique oréade, et lui adresse ces paroles :

XII

« Il est à l'extrémité de la Scythie un lieu glacial, terre désolée, sol stérile, sans arbres ni moissons. C'est là qu'habitent et le Froid engourdissant, et la Pâleur, et le Frisson,

quæ vaticinor moriens	qui prédis en mourant
pœnas tuorum factorum	les châtiments de tes actes
instare tibi,	être suspendus-sur *toi*,
solatia nostri leti.	consolations de notre trépas.
Ille persequitur	Celui-ci poursuit
suum scelus,	son crime,
arborque labefacta tandem	et l'arbre ébranlé enfin
ictibus innumeris,	par des coups innombrables,
adductaque funibus corruit,	et amené par des câbles tomba,
et prostravit pondere	et renversa par *son* poids
multam silvam.	une grande *partie de la* forêt.
Dryades attonitæ	Les dryades épouvantées
damno nemorisque suoque,	du dommage et de la forêt et du leur,
omnes germanæ,	toutes sœurs,
mœrentes adeunt Cererem	affligées vont-vers Cérès
cum vestibus atris,	avec des vêtements noirs,
orantque pœnam	et elles demandent le châtiment
Erysicthonis.	d'Érysichthon.
Annuit his,	Elle fit-un-signe-de-tête à celles-ci,
pulcherrimaque	et très-belle,
concussit motu sui capitis	elle ébranla par le mouvement de sa tête
agros oneratos	les champs chargés
messibus gravidis;	de moissons pesantes;
moliturque genus pœnæ	et elle projette un genre de peine
miserabile,	genre digne-de-pitié,
si ille non esset	si lu i(Érysichton) n'était pas
miserabilis ulli	digne-de-pitié pour personne
suis actis,	par ses actions, [cieuse :
lacerare fame pestifera :	*à savoir de le* déchirer par la faim perni-
quæ quatenus	laquelle *faim* attendu-que [elle-même
non adeunda deæ ipsi	elle ne doit pas être abordée par la déesse
(neque enim fata sinunt	(ni en effet les destins ne permettent
Cereremque	et Cérès
Famemque coire),	et la Faim se réunir), [rôles
compellat talibus dictis	elle Cérès apostrophe par de telles pa-
agrestem oreada	une champêtre oréade, [tagnes.
unam numinis montani.	une de la divinité (des divinités) des-mon-

XII. — PORTRAIT DE LA FAIM.

Locus glacialis est	Un lieu glacial est
in oris extremis Scythiæ,	sur les bords extrêmes de la Scythie,
solum triste,	sol triste,
tellus sterilis,	terre stérile,
sine fruge, sine arbore.	sans grain, sans arbre.
Frigus iners, Pallorque,	Le Froid engourdissant, et la Pâleur,
Tremorque,	et le Frisson,

Et jejuna Fames. Ea se in præcordia condat
Sacrilegi scelerata, jube; nec copia rerum
Vincat eam, superetque meas certamine vires.
Neve viæ spatium te terreat, accipe currus;
Accipe, quos frenis alte moderere, dracones; »
Et dedit. Illa, dato subvecta per aera curru,
Devenit in Scythiam, rigidique cacumine montis
(Caucason appellant) serpentum colla levavit;
Quæsitamque Famem lapidoso vidit in agro,
Unguibus et raras vellentem dentibus herbas.
Hirtus erat crinis; cava lumina; pallor in ore;
Labra incana situ; scabri rubigine dentes;
Dura cutis, per quam spectari viscera possent;
Ossa sub incurvis exstabant arida lumbis;
Ventris erat pro ventre locus; pendere putares
Pectus, et a spinæ tantummodo crate teneri.
Auxerat articulos macies; genuumque tumebat
Orbis, et immodico prodibant tubere tali.

et la Faim toujours à jeun. Ordonne à celle-ci de se glisser dans le sein criminel du sacrilége; qu'elle ne se laisse pas vaincre par l'abondance des aliments; je veux que dans cette lutte elle triomphe de ma puissance. Et pour que tu ne sois pas effrayée de la longueur de la route, prends mon char, prends mes dragons que tu dirigeras avec le frein dans les régions éthérées; » et elle les lui donne. Montant sur le char qui lui est donné la nymphe s'élève dans les airs. Elle arrive en Scythie; là, sur le sommet d'une montagne glacée qu'on appelle le Caucase, elle dételle les dragons. Elle cherchait la Faim; elle la voit dans un champ pierreux arracher de ses ongles et de ses dents quelques herbes clair-semées. Ses cheveux étaient hérissés, ses yeux caves, son visage pâle, ses lèvres blanchâtres et fétides, ses dents couvertes de tartre; sa peau dure laissait voir ses entrailles; ses os décharnés perçaient sous ses reins recourbés; du ventre, elle n'avait que la place; sa poitrine paraissait pendre et ne tenir qu'à l'épine dorsale. La maigreur avait grossi ses articulations; le tour de ses genoux était enflé, et une saillie énorme faisait ressortir ses talons.

CHOIX DES MÉTAMORPHOSES. — LIVRE VIII. 377

et Fames jejuna	et la Faim qui-est-à-jeun
habitant illic.	habitent là.
Jube ea se condat	Ordonne que celle-ci se cache
in præcordia scelerata	dans les entrailles criminelles
sacrilegi;	du sacrilége; [ments)
nec copia rerum	et que l'abondance des choses (des ali-
vincat eam,	ne vainque pas elle,
superetque certamine	et qu'elle surpasse dans la lutte
meas vires.	mes forces.
Neve spatium viæ	Et-de-peur-que la longueur de la route
te terreat,	ne t'effraie,
accipe currus,	reçois les chars (le char),
accipe dracones	reçois les dragons [freins,
quos moderere alte frenis,	que tu puisses-guider en-haut avec des
et dedit.	et elle *les lui* donna.
Illa subvecta per aera	Celle-ci transportée à-travers l'air
curru dato,	par le char *qui lui a été* donné,
devenit in Scythiam,	arrive en Scythie,
levavitque	et elle soulagea
colla serpentum	les cous des serpents,
cacumine montis rigidi	sur le sommet d'une montagne roide
(appellant Caucason);	(on l'appelle Caucase);
vidit que in agro lapidoso	et elle vit dans un champ pierreux
Famem quæsitam,	la Faim qu'elle cherchait,
vellentem	arrachant
unguibus et dentibus	avec *ses* ongles et *ses* dents
herbas raras.	les herbes clair-semées.
Crinis erat hirtus;	*Sa* chevelure était hérissée;
lumina cava;	*ses* yeux caves;
pallor in ore;	la pâleur *était* sur son visage;
labra incana situ;	*ses* lèvres blanches de saleté;
dentes scabri rubigine;	*ses* dents raboteuses de tartre;
cutis dura,	*sa* peau dure,
per quam viscera	à travers laquelle les entrailles
possent spectari;	pourraient-être vues;
ossa arida exstabant	les os desséchés ressortaient
sub lumbis incurvis;	sous *ses* reins recourbés;
locus ventris erat	la place du ventre était
pro ventre;	au lieu du ventre;
putares pectus pendere,	tu penserais la poitrine être suspendue,
et teneri tantummodo	et être retenue seulement
a crate spinæ.	par la claie de l'épine *dorsale*.
Macies auxerat	La maigreur avait augmenté
articulos,	les articulations
orbisque genuum tumebat,	et le tour des genoux était enflé,
et tali prodibant	et les talons faisaient-saillie
tubere immodico.	par une tumeur énorme.

Hanc procul ut vidit (neque enim est accedere juxta
Ausa), refert mandata deæ ; paulumque morata,
Quanquam aberat longe, quanquam modo venerat illuc,
Visa tamen sensisse famem ; retroque dracones
Egit in Hæmoniam [1], versis sublimis habenis.

XIII. — SUPPLICE D'ÉRYSICHTHON.
(V. 817-845.)

« Dicta Fames Cereris, quamvis contraria semper
Illius est operi, peragit; perque aera vento
Ad jussam delata domum est; et protinus intrat
Sacrilegi thalamos, altoque sopore solutum
(Noctis erat tempus) geminis amplectitur ulnis ;
Seque viro inspirat, faucesque et pectus et ora
Afflat, et in vacuis spargit jejunia venis;
Functaque mandato, fecundum deserit orbem,
Inque domos inopes, assueta revertitur antra.
Lenis adhuc somnus placidis Erysichthona pennis
Mulcebat : petit ille dapes sub imagine somni,
Oraque vana movet, dentemque in dente fatigat,

Du plus loin que la nymphe l'aperçoit, car elle n'ose l'approcher, elle lui transmet les ordres de la déesse. C'est à peine si elle s'arrête, et bien qu'elle se tînt fort éloignée, bien qu'elle ne fît que d'arriver, elle crut pourtant sentir la faim. Alors tournant les rênes, et s'élevant dans les airs, elle ramène les dragons en Thessalie.

XIII

« La Faim exécute les ordres de Cérès, bien qu'elle soit toujours contraire à l'œuvre de cette déesse. Le vent la transporte à travers les airs à la demeure d'Érysichthon. Elle entre aussitôt dans la chambre du sacrilége; c'était la nuit. Le trouvant plongé dans un profond sommeil, elle l'étreint de ses deux bras; elle se glisse dans son sein, lui dessèche de son souffle le gosier, la poitrine et la bouche, et dans ses veines vides répand un insatiable besoin de nourriture. Après s'être acquittée de cet ordre, elle fuit ce monde où règne la fertilité, et retourne dans sa demeure stérile, dans son antre accoutumé. Le doux sommeil caressait encore Érysichthon de ses ailes bienfaisantes. L'infortuné en rêvant se jette sur des mets ; il agite en vain ses mâchoires, fatigue ses dents sur ses dents,

CHOIX DES MÉTAMORPHOSES. — LIVRE VIII. 379

Ut vidit hanc procul	Dès qu'elle eut vu celle-ci de-loin
(neque enim ausa est	(ni en effet elle n'osa
accedere juxta),	s'approcher auprès),
refert mandata deæ;	elle transmet les instructions de la déesse;
morataque paulum,	et ayant attendu un peu,
quamquam aberat longe,	quoiqu'elle fût éloignée loin (beaucoup),
quamquam	quoique
venerat illuc modo,	elle fût arrivée là récemment,
tamen visa sensisse famem,	cependant elle parut à *elle-même* avoir
sublimisque	et élevée (dans les airs) [senti la faim,
egit retro dracones	elle poussa en-arrière les dragons
in Hæmoniam,	en Hémonie,
habenis versis.	les rênes étant tournées.

XIII. — SUPPLICE D'ÉRYSICHTHON.

Fames peragit	La Faim exécute
dicta Cereris,	les paroles (les ordres) de Cérès,
quamvis est semper	quoiqu'elle soit toujours
contraria operi illius,	contraire à l'œuvre d'elle,
delataque est	et elle fut portée
per aera vento	à travers l'air par le vent
ad domum jussam,	vers la maison prescrite,
et intrat protinus	et elle entre aussitôt
thalamos sacrilegi,	dans la chambre-à-coucher du sacrilége,
amplectiturque	et elle embrasse
geminis ulnis	de *ses* deux bras
resolutum alto sopore	*lui* détendu par un profond sommeil
(tempus noctis erat);	(le temps de la nuit était);
seque inspirat viro,	et elle s'insinue-dans *cet* homme,
afflatque fauces	et souffle-sur *son* gosier
et pectus et ora,	et sur *sa* poitrine et sur *sa* bouche,
et spargit jejunia	et elle répand les jeûnes
in venis vacuis;	dans *ses* veines vides;
functaque mandato,	et s'étant acquittée de la commission,
deserit orbem fecundum,	elle abandonne un globe fertile,
revertiturque	et elle retourne
in domos inopes,	dans *ses* demeures pauvres,
antra assueta.	dans *ses* antres accoutumés.
Lenis somnus	Le doux sommeil
mulcebat adhuc	caressait encore
alis placidis,	de *ses* ailes paisibles,
Erysichthona :	Érysichthon :
ille petit dapes	celui-ci se-jette-sur des aliments
sub imagine somni,	sous l'image du sommeil,
movetque ora vana,	et il remue une bouche inutile,
fatigatque dentem in dente,	et il fatigue la dent sur la dent,

Exercetque cibo delusum guttur inani,
Proque epulis tenues nequidquam devorat auras.
Ut vero est expulsa quies, furit ardor edendi,
Perque avidas fauces immensaque viscera regnat.
Nec mora, quod pontus, quod terra, quod educat aer,
Poscit; et appositis queritur jejunia mensis;
Inque epulis epulas quærit[1]; quodque urbibus esse
Quodque satis populo poterat, non sufficit uni;
Plusque cupit quo plura suam demittit in alvum.
Utque fretum recipit de tota flumina terra,
Nec satiatur aquis, peregrinosque ebibit amnes;
Utque rapax ignis non unquam alimenta recusat,
Innumerasque faces cremat; et quo copia major
Est data, plura petit, turbaque voracior ipsa est :
Sic epulas omnes Erysichthonis ora profani
Accipiunt poscuntque simul : cibus omnis in illo
Causa cibi est, semperque locus fit inanis edendo.

remue son gosier trompé par une nourriture imaginaire, et au lieu d'aliments dévore en vain l'air léger. Mais à peine le sommeil a-t-il quitté ses yeux, qu'il est en proie à une faim furieuse qui règne dans son gosier avide, dans ses entrailles sans fond. Aussitôt il demande ce que la terre, la mer, et les airs produisent; il se plaint de la faim devant des tables chargées de mets; au milieu des aliments, il en cherche d'autres. Ce qui pourrait suffire à des villes, à un peuple entier, ne suffit pas à un homme seul; plus son estomac engloutit, plus il veut engloutir. Telle la mer reçoit dans son sein les fleuves de toute la terre sans se rassasier, et absorbe les eaux qui viennent des contrées les plus lointaines; ou tel encore le feu dévorant ne refuse jamais d'aliments, et consume un nombre infini de brandons; plus on lui donne, plus il veut recevoir : la masse même des matériaux qu'on lui jette, augmente sa voracité; tel l'impie Érysichthon reçoit et demande en même temps tous les mets : chez lui, un aliment en appelle un autre; le vide se fait dans ses entrailles à mesure qu'il mange.

exercetque guttur	et met-en-mouvement *son* gosier
delusum cibo inani,	trompé par une nourriture vaine,
devoratque nequidquam	et il dévore en-vain
auras tenues	les airs légers
pro epulis.	à-la-place-d'aliments.
Ut vero quies est expulsa,	Mais dès que le repos a été chassé,
ardor edendi furit,	l'ardeur de manger devient-furieuse,
regnatque per fauces avidas	et elle règne à travers *son* gosier avide
visceraque immensa.	et *ses* entrailles immenses.
Nec mora	Et point de retard :
poscit quod pontus,	il demande *ce* que la mer,
quod terra, quod aer educat;	*ce* que la terre, *ce* que l'air nourrit,
et mensis appositis,	et des tables étant placées-devant *lui*,
queritur jejunia;	il se plaint des jeûnes ; [des mets ;
quæritque epulas in epulis;	et il cherche des mets dans (au-milieu)
quodque poterat	et *ce* qui pouvait
esse satis urbibus,	être assez pour des villes,
quodque populo,	et *ce* qui *pouvait être assez* pour un peuple,
non sufficit uni;	ne suffit pas à un seul ;
cupitque plus	et il désire plus
quo demittit plura	*par cela* qu'il envoie plus *d'aliments*
in suam alvum.	dans son ventre.
Utque fretum	Et comme la mer
recipit flumina	reçoit des fleuves
de terra tota,	de la terre tout-entière,
nec satiatur aquis,	et n'est pas rassasiée d'eaux,
ebibitque amnes peregrinos;	et absorbe les fleuves étrangers ;
utque ignis rapax	et de-même-que le feu dévorant
non unquam recusat	ne refuse jamais
alimenta,	d'aliments,
crematque faces innumeras,	et brûle des brandons innombrables,
et petit plura	et demande plus *de matières* [de
quo copia major	*par cela même* qu'une quantité plus gran-
data est,	*lui* a été donnée, [même.
estque voracior turba ipsa,	et *qu'il* est plus vorace par la quantité
sic ora	ainsi la bouche
profani Erysichthonis	du profane Érysichthon
accipiunt	reçoit
poscuntque simul	et demande en-même temps
omnes epulas :	tous les mets :
omnis cibus est in illo	toute nourriture est en lui
causa cibi,	un cause de nourriture,
locusque fit semper inanis	et la place devient toujours vide
edendo.	en mangeant (pendant qu'il mange).

XIV. — DÉVOUEMENT DE MÉTRA, FILLE D'ÉRYSICHTHON.
(V. 846-878.)

« Jamque fame patrias altique voragine ventris
Attenuarat opes ; sed inattenuata manebat
Tum quoque dira fames, implacatæque vigebat
Flamma gulæ. Tandem demisso in viscera censu,
Filia restabat, non illo digna parente.
Hanc quoque vendit inops ; dominum generosa recusat,
Et vicina suas tendens super æquora palmas :
« Eripe me domino, vasti rex æquoris, » inquit.
Qui, prece non spreta, quamvis modo visa sequenti
Esset hero, formamque novat, vultumque virilem
Induit et cultus piscem capientibus aptos.
Hanc dominus spectans : « O qui pendentia parvo
Æra cibo celas, moderator arundinis, inquit,
Sic[1] mare compositum, sic sit tibi piscis in unda
Credulus, et nullos nisi fixus sentiat hamos !
Quæ modo, cum vili turbatis veste capillis,
Littore in hoc steterat (nam stantem in littore vidi),
Dic ubi sit, neque enim vestigia longius exstant. »

XIV.

« Déjà pour satisfaire sa faim il avait englouti dans le gouffre profond de son estomac une partie de son patrimoine ; mais sa faim cruelle n'est point encore diminuée ; le feu qui le dévore n'est pas apaisé. Lorsqu'enfin il eut dévoré tout son bien, il lui restait une fille, digne d'un autre père. Dans sa détresse il la vend aussi : mais elle est trop fière pour souffrir un maître. Elle marchait sur le rivage de la mer ; elle étend ses mains sur la plaine liquide : « Roi du vaste océan, dit-elle, arrache-moi à mon maître. » Neptune exauce sa prière ; et au moment même où son maître, qui la suivait, venait de la voir, le dieu la métamorphose, et lui donne les traits d'un homme et l'habit d'un pêcheur. Son maître la regarde : « O toi, dit-il, qui caches l'hameçon suspendu sous un léger appât, toi qui diriges habilement la ligne, puisses-tu trouver la mer toujours calme, et le poisson crédule au sein des ondes, et qu'il ne sente l'hameçon que lorsqu'il sera pris ! Une jeune fille, vêtue d'un habit grossier et les cheveux en désordre, se tenait tout à l'heure sur ce rivage : je l'y ai vue ; dis-moi où elle est, car ses traces ne paraissent pas plus loin. »

XIV. — DÉVOUEMENT DE MÉTRA, FILLE D'ÉRYSICHTHON.

Jamque attenuarat fame	Et déjà il avait diminué par sa faim
voragineque ventris alti	et par le gouffre d'un ventre profond
opes patrias;	les richesses paternelles;
sed tum quoque fames dira	mais alors même la faim cruelle
manebat inattenuata,	restait non-diminuée,
flammaque gulæ implacatæ	et la flamme d'une gloutonnerie implacable,
vigebat.	était-forte.
Tandem censu	Enfin son cens (sa fortune)
demisso in viscera,	ayant été envoyé dans ses propres entrailles,
filia restabat,	une fille lui restait,
non digna illo parente.	non digne de ce père là.
Inops hanc vendit quoque;	Dénué de tout il la vend aussi;
generosa recusat dominum,	étant de-bonne-naissance elle refuse un maître,
et tendens suas palmas	et étendant ses mains
super æquora vicina :	sur les mers voisines :
Rex vasti æquoris, inquit,	Roi de la vaste mer, dit-elle,
eripe me domino.	arrache-moi à mon maître.
Qui, prece non spreta,	Lequel dieu, la prière n'étant pas méprisée,
quamvis visa esset modo	quoiqu'elle eût été vue récemment
domino sequenti,	par son maître qui la suivait,
novat formam,	renouvelle sa forme,
induitque vultum virilem	et il la revêt d'un visage viril,
et cultus aptos	et de costumes propres
capientibus piscem.	à ceux qui prennent du poisson.
Dominus hanc spectans :	Son maître la regardant :
O qui celas parvo cibo	O toi qui caches sous une petite nourriture
æra pendentia,	les airains (les hameçons) suspendus,
moderator arundinis,	directeur du roseau,
inquit,	dit-il,
sic mare sit,	qu'ainsi la mer soit
compositum tibi	calme pour toi,
sic piscis	qu'ainsi le poisson
credulus in unda,	soit crédule pour toi dans l'onde,
et sentiat nullos hamos	et ne sente aucuns hameçons
nisi fixus!	sinon attaché!
Dic mihi ubi sit	Dis-moi où est
quæ modo steterat	celle qui tout-à-l'heure s'était tenue
in hoc littore,	sur ce rivage,
capillis turbatis	les cheveux en-désordre
cum veste vili	avec un habit grossier
(nam vidi stantem in littore),	(car je l'ai vue se-tenant sur le rivage),
neque enim vestigia	ni en-effet les empreintes-de-ses-pas
exstant longius.	ne se-montrent plus loin.

Illa dei munus bene cedere sensit, et a se
Se quæri gaudens, his est resecuta rogantem :
« Quisquis es, ignoscas : in nullam lumina partem
Gurgite ab hoc flexi, studioque operatus inhæsi;
Quoque minus dubites, sic has deus æquoris artes
Adjuvet, ut nemo jamdudum littore in isto,
Me tamen excepto, nec femina constitit ulla. »
Credidit, et verso dominus pede pressit arenam,
Elususque abiit ; illi sua reddita forma est.
Ast ubi habere suam transformia corpora sensit,
Sæpe pater dominis Triopeida vendit : at illa
Nunc equa, nunc ales, modo bos, modo cervus abibat,
Præbebatque avido non justa alimenta parenti.
Vis tamen illa mali postquam consumpserat omnem
Materiam, dederatque gravi nova pabula morbo,
Ipse suos artus lacero divellere morsu
Cœpit, et infelix minuendo corpus alebat. »

Métra reconnaît l'heureux effet de la protection de Neptune, et ravie qu'on lui demande à elle-même ce qu'elle est devenue, elle répond ainsi à ces questions : « Qui que tu sois, pardonne-moi, mais je n'ai pas détourné les yeux de cette eau : j'étais tout entier à mon travail ; et afin que tu n'en doutes pas, puisse le dieu de la mer favoriser mes efforts, comme il est vrai que pas un homme, excepté moi, pas une femme n'ont paru depuis longtemps sur ce rivage. » Son maître la croit, et retourne sur ses pas le long du rivage. Quand il s'est éloigné victime de cette ruse, Métra reprend sa première figure. Mais dès que son père vit qu'elle avait le privilège de se métamorphoser, il la vendit plus d'une fois. Elle se changeait en cavale, en oiseau, en génisse, en cerf, pour échapper à ses maîtres, et fournissait ainsi à son père des aliments illégitimement acquis. Cependant la violence du mal avait consumé tout ce qui pouvait l'entretenir, et cette cruelle souffrance n'avait fait que s'accroître. Alors Érysichthon déchire à belles dents ses propres membres : l'infortuné nourrissait son corps aux dépens de son corps.

Illa sensit munus dei cedere bene,	Celle-ci s'aperçut le présent du dieu tourner bien,
et gaudens se quæri a se,	et se réjouissant elle-même être demandée à elle-même,
resecuta his rogantem :	elle répondit par ces *paroles* à *celui* qui interrogeait :
Quisquis es, ignoscas :	Qui que tu sois, pardonne :
flexi lumina ab hoc gurgite in nullam partem ;	je n'ai détourné les yeux de ce gouffre en aucun côté ;
operatusque inhæsi studio ;	et travaillant je suis resté-attaché à *mon* occupation ;
quoque dubites minus,	et afin que tu *en* doutes moins,
deus æquoris adjuvet has artes sic	que le dieu de la mer aide ces arts ainsi
ut nemo constitit jamdudum in hoc littore,	comme aucun-homme ne s'est tenu depuis-longtemps sur ce rivage-ci,
me tamen excepto, nec ulla femina.	moi cependant étant excepté, ni aucune femme.
Dominus credidit,	Le maître crut,
et pressit arenam pede verso,	et foula le sable d'un pied tourné (en retournant),
abiitque elusus ;	et il s'en alla trompé ;
sua forma reddita est illi.	sa forme fut rendue à celle-ci.
Ast ubi pater sensit suam habere corpora transformia,	Mais dès-que le père s'aperçut sa *fille* avoir des corps susceptibles-de-métamorphoses,
vendit sæpe dominis Triopeida :	il vend souvent à des maîtres la petite-fille-de-Triopas :
at illa abibat, nunc equa, nunc ales, modo bos, modo cervus,	mais celle-ci s'en allait, tantôt cavale, tantôt oiseau, tantôt bœuf, tantôt cerf,
præbebatque parenti avido alimenta non justa.	et elle fournissait à *son* père avide des aliments non légitimes.
Postquam tamen illa vis mali consumpserat omnem materiam,	Après-que cependant cette force du mal eut consumé toute matière,
dederatque nova pabula morbo gravi,	et eut donné de nouvelles pâtures à la maladie grave,
ipse cœpit divellere suos artus morsu lacero,	lui-même commença à déchirer ses membres d'une morsure qui-met-en-lambeaux,
et infelix alebat corpus minuendo.	et le malheureux nourrissait *son* corps en *le* diminuant.

OVIDE

NOTES

DU HUITIÈME LIVRE DU CHOIX DES MÉTAMORPHOSES D'OVIDE.

I

Page 318 : 1. *Dædalus*. Dédale (δαίδαλος, habile), le plus habile mécanicien de la Grèce, avait été exilé d'Athènes, sa patrie, pour avoir tué son neveu Perdix. Il s'était réfugié en Crète, où Minos l'avait accueilli d'abord avec faveur, et lui avait fait construire le labyrinthe. Mais ensuite, Dédale, ayant encouru la disgrâce de ce prince, avait été enfermé avec son fils Icare dans cette prison sans issue.

— 2. *Longam... sequenti*. Nous avons traduit exactement ce passage, sans nous dissimuler la contradiction qu'il offre avec ce qui précède *cœptas a minima*, et avec *crevisse* qui suit. Le sens de la phrase demanderait : *longa breviorem sequenti*.

Page 320 : 1. *Booten*, le Bouvier, constellation placée à la queue de la grande Ourse. — *Helicen*, Hélice, la grande Ourse. — *Orionem*, Orion, chasseur d'une taille gigantesque, changé en une constellation.

Page 322 : 1. *Junonia*. Samos était chère à Junon; cette déesse avait dans cette île un temple fameux.

Page 332 : 2. *Lebynthos... Calymne.* C'étaient deux petites îles de la mer Égée; elles faisaient partie des Sporades.

— 3. *Illo.* Cette partie de la mer Égée s'appelait mer Icarienne.

— 4. *Tellus.* L'une des îles de la mer Egée s'appelait Icarie.

II

Page 324 : 1. *Germana.* Suivant Apollodore et Diodore de Sicile, c'était la sœur de Dédale qui portait le nom de *Perdix*; son fils s'appelait *Talus.* Ovide a suivi une tradition différente.

— 2. *Sacra....* Minervæ, l'Acropole.

— 3. *Nomen.... remansit.* Le nom grec de la perdrix est πέρδιξ.

III

Page 326 : 1. *Argolicas*, de l'Argolide, province du Péloponèse, laquelle sert ici à désigner la Grèce entière.

— 2. *Theseos.* Thésée, fils d'Égée, roi d'Athènes, marchant sur les traces d'Hercule, s'était signalé par un grand nombre d'exploits. Il venait alors de tuer le Minotaure et de délivrer les Athéniens du tribut qu'ils payaient à ce monstre.

— 3. *Achaïa*, l'Achaïe, province au nord du Péloponèse, sur la côte du golfe de Corinthe.

— 4. *Calydon*, Calydon, ville d'Étolie. — *Meleagron*, Méléagre, fils d'OEnée, roi de Calydon.

Page 328 : 1. *Epirus... Sicula.* Les bœufs de Sicile et surtout ceux d'Épire étaient renommés à cause de leur taille et de leur force.

IV

Page 328 : 1. *Tyndaridæ*, les jumeaux, fils de Tyndare, Castor et Pollux.

Page 330 : 1. *Primæ... Jason.* Le navire qui porta Jason et les Argonautes passait pour être le premier qui eût été construit.

Page 330 : 2. *Ampycides*. Ce fils d'Ampycus ou d'Ampyx était un devin fameux, prêtre d'Apollon.

— 3. *OEclides*, Amphiaraüs, fils d'OEclée ; il fut dans la suite trahi par sa femme Ériphyle. Sachant qu'il trouverait la mort au siége de Thèbes, il n'avait pas voulu se joindre aux guerriers qui marchaient contre cette ville. Mais Ériphyle, séduite par le don d'un collier, leur découvrit la retraite de son époux.

— 4. *Tegexa*, Atalante, née à Tégée, en Arcadie.

V

Page 332 : 1. *Longa... cannæ*. La canne était un jonc mince moins élevé que le roseau, *arundo*.

— 2. *It* est long par contraction pour *iit*.

— 3. *Payasæus*, de Pagase, ville et port de Thessalie, d'où était partie l'expédition des Argonautes.

Page 334 : 1. *Moles... nervo*. Ce sont les pierres lancées par les balistes, machines de siége qu'on faisait jouer au moyen d'une corde.

— 2. *Eupalamon*. C'est un accusatif grec, comme *Meleagron* que nous avons vu plus haut.

— 3. *Pylius*. Nestor, roi de Pylos, fut un des rois les plus célèbres parmi ceux qui prirent part au siége de Troie.

— 4. *Gemini... fratres*, Castor et Pollux, fils de Léda et de Jupiter ; ils devinrent dans la suite la constellation des *Gémeaux*.

Page 336 : 1. *Arcas*, Ancée, fils de Lycurgue, né à Parrhasie, ville d'Arcadie.

VI

Page 340 : 1. *Nonacria*, pour *Arcadia*. Nonacris était le nom d'une province, d'une ville et d'une montagne d'Arcadie.

Page 342 : 1. *Thestiadæ*. Les fils de Thestius, Plexippe et Toxée, étaient les frères d'Althée, mère de Méléagre.

— 2. *Mavortius*. Suivant une tradition, Méléagre était fils du dieu Mars. Bien qu'Ovide l'ait appelé plus haut *OEnides*, il le désigne ici par le père que lui attribuait la Fable. C'est ainsi qu'Hercule est nommé par les poëtes tantôt fils de Jupiter et tantôt fils d'Amphitryon.

VII

Page 344 : 1. *Triplices... Sorores*, les trois Parques, qui, suivant la tradition païenne, présidaient aux destinées humaines.

Page 348 : 1. *Primis ignibus*, le feu qui devait consumer Méléagre à sa naissance, lorsque sa mère avait retiré du foyer le tison fatal.

VIII

Page 350 : 1. *Sociam tori*, son épouse, Cléopatre ou Halcyone; car on lui donne ces deux noms.

— 2. *Eveninæ*. L'Événus était un fleuve qui baignait les murs de Calydon.

Page 352 : 1. *Helicona*, l'Hélicon, montagne de Phocide, consacrée aux Muses, comme le Pinde et le Parnasse.

— 2. *Parthaoniæ*. Parthaon était le père d'OEnée.

— 3. *Gorgen... Alcmenæ*. Méléagre avait quatre sœurs, dont deux seulement furent métamorphosées en oiseaux, Eurymède et Mélanippe. La troisième, Gorgé, épousa plus tard Andrémon ; la dernière, Déjanire, fut mariée dans la suite à Hercule.

— 4. *Versas*. Elles furent changées en pintades, que les Grecs appelaient *Meleagrides* et les Romains *gallinas africas*.

IX

Page 352 : 5. *Functus*. Il revenait de la chasse organisée contre le sanglier de Calydon.

— 6. *Erectheas*, d'Érecthée, ancien roi d'Athènes.

— 7. *Achelous*. L'Achélous, aujourd'hui l'Aspropotamo, descend du Pinde et parcourt l'Étolie et l'Acarnanie. Ovide l'appellera plus loin *amnis Acarnanum*. — *Tritonidos*, un des noms de Minerve.

Page 352 : 8. *Cecropide*, descendant de Cécrops, le premier roi d'Athènes.

Page 354 : 1. *Duas partes*, les deux tiers. Ainsi *tres partes* signifie les trois quarts, *quinque partes*, les cinq sixièmes. — *Hyperione*. Hypérion était un des Titans, père du Soleil; il est pris souvent pour le Soleil lui-même.

— 2. *Ixionides*, Pirithoüs, fils d'Ixion. — *Trœzenius.... Lelex*. Lélex, fils de Pitthée, était né à Trézène, ville d'Argolide.

Page 356 : 1. *Echinadas*. Ces îles étaient situées en face de l'Épire, à l'embouchure de l'Achéloüs. On croyait qu'elles avaient été formées par les alluvions du fleuve.

X

Page 358 : 1. *Pittheus*. Pitthée, père de Lélex et roi de Trézène, était fils de Pélops, qui avait régné en Phrygie après son père Tantale.

— 2. *Atlantiades*, Mercure, petit-fils de Jupiter et d'Atlas.

Page 362 : 1. *Sinceræ Minervæ*. Quelques commentateurs entendent : « de la chaste Minerve. » Mais il faut regarder *Minervæ* comme un synonyme poétique de *olivæ*, et opposer *sinceræ* à *condita... liquida fæce*.

— 2. *Condita*. Ce participe, ainsi que l'indique la quantité *condĭta* vient de *condere* et non de *condire*, assaisonner, confire : toutefois avec *liquida fæce*, il forme une périphrase qui donne un sens analogue à *condire*.

Page 368 : 1. *Tyaneius*, de Tyane ville de Cappadoce, sur la frontière de Phrygie.

XI

Page 368 : 2. *Et res*. L'impossibilité de mettre dans le mot à mot *que* après *et*, en tête de la proposition, nous a forcé d'y substituer la conjonction *atque*.

Page 368 : 3. *Calydonius amnis.* C'est encore un des noms de l'Achéloüs qui coulait près de Calydon.

Page 370 : 1. *Proteu.* Ce dieu marin, qui gardait les troupeaux de Neptune son père, était si célèbre par ses métamorphoses que son nom devint synonyme de souplesse, de versatilité. Cf. Virgile, Géorgiques, IV, 386 et suiv.

— 2. *Nata Erysichthone*, Métra ; son père Érysichthon, était fils du Thessalien Triopas. Pour elle, elle épousa Autolycus, fils de Mercure, et donna le jour à Anticlée, mère d'Ulysse.

— 3. *Memores tabellæ.* Ce sont des sortes d'ex-voto, qui conservaient le souvenir des bienfaits accordés par les dieux.

— 4. *Dryades*, les nymphes des forêts (de δρῦς, chêne).

— 5. *Ulnas ter quinque*, environ dix-huit mètres ; l'aune était la longueur des deux bras.

Page 372 : 1. *Licebit.* Le futur du verbe impersonnel *licet* est employé ici dans le sens de la conjonction.

— 2. *Deoïa*, de Cérès ; ce mot vient du grec Δηώ.

Page 374 : 1. *Famem.* La Faim est ici personnifiée, quoique deux vers plus haut *fame* ne le soit point ; le pronom conjonctif *quæ*, qui se rapporte grammaticalement à *fame*, se rapporte plutôt par le sens à *Famem*, la Faim personnifiée.

— 2. *Oreada*, oréade, nymphe des montagnes ; ce mot vient du grec ὄρος montagne.

XII

Page 374 : 3. *Frigus... Pallor... Tremor.* Tous ces noms sont ici personnifiés.

Page 378 : 1. *Hæmoniam*, l'Hémonie, ancien nom de la Thessalie.

XIII

Page 380 : 1. *Inque.... quærit.* Ovide dit également en parlant du supplice de Tantale : *quærit aquas in aquis.*

XIV

Page 382 : 1. *Sic.* C'est une formule de prière et d'optation, qui appelle quelquefois *ut* dans le second membre de phrase comme aux vers 23 et 24, et qui souvent aussi s'emploie d'une manière absolue.

ARGUMENT

DU NEUVIÈME LIVRE DU CHOIX DES MÉTAMORPHOSES
D'OVIDE.

I. Le fleuve Achéloüs raconte son combat contre Hercule. Origine de la Corne d'abondance.
II. Hercule est empoisonné par la robe de Nessus.
III. Mort et métamorphose de Lichas. Mort d'Hercule.
IV. Apothéose d'Hercule.

LIVRE NEUVIÈME.

I. — LE FLEUVE ACHÉLOÜS RACONTE SON COMBAT CONTRE HERCULE. ORIGINE DE LA CORNE D'ABONDANCE.
(V. 35-97.)

« Ille[1] cavis hausto spargit me pulvere[2] palmis,
Inque vicem fulvæ jactu flavescit arenæ ;
Et modo cervicem, modo crura micantia captat,
Aut captare putes; omnique a parte lacessit.
Me mea defendit gravitas, frustraque petebar ;
Haud secus ac moles, quam magno murmure fluctus
Oppugnant; manet illa, suoque est pondere tuta.
Digredimur paulum, rursusque ad bella coimus;
Inque gradu stetimus, certi non cedere ; eratque
Cum pede pes junctus, totoque ego pectore pronus,
Et digitos digitis, et frontem fronte premebam.

I.

« Hercule ramasse de la poussière dans le creux de ses mains et la jette sur moi ; à mon tour je le couvre d'un sable doré. Il saisit ou semble saisir tantôt mon cou, tantôt mes jambes qui lui échappent; il m'attaque de toute part. Mon poids me protége, et rend ses efforts inutiles. Telle une digue que les flots assaillent en mugissant, reste inébranlable, et est défendue par sa masse. Nous nous séparons un instant, puis nous recommençons la lutte; nous tenons ferme, résolus à ne pas céder. Nos pieds se touchaient; et, le haut du corps penché en avant, je pressais ses doigts dans mes doigts, son front contre mon front.

LIVRE NEUVIÈME.

I. — LE FLEUVE ACHÉLOÜS RACONTE SON COMBAT CONTRE HERCULE. ORIGINE DE LA CORNE D'ABONDANCE.

Ille me spargit pulvere	Celui-ci me couvre d'une poussière
hausto palmis cavis,	puisée dans *ses* mains creuses,
flavescitque invicem	et il devient-jaune à *son* tour
jactu arenæ fulvæ;	par le jet d'un sable fauve;
et captat,	et il cherche-à-prendre,
aut putes captare	ou tu penserais qu'il cherche-à-prendre
modo cervicem,	tantôt *mon* cou,
modo crura micantia;	tantôt *mes* jambes qui s'agitent;
lacessitque ab omni parte.	et il m'attaque de toute part.
Mea gravitas me defendit,	Ma pesanteur me défend,
petebarque frustra;	et j'étais attaqué en-vain;
haud secus ac moles	non autrement qu'une masse (une digue)
quam fluctus oppugnant	que les flots assaillent
cum magno murmure;	avec un grand murmure;
illa manet,	celle-ci reste
tutaque est suo pondere.	et elle est sûre par son *propre* poids.
Digredimur paulum,	Nous nous séparons un-peu,
coimusque rursus	et nous nous rapprochons de-nouveau
ad bella;	pour les guerres (pour combattre);
stetimusque in gradu,	et nous tînmes dans *notre* position,
certi non cedere;	résolus à ne pas céder;
pesque junctus erat	et le pied était joint
cum pede,	avec le pied, [poitrine,
egoque pronus toto pectore,	et moi penché-en-avant de toute *ma*
premebam	je pressais
et digitos digitis,	et *ses* doigts par *mes* doigts,
et frontem fronte.	et *son* front par *mon* front.

Non aliter vidi fortes concurrere tauros,
Quum pretium pugnæ toto nitidissima saltu
Expetitur conjux. Spectant armenta, paventque,
Nescia quem maneat tanti victoria regni.
Ter, sine profectu, voluit nitentia contra
Rejicere Alcides a se mea pectora ; quarto
Excutit amplexus, adductaque brachia solvit,
Impulsumque manu (certum est mihi vera fateri)
Protinus avertit, tergoque onerosus inhæsit.
Si qua fides (neque enim ficta mihi gloria voce
Quæritur), imposito pressus mihi monte videbar.
Vix tamen exserui sudore fluentia multo
Brachia, vix solvi duros a corpore nexus.
Instat anhelanti, prohibetque resumere vires,
Et cervice mea potitur. Tum denique tellus
Pressa genu nostro est, et arenas ore momordi.
Inferior virtute, meas divertor ad artes,
Elaborque viro longum formatus in anguem.
Qui postquam flexos sinuavi corpus in orbes,
Cumque fero movi linguam stridore bisulcam,

Ainsi j'ai vu s'entre-choquer de robustes taureaux, lorsqu'ils se disputent la plus belle génisse du pâturage. Tout le troupeau regarde avec effroi, ignorant à qui la victoire réserve un si vaste empire. Trois fois Alcide tente sans succès d'écarter de lui ma poitrine qui le presse; la quatrième fois il s'arrache de mon étreinte, et, se dégage de mes bras qui le serrent. Alors il me pousse d'une main puissante (je ne veux rien cacher), me fait brusquement tourner sur moi-même, et de tout son poids s'attache à mon dos. Vous pouvez m'en croire, car je ne cherche point à me glorifier par un vain récit: il me sembla qu'une montagne tombait sur mes épaules accablées. Je dégage cependant, mais à grand'peine, mes bras ruisselants de sueur, et je me débarrasse de sa rude étreinte. J'étais hors d'haleine : il me presse, m'empêche de reprendre des forces, et me saisit le cou. Enfin mon genou touche le sol, je mords la poussière. Incapable de résister par la force, j'ai recours à mes artifices : j'échappe aux mains de mon adversaire sous la forme d'un long serpent. Je me replie en anneaux sinueux, et je darde avec un sifflement sauvage ma langue fourchue.

Vidi tauros fortes	J'ai vu des taureaux robustes
concurrere non aliter,	s'entrechoquer non autrement,
quum conjux,	lorsqu'une femelle,
nitidissima toto saltu,	la plus brillante dans tout le pâturage,
expetitur pretium pugnæ.	est recherchée *comme* prix du combat.
Armenta spectant,	Les gros-troupeaux *les* regardent,
paventque nescia	et ont-peur ignorant
quem victoria regni tanti	lequel la victoire d'un royaume si-grand
maneat.	attend.
Alcides voluit ter	Alcide voulut trois-fois
sine profectu	sans succès
rejicere a se mea pectora	repousser loin-de lui ma poitrine
nitentia contra ;	s'appuyant contre *la sienne*;
quarto excutit amplexus,	la quatrième-fois il secoue *mes* étreintes,
solvitque brachia adducta;	et dénoue *mes* bras serrés ;
avertitque protinus	et il tourne-en-arrière aussitôt
impulsum manu	*moi* poussé par *sa* main
(certum est mihi	(il est arrêté pour moi
fateri vera),	d'avouer les choses vraies),
onerosusque inhæsit tergo.	et pesant il s'attacha-sur *mon* dos.
Si qua fides	Si quelque foi *est en moi*
(neque enim gloria	(ni en effet la gloire
quæritur mihi	n'est cherchée à moi
voce ficta),	par une parole fausse),
videbar mihi	je *me* paraissais à moi-*même*
pressus monte imposito.	pressé par une montagne placée-sur-*moi*.
Tamen exserui vix	Cependant je dégageai à-peine
brachia fluentia	*mes* bras dégouttants
sudore multo,	d'une sueur abondante,
solvi vix a corpore	je déliai à-peine de *mon* corps
duros nexus.	ses durs enlacements.
Instat anhelanti,	Il presse *moi* essoufflé,
prohibetque resumere vires,	et il m'empêche de reprendre des forces.
et potitur mea cervice.	et il s'empare de mon cou.
Tum denique tellus	Alors enfin la terre
pressa est nostro genu,	fut pressée par notre genou,
et momordi ore arenas.	et je mordis de *ma* bouche les sables.
Inferior virtute,	Inférieur par la force,
divertor ad meas artes,	je me détourne vers mes artifices,
formatusque	et formé
in longum anguem,	en un long serpent
elabor viro.	j'échappe-en-glissant au héros.
Qui postquam sinuavi	Lequel (moi) après que j'eus recourbé
corpus	*mon* corps
in orbes flexos,	en anneaux repliés,
movique linguam bisulcam,	et que j'eus agité *ma* langue fourchue
cum stridore fero,	avec un sifflement sauvage,

Risit, et illudens nostras Tirynthius [1] artes :
« Cunarum [2] labor est angues superare mearum ;
Dixit, et, ut vincas alios, Acheloe, dracones,
Pars quota Lernææ serpens eris unus echidnæ [3] ?
Vulneribus fecunda suis erat illa ; nec ullum
De centum numero caput est impune recisum,
Quin gemino cervix herede valentior esset.
Hanc ego ramosam natis e cæde colubris,
Crescentemque malo, domui, domitamque reduxi.
Quid fore te credis, falsum qui versus in anguem
Arma aliena moves, quem forma precaria celat ? »
Dixerat, et summo digitorum vincula collo
Injicit ; angebar, ceu guttura forcipe pressus ;
Pollicibusque meas pugnabam evellere fauces.
Sic quoque devicto, restabat tertia [4] tauri
Forma trucis : tauro mutatus membra, rebello.
Induit ille toris a læva parte lacertos,
Admissumque trahens sequitur, depressaque dura
Cornua figit humo, meque alta sternit arena.
Nec satis hoc fuerat : rigidum fera dextera cornu

Le héros de Tirynthe se met à rire, et se moquant de nos artifices : « C'est un exploit de mon berceau, dit-il, de dompter des serpents, et quand tu serais, Acheloüs, plus terrible que les autres dragons, qu'es-tu à toi seul auprès de l'Hydre de Lerne qui renaissait de ses propres blessures ? Ce n'était pas impunément que j'abattais une de ses cent têtes ; deux autres têtes, qui venaient la remplacer, augmentaient la force du monstre ; les serpents naissaient de son sang comme autant de rejetons, et ses défaites le rendaient plus redoutable. Je le domptai cependant, et, dompté, je l'amenai à Eurysthée. Que feras-tu donc toi qui, sous la forme empruntée d'un serpent, emploies des armes qui te sont étrangères, toi que cache un précaire déguisement ? » Il dit, et de ses doigts me saisit le haut du cou. J'étais étouffé ; ses mains me pressaient comme des tenailles ; vainement je m'efforce d'arracher ma gorge à cette étreinte. Vaincu encore sous cette forme, il m'en restait une troisième à prendre, celle d'un farouche taureau ; je la revêts et je recommence la lutte. Il m'attaque du côté gauche, jette ses bras autour de mon cou musculeux, et tout en me tirant me suit dans mes mouvements ; il abaisse mes cornes jusqu'à terre et me renverse moi-même sur le sable profond. Ce n'était pas assez : sa main cruelle

CHOIX DES MÉTAMORPHOSES. — LIVRE IX.   399

irynthius risit,	le Tirynthien rit,
illudens nostras artes,	et se-moquant de nos artifices,
ixit :	il dit :
uperare angues	Vaincre des serpents
t labor mearum cunarum ;	est un travail de mon berceau ;
ut, Acheloe,	et en-admettant-que, Achéloüs,
ncas alios dracones,	tu vainques les autres serpents,
uota pars eris	quelle partie seras-tu
hidnæ Lernææ	de l'hydre de-Lerne
nus serpens ?	*toi étant* un seul serpent ?
la erat fecunda	Celle-ci était féconde
iis vulneribus ;	par ses blessures ;
ec ullum caput	ni aucune tête
scisum est impune	ne fut coupée impunément
e centum numero,	de cent par le nombre,
uin cervix esset valentior	sans-que *son* cou fût plus fort
emino herede.	par un double héritier.
go domui,	Moi je domptai,
duxique domitam	et je ramenai domptée
anc ramosam colubris	*cette hydre* rameuse par les couleuvres
atis e cæde,	nées du carnage (de son sang),
rescentemque malo.	et croissant par le mal *qu'elle éprouvait*.
uid credis te fore,	Que crois-tu toi devoir être,
ui versus in falsum anguem	*toi* qui changé en un faux serpent
oves arma aliena,	mets-en-mouvement des armes étrangè-
uem forma precaria celat ?	*toi* qu'une forme précaire cache ? [res,
ixerat,	Il avait dit,
t injicit summo collo	et il jette-sur le haut-de *mon* cou
incula digitorum.	les liens de *ses* doigts.
ngebar,	J'étais étouffé,
eu pressus guttura forcipe,	comme serré au gosier par des tenailles,
ugnabamque evellere	et je m'efforçais d'arracher
eas fauces pollicibus.	mon gosier de *ses* pouces.
orma trucis tauri	La forme d'un farouche taureau
estabat tertia	restait la troisième
evicto quoque sic.	*à moi* vaincu également ainsi.
utatus membra tauro,	Changé de *mes* membres en taureau,
ebello.	je recommence-la-guerre. [*ses* bras
lle induit toris lacertos	Celui-ci *me* met-sur les muscles-du-cou
parte læva,	du côté gauche,
rahensque sequitur	et *me* trainant suit
dmissum,	*moi* lancé,
igitque humo dura	et fixe sur la terre dure
ornua depressa,	mes cornes abaissées,
neque sternit arena alta.	et me renverse sur le sable profond.
Vec hoc fuerat satis :	Et cela n'avait pas été assez :
lum dextera fera	tandis-que *sa* main droite cruelle

Dum tenet, infregit, truncaque a fronte revellit.
Naides hoc pomis, et odoro flore repletum
Sacrarunt, divesque meo bona Copia[1] cornu est. »
Dixerat; et nymphe, ritu succincta Dianæ,
Una ministrarum, fusis utrinque capillis,
Incessit, totumque tulit prædivite cornu
Autumnum, et mensas, felicia poma, secundas[2].
Lux subit, et primo feriente cacumina sole,
Discedunt juvenes; neque enim dum flumina pacem
Et placidos habeant lapsus, totæque residant
Opperiuntur aquæ. Vultus Achelous agrestes,
Et lacerum cornu mediis caput abdidit undis.

II. — HERCULE EST EMPOISONNÉ PAR LA ROBE DE NESSUS.
(V. 159-206.)

Tura[3] dabat primis et verba precantia flammis,
Vinaque marmoreas patera fundebat in aras.
Incaluit vis illa mali, resolutaque flammis,
Herculeos abiit late diffusa per artus.
Dum potuit, solita gemitum virtute repressit.
Victa malis postquam est patientia, reppulit aras,

brise la corne dure qu'elle tient, et l'arrache de mon front qu'i mutile. Les naïades la remplirent de fruits, de fleurs odorantes et la consacrèrent aux dieux. L'heureuse Abondance s'enrichit d ma corne. » Quand Achéloüs eut fini de parler, une des nymphes qu le servent, la robe retroussée comme Diane, les cheveux flottants su les deux épaules, s'avance, et apporte dans cette corne fortunée tou les biens de l'automne, les fruits savoureux qui composent le des sert. Cependant le jour vient; dès que les premiers rayons d soleil frappent la cime des monts, les guerriers partent; ils n'atten dent pas en effet que le fleuve pacifié coule paisiblement, que ses eaux tout entières soient rentrées dans leur lit. Achéloüs cache au milieu des ondes son visage rustique et sa corne dépareillée.

II.

La flamme venait de s'allumer; Hercule jetait dessus d l'encens en offrant des prières, et il épanchait le vin d'une coup sur l'autel de marbre, lorsque le poison redoutable s'échauffe dissous par la flamme, il circule et se répand dans tous le membres d'Hercule. Le héros, aussi longtemps qu'il put, re tint ses gémissements avec son courage accoutumé. Mais lors que le mal eut triomphé de sa patience, il repousse l'autel,

tenet cornu rigidum,	tient *ma* corne raide,
infregit,	il *la* brisa,
revellitque a fronte trunca.	et *l*'arracha de *mon* front mutilé.
Naiades sacrarunt hoc	Les Naiades ont consacré cette *corne*
repletum pomis	remplie de fruits
et flore odoro,	et d'une fleur odorante,
Copiaque bona	et l'Abondance bonne
est dives meo cornu.	est riche par ma corne.
Dixerat, et nymphe,	Il avait dit, et une nymphe,
succincta ritu Dianæ,	retroussée à la manière de Diane,
una ministrarum,	une des servantes,
capillis fusis utrinque,	les cheveux répandus des-deux-côtés,
incessit,	s'avança,
tulitque cornu prædivite	et apporta *dans* la corne très-riche
autumnum totum,	l'automne tout-entier
et secundas mensas,	et les secondes tables (le second service),
poma felicia.	*à savoir* des fruits délicieux.
Lux subit,	La lumière vient-ensuite,
et sole primo	et le soleil premier (levant)
feriente cacumina,	frappant les sommets,
juvenes discedunt;	les jeunes-gens s'éloignent ;
neque enim opperiuntur	ni en effet ils n'attendent
dum flumina habeant pacem	jusqu'à ce que les fleuves aient la paix
et lapsus placidos,	et des cours tranquilles,
aquæque totæ residant.	et que les ondes out-entières s'affaissent.
Achelous abdidit	Achéloüs cacha
mediis undis	au milieu *des* ondes
vultus agrestes	*son* visage rustique
et caput lacerum cornu.	et *sa* tête mutilée (dépouillée) d'une [corne.

II. — HERCULE EST EMPOISONNÉ PAR LA ROBE DE NESSUS.

Dabat tura	Il donnait des encens
et verba precantia	et des paroles priantes (des prières)
primis flammis,	aux premières flammes,
fundebatque patera vina.	et il répandait avec une coupe des vins
in aras marmoreas.	sur les autels de-marbre.
Illa vis mali incaluit,	Cette force de mal s'échauffa,
resolutaque flammis	et dissoute par les flammes
abiit diffusa late	s'en alla répandue au-loin
per artus Herculeos.	à travers les membres d'-Hercule.
Dum potuit,	Tant-qu'il put,
repressit gemitum	il réprima le gémissement
virtute solita.	avec *son* courage accoutumé.
Postquam patientia	Après que *sa* patience
victa est malis,	eut été vaincue par les maux,
reppulit aras,	il repoussa les autels,

OVIDE

Implevitque suis nemorosam vocibus OEten[1].
Nec mora, letiferam conatur scindere vestem.
Qua trahitur, trahit illa cutem ; fœdumque relatu!
Aut hæret membris, frustra tentata revelli ;
Aut laceros artus et grandia detegit ossa.
Ipse cruor, gelido ceu quondam lamina candens
Tincta lacu, stridet, coquiturque ardente veneno.
Nec modus est : sorbent avidæ præcordia flammæ,
Cæruleusque fluit toto de corpore sudor,
Ambustique sonant nervi, cæcaque medullis
Tabe liquefactis, tollens ad sidera palmas :
« Cladibus, exclamat, Saturnia, pascere nostris ;
Pascere, et hanc pestem specta crudelis ab alto,
Corque ferum satia ; vel, si miserandus et hosti
(Hostis enim tibi sum), diris cruciatibus ægram,
Invisamque animam, natamque laboribus, aufer.
Mors mihi munus erit : decet hæc dare dona novercam.
Ergo ego fœdantem peregrino templa cruore
Busirim[2] domui, sævoque alimenta parentis

et remplit de ses cris les forêts de l'OEta. Aussitôt il essaye d'arracher la fatale tunique ; mais en la déchirant, il déchire aussi sa peau ; et, chose horrible à dire! la robe se colle à ses membres malgré les efforts qu'il fait pour l'arracher, ou elle met à nu ses muscles lacérés et ses os puissants. Le sang lui-même frémit, comme il arrive au fer ardent plongé dans l'eau froide ; il bouillonne échauffé par le poison. Ce n'est point assez : une flamme avide consume le sein du héros ; une sueur noire coule de tout son corps ; ses nerfs brûlés petillent ; le fléau invisible fond la moelle de ses os. Alors élevant ses mains vers le ciel : « Fille de Saturne, s'écrie-t-il, repais-toi de nos malheurs ! Cruelle déesse, contemple du haut de l'Olympe le fléau qui me dévore : rassasie ton cœur farouche, ou si mon sort est digne de pitié même pour un ennemi (car pour toi je suis un ennemi), enlève-moi une vie tourmentée par d'affreuses souffrances, une vie odieuse et faite pour les épreuves. La mort sera pour moi un bienfait : c'est un présent digne d'une marâtre. Suis-je donc cet Hercule, vainqueur de Busiris qui souillait du sang des étrangers les temples des dieux ! Est-ce moi qui ai enlevé au cruel Antée les forces qu'il recevait de sa mère?

implevitque suis vocibus OEten nemorosam.	et remplit de ses cris l'OEta boisé.
Nec mora, conatur rescindere vestem letiferam.	Et pas de retard, il s'efforce de déchirer le vêtement mortel.
Illa trahit cutem, qua trahitur ;	Ce *vêtement* tire (arrache) la peau, par où il est tiré ;
fœdumque relatu ! aut hæret membris, tentata frustra revelli ; aut detegit artus laceros et ossa grandia.	et chose affreuse à être rapportée ! ou-bien il s'attache aux membres, étant entrepris vainement d'être arraché ; ou-bien il découvre des membres déchirés et des os puissants.
Cruor ipse stridet, ut quondam lamina candens tincta lacu gelido, coquiturque veneno ardente.	Le sang lui-même siffle, [incandescente comme ordinairement une lame-de-métal plongée dans un bassin glacé, et il est cuit par le venin ardent.
Nec modus est : flammæ avidæ sorbent præcordia, sudorque cæruleus fluit de corpore toto, nervique ambusti sonant, medullisque liquefactis tabe cæca,	Et une limite n'est pas : les flammes avides *lui* dévorent le diaphragme, et une sueur d'un-bleu-foncé (noire) coule de *son* corps tout-entier, et les nerfs étant brûlés résonnent, et les moelles étant fondues par le venin caché,
tollens palmas ad sidera, exclamat : Saturnia, pascere nostris cladibus ; pascere, et crudelis specta ab alto hanc pestem, satiaque cor ferum ; vel, si miserandus et hosti (sum enim hostis tibi), aufer animam ægram diris cruciatibus, invisamque, natamque laboribus.	levant les mains vers les astres, il s'écrie : Fille-de-Saturne, repais-toi de nos désastres ; repais-toi, et cruelle regarde d'en haut ce fléau, et rassasie *ton* cœur farouche ; ou, si *je suis* digne-de-pitié même pour un ennemi (je suis en-effet un ennemi pour toi), enlève-*moi* une vie souffrante par d'affreux tourments, et odieuse, et née (et faite) pour les épreuves.
Mors erit mihi munus : decet novercam dare hæc dona.	La mort sera pour moi un présent : Il convient à une marâtre de donner ces cadeaux.
Ego ergo domui Busirim fœdantem templa cruore peregrino, eripuique sævo Antæo alimenta parentis ?	Moi donc j'ai dompté Busiris souillant les temples du sang étranger, et j'ai arraché au cruel Antée les aliments (qu'il recevait) de *sa* mère ?

Antæo eripui? nec me pastoris Iberi
Forma triplex, nec forma triplex tua, Cerbere, movit?
Vosne, manus, validi pressistis cornua tauri?
Vestrum opus Elis habet, vestrum Stymphalides undæ,
Partheniumque nemus? Vestra virtute relatus
Thermodontiaco cælatus balteus auro,
Pomaque ab insomni male custodita dracone?
Nec mihi Centauri potuere resistere ; nec mi
Arcadiæ vastator aper ; nec profuit Hydræ
Crescere per damnum, geminasque resumere vires.
Quid quum Thracis equos, humano sanguine pingues,
Plenaque corporibus laceris præsepia vidi,
Visaque dejeci, dominumque ipsosque peremi?
His elisa jacet moles Nemeæa lacertis;
Hac cœlum cervice tuli. Defessa jubendo est
Sæva Jovis conjux, ego sum indefessus agendo.
Sed nova pestis adest, cui nec virtute resisti,
Nec telis armisque potest : pulmonibus errat
Ignis edax imis, perque omnes pascitur artus.
At valet Eurystheus[1] ; et sunt qui credere possint

moi que ni les trois corps du pâtre d'Ibérie, ni les trois gueules de Cerbère n'ont pu effrayer? Sont-ce là les mains qui ont brisé les cornes du robuste taureau? L'Élide, les eaux du Stymphale, les forêts du Parthénius n'ont-elles pas été témoins de vos exploits? N'est-ce pas la force de ce bras qui, sur les rives du Thermodon, enleva le baudrier en or ciselé, et les fruits que gardait mal un dragon vigilant? Ni les Centaures, ni le sanglier qui dévastait l'Arcadie ne purent me résister. Et que servit à l'Hydre de devenir plus redoutable par sa défaite, et de sentir doubler ses forces? N'est-ce pas moi qui, après avoir vu les chevaux du roi de Thrace, engraissés de sang humain, et leurs crèches remplies de corps mutilés, indigné de ce spectacle, ai renversé leurs écuries, tué le maître et les coursiers? C'est ce bras qui a étranglé le monstre de Némée; c'est ce cou qui a porté le ciel. La cruelle épouse de Jupiter s'est lassée de m'imposer des travaux avant que je fusse las d'agir. Mais voici un mal nouveau, contre lequel courage, armes, traits, tout est inutile : un feu dévorant circule dans mes poumons, et s'alimente dans tous mes membres, tandis qu'Eurysthée vit plein de santé. Et l'on peut croire encore

nec forma triplex	ni la triple forme
pastoris Iberi,	du pasteur ibérien,
nec tua triplex forma,	ni ta triple forme,
Cerbere,	Cerbère,
movit me?	n'a ému (n'ont ému) moi? [pressé
Vosne, manus, pressistis	Est-ce-que vous, *mes* mains, vous avez
cornua validi tauri?	les cornes du robuste taureau?
Elis habet vestrum opus,	*Est-ce qu*'Élis a votre œuvre,
undæ Stymphalides,	les ondes du-Stymphale,
nemusque Parthenium	et le bois Parthénien
vestrum?	*ont* votre *œuvre*?
Balteus cælatus	*Est-ce que* le baudrier ciselé
auro Thermodontiaco	en or du-Thermodon
relatus vestra virtute,	*a été* rapporté par votre vigueur,
pomaque male custodita	et (ainsi que) les fruits mal gardés
a dracone insomni?	par le dragon qui-ne-dort-pas?
Nec Centauri potuere	Ni les Centaures ne purent
mihi resistere;	me résister;
nec aper vastator Arcadiæ	ni le sanglier dévastateur de l'Arcadie
mi;	*n'a pu* me *résister*;
nec profuit Hydræ,	et il n'a pas servi à l'Hydre
crescere per damnum,	de s'accroître par *sa* perte,
resumereque vires geminas.	et de reprendre des forces doubles.
Quid quum vidi	Que *dirai-je de ce que* quand j'ai vu
equos Thracis,	les chevaux du Thrace,
pingues sanguine humano,	engraissés de sang humain,
præsepiaque	et *leurs* crèches
plena corporibus laceris,	pleines de corps déchirés,
dejecique visa,	et j'ai renversé *ces crèches* vues,
peremique	et j'ai tué
dominum ipsosque?	*leur* maître et *les chevaux* eux-mêmes?
Moles Nemæa jacet	La masse néméenne gît
elisa his lacertis;	étranglée par ces bras;
tuli cœlum hac cervice.	j'ai porté le ciel sur ce cou.
Sæva conjux Jovis,	La cruelle épouse de Jupiter
defessa est jubendo,	a été fatiguée en ordonnant,
ego sum indefessus agendo.	moi je suis non-fatigué en agissant.
Sed pestis nova adest,	Mais un fléau nouveau se-présente,
cui potest resisti	auquel il *ne* peut être résisté
nec virtute,	ni par le courage,
nec telis armisque:	ni par les traits et les armes:
ignis edax errat	un feu dévorant erre
imis pulmonibus,	au fond-de *mes* poumons,
pasciturque	et s'alimente
per omnes artus	à travers tous *mes* membres;
at Eurystheus valet;	mais Eurysthée est bien-portant;
et sunt qui possint credere	et il en est qui peuvent croire

Esse deos! » Dixit, perque altam saucius OEten
Haud aliter graditur, quam si venabula taurus
Corpore fixa gerat, factique refugerit auctor.

III. — MORT ET MÉTAMORPHOSE DE LICHAS.
MORT D'HERCULE.
(V. 207-238.)

Sæpe illum gemitus edentem, sæpe frementem,
Sæpe retentantem totas infringere vestes,
Sternentemque trabes, irascentemque videres
Montibus, aut patrio tendentem brachia cœlo.
Ecce Lichan [1] trepidum, latitantem rupe cavata,
Adspicit; utque dolor rabiem collegerat omnem :
« Tune, Licha, dixit, feralia dona dedisti?
Tune meæ necis auctor eris? » Tremit ille, pavetque
Pallidus, et timide verba excusantia dicit.
Dicentem, genibusque manus adhibere parantem,
Corripit Alcides; et terque quaterque rotatum
Mittit in Euboicas [2], tormento fortius, undas.
Ille per aerias pendens induruit auras;
Utque ferunt imbres gelidis concrescere ventis,
Inde nives fieri, nivibus quoque molle rotatis

qu'il y a des dieux! » Il dit, et mortellement atteint, il marche sur le haut OEta. Tel un taureau porte dans ses flancs les épieux enfoncés par la main d'un chasseur qui s'est enfui.

III

On le voyait tantôt pousser des gémissements, tantôt frémir de rage ; tantôt il essayait encore de déchirer tous ses vêtements ; tantôt il abattait des arbres, et tournait sa fureur contre les montagnes, ou levait ses bras vers le ciel, séjour de son père. Tout à coup il aperçoit Lichas qui, tremblant, cherchait à se cacher dans le creux d'un rocher. La souffrance avait porté à son comble la rage du héros. « C'est donc toi, Lichas, dit-il, qui m'as apporté ce don fatal? C'est toi qui seras l'auteur de ma mort? » L'infortuné frissonne ; il pâlit d'effroi, et prononce timidement quelques mots d'excuse. Pendant qu'il parle, et qu'il s'apprête à lui embrasser les genoux, Alcide, le saisit, le fait pirouetter trois et quatre fois, et le lance dans les eaux de l'Eubée avec plus de force que ne ferait une machine de guerre. Le corps de ce malheureux se durcit en traversant les airs. Telle la pluie condensée par l'haleine glaciale des vents, se change, dit-on, en neige; telle aussi la neige molle se durcit en tournoyant,

deos esse!	des dieux exister!
Dixit, sauciusque graditur,	Il a dit, et blessé il marche
per altam OEten	à travers le haut OEta,
haud aliter quam si taurus	non autrement que si un taureau
gerat venabula fixa corpore,	portait des épieux plantés dans le corps,
auctorque facti refugerit.	et que l'auteur du fait se soit enfui.

III. — MORT ET MÉTAMORPHOSE DE LICHAS. MORT D'HERCULE.

Videres illum	Tu verrais lui
edentem sæpe gemitus,	poussant souvent des gémissements,
frementem sæpe,	frémissant souvent,
retentantem sæpe	essayant-de-nouveau souvent
infringere vestes totas,	de déchirer *ses* vêtements tout-entiers,
sternentemque trabes,	et abattant des arbres
irascentemque montibus,	et s'irritant-contre les montagnes,
aut tendentem brachia	ou tendant les bras
cœlo patrio.	vers le ciel paternel.
Ecce aspicit	Voici-qu'il aperçoit
Lichan trepidum,	Lichas tremblant,
latitantem in rupe cavata;	cherchant-à-se cacher dans un rocher [creusé;
utque dolor	et comme la douleur
collegerat omnem rabiem:	avait concentré toute *sa* rage:
Tune, Licha, dixit,	Est-ce-que-toi, Lichas, dit-il,
dedisti dona feralia?	tu as donné *ces* dons funestes?
Tune eris auctor	Est-ce-que-toi tu seras l'auteur
meæ necis?	de ma mort?
Ille tremit,	Celui-ci tremble,
pallidusque pavet,	et pâle il a peur,
et dicit timide	et il dit timidement
verba excusantia.	des paroles qui-excusent.
Alcides corripit dicentem,	Alcide saisit *lui* parlant,
parantemque	et se préparant
adhibere manus genibus,	à *lui* appliquer *ses* mains aux genoux,
mittitque in undas Euboicas	et il envoie dans les ondes de-l'-Eubée
fortius tormento,	avec-plus-de-force qu'une machine-de [guerre
rotatum	*lui* mû-circulairement
terque quaterque.	et trois-fois et quatre-fois.
Ille induruit	Celui-ci se durcit
pendens auras aerias;	étant suspendu à travers les airs éthérés;
utque ferunt imbres	et comme on rapporte les pluies
concrescere ventis gelidis,	se condenser par les vents froids,
nives fieri inde,	les neiges être faites de-là,
corpus molle quoque	*ce* corps mou aussi
adstringi	être durci
nivibus rotatis,	les neiges ayant été roulées,

Adstringi, et spissa glomerari grandine corpus :
Sic illum validis jactum per inane lacertis,
Exsanguemque metu, nec quidquam humoris habentem,
In rigidos versum silices prior edidit ætas.
Nunc quoque in Euboico scopulus brevis eminet alte
Gurgite, et humanæ servat vestigia formæ :
Quem, quasi sensurum, nautæ calcare verentur,
Appellantque Lichan. At tu, Jovis inclyta proles,
Arboribus cæsis, quas ardua gesserat OEte,
Inque pyram structis, arcum pharetramque capacem,
Regnaque visuras iterum Trojana sagittas,
Ferre jubes Pœante satum [1]. Quo flamma ministro
Subdita : dumque avidis comprenditur ignibus agger,
Congeriem silvæ Nemeæo vellere summam
Sternis, et imposita clavæ cervice recumbis,
Haud alio vultu quam si conviva jaceres
Inter plena meri redimitus pocula sertis.

IV. — APOTHÉOSE D'HERCULE
(V. 239-272.)

Jamque valens, et in omne latus diffusa sonabat,

et s'arrondit en grêle compacte : tel, lancé dans l'espace par une main puissante, Lichas, dont l'effroi glace le sang, et tarit les veines, est métamorphosé en un dur rocher, si l'on en croit les antiques récits. Maintenant encore dans la mer d'Eubée s'élève à une grande hauteur un étroit récif, qui conserve la forme humaine : les nochers craignent de le fouler de leurs pas, comme s'il était encore sensible, et ils l'appellent Lichas. Cependant, illustre fils de Jupiter, tu coupes des arbres sur le haut OEta, tu les entasses en bûcher, et tu ordonnes au fils de Péan de prendre ton arc, ton vaste carquois, et les flèches qui doivent voir encore le royaume d'Ilion. Les mains de ce serviteur mettent le feu au bûcher; et tandis que la flamme avide enveloppe le bois amoncelé, tu étends dessus la peau du lion de Némée, et tu te couches, la tête appuyée sur ta massue, avec un visage aussi serein que si tu assistais à un banquet, couronné de fleurs, au milieu de coupes remplies d'un vin pur.

IV

Déjà la flamme avait pris de la force, et se répandait en pétillant sur

et glomerari	et se pelotonner
grandine spissa :	en grêle compacte :
sic prior ætas edidit	ainsi le premier âge (l'antiquité) a publié
illum jactum per inane	celui-ci lancé à travers le vide
lacertis validis,	par des bras robustes,
exsanguemque metu,	et privé-de-sang par la peur,
nec habentem	et n'ayant plus
quidquam humoris,	quoi-que-ce-soit d'humidité,
versum in rigidos silices.	avoir été changé en durs rochers.
Nunc quoque	Maintenant encore
brevis scopulus	un récif court
eminet alte	s'élève haut
in gurgite Euboico,	dans le gouffre de-l'-Eubée,
et servat vestigia	et garde les vestiges
formæ humanæ :	de la forme humaine :
quem nautæ	lequel les nochers
verentur calcare,	craignent de fouler,
quasi sensurum,	comme devant le sentir,
appellantque Lichan.	et ils l'appellent Lichas.
At tu, proles inclyta Jovis,	Mais toi, rejeton illustre de Jupiter,
arboribus, quas OEte ardua	des arbres que l'OEta élevé
gesserat,	avait portés,
cæsis,	ayant été coupés,
structisque in pyram,	et amoncelés en bûcher,
jubes satum Pæante	tu ordonnes le fils de Péan
ferre arcum	emporter ton arc
capacemque pharetram,	et ton vaste carquois, [fois
sagittasque visuras iterum	et tes flèches devant voir une-seconde-
regna Trojana.	les royaumes troyens.
Quo ministro	Lequel étant aide
flamma subdita ;	la flamme fut placée-dessous ;
dumque agger comprenditur	et tandis que le monceau est enveloppé
ignibus avidis,	par des feux avides,
sternis vellere Nemeæo	tu couvres de la toison néméenne
summam congeriem silvæ,	la surface-de l'amas-de-bois,
et recumbis	et tu te couches
cervice imposita clavæ,	le cou posé-sur ta massue,
vultu haud alio	avec un visage non autre
quam si conviva jaceres	que si convive tu étais-étendu
redimitus sertis	couronné de guirlandes
inter pocula plena meri.	au-milieu de coupes pleines de vin pur.

IV. — APOTHÉOSE D'HERCULE.

Jamque flamma valens,	Et déjà la flamme étant-forte,
et diffusa in omne latus,	et répandue sur tous les flancs,
sonabat,	résonnait,

Securosque artus, contemptoremque petebat
Flamma suum. Timuere dei pro vindice terræ.
Quos ita (sensit enim) læto Saturnius ore
Juppiter alloquitur : « Nostra est timor iste voluptas,
O Superi, totoque libens mihi pectore grator,
Quod memoris populi dicor rectorque paterque,
Et mea progenies vestro quoque tuta favore est.
Nam, quanquam ipsius datis hoc immanibus actis,
Obligor ipse tamen. Sed enim ne pectora vano
Fida metu paveant, OEtæas spernite flammas :
Omnia qui vicit, vincet quos cernitis ignes,
Nec nisi materna Vulcanum parte [1] potentem
Sentiet ; æternum est, a me quod traxit, et expers
Atque immune necis, nullaque domabile flamma.
Idque ego, defunctum terra, cœlestibus oris
Accipiam, cunctisque meum lætabile factum
Dis fore confido. Si quis [2] tamen Hercule, si quis
Forte deo doliturus erit, data præmia nolet,
Sed meruisse dari sciet, invitusque probabit. »
Assensere dei ; conjux quoque regia visa est

tous les flancs du bûcher ; déjà elle touchait les membres du héros q
la regardait avec un tranquille mépris. Les dieux tremblent pour
libérateur du monde. Jupiter s'en aperçoit, et leur dit avec joie
« Vos craintes, habitants de l'Olympe, font notre satisfaction. Ou
je m'applaudis de tout mon cœur d'être appelé le maître et le pè
d'un peuple reconnaissant, et de voir que mon fils trouve aussi u
appui dans votre bienveillance. Car bien qu'il le doive à ses prodigieu
exploits, moi-même je vous en sais gré. Mais bannissez une vair
crainte de vos cœurs fidèles ; méprisez les flammes de l'OEta : celui q
a tout vaincu, saura vaincre aussi le feu que vous voyez ; il n'en ser
tira la puissance que dans la portion qu'il tient de sa mère. Ce qu'il
reçu de moi est éternel, exempt et affranchi de la mort, et déf
toutes les flammes. Quand il aura triomphé des épreuves de
terre, je recevrai dans les demeures célestes cette partie divine, et
me flatte que tous les dieux en seront satisfaits. S'il en est cepen
dant, s'il en est qui, fâchés de voir Hercule au rang des Immortel
puissent regretter que cette récompense lui soit accordée, ceux-l
aussi reconnaîtront qu'il l'a méritée, et malgré eux ils m'approu
veront. » Les dieux applaudirent ; sa royale épouse elle-même part

petebatque artus securos,	et gagnait ces membres tranquilles,
suumque contemptorem.	et son contempteur.
Dei timuere	Les dieux craignirent
pro vindice terræ	pour le libérateur de la terre.
Quos Jupiter Saturnius	Lesquels Jupiter fils-de-Saturne
alloquitur ita ore læto	harangue ainsi d'une bouche joyeuse
(sensit enim) :	(il s'*en* aperçut en effet) :
Iste timor, o Superi,	Cette crainte, ô dieux
est nostra voluptas,	est notre plaisir,
libensque mihi grator	et volontiers je me félicite
toto pectore,	de tout cœur,
quod dicor	de-ce-que je suis appelé
rectorque paterque	et le chef et le père
populi memoris,	d'un peuple reconnaissant,
et mea progenies	et *de ce que* ma progéniture
est tuta quoque	est en-sûreté aussi
vestro favore.	par votre faveur.
Nam, quanquam datis hoc	Car, quoique vous donniez ceci
factis immanibus ipsius,	aux faits prodigieux de lui-même,
ipse tamen obligor.	moi-même cependant je suis obligé.
Sed enim pectora fida	Mais en effet pour que *vos* cœurs fidèles
ne paveant vano metu,	ne s'effraient pas d'une vaine crainte,
spernite flammas OEtæas :	méprisez les flammes de-l'-OEta :
qui vicit omnia,	*celui* qui a vaincu toutes choses,
vincet ignes quos cernitis,	vaincra les feux que vous voyez,
nec sentiet	et il ne sentira pas
nisi parte materna	sinon par la partie maternelle
Vulcanum potentem ;	Vulcain (le feu) puissant ;
quod traxit a me,	*ce* qu'il a tiré de moi,
est æternum,	est éternel,
et expers	et exempt
atque immune necis,	et affranchi de la mort,
domabileque nulla flamma.	et n'*est* domptable par aucune flamme.
Egoque accipiam	Et moi je recevrai
oris cœlestibus	dans les régions célestes [terre.
id defunctum terra,	cela (cette partie) s'étant acquitté de la
confidoque meum factum	et j'ai-confiance mon action
fore lætabile cunctis dis.	devoir être agréable à tous les dieux.
Si quis tamen,	Si quelque *dieu* cependant,
si quis forte erit	si quelque *dieu* par hasard sera (est)
doliturus Hercule deo,	devant s'affliger d'Hercule *devenu* dieu,
nolet præmia data,	il ne-voudra-pas ces récompenses *avoir*
sed sciet	mais il saura [été données,
meruisse dari,	qu'elles ont mérité d'être données,
invitusque probabit.	et malgré-lui il *les* approuvera.
Dei assensere ;	Les dieux approuvèrent ;
conjux regia quoque	l'épouse royale aussi

Cetera non duro, duro tamen ultima vultu
Dicta tulisse Jovis, seque indoluisse notatam.
Interea quodcumque fuit populabile flamma,
Mulciber abstulerat, nec cognoscenda remansit
Herculis effigies, nec quidquam ab imagine ductum
Matris habet, tantumque Jovis vestigia servat.
Utque novus serpens, posita cum pelle senecta,
Luxuriare solet, squamaque nitere recenti ;
Sic, ubi mortales Tirynthius exuit artus,
Parte sui meliore viget, majorque videri
Cœpit, et augusta fieri gravitate verendus.
Quem pater omnipotens inter cava nubila raptum
Quadrijugo curru radiantibus intulit astris.

entendre sans dépit les premières paroles de Jupiter, mais non pas les dernières ; et elle s'affligea d'une allusion qui la désignait. Cependant le feu avait consumé tout ce qu'il pouvait détruire dans le héros. Hercule n'est plus reconnaissable : il n'a plus rien de ce qu'il avait de sa mère ; il ne conserve que ce qui lui vient de Jupiter. Tel un serpent rajeuni, dépouillant sa vieillesse avec sa peau, montre une vigueur plus grande, et sous une nouvelle écaille brille d'un vif éclat ; tel le héros de Tirynthe, après s'être défait de ses membres mortels, se ranime dans la meilleure partie de lui-même. Sa taille paraît plus élevée ; sa dignité imposante commande le respect. Le père tout-puissant l'enlève, et traversant les nuages profonds, le porte sur son char attelé de quatre coursiers dans les demeures resplendissantes de l'Olympe.

...isa est tulisse	parut avoir supporté
...etera dicta Jovis	les autres paroles de Jupiter
...ultu non duro,	avec un visage non dur,
...ltima tamen duro,	les dernières cependant *avec un visage* [dur,
...ndoluisseque se notatam.	et s'être affligée soi avoir été désignée.
...nterea Mulciber abstulerat	Cependant Vulcain avait enlevé
...uodcumque fuit	tout-ce-qui fut (était)
...opulabile flamma,	destructible par la flamme,
...ec effigies Herculis	ni la forme d'Hercule
...emansit cognoscenda,	ne resta reconnaissable,
...ec habet quidquam	ni il n'a quoi-que-soit
...uctum ab imagine matris,	tiré de l'image de sa mère,
...ervatque tantum	et il conserve seulement
...estigia Jovis.	les traces de Jupiter.
...tque serpens novus,	Et comme un serpent rajeuni,
...enecta posita cum pelle,	*sa* vieillesse étant déposée avec *sa* peau,
...olet luxuriare,	a-coutume d'être plein-de-vigueur,
...itereque squama recenti,	et de briller par une écaille nouvelle,
...c, ubi Tirynthius	ainsi, dès-que le Tirynthien
...uit artus mortales,	a dépouillé *ses* membres mortels,
...iget	il est-vigoureux
...arte meliore sui,	par la partie meilleure de lui-même,
...æpitque videri major,	et il commence à paraître plus grand,
... fieri verendus	et à devenir respectable
...ugusta gravitate.	par une auguste gravité.
...uem pater omnipotens	Lequel le père tout-puissant
...itulit raptum	transporta saisi (après l'avoir saisi)
...irru quadrijugo	sur un char attelé de-quatre-chevaux
...ter nubila cava	entre les nuages creux
...tris radiantibus.	dans les astres rayonnants.

NOTES

DU NEUVIÈME LIVRE DU CHOIX DES MÉTAMORPHOSES D'OVIDE.

I

Page 394 : 1. *Ille*, le fleuve Acheloüs, qui, disputant à Hercule la main de Déjanire, avait provoqué ce héros à un combat singulier.

— 2. *Pulvere*. Les athlètes commençaient par se jeter les uns aux autres de la poussière, afin de pouvoir se saisir ; car leurs membres étaient frottés d'huile.

Page 398 : 1. *Tirynthius*. Hercule avait été élevé à Tirynthe, ville d'Argolide.

— 2. *Cunarum.... mearum*. Hercule au berceau avait étouffé deux serpents que Junon avait envoyés contre lui.

— 3. *Lernææ*. Lerne est un marais d'Arcadie — *Echidnæ*. Echidna, monstre moitié femme, moitié serpent, était mère de l'Hydre de Lerne et de Cerbère. Par synecdoche elle désigne ici l'hydre elle-même. Ce monstre, suivant les uns, avait sept têtes, et cent, selon les autres. Elles renaissaient à mesure qu'on les coupait. Ovide va même plus loin, et dit qu'il en repoussait deux pour une, *gemino herede*.

— 4. *Tertia*. Acheloüs avait appris précédemment à ses hôtes qu'il pouvait se métamorphoser en fleuve, en serpent ou en taureau.

— Page 400 : 1. *Copia.* L'Abondance était une divinité allégorique chez les Romains.

— 2. *Mensas.... secundas.* Le second service, le dessert. L'exession de *mensas* doit être entendue au propre, car chaque service ·uveau était apporté sur une table nouvelle.

— 3. *Juvenes*, Thésée et ses compagnons auxquels Achéloüs rantait ces événements merveilleux.

II

Page 400 : 4. *Tura.* Hercule offrait un sacrifice à Jupiter pour le mercier de la prise d'OEchalie. Il venait de revêtir la fatale tuni·ie trempée dans le sang du centaure Nessus, et que Déjanire lui ait envoyée pour ranimer son amour.

Page 402 : 1. *OEten*, le mont OEta, en Thessalie.

— 2. *Busirim.* Dans ce vers et dans les suivants Ovide rappelle ·ièvement tous les travaux d'Hercule. — Busiris, roi d'Égypte, imolait tous les étrangers. — *Antæo.* Antée, reprenait des forces, toutes ·s fois qu'il touchait la Terre, dont il était le fils. Hercule l'enleva dans ·s bras et l'étouffa. — *Pastoris Iberi*, Géryon, roi des îles Baléares, ·i avait trois corps ; il fut tué par Hercule. — *Cerbere.* Cerbère malgré ·s trois têtes fut enchaîné par Hercule. — *Validi tauri*, le taureau ·'Érymanthe que notre héros traîna devant Eurysthée. — *Elis.* A ·lis, Hercule nettoya les étables d'Augias. — *Stymphalides undæ*. Il ·a les oiseaux du lac Stymphale. — *Parthenium nemus.* Il dompta sur · mont Parthénius, en Arcadie, la biche aux cornes et aux pieds ·'airain. — *Thermodontiaco.* Il vainquit Hippolyte, reine des Amaones qui habitaient les rives du Thermodon, en Cappadoce, et lui nleva son riche bouclier. — *Poma.* Il ravit les pommes d'or du ·ardin des Hespérides, bien qu'elles fussent gardées par un dragon ·ui ne dormait jamais. — *Centauri.* Il combattit plusieurs fois les ·entaures, monstres moitié hommes, moitié chevaux. — *Aper.* Il ·mena vivant à Eurysthée le sanglier de l'Arcadie. — *Hydræ.* Cf.

extrait I, v. 35 et suiv. — *Thracis.* Il tua Diomède, roi de Thrace, qui nourrissait ses chevaux de chair humaine. — *Moles Nemeæa.* Il vainquit le lion de Némée, et se revêtit de sa dépouille. — *Hac cervice.* Il porta le ciel sur ses épaules, pour soulager Atlas.

Page 404 : 1. *Eurystheus.* Eurysthée, roi de Mycène, frère aîné d'Hercule, lui avait imposé par la volonté de Junon tous ces travaux périlleux.

III

Page 406 : 1. *Lichan.* Lichas (λίχας, rocher) avait été chargé par Déjanire de porter à Hercule la fatale tunique.

— 2. *Euboicas,* la mer d'Eubée que domine le promontoire de Cénée où Hercule sacrifiait. Ovide semble oublier qu'il a placé la scène sur le mont OEta.

Page 408 : *Pœante satum.* Philoctète, fils de Péan, roi de Thessalie, reçut en dépôt les flèches d'Hercule, qui devaient servir une seconde fois à la ruine de Troie. Hercule avait détruit lui-même cette ville une première fois pour châtier le parjure de Laomédon.

IV

Page 410 : 1. *Materna parte,* la partie qu'il tenait de sa mère Alcmène.

— 2. *Si quis.* C'est une allusion à la haine dont Junon n'avait cessé de poursuivre Hercule.

ARGUMENT

DU DIXIÈME LIVRE DU CHOIX DES MÉTAMORPHOSES
D'OVIDE.

I. Descente d'Orphée aux enfers.
II. Retour d'Orphée. Son malheur.
III. Chant d'Orphée. Métamorphose d'Hyacinthe.

LIVRE DIXIÈME.

I. — DESCENTE D'ORPHÉE AUX ENFERS.
(V. 1-26, 28-52.)

Inde[1] per immensum croceo velatus amictu.
Aera digreditur, Ciconumque[2] Hymenæus ad oras
Tendit, et Orphea nequidquam voce vocatur.
Adfuit ille quidem, sed nec solemnia verba,
Nec lætos vultus, nec felix attulit omen.
Fax quoque, quam tenuit, lacrimoso stridula fumo
Usque fuit, nullosque invenit motibus ignes.
Exitus auspicio gravior : nam nupta per herbas
Dum nova, naiadum turba comitata, vagatur,
Decidit, in talum serpentis dente recepto.
Quam satis ad superas postquam Rhodopeïus[3] auras
Deflevit vates, ne non tentaret et umbras,

I

De là Hyménée, vêtu d'une robe couleur de safran, s'éloigne à travers les plaines immenses de l'air, et se dirige vers les rivages des Ciconiens où l'appelle en vain la voix d'Orphée. Il vient, il est vrai, mais sans proférer les paroles solennelles, sans apporter un front joyeux, ni d'heureux présages. La torche même qu'il tient, ne cesse de jeter en pétillant une fumée qui remplit les yeux de larmes, et elle ne peut s'allumer, bien qu'il l'agite. L'événement fut encore plus triste que les présages. Un jour que la nouvelle épouse se promenait dans les prairies, accompagnée d'une troupe de naiades, elle tombe, mordue au talon par un serpent. Longtemps le chantre du Rhodope la pleure sur la terre. Enfin il veut aussi tenter de fléchir les ombres,

LIVRE DIXIÈME.

I. — DESCENTE D'ORPHÉE AUX ENFERS.

Inde Hymenæus,	De-là Hyménée,
velatus amictu croceo,	voilé d'un manteau couleur-de-safran,
digreditur	s'éloigne
per aera immensum,	à travers l'air immense, [niens,
tenditque ad oras Ciconum,	et il se dirige vers les rivages des Cico-
et vocatur nequidquam	et il est appelé en-vain
voce Orphea.	par la voix d'-Orphée.
Ille adfuit quidem,	Il fut présent à-la-vérité,
sed attulit	mais il n'apporta
nec verba solemnia,	ni paroles solennelles,
nec vultus lætos,	ni visages joyeux,
nec omen felix.	ni présage heureux.
Fax quoque, quam tenuit,	La torche aussi, qu'il tint,
fuit usque stridula	fut sans-cesse criarde (pétillante)
fumo lacrimoso,	par la fumée qui-fait-pleurer,
invenitque nullos ignes	et elle ne trouva aucuns feux
motibus.	par les mouvements.
Exitus gravior auspicio :	L'issue fut plus funeste que l'augure :
nam dum nova nupta	car tandis que la nouvelle mariée
agatur per herbas,	se promène à travers les herbes,
comitata turba naiadum,	accompagnée d'une troupe de naiades,
decidit,	elle tombe,
dente serpentis	la dent d'un serpent [talon.
excepto in talum.	ayant été reçue (ayant pénétré) dans son
Quam postquam	Laquelle après que
vates Rhodopeius	le chantre du-Rhodope
deflevit satis	eut pleurée suffisamment
ad auras superas,	vers les airs supérieurs,

Ad Styga Tænaria est ausus descendere porta [1];
Perque leves populos, simulacraque functa sepulcris [2]
Persephonen adiit, inamœnaque regna tenentem
Umbrarum dominum; pulsisque ad carmina nervis,
Sic ait : « O positi sub terra numina mundi,
In quem reccidimus, quidquid mortale creamur;
Si licet, et falsi positis ambagibus oris,
Vera loqui sinitis; non huc, ut opaca viderem
Tartara, descendi; nec uti villosa colubris
Terna Medusæi vincirem guttura monstri [3] :
Causa viæ conjux, in quam calcata venenum
Vipera diffudit, crescentesque abstulit annos.
Posse pati volui, nec me tentasse negabo :
Vicit amor. Sed vos, per ego hæc loca plena timoris,
Per Chaos hoc ingens, vastique silentia regni,
Eurydices, oro, properata retexite fata.
Omnia debemur vobis; paulumque morati,
Serius aut citius sedem properamus ad unam :
Tendimus huc omnes; hæc est domus ultima, vosque

et il ose descendre vers le Styx par la porte du Ténare. Il pas
au milieu d'un léger peuple de fantômes, mortels qui ont reçu l
honneurs de la sépulture, et il arrive auprès de Proserpine et
souverain de ce triste royaume. Alors accompagnant sa voix
sa lyre, il s'exprime ainsi : « O divinités du monde souterrain da
lequel nous retombons, nous tous qui naissons mortels, s'il m'e
permis de parler, si vous souffrez que, laissant les détours d'i
langage artificieux, je dise la vérité, ce n'est pas pour voir le son
bre Tartare que je suis venu ici, ni pour enchaîner les trois tête
hérissées de serpents, du monstre qu'enfanta le sang de la Médus
C'est mon épouse que je cherche en ces lieux : une vipère sur laquel
elle a marché, a fait couler le venin dans ses veines, et l'a enlevée
la fleur de l'âge. J'ai voulu me résigner; je l'ai essayé, je l'avoue
l'amour a triomphé. Je vous conjure donc par ces lieux pleins de te
reur, par cet immense Chaos, par ce vaste et silencieux royaum
de renouer la trame, trop tôt coupée, des jours d'Eurydice. To
vous appartient : après être demeurés quelque temps sur la terre, t
ou tard nous nous hâtons d'arriver à la même demeure; c'est ici qi
nous nous rendons tous. C'est notre dernier séjour; et vous tenez so

CHOIX DES MÉTAMORPHOSES. — LIVRE X.

non tentaret et umbras,	afin qu'il tentât aussi les ombres,
…sus est descendere	il osa descendre
…Styga	vers le Styx
…rta Tænaria,	par la porte du-Ténare,
…iitque per populos leves,	et il alla-trouver à travers les peuples légers,
…mulacraque	et les fantômes
…ncta sepulcris,	s'étant acquittés des sépultures,
…ersephonen,	Proserpine,
…minumque umbrarum	et le maître des ombres
…nentem regna inamœna;	occupant des royaumes désagréables;
…rvisque pulsis ad carmina,	et ses cordes étant frappées selon (en ac-
…t sic :	il-dit ainsi : [cord avec) ses chants
…numina mundi	O divinités du monde
…siti sub terra,	placé sous terre,
…quem reccidimus,	dans lequel nous retombons, [mortel,
…idquid creamur mortale,	tout ce (nous tous) qui sommes créés de
…licet,	si il est-loisible, [vraies,
…sinitis loqui vera,	et si vous me permettez de dire des choses
…bagibus oris falsi	les détours d'une bouche trompeuse
…sitis,	étant déposés,
…n descendi huc,	je ne suis point descendu ici,
…viderem opaca Tartara,	pour que je visse le sombre Tartare,
…c ut vincirem	ni pour que j'enchaînasse
…rna guttura	les trois gosiers
…onstri Medusæi	du monstre issu-de-Méduse
…llosa colubris :	gosiers hérissés de serpents :
…njux causa viæ,	mon épouse est cause de mon voyage,
…quam vipera calcata	dans laquelle épouse une vipère foulée
…ffudit venenum,	a répandu son venin,
…stulitque	et lui a enlevé
…nos crescentes.	les années croissantes.
…olui posse pati,	J'ai voulu pouvoir supporter,
…c negabo me tentasse :	et je ne nierai pas moi l'avoir tenté :
…nor vicit.	l'amour a vaincu.
…d vos, ego oro	Mais vous, moi je vous prie
…r hæc loca plena timoris,	par ces lieux pleins d'effroi,
…r hoc ingens Chaos,	par cet immense Chaos,
…lentiaque vasti regni,	et par les silences de ce vaste royaume,
…texite	recommencez-à-tisser
…ta properata Eurydices.	les destins hâtés d'Eurydice.
…nnia debemur vobis;	Toutes choses nous sommes dues à vous;
…oratique paulum	et nous étant arrêtés un peu
…operamus serius aut citius	nous nous hâtons plus tard ou plus tôt
…l unam sedem :	vers une seule demeure :
…nnes tendimus huc;	tous nous nous dirigeons ici;
…ec domus est ultima,	cette maison est la dernière,
…sque tenetis	et vous vous occupez

Humani generis longissima regna tenetis.
Hæc quoque, quum justos matura peregerit annos,
Juris erit vestri. Pro munere poscimus usum.
Quod si fata negant veniam pro conjuge, certum est
Nolle redire mihi : leto gaudete duorum. »
  Talia dicentem, nervosque ad verba moventem,
Exsangues flebant animæ ; nec Tantalus undam
Captavit refugam, stupuitque Ixionis orbis ;
Nec carpsere jecur[1] volucres ; urnisque vacarunt
Belides, inque tuo sedisti, Sisyphe, saxo.
Tunc primum lacrimis, victarum carmine, fama est
Eumenidum[2] maduisse genas. Nec regia conjux
Sustinet oranti, nec qui regit ima, negare ;
Eurydicenque vocant. Umbras erat illa recentes
Inter, et incessit passu de vulnere tardo.
Hanc simul et legem Rhodopeïus accipit heros,
Ne flectat retro sua lumina, donec Avernas[3]
Exierit valles, aut irrita dona futura.

vos lois l'empire le plus vaste du genre humain. Elle aussi, quand, parvenue à la vieillesse, elle aura accompli le cours de sa destinée, elle vous appartiendra. Ce n'est pas un don, c'est un prêt que je vous demande. Que si les destins me refusent cette faveur pour mon épouse, je suis résolu à ne point retourner sur la terre. Réjouissez-vous : vous aurez deux victimes. »

A ces plaintes qu'accompagnent les accords de sa lyre, les ombres glacées versent des larmes. Tantale ne cherche plus à saisir l'onde qui s'échappe ; la roue d'Ixion s'arrête ; les vautours oublient de déchirer le foie de Tityus ; les filles de Bélus cessent d'emplir leurs urnes, et Sisyphe s'assied sur son rocher. Alors, dit-on, vaincues par ces accents, les Euménides sentirent pour la première fois leurs joues se mouiller de pleurs. Ni Proserpine ni le roi des enfers ne peuvent résister à ces prières : ils appellent Eurydice. Elle se tenait parmi les ombres nouvellement arrivées ; elle s'avance d'un pas que ralentit sa blessure. Elle est rendue au chantre du Rhodope, mais à condition qu'il ne détournera pas la tête avant d'être sorti des vallées de l'Averne ; autrement cette faveur sera annulée.

...egna longissima	les royaumes les plus étendus
...eneris humani.	du genre humain. [propriété],
Hæc quoque erit vestri juris,	Celle-ci aussi sera de votre droit (votre
[c]uum matura	lorsque mûre
peregerit annos justos.	elle aura accompli les années régulières.
Poscimus usum	Nous demandons l'usage (la possession)
pro munere.	au lieu d'un présent.
Quod si fata negant	Que si les destins refusent
veniam pro conjuge,	cette faveur pour mon épouse,
est certum mihi	il est décidé pour moi
nolle redire:	de-ne-pas-vouloir retourner : [mes.
gaudete leto duorum.	réjouissez-vous de la mort de deux victi-
Animæ exsangues	Les ombres privées-de-sang
flebant dicentem talia,	pleuraient sur lui disant de tels chants,
noventemque nervos	et touchant ses cordes
ad verba ;	selon les paroles ;
nec Tantalus captavit	ni Tantale ne chercha-à-prendre
undam refugam,	l'onde qui-se-retire,
orbisque Ixionis stupuit ;	et la roue d'Ixion resta-immobile ;
nec volucres carpsere jecur ;	ni les oiseaux ne déchirèrent le foie ;
Belidesque vacarunt urnis,	et les filles-de-Bélus ne-s'-occupèrent
sedistique, Sisyphe,	et tu t'assis, Sisyphe, [plus de leurs urnes,
in tuo saxo.	sur ton rocher.
Fama est	La renommée est
genas Eumenidum	les joues des Euménides
victarum carmine	vaincues par ce chant
maduisse lacrimis	s'être mouillées de larmes
tunc primum.	alors pour-la-première-fois.
Nec conjux regia	Ni l'épouse royale
sustinet negare oranti,	n'a-la-force de refuser à lui priant,
nec qui regit ima ;	ni celui qui gouverne les bas lieux ;
vocantque Eurydicen.	et ils appellent Eurydice.
Illa erat	Celle-ci était
inter umbras recentes,	parmi les ombres nouvelles,
et incessit	et elle s'avança
passu tardo de vulnere.	d'un pas lent par-suite-de sa blessure.
Heros Rhodopeius	Le héros du-Rhodope
accipit hanc	reçoit celle-ci
simul et legem,	en-même-temps aussi la condition,
ne flectat retro	qu'il ne tourne pas en-arrière
sua lumina,	ses yeux,
donec exierit	jusqu'à ce qu'il ait franchi
valles Avernas,	les vallées de-l'Averne,
aut dona futura irrita.	ou les dons (ce don) devoir être annulés.

II. — RETOUR D'ORPHÉE. SON MALHEUR.
(V. 53-77.)

Carpitur acclivis per muta silentia trames,
Arduus, obscurus, caligine densus opaca.
Nec procul abfuerant telluris margine summæ :
Hic, ne deficeret metuens, avidusque videndi,
Flexit amans oculos, et protinus illa relapsa est ;
Brachiaque intendens, prendique et prendere certans,
Nil nisi cedentes infelix arripit auras.
Jamque iterum moriens, non est de conjuge quidquam
Questa suo : quid enim nisi se quereretur amatam ?
Supremumque vale, quod jam vix auribus ille
Acciperet, dixit, revolutaque rursus eodem est.
Non aliter stupuit gemina nece conjugis Orpheus
Quam tria qui [1] timidus, medio portante catenas,
Colla canis vidit ; quem non pavor ante reliquit
Quam natura prior, saxo per corpus oborto ;
Quique in se crimen traxit, voluitque videri
Olenus [2] esse nocens : tuque, o confisa figura,
Infelix Lethæa, tua, junctissima quondam

II

Ils gravissent tous deux dans un profond silence un sentier escarpé, sombre, qu'enveloppe un épais brouillard. Déjà ils allaient atteindre la surface de la terre, lorsqu'appréhendant qu'Eurydice ne lui échappe, et impatient de la voir, ce tendre époux détourne la tête. Aussitôt elle retombe en arrière. Elle lui tend les bras ; elle veut se jeter dans les siens ; elle tâche de le saisir elle-même : l'infortunée n'embrasse que l'air qui se dissipe. Déjà elle meurt une seconde fois, mais sans se plaindre de son époux : de quoi en effet se plaindrait-elle sinon d'être aimée ? Elle lui adresse un dernier adieu qui parvient à peine à ses oreilles, et elle est de nouveau replongée dans le même gouffre. Orphée, qui voit la mort lui ravir une seconde fois son épouse, reste interdit. Tel fut ce mortel qui vit avec effroi Cerbère dont la tête du milieu était chargée de chaînes ; la crainte ne le quitta qu'avec sa première forme ; son corps fut changé en pierre. Tel fut encore Olénus qui prit sur lui le crime de son épouse, et voulut paraître coupable. Et toi aussi, malheureuse Léthéa, trop fière de tes charmes, cœurs jadis inséparables,

II. — RETOUR D'ORPHÉE. SON MALHEUR.

Trames acclivis,	Un sentier en-pente,
arduus, obscurus,	ardu, obscur,
densus caligine opaca,	épais par un brouillard opaque,
carpitur	est pris (suivi)
per muta silentia.	à travers de mornes silences.
Nec abfuerant procul	Et ils n'étaient pas éloignés loin
margine summæ telluris :	du bord de la surface-de la terre :
hic amans,	là l'amant,
metuens ne deficeret,	craignant qu'elle ne fît-défaut,
avidusque videndi,	et avide de voir,
flexit oculos,	tourna les yeux,
et illa relapsa est protinus;	et celle-ci retomba aussitôt ;
intendensque brachia,	et tendant les bras,
certansque prendi	et s'efforçant d'être prise
et prendere,	et de prendre,
infelix arripit nil	la malheureuse ne saisit rien
nisi auras cedentes.	sinon les airs qui-se-retirent.
Jamque moriens iterum,	Et déjà mourant pour-la-seconde-fois,
non questa est quidquam	elle ne se plaignit en-quoi-que-ce-soit
de suo conjuge :	de son époux :
quid enim quereretur	de quoi en effet se plaindrait-elle
nisi se amatam?	sinon soi *avoir été* aimée ?
dixitque supremum vale,	et elle dit pour-la-dernière-fois un adieu,
quod ille acciperet vix	tel que celui-ci pût-*le*-recevoir à peine
auribus;	de *ses* oreilles;
revolutaque est rursus	et elle fut replongée de-nouveau
eodem.	au-même-lieu.
Orpheus stupuit	Orphée resta-stupéfait
gemina nece conjugis,	de la double mort de *son* épouse,
non aliter quam qui	non autrement que *celui* qui
vidit timidus	vit timide (avec effroi)
tria colla canis,	les trois cous du chien,
medio portante catenas;	*le cou du* milieu portant des chaînes;
quem pavor non reliquit	lequel la peur ne quitta pas [*tât,*
ante quam natura prior,	avant que *sa* nature première *ne le quit-*
saxo oborto per corpus ;	une pierre s'étant élevée à travers *son*
Olenusque,	et *non autrement qu*'Olénus, corps;]
qui traxit in se crimen,	qui attira sur lui le crime,
voluitque videri	et voulut paraître
esse nocens;	être coupable;
tuque, infelix Lethæa,	et *que* toi, malheureuse Léthéa,
confisa tua figura,	ayant eu-confiance dans ta beauté,
pectora	cœurs
quondam junctissima,	autrefois très-unis,

Pectora, nunc lapides, quos humida sustinet Ide.
Orantem, frustraque iterum transire volentem,
Portitor arcuerat. Septem tamen ille diebus
Squalidus in ripa, Cereris sine munere sedit;
Cura, dolorque animi, lacrimæque alimenta fuere.
Esse deos Erebi crudeles questus, in altum
Se recipit Rhodopen pulsumque aquilonibus Hæmum.

III. — CHANT D'ORPHÉE. MÉTAMORPHOSE D'HYACINTHE.
(V. 86-103, 143-152, 157-158, 161-219.)

Collis erat, collemque super planissima campi
Area, quam viridem faciebant graminis herbæ.
Umbra loco deerat; qua postquam parte resedit
Dis genitus[1] vates, et fila sonantia movit,
Umbra loco venit. Non Chaonis abfuit arbor[2],
Non nemus Heliadum[3], non frondibus æsculus altis,
Nec tiliæ molles, nec fagus, et innuba laurus,
Et coryli fragiles, et fraxinus utilis hastis,
Enodisque abies, curvataque glandibus ilex,
Et platanus genialis, acerque coloribus impar;
Amnicolæque simul salices, et aquatica lotos,
Perpetuoque virens buxus, tenuesque myricæ,

maintenant rochers que porte l'humide Ida. Orphée essaie de fléchir Charon; vainement il veut traverser de nouveau le Styx; le nocher le repousse. Cependant il reste assis sept jours sur la rive, sans prendre soin de sa personne, sans toucher aux présents de Cérès. Ses regrets, sa douleur, ses larmes, sont ses seuls aliments. Las enfin d'accuser de cruauté les dieux de l'Érèbe, il se retire sur le Rhodope élevé et sur l'Hémus battu des Aquilons.

III

Il y avait une colline sur laquelle s'étendait un plateau uni, tapissé d'un gazon verdoyant. Ce lieu manquait d'ombre. A peine le chantre, issu du sang des dieux, s'y est-il assis, à peine a-t-il touché les cordes sonores de sa lyre, que la place se couvre d'ombrages. On y voit soudain l'arbre de Chaonie, le peuplier, le chêne au feuillage élevé, le tendre tilleul, le hêtre, le chaste laurier, le frêle coudrier, le frêne propre à façonner des javelots, le sapin sans nœud, l'yeuse qui plie sous les glands, le platane cher aux buveurs, l'érable à l'écorce tachetée; puis les saules qui croissent sur les bords des fleuves, le lotus qui se plaît dans l'eau, le buis toujours vert, le grêle tamaris,

nunc lapides,	maintenant pierres,
quos humida Ide sustinet.	que l'humide Ida supporte.
Portitor arcuerat orantem,	Le nocher avait repoussé *lui* priant,
volentemque frustra	et voulant en-vain
transire iterum.	traverser de-nouveau. [rive
Ille sedit tamen in ripa	Il (Orphée) resta-assis cependant sur la
septem dies,	durant sept jours,
squalidus,	sale,
sine munere Cereris.	sans don de Cérès.
Cura, dolorque animi,	Le souci, et la douleur de *son* cœur,
lacrimæque	et *ses* larmes
fuere alimenta.	furent *ses* aliments.
Questus deos Erebi	S'étant plaint les dieux de l'Érèbe
esse crudeles,	être cruels,
se recipit	il se retire
in altum Rhodopen	sur le haut Rhodope
Hæmumque	et sur l'Hémus
pulsum aquilonibus.	battu par les aquilons.

III. — CHANT D'ORPHÉE. MÉTAMORPHOSE D'HYACINTHE.

Collis erat,	Une colline était,
superque collem	et sur la colline
area planissima campi,	la surface très-unie d'un plateau,
quam herbæ graminis	laquelle les herbes du gazon
faciebant viridem.	rendaient verte.
Umbra deerat loco;	L'ombre manquait au lieu;
qua parte	dans lequel côté
postquam vates genitus dis	après que le chantre né des dieux
resedit,	se fut assis,
et movit fila sonantia,	et qu'il eût touché *ses* cordes sonores,
umbra venit loco.	l'ombre vint au lieu.
Non arbor Chaonis abfuit,	Ni l'arbre de Chaonie ne manqua,
non nemus Heliadum,	ni la forêt des Héliades,
non æsculus frondibus altis,	ni le chêne de (aux) feuilles élevées,
nec molles tiliæ,	ni les tendres tilleuls,
nec fagus, et innuba laurus,	ni le hêtre, et le chaste laurier,
et fragiles coryli,	et les fragiles coudriers,
et fraxinus utilis hastis,	et le frêne bon pour les javelots,
abiesque enodis,	et le sapin sans nœuds,
ilexque curvata glandibus,	et l'yeuse courbée par les glands,
et platanus genialis.	et le platane fait-pour-le plaisir,
acerque impar coloribus;	et l'érable inégal par *ses* couleurs;
simulque salices amnicolæ,	et en-même temps les saules croissant-
et lotos aquatica,	et le lotus aquatique, [près-des-fleuves,
buxusque perpetuo virens,	et le buis perpétuellement vert,
tenuesque myricæ,	et les minces tamaris,

Et bicolor myrtus, et baccis cærula tinus.
Vos quoque, flexipedes hederæ, venistis, et una
Pampineæ vites et amictæ vitibus ulmi,
Ornique, et piceæ, pomoque onerata rubenti
Arbutus, et lentæ, victoris præmia, palmæ,
Et succincta comas hirsutaque vertice pinus.
Tale nemus vates attraxerat, inque ferarum
Concilio medius turba volucrumque sedebat.
 Ut satis impulsas tentavit pollice chordas,
Et sensit varios, quamvis diversa sonarent,
Concordare modos, hoc vocem carmine movit :
« Ab Jove, Musa parens (cedunt Jovis omnia regno),
Carmina nostra move ! Jovis est mihi sæpe potestas
Dicta prius ; cecini plectro graviore Gigantas,
Sparsaque Phlegræis [1] victricia fulmina campis ;
Nunc opus est leviore lyra. Quondam alite verti
Dignatus, sed quæ possit sua fulmina ferre,
Iliaden [2] rapuit, qui nunc quoque pocula miscet.
Te quoque, Amyclide [3], posuisset in æthere Phœbus,
Tristia si spatium ponendi fata dedissent.

le myrte de deux couleurs et le laurier thym aux baies foncées. Vous vîntes aussi, lierres aux pieds flexibles, vignes chargées de pampres, ormeaux revêtus de vignes, ornes, sapins, arbousiers courbés sous vos fruits rouges, souples palmes, prix de la victoire, pin au feuillage élevé, au sommet hérissé. Telle était la forêt qu'avait attirée la lyre du chantre divin ; pour lui, il était assis au milieu d'un cercle de bêtes sauvages et d'oiseaux.

 Longtemps il promène ses doigts sur les cordes pour les essayer. Enfin s'apercevant que ces accords, quoique divers, forment une heureuse harmonie, il chante en ces termes : « Muse, ma mère, inspire-moi ; commençons par Jupiter ; car tout cède à son empire ! Souvent déjà j'ai chanté sa puissance ; j'ai célébré d'un ton plus grave les géants, et la foudre victorieuse lancée dans les plaines de Phlégra ; maintenant il me faut une lyre plus légère. Jadis Jupiter daigna se changer en oiseau, mais en un oiseau capable de porter la foudre du maître des dieux, et il enleva le petit-fils d'Ilus qui maintenant encore lui prépare son breuvage. Et toi aussi, fils d'Amyclas, Phébus t'aurait placé dans le ciel, si ta triste destinée lui en avait laissé le temps.

CHOIX DES MÉTAMORPHOSES. — LIVRE X. 429

et myrtus bicolor,	et le myrte aux deux-couleurs,
et tinus cærula baccis.	et le laurier-thym d'un-bleu-foncé par [ses baies.
Vos quoque venistis,	Vous aussi vous vîntes,
hederæ flexipedes,	lierres aux-pieds-flexibles, [de-pampres,
et una vites pampineæ,	et *vous* en-même-temps vignes chargées-
et ulmi amictæ vitibus,	et ormes revêtus de vignes,
ornique, et piceæ,	et ornes, et faux-sapins,
arbutusque,	et arbousier
onerata pomo rubenti,	chargé d'un fruit rouge,
et palmæ lentæ,	et palmes flexibles,
præmia victoris,	récompenses du vainqueur,
et pinus succincta comas,	et pin retroussé quant à la chevelure,
hirsutaque vertice.	et hérissé par le sommet.
Vates attraxerat	Le chantre avait attiré
tale nemus,	une telle forêt,
sedebatque medius	et il était assis au-milieu
in concilio ferarum	dans une réunion de bêtes-fauves
turbaque volucrum.	et *dans* une troupe d'oiseaux.
Ut tentavit satis	Dès-qu'il eût essayé suffisamment
chordas impulsas pollice,	les cordes touchées par *son* pouce,
et sensit modos varios	et *qu*'il eût senti les modes différents
concordare,	être-d'-accord,
quamvis sonarent diversa,	quoiqu'ils résonnassent diversement,
movit vocem hoc carmine :	il mit-en-mouvement *sa* voix par ce [chant :
Musa parens,	Muse *ma* mère,
move nostra carmina	mets-en-mouvement nos chants
ab Jove	*en commençant* par Jupiter
(omnia cedunt regno Jovis) !	(tout cède à la royauté de Jupiter) !
Potestas Jovis dicta est	La puissance de Jupiter a été dite
sæpe mihi prius ;	souvent par moi précédemment ;
cecini plectro graviore	j'ai chanté avec un plectre plus grave
gigantas,	les géants,
fulminaque victricia	et les foudres victorieuses [Phlégra ;
sparsa campis Phlegræis ;	répandues (lancées) dans les plaines de-
nunc opus est lyra leviore.	maintenant besoin est d'une lyre plus
Dignatus quondam	Ayant daigné jadis [légère.
verti alite,	être changé en oiseau,
sed quæ possit	mais *en oiseau* qui puisse
ferre sua fulmina,	porter ses foudres,
rapuit Iliadem,	il (Jupiter) enleva le petit-fils-d'-Ilus,
qui nunc quoque	qui maintenant encore
miscet pocula.	mélange les coupes (son breuvage).
Phœbus posuisset	Phébus aurait placé
te quoque, Amiclyde,	toi aussi, fils-d'-Amyclas,
in æthere,	dans l'air (dans le ciel),
si tristia fata	si les tristes destins
dedissent spatium ponendi.	*lui* avaient donné le temps de *t'*y placer.

Qua licet, æternus tamen es ; quotiesque repellit
Ver hiemem, Piscique Aries[1] succedit aquoso,
Tu toties oreris, viridique in cespite flores.
Te meus ante omnes genitor dilexit, et orbe
In medio positi caruerunt præside Delphi[2],
Dum deus Eurotan[3], immunitamque frequentat
Sparten. Nec citharæ, nec sunt in honore sagittæ ;
Immemor ipse sui, non retia ferre recusat,
Non tenuisse canes, non per juga montis iniqui
Ire comes. Medius Titan venientis et actæ
Noctis erat, spatioque pari distabat utrinque ;
Corpora veste levant, et succo pinguis olivæ
Splendescunt, latique ineunt certamina disci[4].
Quem prius aerias libratum Phœbus in auras
Misit, et oppositas disjecit pondere nubes.
Reccidit in solidam longo post tempore terram
Pondus, et exhibuit junctam cum viribus artem.
Protinus imprudens, actusque cupidine ludi,
Tollere Tænarides[5] orbem properabat : at illum

Cependant tu es immortel, comme tu peux l'être; et autant de fois que le printemps chasse l'hiver, que le Bélier succède au Poisson pluvieux, autant de fois tu renais, et tu fleuris sur ta tige verdoyante. Plus que tout autre tu fus chéri de mon père, et Delphes, placée au milieu du monde, regretta sa présence, alors que ce dieu parcourait les rives de l'Eurotas et les plaines de Sparte, la ville sans remparts. Il dédaigne sa lyre et ses flèches ; il s'oublie lui-même ; il ne se refuse pas à porter tes filets, à tenir tes chiens, à t'accompagner sur les hauteurs des monts escarpés. Déjà le soleil était au milieu de sa course, à une égale distance du matin et de la nuit ; Apollon et Hyacinthe se dépouillent de leurs vêtements ; ils versent sur leurs membres les flots luisants d'une huile onctueuse, et avec le large disque engagent la lutte. Le premier, Phébus, après avoir balancé le palet, le jette dans les airs. La masse fend les nues qui s'opposaient à son passage, et retombant après un long intervalle sur la terre solide, atteste à la fois l'adresse et la vigueur du dieu. Aussitôt l'imprudent jeune homme, emporté par l'ardeur du jeu, se hâte de saisir le disque

Es tamen æternus,	Tu es cependant éternel,
qua licet;	par-où il est possible;
quotiesque ver	et autant-de-fois-que le printemps
repellit hiemem,	repousse l'hiver,
Ariesque succedit	et que le Bélier succède
Pisci aquoso,	au Poisson pluvieux,
tu oreris toties,	tu t'élèves autant-de-fois,
floresque in cespite viridi.	et tu fleuris sur une tige verte.
Meus genitor	Mon père
te dilexit ante omnes,	t'a chéri au-dessus de tous,
et Delphi positi	et Delphes placée
in medio orbe	au-milieu de l'univers
caruerunt præside,	fut privée de son protecteur,
dum deus frequentat	tandis que le dieu fréquente
Eurotan,	l'Eurotas,
Spartenque immunitam.	et Sparte non-fortifiée.
Nec citharæ nec sagittæ	Ni les cithares (ni sa lyre) ni ses flèches
sunt in honore;	ne sont en honneur auprès de lui;
ipse immemor sui,	lui-même oublieux de soi-même,
non recusat ferre retia,	il ne refuse pas de porter les rets,
non tenuisse canes,	ni d'avoir tenu les chiens,
non ire comes	ni d'aller compagnon
per juga montis iniqui.	à travers les sommets d'un mont inégal.
Titan erat medius	Le Titan (le soleil) était au milieu
noctis venientis et actæ,	de la nuit venant et de la nuit passée,
et distabat utrinque	et il était éloigné de l'un-et-l'autre-côté
spatio pari;	par une distance égale;
levant corpora veste,	ils allègent leurs corps de leur vêtement,
et splendescunt	et ils reluisent
succo pinguis olivæ,	du suc de la grasse olive,
et ineunt certamina	et ils engagent les jeux
lati disci.	du large disque.
Quem libratum	lequel ayant été balancé
Phœbus misit prius	Phébus envoya d'abord (le premier)
in auras aerias,	dans les airs éthérés,
et disjecit pondere	et il écarta par le poids
nubes oppositas.	les nues placées-devant.
Pondus reccidit	Le poids retomba
in terram solidam	sur la terre solide
longo tempore post,	un longtemps après,
et exhibuit artem	et il montra l'adresse
junctam cum viribus.	unie avec les forces.
Tænarides	Le jeune-homme du-cap-Ténare
imprudens,	imprudent,
actusque cupidine ludi,	et poussé par le désir du jeu,
properabat tollere protinus	se hâtait de relever aussitôt
orbem :	le disque :

Dura repercussum subjecit in aera tellus
In vultus, Hyacinthe, tuos. Expalluit æque
Ac puer ipse deus, collapsosque excipit artus;
Et modo te refovet, modo tristia vulnera siccat;
Nunc animam admotis fugientem sustinet herbis.
Nil prosunt artes : erat immedicabile vulnus.
Ut si quis violas, riguove papavera in horto,
Liliaque infringat, fulvis hærentia virgis,
Marcida demittant subito caput illa gravatum,
Nec se sustineant, spectentque cacumine terram :
Sic vultus moriens jacet; et defecta vigore
Ipsa sibi est oneri cervix, humeroque recumbit.
« Laberis, OEbalide [1], prima fraudate juventa,
Phœbus ait; videoque tuum, mea crimina vulnus.
Tu dolor es facinusque meum; mea dextera leto
Inscribenda tuo est; ego sum tibi funeris auctor.
Atque utinam pro te vitam tecumve liceret
Reddere! Sed quoniam fatali lege tenemur,
Semper eris mecum, memorique hærebis in ore.

qui, rebondissant sur le sol dur, te frappe, Hyacinthe, au visage. Tu pâlis; le dieu pâlit comme toi; il reçoit dans ses bras tes membres défaillants; et tantôt il te réchauffe dans son sein, tantôt il étanche le sang qui coule de ta funeste blessure; tantôt enfin il essaye de retenir avec des simples ton âme prête à s'échapper. Remèdes impuissants! la blessure était mortelle. Comme on voit dans un frais jardin les violettes, les pavots et les lis à la tige verdâtre, se flétrir sous la main qui les brise, et incliner tout à coup leur tête appesantie; ils ne peuvent plus se soutenir, et de leur cime regardent la terre: ainsi s'incline privée de force, la tête défaillante d'Hyacinthe; elle est pour elle-même un fardeau trop lourd, et retombe sur l'épaule. « Tu meurs, enfant d'OEbalie, enlevé à la fleur de ton âge, s'écrie Phébus, et je vois ta blessure qui m'accuse. Tu fais ma douleur et mon crime. C'est à mon bras qu'il faut imputer ta mort; c'est moi qui suis l'auteur de ton trépas. Et plût au ciel qu'il me fût permis de donner ma vie pour la tienne, ou de partager ton sort! Mais puisque nous sommes retenus par la loi du destin, tu vivras toujours avec moi, ton nom sera sans cesse sur mes lèvres fidèles à ton souvenir.

at tellus dura	mais la terre dure
subjecit in tuos vultus,	éleva (renvoya) contre ton visage,
Hyacinthe,	Hyacinthe,
illum repercussum in aera.	lui (le disque) ayant rebondi dans l'air.
Deus ipse expalluit	Le dieu lui-même pâlit
æque ac puer,	également et (non moins que) l'enfant,
excipitque artus collapsos;	et il reçoit ses membres affaissés ;
et modo te refovet,	et tantôt il te réchauffe,
modo siccat tristia vulnera;	tantôt il sèche les funestes blessures ;
nunc sustinet	tantôt il retient
herbis admotis	avec des herbes appliquées
animam fugientem.	cette âme qui fuit. [rien :
Artes prosunt nil :	Les moyens (les remèdes) ne servent à
vulnus erat immedicabile.	la blessure était incurable.
Ut si quis infringat	Comme si quelqu'un brisait
in horto riguo	dans un jardin arrosé
violas papaverave,	des violettes ou des pavots,
liliaque hærentia	et des lis attachés
virgis fulvis,	à des tiges jaunâtres,
marcida demittant subito	flétris ils baisseraient tout à coup
caput gravatum,	leur tête appesantie,
nec se sustineant,	et ils ne se soutiendraient pas,
spectentque terram	et ils regarderaient la terre
cacumine :	par leur cîme :
sic vultus moriens jacet ;	ainsi son visage mourant est abattu ;
et cervix defecta vigore	et la tête abandonnée par la vigueur
est ipsa oneri sibi,	est elle-même à fardeau à elle-même,
recumbitque humero.	et retombe sur l'épaule.
Laberis, OEbalide	Tu tombes, natif-d'-OEbalie,
fraudate prima juventa,	frustré de ta première jeunesse,
ait Phœbus ;	dit Phébus ;
videoque tuum vulnus,	et je vois ta blessure,
mea crimina.	mes accusations (qui m'accuse).
Tu es dolor	Tu es ma douleur
meumque facinus ;	et mon crime ;
mea dextera	ma main droite
est inscribenda tuo leto ;	est à-inscrire-sur ton trépas ;
ego sum tibi	moi je suis pour toi
auctor funeris.	auteur des funérailles (de ta mort).
Atque utinam liceret	Et plût-au-ciel qu'il fût permis
reddere vitam pro te	de rendre ma vie pour toi
tecumve !	ou avec-toi !
Sed quoniam tenemur	Mais puisque nous sommes retenus
lege fatali,	par une loi fatale,
eris semper mecum,	tu seras toujours avec-moi,
hærebisque	et tu resteras
in ore memori.	dans ma bouche qui-se-souviendra.

Te lyra pulsa manu, te carmina nostra sonabunt,
Flosque novus scripto gemitus imitabere nostros [1]. »
Talia dum vero memorantur Apollinis ore,
Ecce cruor, qui fusus humi signaverat herbas,
Desinit esse cruor ; Tyrioque nitentior ostro
Flos oritur, formamque capit quam lilia, si non
Purpureus color huic, argenteus esset in illis.
Non satis hoc Phœbo est (is enim fuit auctor honoris) :
Ipse suos gemitus foliis inscribit, et *ai, ai,*
Flos habet inscriptum, funestaque littera ducta est.
Nec genuisse pudet Sparten Hyacinthon, honorque
Durat in hoc ævi, celebrandaque more priorum
Annua prælata redeunt Hyacinthia [2] pompa.

C'est toi que célébreront les cordes de ma lyre frémissante sous mes doigts, toi que célébreront mes chants, et, fleur nouvelle, tu porteras sur tes feuilles des caractères, expression de mes regrets. » Pendant qu'Apollon, de sa bouche qui ne trompe jamais, prononce ces paroles, voici que le sang qui, répandu à terre avait taché les herbes, n'est plus du sang : c'est une fleur nouvelle, plus brillante que la pourpre tyrienne ; elle prend la forme du lis, mais elle n'en a pas l'éclat argenté, elle est d'un violet foncé. Ce n'est point assez pour Phébus (car c'est à lui qu'Hyacinthe doit cet honneur) : il grave lui-même sur ces feuilles le cri de sa douleur, et cette fleur porte inscrits ces caractères funèbres *ai, ai* (hélas ! hélas!). Sparte ne rougit point d'avoir donné le jour à Hyacinthe, et maintenant encore elle fête sa mémoire. Chaque année doivent se célébrer, selon les rites antiques, les Hyacinthies, et les objets sacrés sont portés dans une procession solennelle.

Lyra pulsa manu te,	La lyre touchée de *notre* main te célé-[brera,
nostra carmina te sonabunt,	nos chants te célébreront,
flosque novus,	et, fleur nouvelle,
imitabere scripto	tu imiteras par *ton* inscription
nostros gemitus.	nos gémissements. [portées
Dum talia memorantur	Tandis que de telles *paroles* sont rap-
ore vero Apollinis,	par la bouche véridique d'Apollon,
ecce cruor,	voici-que le sang,
qui fusus humi	qui répandu à terre
signaverat herbas,	avait marqué les herbes,
desinit esse cruor;	cesse d'être du sang ;
flosque oritur	et une fleur s'élève
nitentior ostro Tyrio,	plus brillante que la pourpre tyrienne,
capitque formam,	et elle prend la forme,
quam lilia,	que les lis *auraient*,
si color purpureus	si une couleur de-violet-foncé
non esset his,	n'était à ceux-ci (aux hyacinthes)
argenteus	*et* une *couleur* d'-argent
in illis.	dans ceux-là (les lis).
Hoc non est satis Phœbo	Cela n'est pas assez pour Phébus
(is enim fuit auctor honoris):	(il fut en effet l'auteur de l'honneur):
ipse inscribit foliis	lui-même inscrit-sur les feuilles,
suos gemitus,	ses gémissements,
et flos habet inscriptum	et la fleur a (porte) inscrit
ai, ai,	ai, ai (hélas ! hélas !),
litteraque funesta ducta est.	et une lettre funèbre fut tracée.
Nec Sparten pudet	Et Sparte n'a pas honte
genuisse Hyacinthon,	d'avoir enfanté Hyacinthe, [temps,
honorque durat in hoc ævi,	et l'honneur dure jusqu'à ce *point* du
Hyacinthiaque	et les Hyacinthies
redeunt annua,	reviennent annuelles, [précédentes,
celebranda more priorum,	devant être célébrées à la manière des
pompa	par une procession [sacrés).
prælata.	portée-avant (où l'on porte les objets

NOTES

DU DIXIÈME LIVRE DU CHOIX DES MÉTAMORPHOSES D'OVIDE.

I

Page 418 : 1. *Inde*, de la Crète, où Hyménée avait assisté au mariage d'Iphis et d'Ianthe.

— 2. *Ciconum*, les Ciconiens, peuple de la Thrace.

— 3. *Rhodopeius*. Le Rhodope était une montagne de Thrace, sur laquelle Orphée pleura la mort de son épouse.

Page 420 : 1. *Tænaria.... porta*. Près du cap Ténare, en Laconie (aujourd'hui cap Matapan), était une caverne qui passait pour une entrée des enfers.

— 2. *Simulacra.... sepulcris*. Il fallait que les morts eussent reçu les honneurs de la sépulture pour passer le Styx : autrement, ils étaient condamnés à errer cent ans sur les rives de ce fleuve.

— 3. *Medusæi.... monstri*. Cerbère était né d'Echidna, fille de Méduse. Hercule l'avait enchaîné dans les enfers.

Page 422 : 1. *Jecur*, le foie de Tityus. Cf. livre IV, 11, 26 et suiv.

— 2. *Eumenidum*, les Euménides ou déesses bienveillantes : nom donné par antiphrase aux Furies.

— 3. *Avernas*. La vallée de l'Averne était située en Campanie, près d'un lac dont les exhalaisons tuaient les oiseaux (ἄορνις). Là était une entrée des enfers. Ovide, après avoir fait descendre Orphée près du cap Ténare, dans le Péloponèse, le fait remonter en Campanie; à moins que le poëte n'emploie *Avernas* dans un sens général, comme synonyme de *infernas*.

II

Page 424 : 1. *Qui.* On ignore quel fut ce mortel métamorphosé en pierre pour avoir vu Cerbère enchaîné par Hercule.

— 2. *Olenus.* Olénus voulut partager le châtiment de sa femme Léthéa, qui avait été changée en rocher, pour avoir mis sa beauté au-dessus de celle des déesses.

III

Page 426 : 1. *Dis genitus.* Orphée était fils de Jupiter et de Calliope, ou selon d'autres, d'Apollon et de Clio.

— 2. *Chaonis... arbor*, le chêne. La Chaonie, ancien nom de l'Épire, était célèbre par les chênes prophétiques de la forêt de Dodone.

— 3. *Heliadum.* Les Héliades, filles du Soleil, avaient été changées en peupliers à la mort de leur frère Phaéthon. Cf. livre II, VII, v. 12 et suiv.

Page 428 : 1. *Phlegræis campis*, les plaines de Phlégra, en Macédoine, où Jupiter foudroya les Titans.

— 2. *Iliaden*, le petit-fils d'Ilus, Ganymède; il avait été chargé de verser le nectar aux dieux à la place d'Hébé.

— 3. *Amiclyde*, Hyacinthe, fils d'Amyclas, auquel est attribuée la fondation de la ville d'Amycla.

Page 430 : 1. *Piscique Aries.* Les Poissons et le Bélier, étaient des constellations du zodiaque. A l'équinoxe du printemps le soleil passe du signe des Poissons dans celui du Bélier.

— 2. *Delphi.* Les anciens croyaient que Delphes était le centre de la terre, γῆς ὀμφαλός, *terræ umbilicus*.

— 3. *Eurotan*, l'Eurotas, fleuve de Laconie. — *Immunitam Spar-*

ten. Lycurgue voulant que les Lacédémoniens ne comptassent que sur leur courage, avait défendu de fortifier Sparte.

Page 430 : 4. *Disci.* Le jeu du disque consistait à lancer en avant ou en l'air une espèce de palet fort lourd, en fer ou en plomb.

— 5. *Tœnarides*, du cap Ténare, en Laconie, c'est-à-dire, Laconien.

Page 432 : 1. *OEbalide*, né à OEbalie, ville de Laconie.

Page 434 : 1. *Gemitus.... nostros.* Sur les pétales de cette fleur se trouvent des lignes dont la disposition semble offrir quelque ressemblance avec la diphthongue grecque $\alpha\iota$.

— 2. *Hyacinthia.* Les Hyacinthies se célébraient à Sparte au retour du printemp s.

ARGUMENT

DU ONZIÈME LIVRE DU CHOIX DES MÉTAMORPHOSES D'OVIDE.

I. Mort d'Orphée.
II. Douleur de la nature à la mort d'Orphée. Châtiment des Bacchantes.
III. Bacchus et le roi Midas. Souhait indiscret de ce dernier ; sa punition.
IV. Jugement de Tmolus et de Midas entre Apollon et le dieu Pan. Punition du juge ignorant.
V. Céyx et Halcyone.
VI. Départ de Céyx.
VII. La tempête.
VIII. Prière d'Halcyone. Message d'Iris. Séjour du Sommeil.
IX. Les Songes.
X. Apparition de Morphée à Halcyone ; douleur de celle-ci.
XI. Métamorphose de Céyx et d'Halcyone.

LIVRE ONZIÈME.

I. — MORT D'ORPHÉE.
(V. 1-19, 23-43.)

Carmine dum tali silvas animosque ferarum
Threicius vates et saxa sequentia ducit,
Ecce nurus Ciconum[1], tectæ lymphata ferinis
Pectora velleribus, tumuli de vertice cernunt
Orphea percussis sociantem carmina nervis.
E quibus una, leves jactato crine per auras :
« En, ait, en hic est nostri contemptor; » et hastam
Vatis Apollinei vocalia misit in ora :
Quæ, foliis præsuta, notam sine vulnere fecit.
Alterius telum lapis est; qui missus, in ipso
Aere concentu victus vocisque lyræque est,
Ac veluti supplex pro tam furialibus ausis
Ante pedes jacuit. Sed enim temeraria crescunt

I

Tels étaient les accents par lesquels le chantre de Thrace captivait les forêts, les animaux et les rochers qui suivaient sa voix, quand tout à coup les femmes des Ciconiens, en proie aux transports de Bacchus, la poitrine couverte de la dépouille des bêtes sauvages, aperçoivent du haut d'une colline Orphée chantant et s'accompagnant de sa lyre. L'une d'elles, les cheveux épars au gré du vent, s'est écriée : « Le voici, le voici, ce mortel qui nous méprise. » Et elle lance son thyrse contre la bouche harmonieuse du chantre aimé d'Apollon. Le trait, dont l'extrémité est garnie de feuilles, ne laisse qu'une légère empreinte sans faire de blessure. L'arme d'une autre est une pierre, qui, en fendant l'espace, est vaincue par l'accord harmonieux de la voix et de la lyre, et tombe au pied d'Orphée; elle semble implorer le pardon d'une audace aussi impie. Cependant leur fureur s'accroît,

LIVRE ONZIÈME.

I. — MORT D'ORPHÉE.

Dum vates Threicius	Pendant-que le chantre de-Thrace
ducit tali carmine	attire par un tel chant [vages
silvas animosque ferarum	les forêts et les esprits des bêtes-sau-
et saxa sequentia,	et les rochers qui *le* suivent,
ecce nurus Ciconum,	voici-que les brus des Ciconiens,
tectæ pellibus ferinis	couvertes de peaux de bêtes-sauvages
pectora lymphata,	quant à *leurs* poitrines en-délire,
cernunt de vertice tumuli	aperçoivent du sommet d'une éminence
Orphea sociantem carmina	Orphée unissant *les* chants
nervis percussis.	aux cordes frappées.
E quibus una,	D'entre lesquelles une,
crine jactato	*sa* chevelure étant agitée
per auras leves :	à travers les airs légers :
En, ait, en hic est	Voici, dit-elle, voici celui *qui* est
contemptor nostri ;	le contempteur de nous ;
et misit hastam	et elle envoya *sa* javeline (son thyrse)
in ora vocalia	contre la bouche harmonieuse
vatis Apollinei :	du chantre d'-Apollon : [feuilles,
quæ, præsuta foliis,	laquelle *javeline*, garnie-au-bout de
fecit notam sine vulnere.	fit une marque sans blessure.
Lapis est telum alterius ;	Une pierre est le trait d'une seconde ;
qui missus	laquelle *pierre* ayant été lancée
victus est in aere ipso	fut vaincue dans l'air même
concentu vocisque lyræque,	par l'accord et de la voix et de la lyre,
ac jacuit ante pedes	et tomba devant les pieds *d'Orphée*
veluti supplex	comme suppliante
pro ausis tam furialibus.	pour des actes-d'-audace si furieux.
Sed enim bella temeraria	Mais les guerres téméraires

Bella, modusque abiit, insanaque regnat Erinnys;
Cunctaque tela forent cantu mollita ; sed ingens
Clamor, et inflato Berecynthia [1] tibia cornu,
Tympanaque, plaususque, et Bacchei ululatus,
Obstrepuere sono citharæ. Tum denique saxa
Non exauditi rubuerunt sanguine vatis.
Inde [2] cruentatis vertuntur in Orphea dextris,
Et coeunt, ut aves, si quando luce vagantem
Noctis avem cernunt; structoque utrinque theatro,
Ceu matutina cervus periturus arena [3]
Præda canum est; vatemque petunt, et fronde virentes
Conjiciunt thyrsos, non hæc in munera factos;
Hæ glebas, illæ dereptos arbore ramos,
Pars torquent silices. Neu desint tela furori,
Forte boves presso subigebant vomere terram ;
Nec procul hinc, multo fructum sudore parantes,
Dura lacertosi fodiebant arva coloni ;
Agmine qui viso fugiunt, operisque relinquunt
Arma sui ; vacuosque jacent dispersa per agros
Sarculaque, rastrique graves, longique ligones.

et ne connaît plus de bornes. Érynnis déchaînée triomphe. Tous les traits auraient été attendris par les accents du chantre, si de grands cris, la flûte de Bércynthe à la corne recourbée, les tambours, les battements de main, et les hurlements des Bacchantes n'avaient étouffé le son de la lyre. C'est alors seulement que les rochers se teignent du sang d'Orphée, dont ils n'entendent plus la voix. Puis ces furieuses tournent contre lui leurs mains ensanglantées. Tels les oiseaux se rassemblent quand ils voient un oiseau de nuit égaré en plein jour; tel encore, dans l'amphithéâtre, le cerf condamné à périr le matin dans l'arène, devient la proie des chiens. Elles s'élancent sur Orphée, et lui jettent leurs thyrses entourés d'un feuillage verdoyant, et destinés à d'autres usages. Les unes brandissent des mottes de terre, les autres des branches arrachées aux arbres, d'autres des pierres. Les armes ne manqueront pas à leur fureur. Par hasard des bœufs traçaient dans le sol un profond sillon ; et non loin de là de robustes paysans, préparant la moisson par de pénibles labeurs, déchiraient le sein rebelle de la terre. A l'aspect de cette troupe, ils s'enfuient, et abandonnent les instruments de leur travail. On voit dispersés dans les champs déserts les sarcloirs, les bêches pesantes, et les longs boyaux.

crescunt,	croissent,
modusque abiit,	et *toute* mesure a disparu,
Erynnisque insana regnat;	et Érynnis insensée règne;
cunctaque tela	et tous les traits
mollita forent cantu;	auraient été attendris par le chant;
sed clamor ingens,	mais une clameur immense,
et tibia Berecynthia	et la flûte de-Bérécynthe
cornu inflato,	à la corne enflée, [mains,
tympanaque, plaususque,	et les tambours, et les battements-de-
et ululatus Bacchei	et les hurlements bachiques,
obstrepuere	retentirent-devant (couvrirent)
sono citharæ.	le son de la lyre.
Tum denique saxa	Alors seulement les rochers
rubuerunt sanguine	rougirent du sang
vatis non exauditi.	du chantre non entendu.
Inde vertuntur in Orphea	De-là elles se-tournent contre Orphée
dextris cruentatis,	avec des mains ensanglantées, [seaux,
et coeunt ut aves,	et elles se rassemblent, comme des oi-
si quando cernunt	si quelquefois ils voient
avem noctis	un oiseau de nuit
vagantem luce;	égaré le jour;.
ceuque theatro	et comme dans un théâtre
structo utrinque,	construit de l'un-et-l'autre-côté,
cervus periturus	un cerf devant périr
arena matutina	dans l'arène du-matin
est præda canum;	est la proie des chiens;
petuntque vatem,	et elles attaquent le chantre,
conjiciuntque thyrsos	et elles *lui* jettent des thyrses
virentes fronde,	verdoyants de feuillage,
non factos in hæc munera.	non faits pour ces emplois. [terre,
Hæ torquent glebas,	Celles-ci brandissent des mottes-de-
illæ ramos dereptos arbore,	celles là des branches arrachées d'un
pars silices.	une partie des cailloux. [arbre,
Neu tela desint furori,	Et-pour-que les armes ne manquent pas
forte boves	par hasard des bœufs [à *leur*
subigebant terram	domptaient la terre [fureur,
vomere presso;	avec un-soc-de charrue enfoncé;
nec procul hinc,	et non loin de-là,
coloni lacertosi,	des cultivateurs musculeux (robustes),
parantes fructum	préparant le fruit
multo sudore,	avec beaucoup *de* sueur,
fodiebant arva dura;	creusaient les champs durs;
qui fugiunt agmine viso,	lesquels fuient la troupe ayant été vue,
relinquuntque arma	et ils laissent les instruments
sui operis;	de leur travail;
sarculaque,	et les sarcloirs,
gravesque rastri,	et les lourdes bêches,

Quæ postquam rapuere feræ, cornuque minaci
Divulsere boves, ad vatis fata recurrunt;
Tendentemque manus, atque illo tempore primum
Irrita dicentem, nec quidquam voce moventem,
Sacrilegæ perimunt; perque os (proh Jupiter!) illud
Auditum saxis intellectumque ferarum
Sensibus in ventos anima exhalata recessit.

11. DOULEUR DE LA NATURE A LA MORT D'ORPHÉE. CHATIMENT DES BACCHANTES.
(V. 44-84.)

Te mœstæ volucres, Orpheu, te turba ferarum,
Te rigidi silices, tua carmina sæpe secutæ
Fleverunt silvæ; positis te frondibus [1] arbos,
Tonsa comam, luxit; lacrimis quoque flumina dicunt
Increvisse suis; obscuraque carbasa pullo
Naides et dryades, passosque habuere capillos.
Membra jacent diversa locis: caput, Hebre, lyramque
Excipis; et, (mirum!) medio dum labitur amne,
Flebile nescio quid queritur lyra, flebile lingua

Ces furieuses s'en saisissent; elles mettent en pièces les bœufs au
cornes menaçantes, et reviennent achever Orphée. L'infortuné leu
tend des mains suppliantes; pour la première fois il prononce d
vaines paroles, sa voix est sans pouvoir. Ces femmes sacriléges l
mettent à mort, et par cette bouche, ô Jupiter! que les rochers en
tendaient, que les bêtes sauvages savaient comprendre, son souffl
s'exhale et se dissipe dans les airs.

II

Orphée, les oiseaux affligés, les bêtes sauvages, les durs rochers
les forêts qui souvent avaient suivi ta voix, te pleurèrent : dépouillé
de leur chevelure en signe de deuil, les arbres te pleurèrent aussi
les fleuves même, dit-on, se grossirent des larmes qu'ils versèrent
Vêtues de noir, les naïades et les dryades laissent flotter leurs cheveu:
épars. Les membres du divin chantre sont dispersés. L'Hèbre reçoi
sa tête ainsi que sa lyre, et (prodige inouï!) tandis que celle-ci roul
au milieu du fleuve, elle rend je ne sais quel accent plaintif; sa langu

CHOIX DES MÉTAMORPHOSES. — LIVRE XI. 445

longique ligones,	et les longs hoyaux,
jacent dispersa	gîsent dispersés
per agros vacuos.	à travers les champs désertés.
Quæ postquam feræ	Lesquels *objets* après que furieuses
rapuere,	elles eurent saisis, [bœufs
divulsereque boves,	et *qu'*elles eurent mis-en-pièces les
cornu minaci,	d'une corne (à la corne) menaçante,
recurrunt	elles retournent-en-courant
ad fata vatis;	aux destins (à la mort) du chantre;
sacrilegæque perimunt	et sacriléges elles font-périr
tendentem manus,	Orphée tendant les mains,
atque dicentem irrita	et disant des *paroles* vaines
primum illo tempore,	pour-la-première fois-dans ce temps-là,
nec moventem quidquam	et n'émouvant rien
voce;	par *sa* voix;
animaque exhalata	et le souffle s'étant exhalé
recessit in ventos	se retira (s'évanouit) dans les airs
per illud os (proh Jupiter!)	par cette bouche (ô Jupiter!)
auditum saxis	entendue des rochers
intellectumque	et comprise
sensibus ferarum.	par les sens des bêtes-sauvages.

II. — DOULEUR DE LA NATURE A LA MORT D'ORPHÉE. CHATIMENT DES BACCHANTES.

Volucres mœstæ	Les oiseaux tristes
te fleverunt, Orpheu,	te pleurèrent, Orphée,
turba ferarum te,	la troupe des bêtes-sauvages te *pleura*,
rigidi silices te,	les durs rochers te *pleurèrent*,
silvæ secutæ sæpe	les forêts ayant suivi souvent
tua carmina;	tes chants *te pleurèrent*; [pleura,
arbos tonsa comam te luxit,	l'arbre coupé quant à la chevelure te
frondibus positis;	*ses* feuilles ayant été déposées;
dicunt flumina quoque	on dit les fleuves aussi
increvisse suis lacrimis;	avoir crû par leurs *propres* larmes;
naidesque et dryades	et les naïades et les dryades
habuere carbasa	eurent des voiles
obscura pullo	sombres par *leur* couleur-noire,
capillosque passos.	et des cheveux épars.
Membra jacent	Les membres *d'Orphée* gisent
diversa locis:	divers par les lieux:
Hebre, excipis	Hèbre, tu reçois
caput lyramque,	sa tête et sa lyre, [lyre
et (mirum!) dum lyra	et (chose merveilleuse!) tandis que la
labitur medio amne,	roule au milieu-du-fleuve,
queritur nescio quid flebile,	elle gémit je ne sais quoi de plaintif,
lingua exanimis	*sa* langue inanimée

Murmurat exanimis: respondent flebile ripæ.
    Jamque mari invectæ flumen populare relinquunt.
Et Methymnææ potiuntur littore Lesbi.
Hic ferus expositum peregrinis anguis arenis
Os petit, et sparsos stillanti rore capillos
Lambit, et hymniferos inhiat divellere vultus.
Tandem Phœbus adest, morsusque inferre parantem
Arcet, et in lapidem rictus serpentis apertos
Congelat, et patulos, ut erant, indurat hiatus.
Umbra subit terras, et, quæ loca viderat ante,
Cuncta recognoscit, quærensque per arva piorum
Invenit Eurydicen, cupidisque amplectitur ulnis.
Hic modo conjunctis spatiantur passibus ambo ;
Nunc præcedentem sequitur, nunc prævius anteit:
Eurydicenque suam jam tuto respicit Orpheus.
    Non impune tamen scelus hoc sinit esse Lyæus [1] ;
Amissoque dolens sacrorum vate suorum,
Protinus in silvis matres Edonidas [2] omnes,
Quæ fecere nefas, torta radice ligavit.
Quippe pedum digitos, in quantum quæque secuta est,
Traxit, et in solidam detrusit acumine terram.

glacée murmure aussi des sons plaintifs que répète l'écho de rive.

Déjà portés à la mer ces tristes débris quittent le fleuve national, s'arrêtent sur le rivage de Méthymne dans l'île de Lesbos. Là un cru serpent se jette sur cette tête qu'a recueillie une plage étrangère ; lèche ses cheveux qui dégouttent d'onde salée, et ouvre la gueu pour déchirer cette bouche qui célébrait les louanges des dieu: Phébus arrive enfin. Au moment où le monstre s'apprête à mordr le dieu le repousse, pétrifie sa gueule béante et le laisse sans mouv ment dans cette attitude. L'ombre d'Orphée descend sous la terre; reconnaît tous les lieux qu'il avait vus auparavant; il cherche E: rydice dans le séjour des âmes pieuses, la retrouve et la serre av dement dans ses bras. Là tantôt ils se promènent l'un à côté (l'autre ; tantôt il la laisse marcher devant lui, quelquefois il la pr cède ; et maintenant Orphée peut se retourner sans crainte pour vo son Eurydice.

Cependant Bacchus ne laisse pas impuni un tel forfait. Affligé la perte du chantre qui célébrait ses mystères, il atteint aussitôt da: les forêts toutes les femmes thraces, complices de ce crime; l fixant au sol par une racine tortueuse, il allonge les doigts de leu pieds à la place même où chacune s'est arrêtée dans sa poursuite,

murmurat flebile :	murmure *quelque chose* de plaintif :
ripæ respondent flebile.	les rivages répondent *quelque chose de*
Jamque invectæ mari,	Et déjà portées à la mer, [plaintif.
relinquunt flumen populare,	elles abandonnent le fleuve national,
et potiuntur littore	et elles s'emparent du rivage
Lesbi Methymnææ.	de Lesbos Méthymnéenne.
Hic ferus anguis	Là un farouche serpent
petit os expositum	attaque *cette* tête déposée
in arenis peregrinis,	sur des sables étrangers,
et lambit capillos	et il lèche *ces* cheveux
sparsos rore stillante,	humectés d'une rosée qui-dégoutte,
et inhiat divellere	et il ouvre la gueule *pour* déchirer
vultus hymniferos.	ce visage (cette bouche) qui-chante-des-
Tandem Phœbus adest,	Enfin Phébus est-présent, [hymnes.
arcetque parantem	et il repousse *le serpent* qui se préparait
inferre morsus,	à porter des morsures,
et congelat in lapidem	et il épaissit en pierre [peut,
rictus apertos serpentis,	les gueules (la gueule) ouvertes du ser-
et durat hiatus	et *en* durcit les ouvertures (l'ouverture)
patulos, ut erant.	béantes, comme elles étaient.
Umbra subit terras,	L'ombre *d'Orphée* va-sous les terres,
et recognoscit cuncta loca	et il reconnaît tous les lieux
quæ viderat ante,	qu'il avait vus auparavant,
quærensqueper arva piorum	et cherchant à travers les champs des
invenit Eurydicen,	il trouve Eurydice, [*mortels* pieux
amplectiturque	et *il l'*embrasse
ulnis cupidis.	avec *ses* bras avides.
Hic modo ambo spatiantur	Là tantôt tous-deux se promènent
passibus junctis ;	*leurs* pas étant joints ;
nunc sequitur præcedentem,	tantôt il suit *elle le* précédant,
nunc prævius antcit,	tantôt allant-devant il précède,
Orpheusque respicit	et Orphée regarde-derrière-*lui*
jam tuto	maintenant sans-danger
suam Eurydicen.	son Eurydice.
Lyæus tamen non sinit	Lyée cependant ne permet pas
hoc scelus esse impune ;	ce crime exister impunément ;
dolensque	et s'affligeant
vate suorum sacrorum	du chantre de ses *cérémonies* sacrées
amisso,	perdu,
ligavit protinus in silvis	il attacha aussitôt dans les forêts
radice torta	par une racine tortueuse
omnes matres Edonidas	toutes les mères édoniennes
quæ fecere nefas.	qui ont commis le crime. [pieds
Quippe traxit digitos pedum	Car il tira (il allongea) les doigts des
in quantum	en tant que (aussi loin que)
quæque secuta est,	chacune *le* poursuivit,
et detrusit acumine	et il *les* enfonça par l'extrémité

Utque suum laqueis, quos callidus abdidit auceps,
Crus ubi commisit volucris, sensitque teneri,
Plangitur, ac trepidans adstringit vincula motu :
Sic, quæcumque solo defixa cohæserat harum,
Exsternata fugam frustra tentabat ; at illam
Lenta tenet radix, exsultantemque coercet :
Dumque, ubi sint digiti, dum pes ubi, quærit, et ungues,
Adspicit in teretes lignum succedere suras,
Et conata femur mœrenti plangere dextra,
Robora percussit ; pectus quoque robora fiunt :
Robora sunt humeri, porrectaque brachia veros
Esse putes ramos, et non fallare putando.

III. — BACCHUS ET LE ROI MIDAS. SOUHAIT INDISCRET DE CE DERNIER ; SA PUNITION.
(V. 85-145.)

Nec satis hoc Baccho est : ipsos quoque deserit agros ;
Cumque choro meliore, sui vineta Tymoli [1]
Pactolonque petit ; quamvis non aureus illo [2]
Tempore, nec caris erat invidiosus arenis.
Hunc, assueta cohors, Satyri Bacchæque frequentant ;
At Silenus [3] abest : titubantem annisque meroque

en plonge l'extrémité dans la terre solide. Comme l'oiseau qui a engagé sa jambe dans les lacets dissimulés par la ruse de l'oiseleur, sentant qu'il est retenu, se débat, et resserre le nœud par ses efforts, ainsi toutes les Ménades que le dieu a fixées à la terre, folles de terreur, essayent en vain de fuir : une souple racine les retient, et arrête leur élan. Elles cherchent où sont leurs doigts, leurs pieds, leurs mains ; elles voient que leurs mollets arrondis se sont changés en bois ; elles veulent se frapper la cuisse pour marquer leur douleur, elles ne frappent que du bois. Leurs poitrines mêmes, leurs épaules sont du bois. Leurs bras s'étendent ; on les prendrait pour de véritables branches, et ce ne serait point une erreur.

III

Cette vengeance ne suffit pas à Bacchus. Il abandonne les champs mêmes de la Thrace, et, accompagné d'une troupe moins barbare, il gagne ses coteaux favoris du Tmolus, plantés de vigne, et les rives du Pactole. Toutefois en ce temps-là ce fleuve ne roulait pas des flots d'or, et n'excitait pas la cupidité par un sable précieux. Le dieu est suivi de son cortége accoutumé de Satyres et de Bacchantes ; mais Silène n'est pas avec lui. Des paysans phrygiens l'ont surpris chancelant sous le poids

in terram solidam.	dans la terre solide.
Utque volucris,	Et de-même-que l'oiseau,
ubi commisit suum crus laqueis,	quand il a engagé sa jambe dans des lacets,
quos auceps callidus abdidit,	que l'oiseleur rusé a cachés,
sensitque teneri,	et *qu'*il a senti *soi* être retenu,
plangitur,	se bat *de ses ailes*,
et trepidans adstringit motu vincula;	et s'-agitant resserre par le mouvement les liens;
sic quæcumque harum cohæserat defixa solo,	ainsi quelle-que-*fût celle* d'entre elles qui était restée fixée au sol,
exsternata	mise-hors-*d'elle-même*
tentabat frustra fugam.	elle essayait en-vain la fuite.
At radix lenta illam tenet,	Mais une racine souple la retient,
coercetque exsultantem :	et arrête *elle* s'élançant-par-un-saut :
dumque quærit	et tandis-qu'elle cherche
ubi sint digiti,	où sont *ses* doigts,
dum ubi pes,	tandis-qu'*elle cherche* où *est son* pied,
et ungues,	et *où sont ses* ongles,
adspicit lignum succedere in suras teretes,	elle aperçoit du bois venir-à-la-place des mollets arrondis,
et conata plangere femur dextra mœrenti,	et ayant essayé de *se* frapper la cuisse de *sa main* droite affligée,
percussit robora;	elle frappa des bois (du bois);
robora fiunt quoque pectus:	des bois deviennent aussi sa poitrine:
robora sunt humeri,	des bois sont *ses* épaules,
putesque brachia porrecta esse ramos veros,	et tu penserais *ses* bras étendus être des branches véritables,
et non fallare putando.	et tu ne serais pas trompé en *le* pensant.

III. — BACCHUS ET LE ROI MIDAS.
SOUHAIT INDISCRET DE CE DERNIER; SA PUNITION.

Hoc non est satis Baccho:	Ceci n'est point assez pour Bacchus:
deserit quoque	il abandonne aussi
campos ipsos,	les champs eux-mêmes, [meilleur
petitque cum choro meliore vineta sui Tymoli,	et il gagne avec un chœur (un cortége) les vignobles de son Tmolus,
Pactolonque;	et le Pactole;
quamvis tempore illo non erat aureus,	quoiqu'en ce temps-là il (le Pactole) ne fût pas d'-or,
nec invidiosus arenis caris.	ni objet-d'envie par *ses* sables précieux.
Cohors assueta,	La cohorte accoutumée,
Satyri Bacchæque frequentant hunc;	les Satyres et les Bacchantes accompagnent ce *dieu*;
at Silenus abest :	mais Silène est absent :
ruricolæ Phryges cepere	des paysans phrygiens ont pris

Ruricolæ cepere Phryges, vinctumque coronis
Ad regem duxere Midan, cui Thracius Orpheus
Orgia tradiderat cum Cecropio Eumolpo [1].
Qui simul agnovit socium comitemque sacrorum,
Hospitis adventu festum genialiter egit
Per bis quinque dies et junctas ordine noctes.
Et jam stellarum sublime coegerat agmen
Lucifer [2] undecimus, Lydos quum lætus in agros
Rex venit, et juveni Silenum reddit alumno.
Huic deus optandi gratum, sed inutile, fecit
Muneris arbitrium, gaudens altore recepto.
Ille, male usurus donis, ait : « Effice, quidquid
Corpore contigero, fulvum vertatur in aurum. »
Annuit optatis, nocituraque munera solvit
Liber, et indoluit quod non meliora petisset.
Lætus abit, gaudetque malo Berecynthius heros [3],
Pollicitique fidem tangendo singula tentat :
Vixque sibi credens, non alta fronde virentem
Ilice detraxit virgam, virga aurea facta est ;
Tollit homo saxum, saxum quoque palluit auro ;
Contigit et glebam, contactu gleba potenti

des années et du vin, et, après l'avoir enchaîné de guirlandes de fleurs, ils l'ont amené au roi Midas, qu'Orphée et l'Athénien Eumolpe avaient initié aux mystères de Bacchus. Dès que Midas eut reconnu un adepte de ce culte, pendant dix jours et dix nuits consécutives il célèbre par de joyeuses fêtes l'arrivée de son hôte. Déjà Lucifer avait pour la onzième fois rassemblé les étoiles dans le ciel, lorsque Midas arrive tout joyeux dans les plaines de la Lydie, et rend Silène à son jeune nourrisson. Charmé de revoir celui qui prit soin de son enfance, Bacchus donne à Midas la liberté de former un vœu : douce mais funeste liberté ! Midas devait abuser de cette faveur : « Fais, dit-il, que tout ce que mon corps aura touché, se change en or aux fauves reflets. » Le dieu exauce sa prière, et lui accorde ce triste privilége, en déplorant que Midas n'ait pas fait un vœu plus sage. Le Phrygien se retire plein de joie ; il se félicite de son malheur, et touche chaque objet pour essayer l'effet de cette promesse. Se fiant à peine à lui-même, il détache d'une yeuse peu élevée une branche au vert feuillage ; cette branche se change en or. Il ramasse une pierre, qui prend la couleur pâle de l'or. Il touche une motte de terre ; à ce contact puissant elle

CHOIX DES MÉTAMORPHOSES. — LIVRE XI.

titubantem	lui chancelant
annisque meroque,	et par les années et par *le vin* pur,
duxereque vinctum coronis	et ils *l*'ont conduit enchaîné par des
ad regem Midan,	au roi Midas, [couronnes
cui Thracius Orpheus	auquel le Thrace Orphée
cum Eumolpo Cecropio	avec Eumolpe Cécropien (l'Athénien)
tradiderat orgia.	avait transmis (enseigné) les orgies.
Qui simul agnovit	Lequel *Midas* dès qu'il reconnut
socium comitemque	l'associé et le compagnon
sacrorum,	des *cérémonies-sacrées*,
egit festum genialiter	célébra une fête joyeusement
adventu hospitis	à cause de l'arrivée de *son* hôte
per bis quinque dies	pendant deux-fois cinq jours
et noctes junctas ordine.	et *autant de* nuits jointes de suite.
Et jam undecimus Lucifer	Et déjà le onzième Lucifer
coegerat agmen sublime	avait rassemblé la troupe élevée
stellarum,	des étoiles,
quum rex venit lætus	lorsque le roi vient joyeux
in agros Lydos,	dans les campagnes lydiennes,
et reddit Silenum	et rend Silène
juveni alumno.	à *son* jeune nourrisson.
Deus, gaudens	Le dieu, se réjouissant
altore recepto,	de *son* père-nourricier recouvré,
fecit arbitrium	fit (donna à Midas) la liberté
gratum, sed inutile,	agréable, mais non-utile,
muneris optandi.	d'une faveur à souhaiter.
Ille usurus male donis,	Celui-ci devant se servir mal des dons,
ait :	dit :
Effice, quidquid contigero	Fais *que*, tout-ce que j'aurai touché
corpore,	de *mon* corps,
vertatur in aurum fulvum.	soit changé en or fauve.
Liber annuit optatis,	Bacchus consentit à *ses* souhaits,
solvitque munera nocitura,	et il *lui* paya des présents devant-nuire,
et indoluit	et il s'affligea [meilleurs.
quod non petisset meliora.	de ce qu'il n'en avait pas demandé de
Heros Berecynthius	Le héros du-Bérécynthe
abit lætus,	s'en va joyeux,
gaudetque malo,	et se réjouit de *son* mal,
tentatque fidem polliciti	et il essaye la foi (l'effet) de la promesse
tangendo singula :	en touchant les objets les-uns-après les-
credensque vix sibi,	et croyant à peine à lui-même, [autres :
detraxit ilice non alta	il détacha d'une yeuse non élevée
virgam virentem fronde,	une verge verdoyante par le feuillage,
virga facta est aurea ;	la verge devint d'or ;
tollit humo saxum,	il lève de terre une pierre,
saxum quoque palluit auro ;	la pierre aussi pâlit par l'or ;
contigit et glebam,	il toucha aussi une motte-de-terre,

Massa fit; arentes Cereris decerpsit aristas,
Aurea messis erat; demptum tenet arbore pomum,
Hesperidas [1] donasse putes ; si postibus altis
Admovit digitos, postes radiare videntur.
Vix spes ipse suas animo capit, aurea fingens
Omnia. Gaudenti mensas posuere ministri
Exstructas dapibus, nec tostæ frugis [2] egentes :
Tum vero, sive ille sua Cerealia dextra
Munera contigerat, Cerealia dona rigebant ;
Sive dapes avido convellere dente parabat,
Lamina fulva dapes, admoto dente, nitebant.
Miscuerat puris auctorem muneris undis :
Fusile per rictus aurum fluitare videres.
Attonitus novitate mali, divesque miserque,
Effugere optat opes ; et, quæ modo voverat, odit.
Copia nulla famem relevat; sitis arida guttur
Urit, et inviso meritus torquetur ab auro.
Ad cœlumque manus et splendida brachia tollens :
« Da veniam, Lenæe [3] pater : peccavimus, inquit ;
Sed miserere, precor, speciosoque eripe damno. »
Mite deum numen : Bacchus peccasse fatentem

devient un précieux lingot. Il cueille des épis secs, qui se tran
forment en une moisson d'or. Il tient un fruit détaché d'un a
bre; on prendrait le fruit pour un présent des Hespérides. D
qu'il touche les portes élevées, elles rayonnent sous ses doigts. S
esprit conçoit à peine ce que lui promet le pouvoir de tout cha
ger en or. Pendant qu'il se livre à la joie, ses serviteurs appo
tent des tables chargées de mets et de pain. Mais alors touchait
aux dons de Cérès, les dons de Cérès durcissaient sous sa mai
Voulait-il déchirer les mets d'une dent avide, ces mets se cha
geaient sous sa dent en une feuille du brillant métal. Il avait mê
une eau pure avec l'auteur de ce présent : il boit, et l'on voit u
or liquide couler dans sa bouche. Épouvanté d'un mal si nou
veau, riche et misérable à la fois, il aspire à se défaire de so
opulence; il maudit ce que naguère il avait souhaité. Au milie
de l'abondance, il ne peut rassasier sa faim ; la soif dessèche
brûle son gosier. Cet or odieux lui inflige un supplice mérit
Alors il lève vers le ciel ses mains et ses bras étincelants d'or
« Puissant Bacchus, dit-il, pardonne-moi : j'ai commis une faute
mais, je t'en prie, aie pitié de moi, et daigne m'arracher à un
perte cachée sous d'éclatants dehors. » Les dieux sont indulgents

CHOIX DES MÉTAMORPHOSES. — LIVRE XI.   453

gleba fit massa	la motte-de-terre devient lingot
contactu potenti;	par le contact puissant;
decerpsit aristas arentes	il a cueilli des épis secs
Cereris,	de Cérès,
messis erat aurea;	la moisson était d'-or;
tenet pomum	il tient un fruit
decerptum arbore,	détaché d'un arbre, [donné;
putes Hesperidas donasse;	tu penserais les Hespérides *l'*avoir
si admovit digitos	s'il a approché *ses* doigts
postibus altis,	de portes élevées,
postes videntur radiare.	les portes paraissent rayonner. [cœur
Ipse capit vix animo	Lui-même contient à-peine dans *son*
suas spes,	ses espérances,
fingens omnia aurea.	*se* figurant toutes choses en-or.
Ministri posuere	*Ses* serviteurs ont placé
gaudenti	devant *lui* se réjouissant
mensas extructas dapibus,	des tables chargées de mets,
nec egentes frugis tostæ;	et ne manquant pas de froment grillé :
tum vero,	mais alors,
sive ille contigerat	soit qu'il eût touché
sua dextra	de sa *main* droite
munera Cerealia,	les présents de-Cérès,
dona Cerealia rigebant;	les dons-de-Cérès durcissaient;
sive parabat convellere dapes	soit-qu'il se préparât à déchirer les mets
dente avido,	d'une dent avide,
dapes nitebant fulva lamina,	les mets brillaient lame fauve,
dente admoto.	sa dent ayant été appliquée.
Miscuerat undis puris	Il avait mêlé à des eaux pures
auctorem muneris :	l'auteur du présent :
videres aurum fusile	tu verrais l'or fusible
fluitare per rictus	flotter à travers *sa* bouche.
Attonitus novitate mali,	Épouvanté de la nouveauté du mal,
divesque miserque,	et riche et misérable,
optat effugere opes,	il souhaite échapper à *ces* richesses,
et odit	et il hait [cemment.
quæ voverat modo.	*les avantages* qu'il avait souhaités ré-
Nulla copia relevat famem;	Aucune abondance ne soulage *sa* faim;
sitis arida urit guttur,	une soif desséchante brûle *son* gosier,
et meritus torquetur	et *l'*ayant mérité il est tourmenté
ab auro inviso.	par l'or odieux.
Tollensque ad cœlum manus	Et levant vers le ciel *ses* mains
et brachia splendida :	et *ses* bras brillants *d'or* :
Lenæe pater, da veniam :	Bacchus père, donne le pardon :
peccavimus, inquit;	nous avons péché, dit-il,
sed miserere, precor,	mais aie pitié, je *t'en* prie,
eripeque damno specioso.	et arrache-*moi* à une perte spécieuse.
Numen deum mite :	La puissance des dieux *est* douce :

Restituit, pactamque fidem, data munera solvit.
Neve male optato maneat circumlitus auro :
« Vade, ait ad magnis vicinum Sardibus [1] amnem,
Perque jugum montis labentibus obvius undis
Carpe viam, donec venias ad fluminis ortus;
Spumiferoque tuum fonti, qua plurimus exit,
Subde caput, corpusque simul, simul elue crimen. »
Rex jussæ succedit aquæ : vis aurea tinxit
Flumen, et humano de corpore cessit in amnem.
Nunc quoque, jam veteris percepto semine venæ,
Arva rigent, auro madidis pallentia glebis.

IV. JUGEMENT DU TMOLUS ET DE MIDAS ENTRE APOLLON ET LE DIEU PAN. PUNITION DU JUGE IGNORANT.

(V. 146-149, 153-156, 160-193.)

Ille, perosus opes, silvas et rura colebat,
Panaque montanis habitantem semper in antris;
Pingue sed ingenium mansit, nocituraque, ut ante,
Rursus erant domino stolidæ præcordia mentis.
Pan ibi dum teneris jactat sua carmina nymphis,
Et leve cerata modulatur arundine carmen,

touché par l'aveu de sa faute, Bacchus lui rend son premier état; il annule la faveur que, fidèle à sa promesse, il lui avait accordée; et pour le débarrasser de cet or imprudemment désiré : « Va, dit-il, vers le fleuve voisin de la ville puissante de Sardes; suis le sommet de la montagne jusqu'à ce que tu trouves les eaux qui en tombent. Quand tu seras arrivé à l'endroit où naît le fleuve, place ta tête sous la source écumante là où elle jaillit avec le plus d'abondance, et lave ton corps et ta faute à la fois. » Le roi obéit, et se place sous l'eau de la source. La vertu de l'or change la couleur du fleuve; elle a passé du corps de l'homme dans les ondes du Pactole. Et maintenant même, les campagnes qui reçurent jadis quelques veines de ce métal, offrent sur leur sol durci la pâle couleur de l'or dont elles sont remplies.

IV

Midas, haïssant la richesse, habitait les forêts et les champs, et suivait le dieu Pan, qui réside toujours dans les antres des montagnes. Mais l'esprit de Midas est resté aussi grossier, et sa stupidité devait encore lui être fatale. Dans ces campagnes Pan égayait les jeunes nymphes par ses chansons, et modulait des airs

CHOIX DES MÉTAMORPHOSES. — LIVRE XI. 455

Bacchus restituit
fatentem peccasse,
solvitque fidem pactam,
munera data.
Neve maneat circumlitus
auro male optato :
Vade, ait, ad amnem
vicinum magnis Sardibus,
carpeque viam
per jugum montis
obvius undis labentibus,
donec venias
ad ortus fluminis ;
subdeque fonti spumifero,
qua exit plurimus,
tuum caput,
elueque simul corpus,
simul crimen.
Rex succedit aquæ jussæ :
vis aurea tinxit flumen,
et cessit de corpore humano
in amnem.
Nunc quoque,
semine venæ jam veteris
percepto,
arva rigent,
pallentia glebis
madidis auro.

Bacchus rétablit *dans son premier état*
lui avouant avoir péché,
et il annula la foi convenue,
les présents donnés.   [autour
Et pour qu'il ne reste pas enduit-tout-
de l'or mal (imprudemment) souhaité :
Va, dit-il, vers le fleuve
voisin de la grande Sardes,
et prends la route
à travers le sommet de la montagne
allant-au-devant des eaux-qui-*en* cou-
jusqu'à ce que tu arrives   [lent,
aux sources du fleuve ;
et place-sous la source écumante,
par où elle sort le plus abondante,
ta tête,
et lave en-même-temps *ton* corps,
en-même-temps *ton* crime.
Le roi se place-sous l'eau prescrite :
la force de-l'-or teignit le courant,
et elle passa du corps humain
dans le fleuve.
Maintenant encore,
la semence d'une veine déjà ancienne
ayant été reçue,
les champs sont-durs,
pâles par des mottes-de-terre
imprégnées d'or.

IV. — JUGEMENT DU TMOLUS ET DE MIDAS ENTRE APOLLON ET LE DIEU PAN. PUNITION DU JUGE IGNORANT.

Ille perosus opes,
colebat silvas et rura,
Panaque habitantem semper
in antris montanis ;
sed ingenium
mansit pingue,
præcordiaque
mentis stolidæ
erant nocitura
rursus domino,
ut ante.
Dum Pan jactat ibi
sua carmina
teneris nymphis,
et modulatur carmen leve

Celui-ci ayant-pris-en-horreur les ri-
habitait les forêts et les champs, [chesses,
et *fréquentait* Pan résidant toujours
dans les antres des-montagnes ;
mais *son* esprit
est resté épais,
et les sentiments
d'une intelligence stupide
étaient devant nuire
de-nouveau à *leur* maître,
comme auparavant.
Tandis-que Pan jette là
ses chants
aux tendres (jeunes) nymphes,
et *qu*'il module un air léger

Ausus Apollineos præ se contemnere cantus
Judice sub Tmolo ¹ certamen venit ad impar.
Isque, deum pecoris spectans : « In judice, dixit,
Nulla mora est. » Calamis agrestibus insonat ille,
Barbaricoque ² Midan (aderat nam forte canenti)
Carmine delenit. Post hunc sacer ora retorsit
Tmolus ad os Phœbi ; vultum sua silva secuta est.
Ille, caput flavum lauro Parnasside vinctus,
Verrit humum Tyrio saturata murice palla ;
Distinctamque lyram gemmis et dentibus Indis ³
Sustinet a læva ; tenuit manus altera plectrum :
Artificis status ipse fuit. Tum stamina docto
Pollice sollicitat : quorum dulcedine captus,
Pana jubet Tmolus citharæ submittere cannas.
Judicium sanctique placet sententia Montis
Omnibus : arguitur tamen, atque injusta vocatur
Unius sermone Midæ. Nec Delius aures
Humanam stolidas patitur retinere figuram,
Sed trahit in spatium, villisque albentibus implet,
Instabilesque illas facit, et dat posse moveri.
Cetera sunt hominis ; partem damnatur in unam,

légers sur des roseaux enduits de cire. Il eut la témérité de préférer ses propres chants à ceux d'Apollon, et, prenant le Tmolus pour juge, il engagea une lutte inégale. Tmolus regardant le dieu des troupeaux : « Le juge est prêt », dit-il. Pan fait alors retentir ses rustiques pipeaux. Ces accents barbares charment Midas, qui par hasard assistait à ce débat. Lorsqu'il eut fini, Tmolus tourne vers Phébus son visage sacré. La forêt dont sa tête est couverte suit ce mouvement. Le dieu a couronné sa blonde chevelure d'un laurier cueilli sur le Parnasse; son long manteau, teint de la pourpre tyrienne, traîne à terre; de la main gauche il porte sa lyre ornée de pierreries et d'ivoire; sa main droite tient le plectre : sa pose à elle seule annonce un maître. Alors d'un doigt savant il ébranle les cordes. Ravi de la douceur de ces accords, Tmolus ordonne à Pan d'avouer que la lyre a vaincu la flûte. Tous approuvent ce jugement; tous applaudissent à la sentence rendue par le dieu de la montagne. Seul Midas la blâme, et la déclare injuste. Apollon ne peut souffrir que des oreilles aussi stupides conservent la forme humaine : il les allonge, les remplit de poils grisâtres; de fixes qu'elles étaient, il les rend mobiles. Le reste du corps n'est point changé; cette partie seule est punie :

arundine cerata,	sur un roseau enduit-de-cire, [soi-même
ausus contemnere præ se	ayant osé mépriser en-comparaison-de
cantus Apollineos,	les chants d'-Apollon,
venit ad certamen impar	il vint à une lutte inégale
sub Tmolo judice.	sous (devant) Tmolus juge.
Isque spectans deum pecoris	Et celui-ci regardant le dieu du troupeau
dixit : Nulla mora est	dit : Aucun retard n'est
in judice.	dans le juge.
Ille insonat	Celui-ci (Pan) résonne
calamis agrestibus	par ses chalumeaux champêtres,
delenitque Midan	et il charme Midas [près de *lui* chantant)
(nam aderat forte canenti)	(car *Midas* était-présent par-hasard au-
carmine barbarico.	par *son* chant barbare (phrygien).
Post hunc Tmolus sacer	Après celui-ci le Tmolus sacré [bus :
retorsit ora ad os Phœbi :	retourna *son* visage vers le visage de Phé-
sua silva secuta est vultum.	sa forêt suivit *son* visage.
Ille vinctus flavum caput	Celui-ci, lié quant à sa blonde tête
lauro Parnasside,	d'un laurier du-Parnasse,
verrit humum palla	balaye la terre d'un long-manteau
saturata murice Tyrio ;	saturé de pourpre tyrienne ;
sustinetque a læva	et il soutient de la *main* gauche
lyram distinctam	une lyre diversifiée
gemmis et dentibus Indis ;	par des pierreries et des dents indiennes ;
altera manus	l'autre main
tenuit plectrum :	a tenu un plectre :
status ipse fuit artificis.	*sa* pose même fut *celle* d'un artiste.
Tum sollicitat stamina	Alors il ébranle les cordes
pollice docto :	d'un pouce savant :
dulcedine quorum	par la douceur desquelles *cordes*
Tmolus captus	Tmolus séduit
jubet Pana	ordonne Pan
submittere cannas citharæ.	abaisser *ses* roseaux devant la lyre.
Judicium	Le jugement
sententiaque Montis sancti	et la sentence de la Montagne sainte
placet omnibus :	plaît (plaisent) à tous :
arguitur tamen,	elle est blâmée cependant,
atque vocatur injusta	et elle est appelée injuste
sermone unius Midæ.	par le discours du seul Midas.
Nec Delius patitur	Et le *dieu* de-Délos ne souffre pas
aures stolidas retinere	*ses* oreilles stupides garder
figuram humanam,	la forme humaine,
sed trahit in spatium,	mais il *les* tire en étendue,
impletque villis albentibus,	et il *les* remplit de poils blanchissants,
facitque illas instabiles,	et il les rend mobiles,
et dat posse moveri.	et *leur* donne de pouvoir se remuer.
Cetera sunt hominis ;	Les autres *parties* sont d'un homme ;
damnatur in unam partem,	il est condamné pour une seule partie,

Induiturque aures lente gradientis aselli.
   Ille quidem celare cupit, turpique pudore
Tempora purpureis tentat velare tiaris.
Sed solitus longos ferro resecare capillos,
Viderat hoc famulus : qui, quum nec prodere visum
Dedecus auderet, cupiens efferre sub auras,
Nec posset reticere tamen, secedit, humumque
Effodit ; et domini quales adspexerit aures,
Voce refert parva, terræque immurmurat haustæ,
Indiciumque suæ vocis tellure regesta
Obruit, et scrobibus tacitus discedit opertis.
Creber arundinibus tremulis ibi surgere lucus
Cœpit ; et, ut primum pleno maturuit anno,
Prodidit agricolam[1] : leni nam motus ab austro,
Obruta verba refert, dominique coarguit aures.

V. CÉYX ET HALCYONE.
(V. 411-436, 438-443.)

Anxia prodigiis[1] turbatus pectora Ceyx,
Consulat ut sacras, hominum oblectamina, sortes,
Ad Clarium[2] parat ire deum : nam templa profanus
Invia cum Phlegyis[3] faciebat Delphica Phorbas.

Midas est affublé des oreilles de l'âne à la démarche paresseuse.
   Il voudrait bien cacher cette difformité. Tout honteux, il essaye de dissimuler ses tempes sous une tiare de pourpre. Mais le serviteur qui avait l'habitude de lui tailler avec le fer sa longue chevelure, s'était aperçu de ce changement : il n'ose trahir ce qu'il a vu, le déshonneur de son maître, malgré le désir qu'il a de le révéler; d'autre part, il ne peut se taire. Il va donc dans un lieu écarté, fait un trou dans la terre, et, y appliquant sa bouche, il murmure à voix basse dans quel état il a vu les oreilles de son maître. Puis il recouvre de terre ce secret que sa bouche a trahi ; et, après avoir comblé le trou, il s'éloigne en silence. Mais bientôt on voit croître en ce lieu un bois épais de tremblants roseaux ; et lorsque l'année révolue les a mûris, ils trahissent l'indiscrétion du paysan : agités par le doux auster, ils répètent les paroles confiées à la terre, et racontent le secret des oreilles de Midas.

V

Le cœur inquiet et troublé par divers prodiges, Céyx veut chercher auprès des oracles sacrés ces consolations dont les hommes amusent leurs inquiétudes. Il se prépare à se rendre vers le dieu de Claros ; car pour le temple de Delphes l'impie Phorbas avec

induiturque aures
aselli gradientis lente.
 Ille cupit quidem celare,
pudoreque turpi
tentat velare tempora
tiaris purpureis ;
sed famulus solitus
resecare ferro
longos capillos,
viderat hoc :
qui, quum nec auderet
prodere dedecus visum,
cupiens
efferre sub auras,
nec posset tamen reticere,
recedit,
effoditque humum,
refertque voce parva
quales aures domini
adspexerit,
immurmuratque
terræ haustæ ;
obruitque indicium
suæ vocis,
tellure regesta,
et discedit tacitus
scrobibus opertis.
Lucus creber
arundinibus tremulis
cœpit surgere ibi ;
et, ut primum maturuit
anno pleno,
prodidit agricolam :
nam motus ab leni austro,
refert verba obruta,
coarguitque aures domini.

et il est revêtu des oreilles
de l'âne marchant lentement.
 Il désire certes *les* cacher,
et par une pudeur honteuse
il essaye de voiler *ses* tempes
avec des tiares de-pourpre ;
mais le serviteur qui avait-coutume
de *lui* couper avec le fer
ses longs cheveux,
avait vu cela :
lequel, comme ni il n'osait
trahir le déshonneur qu'il avait vu,
tout en désirant
le porter sous les airs (le révéler),
ni ne pouvait cependant se-taire,
se retire-à-l'écart,
et il creuse la terre,
et il rapporte d'une voix petite (basse)
quelles oreilles de *son* maître
il a aperçues,
et il murmure *cela*
dans la terre creusée ;
et il recouvre la dénonciation
de sa voix,
de la terre ayant été rapportée,
et il s'éloigne silencieux,
les fosses (la fosse) ayant été fermées.
Un bois-sacré rempli
de roseaux tremblants
commença à s'élever là ;
et, dès-que pour-la-première-fois il mûrit
l'année étant pleine (révolue),
il trahit le paysan :
car agité par le doux auster,
il rapporte les paroles enfouies,
et il dénonce les oreilles du maître.

V. — CÉYX ET HALCYONE.

 Ceyx turbatus prodigiis
pectora anxia,
parat ire ad deum Clarium,
ut consulat sortes sacras,
oblectamina hominum :
nam profanus Phorbas
faciebat cum Phlegyis
templa Delphica invia.

 Céyx troublé par des prodiges,
quant à *son* cœur inquiet,
se prépare à aller vers le dieu de-Claros,
afin qu'il consulte les oracles sacrés,
charmes des hommes :
car le profane Phorbas
rendait avec les Phlégyens
le temple de-Delphes inaccessible.

Consilii tamen ante sui, fidissima, certam
Te facit, Halcyone [1] : cui protinus intima frigus
Ossa receperunt, buxoque simillimus ora
Pallor obit, lacrimisque genæ maduere profusis.
Ter conata loqui, ter fletibus ora rigavit ;
Singultuque pias interrumpente querelas :
« Quæ mea culpa tuam, dixit, carissime, mentem
Vertit ? Ubi est, quæ cura mei prior esse solebat ?
Jam potes Halcyone securus abesse relicta ;
Jam via longa placet ; jam sum tibi carior absens !
At, puto, per terras iter est, tantumque dolebo,
Non etiam metuam, curæque timore carebunt.
Æquora me terrent, et ponti tristis imago ;
Et laceras nuper tabulas in littore vidi,
Et sæpe in tumulis sine corpore nomina legi.
Neve tuum fallax animum fiducia tangat
Quod socer Hippotades [2] tibi sit, qui carcere fortes
Contineat ventos, et, quum velit, æquora placet.
Quum semel emissi tenuerunt æquora venti,
Nil illis vetitum est ; incommendataque tellus
Omnis, et omne fretum est ; cœli quoque nubila vexant,

les Phlégyiens en ferme l'accès. Cependant, fidèle Halcyone, il t'instruit auparavant de son dessein. Aussitôt un froid mortel te glace jusque dans la moelle des os ; la pâleur du buis se répand sur ta figure ; des larmes abondantes mouillent tes joues ; trois fois tu veux parler, trois fois les pleurs inondent ton visage. Enfin, d'une voix entrecoupée de sanglots, elle exhale ces tendres plaintes : « Quelle faute ai-je donc commise, cher époux, qui puisse ainsi te faire changer ? Qu'est devenu l'amour que tu me témoignais naguère ? Maintenant tu peux quitter Halcyone et vivre tranquille loin d'elle. Maintenant tu songes à un long voyage ; maintenant l'absence me rend plus chère à tes yeux ! Si du moins tu ne quittais pas la terre, je n'aurais que de la douleur, et point de crainte ; mes regrets seraient exempts d'alarmes. Ce sont les plaines de Neptune, c'est la triste image de la mer qui m'épouvantent. Naguère j'ai vu sur le rivage des débris de navires ; souvent aussi j'ai lu des noms inscrits sur des tombeaux vides. Peut-être une trompeuse confiance abuse-t-elle ton esprit, parce que tu es le gendre d'Éole, qui a le pouvoir de retenir dans leurs prisons les vents impétueux, et d'apaiser la mer à son gré. Mais une fois que les vents déchaînés règnent sur l'océan, rien ne leur est interdit. Aucune terre, aucune mer n'est par eux respec-

Tamen te facit ante certam sui consilii, fidissima Halcyone :	Cependant il te fait auparavant informée de son projet, très-fidèle Halcyone :
cui protinus ossa intima receperunt frigus,	à laquelle aussitôt les os intimes reçurent du froid,
pallorque simillimus buxo obit ora,	et une pâleur très-semblable à du buis se répand sur *son* visage ;
genæque maduere lacrimis profusis.	et *ses* joues se mouillèrent de larmes versées-en-abondance.
Ter conata loqui, ter rigavit ora fletibus ;	Trois-fois elle essaya de parler, trois-fois elle arrosa *son* visage de pleurs ;
singultuque interrumpente querelas pias,	et le sanglot interrompant *ses* plaintes pieuses,
dixit : Quæ culpa mea vertit, carissime, mentem?	elle dit : Quelle faute mienne a tourné, très-cher, ton esprit?
Ubi est cura mei quæ solebat esse prior ?	Où est le souci de moi (cédemment)? qui avait coutume d'être précédent (pré-
Jam potes abesse securus Halcyone relicta ;	Déjà tu peux t'absenter tranquille Halcyone ayant été laissée ;
jam longa via placet ;	déjà un long voyage *te* plaît ;
jam tibi sum carior absens.	déjà je te suis plus chère étant-absente. [terres,
At puto, iter est per terras, doleboque tantum,	Mais, je pense, la route est à travers les et je m'affligerai seulement,
non metuam etiam, curæque carebunt timore.	je ne craindrai pas aussi, et mes soucis seront exempts de crainte.
Æquora et tristis imago ponti me terrent ;	Les plaines *liquides* et la triste image de la mer m'effrayent ;
et vidi nuper in littore, tabulas laceras,	et j'ai vu récemment sur le rivage des planches fracassées,
et legi sæpe in tumulis nomina sine corpore.	et j'ai lu souvent sur des tombeaux des noms sans corps.
Neve fiducia fallax fallat tuum animum,	Et-qu'une confiance trompeuse n'abuse pas ton esprit,
quod Hippotades sit socer tibi,	de-ce-que le fils-d'Hippotas est beau-père à toi,
qui contineat carcere ventos fortes,	lequel peut-contenir dans *leur* prison les vents impétueux,
et placet æquora, quum velit.	et peut-apaiser les plaines *liquides* lorsqu'il veut.
Quum venti semel emissi tenuerunt æquora,	Quand les vents une fois lâchés ont envahi les plaines *liquides*,
nil vetitum est illis,	rien n'est interdit à eux,
omnisque tellus est incommendata,	et toute terre est non-recommandée *pour eux*,
et omne fretum est ;	et toute mer est *non recommandée*;

Excutiuntque feris rutilos concursibus ignes.
Quod tua si flecti precibus sententia nullis,
Care, potest, conjux, nimiumque es certus eundi,
Me quoque tolle simul : certe jactabimur una ;
Nec, nisi quæ patiar, metuam ; pariterque feremus
Quidquid erit ; pariter super æquora lata feremur. »

VI. DÉPART DE CÉYX.
(V. 444-470, 474-479.)

Talibus Æolidos dictis lacrimisque movetur
Sidereus conjux : neque enim minor ignis in ipso est.
Sed neque propositos pelagi dimittere cursus,
Nec vult Halcyonen in partem adhibere pericli ;
Multaque respondet timidum solantia pectus ;
Nec tamen idcirco causam probat. Addidit illis
Hoc quoque lenimen, quo solo flexit amantem :
« Longa quidem est nobis omnis mora ; sed tibi juro
Per patrios ignes, si me modo fata remittent,
Ante reversurum quam luna bis impleat orbem. »
His ubi promissis spes est admota recursus,
Protinus eductam navalibus[1] æquore tingi,

tée ; ils tourmentent même les nuages du ciel, et font jaillir par des chocs terribles des feux étincelants. Que si nulles prières, cher époux, ne peuvent fléchir ta résolution, si tu es pour cela trop décidé à partir, emmène Halcyone avec toi : du moins nous serons ensemble le jouet des flots, et je ne redouterai que des maux que je partagerai. Nous supporterons ensemble tous les hasards ; nous voguerons ensemble sur la vaste mer. »

VI

Les plaintes de la fille d'Éole et ses larmes ont attendri Céyx ; car le feu dont il brûle pour elle n'est pas moins vif. Mais il ne veut ni renoncer à faire route à travers les flots, comme il l'a résolu, ni associer Halcyone à ses périls. Que ne lui répond-il pas pour calmer ses alarmes, mais sans pouvoir la convaincre ! A ses paroles il ajoute la seule consolation à laquelle soit sensible cette tendre épouse : « Il est vrai, dit-il, toute absence est longue pour nous ; mais, je te le jure par les feux de l'astre qui m'a donné le jour, si les destins me laissent revenir, tu me reverras avant que la lune ait deux fois reformé son disque. » Ces paroles ont fait naître dans le cœur d'Halcyone l'espoir du retour. Aussitôt Céyx ordonne de tirer un navire des chantiers, de le lancer à la mer,

vexant quoque nubila cœli,	ils secouent aussi les nuages du ciel ;
excutiuntque	et ils font-jaillir
concursibus feris	par des chocs sauvages
ignes rutilos.	des feux étincelants.
Quod si tua sententia	Que si ta résolution
potest, care conjux,	ne peut, cher époux,
flecti nullis precibus,	être fléchie par aucunes prières,
esque nimium certus eundi,	et si tu es trop décidé à partir,
tolle me quoque simul :	enlève moi aussi en-même-temps : [ble ;
certe jactabimur una ;	du-moins nous serons ballottés ensem-
nec metuam	ni je ne craindrai
nisi quæ patiar ;	sinon les choses que je souffrirai ;
feremusque pariter	et nous supporterons ensemble
quidquid erit ;	tout ce qui sera ;
feremur pariter	nous serons portés ensemble
super lata æquora.	sur les vastes plaines *liquides*.

VI. — DÉPART DE CÉYX.

Conjux sidereus	L'époux, fils-d'-un-astre,
movetur talibus dictis	est ému par de telles paroles
lacrimisque Æolidos :	et par les larmes de la fille-d'-Éole :
neque enim ignis minor	ni en effet un feu (un amour) moindre
est in ipso.	n'est en lui-même.
Sed neque vult dimittere	Mais ni il ne veut abandonner
cursus pelagi propositos,	les courses de mer projetées,
nec adhibere Halcyonem	ni admettre Halcyone
in partem pericli ;	en participation du péril ;
respondetque multa	et il répond beaucoup *de paroles*
solantia pectus timidum ;	consolant un cœur timide ;
nec tamen	ni cependant
probat causam idcirco.	il ne fait-approuver *sa* cause pour-cela.
Addidit quoque illis	Il ajouta aussi à ces *paroles*
lenimen	un adoucissement
quo solo flexit amantem :	par lequel seul il toucha *son* amante :
Omnis mora	Tout retard
est quidem longa nobis ;	est à la vérité long pour nous ;
sed tibi juro	mais je te jure
per ignes patrios,	par les feux de-mon-père,
si modo fata me remittent,	si seulement les destins me renvoient,
reversurum antequam luna	*moi* devoir revenir avant que la lune
impleat bis orbem.	emplisse deux-fois *son* disque.
Ubi spes recursus	Dès que l'espoir du retour
admota est his promissis,	eût été apporté par ces promesses,
jubet protinus	il ordonne aussitôt
pinum eductam navalibus	un pin (un navire) tiré des chantiers
tingi æquore,	être mouillé par la mer,

Aptarique suis pinum jubet armamentis.
Qua rursus visa, veluti præsaga futuri,
Horruit Halcyone, lacrimasque emisit obortas,
Amplexusque dedit, tristique miserrima tandem
Ore vale dixit, collapsaque corpore toto est.

 At juvenes, quærente moras Ceyce, reducunt
Ordinibus geminis ad fortia pectora remos,
Æqualique ictu scindunt freta. Sustulit illa
Humentes oculos, stantemque in puppe recurva,
Concussaque manu dantem sibi signa maritum
Prima videt, redditque notas. Ubi terra recessit
Longius, atque oculi nequeunt cognoscere vultus,
Dum licet, insequitur fugientem lumine pinum.
Hæc quoque ut haud poterat spatio submota videri,
Vela tamen spectat summo fluitantia malo.

 Portubus exierant, et moverat aura rudentes :
Obvertit lateri pendentes navita remos,
Cornuaque in summa locat arbore, totaque malo
Carbasa deducit, venientesque excipit auras.

et de le garnir de ses agrès. A cette vue Halcyone semble avoir le pressentiment de l'avenir : elle frissonne de nouveau ; des larmes abondantes coulent de ses yeux ; elle serre son époux dans ses bras, et, succombant à la douleur, elle lui dit adieu d'une voix plaintive, et tombe entièrement évanouie.

 Céyx cherchait encore à différer son départ ; mais les matelots, disposés sur deux rangs, ramènent les rames vers leurs robustes poitrines, et fendent la mer d'un coup cadencé. Halcyone soulève ses paupières baignées de larmes. Son mari, debout sur la poupe recourbée, lui faisait des signes de la main ; elle l'aperçoit aussitôt, et répond à ses signes. Déjà le navire était trop éloigné du rivage pour que l'on pût distinguer les traits de ceux qui le montaient ; elle suit des yeux, tant qu'elle peut, la nef qui s'enfuit. Lorsqu'enfin la distance l'a aussi dérobée à sa vue, elle regarde encore les voiles qui flottent à la cime du mât.

 Cependant à peine . sorti du port, que la brise avait agité les cordages : le nocher couche le long des flancs du navire les rames pendantes ; il place les antennes au haut du mat, et déploie toutes les voiles pour recevoir le vent qui s'élève.

CHOIX DES MÉTAMORPHOSES. — LIVRE XI. 465

aptarique suis armamentis.	et être garni de ses agrès.
Qua visa,	Lequel *navire* ayant été vu,
Halcyone,	Halcyone,
veluti præsaga futuri,	comme présageant l'avenir,
horruit rursus,	frissonna de-nouveau,
emisitque lacrimas obortas,	et laissa-couler des larmes survenues,
deditque amplexus,	et elle donna des embrassements,
miserrimaque	et très-malheureuse
dixit tandem vale	elle dit enfin adieu
ore tristi,	d'une bouche triste,
collapsaque est corpore toto.	et elle s'affaissa de *son* corps tout-entier.
At juvenes,	Mais les jeunes-gens (les rameurs),
Ceyce quærente moras,	Céyx cherchant des retards,
geminis ordinibus,	*disposés* sur deux rangs,
reducunt remos	ramènent les rames
ad fortia pectora,	vers *leurs* robustes poitrines,
scinduntque freta	et ils fendent les mers
ictu æquali.	d'un coup égal.
Illa sustulit	Celle-ci (Halcyone) leva
oculos humentes,	*ses* yeux humides,
primaque videt maritum	et la première (tout d'abord) elle voit *son* [mari
stantem in puppe recurva,	se-tenant sur la poupe recourbée,
sibique dantem signa	et lui donnant des signes
manu concussa,	avec *sa* main agitée,
redditque notas.	et elle *lui* rend des marques (des signes).
Ubi terra recessit longius,	Dès que la terre eut reculé plus loin,
atque oculi nequeunt	et *que* les yeux ne-peuvent
cognoscere vultus,	reconnaître les visages,
insequitur lumine,	elle suit de l'œil,
dum licet,	tant-qu'il est-possible,
pinum fugientem.	le pin (le navire) qui fuit.
Ut hæc quoque	Quand celui-ci aussi
submota spatio	écarté par la distance
haud poterat videri,	ne pouvait être vu,
spectat tamen vela	elle regarde cependant les voiles
fluitantia summo malo.	flottant au sommet-du mât.
Exierant portubus,	Ils étaient sortis des ports,
et aura moverat rudentes :	et le souffle avait agité les cordages :
navita obvertit lateri	le nocher tourne-contre le flanc *du na-*
remos pendentes,	les rames pendantes, [*vire*
locatque cornua	et il place *les antennes*
in summa arbore,	au haut-de l'arbre (du mât),
deducitque malo	et il fait-descendre du mât
vela tota,	les voiles tout-entières,
excipitque auras venientes.	et il reçoit les souffles qui viennent.

OVIDE 30

VII. LA TEMPÊTE.
(V. 478-507, 514-523, 537-569.)

Aut minus, aut certe medium non amplius æquor
Puppe secabatur, longeque erat utraque tellus [1],
Quum mare sub noctem tumidis albescere cœpit
Fluctibus, et præceps spirare valentius Eurus.
« Ardua jamdudum demittite cornua, rector
Clamat, et antennis totum subnectite velum. »
Hic jubet; impediunt adversæ jussa procellæ,
Nec sinit audiri vocem fragor æquoris ullam.
Sponte tamen properant alii subducere [2] remos,
Pars munire latus, pars ventis vela negare.
Egerit hic fluctus, æquorque refundit in æquor;
Hic rapit antennas. Quæ dum sine lege geruntur,
Aspera crescit hiems, omnique a parte feroces
Bella gerunt venti, fretaque indignantia miscent.
Ipse pavet, nec se, quis sit status, ipse fatetur
Scire ratis rector, nec quid jubeatve vetetve :
Tanta mali moles, tantoque potentior arte est !
Quippe sonant clamore viri, stridore rudentes,
Undarum incursu gravis unda, tonitribus æther.

VII

Le navire avait à peine franchi la moitié de la plaine liquide, ou du moins il ne l'avait pas dépassée, et l'on était loin des deux rivages, quand, à l'approche de la nuit, la mer s'enfle et commence à blanchir; l'Eurus impétueux souffle avec plus de violence. « Vite, abaissez les vergues élevées, crie le pilote; attachez toutes les voiles aux antennes. » Tels sont les ordres qu'il donne; mais la fureur des vents empêche qu'on n'entende rien; le mugissement des vagues couvre entièrement la voix. Cependant les matelots se hâtent d'eux-mêmes de retirer les rames; d'autres bouchent les fentes du navire; d'autres carguent les voiles. Celui-ci pompe l'eau qui pénètre, et il rejette les flots dans les flots; celui-là enlève les antennes. Pendant que ces manœuvres s'accomplissent sans ordre, la tempête redouble de fureur; de toutes parts les vents indomptables se font la guerre, et bouleversent la mer indignée. Le pilote lui-même est saisi d'effroi; il avoue qu'il ignore la position du navire; il ne sait ce qu'il doit ordonner ou défendre : tant le mal est accablant, tant l'art est impuissant à le combattre! Les matelots crient, les cordages sifflent, l'onde pesante choque l'onde avec

VII. — LA TEMPÊTE.

Aut minus,	Ou moins,
aut certe non amplius	ou-bien assurément non plus
medium æquor	que le milieu-de la mer
secabatur puppe,	était fendu par la poupe,
et utraque tellus erat longe,	et l'une-et-l'autre terre était loin,
quum sub noctem	lorsque vers la nuit
mare cœpit	la mer commença
albescere fluctibus tumidis,	à blanchir par ses flots gonflés,
et Eurus præceps	et l'Eurus impétueux
spirare valentius.	à souffler plus fortement.
Rector clamat :	Le pilote crie :
Demittite jamdudum	Abaissez depuis-long-temps
cornua ardua,	les vergues élevées,
et subnectite antennis	et attachez aux antennes
velum totum.	la voile tout-entière.
Hic jubet;	Celui-ci ordonne;
procellæ adversæ	les coups-de-vent qui-viennent-de-face
impediunt jussa,	empêchent les ordres *de parvenir*,
nec fragor æquoris sinit	ni le fracas de la mer ne permet
ullam vocem audiri.	aucune voix être entendue.
Alii tamen properant sponte	Les uns cependant se hâtent spontané- [ment
subducere remos,	de retirer les rames,
pars munire latus,	une partie de munir le flanc,
pars negare vela ventis.	une partie de refuser les voiles aux vents.
Hic egerit fluctus,	Celui-ci rejette les flots,
refunditque æquor in æquor;	et reverse la mer dans la mer;
hic rapit antennas.	celui-ci saisit les antennes. [s'exécutent
Quæ dum geruntur	Lesquelles *manœuvres* tandis qu'elles
sine lege,	sans règle,
hiems aspera crescit,	la tempête âpre croît,
ventique feroces gerunt bella	et les vents fougueux font des guerres
ab omni parte,	de tout côté,
miscentque	et ils bouleversent
freta indignantia.	les mers qui s'indignent.
Rector ipse pavet,	Le pilote lui-même a-peur,
et fatetur se non scire	et il avoue soi ne pas savoir
quis sit status ratis,	quelle est la position du navire,
nec quid	ni quelle chose
jubeatve vetetve :	il doit-ou-ordonner ou il doit-défendre :
moles mali est tanta,	la masse du mal est si-grande,
et tanto potentior omni arte!	et tellement plus puissante que tout art!
Quippe viri sonant clamore,	Car les hommes font-du-bruit par le cri,
rudentes stridore,	les cordages par le sifflement,
unda gravis	l'onde **pesante**

Fluctibus erigitur, cœlumque æquare videtur
Pontus, et inductas aspergine tangere nubes ;
Et modo, quum fulvas ex imo vertit arenas,
Concolor est illis ; Stygia modo nigrior unda ;
Sternitur interdum, spumisque sonantibus albet.
Ipsa quoque his agitur vicibus Trachinia puppis :
Et modo sublimis, veluti de vertice montis
Despicere in valles imumque Acheronta videtur ;
Nunc, ubi demissam curvum circumstetit æquor,
Suspicere inferno summum de gurgite cœlum.
Sæpe dat ingentem fluctu latus icta fragorem.
Jamque labant cunei, spoliataque termine ceræ
Rima patet, præbetque viam letalibus undis.
Ecce cadunt largi resolutis nubibus imbres ;
Inque fretum credas totum descendere cœlum,
Inque plagas cœli tumefactum ascendere pontum.
Vela madent nimbis, et cum cœlestibus undis
Æquoreæ miscentur aquæ. Caret ignibus æther ;
Cæcaque nox premitur tenebris hiemisque suisque.
Discutiunt tamen has, præbentque micantia lumen
Fulmina ; fulmineis ardescunt ignibus undæ.

fracas, la foudre gronde dans les airs. Soulevée par les vagues, la mer se confond avec le ciel, et semble toucher de son écume les nuages amoncelés au-dessus d'elle. Tantôt arrachant du fond de l'abîme le sable jaune, elle en prend la couleur ; tantôt elle devient plus noire que l'onde du Styx ; quelquefois elle présente une surface unie, et se couvre en mugissant d'écumes blanchissantes. Le navire de Trachine obéit lui-même à tous ces caprices des flots : tantôt il monte, et semble apercevoir du haut d'une montagne des vallées et les profondeurs de l'Achéron ; tantôt il descend, et, entouré par l'onde sinueuse, il semble regarder du gouffre infernal la voûte élevée des cieux. Souvent ses flancs crient sous la vague qui les bat. Déjà les jointures fléchissent ; la cire qui les couvre tombe ; une fente s'ouvre, et donne passage à l'onde fatale. Voici que les nuages crèvent, et laissent échapper des torrents de pluie. On dirait que le ciel tout entier descend dans la mer, et que la mer enflée monte dans les régions célestes. Les voiles sont trempées par la pluie ; l'onde salée se mêle à l'eau du ciel. Aucun astre ne brille dans les airs ; aux ténèbres d'une nuit horrible s'ajoutent les ténèbres de l'orage. Toutefois la foudre dissipe l'obscurité, et, en éclatant, donne de la lumière ; ses feux semblent embraser les ondes.

incursu undarum,	par le choc des ondes,
æther tonitribus.	l'air par les tonnerres.
Pontus erigitur fluctibus,	La mer est élevée par les flots,
videturque æquare cœlum,	et paraît égaler le ciel,
et tangere aspergine	et toucher par l'aspersion
nubes inductas ;	les nuages amoncelés-au-dessus ;
et modo, quum vertit ex imo	et tantôt, lorsqu'elle retourne du fond
arenas fulvas,	les sables fauves,
est concolor illis;	elle est de-la-même-couleur-qu'eux ;
modo nigrior unda Stygia;	tantôt *elle est* plus noire que l'onde sty-
interdum sternitur,	quelquefois elle est aplanie, [gienne;
albetque spumis sonantibus.	et elle blanchit par des écumes retentis-
Puppis ipsa Trachinia	La poupe elle-même de-Trachine [santes.
agitur quoque his vicibus :	est poussée aussi par ces changements :
et modo sublimis,	et tantôt élevée, [vallées
videtur despicere in valles	elle paraît regarder-en-bas dans les
imumque Acherontа,	et dans le fond-de l'Achéron,
veluti de vertice montis;	comme du haut d'une montagne ;
nunc, ubi æquor curvum	tantôt, quand la mer sinueuse
circumstetit demissam,	a entouré *la poupe* abaissée,
suspicere	*elle paraît* regarder-en haut
de gurgite inferno	du gouffre infernal
in cœlum summum.	vers le ciel très-élevé.
Sæpe icta latus fluctu	Souvent frappée de flanc par le flot
dat ingentem fragorem.	elle donne (elle fait) un énorme fracas.
Jamque cunei labant,	Et déjà les jointures chancellent,
rimaque patet	et une fente s'ouvre
spoliata tegmine ceræ,	dépouillée de la couverture de la cire,
præbetque viam	et elle fournit un passage
undis letalibus.	aux ondes mortelles. [bent
Ecce imbres largi cadunt	Voici-que des pluies abondantes tom-
nubibus resolutis;	les nuages ayant été résous ;
credasque cœlum totum	et tu croirais le ciel tout-entier
descendere in fretum,	descendre dans la mer,
pontumque tumefactum	et la mer enflée
ascendere in plagas cœli.	monter dans les régions du ciel.
Vela madent imbre,	Les voiles sont-mouillées par la pluie,
et aquæ æquoreæ miscentur	et les eaux de-la-mer sont mêlées
cum undis cœli.	avec les ondes du ciel.
Æther caret ignibus,	L'air est dépourvu de feux (d'étoiles),
noxque cæca premitur	et la nuit obscure est accablée [siennes.
tenebris hiemisque suisque.	par les ténèbres et de la tempête et par les
Tamen fulmina	Cependant les foudres
discutiunt has,	dispersent *ces* ténèbres,
micantiaque præbent lumen;	et éclatant fournissent de la lumière;
undæ ardescunt	les ondes sont embrasées
ignibus fulmineis.	par les feux de-la-foudre.

Deficit ars, animique cadunt; totidemque videntur,
Quot veniunt fluctus, ruere atque irrumpere mortes.
Non tenet hic lacrimas; stupet hic; vocat ille beatos,
Funera ¹ quos maneant; hic votis numen adorat,
Brachiaque ad cœlum, quod non videt, irrita tollens,
Poscit opem; subeunt illi fratresque parensque,
Huic cum pignoribus domus, et quod cuique relictum est.
Halcyone Ceyca movet, Ceycis in ore
Nulla nisi Halcyone est; et, quum desideret unam,
Gaudet abesse tamen. Patriæ quoque vellet ad oras
Respicere, inque domum supremos vertere vultus;
Verum ubi sit nescit : tanta vertigine pontus
Fervet; et inducta piceis e nubibus umbra,
Omne latet cœlum, duplicataque noctis imago est.
Frangitur incursu nimbosi turbinis arbos,
Frangitur et regimen; spoliisque animosa superstans
Unda, velut victrix, sinuatas despicit undas :
Nec levius quam si quis Athon Pindumque revulsos

L'art est impuissant; les courages succombent. A chaque vague qui vient, les matelots croient voir la mort s'élancer et fondre sur eux. Celui-ci ne peut retenir ses larmes; celui-là demeure immobile. L'un envie le bonheur de ceux qui peuvent espérer la sépulture; l'autre adresse des vœux à la divinité : levant les bras vers le ciel que lui dérobent les ténèbres, il implore vainement son secours. Celui-ci revoit dans sa pensée ses frères et son père; celui-là sa maison et ses enfants : chacun ce qu'il a laissé. Céyx n'est touché que du souvenir d'Halcyone; le nom d'Halcyone est le seul qui sorte de sa bouche. Elle est l'unique objet de ses regrets, et cependant il se réjouit qu'elle ne soit pas là. Il voudrait aussi tourner ses yeux vers les rivages de sa patrie, et adresser un dernier regard à sa demeure; mais il ne sait où elle est : tant la mer est bouleversée dans cette horrible agitation ! Les ténèbres amoncelées par les sombres nuages cachent le ciel entier, et redoublent l'horreur de la nuit. Le choc d'un tourbillon d'eau brise le mât, brise aussi le gouvernail, et, fière de ces dépouilles, la vague se dresse comme victorieuse, et voit avec dédain les autres vagues qui se courbent autour du navire. Puis elle tombe d'une chute aussi pesante que si l'Athos et le Pinde, arrachés tout entiers à leur base, étaient pré-

Ars deficit,	L'art fait-défaut,
animique cadunt;	et les courages tombent;
totidemque mortes videntur	et autant-de morts paraissent
ruere atque irrumpere,	s'élancer et faire-invasion,
quot veniunt fluctus.	qu'il arrive de vagues.
Hic non tenet lacrimas;	Celui-ci ne retient pas *ses* larmes;
hic stupet;	celui-ci est-stupéfait;
ille vocat beatos	celui-là appelle heureux
quos funera	*ceux* que des funérailles
maneant;	peuvent-attendre;
hic adorat numen votis,	celui-ci adore la divinité par des vœux,
tollensque brachia irrita	et levant des bras inutiles
ad cœlum quod non videt,	vers le ciel qu'il ne voit pas,
poscit opem;	il demande du secours;
fratresque parensque	et *ses* frères et *son* père
subeunt illi,	se présentent *en souvenir* à celui-là,
domus cum pignoribus huic,	la maison avec les gages *d'amour* (les [enfants] à celui-ci,
et cuique quod relictum est.	et à chacun *ce* qui a été laissé.
Halcyone movet Ceyca,	Halcyone émeut Céyx,
nulla nisi Halcyone	aucune *femme* sinon Halcyone
est in ore Ceycis;	n'est dans la bouche de Céyx;
et, quum desideret unam,	et, bien-qu'il *la* regrette seule,
gaudet tamen abesse.	il se réjouit cependant *elle* être-absente.
Vellet quoque respicere	Il voudrait aussi regarder
ad oras patriæ,	vers les rivages de *sa* patrie,
vertereque in domum	et diriger sur *sa* demeure
supremos vultus;	*ses* derniers regards;
verum nescit ubi sit:	mais il ne-sait où elle est:
pontus fervet	la mer bouillonne
vertigine tanta;	avec un tournoiement si-grand;
et umbra inducta	et l'ombre étant amoncelée
e nubibus piceis,	*formée* de nuages noirs-comme-la poix,
omne cœlum latet,	tout le ciel est-caché,
imagoque mortis	et l'image de la mort
duplicata est.	a été doublée.
Arbos frangitur incursu	L'arbre (le mât) est brisé par le choc
turbinis nimbosi,	d'un tourbillon orageux,
regimen et frangitur;	le gouvernail aussi *en* est brisé;
undaque superstans,	et *cette* vague s'élevant-au-dessus *des* [autres,
animosa spoliis,	fière de *ces* dépouilles,
despicit velut victrix	regarde-d'en-haut comme victorieuse
undas sinuatas,	les vagues sinueuses,
et cadit præcipitata,	et elle tombe précipitée-en-avant,
non levius quam si quis	non plus légèrement que si quelqu'un
everterit in æquor apertum	aura renversé dans la plaine ouverte
Athon Pindumque	l'Athos et le Pinde

Sede sua totos in apertum everterit æquor,
Præcipitata cadit; pariterque et pondere et ictu
Mergit in ima ratem; cum qua pars magna virorum
Gurgite pressa gravi, neque in aera reddita, fato
Functa suo est; alii partes et membra carinæ
Trunca tenent; tenet ipse manu, qua sceptra solebat,
Fragmina navigii Ceyx, socerumque patremque,
Invocat, heu! frustra : sed plurima nantis in ore
Halcyone conjux; illam meminitque refertque;
Illius ante oculos ut agant sua corpora fluctus
Optat, et exanimis manibus tumuletur amicis.
Dum natat, absentem, quoties sinit hiscere fluctus,
Nominat Halcyonen, ipsisque immurmurat undis.
Ecce super medios fluctus niger arcus aquarum
Frangitur, et rupta mersum caput obruit unda.

VIII. — PRIÈRE D'HALCYONE. MESSAGE L'IRIS. SÉJOUR
DU SOMMEIL.
(V. 573-615.)

Æolis interea, tantorum ignara malorum,
Dinumerat noctes; et jam, quas induat ille,
Festinat vestes; jam quas, ubi venerit ille,

cipités dans une plaine ouverte. Le poids et le choc engloutissent le navire; un grand nombre de ceux qui le montent, accablés par cette masse d'eau, ne revoient pas la lumière, et terminent leur destinée dans les flots; les autres s'attachent aux planches, aux restes du vaisseau fracassé. Céyx lui-même, de cette main qui portait le sceptre, saisit un débris. Il invoque, vainement hélas! son beau-père et son père; mais, pendant qu'il nage, le nom d'Halcyone est celui qui sort le plus souvent de sa bouche. C'est à elle qu'il pense, c'est elle qu'il appelle. Il souhaite que les flots portent son propre corps sous les yeux d'Halcyone, et que cette main si chère ensevelisse sa froide dépouille. En nageant il prononce, toutes les fois que les flots lui permettent d'ouvrir la bouche, le nom d'Halcyone absente; il le murmure dans les ondes mêmes. Enfin une vague noire en forme d'arc s'élève au-dessus des autres, se brise, et en crevant elle engloutit l'infortuné.

VIII

Cependant la fille d'Éole, ignorant un si grand malheur, compte les nuits. Elle se hâte de tisser les vêtements qu'elle prépare pour Céyx, et ceux qu'elle portera elle-même lorsqu'il sera arrivé;

revulsos totos sua sede,	arrachés tout-entiers de *leur* siége,
mergitque ratem in ima	et elle coule le navire dans les fonds
pariter et pondere et ictu;	à-la-fois et par le poids et par le coup;
cum qua	avec lequel *navire*
magna pars virorum	une grande partie des hommes
pressa gurgite gravi,	accablée par le gouffre pesant,
neque reddita in aera,	et n'ayant pas été rendue à l'air,
functa est suo fato;	s'est acquittée de sa destinée;
alii tenent partes	d'autres tiennent des morceaux
membraque trunca carenæ;	et des membres mutilés de la carène;
Ceyx ipse tenet manu,	Céyx lui-même tient de la main, [tres,
qua solebat sceptra,	dont il avait-coutume de *tenir* des scep-
fragmina navigii,	les débris du navire,
invocatque frustra, heu!	et il invoque vainement, hélas!
socerumque patremque :	et *son* beau-père et *son* père :
sed conjux Halcyone	mais *son* épouse Halcyone
est plurima	est la plus fréquente
in ore nantis;	dans la bouche de *lui* nageant;
meminit refertque illam;	il se souvient d'*elle*, et il rappelle elle;
optat ut fluctus	il souhaite que les flots
agant sua corpora	poussent ses corps (son *propre* corps)
ante oculos illius,	devant les yeux d'elle,
et exanimis tumuletur	et qu'inanimé il soit enseveli
manibus amicis.	par *ses* mains amies.
Dum natat,	Pendant qu'il nage,
nominat	il nomme
Halcyonem absentem,	Halcyone absente,
quoties fluctus	autant-de-fois-que le flot
sinit hiscere,	*lui* laisse ouvrir-la-bouche,
immurmuratque	et il murmure *son nom*
undis ipsis.	dans les ondes mêmes.
Ecce arcus niger aquarum	Voici-qu'un arc noir d'eaux
frangitur	se brise
super medios fluctus,	sur le milieu des flots,
et obruit unda rupta	et couvre par l'onde qui-a-crevé
caput mersum.	*sa* tête engloutie.

VIII. — PRIÈRE D'HALCYONE. MESSAGE D'IRIS. SÉJOUR DU SOMMEIL.

Interea Æolis,	Cependant la fille-d-Éole,
ignara malorum tantorum,	ignorante de maux si-grands,
dinumerat noctes;	compte les nuit;
et jam festinat vestes	et déjà elle hâte les vêtements
quas ille induat;	que lui (Céyx) devra-revêtir; [porter,
jam quas ipsa gerat,	déjà *elle* hâte ceux qu'elle-même devra-
ubi ille venerit;	quand lui sera venu;

Ipsa gerat; reditusque sibi promittit inanes.
Omnibus illa quidem Superis pia tura ferebat;
Ante tamen cunctos Junonis [1] templa colebat,
Proque viro, qui nullus erat, veniebat ad aras;
Utque foret sospes conjux suus, utque rediret
Optabat, nullamque sibi præferret : at illi
Hoc de tot votis poterat contingere solum.
At dea non ultra pro functo morte rogari
Sustinet; utque manus funestas [2] arceat aris,
« Iri, meæ, dixit, fidissima nuntia vocis,
Vise soporiferam Somni velociter aulam,
Exstinctique jube Ceycis imagine mittat
Somnia ad Halcyonen, veros narrantia casus. »
Dixerat : induitur velamina mille colorum
Iris, et arcuato cœlum curvamine signans,
Tecta petit jussi sub rupe latentia regis.
 Est prope Cimmerios [3] longo spelunca recessu,
Mons cavus, ignavi domus et penetralia Somni :
Quo nunquam radiis oriens, mediusve, cadensve
Phœbus adire potest ; nebulæ caligine mixtæ
Exhalantur humo, dubiæque crepuscula lucis.

elle se berce du vain espoir de son retour. Elle offrait un pieux encens à tous les Immortels ; mais elle fréquentait surtout le temple de Junon. Elle allait au pied de ses autels l'implorer pour un époux qui n'était plus ; elle la priait de le lui rendre sain et sauf, et ne lui préférant aucune femme. De tous ces vœux, le dernier seul pouvait être exaucé. Cependant la déesse ne souffre pas qu'elle l'invoque plus longtemps pour un mort, et voulant détourner de ses autels des mains souillées par le trépas : « Iris, dit-elle, fidèle messagère de mes volontés, vole rapidement à la cour soporifique du Sommeil; ordonne à ce dieu d'envoyer à Halcyone des songes qui, sous les traits de Céyx mort, lui apprennent la triste vérité. » Elle avait dit: Iris revêt son écharpe aux mille couleurs, et, traçant dans le ciel un arc lumineux, elle gagne, pour obéir à la déesse, la demeure du Sommeil, cachée sous une roche.
 Près du pays des Cimmériens, il est une caverne profondément enfoncée dans les flancs d'une montagne : c'est la demeure, c'est le sanctuaire du Sommeil paresseux. Jamais Phébus, ni à son lever, ni au milieu de sa course, ni à son coucher, n'y peut faire pénétrer ses rayons; des vapeurs mêlées de brouillards s'exhalent du sein de la terre; il y règne un crépuscule

sibique promittit	et elle se promet
reditus inanes.	des retours chimériques.
Illa ferebat tura pia	Elle portait des encens pieux
omnibus Superis quidem,	à tous les dieux il est-vrai,
tamen colebat ante cunctos	cependant elle honorait avant tous
templa Junonis,	les temples (le temple) de Junon,
veniebatque ad aras	et elle venait vers *ses* autels [plus);
pro viro qui erat nullus ;	pour *son* mari qui était nul (qui n'était
optabatque ut suus conjux	et elle souhaitait que son époux
foret sospes,	fût-sain-et-sauf,
utque rediret,	et qu'il revînt,
sibique præferret nullam :	et qu'il ne lui préférât aucune *femme* :
at hoc solum de tot votis	mais celui-ci seul de tant de vœux
poterat contingere illi.	pouvait arriver à elle.
At dea non sustinet	Mais la déesse ne supporte pas
rogari ultra	d'être priée au-delà (plus longtemps)
pro functo morte ;	pour un *homme* qui a subi la mort ;
utque arceat aris	et pour qu'elle éloigne de *ses* autels
manus funestas,	des mains souillées-par-la-mort,
dixit : Iri, nuntia fidissima	elle dit : Iris, messagère très-fidèle
meæ vocis,	de ma voix,
vise velociter	va-voir promptement
aulam soporiferam Somni,	la cour soporifique du Sommeil,
jubeque mittat	et ordonne qu'il envoie
ad Halcyonem	à Halcyone
sub imagine	sous l'image
Ceycis exstincti, [ros.	de Céyx éteint, [véritables.
somnia narrantia casus ve-	des songes racontant les événements
Dixerat :	Elle avait dit :
Iris induitur	Iris se revêt
velamina mille colorum,	de *ses* voiles de mille couleurs,
et signans cœlum	et marquant le ciel
curvamine arcuato,	par une courbe en-forme-d'arc,
petit tecta regis jussi	elle gagne les demeures du roi prescrit
latentia sub rupe.	*demeures* cachées sous un rocher.
Spelunca longo recessu	Une caverne d'un long enfoncement
est prope Cimmerios,	est près des Cimmériens,
mons cavus,	montagne creuse,
domus et penetralia	maison et sanctuaire
Somni ignavi :	du Sommeil indolent :
quo Phœbus,	où Phébus,
oriens, mediusve, cadensve,	se levant, ou à-son-milieu, ou tombant,
nunquam potest adire	ne peut jamais pénétrer
radiis ;	par *ses* rayons ;
nebulæ mixtæ caligine	des vapeurs mêlées de brouillard
exhalantur humo,	s'exhalent de la terre,
crepusculaque	et *là sont* des crépuscules

Non vigil ales ibi cristati cantibus oris
Evocat auroram ; nec voce silentia rumpunt
Sollicitive canes, canibusve sagacior anser;
Non fera, non pecudes, non moti flamine rami,
Humanæve sonum reddunt convicia linguæ.
Muta Quies habitat; saxo tamen exit ab imo
Rivus aquæ Lethes¹, per quem, cum murmure labens,
Invitat somnos crepitantibus unda lapillis.
Ante fores antri fecunda papavera florent,
Innumeræque herbæ, quarum de lacte soporem
Nox legit, et spargit per opacas humida terras.
Janua, quæ verso stridorem cardine reddat,
Nulla domo tota ; custos in limine nullus.
At medio torus est ebeno sublimis in antro,
Plumeus, unicolor, pullo velamine tectus,
Quo cubat ipse deus, membris languore solutis.
Hunc circa passim, varias imitantia formas,
Somnia vana jacent, totidem quot messis aristas,
Silva gerit frondes, ejectas littus arenas.

IX. — LES SONGES.
(V. 616-649.)

Quo simul intravit, manibusque obstantia virgo

douteux. Là jamais l'oiseau à la crête brillante n'appelle l'aurore de son chant matinal; jamais on n'entend les cris du chien inquiet, ni ceux de l'oie plus vigilante encore; ni les bêtes sauvages, ni les troupeaux, ni les rameaux qu'agite le vent, ni les bruits confus de la voix humaine n'y troublent le silence. Là habite le Repos taciturne; cependant du fond de l'antre sort un ruisseau de l'eau du Léthé, qui murmure en se heurtant contre son lit de cailloux, et invite au sommeil. A l'entrée de la caverne fleurissent les pavots féconds et des herbes innombrables; c'est de leur suc que la Nuit compose le sommeil qu'elle répand sur la terre enveloppée de ses humides ténèbres. Dans toute cette demeure point de porte qui grince en tournant sur ses gonds; nul gardien sur le seuil. Au milieu de la caverne s'élève un lit en bois d'ébène. C'est là que sur des coussins de plume, d'une seule couleur, couverts d'un voile sombre, le dieu lui-même repose ses membres languissants. Tout à l'entour sont couchés les vains Songes, qui prennent mille formes diverses, aussi nombreux que les épis de la moisson, que les feuilles de la forêt, que les grains de sable rejetés par la mer sur ses rivages.

IX

Iris entre. Elle écarte de ses mains les Songes qui lui ferment le

lucis dubiæ.	d'une lumière douteuse.
Ales vigil	L'oiseau vigilant
non evocat ibi auroram	n'évoque pas là l'aurore [d'une-crête
cantibus oris cristati,	par les chants de sa bouche surmontée
nec canesve solliciti,	ni ou les chiens inquiets,
anserve sagacior canibus,	ou l'oie plus sagace que les chiens,
rumpunt silentia voce ;	ne rompent les silences par *leur* voix ;
non fera, non pecudes,	ni bête-sauvage, ni troupeaux,
non rami moti flamine,	ni rameaux agités par le souffle (le vent),
conviciave linguæ humanæ	ou bruits de la langue humaine
reddunt sonum.	ne rendent un son.
Muta Quies habitat ;	Le muet Repos y habite ;
rivus aquæ Lethes	un ruisseau d'eau du Léthé
exit tamen ab imo saxo,	sort cependant du fond-du rocher,
per quem	à travers lequel *ruisseau*
unda labens cum murmure	l'eau coulant avec un murmure
invitat somnos	invite les sommeils (au sommeil)
lapillis crepitantibus.	par de petits-cailloux résonnants.
Papavera fecunda florent	Les pavots féconds fleurissent
ante fores antri,	devant les portes de l'antre,
herbæque innumeræ,	et (ainsi que) des herbes innombrables,
de lacte quarum	du lait desquelles
Nox legit soporem,	la Nuit recueille le sommeil,
et humida spargit	et humide *les* répand
per terras opacas.	à-travers les terres obscures. [entière,
Nulla janua domo tota,	Aucune porte *n'est* dans la maison tout-
quæ reddat stridorem	laquelle *porte* rende un grincement
cardine verso ;	le gond étant tourné ;
nullus custos in limine.	aucun gardien sur le seuil.
At torus sublimis ebeno	Mais un lit élevé en ébène
est in medio antro,	est au milieu de l'antre,
plumeus, unicolor,	de-plume, d'une-seule-couleur,
tectus velamine pullo,	couvert d'un voile sombre, [ché,
quo deus ipse cubat,	sur lequel *lit* le dieu lui-même est cou-
membris solutis languore.	ses membres étant détendus par la lan-
Somnia vana,	Les Songes vains, [gueur.
imitantia formas varias,	imitant des formes variées,
jacent passim circa hunc,	gisent çà-et-là autour de celui-ci,
totidem quot messis	aussi-nombreux que la moisson
gerit aristas,	porte d'épis,
silva frondes,	*que* la forêt *porte* de feuilles, [rejetés.
littus arenas ejectas.	*que* le rivage *porte* de grains-de-sable

IX. — LES SONGES.

Quo simul virgo	Dans-lequel-lieu dès-que la vierge
intravit,	fut entrée,

Somnia dimovit, vestis fulgore reluxit
Sacra domus ; tardaque deus gravitate jacentes
Vix oculos tollens, iterumque iterumque relabens,
Summaque percutiens nutanti pectora mento,
Excussit tandem sibi se ; cubitoque levatus,
Quid veniat (cognorat enim) scitatur ; at illa :
« Somne, quies rerum, placidissime, Somne, deorum,
Pax animi, quem cura fugit, qui corpora duris
Fessa ministeriis mulces, reparasque labori ;
Somnia, quæ veras æquent imitamine formas,
Herculea Trachine [1] jube, sub imagine regis,
Halcyonen adeant, simulacraque naufraga fingant :
Imperat hoc Juno. » Postquam mandata peregit
Iris, abit ; neque enim ulterius tolerare soporis
Vim poterat, labique ut somnum sensit in artus,
Effugit, et remeat per quos modo venerat arcus.
   At pater e populo natorum mille suorum
Excitat artificem, simulatoremque figuræ,
Morphea [2] : non illo jussos solertius alter

passage ; les brillantes couleurs de sa robe illuminent la demeure sacrée. Le dieu soulève avec peine ses yeux lourds et abattus ; il tombe et retombe encore sur sa couche ; son menton chancelant bat le haut de sa poitrine. Enfin il s'arrache à lui-même, et, appuyé sur le coude, il demande à Iris (car il l'a reconnue), quel motif l'amène. « Sommeil, repos de la nature, répond-elle, Sommeil, le plus calme des dieux ; Sommeil, paix de l'âme, toi qui mets en fuite les soucis, toi qui soulages les corps fatigués par de rudes travaux, et leur prêtes de nouvelles forces pour d'autres labeurs, ordonne à des Songes, qui sachent imiter des figures véritables, d'aller à Trachine, qu'habita Hercule, auprès d'Halcyone, et de lui montrer sous les traits de Céyx l'image de son royal époux englouti dans les flots : telle est la volonté de Junon. » Après avoir accompli son message, Iris s'en va ; car elle ne pourrait résister plus longtemps à l'influence du sommeil, et, sentant qu'il se glisse dans ses membres, elle s'enfuit, et traverse, en s'en retournant, l'arc qu'elle a laissé sur son passage.
   Mais parmi ses mille enfants, le dieu éveille Morphée, habile à imiter la forme humaine. Nul ne sait mieux que lui rendre la

dimovitque manibus	et *qu'elle* eut écarté de *ses* mains
somnia obstantia,	les songes s'opposant *à son passage*,
domus sacra reluxit	la demeure sacrée brilla
fulgore vestis ;	de l'éclat de *son* vêtement ;
deusque tollens vix oculos	et le dieu levant à-peine *ses* yeux
jacentes gravitate tarda,	gisant (accablés) par une pesanteur qui-
relabensque	et tombant-en-arrière [ralentit,
iterum iterumque,	de-nouveau et de-nouveau,
percutiensque	et frappant
mento nutanti	de *son* menton chancelant
summa pectora,	le haut-de *sa* poitrine,
se excussit tandem sibi ;	s'arracha enfin à lui-même ;
levatusque cubito,	et soulevé sur le coude,
scitatur quid veniat	il *lui* demande pourquoi elle vient
(cognorat enim) ;	(il *l'*avait reconnue en effet) ;
at illa :	mais celle-ci :
Somne, quies rerum, [rum,	Sommeil, repos des choses,
Somne, placidissime deo-	Sommeil, le plus placide des dieux,
pax animi, quem cura fugit,	paix de l'âme, *toi* que le souci fuit,
qui mulces corpora	qui adoucis (soulages les corps
fessa duris ministeriis,	fatigués par de dures fonctions,
reparasque labori,	et *les* répares pour le travail,
jube somnia,	ordonne que des songes,
quæ æquent imitamine	qui puissent-égaler par l'imitation
formas veras,	des formes véritables,
adeant Halcyonen,	aillent-vers Halcyone,
Trachine Herculea,	dans Trachine herculéenne,
sub imagine regis,	sous l'image du roi (de Céyx),
fingantque	et qu'ils représentent [naufragé) :
simulacra naufraga :	les fantômes naufragés (le fantôme du
Juno imperat hoc.	Junon commande cela.
Iris abit	Iris s'en va
postquam peregit mandata ;	après qu'elle a accompli *les ordres* confiés ;
neque enim poterat	ni en effet elle ne pouvait
tolerare ulterius	tolérer plus au-delà (plus longtemps)
vim soporis ;	la puissance de l'engourdissement ;
utque sensit	et comme elle sentit
somnum labi in artus,	le sommeil se glisser dans *ses* membres,
effugit et remeat per arcus	elle s'enfuit et s'en retourne par les arcs
quos venerat modo.	*par lesquels* elle était venue naguère.
At pater excitat e populo	Mais le père éveille *d'entre* le peuple
suorum mille natorum	de ses mille fils
Morphea artificem,	Morphée habile-reproducteur,
simulatoremque figuræ :	et imitateur de la figure :
alter non exprimit	un autre ne représente pas
solertius illo	plus habilement que celui-là
incessus jussos,	les démarches prescrites,

Exprimit incessus, vultumque modumque loquendi
Adjicit, et vestes, et consuetissima cuique
Verba. Sed hic solos homines imitatur ; at alter
Fit fera, fit volucris, fit longo corpore serpens.
Hunc Icelon [1] Superi, mortale Phobetora vulgus
Nominat. Est etiam diversæ tertius artis,
Phantasos. Ille in humum, saxumque, undamque, trabemque,
Quæque vacant anima fallaciter omnia transit.
Regibus hi ducibusque suos ostendere vultus
Nocte solent; populos alii plebemque pererrant.
Præterit hos senior, cunctisque e fratribus unum
Morphea, qui peragat Thaumantidos [2] edita, Somnus
Eligit; et rursus, molli languore solutus,
Deposuitque caput, stratoque recondidit alto.

X. — APPARITION DE MORPHÉE A HALCYONE; DOULEUR DE CELLE-CI.

(V. 650-709.)

Ille volat, nullos strepitus facientibus alis,
Per tenebras, intraque moræ breve tempus in urbem
Pervenit Hæmoniam; positisque e corpore pennis,

démarche, le regard, le son de la voix des mortels qu'on lui indique. Il prend même aussi leurs vêtements et les paroles qui leur sont le plus familières ; mais il n'imite que les hommes. Un autre se change en bête féroce, en oiseau, en serpent aux longs replis. Celui-là, les dieux l'appellent Icélos, et les mortels, Phobétor. Il en est un troisième, Phantasos, dont l'habileté est différente : il se transforme artificieusement en terre, en pierre, en eau, en arbre, en objets inanimés de toute sorte. Ces Songes ont coutume de se montrer la nuit aux rois et aux chefs; il y en a d'autres qui visitent les peuples et la foule obscure. Le vieillard passe seulement devant eux. Entre tous les frères, il choisit le seul Morphée pour exécuter les ordres que lui a communiqués Iris ; puis, cédant de nouveau à une molle langueur, il laisse tomber sa tête, et la cache dans les profondeurs de sa couche.

X

Morphée vole à travers les ténèbres, sans que ses ailes fassent aucun bruit; en un instant il arrive en Thessalie, dans les remparts de Trachine. Là, il quitte ses ailes, et prend les traits

vultumque	et le visage
modumque loquendi.	et la manière de parler.
Adjicit et vestes,	Il ajoute aussi les vêtements,
et verba	et les paroles
consuetissima cuique.	les plus habituelles à chacun.
Sed hic imitatur	Mais celui-ci imite
homines solos ;	les hommes seuls (seulement) ;
at alter fit fera,	mais un autre devient bête-sauvage,
fit volucris,	devient oiseau,
fit serpens longo corpore.	devient serpent au long corps.
Superi hunc Icelon,	Les dieux *nomment* celui-ci Icélos,
vulgus mortale nominat	la foule mortelle *le* nomme
Phobetora.	Phobétor.
Tertius est etiam	Un troisième est aussi
artis diversæ,	d'un art différent,
Phantasos.	*à savoir* Phantasos.
Ille transit fallaciter	Celui-ci passe artificieusement
in humum, saxumque,	en terre, et en pierre,
undamque, trabemque,	et en onde, et en poutre,
omniaque	et en toutes choses
quæ vacant anima.	qui manquent de souffle (de vie). [nuit
Hi solent ostendere nocte	Ceux-ci ont-coutume de montrer dans la
suos vultus	leurs visages
regibus ducibusque ;	aux rois et aux chefs ;
alii pererrant	d'autres errent-à-travers
populos plebemque.	les peuples et la plèbe.
Somnus senior	Le Sommeil plus vieux
præterit hos,	passe (ne s'arrête pas à) ceux-ci,
eligitque e cunctis fratribus,	et choisit entre tous les frères,
Morphea unum,	Morphée seul,
qui peragat edita	qui (pour qu'il) accomplisse les ordres
Thaumantidos ;	de la fille-de-Thaumas ;
et solutus rursus	et détendu de-nouveau
molli languore,	par une molle langueur,
deposuitque caput,	et il laissa-tomber *sa* tête, [fond.
recondiditque strato alto.	et *la* cacha de-nouveau dans le lit pro-

X. — APPARITION DE MORPHÉE A HALCYONE ; DOULEUR DE CELLE-CI.

Ille volat per tenebras,	Celui-ci (Morphée) vole à travers les té-
alis facientibus	ses ailes *ne* faisant [nèbres,
nullos strepitus,	aucuns bruits,
pervenitque	et il parvient
in urbem Hæmoniam	dans la ville Hémonienne
intra tempus breve moræ ;	en un temps court de délai ; [corps,
pennisque positis e corpore,	et les ailes ayant été déposées de *son*

In faciem Ceycis abit; formaque sub illa
Luridus, exsangui similis, sine vestibus ullis,
Conjugis ante torum miseræ stetit : uda videtur
Barba viri, madidisque gravis fluere unda capillis.
Tum lecto incumbens, fletu super ora refuso,
Hæc ait : « Agnoscis Ceyca, miserrima conjux ?
An mea mutata est facies nece? Respice : nosces,
Inveniesque, tuo pro conjuge, conjugis umbram.
Nil opis, Halcyone, nobis tua vota tulerunt :
Occidimus ; falso tibi me promittere noli.
Nubilus Ægæo¹ deprendit in æquore navim
Auster, et ingenti jactatam flamine solvit ;
Oraque nostra, tuum frustra clamantia nomen,
Implerunt fluctus. Non hæc tibi nuntiat auctor
Ambiguus ; non ista vagis rumoribus audis :
Ipse ego fata tibi præsens mea naufragus edo.
Surge, age, da lacrimas, lugubriaque indue ; nec me
Indeploratum sub inania Tartara mitte. »
Adjicit his vocem Morpheus, quam conjugis illa
Crederet esse sui ; fletus quoque fundere veros

de Céyx. Sous cette forme, pâle, livide, dépouillé de tout vêtement, il se dresse devant la couche de cette épouse infortunée. Sa barbe paraît humide ; l'onde pesante semble couler de ses cheveux qui ruissellent. Il se penche sur le lit, et arrosant de larmes le visage d'Halcyone : « Malheureuse épouse, s'écrie-t-il, reconnais-tu Céyx? ou la mort a-t-elle changé mon visage ? Regarde-moi : tu me reconnaîtras ; mais au lieu de ton époux, tu ne trouveras que son ombre. Tes vœux, Halcyone, ne nous ont été d'aucun secours : nous avons péri ; ne te flatte pas du vain espoir de notre retour. L'Auster orageux a surpris notre navire dans la mer Égée, et, après l'avoir ballotté de son souffle puissant, il l'a mis en pièces. Nous implorions en vain ton nom ; les flots ont rempli notre bouche. Ce n'est pas un messager suspect qui t'annonce cette nouvelle ; ce n'est point par de vagues rumeurs que tu l'apprends ; c'est moi-même qui viens ici après mon naufrage te faire connaître mon destin. Lève-toi donc ; donne des larmes à ma mort ; prends des vêtements de deuil, et ne me laisse pas descendre au royaume des ombres sans le tribut de tes pleurs. » Morphée prononce ces paroles d'une voix qu'Halcyone devait prendre pour celle de son époux ; il semblait aussi répandre des larmes véritables, et

abit in faciem Ceycis ;	il passe en la figure de Céyx ;
subque illa forma,	et sous cette forme, [plus-de-sang,
luridus, similis exsangui,	blême, semblable à un homme qui-n'-a-
sine ullis vestibus,	sans aucuns vêtements,
stetit ante torum	il se tint devant le lit
conjugis miseræ :	de l'épouse malheureuse :
barba viri videtur uda,	la barbe de cet homme paraît humide,
undaque gravis fluere	et l'onde pesante paraît couler
capillis madidis.	de ses cheveux mouillés.
Tum incumbens lecto,	Alors se penchant-sur le lit,
fletu refuso super ora,	des pleurs étant répandues sur le visage
ait hæc :	il prononce ces paroles : [d'Halcyone,
Conjux miserrima,	Épouse très-malheureuse,
agnoscis Ceyca ?	reconnais-tu Céyx ?
an mea facies	Ou-bien ma figure
mutata est nece ?	a-t-elle été changée par la mort ?
Respice : nosces,	Regarde : tu reconnaîtras,
inveniesque	et tu trouveras
umbram conjugis,	l'ombre de ton époux,
pro tuo conjuge.	au-lieu-de ton époux.
Tua vota, Halcyone,	Tes vœux, Halcyone, [cun secours) :
nobis tulerunt nil opis :	ne nous ont apporté rien de secours (au-
occidimus ;	nous avons péri ;
noli tibi promittere falso	ne veuille pas te promettre faussement
me.	moi (mon retour).
Auster nubilus deprendit	L'Auster orageux a surpris
navim in æquore Ægæo,	mon navire dans la mer Égée,
et solvit jactatam	et il a disjoint ce navire ballotté
flamine ingenti ;	par un souffle très-grand ;
fluctusque implerunt	et les flots ont empli
nostra ora clamantia frustra	notre bouche criant vainement
tuum nomen.	ton nom.
Auctor ambiguus	Une autorité équivoque
non tibi nuntiat hæc ;	ne t'annonce pas ces malheurs ;
non ista audis	tu ne les apprends pas
vagis rumoribus :	par de vagues rumeurs :
ego ipse naufragus	moi-même naufragé
præsens tibi edo mea fata.	présent je te révèle mes destinées.
Surge, age, da lacrimas,	Leve-toi, allons, donne des larmes ;
indueque lugubria ;	et revêts des habits lugubres ;
nec me mitte indeploratum	et ne m'envoie pas non-pleuré [mes).
sub Tartara inania.	sous le Tartare vide (peuplé de fantô-
Morpheus adjicit his	Morphée ajoute à ces paroles
vocem quam illa crederet	une voix que celle-ci pût croire
esse sui conjugis ;	être celle de son époux ;
visus erat quoque	il avait paru aussi
fundere fletus veros,	répandre des pleurs véritables,

Visus erat, gestumque manus Ceycis habebant.
Ingemit Halcyone lacrimans, motatque lacertos
Per somnum ; corpusque petens, amplectitur auras,
Exclamatque : « Mane ; quo te rapis ? ibimus una. »
Voce sua specieque viri turbata, soporem
Excutit, et primo, si sit, circumspicit, illic,
Qui modo visus erat ; nam moti voce ministri
Intulerant lumen. Postquam non invenit usquam,
Percutit ora manu, laniatque a pectore vestes,
Pectoraque ipsa ferit, nec crines solvere curat ;
Scindit, et altrici, quæ luctus causa roganti :
« Nulla est Halcyone, nulla est, ait ; occidit una
Cum Ceyce suo : solantia tollite verba.
Naufragus interiit. Vidi, agnovique, manusque
Ad discedentem, cupiens retinere, tetendi :
Umbra fuit, sed et umbra tamen manifesta, virique
Vera mei. Non ille quidem, si quæris, habebat
Assuetos vultus, nec, quo prius, ore nitebat :
Pallentem nudumque et adhuc humente capillo,

les gestes de ses mains étaient ceux des mains de Céyx. Halcyone gémit et pleure ; elle agite ses bras en dormant ; elle veut saisir son époux : c'est l'air qu'elle embrasse. « Reste, s'écrie-t-elle ; où fuis-tu ? nous partirons ensemble. » Troublée par sa propre voix et par l'image de son mari, elle se réveille, et d'abord elle regarde si celui qui vient de lui apparaître est encore là ; car à sa voix ses serviteurs effrayés avaient apporté de la lumière. Ne le trouvant nulle part, elle se frappe le visage de ses mains, déchire les vêtements qui couvrent sa poitrine, meurtrit sa poitrine elle-même, et sans se préoccuper de dénouer ses cheveux, elle les arrache. Sa nourrice lui demande la cause d'une telle douleur : « C'en est fait d'Halcyone, dit-elle, c'en est fait d'Halcyone ; elle est morte avec son cher Céyx : épargnez-moi toute parole de consolation. Il a péri dans un naufrage. Je l'ai vu ; je l'ai reconnu ; comme il s'éloignait, je lui ai tendu les bras pour le retenir ; c'était une ombre, mais une ombre bien visible, l'ombre véritable, de mon mari. Son visage, à vrai dire, n'avait pas son expression accoutumée ni l'éclat dont il brillait autrefois ! Hélas ! Je l'ai vu

manusque habebant gestum Ceycis.	et *ses* mains avaient le geste de Céyx.
Halcyone ingemit lacrimans, motatque lacertos per somnum;	Halcyone gémit en pleurant, et elle agite *ses* bras pendant le sommeil;
petensque corpus, amplectitur auras, exclamatque:	et cherchant le corps *de Céyx*, elle embrasse les airs, et elle s'écrie :
Mane; quo te rapis? ibimus una.	« Reste; où t'entraînes-tu? nous irons ensemble.
Turbata sua voce specieque viri, excutit soporem, et primo circumspicit si qui visus erat modo sit illic;	Troublée par sa *propre* voix et par l'image de *son* mari, elle secoue le sommeil, et d'abord elle regarde-autour d'*elle* si *celui* qui *lui* avait apparu tout-à-l'heure est là; [voix
nam ministri moti voce intulerant lumen.	car des serviteurs émus (effrayés) par *sa* avaient apporté de la lumière.
Postquam non invenit usquam, percutit ora manu, laniatque vestes a pectore, feritque pectora ipsa, nec curat solvere crines; scindit,	Après qu'elle ne *le* trouve pas quelque-part, elle *se* frappe le visage *de sa* main, [trine, et déchire *ses* vêtements *de dessus sa* poi- et elle *se* frappe la poitrine elle-même, et elle n'a pas soin de dénouer *ses* che- elle *les* arrache, [veux;
et ait altrici roganti quæ causa luctus :	et elle dit à sa nourrice demandant quelle *est* la cause de *son* deuil :
Halcyone est nulla, est nulla; occidit una cum suo Ceyce : tollite verba solantia.	Halcyone est nulle (n'est plus), elle est nulle; elle a péri ensemble avec son Céyx : supprimez les paroles consolantes.
Interiit naufragus.	Il a péri naufragé.
Vidi, agnovique, cupiensque retinere, tetendi manus ad discedentem :	Je *l*'ai vu, et je *l*'ai reconnu, et désirant *le* retenir, j'ai tendu les mains vers *lui* s'éloignant :
fuit umbra, sed et tamen umbra manifesta, veraque mei viri.	ce fut une ombre, mais aussi cependant une ombre visible, et *l'ombre* véritable de mon mari.
Ille quidem, si quæris, non habebat vultus assue- nec nitebat ore [tos, quo prius:	Celui-ci à la vérité, si tu *le* demandes, n'avait pas *sa* figure accoutumée, et il ne brillait pas par le visage par lequel *il brillait* précédemment :
infelix vidi pallentem nudumque	malheureuse j'ai vu *lui* pâle et nu

Infelix vidi; stetit hoc miserabilis ipso
Ecce loco (et quærit vestigia si qua supersint).
Hoc erat, hoc animo quod divinante timebam,
Et ne, me fugiens, ventos sequerere, rogabam.
At certe vellem, quoniam periturus abibas,
Me quoque duxisses. Fuit, ah! fuit utile tecum
Ire mihi! neque enim de vitæ tempore quidquam
Non simul egissem, nec mors discreta fuisset.
Nunc absens pereo, jactor quoque fluctibus absens :
Et, sine me, te pontus habet. Crudelior ipso
Sit mihi mens pelago, si vitam ducere nitar
Longius, et tanto pugnem superesse dolori.
Sed neque pugnabo, nec te, miserande, relinquam;
Et tibi nunc saltem veniam comes, inque sepulcro
Si non urna, tamen junget nos littera; si non
Ossibus ossa meis, at nomen nomine tangam. »
Plura dolor prohibet, verboque intervenit omni
Plangor, et attonito gemitus e corde trahuntur.

pâle, nu, les cheveux encore ruisselants d'eau. Dans cet état digne de pitié, il était à la place même que voici (et elle cherche s'il n'a pas laissé quelques traces). C'était là, c'était là ce que mes pressentiments me faisaient redouter. Voilà pourquoi je te priais de ne pas me fuir pour te livrer à la merci des vents. Du moins j'aurais voulu, puisque tu allais à la mort, que tu m'eusses emmenée avec toi! Il eût été, hélas! il eût été heureux pour moi de t'accompagner! il n'y aurait pas eu un seul instant de ma vie que j'eusse passé sans toi, et notre mort n'eût pas été séparée. Maintenant je péris, quoique absente; je suis aussi, quoique absente, le jouet des flots; et les flots t'ont englouti sans moi. Mon cœur serait plus cruel que la mer elle-même si je voulais prolonger mes jours, si j'essayais de survivre à une si grande douleur. Mais il n'en sera pas ainsi; malheureux, je ne t'abandonnerai pas. Maintenant au moins je t'accompagnerai, et si la même urne ne nous reçoit pas, nous serons réunis par une même inscription; si mes ossements ne touchent pas tes ossements, mon nom touchera le tien. » La douleur l'empêche de continuer; à chaque parole elle se frappe la poitrine; des gémissements s'échappent de son cœur oppressé.

et capillo adhuc humente;	et la chevelure encore humide;
miserabilis stetit	digne-de-pitié il s'est tenu
hoc loco ipso ecce	dans ce lieu même que voici
(et quærit	(et elle cherche
si qua vestigia supersint).	si quelques traces restent).
Hoc erat, hoc quod timebam	C'était, *c'était ce* que je craignais
animo divinante,	dans *mon* esprit devinant,
et rogabam ne fugiens me	et je priais que fuyant moi
sequerere ventos.	tu ne suivisses pas les vents.
At certe vellem,	Mais du-moins je voudrais,
quoniam abibas periturus,	puisque tu t'en-allais devant périr,
me duxisses quoque !	que tu m'eusses emmenée aussi !
Fuit, ah ! fuit utile mihi	Il fut (il eût été), ah ! il fut utile à moi
ire tecum !	d'aller avec-toi !
neque enim egissem	ni en effet je n'aurais passé
quidquam de tempore vitæ	quoi-que-ce-soit du temps de *ma* vie,
non simul,	non ensemble (non avec toi),
nec mors fuisset discreta.	ni *notre* mort n'aurait été séparée.
Nunc absens pereo.	Maintenant absente je péris,
jactor quoque fluctibus absens,	je suis ballottée aussi par les flots étant absente,
et pontus te habet sine me.	et la mer te possède sans moi.
Mens sit mihi crudelior	L'esprit serait à moi plus cruel
pelago ipso,	que la mer elle-même,
si nitar ducere	si je m'efforçais de mener
vitam longius,	*ma* vie plus loin,
et pugnem superesse	et *si* je luttais *pour* survivre
dolori tanto.	à une douleur si-grande.
Sed neque pugnabo,	Mais ni je ne lutterai,
nec, miserande,	ni, *ô époux* digne-de-pitié,
te relinquam ;	je ne t'abandonnerai ;
et nunc saltem	et maintenant du-moins
veniam comes tibi,	je viendrai compagne à toi,
et si non urna,	et sinon l'urne,
tamen littera,	cependant l'inscription,
nos junget in sepulcro ;	nous unira dans la tombe ;
si non tangam	si je ne touche
ossa meis ossibus,	pas *les* os de mes os, [nom.
at nomen nomine.	du moins *je toucherai ton* nom de *mon*
Dolor prohibet plura ;	La douleur *l*'empêche *d'en dire* plus ;
plangorque intervenit	et un coup-sur-la poitrine intervient
omni verbo ;	à toute parole ;
et gemitus trahuntur	et des gémissements sont tirés
e corde attonito.	de *son* cœur épouvanté.

XI. — MÉTAMORPHOSE DE CÉYX ET D'HALCYONE.
(V. 710-743, 745-748.)

Mane erat : egreditur tectis ad littus, et illum
Mœsta locum repetit de quo spectarat euntem.
Dumque notata oculis reminiscitur acta, fretumque
Prospicit, in liquida, spatio distante, tuetur
Nescio quid, quasi corpus, aqua; primoque quid illud
Esset, erat dubium. Postquam paulum appulit unda,
Et, quamvis aberat, corpus tamen esse liquebat,
Quis foret ignorans, quia naufragus, omine mota est;
Et, tanquam ignoto lacrimas daret : « Heu, miser! inquit,
Quisquis es, et si qua est conjux tibi! » Fluctibus actum
Fit propius corpus; quod quo magis illa tuetur,
Hoc minus et minus est mentis. Jamjamque propinquæ
Admotum terræ, jam quod cognoscere posset,
Cernit : erat conjux. « Ille est! » exclamat; et una
Ora, comas, vestem lacerat; tendensque trementes
Ad Ceyca manus : « Sic, o carissime conjux,
Sic ad me, miserande, redis! » ait. Adjacet undis

XI

Le jour commençait à paraître : Halcyone sort de sa demeure, et court au rivage. Accablée de tristesse, elle se dirige de nouveau vers le lieu d'où elle l'avait vu partir. Tandis qu'elle se rappelle les scènes dont ses yeux ont remarqué la place, et qu'elle promène au loin ses regards sur la mer, elle aperçoit flotter sur les eaux, à une grande distance, je ne sais quoi de semblable à un cadavre. D'abord on ne pouvait distinguer ce que c'était. L'onde l'approche un peu, et malgré l'éloignement, il devenait évident que c'était un cadavre. Elle ignore qui il est, mais la vue d'un naufragé l'émeut comme un présage; et croyant pleurer un inconnu : « Je te plains, dit-elle, qui que tu sois, et je plains ton épouse si tu en as une. » Cependant, poussé par les flots, le corps est plus près du rivage; plus elle le considère, plus le trouble de son âme augmente. Déjà il va toucher la terre; déjà elle peut le reconnaître : c'était son époux. « C'est lui! » s'écrie-t-elle, et en même temps elle se meurtrit le visage, s'arrache les cheveux, déchire ses habits, et tendant vers Céyx des mains tremblantes : « C'est ainsi, cher époux, c'est dans cet état pitoyable que tu reviens auprès de moi! » Près des ondes s'élève, construite de main d'homme; une

XI. — MÉTAMORPHOSE DE CÉYX ET D'HALCYONE.

Erat mane :	Il était matin :
egreditur tectis ad littus,	elle sort de *ses* demeures vers le rivage,
et mœsta repetit illum locum	et triste elle regagne ce lieu
de quo spectarat euntem.	duquel elle *l*'avait regardé partant.
Dumque reminiscitur	Et tandis qu'elle se rappelle [yeux,
acta notata oculis,	les *faits* passés qu'elle a remarqués de *ses*
prospicitque fretum,	et *qu*'elle regarde-au-loin la mer,
tuetur in aqua liquida,	elle aperçoit sur l'eau liquide,
spatio distante,	la distance étant éloignée,
nescio quid, quasi corpus ;	je ne sais quoi, comme un corps ;
eratque primo dubium	et il était d'abord douteux
quid illud esset.	ce que cela était.
Postquam unda	Après que l'onde
appulit paulum	*l*'eut approché un peu,
et, quamvis aberat,	et *que*, quoique *cela* fût éloigné,
liquebat tamen esse corpus,	il était-clair cependant *cela* être un corps,
ignorans quis foret,	ignorant qui il était,
mota est omine,	elle fut touchée du présage,
quia naufragus ;	parce que *c'était* un naufragé ;
et, tanquam daret lacrimas	et, comme-si elle donnait des larmes
ignoto :	à un inconnu :
Heu, miser ! inquit,	Hélas ! *tu es* malheureux, dit-elle,
quisquis es,	qui-que tu sois,
et conjux	et *ton* épouse *est malheureuse*,
si qua est tibi !	si quelqu'une est à toi !
Corpus actum fluctibus	Le corps poussé par les flots
fit propius ;	devient plus proche ;
quod quo magis illa tuetur,	lequel plus celle-ci considère,
hoc minus et minus mentis	par cela moins et moins de raison
est ;	est *à elle* ;
cernitque admotum jamjam	et elle *le* voit appliqué bientôt
terræ propinquæ,	à la terre proche,
jam quod posset cognoscere :	déjà *tel* qu'elle pût *le* reconnaître :
erat conjux.	c'était *son* époux.
Exclamat : Est ille !	Elle s'écrie : *C*'est lui !
et lacerat una	et elle déchire en-même-temps
ora, comas, vestem ;	visage, cheveux, vêtements ;
tendensque ad Ceyca	et tendant vers Céyx
manus trementes,	des mains tremblantes,
ait : O carissime conjux,	elle dit : O très-cher époux,
redis sic, sic ad me,	tu reviens ainsi, ainsi vers moi,
miserande.	ô *époux* digne-de-pitié.
Moles facta manu	Une digue faite à la main
adjacet undis,	est placée-près des ondes,

Facta manu moles, quæ primas æquoris iras
Frangit et incursus quæ prædelassat aquarum.
Insilit huc, mirumque fuit potuisse : volabat [1];
Percutiensque levem modo natis aera pennis,
Stringebat summas ales miserabilis undas.
Dumque volat, mœsto similem plenumque querelæ
Ora dedere sonum, tenui crepitantia rostro.
Ut vero tetigit mutum et sine sanguine corpus,
Dilectos artus amplexa recentibus alis,
Frigida nequidquam duro dedit oscula rostro.
Senserit hoc Ceyx, an vultum motibus undæ
Tollere sit visus, populus dubitabat ; at ille
Senserat; et tandem, Superis miserantibus, ambo
Alite mutantur. Fatis obnoxius isdem
Mansit amor, fœdus nec conjugiale solutum ;
Perque dies placidos hiberno tempore [2] septem,
Incubat Halcyone pendentibus æquore nidis.
Tum via tuta maris : ventos custodit, et arcet
Æolus egressu, præstatque nepotibus [3] æquor.

digue qui brise le premier courroux de la mer, et rompt l'impétuosité de ses premières vagues. Halcyone s'y élance; c'est un prodige qu'elle l'ait pu ; mais elle vole. Frappant l'air de ses ailes nouvellement poussées, elle rasait, oiseau plaintif, la surface de l'onde. Tout en volant, elle pousse un cri triste et lugubre, et son bec mince s'agite avec bruit. Mais lorsqu'elle eut atteint ce corps pâle et glacé, et que de ses ailes nouvelles elle eut embrassé cette chère dépouille, son bec dur lui donne en vain de froids baisers. Céyx fut-il sensible à ces caresses, ou le mouvement de la vague parut-il soulever sa tête ? la foule ne savait que croire ; mais il avait été sensible à ces caresses. Enfin les dieux, touchés de compassion, les changent tous deux en oiseaux. Dans leurs destinées nouvelles, leur amour reste le même, et l'hymen qui les unit n'est pas rompu. Quand vient l'hiver, durant sept jours de calme Halcyone couve ses nids suspendus sur les flots. Alors la voie de la mer est sans périls : Éole retient les vents, et, les empêchant de sortir, il assure à ses petits enfants une mer tranquille.

quæ frangit	laquelle brise
primas iras æquoris,	les premières colères de la mer,
et quæ prædelassat	et qui fatigue-d'-avance
incursus aquarum.	les chocs des eaux.
Insilit huc,	Elle saute là,
fuitque mirum potuisse:	et il fut étonnant qu'elle ait pu :
volabat;	elle volait ;
percutiensque aera levem	et frappant l'air léger
pennis natis modo,	de plumes nées récemment,
ales miserabilis	oiseau digne-de pitié
stringebat summas undas;	elle effleurait la surface-des ondes
dumque volat,	et tandis qu'elle vole,
ora crepitantia	sa bouche craquetant
rostro tenui	par un bec mince,
dedere sonum	a donné un son
similem mœsto	semblable à *un son* triste
plenumque querelæ.	et rempli de plainte.
Ut vero tetigit corpus	Mais dès qu'elle eut touché le corps
mutum et sine sanguine,	muet et sans sang,
amplexa alis recentibus	ayant embrassé de *ses* ailes récentes
artus dilectos,	ces membres chéris,
dedit nequidquam	elle donna vainement
rostro duro	d'un bec dur
oscula frigida.	des baisers froids.
Populus dubitabat	Le peuple doutait
Ceyx senserit hoc,	*si* Céyx sentit cela,
an visus sit tollere vultum	ou-bien-s'il fut vu soulever la tête
motibus undæ;	par les mouvements de l'onde;
at ille senserat;	mais lui *l*'avait senti,
et tandem,	et enfin,
Superis miserantibus,	les dieux ayant-pitié,
ambo mutantur alite.	tous-deux sont changés en oiseau.
Amor mansit	*Leur* amour subsista
obnoxius isdem fatis,	soumis aux mêmes destinées;
nec fœdus conjugiale	ni *leur* union conjugale
solutum ;	ne *fut* rompue;
perque septem dies placidos	et pendant sept jours calmes
tempore hiberno,	dans la saison d'-hiver,
Halcyone incubat	Halcyone couve
nidis pendentibus æquore.	ses nids suspendus sur la mer.
Tum via maris tuta :	Alors la voie de la mer *est* sûre :
Æolus custodit ventos,	Éole garde les vents,
et arcet egressu, [bus.	et *les* éloigne de la sortie,
præstatque æquor nepoti-	et garantit la mer à *ses* petits-fils.

NOTES

DU ONZIÈME LIVRE DU CHOIX DES MÉTAMORPHOSES D'OVIDE.

I

Page 440 : 1. *Ciconum*, les Ciconiens, peuple de la Thrace; ils habitaient sur les bords de l'Hèbre.

Page 442 : 1. *Berecynthia tibia*. C'était une flûte dont on se servait sur le Bérécynthe, en Phrygie, pour célébrer les mystères de Cybèle. L'embouchure de cet instrument était en corne.

— 2. *Inde*. Le défaut de liaison est ici choquant, mais il ne doit point être imputé à l'auteur. Dans des vers que le texte officiel a supprimés, Ovide raconte que les Bacchantes dispersent d'abord les animaux qui formaient l'auditoire d'Orphée; puis (*inde*), elles tournent contre Orphée des mains déjà couvertes de sang (*cruentatis dextris*).

— 3. *Matutina arena*. Ces sortes de spectacles avaient lieu le matin; l'après-midi était réservée aux combats de gladiateurs.

II

Page 444 : I. *Positis frondibus*. C'est une allusion à la coutume de déposer les cheveux sur la tombe des morts.

—. Page 446 : 1. *Lyæus.* C'était un des surnoms de Bacchus ; on lui donne pour étymologie λύω (qui délie la langue).

— 2. *Edonidas.* Les Édoniens étaient un peuple de la Thrace.

III

Page 448 : 1. *Tymoli*, le Tymolus ou Tmolus, montagne de Lydie, où le Pactole prend naissance.

— 2. *Pactolon.* Le Pactole, fleuve de Lydie, était célèbre à cause des parcelles d'or qu'il roulait dans ses eaux.

— 3. *Silenus*, Silène, le père nourricier de Bacchus. Les poëtes le représentent vieux, chargé d'embonpoint, et toujours ivre.

Page 450 : 1. *Eumolpo.* C'était un fils de Musée et un disciple d'Orphée.

— 2. *Lucifer*, l'étoile du matin ou de Vénus.

— 3. *Berecynthius heros*, le Phrygien Midas, fils de Cérès, à laquelle était consacré le mont Bérécynthe.

Page 452 : 1. *Hesperidas*, les Hespérides ou filles d'Hespérus et petites-filles d'Atlas ; elles avaient un jardin célèbre, rempli de pommes d'or.

— 1. *Tostæ frugis.* On grillait le blé pour le moudre plus facilement.

— 2. *Lenæe.* C'est un des noms de Bacchus, littéralement, dieu du pressoir (ληνός, pressoir).

Page 454 : 1. *Sardibus*, Sardes, capitale de la Lydie ; elle était baignée par le Pactole.

IV

Page 456 : 1. *Tmolo.* Le Tmolus est considéré à la fois comme une montagne et comme une divinité.

— 2. *Barbarico*, phrygien, c'est-à-dire, sans harmonie. Dans la musique ancienne le mode phrygien était regardé comme inférieur au mode lydien et au mode dorien.

— 3. *Dentibus Indis*, les dents indiennes, c'est-à-dire l'ivoire.

L'Inde abondait en éléphants dont les défenses fournissaient l'ivoire.

Page 458 : 1. *Agricolam*. Ce paysan était en même temps le barbier de Midas qui ne se plaisait plus que dans les campagnes.

V

Page 458 : 1. *Prodigiis*. Céyx, roi de Trachine, en Thessalie, avait vu son frère Dédalion changé en épervier, et un loup énorme métamorphosé en rocher.

— 2. *Clarium*. Apollon avait un temple célèbre à Claros, ville d'Ionie.

— 3. *Phlegyis*. Les Phlégyens, peuple sauvage de la Thessalie, rançonnaient les voyageurs qui allaient au temple de Delphes. — *Phorbas*. Phorbas, roi des Lapithes, forçait tous les étrangers qui passaient par son pays à se battre avec lui, et les mettait à mort, quand ils étaient vaincus.

Page 460 : 1. *Halcyone*, Halcyone, fille d'Éole, épouse de Céyx.
— 2. *Hippotades*. Éole, fils d'Hippotas, roi des Vents.

VI

Page 462 : 1. *Navalibus*. On appelait ainsi l'endroit du rivage où les vaisseaux, mis à sec, reposaient sur des supports en bois.

VII

Page 466 : 1. *Utraque tellus*, la terre qu'il quittait, Trachine, et celle où il allait, Claros, en Ionie.

— 2. *Subducere... ramos*. Ils retirent les rames accrochées au flanc du navire, et les rentrent dans l'intérieur du navire, à l'abri de la fureur des vagues.

Page 470 : 1. *Funera*. D'après la tradition mythologique, les naufragés, n'ayant point l'espérance d'être ensevelis, couraient risque d'errer cent ans sur les bords du Styx.

VIII

Page 474 : 1. *Junonis*. Junon était la déesse protectrice des femmes et du mariage : on l'appelait *pronuba Juno*.

— 2. *Funestas*, c'est-à-dire *funere pollutas*. Les parents d'un mort devaient se purifier avant d'entrer dans un temple.

— 3. *Cimmerios*, les Cimmériens, peuple fabuleux dont parle Homère. Il les place aux extrémités de l'océan, dans des ténèbres éternelles.

Page 476 : 1. *Lethæi*, le Léthé, fleuve des enfers, dont les eaux donnaient l'oubli (λήθη, oubli).

IX

Page 478 : 1. *Herculea Trachine*. Ce fut près de Trachine qu'Hercule reçut la fatale tunique qui devait causer sa mort. Mais ici l'épithète *Herculea* constitue un de ces anachronismes familiers aux poëtes, Hercule étant postérieur à Céyx.

— 2. *Morphea*. Les modernes ont fait de Morphée le dieu du sommeil ; chez les anciens, il n'était que le fils du Sommeil et de la Nuit, le premier des Songes. Il tire son nom de μορφή, forme.

Page 480 : 1. *Icelon*, de ἴκελος, semblable. — *Phobetora*, de φοβέω, effrayer. — *Phantasos*, de φαντασία, vision, apparition.

— 2. *Thaumantidos*. Iris était fille du centaure Thaumas.

X

Page 482 : 1. *Ægæo*, la mer Égée, aujourd'hui l'Archipel, entre la côte est de la péninsule grecque et la côte ouest de l'Asie Mineure. C'était le chemin pour aller de Thessalie en Ionie.

XI

Page 490 : 1. *Volabat*. Ce mot indique la métamorphose d'Halcyone en oiseau. L'halcyon est un oiseau de mer, un peu plus gros que le passereau ; il a le bec court et mince.

Page 490 : 2. *Hiberno tempore*. Selon Pline le Naturaliste (X, 25), l'halcyon fait son nid sept jours avant le solstice d'hiver, et couve ses petits durant les sept jours suivants. On appelait cette époque *dies Halcyonides* ou *Halcyonia*.

— 3. *Nepotibus*. Éole étant père d'Halcyone, les halcyons sont ses petits-fils.

ARGUMENT

DU DOUZIÈME LIVRE DU CHOIX DES MÉTAMORPHOSES
D'OVIDE.

I.   Les Grecs vont assiéger Troie. Présages.
II. Sacrifice d'Iphigénie.
III. Demeure de la Renommée.
IV. Guerre de Troie. Combat d'Achille et de Cycnus.
V.   Mort et métamorphose de Cycnus.
VI. Neptune demande à Apollon la mort d'Achille.
VII. Mort d'Achille; sa gloire. Ulysse et Ajax se disputent les armes de ce héros.

LIVRE DOUZIÈME.

I. — LES GRECS VONT ASSIÉGER TROIE. PRÉSAGES.
(V. 1-23.)

Nescius assumptis Priamus pater Æsacon[1] alis
Vivere, lugebat : tumulo quoque nomen habenti
Inferias dederat cum fratribus Hector inanes.
Defuit officio Paridis præsentia tristi,
Postmodo qui rapta longum cum conjuge bellum
Attulit in patriam; conjurataeque sequuntur
Mille rates, gentisque simul commune Pelasgæ;
Nec dilata foret vindicta, nisi æquora sævi
Invia fecissent venti, Bœotaque tellus
Aulide[2] piscosa puppes tenuisset ituras.
Hic patrio de more Jovi quum sacra parassent,
Ut vetus accensis incanduit ignibus ara,

I

Priam, ignorant que son fils Ésaque vivait sous la forme d'un oiseau, pleurait son trépas. Sur cette tombe, qui ne portait qu'un nom, Hector et ses frères avaient offert aussi d'inutiles libations. Pâris manquait seul à ce triste devoir. Pâris qui, revenant plus tard à Troie avec l'amante qu'il avait enlevée, attirerait sur sa patrie une longue guerre. Mille vaisseaux, toute la Grèce conjurée, le poursuivent; et la vengeance ne se serait pas fait attendre, si les vents furieux n'avaient rendu la mer impraticable, et n'eussent enchaîné aux rivages de Béotie, dans la poissonneuse Aulis, la flotte prête à partir. Là, suivant l'usage de leur patrie, les Grecs avaient préparé un sacrifice en l'honneur de Jupiter. Les feux allumés brillaient

LIVRE DOUZIÈME.

I. — LES GRECS VONT ASSIÉGER TROIE. PRÉSAGES.

Priamus pater nescius	Priam *son* père ne-sachant pas
Æsacon vivere	Ésaque vivre
alis assumptis,	des ailes ayant été prises,
lugebat :	pleurait :
Hector cum fratribus	Hector avec *ses* frères
dederat quoque	avait donné aussi
inferias inanes	des libations-funèbres vaines [nom.
tumulo habenti nomen.	au tombeau qui avait (ne portait qu')un
Præsentia Paridis	La présence de Pâris
defuit tristi officio,	manqua à ce triste devoir,
qui attulit postmodo	lequel *Pâris* apporta ensuite
in patriam	dans *sa* patrie
longum bellum	une longue guerre
cum conjuge rapta ;	avec une épouse enlevée ;
milleque rates conjuratæ	et mille vaisseaux conjurés
sequuntur,	le suivent,
simulque commune	et en-même-temps la communauté
gentis Pelasgæ ;	de la nation pélasgique ; [férée,
nec vindicta dilata foret,	*et* la vengeance n'aurait pas été dif-
nisi venti sævi fecissent	si les vents cruels n'avaient fait
maria invia,	les mers impraticables,
tellusque Bœota	et si la terre béotienne
tenuisset piscosa Aulide	n'avait retenu dans la poissonneuse Aulis
puppes ituras.	les poupes devant partir.
Hic quum parassent Jovi	Là comme ils avaient préparé à Jupiter
sacra de more patrio,	des sacrifices, selon la coutume nationale,
ut vetus ara incanduit	dès-que l'antique autel se fut embrasé
ignibus accensis,	par les feux allumés,

Serpere cæruleum Danai videre draconem
In platanum, cœptis quæ stabat proxima sacris.
Nidus erat volucrum bis quattuor arbore summa :
Quas simul, et matrem circum sua damna volantem,
Corripuit serpens, avidaque recondidit alvo.
Obstupuere omnes : at veri providus augur,
Thestorides [1] : « Vincemus, ait ; gaudete, Pelasgi :
Troja cadet, sed erit nostri mora longa laboris ; »
Atque novem volucres in belli digerit annos.
Ille, ut erat virides amplexus in arbore ramos,
Fit lapis, et servat serpentis imagine saxum.

II. — SACRIFICE D'IPHIGÉNIE.
(V. 24-38.)

Permanet Aoniis [1] Nereus violentus in undis,
Bellaque non transfert ; et sunt qui parcere Trojæ
Neptunum [2] credant, quia mœnia fecerat urbi :
At non Thestorides ; nec enim nescitve tacetve
Sanguine virgineo placandam virginis iram
Esse deæ [3]. Postquam pietatem publica causa,
Rexque patrem vicit [4], castumque datura cruorem,

sur l'antique autel, quand ils voient un serpent au dos azuré monter en rampant sur un platane qui s'élevait près du lieu où le sacrifice était offert. Au sommet de l'arbre était un nid renfermant huit oiseaux. Le serpent les saisit avec leur mère, qui volait autour de ses petits perdus, et les engloutit dans son avide estomac. Tous les spectateurs restent immobiles d'effroi. Mais le fils de Thestor, dont le regard infaillible pénètre l'avenir, s'écrie : « Nous vaincrons, ô Grecs, réjouissez-vous : Troie tombera ; mais longue sera la durée de nos fatigues. » Et il annonce que ces neuf oiseaux présagent autant d'années de guerre. Le reptile, dans la position où il était, enroulé autour des vertes branches de l'arbre, est changé en pierre, et, pierre, il conserve sa forme de serpent.

II

Nérée continue à déchaîner sa fureur sur les flots de la mer d'Aonie, et se refuse à transporter les guerriers. Il en est qui pensent que Neptune veut sauver Ilion, dont il a construit les murailles. Mais tel n'est pas l'avis de Calchas : il sait, et il le déclare, qu'il faut le sang d'une vierge pour apaiser le courroux de la vierge déesse. Lorsqu'enfin l'intérêt public eut triomphé des liens de l'affection, et que le roi l'eut emporté sur le père, Iphigénie, prête à donner son chaste

CHOIX DES MÉTAMORPHOSES. — LIVRE XII.

Danai videre	les Grecs virent
draconem cæruleum	un dragon azuré
serpere in platanum	ramper sur un platane
quæ stabat	qui se dressait
proxima sacris cœptis.	très-près des sacrifices commencés.
Nidus bis quattuor volucrum	Un nid de deux-fois quatre oiseaux
erat in summa arbore :	était sur le sommet-de l'arbre :
quas serpens corripuit	lesquels *oiseaux* le serpent saisit
simul et matrem	en-même temps aussi la mère
volantem circum	volant autour
sua damna,	de ses pertes (de ses petits perdus),
recondiditque alvo avida.	et il *les* engloutit dans *son* ventre avide.
Omnes obstupuere :	Tous furent stupéfaits :
at Thestorides,	mais le fils-de-Thestor,
augur providus veri :	augure prévoyant la vérité :
Vincemus, ait ;	Nous vaincrons, dit-il ;
gaudete, Pelasgi :	réjouissez-vous, Pélasges :
Troja cadet ;	Troie tombera ;
sed mora nostri laboris	mais la durée de notre fatigue
erit longa ;	sera longue ;
atque digerit	et il distribue
novem volucres	les neuf oiseaux
in annos belli.	en *autant* d'années de guerre.
Ille fit lapis,	Celui-ci (le serpent) devient pierre,
ut amplexus erat	comme (dans l'état où) il avait embrassé
ramos virides in arbore,	des rameaux verts sur l'arbre, [pierre)
et servat saxum	et il conserve la pierre (la nature de la
imagine serpentis.	avec l'image d'un serpent.

II. — SACRIFICE D'IPHIGÉNIE.

Nereus permanet violentus	Nérée reste violent
in undis Aoniis,	sur les ondes aoniennes,
et non transfert bella ;	et il ne transporte pas la guerre ;
et sunt qui credant	et *des gens* sont qui croient
Neptunum parcere Trojæ,	Neptune épargner Troie, [cette ville :
quia fecerat mœnia urbi :	parce qu'il avait fait les remparts pour
at Thestorides non ;	mais le fils-de-Thestor ne *le* croit pas ;
nec enim nescitve tacetve	ni en effet ou il ignore ou il tait
iram deæ virginis	le courroux de la déesse vierge
esse placandam	devoir être apaisée
sanguine virgineo.	par un sang virginal.
Postquam causa publica	Après-que la cause publique
vicit pietatem,	eut vaincu la tendresse,
rexque patrem,	et *que* le roi *eut vaincu* le père,
Iphigeniaque,	et *qu'*Iphigénie,
datura castum cruorem,	devant donner *son* chaste sang,

Flentibus ante aram stetit Iphigenia ministris,
Victa dea est, nubemque oculis objecit, et inter
Officium turbamque sacri, vocesque precantum,
Supposita fertur mutasse Mycenida cerva.
Ergo ubi, qua decuit, lenita est cæde Diana,
Et pariter Phœbes [1], pariter maris ira recessit,
Accipiunt ventos a tergo mille carinæ,
Multaque perpessæ, Phrygia potiuntur arena.

III. — DEMEURE DE LA RENOMMÉE.
(V. 39-63.)

Orbe locus medio est, inter terrasque fretumque
Cœlestesque plagas, triplicis confinia mundi [1];
Unde quod est usquam, quamvis regionibus absit,
Inspicitur, penetratque cavas vox omnis ad aures.
Fama tenet, summaque domum sibi legit in arce;
Innumerosque aditus ac mille foramina tectis
Addidit, et nullis inclusit limina portis.
Nocte dieque patet, tota est ex ære sonanti;
Tota fremit, vocesque refert, iteratque quod audit.
Nulla quies intus, nullaque silentia parte :
Nec tamen est clamor, sed parvæ murmura vocis;

sang, se tenait au pied des autels, au milieu des sacrificateurs en larmes. La déesse est vaincue; elle répand un nuage sur les yeux des Grecs, et, au milieu des apprêts et du tumulte du sacrifice, au milieu des prières qui lui sont adressées, à la place de la vierge de Mycènes, elle met, dit-on, une biche. Diane est apaisée par cette victime plus digne d'elle. Avec le courroux de la déesse s'évanouit celui de la mer : mille navires reçoivent les vents en poupe, et, après maintes épreuves, touchent aux rivages de la Phrygie.

III

Il est au milieu de l'univers, entre la terre, la mer et les régions célestes, sur les limites des trois mondes, un lieu d'où l'on voit tout ce qui se passe dans les contrées même les plus éloignées, où toutes les voix arrivent aux oreilles avides. C'est le séjour que s'est choisi la Renommée; elle se tient sur le sommet le plus élevé de cette demeure. Mille avenues y aboutissent; mille ouvertures y sont pratiquées; aucune porte n'en défend l'entrée. Elle ne se ferme ni le jour ni la nuit. Tout entière en airain sonore, elle est tout entière remplie d'un sourd bourdonnement; elle renvoie le son de la voix, et répète ce qu'elle entend. Au dedans le repos est inconnu, et le silence ne règne nulle part. Cependant ce ne sont pas des cris, mais des murmures étouffés;

stetit ante aram,	eut été placée devant l'autel,
ministris flentibus,	les ministres *du sacrifice* pleurant,
dea victa est,	la déesse fut vaincue,
objecitque oculis nubem,	et elle mit-devant les yeux *de tous* un [nuage,
et inter officium	et au milieu de l'accomplissement
turbamque sacri,	et du trouble du sacrifice,
vocesque precantum,	et des voix de ceux-qui-prient, [nienne
fertur mutasse Mycenida	elle est rapportée avoir échangé la Mycé-
cerva supposita.	contre une biche substituée.
Ergo ubi Diana	Donc dès-que Diane
lenita est cæde,	fut apaisée par le meurtre,
qua decuit,	par lequel il fut-convenable,
et ira Phœbes pariter,	et *que* la colère de Phœbé pareillement,
pariter maris recessit,	*et* pareillement *la colère* de la mer se fut
mille carinæ	mille carènes [retirée (apaisée),
accipiunt ventos a tergo,	reçoivent les vents par derrière,
perpessæque multa,	et ayant souffert beaucoup *d'épreuves*,
potiuntur arena Phrygia.	elles s'emparent du sable (du rivage) [phrygien.

III. DEMEURE DE LA RENOMMÉE.

Locus est medio orbe,	Un lieu est au milieu-du globe,
inter terrasque fretumque	entre et les terres et la mer
plagasque cœlestes,	et les régions célestes,
confinia triplicis mundi;	confins du triple monde;
unde quod est usquam,	d'où *ce* qui est quelque-part, [trées,
quamvis regionibus absit,	quoique *cela* soit éloigné par les con-
inspicitur,	est vu,
omnisque vox	et toute voix
penetrat ad aures cavas.	pénètre aux oreilles creuses.
Fama tenet,	La Renommée *l'*occupe,
sibique legit locum	et elle s'est choisi une place
in summa arce;	sur le sommet-du lieu-élevé;
additque tectis	et elle a ajouté à *sa* demeure
aditus innumeros,	des abords innombrables,
ac mille foramina,	et mille ouvertures,
et inclusit limina	et elle n'a fermé les seuils
nullis portis.	par aucunes portes.
Patet nocte dieque,	*Cette demeure* est ouverte nuit et jour,
est tota ex ære sonanti;	elle est tout-entière d'airain sonore;
fremit tota,	elle frémit tout-entière,
refertque voces,	et elle rapporte (reproduit) les voix
iteratque quod audit.	et elle répète *ce* qu'elle entend.
Nulla quies intus,	Aucun repos à l'intérieur,
silentiaque nulla parte :	et le silence en aucune partie :
nec tamen clamor est,	ni cependant un cri n'est, [(faible);
sed murmura vocis parvæ;	mais les murmures d'une voix petite

Qualia de pelagi, si quis procul audiat, undis
Esse solent; qualemve sonum, quum Jupiter atras
Increpuit nubes, extrema tonitrua reddunt.
Atria turba tenet, veniunt leve vulgus, euntque;
Mixtaque cum veris passim commenta vagantur
Millia Rumorum [1], confusaque verba volutant.
E quibus hi vacuas implent sermonibus aures;
Hi narrata ferunt alio; mensuraque ficti
Crescit, et auditis aliquid novus adjicit auctor.
Illic Credulitas, illic temerarius Error,
Vanaque Lætitia est, consternatique Timores,
Seditioque recens, dubioque auctore Susurri.
Ipsa quid in cœlo rerum pelagoque geratur,
Et tellure, videt, totumque inquirit in orbem.

IV. — GUERRE DE TROIE. COMBAT D'ACHILLE ET DE CYCNUS.
(V. 64-94.)

Fecerat hæc notum Graias cum milite forti
Adventare rates; neque inexspectatus in armis
Hostis adest. Prohibent aditu, littusque tuentur
Troes, et Hectorea primus fataliter [1] hasta,
Protesilae, cadis, commissaque prœlia magno

tel est le frémissement lointain des vagues de la mer, tels sont les derniers grondements de la foudre, quand Jupiter choque les uns contre les autres les sombres nuages. La foule occupe les portiques; la multitude légère ne cesse d'aller et de venir. Mille fausses Rumeurs circulent de toutes parts, mêlées à la vérité, et font rouler des paroles confuses. Les unes remplissent de vains récits les oreilles des désœuvrés, les autres vont porter ailleurs les nouvelles; le mensonge croît, et celui qui raconte le dernier ajoute toujours à ce qu'il a appris. Là résident et la Crédulité, et l'Erreur étourdie, et la fausse Joie, et les Alarmes à l'air consterné, et la Sédition naissante, et les Bruits légers dont la source est inconnue. La Renommée elle-même voit ce qui se passe dans le ciel, sur la mer et sur la terre : elle porte ses recherches dans l'univers entier.

IV

La Renommée avait annoncé l'approche de la flotte grecque, montée par de vaillants soldats : ce n'est donc point à l'improviste que ceux-ci arrivent en armes sur la terre ennemie. Les Troyens s'opposent à leur descente; ils défendent leurs rivages; et par l'ordre du destin, tu tombes le premier, ô Protésilas, sous la lance d'Hector. La lutte en-

qualia solent esse	tels qu'ils ont-coutume d'être
de undis pelagi,	venant des ondes de la mer,
si quis audiat procul,	si quelqu'un les entend de-loin,
qualemve extrema tonitrua	ou tels que les derniers tonnerres
reddunt sonum,	rendent un son,
quum Jupiter increpuit	quand Jupiter a-fait-éclater
nubes atras.	les nuages sombres.
Turba tenet atria;	La foule occupe les portiques;
vulgus leve veniunt et eunt;	le vulgaire léger vient et va;
milliaque commenta	et des milliers d'inventions
Rumorum	de Rumeurs
mixta cum veris	mêlées avec des *bruits* vrais
vagantur passim,	circulent çà-et-là,
volutantque verba confusa.	et font-rouler des paroles confuses.
E quibus hi	Parmi lesquelles *Rumeurs* celles-ci
implent sermonibus	remplissent d'entretiens
aures vacuas;	les oreilles vides; [leurs
hi ferunt alio	celles-ci portent (vont annoncer) ail-
narrata;	les choses racontées;
mensuraque ficti crescit,	et la mesure de la fiction croît,
et novus auctor	et le nouvel auteur [entendues.
adjicit aliquid auditis.	ajoute quelque chose aux choses qu'il a
Illic est Credulitas,	Là est la Crédulité,
illic Error temerarius,	là l'Erreur inconsidérée,
Lætitiaque vana,	et la Joie vaine,
Timoresque consternati,	et les Craintes consternées,
Seditioque recens,	et la Sédition récente,
Susurrique auctore dubio.	et les Murmures d'un auteur douteux.
Ipsa videt	Elle-même voit
quid geratur rerum	ce qui se fait de choses
in cœlo pelagoque,	dans le ciel et la mer,
et tellure,	et sur la terre, [entier.
inquiritque in orbem totum.	et elle fait-des-recherches dans le monde

IV. GUERRE DE TROIE. COMBAT D'ACHILLE ET DE CYCNUS.

Hæc fecerat notum	Elle (la Renommée) avait fait con-
rates Graias adventare	les vaisseaux grecs arriver [naître
cum milite forti;	avec un soldat courageux;
neque hostis adest in armis	et l'ennemi ne se présente pas en armes
inexspectatus.	sans-être-attendu.
Troes prohibent aditu,	Les Troyens *le* repoussent de l'abord,
tuenturque littus,	et ils défendent le rivage,
et, Protesilae,	et, Protésilas, [du-destin
cadis primus fataliter	tu tombes le premier suivant-l'ordre-
hasta Hectorea,	par la lance d'-Hector,
prœliaque commissa	et les combats engagés

Stant Danais, fortisque animæ nece cognitus Hector.
Nec Phryges exiguo, quid Achaica dextera posset,
Sanguine senserunt. Et jam Sigea¹ rubebant
Littora; jam leto, proles Neptunia, Cycnus
Mille viros dederat; jam curru instabat Achilles,
Totaque Peliacæ² sternebat cuspidis ictu
Agmina; perque acies aut Cycnum aut Hectora quærens,
Congreditur Cycno: decimum ciIatus in annum
Hector erat. Tum colla jugo candentia pressos
Exhortatus equos, currum direxit in hostem,
Concutiensque suis vibrantia tela lacertis :
« Quisquis es, o juvenis, dixit, solamen habeto
Mortis, ab Hæmonio quod sis jugulatus Achille. »
    Hactenus Æacides³; vocem gravis hasta secuta est.
Sed quanquam certa nulus fuit error in hasta,
Nil tamen emissi profecit acumine ferri,
Utque hebeti pectus tantummodo contudit ictu :
« Nate Dea (nam te fama prænovimus), inquit
Ille; quid a nobis vulnus miraris abesse
(Mirabatur enim)? Non hæc, quam cernis, equinis
Fulva jubis cassis, nec onus, cava parma, sinistræ,

gagée coûte cher aux Grecs : Hector se fait connaître par le trépas de ce héros. Mais les Phrygiens apprennent aussi par une cruelle expérience ce que peut le bras des Grecs. Déjà le sang rougissait le rivage de Sigée; déjà le fils de Neptune, Cycnus, avait donné la mort à mille guerriers; déjà Achille, monté sur son char, pressait les ennemis et renversait des bataillons entiers avec sa lance coupée sur le Pélion. Dans la mêlée il cherche Cycnus ou Hector; il ne rencontre que Cycnus : Hector était ajourné à dix ans. Alors Achille anime ses blancs coursiers, qui frémissent sous le joug; il dirige son char contre l'ennemi, et, brandissant dans ses mains ses traits étincelants : « Qui que tu sois, s'écrie-t-il, ô jeune homme, console-toi de mourir, puisque tu tombes sous les coups du Thessalien Achille! »

Il n'en dit pas davantage; un pesant javelot suit ces paroles. Mais bien que le trait assuré ne manque pas son but, le fer aigu reste sans effet: il meurtrit d'un coup impuissant la poitrine de Cycnus. Achille en est surpris. « Fils d'une déesse, s'écrie Cycnus, car la Renommée t'a déjà fait connaître à nous, pourquoi t'étonnes-tu que je sois sans blessure? Ni ce casque que tu vois, orné de la fauve crinière d'un cheval, ni ce creux bouclier qui charge mon bras gauche,

stant magno Danais,	coûtent un grand *prix* aux Grecs,
Hectorque cognitus	et Hector *fut* connu
nece animæ fortis.	par la mort d'une âme vaillante.
Nec Phryges senserunt	Ni les Phrygiens ne s'aperçurent
sanguine exiguo	par un sang peu-abondant [achéenne.
quid posset dextera Achaica.	ce que pouvait la *main* droite
Et jam littora Sigea	Et déjà les rivages de-Sigée
rubebant;	étaient-rouges;
jam Cycnus,	déjà Cycnus,
proles Neptunia,	rejeton Neptunien,
dederat leto mille viros;	avait donné au trépas mille hommes;
jam Achilles instabat curru,	déjà Achille pressait de *son* char,
sternebatque agmina tota	et il écrasait des bataillons entiers
ictu cuspidis	du coup de la pointe (de sa lance)
Peliacæ;	du *mont* de-Pélion;
quærensque per acies	et cherchant à travers les armées
aut Cycnum aut Hectora,	ou Cycnus, ou Hector,
congreditur Cycno :	il rencontre Cycnus :
Hector dilatus erat	Hector avait été différé
in decimum annum.	à la dixième année.
Tum exhortatus equos	Alors ayant exhorté *ses* chevaux [blancs,
pressos jugo colla candentia,	pressés par le joug quant à *leurs* cous
direxit currum in hostem,	il dirigea *son* char contre l'ennemi,
concutiensque suis manibus	et agitant de ses mains
tela vibrantia,	des traits brandis,
dixit : Quisquis es, o juvenis,	il dit : Qui que tu sois, ô jeune-homme,
habeto solamen mortis,	aie pour consolation de *ta* mort,
quod jugulatus sis	que tu aies été égorgé
ab Hæmonio Achille.	par le Thessalien Achille.
Æacides hactenus ;	Le petit-fils-d'Éaque *parla* jusque-là;
hasta gravis	un javelot pesant
secuta est vocem.	suivit *sa* parole.
Sed quanquam nullus error	Mais bien qu'aucune déviation
fuit in hasta certa,	ne fût dans *sa* lance sûre,
tamen profecit nil	cependant il ne gagna rien
acumine ferri emissi,	par la pointe du fer envoyé, [trine
utque tantummodo contudit	et comme il eut seulement meurtri la poi-
ictu hebeti :	d'un coup émoussé :
Nate dea, inquit ille	Fils d'une déesse, dit celui-ci (Cycnus)
(nam te præovimus fama),	(car nous t'avons connu-d'-avance par
quid miraris	pourquoi t'étonnes-tu [la renommée),
vulnus abesse a nobis	la blessure être-éloignée de nous
(mirabatur enim) ?	(il s'en étonnait en effet) ?
Non hæc cassis, quam cernis,	Ni ce casque, que tu vois,
fulva jubis equinis,	fauve par des crinières de-cheval,
nec parma cava,	ni ce bouclier creux,
onus sinistræ,	fardeau du *bras* gauche,

Auxilio mihi sunt : decor est quæsitus ab istis ;
Mars quoque ob hoc capere arma solet : removebitur omne
Tegminis officium; tamen indestrictus abibo.
Est aliquid non esse satum Nereide[1], sed qui
Nereaque, et natas, et totum temperet æquor. »

V. — MORT ET MÉTAMORPHOSE DE CYCNUS.
(V. 95-145.)

Dixit et hæsurum clypei curvamine telum
Misit in Æaciden; quod et æs et proxima rupit
Terga novena boum, decimo tamen orbe moratum est.
Excutit hoc heros, rursusque trementia forti
Tela manu torsit : rursus sine vulnere corpus
Sincerumque fuit; nec tertia cuspis apertum
Et se præbentem valuit destringere Cycnum.
Haud secus exarsit quam circo taurus aperto,
Quum sua terribili petit irritamina cornu,
Phœniceas vestes, elusaque vulnera sentit.
Num tamen exciderit ferrum, considerat, hastæ :
Hærebat ligno. « Manus est mea debilis ergo :
Quasque, ait, ante habuit vires, effudit in uno ?

ne me sont d'aucun secours; ce n'est pour moi qu'un ornement. Mars aussi ne revêt des armes que pour se parer : je me dépouillerais de toute armure, que je n'en sortirais pas moins du combat sain et sauf. C'est quelque chose d'être le fils non pas d'une simple Néréide, mais du maître de Nérée et de ses filles, de celui qui est le souverain de toutes les mers. »

V

Il dit, et lance contre le petit-fils d'Éaque un javelot qui s'enfonce dans le bouclier bombé, et perce l'airain et les neuf premières peaux de bœuf; la dixième l'arrête. Le héros l'arrache, et d'un bras vigoureux il brandit et fait voler à son tour un second trait. Cycnus n'est point blessé; il reste encore intact, et bien qu'il se présente à découvert, un troisième javelot ne peut l'entamer. Achille est transporté de fureur; tel un taureau dans le vaste cirque, frappant de ses cornes les étoffes de pourpre qui l'irritent, sent que ses coups restent sans effet. Le héros regarde si le fer n'est pas tombé de sa lance : le fer tient toujours au bois. « C'est donc mon bras qui est faible, s'écrie-t-il ; il a perdu contre un seul guerrier son ancienne vigueur ?

sunt auxilio mihi ;	ne sont à secours à moi ; [armes ;
decor est quæsitus ab istis ;	une parure est cherchée au moyen de ces
Mars quoque solet	Mars aussi a-coutume [parer):
capere arma ad hoc :	de prendre des armes pour cela (pour se
omne officium tegminis	tout service de couverture (d'armure)
removebitur ;	sera écarté ;
tamen abibo indestrictus.	cependant je m'en irai non-effleuré.
Est aliquid	C'est quelque chose
non esse satum Nereide,	de n' être pas né d'une Néréide,
sed qui temperet	mais *de celui* qui peut-gouverner
Nereaque et natas,	et Nérée et *ses* filles,
et æquor totum.	et la mer tout-entière.

V. — MORT ET MÉTAMORPHOSE DE CYCNUS.

Dixit,	Il dit,
et misit in Æaciden	et il envoya contre le petit-fils-d'Éaque
telum hæsurum	un trait devant s'attacher
curvamine clypei ;	dans la courbure du bouclier ;
quod rupit et æs	lequel *trait* perça et l'airain
et novena proxima	et les neuf plus proches (premiers)
terga boum,	dos de bœufs,
moratum est tamen	*et* s'arrêta cependant
decimo orbe.	dans le dixième cercle.
Heros hoc excutit,	Le héros le fait-tomber-en-secouant,
torsitque rursus	et il lança de-nouveau
manu forti	d'une main forte
tela trementia :	des traits (un trait) tremblants (brandis):
corpus fuit rursus	le corps fut de-nouveau
sine vulnere sincerumque ;	sans blessure et intact ;
nec tertia cuspis	ni une troisième pointe
valuit destringere Cycnum	ne put entamer Cycnus
apertum et se præbentem.	découvert et se présentant.
Exarsit haud secus	Il (Achille) s'enflamma non autrement
quam taurus circo aperto,	qu'un taureau dans un cirque ouvert,
quum petit	lorsqu'il cherche-à-atteindre
cornu terribili	d'une corne terrible
sua irritamina,	ses stimulants (les objets qui l'irritent),
vestes Phœniceas,	*à savoir* des étoffes phéniciennes (de pour-
sentitque vulnera elusa.	et *qu*'il sent les blessures éludées. [pre),
Considerat tamen num	Il considère cependant si
ferrum hastæ exciderit :	le fer de la lance est tombé :
hærebat ligno.	il était attaché au bois.
Ergo mea manus	Donc ma main
est debilis, ait,	est faible, dit-il,
effuditque in uno	et elle a épuisé (perdu) sur un seul
vires quas habuit ante ?	les forces qu'elle a eues auparavant ?

Nam certe valuit, vel quum Lyrnessia[1] primum
Mœnia dejeci, vel quum Tenedonque, suoque
Eetioneas implevi sanguine Thebas ;
Vel quum purpureus populari cæde Caycus
Fluxit, opusque meæ bis sensit Telephus[2] hastæ.
Hic quoque, tot cæsis, quorum per littus acervos
Et feci, et video, valuit mea dextra, valetque. »
    Dixit, et ante actis veluti male crederet, hastam
Misit in adversum Lycia de plebe Menœten,
Loricamque simul, subjectaque pectora rupit.
Quo plangente gravem moribundo pectore terram,
Extrahit illud idem calido de vulnere telum,
Atque ait : « Hæc manus est, hæc, qua modo vicimus, hasta ;
Utar in hunc isdem : sit in hoc, precor, exitus idem. »
    Sic fatur, Cycnumque petit ; nec fraxinus errat,
Inque humero sonuit non evitata sinistro :
Inde, velut muro solidave a caute, repulsa est.
Qua tamen ictus erat, signatum sanguine Cycnum
Viderat, et frustra fuerat gavisus Achilles :

Car il ne manquait pas de force lorsque d'abord j'ai abattu les remparts de Lyrnesse, que j'ai noyé dans le sang de leurs habitants Ténédos, et Thèbes où régnait Éetion ; lorsque le Caïcus roula des eaux teintes du sang de ses peuples, et que Télèphe sentit deux fois l'effet de ma lance. Ici même tous ces guerriers que j'ai immolés, et dont je vois les cadavres amoncelés sur le rivage, ont montré et montrent aussi la vigueur de mon bras. »

Il dit, et, comme s'il ne croyait plus à ses premiers exploits, il lance un javelot contre Ménétès, obscur Lycien, qui se trouvait devant lui. Le trait transperce à la fois la cuirasse et le cœur qu'elle protége. L'infortuné frappe la terre de sa poitrine défaillante. Achille retire le javelot de la blessure encore toute chaude : « Voici le bras, s'écrie-t-il, voici le fer avec lesquels je viens de vaincre. Je vais les tourner contre cet ennemi superbe : puissent-ils m'assurer encore la victoire ! »

Il dit, et vise Cycnus. Le trait ne manque pas le but ; il frappe avec bruit l'épaule gauche du héros qui n'a pas cherché à l'éviter, et tombe comme s'il était repoussé par un mur ou par un dur rocher. Toutefois à la place où Cycnus a été atteint, Achille a vu du sang ; il en conçoit une vaine joie :

Nam certe valuit,	Car certainement elle a-été-forte,
vel quum primum dejeci	ou lorsque d'abord j'ai abattu
moenia Lyrnessia,	les remparts de-Lyrnesse,
vel quum implevi	ou lorsque j'ai rempli
Tenedonque,	et Ténédos,
Thebasque Eetioneas	et Thèbes d'-Eétion [tants);
suo sanguine;	de leur sang (du sang de leurs habi-
vel quum Caycus fluxit	ou lorsque le Caycus a coulé [ples,
purpureus cæde populari,	empourpré par le massacre de-ses-peu-
Telephusque sensit bis	et que Télèphe a senti deux-fois
opus meæ hastæ.	l'œuvre de ma lance.
Hic quoque mea dextra	Ici même ma main droite
valuit valetque,	a-été-forte et est-forte,
tot cæsis	tant de guerriers ayant été immolés,
quorum et feci et video	desquels et j'ai fait et je vois
acervos per littus.	des monceaux le-long-du rivage.
Dixit, et veluti	Il dit, et comme-si [auparavant,
crederet male actis ante,	il croyait mal à ses exploits accomplis
misit hastam	il envoya sa lance
in Menœten de plebe Lycia,	contre Ménétès de la plèbe Lycienne,
adversum,	Ménétès placé-en-face,
rupitque simul loricam	et il perça à-la-fois la cuirasse [sous.
pectoraque subjecta.	et les poitrines (la poitrine) placées-des-
Quo plangente	Lequel Ménétès frappant
terram gravem	la terre pesante
pectore moribundo,	de sa poitrine mourante,
extrahit de vulnere calido	il retire de la blessure chaude
illud idem telum,	ce même trait,
atque ait :	et il dit :
Hæc est manus,	Celle-ci est la main,
hæc hasta qua	celle-ci est la lance avec laquelle
vicimus modo;	nous avons vaincu récemment ; [armes.
utar in hunc isdem :	je me servirai contre celui-ci des mêmes
precor idem exitus	je demande que le même résultat
sit in hoc.	soit sur celui-ci.
Fatur sic,	Il parle ainsi,
petitque Cycnum;	et il vise Cycnus;
nec fraxinus errat;	et le frêne ne dévie pas;
et non evitata sonuit	et n'ayant pas été évité il résonna
in humero sinistro :	sur l'épaule gauche de Cycnus;
repulsa est inde	il fut repoussé de-là
velut a muro cauteve solida.	comme d'un mur ou d'un rocher solide.
Achilles viderat tamen	Achille avait vu cependant
Cycnum	Cycnus
signatum sanguine,	marqué de sang,
qua ictus erat,	là où celui-ci avait été frappé,
et gavisus fuerat frustra :	et il s'etait réjoui en vain ;

Vulnus erat nullum, sanguis fuit ille Menœtæ.
Tum vero præceps curru fremebundus ab alto
Desilit; et nitido securum cominus hostem
Ense petens, parmam gladio galeamque cavari
Cernit, et in duro lædi quoque corpore ferrum.
Haud tulit ulterius, clypeoque adversa reducto
Ter, quater ora viri, capulo et cava tempora pulsat;
Cedentemque sequens, instat, turbatque, ruitque,
Attonitoque negat requiem. Pavor occupat illum;
Ante oculosque natant tenebræ; retroque ferenti
Aversos passus, medio lapis obstitit arvo :
Quem super impulsum resupino corpore Cycnum
Vi multa vertit, terræque afflixit Achilles.
Tum clypeo genibusque premens præcordia duris,
Vincla trahit galeæ; quæ presso subdita mento
Elidunt fauces, et respiramen iterque
Eripiunt animæ. Victum spoliare parabat ;
Arma relicta videt : corpus deus æquoris albam
Contulit in volucrem, cujus modo nomen habebat.

ce n'était point une blessure; c'était le sang de Ménétès. Alors, frémissant de rage, il se précipite de son char élevé; avec son glaive étincelant il attaque de près Cycnus qui l'attend sans crainte; le fer perce le bouclier et le casque, mais il s'émousse aussi sur ce corps impénétrable. Achille ne se possède plus : de son bouclier qu'il ramène à lui, il frappe trois et quatre fois le visage du guerrier, et lui meurtrit le creux des tempes avec la garde de son épée. Cycnus recule; son adversaire le suit, le presse, le trouble, fond sur lui avant qu'il ait le temps de revenir de sa surprise. La terreur s'empare du Troyen; les ténèbres de la mort flottent devant ses yeux. Pendant qu'il reporte ses pas en arrière, une pierre l'arrête au milieu du champ : Achille le pousse dessus, le renverse sur le dos avec violence, et le cloue à la terre. Alors, lui pressant la poitrine avec son bouclier et ses durs genoux, il serre les courroies, qui passées sous le menton du Troyen retiennent son casque; il lui coupe la respiration et l'étrangle. Il se préparait à dépouiller son ennemi vaincu; il ne voit plus qu'une armure vide. Le dieu de la mer a changé Cycnus en l'oiseau au blanc plumage dont naguère il portait le nom.

Nullum vulnus erat,	Aucune blessure n'était,
ille sanguis fuit Menœtæ.	ce sang fut *celui* de Ménétès.
Tum vero fremebundus	Mais alors frémissant
desilit præceps	il saute-à-bas en-se-précipitant
ab curru alto ;	de *son* char élevé ;
et petens cominus	et attaquant de-près
ense nitido	avec *son* épée étincelante
hostem securum,	*son* ennemi tranquille,
cernit palmam galeamque	il voit le bouclier et le casque
cavari gladio,	être creusés par le glaive,
at ferrum lædi quoque	mais le fer être endommagé aussi
in corpore duro.	sur le corps dur. [longtemps),
Haud tulit ulterius,	Il ne *le* supporta pas plus-au-delà (plus-
pulsatque ter quater	et il frappe trois-fois et quatre-fois
clypeo reducto	de *son* bouclier ramené-en-arrière
ora adversa viri,	le visage opposé de l'homme,
et tempora cava	et *il lui frappe* les tempes creuses
capulo;	avec la garde-de-*son*-épée ;
sequensque cedentem,	et suivant *lui* se-retirant,
instat, turbatque, ruitque,	il *le* presse, et *le* trouble, et se précipite,
negatque requiem attonito.	et il refuse du repos à *lui* étonné.
Pavor occupat illum;	La peur s'empare de celui-là ;
tenebræque natant	et les ténèbres nagent (flottent)
ante oculos;	devant *ses* yeux ;
lapisque obstitit medio arvo	et une pierre arrêta au milieu-du champ
ferenti retro	*Cycnus* portant en-arrière
passus aversos ;	*ses* pas détournés (qui reculent);
super quem Achilles	sur laquelle *pierre* Achille
vertit multa vi	renversa avec beaucoup *de* force
corpore resupino	le corps penché-en-arrière
Cycnum impulsum,	Cycnus poussé,
afflixitque terræ.	et il *l'*appliqua à terre.
Tum premens præcordia	Alors *lui* pressant la poitrine
clypeo durisque genibus,	de *son* bouclier et de *ses* durs genoux,
trahit vincla galeæ,	il tire (il serre) les liens du casque,
quæ subdita mento presso	qui placés-sous le menton serré
elidunt fauces,	broient le gosier,
eripiuntque animæ	et enlèvent au souffle
respiramen iterque.	la respiration et le passage.
Parabat spoliare victum;	Il se préparait à dépouiller le vaincu;
videt arma relicta :	il voit les armes laissées :
deus æquoris contulit corpus	le dieu de la mer a changé le corps
in volucrem albam,	en l'oiseau blanc,
cujus modo habebat nomen.	dont tout-à-l'heure il avait le nom.

VI. — NEPTUNE DEMANDE A APOLLON LA MORT D'ACHILLE.
(V. 580-596.)

At deus, æquoreas qui cuspide temperat undas,
In volucrem corpus nati Stheneleida[1] versum
Mente dolet patria, sævumque perosus Achillem,
Exercet memores plus quam civiliter iras.
Jamque fere tracto duo per quinquennia bello,
Talibus intonsum compellat Smintheer[2] dictis :
« O mihi de fratris longe gratissime natis,
Irrita qui mecum posuisti moenia Trojæ,
Ecquid, ut has jamjam casuras adspicis arces,
Ingemis ? aut ecquid tot defendentia muros
Millia cæsa doles ? Ecquid, ne persequar omnes,
Hectoris umbra subit, circum sua Pergama tracti?
Quum tamen ille ferox, belloque cruentior ipso,
Vivit adhuc, operis nostri populator, Achilles.
Det mihi se ; faxo, triplici quid cuspide possim,
Sentiat ; at quoniam concurrere cominus hosti
Non datur[3], occulta necopinum perde sagitta. »

VII. — MORT D'ACHILLE : SA GLOIRE. ULYSSE ET AJAX SE DISPUTENT LES ARMES DE CE HÉROS.
(V. 597-628.)

Annuit, atque animo pariter patruique suoque

VI

Cependant le dieu qui gouverne les mers avec son trident, s'afflige dans son cœur paternel d'avoir vu son fils changé en oiseau, comme le fils de Sthénélus. Il déteste le cruel Achille, et le poursuit d'un implacable ressentiment. Déjà la guerre durait depuis près de dix ans, lorsqu'il s'adresse en ces termes à Sminthée-Apollon, le dieu à la longue chevelure : « O toi qui des fils de mon frère m'es le plus cher de beaucoup, toi qui as élevé avec moi les inutiles remparts d'Ilion, ne gémis-tu pas de voir que ces citadelles vont bientôt tomber? N'es-tu pas affligé de la mort de tant de guerriers qui défendaient ces murs? Pour n'en citer qu'un seul, ne te souviens-tu plus d'Hector traîné autour de Pergame sa patrie? Et pourtant ce farouche Achille, plus sanguinaire que la guerre elle-même, Achille, le destructeur de nos travaux, vit encore ! Qu'il se présente à moi, et je lui ferai connaître ce que peut mon trident; mais puisqu'il ne nous est pas permis de combattre notre ennemi de près, frappe-le d'une mort inattendue, par une flèche invisible. »

VII

Le dieu de Délos y consent ; et pour satisfaire à la fois son propre

VI. — NEPTUNE DEMANDE A APOLLON LA MORT D'ACHILLE.

At deus, qui temperat
undas æquoreas cuspide,
dolet mente patria
corpus nati versum
in volucrem Stheneleida,
perosusque
sævum Achillem,
exercet plus quam civiliter
iras memores.
Jamque bello tracto
fere per duo quinquennia,
compellat talibus dictis
Sminthea intonsum :
O longe gratissime mihi
de natis fratris,
qui posuisti mecum
mœnia irrita Trojæ,
ecquid ingemis,
ut adspicis has arces
casuras jamjam ?
Aut ecquid doles
tot millia cæsa
defendentia muros ?
Ecquid,
ne persequar omnes,
umbra Hectoris subit,
tracti circum sua Pergama ?
Quum tamen
ille ferox Achilles,
cruentiorque bello ipso,
populator nostri operis
vivit adhuc.
Det se mihi ;
faxo sentiat
quid possim triplici cuspide ;
at quoniam non datur
concurrere cominus hosti,
perde sagitta occulta
necopinum.

Mais le dieu, qui gouverne [trident),
les ondes de-la-mer avec la pointe (le
s'afflige dans *son* cœur paternel
le corps de *son* fils avoir été changé
en oiseau de-Sthénélus,
et ayant-pris-en-aversion   [citoyens
le cruel Achille,
il exerce plus qu'il ne convient-entre-
des colères qui-se-souviennent.
Et déjà la guerre ayant été traînée [ans,
presque pendant deux espaces-de-cinq-
il apostrophe par de telles paroles
le *dieu*-de-Sminthe non-tondu.
O *toi* de beaucoup le plus agréable à moi
des fils de *mon* frère,
qui as posé avec-moi
les remparts inutiles de Troie,
est-ce-que tu ne gémis pas,
quand tu regardes ces citadelles
devant tomber bientôt ?
Ou-bien est-ce-que tu ne plains pas
tant *de* milliers *d'hommes* égorgés
en défendant les murs ?
Est-ce-que,
pour que je ne *les* énumère pas tous,
l'ombre d'Hector ne se présente pas *à toi*
d'*Hector* traîné autour de sa Pergame ?
Lorsque cependant
ce farouche Achille,
et plus sanglant que la guerre même,
dévastateur de notre ouvrage
vit encore.
Qu'il se donne (présente) à moi ;
je ferai *en sorte* qu'il sente
ce que je peux avec *ma* triple pointe ;
mais puisqu'il n'est pas donné
de rencontrer de-près l'ennemi,
fais-périr par une flèche occulte
lui ne-s'y-attendant-pas.

VII. —MORT D'ACHILLE : SA GLOIRE. ULYSSE ET AJAX SE DISPUTENT LES ARMES DE CE HÉROS.

Delius annuit,
atque indulgens pariter

Le *dieu* de-Délos consent,
et satisfaisant à-la-fois

Delius indulgens, nebula velatus, in agmen
Pervenit Iliacum; mediaque in cæde virorum
Rara per ignotos spargentem cernit Achivos
Tela Parin; fassusque deum : « Quid spicula perdis
Sanguine plebis? ait. Si qua est tibi cura tuorum,
Vertere in Æaciden, cæsosque ulciscere fratres. »
Dixit, et ostendens sternentem Troica ferro
Corpora Peliden, arcus obvertit in illum,
Certaque letifera direxit spicula dextra.
Quo Priamus gaudere senex post Hectora posset,
Hoc fuit. Ille igitur tantorum victor, Achille,
Victus es a timido Graiæ raptore maritæ !
At, si femineo fuerat tibi Marte cadendum,
Thermodontiaca[1] malles cecidisse bipenni.

Jam timor ille Phrygum, decus et tutela Pelasgi
Nominis, Æacides, caput insuperabile bello,
Arserat : armarat deus idem, idemque cremarat[2].
Jam cinis est, et de tam magno restat Achille
Nescio quid, parvam quod non bene compleat urnam.
At vivit totum quæ gloria compleat orbem :

ressentiment et celui de son oncle, il s'entoure d'une nuée et descend vers les bataillons troyens. Là, au milieu du carnage, il voit Pâris jeter çà et là de rares traits sur des Grecs obscurs. Le dieu se fait connaître : « Pourquoi, lui dit-il, perdre tes flèches sur une foule sans nom? Si tu as quelque souci des tiens, tourne-les contre le descendant d'Éaque, et venge tes frères égorgés. » Il dit, et lui montrant Achille dont la lance terrasse les guerriers troyens, il tourne contre ce héros l'arc de Pâris, et d'une main meurtrière dirige un trait sûr. Ce fut la seule joie que le vieux Priam put goûter depuis le trépas d'Hector. Ainsi, vainqueur d'illustres guerriers, tu fus vaincu, Achille, par le lâche ravisseur d'une épouse grecque. Mais si tu devais périr par un bras de femme, tu aurais mieux aimé tomber sous la hache d'une guerrière des bords du Thermodon.

Déjà ce héros, la terreur des Troyens, l'honneur et l'appui du nom grec, le petit-fils d'Éaque, invincible dans les combats, avait été consumé par les flammes. Le dieu qui avait forgé son armure avait aussi brûlé sa dépouille mortelle. Ce n'est plus qu'un peu de cendre ; et de ce grand Achille, il reste un je ne sais quoi qui pourrait à peine remplir une petite urne ; mais sa gloire vit et suffit à remplir tout l'univers.

animo patruique suoque,	le ressentiment de *son* oncle et le sien,
velatus nebula,	voilé par un nuage,
pervenit in agmen Iliacum,	il parvient dans l'armée troyenne, [mes
inque media cæde virorum	et dans le milieu-du massacre des hom-
cernit Parin	il voit Paris
spargentem tela rara	répandant des traits rares
per Achivos ignotos;	à travers des Grecs inconnus;
fassusque deum :	et s'étant déclaré *comme* dieu :
Quid perdis spicula, ait,	Pourquoi perds-tu tes flèches, dit-il,
sanguine plebis?	dans le sang de la plèbe?
Si qua cura tuorum	Si quelque souci des tiens
est tibi,	est à toi,
vertere in Æaciden,	tourne-toi contre le petit-fils-d'-Éaque,
ulciscereque fratres cæsos.	et venge *tes* frères massacrés.
Dixit, et ostendens Peliden	Il dit, et montrant le fils-de-Pelée
sternentem ferro	terrassant avec le fer
corpora Troica,	les corps troyens,
obvertit arcus in illum,	il tourna les arcs (l'arc) contre lui,
direxitque manu letifera	et dirigea d'une main meurtrière
spicula certa.	les flèches (la flèche) sûres.
Hoc fuit quo	Cela fut le *seul événement* duquel
senex Priamus	le vieux Priam
posset gaudere	pût se réjouir
post Hectora.	après Hector (la mort d'Hector). [ros,
Igitur ille victor tantorum,	Donc *toi* ce vainqueur de si-grands *hé-*
Achille, victus es	Achille, tu fus vaincu
a timido raptore	par le lâche ravisseur
maritæ Græcæ!	d'une épouse grecque!
At si fuerat cadendum tibi	Mais s'il avait été à-tomber par toi
Marte femineo,	par Mars féminin (par les coups d'une
malles cecidisse	tu aimerais-mieux être tombé [femme),
bipenni Thermodontiaca.	par la hache du-Thermodon.
Jam ille terror Phrygum,	Déjà cet effroi des Phrygiens,
decus et tutela	ornement et défense
nominis Pelasgi,	du nom pélasge (grec),
Æacides,	le petit-fils-d'-Éaque,
caput insuperabile bello,	tête invincible à la guerre,
arserat;	avait brûlé;
idem deus armarat,	le même dieu *l'*avait armé,
idemque cremarat.	et le même *l'*avait brûlé.
Jam est cinis,	Déjà il est cendre,
et nescio quid	et un je ne sais quoi
quod non compleat bene	qui n'emplirait pas bien
parvam urnam,	une petite urne,
restat de tam magno Achille.	reste du si grand Achille.
At gloria vivit	Mais *sa* gloire vit
quæ compleat orbem totum :	qui peut-remplir le monde entier:

Hæc illi mensura viro respondet, et hac est
Par sibi Pelides, nec inania Tartara sentit.
Ipse etiam, ut cujus fuerit cognoscere possis,
Bella movet clypeus, deque armis arma feruntur.
Non ea Tydides[1], non audet Oileos Ajax,
Non minor Atrides, non bello major et ævo
Poscere, non alii : soli Telamone creato
Laertaque fuit tantæ fiducia laudis.
A se Tantalides[2] onus invidiamque removit;
Argolicosque duces mediis considere castris
Jussit, et arbitrium litis trajecit in omnes.

Voilà la mesure qui convient au fils de Pélée; c'est par là qu'il est égal à lui-même, et qu'il défie les ombres du Tartare. Que dis-je? son bouclier, et cela seul montre à quel héros il appartenait, excite aussi des combats : on se dispute ses armes les armes à la main. Ce n'est ni le fils de Tydée, ni Ajax, fils d'Oïlée, ni le plus jeune des deux Atrides, ni le plus grand par l'âge et la valeur, ni tant d'autres guerriers qui osent les réclamer. Seuls, le fils de Télamon et le fils de Laërte, ont assez de confiance pour prétendre à une récompense si glorieuse. Le descendant de Tantale ne veut pas s'exposer à une pareille responsabilité ni à la haine de celui qui sera vaincu. Il convoque au milieu du camp les chefs des Grecs, et remet le jugement à la décision de tous.

hæc mensura respondet	cette mesure répond
illi viro,	à cet homme-là,
et Pelides	et le fils-de-Pélée
est par sibi hac,	est égal à lui-même par celle-ci,
nec sentit Tartara inania.	et ne sent pas le Tartare vide.
Clypeus ipse etiam	Son bouclier lui-même aussi
movet bella,	excite des guerres,
ut possis cognoscere	de sorte que tu peux connaître
cujus fuerit;	de qui (à qui) il a été ; [armes.
armaque feruntur de armis.	et les armes sont portées au sujet de *ses*
Non Tydides audet,	Ni le fils-de-Tydée n'ose,
non Ajax Oileos,	ni Ajax *fils* d'Oilée,
non minor Atrides,	ni le plus jeune Atride,
non major bello et ævo,	ni le plus grand par la guerre et l'âge,
non alii poscere ea.	ni les autres *n'osent* demander ces *armes*.
Fiducia laudis tantæ	La confiance d'une gloire-si-grande
fuit soli creato Telamone	fut au seul fils de Télamon
Laertaque.	et *au fils* de Laerte. [même
Tantalides removit se	Le petit-fils-de-Tantale écarta de lui-
onus invidiamque;	le fardeau et la haine ;
jussitque duces Argolicos	et il ordonna les chefs argiens
considere in mediis castris,	s'asseoir dans le milieu-du camp,
et trajecit in omnes	et il transporta sur *eux* tous
arbitrium litis.	la décision du débat.

NOTES

DU DOUZIÈME LIVRE DU CHOIX DES MÉTAMORPHOSES D'OVIDE.

I

Page 498 : 1. *Æsacon*, Ésaque, fils de Priam, aimait la nymphe Hespérie. Celle-ci, en fuyant sa poursuite, avait été mordue par un serpent; et le jeune héros, cause involontaire de sa mort, avait été changé en plongeon, au moment où il se précipitait dans la mer pour ne pas survivre à celle qu'il aimait.

— 2. *Aulide*, Aulis, ville de Béotie, où la flotte grecque fut longtemps retenue par les vents contraires.

Page 500 : 1. *Thestorides*, Calchas, devin fameux, fils de Thestor.

II

Page 500 : 2. *Aoniis*. La Béotie s'appela d'abord Aonie.

— 3. *Neptunum*. Apollon et Neptune avaient aidé Laomédon à bâtir la ville de Troie.

— 4. *Virginis deæ*, Diane.

— 5. *Rex*, Agamemnon, roi de Mycènes, chef des Grecs et père d'Iphigénie.

Page 502 : 1. *Phœbes*, un des noms de Diane considérée comme la déesse des nuits.

III

Page 502 : 2. *Triplicis mundi*, les trois mondes : le ciel, la terre et la mer.

— 3. *Rumorum*. Ce mot est ici personnifié, comme le seront plus tard *Credulitas, Error, Lætitia, Timores, Susurri*.

IV

Page 504 : 1. *Fataliter*. L'oracle avait annoncé que le premier des Grecs qui descendrait sur le rivage troyen, y trouverait la mort. Ce fut le Thessalien Protésilas qui s'élança le premier à terre, par dévouement à la cause commune.

Page 506 : 1. *Sigea*, du promontoire de Sigée, dans la Troade.

— 2. *Peliacæ*. La lance d'Achille, coupée par le centaure Chiron sur le Pélion, était si lourde qu'aucun autre mortel ne pouvait la manier. En outre, elle avait la vertu de guérir les blessures qu'elle avait faites.

— 3. *Æacida*, Achille, petit-fils d'Éaque, lequel était fils de Jupiter et roi d'Égine.

Page 508 : 1. *Nereide*. Allusion dédaigneuse à la naissance d'Achille, fils de la Néréide Thétis.

V

Page 510 : 1. *Lyrnessia*, Lyrnesse, ville de Mysie qu'Achille avait détruite pendant les loisirs que lui laissait le siége de Troie. — *Tenedon*, Ténédos, ville située en vue de Troie. — *Eetioneas Thebas*, Thèbes, en Cilicie, où régnait Éétion, père d'Andromaque. — *Caycus*, le Caycus, fleuve de Mysie.

— 2. *Telephus*. Télèphe, prince mysien, avait été blessé et ensuite guéri par la lance d'Achille.

VI

Page 514 : 1. *Volucrem.... Stheneleida*. Un fils de Sthénélus, inconsolable de la mort de Phaéthon, avait été changé en cygne. (Cf. II, VII, v. 38 et suiv.)

Page 514 : 2. *Sminthea*, de la ville de Sminthe, ou encore, destructeur de rats. Les anciens ne sont pas bien d'accord sur l'origine de ce surnom. Suivant la tradition la plus accréditée, Sminthe était une ville de Phrygie qu'Apollon avait délivrée des rats (σμίνθος, rat) qui l'infestaient.

— 3. *Non datur*. A la fin du siége de Troie, Jupiter avait menacé de son courroux les dieux qui prendraient part eux-mêmes aux combats des Grecs et des Troyens.

VII

Page 516 : 1. *Thermodontiaca*. Les Amazones, qui habitaient les bords du Thermodon, fleuve de la Cappadoce, étaient venues au secours des Troyens, conduites par leur reine Penthésilée.

— 2. *Armarat.... cremarat*. Vulcain, le dieu du feu, avait, à la prière de Thétis, forgé pour Achille des armes impénétrables.

Page 518 : 1. *Tydides*, le fils de Tydée, Diomède. — *Oileos Ajax*, le second Ajax, fils d'Oïlée, roi des Locriens. — *Minor Atrides*, Ménélas — *Major*, Agamemnon. — *Telamone creato*, Ajax, fils de Télamon, roi de Salamine. — *Laerta*, sous-entendu *creato*, le fils de Laerte, Ulysse.

— 2. *Tantalides*, Agamemnon, fils d'Atrée, lequel avait pour père Pélops, fils de Tantale.

ARGUMENT

DU TREIZIÈME LIVRE DU CHOIX DES MÉTAMORPHOSES D'OVIDE.

I. Discours d'Ajax.
II. Discours d'Ulysse.
III. Mort d'Ajax.
IV. Chute de Troie.
V. Mort de Polydore. Sacrifice de Polyxène.
VI. Douleur d'Hécube.
VII. Nouveau malheur; vengeance et métamorphose d'Hécube.
VIII. Fuite et voyage d'Énée.

LIVRE TREIZIÈME.

I. — DISCOURS D'AJAX.
(V. 1-122.)

Consedere duces, et vulgi stante corona,
Surgit ad hos clypei dominus septemplicis Ajax.
Utque erat impatiens iræ, Sigeia torvo
Littora respexit, classemque in littore, vultu ;
Intendensque manus : « Agimus, proh Jupiter ! inquit,
Ante rates causam, et mecum confertur Ulysses !
At non Hectoreis dubitavit cedere flammis [1],
Quas ego sustinui, quas hac a classe fugavi.
Tutius est igitur fictis contendere verbis
Quam pugnare manu : sed nec mihi dicere promptum,
Nec facere est isti ; quantumque ego Marte feroci
Inque acie valeo, tantum valet iste loquendo.

I

Les chefs se sont assis ; autour d'eux la foule se tient debout. Le maître du bouclier aux sept peaux de bœufs, Ajax, se lève devant ce tribunal. Incapable de maîtriser sa colère, il jette des regards farouches sur le promontoire de Sigée, sur la flotte rangée le long du rivage, et levant les mains vers le ciel : « O Jupiter, s'écrie-t-il, c'est devant les vaisseaux que nous plaidons notre cause, et c'est Ulysse que l'on met aux prises à moi ! Mais il n'a pas craint de fuir devant les flammes allumées par Hector, quand moi j'en ai arrêté la violence, quand je les ai repoussées loin de cette flotte. Il y a donc plus de sûreté à combattre avec des paroles artificieuses qu'à lutter les armes à la main. Mais il m'est aussi difficile de parler, qu'à lui d'agir ; et autant je l'emporte par mon courage indomptable sur le champ de bataille, autant celui-ci l'emporte par l'éloquence.

LIVRE TREIZIÈME.

I. — DISCOURS D'AJAX.

Duces consedere,	Les chefs se sont assis, [debout,
et corona vulgi stante,	et le cercle de la multitude se-tenant-
Ajax, dominus clypei septemplicis,	Ajax, le maître du bouclier aux-sept-peaux,
surgit ad hos,	se lève devant eux, [sa colère,
utque erat impatiens iræ,	et comme il était incapable-de-maîtriser
respexit vultu torvo	il regarda d'un visage farouche
littora Sigeia,	les rivages de-Sigée,
classemque in littore,	et la flotte sur le rivage,
intendensque manus :	et tendant les mains :
Agimus, proh Jupiter!	Nous plaidons, ô Jupiter!
inquit,	dit-il,
causam ante rates,	la cause devant les navires,
et Ulysses confertur mecum!	et Ulysse est comparé avec-moi!
At non dubitavit	Mais il n'a pas hésité
cedere flammis Hectoreis,	à céder aux flammes d'-Hector,
quas ego sustinui,	que moi j'ai contenues, [flotte.
quas fugavi ab hac classe.	que j'ai mises-en-fuite loin de cette
Igitur est tutius	Donc il est plus sûr
contendere verbis fictis,	de lutter par des paroles apprêtées,
quam pugnare manu :	que de combattre avec la main:
sed nec est promptum	mais ni il n'est facile
mihi dicere,	à moi de parler,
nec isti facere;	ni à celui-là d'agir;
quantumque ego valeo	et autant moi je vaux
Marte feroci,	par Mars fier (par ma valeur),
inque acie,	et dans la bataille,
tantum iste valet loquendo.	autant celui-là vaut en parlant.

Nec memoranda tamen vobis mea facta, Pelasgi,
Esse reor; vidistis enim : sua narret Ulysses,
Quæ sine teste gerit, quorum nox conscia¹ sola est.
Præmia magna peti fateor; sed demit honorem
Æmulus : Ajaci non est tenuisse superbum,
Sit licet hoc ingens, quidquid speravit Ulysses.
Iste tulit pretium jam nunc certaminis hujus,
Qui, quum victus erit, mecum certasse feretur.
 « Atque ego, si virtus in me dubitabilis esset,
Nobilitate potens essem, Telamone creatus,
Mœnia qui forti Trojana sub Hercule cepit,
Littoraque intravit Pagasæa Colcha carina².
Æacus huic pater est, qui jura silentibus illic
Reddit, ubi Æoliden saxum grave Sisyphon³ urget ;
Æacon agnoscit summus prolemque fatetur
Jupiter esse suam : sic ab Jove tertius Ajax,
Nec tamen hæc series in causam prosit, Achivi,
Si mihi cum magno non est communis Achille.
Frater erat, fraterna⁴ peto. Quid sanguine cretus
Sisyphio, furtisque et fraude simillimus illi,

Cependant je ne crois pas avoir besoin, ô Grecs, de vous rappeler mes exploits, car vous les avez vus : c'est à Ulysse à raconter les siens, ces exploits qu'il accomplit sans témoin, et dont la nuit seule est complice. Je demande, je l'avoue, une grande récompense; mais ce qui en diminue la valeur, c'est d'avoir un tel rival : il n'est pas glorieux pour Ajax d'obtenir un prix, si grand qu'il soit, dès qu'Ulysse a pu y prétendre. Il a déjà recueilli l'honneur de cette lutte; car lorsqu'il sera vaincu, on dira qu'il a lutté contre moi.

« D'ailleurs, si mon courage pouvait être mis en doute, j'aurais pour moi l'illustration de ma naissance. Je suis fils de Télamon, qui, sous les ordres du vaillant Hercule, prit les remparts de Troie, et qui pénétra dans les ports de Colchide sur le navire construit à Pagase. Télamon avait pour père Éaque qui juge les ombres silencieuses dans les lieux où Sisyphe est écrasé sous un pesant rocher. Le grand Jupiter reconnaît Éaque et l'avoue pour son fils. Ainsi Ajax a Jupiter pour bisaïeul. Cependant je ne demande pas que cette généalogie, ô Grecs, serve à ma cause, si elle ne m'est pas commune avec le grand Achille. Il était mon frère; ce sont les armes d'un frère que je demande. Pourquoi ce descendant de Sisyphe, à qui il ressemble si bien par ses larcins et ses artifices,

Nec tamen reor mea facta esse memoranda vobis, Pelasgi ;	Ni cependant je ne pense mes actions être à-rappeler à vous, ô Pélasges ;
vidistis enim :	vous *les* avez vues en effet :
Ulysses narret sua, quæ gerit sine teste, quorum nox sola est conscia.	qu'Ulysse raconte les siennes, qu'il fait sans témoin, dont la nuit seule est complice.
Fateor magna præmia peti ; sed æmulus demit honorem :	J'avoue de grandes récompenses être mais le rival [demandées ; *en* ôte de l'honneur :
non est superbum Ajaci tenuisse quidquid Ulysses speravit, licet hoc sit ingens.	il n'est pas glorieux pour Ajax d'avoir obtenu quoi-que-ce-soit-qu'Ulysse ait espéré, quoique cela soit considérable.
Iste tulit jam nunc pretium hujus certaminis, qui, quum victus erit, feretur certasse mecum.	Celui-ci a emporté déjà maintenant le prix de cette lutte, *lui* qui, lorsqu'il aura été vaincu, sera rapporté avoir lutté avec-moi.
Atque ego, si virtus esset dubitabilis in me, essem potens nobilitate, creatus Telamone, qui cepit mœnia Trojana sub forti Hercule, intravitque littora Colcha carena Pagasæa.	Et moi, si la valeur était douteuse en moi, je serais puissant par la noblesse, étant né de Télamon, qui prit les murailles troyennes sous le courageux Hercule, et *qui* entra dans les rivages colchiques sur la carène construite-à-Pagase.
Æacus est pater huic, qui reddit jura silentibus, illic ubi saxum grave urget Sisyphon Æoliden ;	Éaque est père à celui-ci, [bres lequel rend les lois (la justice) aux om-là où un rocher pesant [silencieuses, presse Sisyphe fils-d'-Éole ;
summus Jupiter agnoscit Æacon, fateturque esse suam prolem :	le souverain Jupiter reconnaît Éaque, et il avoue *lui* être sa progéniture :
sic Ajax est tertius ab Jove.	ainsi Ajax est le troisième à-partir-de Jupiter.
Nec tamen hæc series prosit in causam, Achivi, si non est communis mihi cum magno Achille.	Et cependant que cette suite *d'aïeux* ne serve pas pour *ma* cause, ô Grecs, si elle n'est pas commune à moi avec le grand Achille.
Erat frater, peto fraterna.	Il était *mon* frère, je demande les *armes* fraternelles.
Quid cretus sanguine Sisyphio, simillimusque illi furtis et fraude, inserit Æacidis	Pourquoi *celui-ci* issu du sang de-Sisyphe, et très-semblable à lui par les larcins et la fraude, [que intercale-t-il dans-les-descendants-d'Éa-

Inserit Æacidis alienæ nomina gentis?
« An, quod in arma prior, nulloque sub indice[1] veni,
Arma neganda mihi? potiorque videbitur ille,
Ultima qui cepit, detrectavitque furore
Militiam ficto? donec solertior isto,
At sibi inutilior[2], timidi commenta retexit
Naupliades animi, vitataque traxit in arma.
Optima nunc sumat, qui sumere noluit ulla :
Nos inhonorati et donis patruelibus orbi,
Obtulimus qui nos ad prima pericula, simus?
Atque utinam aut verus furor ille, aut creditus esset,
Nec comes hic Phrygias unquam venisset ad arces,
Hortator scelerum ! Non te, Pœantia proles[3],
Expositum Lemnos nostro cum crimine haberet ;
Qui nunc, ut memorant, silvestribus abditus antris,
Saxa moves gemitu, Laertiadæque precaris
Quæ meruit ; quæ, si di sunt, non vana precaris.
Et nunc ille, eadem nobis juratus in arma.
Heu ! pars una ducum, quo successore sagittæ
Herculis utuntur, fractus morboque fameque,
Velaturque aliturque avibus, volucresque petendo
Debita Trojanis exercet spicula fatis[4].

veut-il mêler au nom des Éacides le nom d'une famille étrangère?
« Est-ce pour avoir pris les armes le premier, et sans qu'il ait fallu me dénoncer, que ces armes doivent m'être refusées? Me préférera-t-on celui qui est venu ici le dernier, qui a joué la folie pour ne pas nous suivre à la guerre, jusqu'au jour où le fils de Nauplius, plus habile que lui, découvrit pour son propre malheur les artifices de ce lâche, et l'entraîna dans les combats auxquels il se dérobait? Et maintenant il obtiendrait les armes les plus belles, lui qui refusa de s'armer; tandis que nous, nous serions privé de récompense, frustré de l'héritage de notre parent, nous qui nous sommes exposé aux premiers périls? Et plût aux dieux que cette folie eût été véritable, ou qu'elle eût abusé notre crédulité! Plût aux dieux que cet instigateur de crimes ne nous eût pas accompagnés sous les murs d'Ilion! Fils de Péan, tu ne languirais pas dans l'île de Lemnos, victime de notre criminel abandon! Maintenant, dit-on, caché dans les antres des forêts, tu fais retentir les rochers de tes gémissements; tu appelles sur la tête du fils de Laerte les châtiments qu'il a mérités; et tes prières seront entendues, s'il existe des dieux. Ce héros, hélas ! que les mêmes serments liaient à notre entreprise, un des chefs de l'armée, l'héritier des flèches d'Hercule, accablé par la faim et la maladie, se revêt des plumes des oiseaux, se nourrit de leur chair, et c'est à frapper la race ailée qu'il exerce ces flèches réservées à la chute de Troie.

nomina gentis alienæ?	les noms d'une famille étrangère?
An arma neganda mihi quod veni prior in arma, subque nullo indice?	Ou-bien les armes *sont-elles* devant être refusées à moi parce que je suis venu le premier aux armes, et sous aucun dénonciateur?
illeque videbitur potior qui cepit ultima, detrectavitque militiam furore ficto?	et celui-là paraîtra-t-il préférable qui a pris les dernières, et *qui* a repoussé le service-militaire par une folie feinte?
donec Naupliades, solertior isto, at inutilior sibi, retexit commenta animi timidi, traxitque in arma vitata.	jusqu'à ce que le fils-de-Nauplius, plus habile que celui-là, mais plus nuisible à lui-même, découvrit les inventions de *ce* cœur lâche, et *le* traîna aux armes qu'il avait évi-[tées.
Nunc sumat optima, qui noluit sumere ulla: nos simus inhonorati et orbi donis patruelibus, qui obtulimus nos ad prima pericula?	Maintenant il prendrait les meilleures, *lui* qui n'a-voulu en prendre aucunes: nous nous serions non-récompensés et privés des dons de-notre-cousin-ger-[main, *nous* qui avons offert nous aux premiers dangers?
Atque utinam ille furor esset aut verus, aut creditus, et hic hortator scelerum non venisset unquam comes ad arces Phrygias!	Et plût-aux-dieux-que cette folie fût ou vraie, ou crue, et *que* cet instigateur de crimes ne fût jamais venu *comme* compagnon vers les citadelles phrygiennes!
Lemnos non te haberet, proles Pæantia, expositum cum nostro crimine; qui nunc, ut memorant, abditus antris silvestribus, moves saxa gemitu, precarisque Laertiæ quæ meruit; quæ non precaris vana, si di sunt.	Lemnos ne te retiendrait pas, progéniture de-Péan, exposé (abandonné) avec notre accusation; *toi* qui maintenant, comme on *le* raconte, caché dans les antres des-forêts, émeus les rochers par *ton* gémissement, et demandes-par-des-prières contre le-fils-[de-Laerte les *peines* qu'il a méritées; lesquelles tu ne demandes pas vaines (en *si* des dieux existent. [vain),
Et nunc ille juratus in eadem arma nobis, heu! una pars ducum, quo sagittæ Herculis utuntur successore fractus morboque fameque, velaturque aliturque avibus, petendoque volucres exercet spicula debita fatis Trojanis.	Et maintenant lui qui a juré pour les mêmes armes que nous, hélas! *étant* une partie (un) des chefs, duquel les flèches d'Hercule usent *comme* successeur, brisé et par la maladie et par la faim, et est vêtu et est nourri par les oiseaux, et en visant les oiseaux il exerce les flèches [de Troie). dues aux destinées troyennes (à la chute

OVIDE 34

Ille tamen vivit, quia non comitatus Ulyssem :
Mallet et infelix Palamedes esse relictus !
Viveret, aut certe letum sine crimine haberet.
Quem, male convicti nimium memor iste furoris,
Prodere rem Danaam finxit, fictumque probavit
Crimen, et ostendit, quod jam præfoderat, aurum.
Ergo aut exsilio vires subduxit Achivis,
Aut nece : sic pugnat, sic est metuendus Ulysses.
   « Qui, licet eloquio fidum quoque Nestora¹ vincat,
Haud tamen efficiet desertum ut Nestora crimen
Esse rear nullum ; qui, quum imploraret Ulyssem,
Vulnere tardus equi fessusque senilibus annis,
Proditus a socio est. Non hæc mihi crimina fingi
Scit bene Tydides, qui nomine sæpe vocatum
Corripuit, trepidoque fugam exprobravit amico.
Adspiciunt oculis Superi mortalia justis :
En eget auxilio², qui non tulit ; utque reliquit,
Sic linquendus erat : legem sibi dixerat ipse.
Conclamat socios ; adsum, videoque trementem
Pallentemque metu, ac trepidantem morte futura :
Opposui molem clypei, texique jacentem,

Mais lui du moins il vit; car il n'a pas accompagné Ulysse. Combien l'infortuné Palamède eût mieux aimé être abandonné aussi ! Il vivrait, ou du moins il serait mort sans avoir été accusé. Mais Ulysse, se rappelant trop bien que Palamède l'avait convaincu, à sa honte, d'avoir joué la folie, prétendit que ce guerrier trahissait la cause des Grecs; et, pour prouver ce crime supposé, il montra l'or qu'il avait lui-même enfoui d'avance dans la tente de sa victime. Il a donc affaibli les Grecs par l'exil ou par la mort : c'est ainsi que combat Ulysse, c'est ainsi qu'il se rend redoutable.

« Quant à son éloquence, surpassât-elle l'éloquence même du loyal Nestor, il ne me fera pourtant pas croire que ce ne soit point un crime d'avoir abandonné Nestor. Retardé dans sa fuite par la blessure d'un de ses chevaux, et fatigué par le poids des ans, le vieillard invoquait le secours d'Ulysse ; celui-ci trahit son compagnon. Ce ne sont pas là des accusations que je forge : le fils de Tydée le sait bien, lui qui, l'appelant plusieurs fois par son nom, gourmanda son ami tremblant et lui reprocha sa fuite. Mais les dieux regardent avec équité les actions des mortels. Voici qu'il a lui-même besoin de secours, lui qui n'a point secouru les autres. Il fallait suivre son exemple, et l'abandonner : lui-même avait prononcé son arrêt. Il appelle ses compagnons ; j'accours, et je le vois tremblant, pâle de terreur, épouvanté de la mort qui le menace : je lui fais un rempart de mon vaste bouclier ;

Ille tamen vivit,	Lui cependant vit,
quia non comitatus	parce qu'il n'a pas accompagné
Ulyssem :	Ulysse :
et infelix Palamedes	et (aussi) le malheureux Palamède
mallet esse relictus !	aimerait-mieux avoir été abandonné !
Viveret, aut certe haberet	Il vivrait, ou du-moins il aurait
letum sine crimine.	un trépas sans accusation.
Quem,	Lequel *Palamède*,
iste memor nimium	celui-ci se souvenant trop
furoris male convicti,	de *sa* folie honteusement confondue,
finxit prodere rem Danaam,	supposa trahir la chose grecque,
probavitque crimen fictum,	et il prouva l'accusation supposée,
et ostendit aurum,	et il montra l'or,
quod jam præfoderat.	que déjà il avait enfoui-d'-avance.
Ergo subduxit vires Achivis	Donc il a enlevé des forces aux Grecs
aut exsilio aut nece :	ou par l'exil ou par la mort :
Ulysses pugnat sic,	Ulysse combat ainsi,
est metuendus sic.	il est redoutable ainsi. [l'éloquence
Qui, licet, vincat eloquio	Lequel, lors-même-qu'il vaincrait par
fidum Nestora quoque,	le fidèle Nestor aussi,
haud efficiet tamen	ne fera pas cependant
ut rear Nestora desertum	que je pense Nestor abandonné
esse nullum crimen;	n'être aucun motif-d'-d'accusation ;
qui tardus	lequel *Nestor* retardé,
vulnere equi,	par la blessure d'un cheval,
fessusque annis senilibus,	et fatigué par les années de-la-vieillesse,
quum imploraret Ulyssem,	comme il implorait Ulysse,
proditus est a socio.	fut trahi par *son* compagnon.
Tydides scit bene	Le fils de-Tydée sait bien [moi,
hæc crimina non fingi mihi,	ces accusations n'être pas inventées par
qui corripuit	*lui* qui gourmanda
vocatum sæpe nomine,	*Ulysse* appelé souvent par *son* nom,
exprobravitque fugam	et reprocha la fuite
amico trepido.	à *son* ami tremblant. [tels
Superi adspiciunt mortalia	Les dieux regardent les choses des-mor-
oculis æquis :	avec des yeux justes :
en eget auxilio,	voici-qu'il a-besoin de secours,
qui non tulit;	*lui* qui n'en a pas porté;
utque reliquit,	et de-même-qu'il a abandonné,
sic erat linquendus :	ainsi il était devant être abandonné :
ipse dixerat sibi legem.	lui-même avait prononcé pour lui la loi.
Conclamat socios;	Il appelle *ses* compagnons;
adsum, videoque	je me présente, et je vois *lui*
trementem pallentemque	tremblant et pâlissant
metu,	de crainte,
trepidantem morte futura :	agité par la mort future :
opposui molem clypei,	j'opposai la masse de *mon* bouclier,

Servavique animam (minimum est hoc laudis) inertem.
Si perstas certare, locum redeamus ad illum ;
Redde hostem, vulnusque tuum, solitumque timorem ;
Post clypeumque late, et mecum contende sub illo.
At postquam eripui, cui standi vulnera vires
Non dederant, nullo tardatus vulnere fugit.
Hector adest, secumque deos[1] in prœlia ducit ;
Quaque ruit, non tu tantum terreris, Ulysse,
Sed fortes etiam : tantum trahit ille timoris!
Hunc ego, sanguineæ successu cædis ovantem,
Eminus ingenti resupinum pondere fudi.
Hunc ego, poscentem cum quo concurreret, unus
Sustinui ; sortemque[2] meam vovistis, Achivi,
Et vestræ valuere preces. Si quæritis hujus
Fortunam pugnæ, non sum superatus[3] ab illo.

« Ecce ferunt Troes ferrumque, ignesque, Jovemque
In Danaas classes : ubi nunc facundus Ulysses ?
Nempe ego mille meo protexi pectore puppes,
Spem vestri reditus : date tot pro navibus arma.

je couvre ce lâche renversé sur le sol, et (action peu glorieuse pour moi), je lui sauve la vie. Si tu t'obstines à me disputer ces armes, retournons à la même place ; viens de nouveau au milieu des ennemis, avec ta blessure, avec la frayeur qui ne te quitte jamais. Cache toi derrière mon bouclier, et là soutiens tes prétentions contre moi. Mais à peine l'eus-je dégagé, que lui, qui n'avait pas la force de se tenir debout à cause de ses blessures, fuit sans qu'aucune de ses blessures ralentisse sa course. Hector paraît, menant avec lui les dieux au combat. Partout où il se précipite, non-seulement Ulysse, mais les vaillants guerriers eux-mêmes sentent leur courage les abandonner : tant ce héros traîne d'épouvante après soi! Triomphant, il s'enivrait de carnage ; je lui lance de loin un quartier de roc, qui le renverse sur le dos. Puis, quand il défia les chefs à un combat singulier, seul, je soutins l'effort de son bras. Vous demandiez, ô Grecs, que le sort tombât sur moi, et vos vœux furent exaucés. Voulez-vous savoir le succès de cette rencontre ; je ne fus point vaincu par ce héros.

« Mais voici que les Troyens, avec l'aide de Jupiter, portent le fer et la flamme contre la flotte des Grecs. Où est alors l'éloquent Ulysse? C'est moi qui couvris de ma poitrine ces mille vaisseaux, espoir de votre retour ; donnez-moi ces armes pour tant de vaisseaux que j'ai sau-

texique jacentem,	et je couvris *lui* gisant,
servavique	et je sauvai
(hoc est minimum laudis)	(cela est très-peu de gloire)
animam inertem.	cette vie lâche.
Si perstas certare,	Si tu persistes à lutter,
redeamus ad illum locum,	retournons à cette place,
redde hostem,	rends l'ennemi,
tuumque vulnus,	et ta blessure,
timoremque solitum,	et *ta* peur accoutumée,
lateque post clypeum,	et cache-toi derrière *mon* bouclier,
et contende mecum sub illo.	et lutte avec-moi sous ce *bouclier*.
At postquam eripui,	Mais après que je *l'*eus arraché (délivré),
fugit tardatus	il fuit n'*étant* retardé
nullo vulnere,	par aucune blessure,
cui vulnera non dederant	*lui* à qui *ses* blessures n'avaient pas donné
vires standi.	les forces de se-tenir-debout.
Hector adest,	Hector se présente,
ducitque secum deos	et il mène avec-lui les dieux
in prœlia;	dans les combats ;
quaque ruit,	et là-où il se précipite,
non tantum tu, Ulysse,	non-seulement toi, Ulysse,
terreris,	tu es effrayé,
sed etiam fortes:	mais même les *guerriers* courageux :
tantum ille trahit timoris!	tant celui-ci traîne de terreur !
Ego fudi resupinum	Moi je répandis (renversai) sur-le-dos
eminus pondere ingenti	de-loin par un poids énorme
hunc ovantem successu	celui-ci triomphant du succès
cædis sanguineæ.	du carnage sanglant. [celui-ci]
Ego unus sustinui hunc poscentem	Moi seul je soutins celui-ci (le choc de demandant
cum quo concurreret;	quelqu'un avec-qui il pût-combattre ;
vovistisque, Achivi,	et vous implorâtes-par-des-vœux, ô
meam sortem,	ma désignation-par-le-sort, [Grecs,
et vestræ preces valuere.	et vos prières furent-efficaces.
Si quæritis fortunam	Si vous demandez l'issue
hujus pugnæ,	de ce combat,
non sum superatus ab illo.	je n'ai pas été vaincu par lui (Hector).
Ecce Troes ferunt	Voici-que les Troyens portent
in classes Danaas	contre les flottes grecques,
ferrumque, ignesque Jovemque:	et le fer, et les feux, et Jupiter (et la protection de Jupiter):
ubi nunc facundus Ulysses?	où *est* maintenant l'éloquent Ulysse ?
Nempe ego protexi	Car je couvris
meo pectore	de ma poitrine
mille puppes,	mille poupes (mille navires),
spem vestri reditus:	espoir de votre retour : [navires.
date arma pro tot navibus.	donnez *ces* armes en échange-de-tant de

Quod si vera licet mihi dicere, quæritur istis,
Quam mihi, major honos ; conjunctaque gloria nostra est ;
Atque Ajax armis, non Ajaci arma petuntur.
Conferat his Ithacus Rhesum [1], imbellemque Dolona,
Priamidenque Helenum [2] rapta cum Pallade captum :
Luce nihil gestum ; nihil est, Diomede remoto.
Si semel ista datis meritis tam vilibus arma,
Dividite, et pars sit major Diomedis in illis.
Quo tamen hæc Ithaco, qui clam, qui semper inermis
Rem gerit, et furtis incautum decipit hostem?
Ipse nitor galeæ, claro radiantis ab auro,
Insidias prodet manifestabitque latentem.
Sed neque Dulichius [3] sub Achillis casside vertex
Pondera tanta feret ; nec non onerosa gravisque
Pelias hasta potest imbellibus esse lacertis ;
Nec clypeus, vasti cælatus [4] imagine mundi,
Conveniet timidæ natæque ad furta sinistræ.
Debilitaturum quid te petis, improbe, munus?
Quod tibi si populi donaverit error Achivi,
Cur spolieris erit, non cur metuaris ab hoste ;
Et fuga, qua sola cunctos, timidissime, vincis,

vés. Faut-il parler sans feinte? L'honneur sera moindre pour moi que pour ces armes ; leur gloire est inséparable de la nôtre. Ce n'est point Ajax qui demande ces armes ; ce sont ces armes qui demandent Ajax. Qu'à ces exploits le roi d'Ithaque vienne comparer la mort de Rhésus, et celle du faible Dolon, la capture du fils de Priam, Hélénus, enlevé avec le Palladium. Ulysse n'a rien fait de jour, rien, sans Diomède. Si jamais vous accordez ces armes à de si médiocres services, séparez-les, et que la meilleure part en soit pour Diomède. Mais à quoi serviront-elles au roi d'Ithaque, qui agit toujours en cachette, toujours sans armes, et qui ne sait que surprendre et tromper l'ennemi par ses ruses? L'éclat même du casque qui rayonne d'un or étincelant, trahira ses piéges, et découvrira ses embuscades. D'ailleurs ce casque sera un poids trop lourd sur la tête du roi de Dulichium ; la lance coupée sur le mont Pélion sera un fardeau accablant pour ces bras sans forces ; et ce bouclier, sur lequel est ciselée l'image du vaste monde, ne saurait convenir à une main timide et faite pour de furtifs exploits. Malheureux, pourquoi demander une faveur qui t'affaiblira? Si les Grecs abusés t'accordent ces armes, ce sera une dépouille et non un objet de terreur pour les ennemis. Ta fuite,

Quod si mihi licet dicere vera,	Que s'il m'est permis, de dire des choses vraies,
honos major quæritur istis quam mihi;	un honneur plus grand est cherché pour ces *armes* que pour moi ;
nostraque gloria conjuncta est;	et notre gloire est unie ;
atque Ajax armis,	et Ajax *est demandé* par *ces* armes, [Ajax.
arma non petuntur Ajaci.	les armes ne sont pas demandées par
Ithacus conferat his	Que l'Ithacien compare à ces *exploits*
Rhesum,	Rhésus,
imbellemque Dolona	et le faible Dolon,
Helenumque Priamiden,	et Hélénus, fils-de-Priam,
captum cum Pallade rapta :	pris avec Pallas enlevée :
nihil gestum luce;	rien n'a été fait de jour ;
nihil est, Diomede remoto.	Rien n'a été *fait*, Diomède étant éloigné.
Si semel datis ista arma meritis tam vilibus, dividite,	Si une-fois vous donnez ces armes à des services si peu-importants, divisez *les*,
et pars Diomedis in illis sit major.	et que la part de Diomède dans ces *armes* soit plus grande. [thacien,
Quo tamen hæc Ithaco,	A-quoi-bon cependant celles-ci pour l'I-
qui gerit rem clam,	qui fait l'affaire (qui agit) en-cachette,
qui semper inermis,	qui *agit* toujours sans-armes
et decipit furtis	et trompe par des supercheries
hostem incautum ?	l'ennemi non-en-garde ?
Nitor ipse galeæ,	L'éclat même du casque,
radiantis ab auro claro,	rayonnant par *l'effet de* l'or clair,
prodet insidias,	trahira *ses* piéges,
manifestabitque latentem.	et découvrira *lui* se-cachant.
Sed neque vertex Dulichius	Mais ni la tête du-*roi*-de-Dulichium,
sub casside Achillis	sous le casque d'Achille,
feret pondera tanta;	ne portera des poids si-grands;
nec hasta Pelias potest non esse onerosa gravisque lacertis imbellibus;	ni la lance du-Pélion *ne* peut n'être pas pesante et lourde pour des bras faibles ;
nec clypeus, cælatus imagine vasti mundi, conveniet sinistræ timidæ nataeque ad furta.	ni le bouclier, ciselé par l'image du vaste monde, ne conviendra à un *bras* gauche timide et né (fait) pour les larcins.
Quid petis, improbe, munus debilitaturum te ?	Pourquoi demandes-tu, *être* mauvais, un présent devant affaiblir toi ?
Quod si error populi Achivi tibi donaverit,	Lequel *présent* si l'erreur du peuple grec t'aura donné, [pouillé,
erit cur spolieris,	*ce* sera *un motif* pour-que tu sois dé-
non cur metuaris ab hoste,	non pour-que tu sois craint par l'ennemi,
et fuga, qua sola	et la fuite, par laquelle seule

Tarda futura tibi est, gestamina tanta trahenti.
Adde quod iste tuus, tam raro prœlia passus,
Integer est clypeus : nostro, qui tela ferendo
Mille patet plagis, novus est successor habendus.
Denique quid verbis opus est? spectemur agendo :
Arma viri fortis medios mittantur in hostes;
Inde jubete peti, et referentem ornate relatis. »

II. — DISCOURS D'ULYSSE.
(V. 123-381.)

Finierat Telamone satus, vulgique secutum
Ultima murmur erat, donec Laertius heros
Adstitit, atque oculos paulum tellure moratos
Sustulit ad proceres, exspectatoque resolvit
Ora sono ; neque abest facundis gratia dictis :
« Si mea cum vestris valuissent vota, Pelasgi,
Non foret ambiguus tanti certaminis heres ;
Tuque tuis armis, nos te poteremur, Achille !
Quem quoniam non æqua mihi vobisque negarunt
Fata (manuque simul veluti lacrimantia tersit
Lumina), quis magno melius succedat Achilli,

et c'est seulement à fuir que tu excelles, ô le plus lâche des hommes, sera retardée, quand tu traîneras un fardeau si pesant! D'ailleurs ton bouclier, qui a si rarement affronté les combats, est encore intact ; tandis que le nôtre, à force de recevoir des traits, est percé en mille endroits, et demande un successeur. Enfin qu'est-il besoin de paroles? Qu'on nous juge à l'action : jetez les armes du héros au milieu des ennemis ; puis ordonnez qu'on aille les reprendre, et qu'elles soient la récompense de celui qui les rapportera. »

II

Le fils de Télamon se tait ; le murmure confus de la foule avait suivi ces dernières paroles. Alors le héros, fils de Laerte, se lève ; il tient quelque temps ses yeux baissés à terre, puis il les porte sur les chefs, et, au milieu de l'attente générale, il commence son discours ; sa parole éloquente ne manque pas de grâce.

« Si vos vœux et les miens, ô Grecs, avaient prévalu, un si glorieux héritage n'exciterait pas de débat : Achille, tu posséderais tes armes, et nous, nous te posséderions encore ! Mais puisque les destins jaloux nous ont refusé cette faveur (et à ces mots il parut essuyer quelques larmes), est-il quelqu'un qui soit plus digne d'obtenir les armes du grand Achille que celui qui a donné aux Grecs le grand

vincis cunctos, timidissime,	tu vaincs tous *les autres*, ô très-timide,
est futura tarda tibi,	est devant être lente pour toi,
trahenti tanta gestamina.	traînant de si-grands fardeaux.
Adde quod iste clypeus tuus,	Ajoute que ce bouclier tien,
passus tam raro prœlia,	ayant souffert si rarement les combats,
est integer :	est intact :
novus successor	un nouveau successeur
est habendus nostro,	est devant être (procuré) au nôtre,
qui ferendo tela	qui en supportant (recevant) des traits
patet mille plagis.	est ouvert par mille coups.
Denique quid est opus	Enfin qu'est-il besoin
verbis ?	de paroles ?
spectemur agendo :	soyons vus en agissant :
arma viri fortis	que les armes de ce guerrier courageux
mittantur in medios hostes;	soient lancées au milieu-des ennemis ;
jubete peti inde,	ordonnez *elles* être cherchées de-là,
et ornate relatis	et ornez *d'elles* rapportées
referentem.	*celui* qui *les* rapportera.

II. — DISCOURS D'ULYSSE.

Satus Telamone finierat,	Le fils de Télamon avait fini,
murmurque vulgi	et le murmure de la foule
secutum erat ultima,	avait suivi ces dernières *paroles*,
donec heros Laertius	jusqu'à ce que le héros fils-de-Laerte
adstitit, atque sustulit	se dressa, et leva
ad proceres oculos	vers les chefs ses yeux
moratos paulum tellure,	demeurés (fixés) un peu à terre,
resolvitque ora	et qu'il ouvrit la bouche
sono exspectato ;	par un son attendu ;
neque gratia	et la grâce [quentes.
abest dictis facundis.	n'est pas absente de *ses* paroles élo-
Si mea vota, Pelasgi,	Si mes vœux, Pélasges,
valuissent cum vestris,	avaient prévalu avec les vôtres,
heres tanti certaminis	l'héritier d'un si-grand débat
non foret ambiguus ;	ne serait pas douteux ; [armes
tuque, Achille, tuis armis,	et toi, Achille, *tu serais possesseur* de tes
nos poteremur te.	nous nous serions-*possesseurs* de toi.
Quem quoniam	Lequel *Achille* puisque
fata non æqua	les destins non bienveillants
negarunt mihi vobisque	ont refusé à moi et à vous
(tersitque simul manu	(et il essuya en-même-temps de la main
lumina veluti lacrimantia),	ses yeux comme pleurants),
quis succedat melius	qui succéderait mieux
magno Achilli,	au grand Achille,
quam per quem	que *celui* par-le-moyen-de qui
magnus Achilles	le grand Achille

Quam per quem magnus Danais successit [1] Achilles?
Huic modo ne prosit, quod, ut est, hebes esse videtur [2];
Neve mihi noceat, quod vobis semper, Achivi,
Profuit ingenium ; meaque hæc facundia, si qua est,
Quæ nunc pro domino, pro vobis sæpe locuta est,
Invidia careat; bona nec sua quisque recuset.
Nam genus, et proavos, et quæ non fecimus ipsi,
Vix ea nostra voco. Sed enim quia rettulit Ajax
Esse Jovis pronepos, nostri quoque sanguinis auctor
Jupiter est, totidemque gradus distamus ab illo.
Nam mihi Laertes pater est, Arcesius illi,
Jupiter huic; neque in his quisquam damnatus et exsul [3].
Est quoque per matrem Cyllenius [4] addita nobis
Altera nobilitas : deus est in utroque parente.
Sed neque materno quod sum generosior ortu,
Nec mihi quod pater est fraterni sanguinis insons,
Proposita arma peto : meritis expendite causam,
Dummodo quod fratres Telamon Peleusque fuerunt,
Ajacis meritum non sit; nec sanguinis ordo,
Sed virtutis honor spoliis quæratur in istis.

Achille? Seulement que la stupidité dont mon rival vous a donné la preuve ne soit point un titre en sa faveur; et que mon esprit, qui vous a toujours été utile, ne me nuise pas auprès de vous; que mon éloquence, si j'en ai quelque peu, souvent employée pour vous, ne soit point un tort à vos yeux, lorsque je m'en sers aujourd'hui pour moi : que chacun use de ses avantages. Car pour la naissance, les ancêtres, les exploits que nous n'avons pas accomplis nous-mêmes, sont-ce là des biens qui nous soient propres? Mais puisque Ajax a rappelé qu'il était l'arrière-petit-fils de Jupiter, Jupiter est aussi l'auteur de ma race : je descends de lui au même degré. J'ai pour père Laërte, fils d'Arcésius qui doit le jour à Jupiter ; et parmi les miens il n'y ni condamné ni exilé. Ma mère, qui descend de Mercure, ajoute encore à la noblesse de mon extraction. Des deux côtés j'ai un dieu pour ancêtre. Mais ce n'est ni parce que ma naissance est plus illustre du côté de ma mère, ni parce que mon père est innocent du meurtre de son frère, que je demande ces armes mises au concours : jugez-nous sur nos mérites ; seulement n'en faites point un à Ajax que Télamon ait été le frère de Pélée : ce n'est pas au degré de parenté, c'est à l'éclat du mérite que ces dépouil-

successit Danais ?	est venu-parmi les Grecs? [(Ajax)
Modo ne prosit huic,	Seulement que *ceci* ne serve pas à lui, à
quod videtur esse hebes,	de ce qu'il paraît être obtus,
ut est;	comme il *l'est réellement;*
neve, ingenium, Achivi,	ni que *mon* esprit, ô Grecs,
quod vobis semper profuit,	qui vous a toujours servi,
mihi noceat;	ne me nuise;
hæcque facundia mea,	et *que* cette éloquence mienne,
si qua est,	si quelque *éloquence* est *à moi*, [tre,
quæ nunc pro domino,	laquelle *parle* maintenant pour *son* maî-
locuta est sæpe pro vobis,	*et qui* a parlé souvent pour vous,
careat invidia;	soit-exempte d'envie;
nec quisque recuset	ni que qui-que-ce soit ne refuse
sua bona.	ses avantages.
Nam voco vix nostra	Car j'appelle à-peine nôtres
genus et proavos,	la race et les ancêtres, [nous-mêmes.
et ea quæ non fecimus ipsi.	et ces *exploits* que nous n'avons pas faits.
Sedenim quia Ajax rettulit,	Mais en-effet puisque Ajax a rapporté
esse pronepos Jovis,	qu'il était arrière-petit-fils de Jupiter,
Jupiter est quoque	Jupiter est aussi
auctor nostri sanguinis,	l'auteur de notre sang,
distamusque ab illo	et nous sommes éloignés de lui
totidem gradus.	d'autant *de* degrés.
Nam Laertes est pater mihi,	Car Laerte est le père à moi,
Arcesius illi,	Arcésius à lui (à Laerte),
Jupiter huic;	Jupiter à celui-ci (à Arcésius);
neque quisquam in his	ni quelqu'un *n'est* parmi ceux-ci
damnatus et exsul.	condamné et exilé. [du-Cyllène,
Altera nobilitas Cyllenius,	Une seconde noblesse, *à savoir* le dieu-
addita est quoque nobis	a été ajoutée aussi à nous
per matrem;	par *notre* mère;
deus est	un dieu est
in utroque parente.	dans l'un-et-l'autre parent. [concours
Sed peto arma proposita,	Mais je demande les armes mises-au-
nec quod sum	ni parce que je suis
generosior	de-meilleure-race
ortu materno,	par la naissance maternelle,
nec quod pater est mihi	ni parce qu'un père est à moi
insons sanguinis fraterni :	innocent du sang fraternel :
expendite causam meritis;	pesez la cause par les mérites;
dummodo non sit	pourvu que *ce ne* soit pas
meritum Ajacis	un mérite d'Ajax
quod Telamon et Peleus	que Télamon et Pelée
fuerunt fratres;	aient été frères;
nec ordo sanguinis,	ni que l'ordre du sang,
sed honor virtutis	mais que l'éclat de la vertu
quæratur in istis spoliis.	soit cherché à propos de ces dépouilles.

Aut si proximitas primusque requiritur heres,
Est genitor Peleus, est Pyrrhus filius illi :
Quis locus Ajaci? Phthiam [1] hæc Scyronve ferantur.
Nec minus est isto Teucer [2] patruelis Achilli :
Non petit ille tamen; num, si petat, auferat arma?
« Ergo operum quoniam nudum certamen habetur,
Plura quidem feci quam quæ comprendere dictis [3]
In promptu mihi sit; rerum tamen ordine ducar.
Præscia venturi genitrix Nereia leti,
Dissimulat cultu natum ; deceperat omnes,
In quibus Ajacem, sumptæ fallacia vestis.
Arma ego femineis, animum motura virilem,
Mercibus [4] inserui; neque adhuc projecerat heros
Virgineos habitus, quum parmam hastamque tenenti :
« Nate dea, dixi, tibi se peritura reservant
« Pergama : quid dubitas ingentem evertere Trojam? »
Injecique manum, fortemque ad fortia misi.
Ergo opera illius mea sunt : ego Telephon hasta
Pugnantem domui, victum orantemque refeci ;
Quod Thebæ cecidere, meum est; me credite Lesbon,

les doivent être adjugées ; ou si vous recherchez la proximité du sang et les héritiers les plus proches, Pélée, le père d'Achille, vit encore ; Pyrrhus est le fils de ce héros. Quelle place reste-il pour Ajax ? Il faut porter ces armes à Phthie ou à Scyros. D'ailleurs Teucer est aussi bien qu'Ajax le cousin d'Achille. Il ne demande pourtant pas ses armes ; et, s'il les demandait, les obtiendrait-il ?

« Puis donc qu'il s'agit simplement des services, j'en ai trop rendu pour qu'il me soit facile de les énumérer tous. Cependant je serai guidé par l'ordre des faits. Thétis, sachant le destin qui menaçait son fils, le cache sous des habits empruntés. Ce déguisement avait trompé tous les Grecs, et parmi eux Ajax. A des marchandises destinées aux femmes je mêle des armes propres à réveiller le courage d'un homme. Le héros n'avait pas encore rejeté ses habits de vierge qu'il saisissait un bouclier et une lance : « O fils d'une déesse, m'écriai-je, Pergame t'attend pour succomber: que tardes-tu à renverser la puissante Troie? » Je m'empare de lui, et j'entraîne le héros à d'héroïques combats. Ses exploits sont donc les miens. C'est moi dont la lance abattit Télèphe dans la lutte, et le guérit vaincu et suppliant. Si Thèbes est tombée, c'est grâce à moi ; c'est moi, croyez-le, qui ai pris Lesbos,

Aut si proximitas	Ou si la parenté
heresque primus requiritur,	et l'héritier le plus proche est recherché,
Peleus est genitor,	Pelée est père,
Pyrrhus est filius illi :	Pyrrhus *est* fils à lui (à Achille) :
quis locus Ajaci?	quelle place est à Ajax?
Hæc ferantur	Que ces *armes* soient portées
Phthiam, Scyronve.	à Phthie, ou à Scyros.
Nec Teucer est minus isto	Et Teucer n'est pas moins que celui-ci
patruelis Achilli :	cousin à Achille :
ille tamen non petit arma;	lui cependant ne demande par les armes ;
num auferat, si petat ?	*et* est-ce qu'il *les* emporterait, s'il *les*
Ergo quoniam	Donc puisque [demandait ?
certamen operum	la lutte des œuvres
habetur nudum,	est (est engagée) nue,
feci quidem plura,	j'*en* ai fait certes plus
quam ut sit in promptu mihi	que pour qu'il soit en facilité à moi
ea comprendere dictis ;	de les embrasser par des paroles ;
tamen ducar ordine rerum.	cependant je serai guidé par l'ordre des
Nereia genitrix,	La Néréide mère *d'Achille*, [faits.
præscia leti venturi	ayant-la-prescience de *sa* mort future,
dissimulat natum cultu ;	dissimule *son* fils par le costume ;
fallacia vestis sumptæ	la supercherie du vêtement emprunté
deceperat omnes,	avait trompé tous *les Grecs*,
in quibus Ajacem.	parmi lesquels Ajax.
Ego inserui	Moi j'intercalai
mercibus femineis	dans des marchandises de-femmes
arma motura	des armes devant toucher
animum virilem ;	un cœur viril ;
neque heros	ni le héros
projecerat adhuc	n'avait rejeté encore
habitus virgineos,	les habits de-jeune-fille,
quum dixi tenenti	lorsque je dis à *lui* tenant
parmam hastamque :	un bouclier et une lance :
Nate dea,	Fils d'une déesse,
Pergama se reservant tibi	Pergame se réserve à toi
peritura :	devant périr (pour périr) :
quid dubitas evertere	pourquoi hésites-tu à renverser
ingentem Trojam?	la grande Troie?
Injecique manum,	Et je mis-sur *lui* la main, [courageux.
misique fortem ad fortia.	et j'envoyai *lui* courageux à des *actes*
Ergo opera illius sunt mea :	Donc les œuvres de lui sont miennes :
ego domui hasta	moi j'ai dompté par la lance
Telephon pugnantem ;	Télèphe combattant ;
refeci victum orantemque;	j'ai rétabli (guéri) *lui* vaincu et priant ;
est meum	il est mien (c'est à moi que vous devez)
quod Thebæ cecidere ;	que Thèbes soit tombée ;
credite me cepisse Lesbon,	croyez moi avoir pris Lesbos,

Me Tenedon, Chrysenque, et Cillan, Apollinis urbes,
Et Scyron cepisse ; mea concussa putate
Procubuisse solo Lyrnessia mœnia dextra.
Utque alios taceam, qui sævum perdere posset
Hectora, nempe dedi; per me jacet inclytus Hector.
Illis hæc armis, quibus est inventus Achilles,
Arma peto : vivo dederam, post fata reposco.
    « Ut dolor unius[1] Danaos pervenit ad omnes,
Aulidaque Euboïcam complerunt mille carinæ,
Exspectata diu, nulla aut contraria classi
Flamina sunt; duræque jubent Agamemnona sortes
Immeritam sævæ natam mactare Dianæ.
Denegat hoc genitor, divisque irascitur ipsis;
Atque in rege tamen pater est. Ego mite parentis
Ingenium verbis ad publica commoda verti.
Nunc equidem fateor, fassoque ignoscat Atrides,
Difficilem tenui sub iniquo judice causam.
Hunc tamen utilitas populi, fraterque, datique
Summa movet sceptri[2], laudem ut cum sanguine penset.
Mittor et ad matrem[3], quæ non hortanda, sed astu
Decipienda fuit; quod si Telamonius isset,

Ténédos, Chrysès, Cilla, villes chères à Apollon, et Scyros; moi dont le bras a ébranlé et renversé les remparts de Lyrnesse. Et pour passer sous silence tant de guerriers vaincus, c'est moi qui ai opposé au cruel Hector un adversaire capable de le faire périr; c'est moi qui ai couché l'illustre Hector dans la poussière. C'est par les armes, qui m'ont servi à découvrir Achille, que je demande celles qui font l'objet de ce débat : je l'avais armé de son vivant, je réclame son armure après sa mort.

« Lorsque toute la Grèce ressentit l'outrage fait à un de ses rois, et que mille vaisseaux remplirent le port d'Aulis en face de l'Eubée, les vents, longtemps attendus, ne soufflaient pas, ou contrariaient par leur souffle le départ de la flotte. Un oracle rigoureux ordonne qu'Agamemnon immole sa fille, victime innocente, à Diane courroucée. Il refuse; il s'irrite contre les dieux mêmes; roi, il est encore père. Ce fut moi qui, par mes paroles, fis céder au bien commun sa tendresse paternelle. Je l'avoue maintenant, et qu'Atride me pardonne cet aveu, je défendais une cause difficile devant un juge prévenu. Cependant l'intérêt du peuple grec, l'honneur de son frère, le suprême pouvoir confié à ses mains, le touchent : il consent à payer sa gloire de son sang. On m'envoie aussi vers la mère; pour elle, il fallait, non la persuader, mais la tromper par quelque artifice. Si le fils de Télamon y fût allé à ma place,

me Tenedon, Chrysenque,	moi *avoir pris* Ténédos, et Chrysès,
et Cillan, urbes Apollinis,	et Cilla, villes d'Apollin,
et Scyron ;	et Scyros ;
putate mœnia Lyrnessia	pensez les murailles de-Lyrnesse
procubuisse solo,	être tombées sur le sol,
concussa mea dextra.	ébranlées par ma *main* droite.
Utque taceam alios,	Et pour que je taise les autres,
nempe dedi qui posset	assurément j'ai donné *quelqu'un* qui pût
perdere sævum Hectora ;	faire-périr le cruel Hector ;
inclytus Hector	l'illustre Hector
jacet per me ;	gît par moi ;
peto hæc arma	je demande ces armes-ci
illis armis quibus	par ces armes-là par lesquelles
Achilles inventus est :	Achille a été découvert :
dederam vivo,	j'avais donné *des armes* à *lui* vivant,
reposco post fata.	je *les* réclame après les destins (sa mort).
Ut dolor unius	Dès-que le ressentiment d'un seul
pervenit ad omnes Danaos,	eut pénétré chez tous les Grecs,
milleque carinæ complerunt	et *que* mille carènes eurent rempli
Aulida Euboicam,	Aulis Euboïque (voisine de l'Eubée),
flamina exspectata diu	les souffles attendus longtemps
sunt nulla,	sont nuls,
aut contraria classi,	ou contraires à la flotte,
sortesque duræ jubent	et des oracles durs ordonnent
Agamemnona mactare	Agamemnon immoler
Dianæ sævæ	à Diane cruelle
natam immeritam.	*sa* fille innocente.
Genitor hoc denegat,	Le père le refuse,
irasciturque divis ipsis,	et il s'irrite contre les dieux eux-mêmes,
atque pater est tamen	et le père est cependant
in rege.	dans le roi.
Ego verti verbis	Moi je tournai par des paroles
ad commoda publica	vers les intérêts publics
ingenium mite parentis.	l'esprit doux (apaisé) du père.
Nunc equidem fateor,	Maintenant certes je l'avoue, [avoué,
Atridesque ignoscat fasso,	et qu'Atride pardonne *à moi* ayant
tenui causam difficilem	je soutins une cause difficile
sub judice iniquo.	sous (devant) un juge partial.
Tamen utilitas populi,	Cependant l'utilité du peuple,
fraterque	et *son* frère,
summaque sceptri dati,	et la souveraineté du sceptre donné à *lui*,
movet, ut penset	*le* touche, *au point* qu'il paye
laudem sanguine.	la gloire par *son* sang.
Mittor et ad matrem,	Je suis envoyé aussi vers la mère,
quæ non fuit hortanda,	qui ne fut pas devant être exhortée,
sed decipienda astu ;	mais devant être trompée par ruse ;
quod si Telamonius isset,	que si le fils-de-Télamon y fût allé,

Orba suis essent etiamnum lintea ventis.
Mittor et Iliacas audax orator [1] ad arces,
Visaque et intrata est altæ mihi curia Trojæ;
Plenaque adhuc erat illa viris : interritus egi,
Quam mihi mandarat communis Græcia causam;
Accusoque Parin, prædamque Helenamque reposco,
Et moveo Priamum, Priamoque Antenora [2] junctum.
At Paris et fratres, et qui rapuere sub illo,
Vix tenuere manus, scis hæc, Menelae, nefandas;
Primaque lux nostri tecum fuit illa pericli.

« Longa referre mora est quæ consilioque manuque
Utiliter feci spatiosi tempore belli.
Post acies primas, urbis se mœnibus hostes
Continuere diu, nec aperti copia Martis
Ulla fuit : decimo demum pugnavimus anno.
Quid facis interea, qui nil nisi prœlia nosti?
Quis tuus usus erat? Nam si mea facta requiris,
Hostibus insidior, fossas munimine cingo;
Consolor socios, ut longi tædia belli
Mente ferant placida; doceo quo simus alendi

nos voiles seraient encore aujourd'hui privés de vents favorables. C'est aussi moi qu'on députe, ambassadeur audacieux, vers les remparts d'Ilion. Je vois le sénat de la puissante Troie; j'y suis introduit; et alors il était encore plein de guerriers. Je plaide sans crainte la cause que m'avait confiée la Grèce réunie : j'accuse Pâris, je réclame Hélène et les trésors enlevés avec elle. Mes paroles touchent Priam, et avec Priam Anténor; mais Pâris et ses frères, ainsi que les complices de son rapt, retinrent à peine, tu le sais, Ménélas, leurs mains criminelles, et ce jour fut le premier où nous partageâmes les mêmes périls.

« Il serait trop long de rapporter tout ce que j'ai fait d'utile par ma prudence et ma valeur pendant la durée d'une guerre si longue. Après les premières rencontres, les ennemis se tinrent longtemps enfermés dans les murailles de leur ville; longtemps on ne combattit plus à ciel découvert : ce n'est que la dixième année que la lutte a recommencé. Que faisais-tu alors, toi qui ne sais que combattre? Quels services rendais-tu? Si tu demandes quels furent les miens, je dressais des embuscades aux ennemis, j'entourais nos fossés d'un retranchement; je consolais nos compagnons, je les exhortais à supporter patiemment les ennuis d'une longue guerre; je leur indiquais comment nous devions nous procurer des vivres,

lintea essent etiamnum	les voiles seraient maintenant-encore
orba suis ventis.	privées de leurs vents. [cieux
Mittor et orator audax	Je suis envoyé aussi ambassadeur auda-
ad arces Iliacas :	vers les citadelles d'-Ilion :
curia altæ Trojæ	le sénat de la haute Troie
visa est et intrata mihi ;	a été vu et pénétré à moi (par moi);
illaque erat adhuc	et il était encore
plena viris :	plein d'hommes :
egi interritus causam	je plaidai non-effrayé la cause
quam Græcia communis	que la Grèce commune
mihi mandarat;	m'avait confiée;
accusoque Parin,	et j'accuse Pâris,
reposcoque prædam	et je réclame le butin
Helenamque,	et Hélène,
et moveo Priamum,	et j'émeus Priam,
Antenoraque	et Anténor
junctum Priamo.	joint à Priam.
At Paris et fratres,	Mais Pâris et ses frères,
et qui rapuere sub illo,	et ceux qui enlevèrent sous lui,
tenuere vix	retinrent à-peine
manus nefandas,	leurs mains criminelles,
scis hæc, Menelae;	tu sais ces choses, Ménélas;
illaque lux fuit prima	et ce jour fut le premier
nostri pericli tecum.	de notre danger partagé avec-toi.
Mora longa est referre	Le retard est long de rapporter
quæ feci utiliter	les choses que j'ai faites utilement
consilioque manuque	et par la prudence et par la main
tempore spatiosi belli.	dans le temps de cette longue guerre.
Post primas acies,	Après les premiers combats,
hostes se continuere diu	les ennemis se renfermèrent longtemps
mœnibus urbis,	dans les remparts de la ville,
nec ulla copia	ni aucune possibilité
Martis aperti	de Mars (d'engagement) découvert
fuit :	ne fut :
pugnavimus	nous avons combattu
decimo anno demum.	la dixième année seulement.
Quid facis interea,	Que fais-tu pendant-ce-temps, [bats !
qui nosti nil nisi prœlia?	toi qui ne connais rien sinon les com-
Quis usus erat tuus?	Quelle utilité était la tienne?
Nam si requiris mea facta,	Car si tu recherches mes actions,
insidior hostibus,	je dresse-des-embuscades aux ennemis,
cingo fossas munimine;	je ceins nos fossés d'un retranchement;
consolor socios,	je console nos compagnons,
ut ferant mente placida	afin qu'ils supportent d'un esprit calme
tædia longi belli;	les ennuis d'une longue guerre;
doceo quo modo	j'enseigne de quelle manière
simus alendi	nous sommes devant être nourris

Armandive modo ; mittor quo postulat usus.
  « Ecce, Jovis monitu [1], deceptus imagine somni,
Rex jubet incepti curam dimittere belli :
Ille potest auctore suam defendere vocem ;
Non sinat hoc Ajax, delendaqué Pergama poscat;
Quodque potest, pugnet. Cur non remoratur ituros?
Cur non arma capit? Det quod vaga turba sequatur,
Non erat hoc nimium nunquam nisi magna loquenti.
Quid quod et ipse fugit? Vidi, puduitque videre,
Quum tu terga dares, inhonestaque vela parares.
Nec mora : « Quid facitis? quæ vos dementia, dixi,
« Concitat, o socii, captam dimittere Trojam?
« Quidve domum fertis decimo, nisi dedecus, anno? »
Talibus atque aliis, in quæ dolor ipse disertum
Fecerat, aversos profuga de classe reduxi.
Convocat Atrides socios terrore paventes ;
Nec Telamoniades etiam nunc hiscere quidquam
Audet; at ausus erat reges incessere dictis
Thersites [2], etiam per me haud impune protervus.

ou des armes ; on m'envoyait partout où m'appelaient les besoins du moment.

« Mais voici que, sur l'ordre de Jupiter, Agamemnon, abusé par un songe, engage les Grecs à quitter le siége commencé. Ce roi a pour défendre son avis l'autorité d'un dieu ; mais Ajax ne le permettra pas, il réclamera la ruine de Pergame ; il combattra, c'est la seule chose qu'il puisse faire. Pourquoi n'arrête-t-il pas les Grecs prêts à partir ? Pourquoi ne prend-il pas les armes? Qu'il donne l'exemple ; la multitude incertaine le suivra. C'était le moins que dût faire cet homme au langage toujours superbe. Que dis-je? Il fuit lui même. Je t'ai vu, et j'ai rougi de te voir, lorsque tu tournais le dos, et que tu t'apprêtais mettre honteusement à la voile. « Que faites-vous, m'écriai-je aussitôt? Quelle folie vous pousse, ô compagnons, à quitter Troie que vous preniez? Que rapporterez-vous dans votre patrie après dix ans d'absence, sinon le déshonneur ? » Par ces discours et d'autres semblables (car l'indignation m'avait rendu éloquent), je ramenai les Grecs ; je les forçai d'abandonner leur flotte prête à fuir. Atride convoque ses compagnons tremblants d'effroi ; le fils de Télamon n'ose pas même alors ouvrir la bouche ; et cependant Thersite avait osé insulter les rois ; mais grâce encore à moi son audace ne resta pas impunie.

armandive ;	ou devant être armés ;
mittor quo usus postulat.	je suis envoyé ou l'utilité *l'*exige.
Ecce, monitu Jovis,	Voici-que, sur un avis de Jupiter,
rex deceptus imagine somni,	le roi trompé par une image du som-
jubet dimittere curam	ordonne d'abandonner le soin [meil,
belli incepti :	de la guerre commencée :
ille potest defendere	il peut défendre
suam vocem	sa voix (son avis)
auctore ;	par le conseiller ;
Ajax non sinat hoc,	qu'Ajax ne permette pas cela, [truite ;
poscatque Pergama delenda ;	et qu'il réclame Pergame devant être dé-
quodque potest, pugnet.	et *ce* qu'il peut *faire*, qu'il combatte.
Cur non remoratur	Pourquoi n'arrête-t-il pas
ituros.	*les Grecs* devant partir ?
Cur non capit arma ?	Pourquoi ne prend-il pas les armes ?
Det quod turba vaga	Qu'il donne *un exemple* que la foule in-
sequatur.	puisse-suivre. [certaine
Hoc non erat nimium	Cela n'était pas trop
nunquam loquenti	pour *un homme* ne parlant jamais
nisi magna.	sinon de grandes choses. [fuit ?
Quid quod et ipse fugit ?	Que *dirai-je* de-ce-que et lui-même
Vidi, puduitque videre,	J'ai vu, et j'eus-honte de voir,
quum tu dares terga,	lorsque toi tu présentais le dos,
pararesque vela inhonesta.	et *que* tu préparais des voiles honteuses.
Nec mora, dixi :	Et pas de retard, je dis :
Quid facitis ?	Que faites-vous ?
quæ dementia	quelle démence
vos concitat, ô socii,	vous pousse, ô compagnons,
dimittere Trojam captam ?	à abandonner Troie prise ?
Quidve fertis domum	Ou-bien qu'apportez-vous à la maison
decimo anno	dans la dixième année
nisi dedecus ?	sinon le déshonneur ?
Reduxi de classe profuga	Je ramenai de la flotte fugitive
talibus atque aliis,	par de telles *paroles et* par d'autres,
in quæ dolor ipse	pour lesquelles l'indignation elle-même
fecerat disertum,	m'avait fait éloquent,
aversos.	*les Grecs* détournés.
Atrides convocat socios	Atride convoque *ses* compagnons
paventes terrore ;	tremblants de terreur ;
nec Telamoniades	ni le fils-de-Télamon
audet etiam nunc	n'ose encore maintenant
hiscere quidquam ;	ouvrir-la-bouche *pour* quelque chose ;
at Thersites,	mais Thersite,
protervus haud impune	insolent non impunément
etiam per me,	encore grâce-à moi,
ausus erat	avait osé
incessere reges dictis.	attaquer les rois par des paroles.

Erigor, et trepidos cives exhortor in hostem,
Amissamque mea virtutem voce reposco.
Tempore ab hoc, quodcumque potest fecisse videri
Fortiter iste, meum est, qui dantem terga retraxi.
 « Denique de Danais quis te laudatve petitve?
At sua Tydides mecum communicat acta;
Me probat, et socio semper confidit Ulysse.
Est aliquid de tot Graiorum millibus unum
A Diomede legi. Nec me sors ire jubebat;
Sic tamen, et spreto noctisque hostisque periclo,
Ausum eadem quæ nos, Phrygia de gente Dolona
Interimo; non ante tamen quam cuncta coegi
Prodere, et edidici quid perfida Troja pararet.
Omnia cognoram, nec quod specularer habebam,
Et jam promissa poteram cum laude reverti :
Haud contentus ea, petii tentoria Rhesi,
Inque suis ipsum castris comitesque peremi;
Atque ita captivo, victor votisque potitus,
Ingredior curru, lætos imitante triumphos.
Cujus equos pretium pro nocte poposcerat hostis,

Je me lève, et j'excite contre l'ennemi nos concitoyens troublés par la crainte : ma voix les somme de recouvrer leur courage perdu. A partir de ce moment, tous les actes de bravoure qu'Ajax peut paraître avoir accomplis, m'appartiennent; car je l'ai fait revenir quand il tournait le dos.

 « Enfin, quel est celui d'entre tous les Grecs qui te loue ou qui te recherche? tandis que le fils de Tydée m'associe à toutes ses entreprises. Il m'estime, et se croit toujours assuré du succès quand Ulysse est avec lui! C'est quelque chose d'être choisi par Diomède seul entre tant de milliers de Grecs. Et moi ce n'était pas le sort qui me faisait marcher, lorsque néanmoins, allant avec ce héros, sans craindre la nuit et les ennemis, je rencontrai le Phrygien Dolon, poussé par une audace semblable à la nôtre. Je le tue, mais non sans lui avoir arraché tous ses secrets, sans avoir appris les desseins de la perfide Troie. Je savais tout, je n'avais plus rien à rechercher, et déjà je pouvais retourner à l'armée avec la gloire qui m'était promise. Ce n'était point assez pour moi : je gagne les tentes de Rhésus, et je le tue lui-même avec ses compagnons dans son propre camp. Alors vainqueur et satisfait, je reviens, dans l'appareil joyeux du triomphe, sur le char que j'ai pris au vaincu. Et maintenant les armes de ce héros dont le Troyen

Erigor,	Je me lève,
et exhortor in hostem	et j'exhorte contre l'ennemi
cives trepidos,	les citoyens tremblants,
reposcoque mea voce	et je réclame par ma voix
virtutem amissam.	*leur* courage perdu.
Ab hoc tempore,	A-partir-de ce temps,
quodcumque iste potest	tout-ce-que celui-ci (Ajax) peut
videri fecisse fortiter,	paraître avoir fait courageusement,
est meum,	est de-moi, [dos.
qui retraxi dantem terga.	de moi qui fis-revenir *lui* présentant le
Denique quis de Danais	Enfin qui des Grecs
laudatve petitve te?	ou loue ou recherche toi ?
At Tydides communicat	Mais le fils-de-Tydée partage
sua acta mecum ;	ses actions avec-moi ;
me probat,	il m'estime,
et confidit semper	et il a-confiance toujours
Ulysse socio.	Ulysse étant *son* compagnon.
Est aliquid legi unum	C'est quelque chose d'être choisi seul
de tot millibus Graiorum	de tant de milliers de Grecs
a Diomede.	par Diomède.
Nec sors jubebat me ire ;	Ni le sort n'ordonnait moi aller ;
sic tamen,	ainsi cependant,
et periclo	et le péril
noctisque hostisque	et de la nuit et de l'ennemi
spreto,	étant méprisé,
interimo Dolona	je tue Dolon
de gente Phrygia,	de la nation phrygienne, [nous ;
ausum eadem quæ nos;	Dolon ayant osé les mêmes choses que
non tamen ante quam	non toutefois avant que
coegi prodere cuncta,	je *l*'eusse forcé de livrer tout,
et edidici	et *que* j'eusse appris
quid perfida Troja pararet.	ce que la perfide Troie préparait.
Cognoram omnia,	J'avais connu tout,
nec habebam	et je n'avais *plus*
quod specularer,	*quelque chose* que j'observasse,
et jam poteram reverti	et déjà je pouvais retourner
cum laude promissa :	avec la louange promise :
haud contentus ea,	non content de celle-là,
petii tentoria Rhesi,	je gagnai les tentes de Rhésus,
peremique in suis castris	et je tuai dans son camp
ipsum comitesque;	lui-même *et ses* compagnons ;
atque ita,	et ainsi (alors),
victor potitusque votis,	vainqueur et possesseur de *mes* vœux,
ingredior curru captivo,	je m'avance sur *son* char captif,
imitante lætos triumphos.	qui imite les joyeux triomphes.
Negate mihi arma	Refusez à moi les armes
cujus hostis poposcerat	*de celui* dont l'ennemi avait demandé

Arma negate mihi, fueritque benignior Hector[1]!
« Quid Lycii referam Sarpedonis[2] agmina ferro
Devastata meo? quum multo sanguine fudi
Cœranon, Iphitiden, Alastoraque, Chromiumque,
Alcandrumque, Haliumque, Noemonaque, Prytaninque,
Exitioque dedi cum Chersidamante Thoona,
Et Charopen, fatisque immitibus Ennomon actum;
Quique, minus celebres, nostra sub mœnibus urbis
Procubuere manu. Sunt et mihi vulnera, cives,
Ipso pulchra loco : nec vanis credite verbis,
Adspicite, en (vestemque manu diduxit) ; et hæc sunt
Pectora, semper, ait, vestris exercita rebus.
At nihil impendit per tot Telamonius annos
Sanguinis in socios, et habet sine vulnere corpus.
Quid tamen hoc refert, si se pro classe Pelasga
Arma tulisse refert contra Troasque Jovemque?
Confiteorque, tulit; neque enim bene facta maligne
Detrectare meum est : modo ne communia solus
Occupet, atque aliquem vobis quoque reddat honorem.
Reppulit Actorides[3], sub imagine tutus Achillis,
Troas ab arsuris cum defensore carinis.

avait réclamé les coursiers pour prix de son expédition nocturne, ces armes, refusez les moi ; montrez-vous moins généreux qu'Hector.

« Rappellerai-je les bataillons du Lycien Sarpédon que mon glaive a ravagés? lorsque je renversai dans des flots de sang Céranus, le fils d'Iphitès, Alastor, Chromius, Alcandre, Halius, Noémon, Prytanis, et que j'envoyai aux sombres bords, Thoon, Chersidamas, Charope, Ennomus poussé par un destin rigoureux, et tant d'autres guerriers moins connus, qui devant les murs d'Ilion sont tombés sous mon bras. J'ai aussi des blessures, citoyens, blessures glorieuses par la place même où elles ont été reçues. Et ne croyez pas à des paroles sans preuves; regardez, les voici (et de sa main il entr'ouvre sa robe). Voici cette poitrine qui a subi mille épreuves pour votre salut, alors que pendant tant d'années le fils de Télamon n'a pas versé une goutte de son sang pour les alliés; car son corps est sans blessure. Qu'importe cependant, s'il déclare avoir pris les armes pour défendre la flotte grecque contre les Troyens et contre Jupiter? Il l'a fait, je l'avoue; car je n'ai pas l'habitude de rabaisser malignement les belles actions : mais qu'il ne s'attribue pas seul un mérite commun à tous, et qu'il vous rende aussi une partie de cet honneur. C'est le petit-fils d'Actor, protégé par l'illusion que causait l'armure d'Achille, qui a repoussé les Troyens loin des vaisseaux près de brûler avec leur défenseur.

equos pretium pro nocte,	les chevaux comme récompense [turne) pour la nuit (pour son expédition noc-
Hectorque fuerit benignior!	et qu'Hector ait été plus généreux !
Quid referam agmina Lycii Sarpedonis devastata meo ferro?	Pourquoi rapporterais-je les bataillons du Lycien Sarpédon dévastés par mon fer ? [sang
quum fudi multo sanguine Cœranon, Iphitiden,	lorsque je terrassai avec beaucoup de Ceranus, le fils-d'-Iphitès,
Alastoraque, Chromiumque	et Alastor, et Chromius,
Alcandrumque, Haliumque,	et Alcandre, et Halius,
Noemonaque, Prytaninque,	et Noémon, et Prytanis,
dedique exitio Thoona cum Chersidamante,	et que je livrai à la mort Thoon avec Chersidamas,
et Charopen, Eunomonque actum fatis immitibus;	et Charope, et Eunomus poussé par des destins rigoureux ;
quique, minus celebres, procubuere nostra manu sub mœnibus urbis.	et ceux qui, moins célèbres, sont tombés par notre main sous les remparts de la ville.
Vulnera sunt et mihi, cives, pulchra loco ipso :	Des blessures sont aussi à moi, citoyens, belles par leur place même :
nec credite verbis vanis; aspicite, en	et ne croyez pas à des paroles vaines; regardez, voici
(diduxitque manu vestem);	(et il écarta de la main sa robe);
et hæc pectora, ait, exercita sunt semper vestris rebus.	et ces poitrines (cette poitrine), dit-il, ont été fatiguées toujours par vos affaires.
At Telamonius impendit nihil sanguinis in socios per tot annos, et habet corpus sive vulnere.	Mais le fils-de-Télamon n'a dépensé rien de son sang pour les alliés pendant tant d'années, et il a un corps sans blessure.
Quid tamen hoc refert, si refert se tulisse arma pro classe Pelasga contra Troasque Jovemque?	En quoi cependant cela importe-t-il, s'il rapporte lui-même avoir porté les pour la flotte grecque [armes contre et les Troyens et Jupiter ?
tulitque, confiteor; neque enim detrectare maligne bene facta est meum :	et il les a portées, je l'avoue; ni en effet déprécier malignement les choses bien faites (les n'est mon propre : [belles actions)
modo ne occupet solus communia;	seulement qu'il ne s'empare pas seul des exploits communs;
atque vobis reddat quoque aliquem honorem.	et qu'il vous rende aussi quelque honneur.
Actorides, tutus sub imagine Achillis, reppulit Troas ab carinis arsuris cum defensore.	Le petit-fils-d'Actor, en-sûreté sous l'image d'Achille, a repoussé les Troyens des carènes près-de-brûler avec leur défenseur.

Ausum etiam Hectoreo solum concurrere Marti
Se putat, oblitus regisque ducumque meique,
Nonus in officio, et prælatus munere sortis.
Sed tamen eventus vestræ, fortissime, pugnæ
Quis fuit? Hector abit violatus vulnere nullo.
 « Me miserum! quanto cogor meminisse dolore
Temporis illius quo, Graium murus, Achilles
Procubuit! Nec me lacrimæ luctusve timorve
Tardarunt, quin corpus humo sublime referrem.
His humeris, his, inquam, humeris ego corpus Achillis,
Et simul arma tuli, quæ nunc quoque ferre laboro.
Sunt mihi, quæ valeant in talia pondera vires;
Est animus vestros certe sensurus honores
Scilicet idcirco pro nato cærula mater
Ambitiosa suo fuit, ut cœlestia dona,
Artis opus tantæ, rudis et sine pectore miles
Indueret! Neque enim clypei cælamina norit,
Oceanum et terras, cumque alto sidera cœlo,
Pleiadasque, Hyadasque, immunemque æquoris Arcton [1],

Il croit aussi qu'il osa seul se mesurer contre Hector : il oublie Agamemnon, et les autres chefs et moi-même. Il se présenta le neuvième ; ce fut le sort qui décida en sa faveur. Cependant quelle fut l'issue de ce combat, vaillant Ajax? Hector se retira sans blessure.

« Hélas! avec quelle douleur suis-je forcé de me rappeler le moment où est tombé Achille, le rempart des Grecs! Ni mes larmes, ni mon affliction, ni la crainte ne m'empêchèrent d'enlever son corps étendu dans la poussière. J'emportai sur ces épaules, oui, sur ces épaules, le corps d'Achille, et ces armes que maintenant encore je tâche d'emporter. J'ai donc des forces suffisantes pour un tel fardeau ; et j'ai certainement un cœur qui sera sensible à l'honneur que vous m'accorderez. Eh quoi? La Néréide n'aura sollicité Vulcain en faveur de son fils que pour voir un soldat grossier et sans intelligence revêtir ce présent divin, œuvre d'un art si merveilleux! Mais il ne connaîtra pas les images ciselées sur le bouclier, l'océan et la terre, les astres qui roulent dans le ciel élevé, les Pléiades, les Hyades, l'Ourse qui ne se plonge jamais dans les flots de la mer,

Putat etiam se	Il pense aussi lui-même
ausum solum concurrere	*avoir osé seul combattre*
Marti Hectoreo,	contre le Mars (le bras) d'-Hector,
oblitus regisque	ayant oublié et le roi
ducumque meique,	et les chefs et moi,
nonus in officio,	le neuvième dans ce service,
et prælatus munere sortis.	et préféré par la faveur du sort.
Sed tamen, fortissime,	Mais cependant, *guerrier* très-courageux,
quis fuit exitus	quelle fut l'issue
vestræ pugnæ?	de votre combat?
Hector abit	Hector s'en-va
violatus nullo vulnere.	n'ayant été violé par aucune blessure.
Me miserum!	O moi malheureux!
quanto dolore cogor	avec quelle-grande douleur je suis forcé
meminisse illius temporis	de-me souvenir de ce temps
quo, murus Graium,	où, le rempart des Grecs,
Achilles procubuit!	Achille tomba!
Nec lacrimæ	Ni les larmes
luctusve timorve	ou le deuil ou la crainte
tardarunt me	ne retardèrent moi
quin referrem humo	que je ne relevasse de terre
corpus sublime.	le corps élevé (enlevé sur mes épaules).
Ego tuli his humeris,	Moi j'ai emporté sur ces épaules-ci,
his humeris, inquam,	sur ces épaules-ci, dis-je,
corpus Achillis,	le corps d'Achille,
et simul arma	et en-même-temps les armes
quæ nunc quoque	que maintenant aussi
laboro ferre.	je travaille à emporter.
Vires sunt mihi	Des forces sont à moi
quæ valeant	qui pourront-suffire
in talia pondera;	pour de tels poids;
animus est sensurus certe	un esprit est à *moi* devant sentir certes
vestros honores.	vos honneurs.
Scilicet mater cærula	Ainsi-donc la mère azurée (la Néréide)
fuit ambitiosa	fut solliciteuse
pro suo nato,	pour son fils,
idcirco ut miles	pour-cela afin-qu'un soldat
rudis et sine pectore	grossier et sans intelligence
indueret dona cœlestia,	revêtît *ces* dons célestes,
opus artis tantæ!	œuvre d'un art si-grand!
Neque enim norit	Ni en effet il ne connaîtra
cælamina clypei,	les ciselures du bouclier,
oceanum et terras,	l'océan et les terres,
sideraque cum cœlo alto,	et les astres avec le ciel élevé,
Pleiadasque Hyadasque,	et les Pléïades et les Hyades,
Arctonque	et l'Ourse
immunem æquoris,	exempte de la mer,

Diversosque orbes, nitidumque Orionis[1] ensem.
Postulat ut capiat, quæ non intelligit, arma.

« Quid quod me, duri fugientem munera belli,
Arguit incepto serum accessisse labori;
Nec se magnanimo maledicere sentit Achilli?
Si simulasse vocas crimen, simulavimus ambo;
Si mora pro culpa est, ego sum maturior illo.
Me pia detinuit conjux, pia mater Achillem;
Primaque sunt illis data tempora, cetera vobis.
Haud timeo, si jam nequeam defendere crimen
Cum tanto commune viro : deprensus Ulyssis
Ingenio tamen ille, at non Ajacis Ulysses.

« Neve in me stolidæ convicia fundere linguæ
Admiremur eum; vobis quoque digna pudore
Objicit : an falso Palameden crimine turpe est
Accusasse mihi, vobis damnasse decorum?
Sed neque Naupliades facinus defendere tantum
Tamque patens valuit; nec vos audistis in illo
Crimina : vidistis; pretioque objecta patebant.
Nec, Pæantiadem quod habet Vulcania Lemnos[2],

les divers globes célestes, Orion à l'épée étincelante. Il demande à recevoir des armes qui seront une énigme pour lui.

« Ajouterai-je qu'il me reproche de m'être dérobé aux fatigues et aux travaux de la guerre, de m'être joint tardivement à l'entreprise déjà commencée? Et il ne voit pas qu'il accuse le magnanime Achille? Si la feinte est un crime à tes yeux, tous les deux nous avons commis ce crime; si le retard est une faute, j'arrivai au siége avant ce héros. Une tendre épouse m'a retenu, une tendre mère retenait Achille. Elles eurent les premiers moments, le reste vous a appartenu. Je ne crains rien, quand même je ne pourrais repousser une accusation qui m'est commune avec un tel guerrier. D'ailleurs ce fut l'adresse d'Ulysse qui découvrit Achille, mais non celle d'Ajax qui découvrit Ulysse.

« Et pourquoi nous-étonnerions-nous des injures que sa langue stupide vomit contre moi, quand il vous reproche à vous-mêmes des actes déshonorants? A moins qu'il ne soit honteux pour moi d'avoir accusé Palamède d'un crime supposé, et glorieux pour vous de l'avoir condamné. Mais le fils de Nauplius n'a pu se justifier d'un forfait si horrible et si manifeste, et dans sa cause vous n'avez pas écouté les accusations, vous avez vu: le prix de sa trahison était placé sous vos yeux. Quant au fils de Péan, s'il est retenu dans l'île de Lemnos, chère à Vulcain, je n'en suis pas non plus coupable.

diversosque orbes,	et les divers globes *célestes*,
ensemque nitidum Orionis.	et l'épée brillante d'Orion.
Postulat ut capiat arma,	Il demande qu'il prenne des armes,
quæ non intelligit.	qu'il ne comprend pas.
Quid quod arguit me,	Que *dirai je* de ce qu'il accuse moi,
fugientem munera	fuyant les devoirs
belli duri,	de la guerre dure,
accessisse serum	m'être joint tardif (tardivement)
labori incepto ;	au travail commencé ;
nec sentit se maledicere	et il ne sent pas lui médire
magno Achilli ?	du grand Achille ?
Si vocas crimen	Si tu appelles un sujet-d'accusation
simulasse,	d'avoir feint,
simulavimus ambo ;	nous avons feint tous-les-deux ;
si mora est pro culpa,	si le retard est en-guise de faute,
ego sum maturior illo.	moi je suis plus hâtif que lui.
Conjux pia detinuit me,	Une épouse pieuse (tendre) a retenu moi,
mater pia Achillem ;	Une mère pieuse (tendre) a *retenu* Achille ;
primaque tempora	et les premiers temps
data sunt illis,	furent donnés à elles,
cetera vobis.	les autres à vous.
Haud timeo, si jam nequeam	Je ne crains pas, si même je-ne-pouvais
defendere crimen	repousser une accusation [homme :
commune cum tanto viro :	qui *m'est* commune avec un si-grand
tamen ille deprensus	cependant celui-ci *fut* découvert
ingenio Ulyssis,	par l'esprit d'Ulysse,
at non Ulysses Ajacis.	mais non Ulysse *par celui* d'Ajax.
Neve admiremur	Et-ne nous étonnons pas
eum fundere in me	lui répandre contre moi
convicia linguæ stolidæ ;	les injures d'une langue stupide ;
objicit quoque vobis	il reproche aussi à vous
digna pudore :	des *actions* dignes de honte :
an est turpe mihi	ou-bien est-il honteux pour moi
accusasse Palameden	d'avoir accusé Palamède
crimine falso,	d'une accusation fausse,
decorum vobis damnasse ?	*et* beau à vous de *l'*avoir condamné ?
Sed neque Naupliades	Mais ni le fils-de-Nauplius
valuit defendere facinus	n'a pu repousser *de lui* un crime
tantum tamque patens ;	si-grand et si patent ;
nec vos audistis in illo	ni vous vous n'avez entendu sur lui
crimina,	des accusations,
vidistis ;	vous *les* avez vues ;
objectaque	et placées-devant vos *yeux* [*avait reçu.*
patebant pretio.	elles étaient-évidentes par le prix *qu'il*
Nec merui esse reus,	Ni je n'ai mérité d'être accusé,
quod Lemnos Vulcania	parce que Lemnos *île* de-Vulcain
habet Pæantiaden :	a le fils-de-Péan :

Esse reus merui; factum defendite vestrum,
Consensistis enim : nec me suasisse negabo
Ut se subtraheret bellique viæque labori,
Tentaretque feros requie lenire dolores.
Paruit, et vivit : non hæc sententia tantum est
Fida, sed et felix ; quam sit satis esse fidelem.
Quem quoniam vates delenda ad Pergama poscunt,
Ne mandate mihi : melius Telamonius ibit,
Eloquioque virum morbis iraque furentem
Molliet, aut aliqua perducet callidus arte.
Ante retro Simois[1] fluet, et sine frondibus Ide
Stabit, et auxilium promittet Achaia Trojæ,
Quam, cessante meo pro vestris pectore rebus,
Ajacis stolidi Danais solertia prosit.
Sis licet infestus sociis, regique mihique,
Dure Philoctete ; licet exsecrere, meumque
Devoveas sine fine caput, cupiasque dolenti
Me tibi forte dari, nostrumque haurire cruorem,
Utque tui mihi, sic fiat tibi copia nostri :
Te tamen aggrediar, mecumque reducere nitar;
Tamque tuis potiar (faveat fortuna) sagittis,
Quam sum Dardanio, quem cepi, vate[2] potitus,

C'est à vous, ô Grecs, de justifier ce que vous avez fait ; car vous avez été d'accord avec moi. Je l'ai engagé, je ne le nierai pas, à se dérober aux fatigues de la guerre et de la route, et à chercher dans le repos un soulagement à ses cruelles douleurs : il m'a écouté, et il vit. Le conseil n'était pas seulement sincère ; il a été heureux ; mais il suffirait qu'il eût été sincère. Et maintenant que les devins réclament la présence de ce héros pour la chute de Troie, ne me confiez pas le soin de l'aller chercher ; il vaut mieux envoyer le fils de Télamon. Son éloquence saura apaiser un homme exaspéré par la souffrance et la colère, ou bien il trouvera quelque expédient pour le ramener. Mais non, le Simoïs remontera vers sa source, l'Ida sera dépouillé de sa verdure, et la Grèce promettra du secours aux Troyens, avant que le stupide Ajax puisse servir les Grecs par de sages conseils, si je cesse de veiller sur vos intérêts. Implacable Philoctète, tu as beau être irrité contre les alliés, contre leur roi, contre moi-même ; tu as beau me maudire, vouer sans cesse ma tête aux divinités infernales, souhaiter dans ton ressentiment que le sort me livre entre tes mains pour verser mon sang par une large blessure, et que tu puisses disposer de moi comme j'ai disposé de ta personne ; j'irai cependant vers toi, et j'essayerai de te ramener ici. Je m'emparerai de tes flèches, si la fortune me favorise, comme je me suis emparé du devin troyen que j'ai emmené captif,

defendite vestrum factum,	défendez votre conduite,
consensistis enim;	vous avez-été-d'accord avec moi en-effet:
nec negabo me suasisse	et je ne nierai pas moi avoir conseillé
ut se subtraheret	qu'il se dérobât
labori bellique viæque,	à la fatigue et de la guerre et de la route,
tentaretque lenire requie	et qu'il essayât d'adoucir par le repos
feros dolores :	de cruelles douleurs :
paruit, et vivit;	il a obéi, et il vit;
hæc sententia non est	cet avis n'est pas
tantum fida,	seulement sincère,
sed et felix ;	mais aussi *il est* heureux ;
quam sit satis esse fidelem.	lequel *avis* il serait suffisant être sincère.
Quem quoniam vates [da,	Lequel *fils-de-Péan* puisque les devins
poscunt ad Pergama delen-	réclament pour Pergame devant être dé-
ne mihi mandate :	ne me confiez pas *cette mission* : [truite,
Telamonius ibit melius,	le fils-de-Télamon ira mieux,
mollietque eloquio virum	et il adoucira par *son* éloquence *cet* homme
furentem morbis iraque,	rendu-furieux par les maladies et par la
aut callidus perducet	ou habile il *le* ramènera [colère,
aliqua arte.	par quelque moyen.
Simois fluet retro,	Le Simoïs coulera en-arrière,
et Ide stabit sine frondibus,	et l'Ida se dressera sans feuilles,
et Achaia	et l'Achaïe (la Grèce)
promittet auxilium Trojæ,	promettra du secours à Troie,
antequam solertia	avant-que l'habileté
stolidi Ajacis	du stupide Ajax
prosit Danais,	soit-utile aux Grecs,
meo pectore cessante	mon intelligence restant-oisive
pro vestris rebus.	pour vos affaires.
Philoctete dure,	Philoctète inexorable,
licet sis infestus	quoique tu sois irrité
sociis, regique, mihique,	contre les alliés, et le roi, et moi,
licet exsecrere,	quoique tu *me* maudisses,
devoveasque meum caput	et que tu voues *aux furies* ma tête
sine fine,	sans cesse,
cupiasque me dari forte	et que tu désires moi être donné par le ha-
tibi dolenti,	à toi souffrant, [sard
haurireque	et épuiser
nostrum cruorem,	notre sang. [faite à toi,
utque copia nostri fiat tibi,	et que la faculté *de disposer* de nous soit
ut tui mihi,	comme celle de disposer de toi *a été faite*
tamen te aggrediar,	cependant je t'aborderai, [a moi,
nitarque reducere mecum,	et je m'efforcerai de *te* ramener avec-moi,
potiarque tuis sagittis	et je m'emparerai de tes flèches
fortuna faveat),	(*pourvu que* la fortune *me* favorise),
tam quam sum potitus	autant que je me suis emparé
vate Dardanio quem cepi,	du devin dardanien que j'ai pris,

Quam responsa deum Trojanaque fata retexi,
Quam rapui Phrygiæ signum penetrale Minervæ
Hostibus e mediis. Et se mihi comparet Ajax !
Nempe capi Trojam prohibebant fata sine illo.
Fortis ubi est Ajax? ubi sunt ingentia magni
Verba viri? cur hic metuit? cur audet Ulysses
Ire per excubias et se committere nocti ?
Perque feros enses, non tantum mœnia Trojæ,
Verum etiam summas arces intrare, suaque
Eripere æde deam, raptamque efferre per hostes?
Quæ nisi fecissem, frustra Telamone creatus
Gestasset læva taurorum tergora septem.
Illa nocte mihi Trojæ victoria parta est :
Pergama tum vici, quum vinci posse coegi.
 « Desine Tydiden vultuque et murmure nobis
Ostentare meum : pars est sua laudis in illo.
Nec tu quum socia clypeum pro classe tenebas,
Solus eras : tibi turba comes, mihi contigit unus :
Qui nisi pugnacem sciret sapiente minorem
Esse, nec indomitæ deberi præmia dextræ,
Ipse quoque hæc peteret; peteret moderatior Ajax [1],

comme j'ai su vous révéler les oracles des dieux et les destinées d'Ilion, et comme j'ai enlevé au milieu des ennemis, du sanctuaire même de son temple, la statue de la Minerve phrygienne. Et qu'Ajax vienne se comparer à moi! Car sans la possession de cette statue, les destins ne nous permettaient pas de prendre Ilion. Où est alors le vaillant Ajax? Qu'est devenu le langage superbe de ce grand guerrier? Pourquoi a-t-il peur? Pourquoi Ulysse ose-t-il traverser les gardes ennemies et se confier à la nuit? Pourquoi ose-t-il pénétrer au milieu des épées redoutables, non-seulement dans les remparts d'Ilion, mais même au haut de la citadelle, enlever la déesse de son temple, et l'emporter à travers les ennemis? Si je n'avais exécuté cette entreprise, c'est en vain que le fils de Télamon aurait porté sur son bras gauche sept peaux de bœufs. Cette nuit-là j'ai vaincu Troie: oui, j'ai conquis Pergame lorsque j'en ai rendu la conquête possible.

 « N'affecte plus par tes gestes et tes murmures de montrer Diomède mon compagnon dans cette entreprise. Il a aussi sa part dans le succès. Mais toi, étais-tu seul, quand de ton bouclier tu couvrais la flotte alliée? tu avais avec toi une foule de guerriers, je n'en avais qu'un seul. Si Diomède ne savait pas que la sagesse l'emporte sur la valeur, et qu'un bras indomptable n'est pas un titre aux récompenses, lui aussi il demanderait ces armes. Il les demanderait aussi cet Ajax, plus modeste que toi,

quam retexi responsa deum fataque Trojana,	autant que j'ai dévoilé les réponses des et les destinées troyennes, [dieux
quam rapui e mediis hostibus signum penetrale Minervæ Phrygiæ.	autant que j'ai enlevé du milieu des ennemis la statue placée-au-fond *du temple* de la Minerve phrygienne.
Et Ajax se comparet mihi !	Et qu'Ajax se compare à moi !
Nempe fata prohibebant Trojam capi sine illo.	Car les destins empêchaient Troie être prise sans cette *statue*.
Ubi est fortis Ajax? ubi sunt verba ingentia magni viri?	Où est le courageux Ajax ? [ques où sont les paroles grandes (emphati- de *ce* grand guerrier ?
Cur hic metuit?	Pourquoi celui-ci craint-il?
Cur Ulysses audet ire per excubias, et se committere nocti?	Pourquoi Ulysse ose-t-il aller a-travers les gardes et se confier à la nuit ?
intrareque per enses feros non tantum mœnia Trojæ, verum etiam arces summas, eripereque deam sua æde, efferreque per hostes raptam?	et pénétrer à travers les épées cruelles non-seulement dans les murailles de Troie, [élevées, mais encore dans les citadelles les plus et enlever la déesse de son temple, et emporter à travers les ennemis *la déesse* enlevée ?
Quæ nisi fecissem, creatus Telamone gestasset frustra læva septem tergora taurorum.	Lesquelles choses si je n'avais faites, le fils de Télamon [che aurait porté vainement de la *main* gau- sept peaux de taureaux.
Victoria Trojæ parta est mihi illa nocte : vici Pergama tum quum coegi posse vinci.	La victoire sur Troie a été acquise à (par) moi cette nuit-là : j'ai vaincu Pergame alors que j'ai forcé *elle* pouvoir être vaincue.
Desine nobis ostentare vultuque et murmure Tydiden meum : sua pars laudis est in illo.	Cesse de nous montrer-avec-affecta- par ton visage et par ton murmure [tion le fils-de-Tydée mon *compagnon* : sa part de gloire est en lui.
Nec tu eras solus, quum tenebas clypeum pro classe socia : turba comes tibi, unus mihi contigit : qui nisi sciret pugnacem esse minorem sapiente, nec præmia deberi dextræ indomitæ, ipse quoque peteret hæc; Ajax moderatior peteret,	Et toi tu n'étais pas seul, lorsque tu tenais *ton* bouclier devant la flotte alliée : la foule *était* compagne à toi, un seul *compagnon* m'est échu : lequel s'il ne savait le batailleur être moindre que le sage, et les récompenses n'être pas dues à une *main* droite indomptée, lui-même aussi demanderait celles-ci ; Ajax plus modéré *les* demanderait,

Eurypylusque ferox, claroque Andremone natus,
Nec minus Idomeneus, patriaque creatus eadem
Meriones; peteret majoris frater Atridæ :
Quippe manu fortes, nec sunt tibi Marte secundi;
Consiliis cessere meis. Tibi dextera bello
Utilis; ingenium est quod eget moderamine nostro :
Tu vires sine mente geris; mihi cura futuri est :
Tu pugnare potes; pugnandi tempora mecum
Eligit Atrides ; tu tantum corpore prodes,
Nos animo : quantoque ratem qui temperat, anteit
Remigis officium, quanto dux milite major,
Tanto ego te supero : nec non in corpore nostro
Pectora sunt potiora manu ; vigor omnis in illis.
 « At vos, o proceres, vigili date præmia vestro ;
Proque tot annorum curis, quos anxius egi,
Hunc titulum meritis pensandum reddite nostris.
Jam labor in fine est; obstantia fata removi,
Altaque, posse capi faciendo, Pergama cepi.
Per spes nunc socias casuraque mœnia Troum,
Perque deos [1] oro, quos hosti nuper ademi;
Per, si quid superest quod sit sapienter agendum,
Si quid adhuc audax ex præcipitique petendum est;

ainsi que le belliqueux Eurypyle et le fils de l'illustre Andrémon, et Idoménée et Mérion, qui virent tous deux le jour dans la même patrie, et le plus jeune des deux Atrides. Car tous ces héros sont vaillants; ils ne te sont point inférieurs dans les combats : ils se sont retirés devant les titres que me donne ma sagesse. Ton bras rend des services à la guerre; mais ton esprit a besoin d'être dirigé par nos conseils. A toi la force aveugle; à moi la prévoyance de l'avenir. Tu sais combattre, mais c'est avec moi qu'Agamemnon choisit le moment du combat. Le corps seul est utile en toi; en moi c'est l'intelligence ; et autant le pilote qui gouverne le navire l'emporte sur le rameur, autant le général est au-dessus du soldat, autant je l'emporte sur toi : en moi aussi la tête est meilleure que le bras; or c'est dans la tête que réside toute force.
 « Et vous, illustres chefs, donnez ces armes à votre vigilante sentinelle, et pour tant d'années que j'ai passées dans les inquiétudes et les soucis, accordez-moi ce prix, digne récompense de mes services. Déjà nos travaux touchent à leur terme; j'ai écarté les obstacles que nous opposaient les destins; j'ai pris Troie en faisant qu'elle pût être prise. Et maintenant, par nos espérances communes, par les murailles de Pergame condamnées à tomber, par les dieux que j'ai enlevés récemment à l'ennemi, par tout ce qui demande encore de la prudence ou de l'audace, s'il reste quelque entreprise pé-

Eurypylusque ferox,	et Eurypyle belliqueux,
natusque claro Andremone,	et le fils de l'illustre Andrémon,
nec minus Idomeneus;	et non moins Idoménée,
Merionesque	et Mérion
creatus eadem patria;	né de la même patrie;
frater majoris Atridæ	le frère de l'aîné Atride
peteret;	les demanderait,
quippe sunt fortes manu,	car ils *sont* courageux par la main,
nec secundi tibi Marte:	ni inférieurs à toi par Mars:
cessere meis consiliis.	ils se sont retirés devant mes conseils.
Dextera tibi	Une *main* droite *est* à toi
utilis bello;	utile dans la guerre;
ingenium est quod eget	un esprit est à *toi* lequel a-besoin
nostro moderamine :	de notre direction :
tu geris vires sine mente;	tu portes des forces sans intelligence;
cura futuri est mihi :	le soin de *l'*avenir est à moi :
tu potes pugnare;	toi tu peux combattre;
Atrides eligit mecum	Atride choisit avec-moi
tempora pugnandi :	les moments de combattre:
tu prodes tantum corpore,	toi tu es-utile seulement par le corps,
nos animo :	nous par l'esprit :
egoque te supero tanto	et moi je te surpasse autant
quanto qui temperat ratem	que *celui* qui gouverne un navire
anteit officium remigis,	surpasse le service d'un rameur,
quanto dux major milite :	que le chef *est* plus grand que le soldat :
nec non in nostro corpore	et aussi dans notre corps
pectora sunt potiora manu;	l'intelligence est préférable à la main;
omnis vigor in illis.	toute vigueur *est* en elle.
At vos, o proceres,	Mais vous, ô chefs, [nelle;
date præmia vestro vigili;	donnez des récompenses à votre senti-
proque curis tot annorum	et en-retour des soucis de tant d'années
quos egi anxius,	que j'ai passées inquiet,
reddite hunc titulum	rendez ce titre (ce prix)
pensandum nostris meritis.	devant-être-compensé par nos services.
Jam labor est in fine ;	Déjà le travail est à la fin; [stacle,
removi fata obstantia,	j'ai écarté les destins qui-faisaient-ob-
cepique alta Pergama,	et j'ai pris la haute Pergame,
faciendo posse capi.	en faisant *elle* pouvoir être prise.
Nunc oro	Maintenant je *vous* prie
per spes socias,	par *nos* espérances communes,
mœniaque Troum casura,	et par les remparts des Troyens *remparts*
perque deos,	et par les dieux, [près-de-tomber,
quos ademi nuper hosti,	que j'ai enlevés dernièrement à l'ennemi,
per si quid superest adhuc	par si quelque chose reste encore
quod sit agendum sapienter,	qui soit à faire sagement,
si quid est adhuc audax	si quelque chose est encore d'audacieux
petendumque	et à aller-chercher;

Si Trojæ fatis aliquid restare putatis;
Este mei memores, aut si mihi non datis arma,
Huic date; » et ostendit signum fatale Minervæ.

III. — MORT D'AJAX.
(V. 382-398.)

Mota manus procerum est, et quid facundia posset
Tum patuit; fortisque viri tulit arma disertus.
Hectora qui solus, qui ferrum ignemque Jovemque
Sustinuit toties, unam non sustinet iram;
Invictumque virum vincit dolor. Arripit ensem,
Et : « Meus hic certe est; an et hunc sibi poscet Ulysses?
Hoc, ait, utendum est in me mihi; quique cruore
Sæpe Phrygum maduit, domini nunc cæde madebit,
Ne quisquam Ajacem possit superare, nisi Ajax. »
Dixit, et in pectus, tum demum vulnera passum,
Qua patuit ferro [1], letalem condidit ensem.
Nec valuere manus infixum educere telum;
Expulit ipse cruor; rubefactaque sanguine tellus
Purpureum viridi genuit de cespite florem,

rilleuse à exécuter; si vous croyez que la ruine des Troyens ne soit pas consommée, souvenez-vous de moi, je vous en conjure; ou si vous me refusez ces armes, donnez-les à celle-ci; » et il montre la statue fatale de Minerve.

III.

L'assemblée des chefs fut touchée par ce discours, et on vit bien en cette occasion le pouvoir de l'éloquence. Les armes d'un guerrier furent la récompense d'un orateur. Le héros qui tant de fois avait résisté seul à Hector, au fer, aux flammes, à Jupiter, ne peut résister à la colère seule. Invincible jusqu'alors, il est vaincu par le dépit. Et saisissant son épée: « Celle-ci au moins m'appartient, dit-il, ou bien Ulysse la réclamerait-il également pour lui? Il faut que je m'en serve contre moi; et ce fer, souvent trempé dans le sang des Troyens, se trempera aujourd'hui dans le sang de son maître. Ajax ne pourra être vaincu que par Ajax. » Il dit, et dans sa poitrine jusqu'alors sans blessure, il plonge, à l'endroit vulnérable, le glaive meurtrier. Les mains sont impuissantes à retirer le fer de la plaie; le sang seul l'en fait jaillir. La terre rougie de ce sang fait éclore au milieu du vert gazon une fleur qui a l'éclat de la pourpre.

ex præcipiti; un *lieu* escarpé;
si putatis aliquid restare si vous pensez quelque chose rester
fatis Trojæ, pour les destins de Troie,
este memores mei, soyez vous-souvenant de moi,
aut si non mihi datis arma, ou si vous ne me donnez pas les armes,
date huic; donnez *les* à celle-ci;
et ostendit signum fatale et il montre la statue fatale
Minervæ. de Minerve.

III. — MORT D'AJAX.

Manus procerum mota La troupe des chefs fut émue,
et tum patuit [est, et alors il fut-évident
quid posset facundia; ce que pouvait l'éloquence;
disertusque tulit et *l'homme* disert emporta
arma viri fortis. les armes de l'homme courageux.
Qui solus sustinuit toties *Celui* qui seul soutint tant-de-fois
Hectora, Hector,
qui ferrum ignemque qui *soutint* le fer et le feu
Jovemque, et Jupiter,
non sustinet iram unam; ne soutient pas la colère seule;
dolorque vincit et le ressentiment vainc
virum invictum. *cet* homme invincible.
Arripit ensem, Il saisit *son* épée,
et : Hic certe est meus; et : Celle-ci du-moins est mienne; [ci?
an Ulysses poscet et hunc? ou-bien Ulysse réclamera-t-il aussi celle-
Est hoc utendum, ait, il est à s'en servir, dit-il,
mihi in me; à moi (par moi) contre moi;
madebitque nunc et elle se-trempera maintenant
cæde domini, par le meurtre de *son* maître,
qui maduit sæpe *elle* qui s'est-trempée souvent
cruore Phrygum, du sang des Phrygiens,
ne quisquam possit pour que personne ne puisse
superare Ajacem, surpasser (triompher de) Ajax,
nisi Ajax. sinon Ajax.
Dixit, et condidit, Il dit, et il enfonça
qua patuit ferro à-l'endroit-où elle fut-ouverte au fer,
in pectus passum vulnera dans *sa* poitrine ayant souffert des bles-
tum demum, alors seulement, [sures
ensem letalem. l'épée mortelle.
Nec manus valuere Ni les mains n'eurent-la-force
educere telum infixum; de retirer l'arme enfoncée;
cruor ipse expulit; le sang lui-même *la* rejeta;
tellusque et la terre
rubefacta sanguine rougie de sang
genuit de viridi cespite engendra du *milieu du* vert gazon
florem purpureum, une fleur couleur-de-pourpre,

Qui prius OEbalio fuerat de vulnere ¹ natus.
Littera communis mediis pueroque viroque ²
Inscripta est foliis : hæc nominis, illa querelæ.

IV. — CHUTE DE TROIE.
(V. 399-429.)

Victor ad Hypsipyles patriam clarique Thoantis ³,
Et veterum terras infames cæde virorum,
Vela dat, ut referat, Tirynthia tela, sagittas.
Quæ postquam ad Graios, domino comitante, revexit,
Imposita est sero tandem manus ultima bello.
Troja simul Priamusque cadunt. Priameia conjux ⁴
Perdidit infelix hominis post omnia formam,
Externasque novo latratu terruit auras.
Longus in angustum qua clauditur Hellespontus ⁵.
Ilion ardebat, neque adhuc consederat ignis;
Exiguumque senis Priami Jovis ara ⁶ cruorem
Combiberat; tractisque comis antistita Phœbi ⁷
Non profecturas tendebat ad æthera palmas.
Dardanidas matres patriorum signa deorum,
Dum licet, amplexas, succensaque templa tenentes,

C'était la fleur qu'avait une première fois produite la blessure du jeune Hyacinthe. Des lettres qui s'appliquent également à l'enfant et au guerrier sont gravées au milieu des feuilles. Pour l'un elle rappelle le nom, pour l'autre un cri de douleur.

IV.

Ulysse vainqueur vogue vers la patrie d'Hypsipyle et de l'illustre Thoas, terre tristement célèbre par le massacre des hommes jadis égorgés. Il va chercher les flèches d'Hercule. Lorsqu'il est revenu dans le camp des Grecs avec ces armes et avec le héros qui les possédait, cette longue guerre s'achève enfin. Troie et Priam tombent ensemble. L'épouse de Priam, après avoir tout perdu, perd encore, l'infortunée! la forme humaine, et par des aboiements nouveaux épouvante les airs sur des rivages étrangers. A l'endroit où l'Hellespont s'allonge en se resserrant, brûlait Ilion, et le feu n'avait pas encore apaisé sa violence. L'autel de Jupiter avait bu les quelques gouttes de sang qui restaient au vieux Priam, et, traînée par les cheveux, la prêtresse de Phébus tendait inutilement ses mains vers le ciel. Les femmes troyennes embrassaient, tandis qu'elles le pouvaient encore les statues des dieux de la patrie, et s'attachaient aux temples em-

qui natus erat prius de vulnere OEbalio.	laquelle était née auparavant de la blessure du-fils-d'OEbalus.
Littera communis pueroque viroque inscripta est mediis foliis : hæc nominis, illa querelæ.	Une lettre commune et à l'enfant et à l'homme est gravée-sur le milieu des feuilles : celle-ci *est la lettre* d'un nom, celle-là d'une plainte.

IV. — CHUTE DE TROIE.

Victor dat vela ad patriam Hypsipyles clarique Thoantis, et terras infames cæde virorum veterum, ut referat sagittas, tela Tirynthia	Le vainqueur donne *au vent ses* voiles *pour aller* vers la patrie d'Hypsipyle et du célèbre Thoas, et vers les terres décriées par le massacre d'hommes anciens, afin-qu'il *en* rapporte les flèches, traits du-Tirynthien.
Quæ postquam revexit ad Graios, domino comitante, ultima manus imposita est tandem bello sero.	Lesquels *traits* après-qu'il eut rapportés vers les Grecs, *leur* possesseur *les* accompagnant, la dernière main fut mise enfin à *cette* guerre tardive.
Troja Priamusque cadunt simul	Troie et Priam tombent en-même-temps.
Infelix conjux Priameia perdidit formam hominis post omnia, terruitque latratu novo auras externas.	La malheureuse épouse de-Priam perdit la forme de l'homme (humaine) après tout. [veau et elle effraya par un aboiement nou- les airs étrangers.
Qua longus Hellespontus clauditur in augustum, Ilion ardebat, neque ignis consederat adhuc; araque Jovis combiberat cruorem exiguum senis Priami; antistitaque Phœbi, comis tractis, tendebat ad æthera palmas non profecturas.	Là-où le long Hellespont est fermé à l'étroit, Ilion brûlait, et le feu ne s'était pas encore affaissé ; et l'autel de Jupiter avait bu le sang peu-abondant du vieux Priam ; et la prêtresse de Phébus, ses cheveux ayant été tirés, tendait vers l'air (le ciel) [vir. des paumes-de-main ne devant pas ser-
Graii victores trahunt matres Dardanidas, præmia invidiosa, amplexas, dum licet, signa deorum patriorum,	Les Grecs vainqueurs entraînent les mères dardaniennes, récompenses odieuses *de la victoire*, [ble, ayant embrassé, tandis-qu'il est-possi- les statues des dieux de-la-patrie,

Invidiosa trahunt victores præmia Graii.
Mittitur Astyanax [1] illis de turribus, unde
Pugnantem pro se, proavitaque regna tuentem,
Sæpe videre patrem, monstratum a matre, solebat.
　　Jamque viam suadet Boreas, flatuque secundo
Carbasa mota sonant; jubet uti navita ventis.
« Troja, vale! rapimur, » clamant; dantque oscula terræ
Troades, et patriæ fumantia tecta relinquunt.
Ultima conscendit classem (miserabile visu!)
In mediis Hecube natorum inventa sepulcris.
Prensantem tumulos atque ossibus oscula dantem
Dulichiæ traxere manus [2] : tamen unius hausit,
Inque sinu cineres secum tulit Hectoris haustos.
Hectoris in tumulo canum de vertice crinem,
Inferias inopes, crinem lacrimasque relinquit.

V. — MORT DE POLYDORE. SACRIFICE DE POLYXÈNE.
(V. 429-478, 481-493.)

Est, ubi Troja fuit, Phrygiæ contraria tellus,
Bistoniis habitata viris [3]. Polymestoris illic
Regia dives erat, cui te commisit alendum

brasés; les vainqueurs les entraînent; elles sont le prix odieux de la victoire. Astyanax est précipité du haut de ces tours, d'où souvent sa mère lui avait montré son père combattant pour lui et pour le royaume de ses ancêtres.

Et déjà Borée invite à partir. Un souffle favorable agite les voiles avec bruit; le pilote ordonne de profiter du vent. « Adieu, Troie! on nous entraîne, » s'écrient les Troyennes, en couvrant la terre de baisers, et elles quittent les demeures fumantes de leur patrie. Hécube (spectacle lamentable!) s'embarque la dernière, Hécube qu'on avait trouvée au milieu des sépulcres de ses fils. Elle s'attachait à leurs tombes, elle baisait leurs ossements; les soldats d'Ulysse l'ont entraînée. Cependant elle a enlevé de l'urne les cendres de l'un d'eux, les cendres d'Hector; elle les emporte avec elle dans son sein, et sur la tombe du héros elle laisse ses cheveux blancs, ses cheveux et ses larmes, pauvres offrandes pour les mânes de ce fils.

V.

En face de la Phrygie où fut Troie, il est une contrée qu'habitent les Bistoniens. Là était le riche palais de Polymestor. C'était à ce roi que ton père, ô Polydore! t'avait secrètement confié,

tenentesque	et tenant
templa succensa.	les temples embrasés.
Astyanax mittitur	Astyanax est lancé
de illis turribus,	du *haut* de ces tours,
unde solebat	d'-où il avait-coutume
videre sæpe patrem,	de voir souvent *son* père,
monstratum a matre,	qui *lui* était montré par *sa* mère,
pugnantem pro se,	combattant pour lui,
tuentemque regna proavita.	et défendant les royaumes transmis-par-[les-aïeux.
Jamque Boreas	Et déjà Borée
suadet viam,	conseille la route,
carbasaque sonant	et les voiles résonnent
mota flatu secundo ;	remuées par un souffle favorable ;
navita jubet uti ventis.	le pilote ordonne de profiter des vents.
Troades clamant :	Les Troyennes crient :
Troja, vale ! rapimur,	Troie, adieu ! nous sommes entraînées,
dantque oscula terræ,	et elles donnent des baisers à la terre,
et relinquunt	et elles abandonnent
tecta fumantia patriæ.	les maisons fumantes de la patrie.
Hecube inventa	Hécube trouvée
in mediis sepulcris natorum	au milieu-des tombes de *ses* fils
conscendit ultima classem	monte la dernière sur la flotte
(miserabile visu !).	(chose lamentable à être vue !).
Manus Dulichiæ traxere	Des mains dulichiennes ont traîné
prensantem tumulos,	*elle* saisissant-fortement les tombeaux,
atque dantem oscula	et donnant des baisers
ossibus.	aux ossements.
Tamen hausit	Cependant elle a tiré (déterré)
tulitque secum in sinu	et elle a emporté avec-soi dans *son* sein
cineres haustos	les cendres tirées
unius Hectoris.	du seul Hector.
Relinquit	Elle laisse
in tumulo Hectoris	sur le tombeau d'Hector
crinem canum de vertice,	la chevelure blanche *arrachée* de *sa* tête,
inopes inferias,	pauvres offrandes,
crinem lacrimasque.	*sa* chevelure et *ses* larmes.

V. — MORT DE POLYDORE. SACRIFICE DE POLYXÈNE.

Tellus,	Une terre,
habitata viris Bistoniis	habitée par les hommes bistoniens,
est contraria Phrygiæ,	est en-face-de la Phrygie
ubi Troja fuit.	où fut Troie.
Illic erat	Là était
dives regia Polymestoris,	le riche palais de Polymestor,
cui pater, Polydore,	à qui *ton* père, ô Polydore,
te commisit clam alendum ;	te confia secrètement à-nourrir ;

Clam, Polydore, pater, Phrygiisque removit ab armis;
Consilium sapiens, sceleris nisi præmia magnas
Adjecisset opes, animi irritamen avari.
Ut cecidit fortuna Phrygum, capit impius ensem
Rex Thracum, juguloque sui demisit alumni.
Et, tanquam tolli cum corpore crimina possent,
Exanimem e scopulo subjectas misit in undas.
  Littore Threicio classem religarat Atrides,
Dum mare pacatum, dum ventus amicior esset.
Hic subito, quantus quum viveret esse solebat,
Exit humo late rupta, similisque minanti,
Temporis illius vultum referebat Achilles,
Quo ferus injusto petit Agamemnona ferro :
« Immemoresque mei disceditis, inquit, Achivi?
Obrutaque est mecum virtutis gratia nostræ?
Ne facite, utque meum non sit sine honore sepulcrum,
Placet Achilleos mactata Polyxena[1] manes. »
Dixit, et immiti sociis parentibus umbræ,
Rapta sinu matris, quam jam prope sola fovebat,
Fortis, et infelix, et plus quam femina, virgo
Ducitur ad tumulum, diroque fit hostia busto.

pour qu'il t'élevât loin des combats qui désolaient la Phrygie : sage précaution, s'il n'eût pas envoyé avec toi d'immenses richesses qui devaient tenter cette âme cupide et récompenser son crime! Après que la fortune d'Ilion eut succombé, le roi impie des Thraces prend une épée et la plonge dans la gorge de son pupille. Puis, croyant sans doute faire disparaître son forfait avec sa victime, il lance le cadavre du haut d'un roc dans les flots qui en battent le pied.
 Agamemnon avait attaché ses vaisseaux sur les rivages de Thrace pour attendre une mer plus calme et des vents plus favorables. Soudain, la terre s'entr'ouvre sur un vaste espace, et Achille paraît aussi grand que lorsqu'il vivait. Son visage menaçant avait la même expression que le jour où ce farouche guerrier tira contre Atride une injuste épée : « Vous partez, ô Grecs, s'écrie-t-il, vous partez sans songer à moi? Avez-vous enseveli avec mon corps la reconnaissance due à mon courage? N'agissez pas ainsi, et pour que mon tombeau ne reste pas sans honneurs, apaisez les mânes d'Achille par le sacrifice de Polyxène. » A peine avait-il parlé qu'obéissant à cette ombre impitoyable, les alliés arrachent du sein de sa mère, dont elle était presque la seule consolation, cette jeune fille infortunée et courageuse, que son intrépidité élève au-dessus de son sexe. On la traîne vers le tombeau d'Achille; c'est une victime dévouée à ce mausolée odieux.

removitque	et il l'éloigna
ab armis Phrygiis ;	des armes phrygiennes;
consilium sapiens,	résolution sage,
ni adjecisset magnas opes	s'il n'avait ajouté de grandes richesses
præmia sceleris,	récompenses du crime,
irritamen animi avari.	stimulant d'un esprit cupide.
Ut fortuna Phrygum	Dès-que la fortune des Phrygiens
cecidit,	fut tombée,
rex impius Thracum	le roi impie des Thraces
capit ensem,	prend une épée,
demisitque jugulo	et il *la* plongea dans la gorge
sui alumni,	de son nourrisson,
et tanquam crimina	et comme si les sujets-d'-accusation
possent tolli cum corpore,	pouvaient être enlevés (disparaître) avec
misit exanimem	il lança *lui* inanimé [le corps,
in undas subjectas scopulo.	dans les ondes placées-sous un rocher.
Atrides religarat classem	Atride avait attaché *sa* flotte
littore Threicio,	sur le rivage thrace,
dum mare esset pacatum,	jusqu'à ce que la mer fût pacifiée,
dum ventus amicior.	jusqu'à ce que le vent *fût* plus ami.
Hic subit Achilles	Là soudain Achille
exit humo rupta late,	sort de la terre fendue au loin,
quantus solebat esse	*aussi grand*-qu'il avait-coutume d'être
quum viveret,	lorsqu'il vivait,
similisque minanti	et semblable à *quelqu'un* qui menace
referebat vultum	il reproduisait le visage
illius temporis quo ferus	de ce temps dans lequel farouche
petit Agamemnona	il chercha-à-frapper Agamemnon
ferro injusto :	d'un fer injuste :
Et : Achivi, inquit,	Et : Achéens, dit-il,
disceditis immemores mei?	vous vous éloignez oublieux de moi?
gratiaque nostræ virtutis	et la reconnaissance de notre valeur
obruta est mecum?	a été ensevelie avec-moi?
Ne facite,	Ne faites pas *cela*,
utque meum sepulcrum	et afin-que mon tombeau
non sit sine honore,	ne soit pas sans honneur,
Polyxena mactata	que Polyxène immolée
placet manes Achilleos.	apaise les manes d'-Achille.
Dixit, et sociis parentibus	Il dit, et les alliés obéissant
umbræ immiti,	à l'ombre impitoyable,
virgo fortis et infelix,	*cette* vierge courageuse et malheureuse,
et plus quam femina,	et plus qu'une femme,
rapta sinu matris,	arrachée du sein de *sa* mère,
quam jam prope sola	que déjà presque seule
fovebat,	elle réchauffait (elle consolait),
ducitur ad tumulum,	est conduite vers le tombeau, [odieux.
fitque hostia busto diro.	et devient une victime pour le sépulcre

Quæ memor ipsa sui, postquam crudelibus aris
Admota est, sensitque sibi fera sacra parari,
Utque Neoptolemum [1] stantem, ferrumque tenentem,
Inque suo vidit figentem lumina vultu :
« Utere jamdudum generoso sanguine, dixit :
Nulla mora est; at tu jugulo vel pectore telum
Conde meo (jugulumque simul pectusque retexit).
Scilicet aut ulli servire Polyxena ferrem?
Aut per tale sacrum numen placabitis ullum?
Mors tantum vellem matrem mea fallere posset:
Mater obest, minuitque necis mihi gaudia, quamvis
Non mea mors illi, verum sua vita gemenda est.
Vos modo, ne Stygios adeam non libera Manes,
Este procul; removete manus; acceptior illi,
Quisquis is est, quem cæde mea placare paratis,
Liber erit sanguis. Si quos tamen ultima nostri
Verba movent oris, Priami vos filia regis,
Nunc captiva, rogat : genitrici corpus inemptum
Reddite, neve auro redimat jus triste sepulcri,

Mais Polyxène n'oublie pas son rang. Quand elle vit l'autel barbare et les apprêts du cruel sacrifice, quand elle aperçut Néoptolème debout, le fer à la main, les yeux fixés sur son visage: « Hâte-toi, dit-elle, de répandre un sang généreux ; que rien ne t'arrête : plonge ton fer dans ma gorge ou dans ma poitrine (et en même temps elle découvre sa gorge et sa poitrine). Ainsi donc, moi Polyxène, je serais réduite à supporter l'esclavage, si ce sacrifice ne devait apaiser quelque divinité! Je voudrais seulement que ma mère pût ignorer ma mort. La pensée de ma mère me trouble, et diminue la joie que me causerait le trépas; et cependant ce n'est pas ma mort, c'est sa vie qui doit la faire gémir. Vous seulement éloignez-vous, pour que je descende libre vers les ondes du Styx : ne portez pas les mains sur moi. Quel que soit celui que vous vous disposiez apaiser par ma mort, il lui sera plus agréable de recevoir un sang libre. S'il en est cependant que touchent nos dernières paroles, la fille du roi Priam, aujourd'hui captive, vous prie de rendre son corps à sa mère sans exiger de rançon. Qu'elle paye avec des larmes, non avec de l'or, le triste droit de m'ensevelir.

Quæ memor ipsa sui,	Laquelle se-souvenant elle-même d'elle,
postquam admota est	après qu'elle eut été approchée
aris crudelibus,	des autels cruels, [res
sensitque sacra fera	et qu'elle s'aperçut des sacrifices barba-
parari sibi,	être préparés pour elle-même,
utque vidit Neoptolemum	et dès qu'elle vit Néoptolème
stantem, tenentemque fer-	étant-debout, et tenant le fer,
figentemque lumina [rum,	et fixant les yeux
in suo vultu,	sur son visage, [plus tôt)
dixit : Utere jamdudum	elle dit : Sers-toi depuis-longtemps (au
sanguine generoso :	d'un sang généreux :
nulla mora est ;	aucun retard n'est ;
at tu conde telum	mais toi enfonce l'arme
meo jugulo vel pectore	dans ma gorge ou dans ma poitrine
(simulque retexit	(et en même temps elle découvrit
jugulum pectusque).	sa gorge et sa poitrine).
Scilicet aut Polyxena	Ainsi donc ou moi Polyxène [qu'un ?
ferrem servire ulli?	je supporterais d'être esclave de quel-
aut placabitis ullum numen	ou vous apaiserez quelque divinité
per tale sacrum ?	par un tel sacrifice ?
Vellem tantum mea mors	Je voudrais seulement que ma mort
posset fallere matrem :	pût tromper (être ignorée de) ma mère :
mater obest,	ma mère m'arrête,
minuitque mihi	et diminue pour moi
gaudia necis,	les joies de la mort,
quamvis non mea mors	quoique non-pas ma mort
gemenda est illi,	soit à déplorer pour elle,
verum sua vita.	mais sa propre vie.
Vos modo este procul,	Vous seulement soyez loin,
ne adeam non libera	de peur que je n'arrive non libre
manes Stygios ;	vers les mânes du-Styx ;
removete manus ;	écartez vos mains ;
quisquis est is,	quel-que soit celui,
quem paratis placare	que vous vous apprêtez à apaiser
mea cæde,	par mon meurtre,
sanguis liber	un sang libre
erit aceptior illi.	sera plus agréable pour lui.
Si tamen ultima verba	Si cependant les dernières paroles
nostri oris	de notre bouche
movent quos,	touchent quelques-uns,
filia regis Priami,	la fille du roi Priam,
nunc captiva, vos rogat :	maintenant captive, vous prie :
reddite genitrici	rendez à ma mère
corpus inemptum,	mon corps sans-être-acheté,
neve redimat auro	et qu'elle ne rachète pas avec de l'or
sed lacrimis	mais avec des larmes
triste jus sepulcri :	le triste droit de la sépulture :

Sed lacrimis : tunc, quum poterat, redimebat et auro¹. »
Dixerat : at populus lacrimas, quas illa tenebat,
Non tenet; ipse etiam flens invitusque sacerdos
Præbita conjecto rupit præcordia ferro.
Illa super terram defecto poplite labens,
Pertulit intrepidos ad fata novissima vultus.
Troades excipiunt, deploratosque recensent
Priamidas, et quid dederit domus una cruoris;
Teque gemunt, virgo; teque, o modo regia conjux,
Regia dicta parens, Asiæ florentis imago,
Nunc etiam prædæ mala sors, quam victor Ulysses
Esse suam nollet, nisi quod tamen Hectora partu
Ediderat : dominum matri vix repperit Hector.
Quæ corpus complexa animæ tam fortis inane,
Quas toties patriæ dederat, natisque viroque,
Huic quoque dat lacrimas : lacrimas in vulnera fundit,
Osculaque ore legit, consuetaque pectora plangit,
Canitiemque suam concreto in sanguine verrens,
Plura quidem, sed et hæc, laniato pectore, dixit :

Il n'est plus le temps où elle pouvait payer ce droit avec de l'or. »
Polyxène avait fini de parler. Le peuple ne peut retenir ses larmes, bien qu'elle retienne les siennes. Le prêtre lui même verse des pleurs, et il ne plonge qu'à regret le couteau dans le sein qu'elle lui présente. Elle chancelle, tombe à terre, mais jusqu'au bout elle regarde la mort d'un air intrépide. Les Troyennes relèvent son corps; et elles énumèrent tous les enfants de Priam qu'elles ont déjà pleurés, tout le sang qu'a perdu une seule famille. Tantôt elles gémissent sur toi, vierge infortunée, tantôt sur celle qui naguère était appelée épouse d'un roi, mère de rois, image de l'Asie florissante, et qui n'est plus maintenant qu'une chétive part de butin. Ulysse vainqueur n'en voudrait pas pour esclave si elle n'avait donné le jour à Hector : c'est à peine si Hector trouve un maître pour sa mère. Celle-ci presse dans ses bras ce corps d'où s'est échappée une âme si généreuse; elle pleure sur cette jeune fille comme elle avait pleuré tant de fois sur sa patrie, sur ses fils, sur son époux. Elle arrose de larmes les blessures de Polyxène, lui presse les lèvres de ses lèvres, frappe son sein si souvent frappé, et essuyant de sa chevelure blanche le sang figé, elle éclate en longs regrets en continuant à se meurtrir la poitrine.

tunc quum poterat,	alors qu'elle le pouvait,
redimebat et auro.	elle rachetait aussi avec de l'or.
Dixerat : at populus	Elle avait dit : mais le peuple
non tenet lacrimas	ne retient pas les larmes,
quas illa tenebat ;	que celle-ci retenait;
sacerdos ipse etiam	le prêtre lui-même aussi
flens, invitusque,	pleurant, et agissant-malgré-lui,
rupit ferro conjecto	perça d'un fer enfoncé
præcordia præbita.	la poitrine qu'elle a présentée.
Illa labens super terram	Celle-ci tombant sur la terre
poplite defecto,	son jarret ayant manqué de-force,
pertulit	porta-jusqu'au-bout
ad novissima fata	jusqu'à ses dernières destinées
vultus intrepidos,	des visages (un visage) intrépides.
Troades excipiunt,	les Troyennes la reçoivent,
recensentque Priamidas	et elles énumèrent les enfants-de-Priam
deploratos,	qui ont été pleurés,
et quid domus una	et ce qu'une maison seule
dederit cruoris ;	a donné (perdu) de sang ;
gemuntque te, virgo;	et ils gémissent sur toi, ô vierge,
teque, o modo conjux regia,	et sur toi, ô naguère épouse royale,
dicta parens regia,	appelée la mère royale,
imago Asiæ florentis,	image de l'Asie florissante,
nunc etiam	maintenant aussi
sors mala prædæ,	part mauvaise (chétive) du butin,
quam Ulysses victor	laquelle Ulysse vainqueur
nollet esse suam,	ne-voudrait-pas être la sienne,
nisi quod tamen	si-ce-n'est que cependant [ment :
ediderat Hectora partu :	elle avait produit Hector par l'enfante-
Hector repperit vix	Hector trouve à-peine
dominum matri.	un maître pour sa mère.
Quæ complexa corpus	Laquelle ayant embrassé ce corps
inane animæ	vide d'une âme
tam fortis,	si courageuse,
dat quoque huic lacrimas,	donne aussi à celle-ci les larmes,
quas dederat toties	qu'elle avait données tant-de-fois
patriæ, natisque viroque :	à la patrie, et à ses enfants et à son mari :
fundit lacrimas in vulnera,	elle répand des larmes sur ses blessures;
legitque oscula ore,	et elle recueille des baisers sur cette
plangitque	et elle bat [bouche,
pectora consueta,	sa poitrine accoutumée à être battue,
verrensque suam canitiem	et traînant sa chevelure-blanche
in sanguine concreto,	dans le sang figé, [rité,
dixit plura quidem,	elle prononça plus de paroles à-la-vé-
sed et hæc,	mais elle prononça aussi ces paroles,
pectore laniato :	sa poitrine ayant été meurtrie :

VI. — DOULEUR D'HÉCUBE.
(V. 494-532)

« Nata, tuæ (quid enim superest?) dolor ultime matris,
Nata, jaces! videoque tuum, mea vulnera, pectus ;
Et ne perdiderim quemquam sine cæde meorum,
Tu quoque vulnus habes : at te, quia femina, rebar
A ferro tutam : cecidisti et femina ferro :
Totque tuos idem fratres, te perdidit idem,
Exitium Trojæ, nostrique orbator, Achilles.
At postquam cecidit Paridis Phœbique sagittis :
« Nunc certe, dixi, non est metuendus Achilles. »
Nunc quoque mi metuendus erat ; cinis ipse sepulti
In genus hoc sævit ; tumulo quoque sensimus hostem
Æacidæ fecunda fui. Jacet Ilion ingens,
Eventuque gravi finita est publica clades ;
Sed finita tamen : soli mihi Pergama restant [1],
In cursuque meus dolor est. Modo maxima rerum,
Tot generis natisque potens, nuribusque, viroque,
Nunc trahor exsul, inops, tumulis avulsa meorum,
Penelope munus, quæ me data pensa trahentem

VI

« Ma fille, dernier objet de la douleur de ta mère (que me reste-t-il en effet?), ma fille, tu n'es plus! Je vois ton cœur percé d'un coup qui perce aussi le mien ; et pour que toute ma famille m'ait été enlevée par une mort violente, toi aussi tu as été frappée d'une blessure. Hélas! j'espérais que ton sexe te protégerait contre le fer : mais malgré ton sexe tu es tombée sous le fer. Achille qui a fait périr tant de tes frères t'a fait périr aussi, Achille le destructeur de Troie, né pour la perte de nos enfants. Lorsqu'il tomba sous les flèches de Pâris et de Phébus : « Au moins, disais-je, Achille n'est plus à craindre. » Hélas! il l'était encore pour moi. Ses cendres même poursuivent notre famille; son inimitié s'est fait sentir jusque dans la tombe. C'est pour assouvir la fureur du petit-fils d'Eaque que mes flancs ont été féconds. La superbe Ilion est abattue, les malheurs publics sont terminés par une catastrophe terrible ; mais au moins ils sont terminés : Il n'y a que moi pour qui Troie subsiste encore ; mes douleurs suivent leur cours. Moi jadis la plus grande reine du monde, moi puissante par tant de gendres et de fils, par tant de brus, et par mon époux, je suis maintenant traînée en exil, dénuée de tout, arrachée du tombeau des miens, pour être donnée à Pénélope. Et quand je filerai la tâche

VI. — DOULEUR D'HÉCUBE.

Nata,	O ma fille,
dolor ultime tuæ matris	douleur dernière de ta mère
(quid superest enim?),	(que me reste-t-il en effet?),
nata, jaces!	ma fille, tu es-gisante!
videoque tuum vulnus,	et je vois ta blessure,
mea vulnera;	qui fait mes blessures: [meurtre
et ne perdiderim sine cæde	et pour que je n'aie pas perdu sans
quemquam meorum,	quelqu'un des miens,
tu quoque habes vulnus:	toi aussi tu as une blessure;
at te rebar tutam a ferro,	mais je te croyais à-l'abri du fer,
quia femina:	parce que tu étais femme:
cecidisti et femina ferro;	tu es tombée même femme par le fer;
idemque Achilles,	et le même Achille,
exitium Trojæ,	ruine de Troie,
orbator nostri,	qui-a-privé-nous d'enfants,
perdidit tot tuos fratres,	a fait-périr-tant de tes frères,
idem te.	le même t'a fait périr aussi.
At postquam cecidit	Mais après-qu'il fut tombé
sagittis Paridis Phœbique,	par les flèches de Pâris et de Phébus,
dixi : Nunc certe	j'ai dit : Maintenant du-moins
Achilles non est metuendus.	Achille n'est pas à-craindre.
Nunc quoque	Maintenant encore
erat metuendus mi.	il était à craindre pour moi.
Cinis ipse sepulti	La cendre même de lui enseveli
sævit in hoc genus;	sévit sur cette race-ci;
sensimus hostem	nous avons senti l'ennemi
quoque tumulo.	même dans le tombeau.
Fui fecunda Æacidæ.	J'ai été féconde pour l'Éacide.
Ingens Ilion jacet,	La grande Ilion est abattue,
clade-que publica finita est	et le désastre public a été fini
eventu gravi;	par un événement grave;
sed tamen finita:	mais cependant il a été fini:
Pergama restant mihi soli,	Pergame reste pour moi seul,
meusque dolor est in cursu.	et ma douleur est dans son cours.
Modo maxima rerum,	Moi, naguère la plus grande des choses,
potens	puissante
tot generis natisque,	par tant de gendres et de fils,
nuribusque, viroque,	et par tant de brus, et par mon époux,
nunc trahor exsul, inops,	maintenant je suis traînée exilée, dénuée
avulsa tumulis meorum,	arrachée des tombes des miens, [de tout,
munus Penelope,	présent pour Pénélope
quæ ostendens	laquelle montrant
matribus Ithacis	aux mères ithaciennes
me trahentem pensa data,	moi tirant (filant) les tâches données,

Matribus ostendens Ithacis : « Hæc Hectoris illa est
Clara parens; hæc est, dicet, Priameia conjux. »
Postque tot amissos, tu nunc, quæ sola levabas
Maternos luctus, hostilia busta piasti :
Inferias hosti peperi. Quo ferrea resto?
Quidve moror? Quo me servas, annosa senectus?
Quo, di crudeles, nisi uti nova funera cernam,
Vivacem differtis anum? Quis posse putaret
Felicem Priamum, post diruta Pergama, dici?
Felix morte sua est : nec te, mea nata, peremptam
Adspicit, et vitam pariter regnumque reliquit.
At puto, funeribus dotabere, regia virgo,
Condeturque tuum monumentis corpus avitis?
Non hæc est fortuna domus; tibi munera matris
Contingent fletus, peregrinæque haustus arenæ.
Omnia perdidimus. Superest, cur vivere tempus
In breve sustineam, proles gratissima matri,
Nunc solus, quondam minimus de stirpe virili,
Has datus Ismario regi Polydorus in oras.
Quid moror interea crudelia vulnera lymphis
Abluere, et sparsos immiti sanguine vultus? »

qu'elle m'aura imposée : « Voici, dira-t-elle, en me montrant aux femmes d'Ithaque, voici l'illustre mère d'Hector, l'épouse de Priam. » Après tant de pertes, toi seule adoucissais ma douleur maternelle. Tu as été immolée sur le tombeau d'un ennemi. C'est pour apaiser les mânes des ennemis que je suis devenue mère. Pourquoi survivre, insensible, à tant de maux? Qu'attends-je encore? A quoi me réserves-tu, vieillesse si chargée d'années? Dieux cruels, pourquoi prolongez-vous cette existence déjà trop longue, sinon pour me faire voir de nouvelles funérailles? Qui aurait cru que Priam pût être appelé heureux après la destruction de Pergame? il l'est pourtant par sa mort; car il ne voit pas, ô ma fille, ta dépouille inanimée, et il n'a perdu le trône qu'avec la vie. Mais sans doute, fille des rois, tu recevras au lieu de dot les honneurs funèbres, et ton corps sera enseveli dans le tombeau de tes ancêtres. Ce bonheur n'est pas fait pour notre maison. Tu auras comme hommages les larmes maternelles et une poignée de terre étrangère, car nous avons tout perdu. Mais il faut que j'aie encore la force de vivre quelques jours : il me reste un enfant, un enfant bien cher à sa mère, maintenant le seul, jadis le plus jeune de nos fils, Polydore, envoyé sur ces rivages et confié au roi de la Thrace. Mais pourquoi tardé-je à laver dans l'onde ces cruelles blessures et ce visage souillé par le sang qu'a versé une main barbare?

dicet : Hæc est illa parens clara Hectoris; hæc est conjux Priameia. Postque tot amissos, tu, quæ sola levabas luctus maternos, piasti nunc busta hostilia : peperi inferias hosti. Quo resto ferrea ? quidve moror ? Quo me servas, senectus annosa ? Quo, di crudeles, differtis anum vivacem, nisi uti cernam nova funera ? Quis putaret Priamum posse dici felicem post Pergama diruta ? Est felix sua morte : nec te adspicit peremptam, mea nata, et reliquit pariter vitam regnumque. At puto, virgo regia, dotabere funeribus, tuumque corpus condetur monumentis avitis ? Hæc non est fortuna domus; fletus matris, haustusque arenæ peregrinæ contingent tibi munera. Perdidimus omnia. Proles gratissima matri, Polydorus, nunc solus, quondam minimus de stirpe virili, datus regi Ismario in has oras, superest cur sustineam vivere in tempus breve. Quid moror interea abluere lymphis vulnera crudelia, et vultus sparsos sanguine immiti ?	dira : Celle-ci est cette mère célèbre d'Hector ; celle-ci est l'épouse de-Priam. Et après tant *des miens* perdus, toi, qui seule allégeais *mes* deuils maternels, [ennemis : tu as purifié maintenant les tombeaux j'ai enfanté des offrandes pour l'ennemi. Pourquoi resté-je *étant* de-fer ? ou qu'attends-je ? Pourquoi me conserves-tu, vieillesse chargée-d'-ans ? Pourquoi, dieux cruels, ajournez-vous une vieille vivace, sinon pour que je voie de nouvelles funérailles ? Qui penserait Priam pouvoir être appelé heureux après Pergame détruite ? Il est heureux par sa mort : et il ne te voit pas tuée, ô ma fille, et il a quitté en-même-temps la vie et la royauté. Mais je pense, vierge royale, tu seras dotée par des funérailles, et ton corps sera enfermé dans les tombeaux des-aïeux ? Ce n'est pas la fortune de *notre* maison ; les pleurs de *ta* mère, [étranger et une prise (une poignée) de sable écherront à toi *comme* hommages. Nous avons perdu tout. Un rejeton très-agréable à *sa* mère, Polydore, maintenant seul, autrefois le plus petit de la souche masculine, donné (confié) au roi Ismarien sur ces rivages, reste pour que je supporte de vivre pour un temps court. Pourquoi tardé-je pendant-ce-temps à laver avec des eaux les blessures cruelles *de ma fille*, et les visages (son visage) arrosés d'un sang inhumain ?

OVIDE

VII. — NOUVEAU MALHEUR. VENGEANCE ET MÉTAMORPHOSE D'HÉCUBE.
(V. 533-575.)

Dixit, et ad littus passu procedit anili,
Albentes lacerata comas. « Date, Troades, urnam, »
Dixerat infelix, liquidas hauriret ut undas;
Adspicit ejectum Polydori in littore corpus,
Factaque Threiciis ingentia vulnera telis.
Troades exclamant : obmutuit illa dolore ;
Et pariter vocem lacrimasque introrsus obortas
Devorat ipse dolor, duroque simillima saxo
Torpet, et adversa figit modo lumina terra[1],
Interdum torvos sustollit ad æthera vultus,
Nunc positi spectat vultum, nunc vulnera nati,
Vulnera præcipue, seque armat et instruit ira.
Qua simul exarsit, tanquam regina maneret,
Ulcisci statuit, pœnæque in imagine tota est.
Utque furit catulo lactente orbata leæna,
Signaque nacta pedum, sequitur quem non videt hostem;
Sic Hecube, postquam cum luctu miscuit iram,
Non oblita animorum, annorum oblita suorum,

VII

Elle dit, et arrachant ses cheveux blancs, elle marche vers le rivage d'un pas que retarde la vieillesse. La malheureuse demandait aux Troyennes une urne, afin de puiser une onde pure, quand elle aperçut rejeté sur le sable le cadavre de Polydore et les larges blessures faites par les armes du Thrace. Les Troyennes poussent un cri : Hécube reste muette. La douleur lui ravit la voix, et arrête ses larmes prêtes à s'échapper. Semblable à un dur rocher, elle demeure immobile, et tantôt attachant ses yeux sur le rivage opposé, tantôt levant vers le ciel des regards farouches, elle regarde tour à tour les blessures et le visage de son fils étendu sans vie, mais surtout ses blessures, et elle s'anime et se dispose à la vengeance. Alors, enflammée de colère, elle veut punir le meurtrier comme si elle était encore reine; elle est toute à la pensée du châtiment. Telle qu'une lionne en fureur à qui on vient d'enlever un petit qu'elle allaitait encore, découvre les traces du ravisseur et suit l'ennemi qu'elle ne voit pas ; telle Hécube, transportée à la fois de douleur et de rage, oubliant ses années, mais non ses ressentiments

CHOIX DES MÉTAMORPHOSES. — LIVRE XIII.

VII. — NOUVEAU MALHEUR. VENGEANCE ET MÉTAMORPHOSE D'HÉCUBE.

Dixit,	Elle a dit,
et procedit ad littus,	et elle s'avance vers le rivage
passu anili,	d'un pas de-vieille-femme,
lacerata comas albentes.	arrachée quant à *ses* cheveux blancs.
Troades date urnam,	Troyennes, donnez une urne,
dixerat infelix,	avait dit la malheureuse
ut hauriret undas liquidas;	pour qu'elle puisât des ondes limpides;
adspicit in littore	elle aperçoit sur le rivage
corpus ejectum Polydori,	le corps rejeté de Polydore,
vulneraque ingentia	et les blessures énormes
facta telis Threiciis.	faites par les armes thraces.
Troades exclamant:	Les Troyennes crient:
illa obmutuit dolore;	elle resta-muette de douleur;
et dolor ipse devorat	et la douleur elle-même dévore
pariter vocem,	tout-à-la-fois *sa* voix,
lacrimasque	et *ses* larmes
obortas introrsus,	nées intérieurement,
simillimaque duro saxo	et très-semblable à un dur rocher
torpet,	elle reste-engourdie,
et modo figit lumina	et tantôt elle fixe *ses* regards
terra adversa,	sur la terre située-devant-elle,
interdum sustollit	tantôt elle lève
ad æthera	vers l'air
vultus torvos,	des regards farouches,
nunc spectat vultum,	tantôt elle considère le visage,
nunc vulnera nati positi,	tantôt les blessures de *son* fils étendu,
vulnera præcipue,	les blessures principalement,
seque armat et instruit ira.	et elle s'arme et *se* munit de colère.
Qua simul exarsit,	Par laquelle *colère* dès-qu'elle fut enflammée,
statuit ulcisci,	elle résolut de se venger,
tanquam maneret regina,	comme-si elle restait reine,
estque tota	et elle est tout-entière
in imagine pœnæ.	dans l'image du châtiment.
Utque leæna furit	Et comme une lionne est-furieuse
orbata catulo lactente,	privée de *son* petit qui-tette,
nactaque signa pedum,	et ayant rencontré les traces des pieds,
sequitur hostem	suit l'ennemi
quem non videt;	qu'elle ne voit pas;
sic Hecube,	ainsi Hécube,
postquam miscuit iram	après-qu'elle a mêlé la colère
cum luctu,	avec le deuil,
non oblita animorum,	n'ayant pas oublié *ses* sentiments,
oblita suorum annorum,	ayant oublié *ses* années,

Vadit ad artificem diræ Polymestora cædis,
Colloquiumque petit : nam se monstrare relictum
Velle latens illi, quod nato redderet, aurum.
Credidit Odrysius [1], prædæque assuetus amore,
In secreta venit ; tum blando callidus ore :
« Tolle moras, Hecube, dixit, da munera nato.
Omne fore illius quod das, quod et ante dedisti,
Per Superos juro. » Spectat truculenta loquentem,
Falsaque jurantem, tumidaque exæstuat ira.
Atque ita correpto, captivarum agmina matrum
Invocat, et digitos in perfida lumina condit,
Expellitque genis oculos : facit ira valentem ;
Immergitque manus, fœdataque sanguine sonti,
Non lumen (neque enim superest), loca luminis haurit.
Clade sui Thracum gens irritata tyranni
Troada telorum lapidumque incessere jactu
Cœpit : at hæc missum rauco cum murmure saxum
Morsibus insequitur, rictuque in verba parato
Latravit conata loqui. Locus exstat, et ex re
Nomen habet [2] ; veterumque diu memor illa malorum,
Tum quoque Sithonios [3] ululavit mœsta per agros.

va trouver Polymestor, l'artisan de ce meurtre odieux, et lui demande une entrevue. Elle vent, dit-elle, lui indiquer où elle a caché l'or qu'elle a laissé pour qu'il le remette à son fils. Le roi des Odryses, ajoute foi à ces paroles ; toujours avide d'une proie nouvelle, il se rend dans un lieu écarté, et d'un ton que sa perfidie veut rendre caressant : « Hâte-toi, Hécube, dit-il, de me donner ces trésors pour ton fils. Tout ce que tu me donneras, tout ce que tu m'as déjà donné, lui sera remis : je le jure par les dieux immortels. » Pendant qu'il parle, qu'il prononce ce serment sacrilége, elle le regarde d'un air menaçant ; sa colère se soulève et déborde. Elle se jette sur lui, appelle à son aide la troupe des captives, et enfonçant ses doigts dans les yeux du perfide, elle les arrache de leurs orbites : la colère lui donne des forces. Elle plonge ses mains dans le sang criminel qui les souille, et elle creuse, non pas les yeux qui n'y sont plus, mais la place où ils étaient. Irrités du malheur de leur maître, les Thraces font pleuvoir sur Hécube des pierres et des traits. Elle s'élance avec un sourd groguement, comme si elle voulait les mordre, contre les pierres qui lui sont jetées ; elle ouvre la bouche pour parler : elle ne peut qu'aboyer. On voit encore le lieu témoin de cet événement qui lui a donné un nom. Longtemps cette infortunée, poursuivie par le souvenir de ses anciens malheurs, fit encore retentir les plaines de la Thrace de ses tristes hur-

vadit ad Polymestora,	va vers Polymestor,
artificem cædis diræ,	l'artisan du meurtre odieux,
petitque colloquium :	et elle *lui* demande une entrevue :
nam se velle illi monstrare	car *elle dit* soi vouloir lui montrer
aurum latens relictum,	de l'or caché qu'elle avait laissé,
quod redderet nato .	qu'il remettrait à *son* fils.
Odrysius credidit,	Le *roi* Odryse *le* crut,
assuetusque amore prædæ,	et accoutumé à l'amour du butin,
venit in secreta ;	il vient dans des *lieux* écartés ;
tum callidus ore blando	alors rusé par une bouche caressante
dixit :	il dit :
Hecube, tolle moras,	Hécube, supprime les retards,
da munera nato.	donne les présents à *ton* fils.
Juro per Superos	Je jure par les dieux
omne quod das,	tout *ce* que tu donnes,
et quod dedisti ante	et *ce* que tu as donné auparavant
fore illius.	devoir être de lui (à lui).
Spectat truculenta	Elle regarde d'un-air-farouche
loquentem,	*lui* parlant,
jurantemque falsa,	et jurant des choses fausses, [fle.
exæstuatque ira tumida.	et elle déborde par la colère qui-*la*-gon-
Atque ita correpto,	Et ainsi (alors) *lui* ayant été saisi,
invocat agmina	elle appelle les bataillons
matrum captivarum,	des mères captives,
et condit digitos	et elle enfonce *ses* doigts
in lumina perfida,	dans les yeux perfides (du perfide),
expellitque genis oculos :	et elle pousse-hors des joues les yeux :
ira facit valentem ;	la colère *la* rend forte ;
immergitque manus,	et elle y plonge les mains,
fœdataque sanguine, sonti,	et souillée de *ce* sang coupable,
haurit non lumen	elle creuse non l'œil,
(neque enim superest),	(et en effet il n'*en* reste pas),
loca luminis.	*mais* les places de l'œil.
Gens Thracum irritata	La nation des Thraces irritée
clade sui tyranni	du malheur de son tyran
cœpit incessere Troada	commence à attaquer la Troyenne
jactu telorum lapidumque :	par le jet de traits et de pierres :
at hæc insequitur	mais celle-ci poursuit
cum murmure rauco	avec un murmure rauque,
saxum missum,	la pierre lancée, [roles,
rictuque parato in verba,	et sa bouche étant préparée pour des pa-
conata loqui latravit.	s'étant efforcée de parler elle aboya.
Locus exstat,	Le lieu subsiste,
et habet nomen ex re ;	et a *tiré* un nom de l'événement ;
illaque memor diu	et celle-ci se souvenant longtemps
veterum malorum,	de *ses* anciens maux,
tum quoque ululavit mœsta	alors aussi hurla triste

Illius, Troasque suos, hostesque Pelasgos,
Illius fortuna deos quoque moverat omnes;
Sic omnes, ut et ipsa Jovis conjuxque sororque
Eventus Hecubam meruisse negaverit illos.

VIII. — FUITE ET VOYAGES D'ÉNÉE.
(V. 623-639, 705-732.)

Non tamen eversam Trojæ cum mœnibus esse
Spem quoque fata sinunt. Sacra, et sacra altera, patrem [1],
Fert humeris, venerabile onus, Cythereius heros.
De tantis opibus prædam pius eligit [2] illam,
Ascaniumque suum, profugaque per æquora classe
Fertur ab Antandro [3], scelerataque littora Thracum,
Et Polydoreo manantem sanguine terram
Linquit; et utilibus ventis æstuque secundo
Intrat Apollineam, sociis comitantibus, urbem [4].
Hunc Anius, quo rege homines, antistite Phœbus,
Rite colebantur, temploque domoque recepit;
Urbemque ostendit, delubraque nota, duasque
Latona quondam stirpes pariente retentas [5].
Ture dato flammis, vinoque in tura profuso,
Cæsarumque boum fibris de more crematis,

lements. Son sort avait attendri les Troyens ses sujets, les Grecs ses ennemis et tous les dieux; oui, tous les dieux; car la sœur et l'épouse de Jupiter reconnaît elle-même qu'Hécube ne méritait pas une pareille destinée.

VIII

Cependant les destins ne veulent pas que l'espoir d'Ilion périsse aussi avec les murs de la ville. Le héros, fils de Cythérée, emporte sur ses épaules les objets sacrés du culte; il emporte aussi son père, fardeau vénérable, non moins sacré pour lui. Parmi tant de richesses, c'est avec son fils Ascagne, la seule, que choisisse le pieux Énée, et fuyant à travers les flots, il part d'Antandros; il quitte les rivages criminels de la Thrace, cette terre teinte du sang de Polydore. Des vents propices et un courant favorable le portent avec ses compagnons dans la ville chérie d'Apollon. Anius, roi des hommes et prêtre de Phébus, l'accueille dans le temple du dieu et dans son propre palais. Il lui montre la ville, le sanctuaire célèbre de la divinité, et les deux troncs d'arbres que Latone avait saisis dans les douleurs de l'enfantement. Ils répandent de l'encens sur la flamme, versent du vin sur l'encens, et brûlent, selon la coutume, les entrailles des génisses immolées;

per agros Sithonios.	à-travers les champs sithoniens.
Fortuna illius moverat	La fortune d'elle avait ému
Troasque suos,	et les Troyens ses *compatriotes*,
Pelasgosque hostes,	et les Pélasges ennemis, [aussi;
illius omnes deos quoque ;	*la fortune* d'elle *avait ému* tous les dieux
sic omnes, ut	tellement tous, que
conjuxque sororque Jovis	et l'épouse et la sœur de Jupiter
negaverit et ipsa	nia aussi elle-même
Hecubam meruisse	Hécube avoir mérité
illos eventus.	ces événements.

VIII. — FUITE ET VOYAGES D'ÉNÉE.

Fata tamen non sinunt	Les destins pourtant ne permettent
spem eversam esse quoque	l'espérance avoir été renversée aussi [pas
cum mœnibus Trojæ.	avec les murailles de Troie.
Heros Cythereius	Le héros fils-de-Cythérée
fert humeris sacra,	emporte sur *ses* épaules les *objets* sacrés,
et patrem, altera sacra,	et *son* père, autre *objet* sacré,
onus venerabile.	fardeau respectable.
Pius eligit illam prædam	Pieux il choisit cette proie
suumque Ascanium	et son Ascagne
de opibus tantis,	*du-milieu* de richesses si-grandes,
ferturque ab Antandro	et il est porté d'Antandros
per æquora	à travers les mers
classe profuga,	sur une flotte fugitive,
linquitque	et il abandonne
littora scelerata Thracum,	les rivages scélérats des Thraces,
et terram manantem	et *cette* terre dégouttante
sanguine Polydoreo ;	du sang de-Polydore ;
et ventis utilibus	et *poussé* par des vents propices
æstuque secundo	et un courant favorable
intrat urbem Apollineam,	il entre dans la ville d'-Apollon,
sociis comitantibus.	*ses* compagnons *l'*escortant.
Anius, quo rege homines,	Anius, par lequel *étant* roi les hommes,
antistite Phœbus,	*par lequel étant* prêtre Phébus,
colebantur rite,	étaient soignés suivant-les-règles,
recepit hunc	reçut celui-ci
temploque domoque;	et dans le temple et dans *sa* maison ;
ostenditque urbem	et il *lui* montra la ville,
delubraque nota,	et les sanctuaires connus,
duasque stirpes	et deux troncs
retentas quondam	saisis autrefois
Latona pariente.	par Latone accouchant. [mes,
Ture dato flammis,	De l'encens ayant été donné aux flam-
vinoque profuso in tura,	et du vin répandu sur les encens,
fibrisque boum cæsarum	et les fibres des génisses immolées

Regia tecta petunt, positique tapetibus altis
Munera cum liquido capiunt Cerealia Baccho.
　Inde recordati Teucros a sanguine Teucri [1]
Ducere principium, Cretam tenuere, locique
Ferre diu nequiere Jovem, centumque relictis
Urbibus [2], Ausonios [3] optant contingere portus.
Sævit hiems, jactatque viros, Strophadumque [4] receptos
Portubus infidis exterruit ales Aello [5].
Et jam Dulichios portus, Ithacamque, Samenque,
Neritiasque domos [6], regnum fallacis Ulyssei,
Prætereunt vecti. Certatam lite deorum [7],
Ambraciam, versique vident sub imagine saxum
Judicis, Actiaco quæ nunc ab Apolline nota est [8],
Vocalemque sua terram Dodonida quercu [9],
Chaoniosque sinus [10], ubi nati rege Molosso [11]
Irrita subjectis fugere incendia pennis.
Proxima Phæacum [12], felicibus obsita pomis,
Rura petunt; Epiros ab his regnataque vati
Buthrotos Phrygio [13], simulataque Troja tenetur.
Inde futurorum certi, quæ cuncta fideli

puis ils se dirigent vers la demeure royale. Là, étendus sur des lits élevés recouverts de tapis, ils goûtent les présents de Cérès avec la liqueur de Bacchus.
　Cependant les Troyens, se souvenant qu'ils tirent leur origine de Teucer, gagnent la Crète; mais ils ne peuvent en supporter longtemps le climat; ils abandonnent ses cent villes et brûlent d'atteindre les ports de l'Ausonie. Surpris par la tempête, ils sont le jouet des flots. Les Strophades leur offrent un abri peu sûr, et les prédictions de la Harpye Aello les épouvantent. Et déjà ils avaient dépassé dans leur course le port de Dulichium, Ithaque, Samé et les maisons de Néritos, royaume de l'artificieux Ulysse. Ils découvrent Ambracie, dont les dieux s'étaient disputé la possession et ils voient le juge de cette querelle changé en rocher. C'est là, sur le promontoire d'Actium, que s'élève maintenant le temple célèbre d'Apollon. Ils aperçoivent les chênes parlants de Dodone et les golfes de Chaonie, où les fils du roi des Molosses, métamorphosés en oiseaux, échappèrent à la fureur impuissante des flammes. Ils gagnent les campagnes voisines, séjour des Phéaciens, couvertes d'arbres fertiles, puis Buthrotos gouvernée par le devin de Phrygie, et où ils retrouvent l'image de Troie. Là, par la bouche infaillible du fils de Priam,

crematis de more,	ayant été brûlées selon la coutume,
petunt tecta regia,	ils gagnent les demeures royales,
positique tapetibus altis,	et placés sur des tapis élevés,
capiunt munera Cerealia	ils prennent les présents de-Cérès
cum Baccho liquido.	avec Bacchus liquide.
Inde recordati Teucros	Puis s'étant ressouvenus les Troyens
ducere principium	tirer *leur* origine
a sanguine Teucri,	du sang de Teucer,
tenuere Cretam,	ils tinrent (gagnèrent) la Crète,
nequiereque ferre diu	et ils ne-purent supporter longtemps
Jovem loci,	le Jupiter (l'air) du lieu,
centumque urbibus relictis,	et *les* cent villes ayant été laissées,
optant contingere	ils souhaitent de toucher
portus Ausonios.	les ports ausoniens.
Hiems sævit,	La tempête sévit,
jactatque viros,	et ballotte les hommes,
Aelloque ales exterruit	et Aello ailée épouvanta
receptos portubus infidis Strophadum.	*eux* reçus dans les ports perfides des Strophades.
Et jam vecti prætereunt	Et déjà transportés ils dépassent
portus Dulichios,	les ports de-Dulichium,
Ithacamque, Samenque,	et Ithaque et Samé,
domosque Neritias,	et les maisons de-Néritos,
regnum fallacis Ulyssei.	royaume de l'artificieux Ulysse.
Vident Ambraciam	Ils voient Ambracie
certatam lite deorum,	disputée par une contestation des dieux,
saxumque sub imagine judicis versi,	et un rocher sous l'image du juge métamorphosé,
quæ est nunc nota	*image* qui est maintenant connue
ab Apolline Actiaco,	à-cause-d'-Apollon d'-Actium,
terramque Dodonida	et *ils voient* la terre de-Dodone
vocalem sua quercu,	qui-parle par son chêne (ses chênes),
sinusque Chaonios,	et les golfes de-Chaonie,
ubi nati rege Molosso,	où les fils du roi Molosse
fugere incendia irrita	échappèrent à des incendies vains
pennis subjectis.	des ailes leur *étant* poussées.
Petunt rura proxima Phæacum,	Ils gagnent les prochaines campagnes des Phéaciens, [tiles;
obsita pomis felicibus;	*campagnes* plantées d'arbres-fruitiers fer-
ab his Epiros,	après ceux-ci l'Épire
Buthrotosque regnata	et Buthrotos gouvernée
vati Phrygio,	par le devin phrygien,
Trojaque simulata tenetur.	et une Troie simulée est gagnée.
Inde certi futurorum,	Puis assurés des *destins* futurs,
quæ Helenus Priamides prædixerat cuncta	lesquels Hélénus fils-de-Priam avait prédits tous,

Priamides Helenus monitu prædixerat, intrant
Sicaniam [1]; tribus hæc excurrit in æquora linguis,
E quibus imbriferos versa est Pachynos ad Austros,
Mollibus expositum Zephyris Lilybæon, ad Arctos
Æquoris expertes spectat Boreamque Peloros.
Hanc subeunt Teucri, et remis æstuque secundo
Sub noctem potitur Zanclæa classis arena [2].
Scylla [3] latus dextrum, lævum irrequieta Charybdis [4]
Infestat : vorat hæc raptas, revomitque carinas ;
Illa feris atram canibus succingitur alvum.

Hélénus, complétement instruits des destinées qui les attendent, ils abordent les rivages de la Sicile, qui par trois promontoires s'avance dans la mer. L'un d'eux Pachynum est tourné vers les austers pluvieux ; un autre, Lilybée reçoit les doux zéphyrs ; enfin Pélore regarde Borée et les Ourses qui ne se plongent jamais dans l'océan. C'est là qu'entrent les Troyens : poussée par les rames et par un vent favorable, la flotte, à l'approche de la nuit, touche le rivage de Zancle. Scylla en infeste le côté droit, l'infatigable Charybde le côté gauche : Charybde saisit les navires, et les rejette après les avoir engloutis : les flancs sombres de Scylla sont entourés de chiens furieux.

monitu fideli,	par un avertissement fidèle;
intrant Sicaniam.	ils entrent dans la Sicile.
Hæc excurrit in æquora	Celle-ci s'avance dans les mers
tribus linguis,	par trois langues,
e quibus Pachynos versa est	parmi lesquelles Pachynum est tourné
ad Austros imbriferos,	vers les austers pluvieux,
Lilybæon expositum	Lilybée *est* exposée
mollibus Zephyris,	aux doux zéphirs,
Peloros spectat ad	Pelore regarde vers
Arctos expertes æquoris	les Ourses exemptes de la mer
Boreamque.	et *vers* Borée. [Sicile),
Teucri subeunt hanc,	Les Troyens entrent-dans celle-ci (la
et remis æstuque secundo	et par les rames et un courant favorable
classis potitur sub notem	la flotte s'empare vers la nuit
arena Zanclæa.	du sable de-Zancle.
Scylla infestat	Scylla infeste
latus dextrum,	le côté droit,
Charybdis irrequieta	Charybde infatigable
lævum :	le *côté* gauche :
hæc vorat carenas raptas,	celle-ci dévore les carènes saisies,
revomitque ;	et *les* revomit ;
illa cingitur alvum atram	celle-là est ceinte *quant à son* ventre noir
canibus feris.	de chiens farouches.

NOTES

DU TREIZIÈME LIVRE DU CHOIX DES MÉTAMORPHOSES D'OVIDE.

I

Page 524 : 1. *Hectoreis flammis.* Hector, dans une sortie, avait mis le feu aux vaisseaux retirés à sec sur le rivage, et qui entouraient le camp des Grecs.

Page 526 : 1. *Nox conscia.* Ulysse avait accompli ses principaux exploits pendant la nuit. C'était la nuit qu'il avait pénétré dans Ilion pour enlever le Palladium, la nuit qu'il avait surpris avec Diomède le camp des Troyens et enlevé les chevaux de Rhésus.

— 2. *Pagasæa carina*, le vaisseau des Argonautes, construit à Pagase, ville et port de Thessalie.

— 3. *Æacus.... Sisyphon.* Ce n'est pas au hasard qu'Ajax choisit Sisyphe parmi les grands criminels. C'était une allusion blessante au bruit qui donnait Sisyphe pour père à Ulysse.

— 4. *Frater.* Télamon et Pélée étaient cousins germains. Chez les anciens, les fils de deux frères s'appelaient frères.

Page 528 : 1. *Nullo sub indice.* Ulysse, pour se dispenser d'accomplir son serment et de suivre les rois grecs à la guerre, avait contrefait l'insensé, et allait labourant les rivages de la mer. Palamède, fils de Nauplius, roi d'Eubée, découvrit la ruse en plaçant le jeune Télémaque au milieu des sillons ; Ulysse détourna aussitôt sa charrue.

Page 528 : 2. *Sibi inutilior*, à cause de la vengeance qu'en tira Ulysse. C'est une litote.

— 3. *Pæantia proles*. Philoctète, fils de Péan, roi de Thessalie. S'étant laissé tomber sur le pied une des flèches d'Hercule, il souffrait d'horribles douleurs, et troublait de ses cris tout le camp des Grecs. Par le conseil d'Ulysse, il avait été abandonné seul dans l'île de Lemnos.

— 4. *Debita.... fatis*. D'après un oracle, Troie ne devait succomber que lorsque celui qui possédait les flèches d'Hercule, serait sous les murs de cette ville.

Page 530 : 1. *Desertum Nestora*. Dans une déroute des Grecs, Nestor, resté seul et menacé par Hector, appela en vain Ulysse à son secours ; il fut sauvé par Diomède.

— 2. *Eget auxilio*. Ulysse fut à son tour blessé par le Troyen Socus ; Ajax et Ménélas le sauvèrent.

Page 532. 1. *Deos... ducit*. Dans Homère, Apollon, couvert d'un nuage, précède l'armée des Troyens, et sème l'épouvante dans les rangs des Grecs.

— 2. *Sortem meam*. Neuf noms avaient été mis dans un casque ; le sort tomba sur Ajax.

— 3. *Non superatus*. La lutte dura un jour entier, et les deux héros se séparèrent pleins d'admiration l'un pour l'autre. Ils échangèrent des présents qui devaient leur être funestes à tous deux. Hector reçut d'Ajax le baudrier avec lequel Achille l'attacha à son char pour le traîner autour de Troie, et Ajax, l'épée dont il se perça, après que les armes d'Achille eurent été adjugées à Ulysse.

Page 534 : 1. *Rhesum*. Rhésus, roi de Thrace. Il fut tué par Ulysse au moment où il venait d'arriver au camp troyen.— *Dolona*, Dolon, espion troyen, pris par Ulysse et Diomède.

Page 534 : 2. *Helenum*, Hélénus, fils de Priam, habile devin. Il apprit aux Grecs que Troie ne périrait que par les flèches d'Hercule. — *Phrygia.... Pallade*, Le Palladium, auquel étaient attachées les destinées de Troie.

— 3. *Dulichius*. Dulichium était une petite île voisine d'Ithaque.

— 4. *Cælatus*. Vulcain avait gravé sur le bouclier d'Achille le tableau de l'univers. La description de ce bouclier est justement célèbre. Cf. Iliade, XVIII, v. 177 et suiv.

II

Page 538 : — 1. *Successit*. Ce verbe forme avec un *succedat* un jeu de mots puérils. Pour le comprendre, il faut rapprocher ce vers des v. 40 et suiv.

— 2. *Est.....videtur*. Ceci est une allusion aux paroles d'Ajax : *Nec mihi dicere promptum*.

— 3. *Damnatus et exsul*. Télamon, père d'Ajax, avait été condamné à l'exil par Éaque son père, pour avoir tué au jeu du disque son frère aîné Phocus.

— 4. *Cyllenius*, Mercure, dieu du Cyllène, montagne d'Arcadie. Il était père d'Autolycus ; et Anticlée, fille de celui-ci, était mère d'Ulysse.

Page 540 : 1. *Phthiam*, Phthie, ville de Thessalie, demeure de Pelée. — *Scyron*, Scyros, île de la mer Égée où était élevé Pyrrhus, qu'Achille avait eu de Déidamie, fille de Lycomède.

— 2. *Teucer*. Teucer était frère cousanguin d'Ajax.

— 3. *Quam quæ*. Il est impossible de faire le mot à mot de cette phrase sans décomposer *quæ* en *ut ea*.

— 4. *Mercibus inscrui*. Ulysse s'était lui-même déguisé en marchand pour ne pas éveiller les soupçons.

Page 542 : 1. *Dolor unius*, le ressentiment de Ménélas, à qui Pâris avait enlevé Hélène.

— 2 *Summa..... sceptri*, l'autorité souveraine. Agamemnon avait été reconnu pour le chef suprême de l'expédition dirigée contre Troie.

— 3. *Matrem*. Clytemnestre, mère de la jeune princesse. Ulysse lui persuada qu'Achille voulait épouser Iphigénie, et qu'elle devait amener sa fille au camp des Grecs pour célébrer cet hymen.

Page 544 : 1. *Mittor.... orator*. Avant de commencer les hostilités, les Grecs députèrent Ulysse et Ménélas vers les Troyens pour réclamer Hélène et les trésors enlevés avec elle.

— 2. *Antenora*, Anténor, gendre de Priam.

Page 546 : 1. *Jovis monitu*. Agamemnon, par ordre de Jupiter qui lui était apparu en songe, avait proposé aux Grecs de lever le siége de Troie et de retourner dans leur patrie. L'armée accueillit avec empressement cette proposition. Il fallut toute l'autorité de Nestor et toute l'éloquence d'Ulysse pour la contraindre à rester.

— 2. *Thersites*, Thersite, le plus lâche et le plus laid des Grecs qui allèrent au siége de Troie. Ulysse le frappa de son sceptre.

Page 550 : 1. *Fueritque.... Hector....* Et vous vous montrerez moins généreux qu'Hector, car il avait promis à Dolon, s'il réussissait, les coursiers d'Achille, et à moi qui ai réussi vous refusez les armes de ce héros. D'autres commentateurs lisent : *Ajax*. « Et vous vous montrerez moins généreux qu'Ajax qui avait admis (v. 101, 102, ext. I) qu'on pouvait à la rigueur donner à Ulysse les armes qu'il demandait, mais en les partageant avec Diomède. » Tels sont les seuls sens que l'on puisse tirer du texte; car je ne crois pas qu'il soit possible de donner à *benignior* la signification de *benignius habitus*, comme le veut Heinsius : « Ajax sera mieux traité que moi, vous vous montrerez plus généreux envers Ajax. » Quelle que soit d'ailleurs l'interprétation qu'on adopte, aucune n'est complétement satisfaisante. Il faut ajouter que le ton de ce vers tout entier *arma ne-*

gate, etc., contraste avec l'habileté insinuante d'Ulysse et la circonspection qui lui est habituelle; il serait mieux placé dans la bouche d'Ajax.

Page 550 : 2. *Sarpedonis*, Sarpédon, fils de Jupiter et chef des Lyciens. Il fut tué par Patrocle.

— 3. *Actorides*. Patrocle, petit-fils d'Actor, ne pouvant décider Achille à secourir les Grecs, avait obtenu de ce héros qu'il lui prêtât son armure. La vue de ces armes redoutées suffit en effet pour ralentir l'ardeur des Troyens.

Page 552 : 1. *Immunem.... Arcton*. L'Ourse étant toujours visible à l'horizon ; les anciens disaient qu'elle ne se couchait pas.

Page 554 : 1. *Orionis ensem*. Orion était un chasseur métamorphosé par Diane en une constellation qui figure un homme armé d'une épée nue.

— 2. *Vulcania Lemnos*. Lemnos, île de la mer Égée, avait reçu Vulcain précipité du haut de l'Olympe par Jupiter; c'était là que ce dieu avait établi ses forges.

Page 256 : 1. *Simois*, rivière de la Thrace. — *Ide*, montagne de Phrygie, voisine de Troie.

— 2. *Dardanio vate.*, Hélénus, fils de Priam. Ulysse le força à lui révéler les volontés des dieux, et apprit de ce devin que l'existence de Troie était attachée à la possession du Palladium (*signum fatale*).

Page 558 : 1. *Ajax*, Ajax, fils d'Oïlée. — *Eurypylus*, Eurypyle, fils d'Évémon, roi de Thessalie. — *Andremone satus*, Thoas, chef des Étoliens. — *Idomeneus*, Idoménée, roi de Crète. — *Meriones*, Mérion, écuyer d'Idoménée. — *Majoris frater Atridæ*, Ménélas. Les noms de tous ces héros avaient été déposés dans un casque avec ceux d'Ulysse, d'Ajax et de Diomède, lorsqu'on avait tiré au sort le guerrier qui accepterait le défi insolent d'Hector.

Page 560 : 1. *Perque deos*. Ce pluriel est employé emphatiquement : il ne désigne que Minerve.

III

Page 562 : 1. *Qua patuit ferro.* Hercule, pour reconnaître l'hospitalité de Télamon, roi de Salamine, avait enveloppé de la peau du lion de Némée Ajax, encore enfant, en demandant à Jupiter que toutes les parties couvertes par la dépouille de ce monstre fussent invulnérables. Cette prière fut en partie exaucée : Ajax ne resta vulnérable qu'à une partie où la peau du lion avait été usée ou trouée par le carquois, et que lui seul connaissait.

Page 564 : 1. *OEbalio,* du fils d'OEbalus, Hyacinthe. Cf. X, extrait III, v, 75 et suiv.

— 2. *Littera.* Les anciens croyaient lire sur les pétales de cette fleur la diphthongue αἴ, qui est à la fois une exclamation de douleur et la première syllabe de Αἴας.

IV

Page 564 : 3. *Hypsipyles..... Thoantis.* Vers l'époque de l'expédition des Argonautes, les femmes de Lemnos, excitées, dit-on, par Vénus, avaient égorgé tous les hommes. Seule, Hypsipyle, fille du roi Thoas, avait sauvé son père en le faisant embarquer secrètement.

— 4. *Priameia conjux,* Hécube, qui fut changée en chienne. Cf. VII, v. 35 et suiv.

— 5. *Clauditur Hellespontus.* L'Hellespont se resserre entre Sestos et Abydos.

— 6. *Jovis ara.* Priam avait été immolé par Pyrrhus au pied de l'autel de Jupiter.

— 7. *Antistita Phœbi*, Cassandre, fille de Priam. Elle fut arrachée du temple de Minerve par Ajax, fils d'Oïlée.

Page 566 : 1. *Astyanax.* Astyanax (ἄστυ ville ἄναξ prince), appelé aussi Scamandrius. C'était le fils d'Hector.

— 2. *Dulichiæ manus,* les mains de Dulichium, c'est-à-dire les mains des soldats d'Ulysse, roi de Dulichium.

V

Page 566 : 3. *Bistoniis viris*, les Bistoniens, peuplade de Thrace. Ils sont ici pris pour les Thraces, en général.

Page 568 : 1. *Polyxena*, Polyxène, fille de Priam et d'Hécube, fiancée à Achille.

Page 570 : 1. *Neoptolemum*, Neoptolème ou Pyrrhus, fils d'Achille. Il était, à ce titre, chargé du sacrifice.

Page 572 : 1. *Tunc... auro*. Allusion à la rançon que Priam avait payée à Achille pour racheter la dépouille inanimée d'Hector.

VI

Page 574 : 1. *Soli.... restant*. Hécube se plaint d'être toujours en butte à des afflictions aussi cruelles que celles qu'elle éprouva pendant le siége de Troie.

Page 576 : 1. *Ismario regi*, Polymestor, qui régnait dans le voisinage du mont Ismarus en Thrace.

VII ?

Page 578 : 1. *Adversa..... terra*, le rivage de Troie situé vis-à-vis de la Thrace.

Page 580 : 1. *Odrysius*, le roi Odryse, c'est-à-dire, le roi de Thrace. Les Odryses étaient une population du centre de la Thrace.

— 2. *Locus... nomen habet*. Ce lieu s'appela dans la suite κυνὸς σῆμα, tombeau de la chienne.

— 3. *Sithonios*. C'est encore le nom d'une partie de la Thrace qui sert à désigner ici la contrée entière.

VIII

Page 582 : 1. *Patrem*, Anchise, de la famille de Priam. Il avait eu de Vénus Énée, que le poëte appelle *Cythereius heros*.

— 2. *Eligit*. Suivant une tradition, les Grecs vainqueurs de Troie, avaient permis à chacun des Troyens d'emporter un objet à son choix. Énée prit les dieux de sa patrie. Les Grecs, touchés de sa piété lui permirent d'emporter un nouvel objet; alors Énée prit son vieux père à qui l'âge rendait la fuite impossible.

Page 582 : 3. *Antandro*, Antandros, port de Phrygie, près du mont Ida.

— 4. *Apollineam urbem*, la ville élevée dans l'île de Délos, où Apollon avait vu le jour.

— 5. *Duas stirpes*, un laurier et un palmier.

Page 584 : 1. *Sanguine Teucri*. Teucer, ancien roi des Troyens était venu de Crète dans la Phrygie.

— 2. *Centum urbibus*. L'île de Crète était célèbre par ses cent villes qui lui avaient valu le surnom d'Hécatompolis.

— 3. *Ausonios... portus*. L'Italie, était appelée anciennement Ausonie, d'Auson, fils d'Ulysse et de Calypso.

— 4. *Strophadum*. Les Strophades étaient deux petites îles de la mer Ionienne.

— 5. *Aello*, nom d'une des Harpyes qui prédit aux Troyens une longue suite de malheurs. Cf. Virgile, Énéide, III, v. 209-258.

— 6. *Dulichios... Neritiasque domos*. Samé ou Céphallénie, et Néritos formaient avec Dulichium et Ithaque le royaume d'Ulysse.

— 7. *Lite deorum*. Ces dieux, Apollon, Diane, et Hercule, avaient choisi pour juge Cragaléus. Celui-ci adjugea la ville à Hercule; Apollon, dans son dépit, métamorphosa Cragaléus en rocher.

— 8. *Actiaco Apolline*. Ambracie était située près du promontoire d'Actium où Auguste fit construire un temple en l'honneur d'Apollon après la défaite d'Antoine et de Cléopâtre.

— 9. *Vocalem... quercu*. Les chênes de la forêt de Dodone passaient pour rendre des oracles.

— 10. *Chaonios sinus*. L'Épire fut appelée anciennement Chaonie par Hélénus, en souvenir du Troyen Chaon.

— 11. *Rege Molosso*, du roi Molosse, c'est-à-dire du roi des Molosses; il s'appelait Munychus. Ses trois fils étaient assiégés dans une tour par des brigands qui y mirent le feu, et ils allaient périr dans les flammes, lorsque Jupiter les changea en oiseaux.

Page 584 : 3. *Phæacum*. Les Phéaciens habitaient une île que l'on croit être Corcyre (Corfou). Ils étaient célèbres par leurs richesses et par la mollesse de leur vie.

— 3. *Vati.... Phrygio*, le devin, Hélénus, fils de Priam. Il avait succédé à Pyrrhus, fils d'Achille, et avait épousé Andromaque. Il régnait à Buthrotos où il s'était plu à faire revivre l'image de sa ville natale. Cf. Virgile, Énéide, III, 294-335.

Page 586 : 1. *Sicaniam*, ancien nom de la Sicile, appelée aussi *Trinacria* (aux trois pointes) à cause de ses trois promontoires, 1° de Pachynum, aujourd'hui *Passaro*, 2° de Lilybée, aujourd'hui *Marsalla*, 3° de Pélore, aujourd'hui *Di faro*.

— 2. *Zanclæa*, de Zancle, ancien nom de Messine.

— 3. *Scylla*, Scylla, fille de Phorcus, changée en monstre marin par la jalousie de Circé.

—4. *Charybdis*, Charybde, vieille femme, changée aussi en monstre marin pour avoir volé les génisses d'Hercule. Ces deux écueils, tristement célèbres, rendaient fort dangereux le bras de mer qui sépare l'Italie de la Sicile.

ARGUMENT

DU QUATORZIÈME LIVRE DU CHOIX DES MÉTAMORPHOSES D'OVIDE.

I. Arrivée d'Énée en Italie.
II. Un Grec nommé Achéménide, recueilli par Énée, raconte les dangers qu'il a courus dans l'île du Cyclope.
III. Un autre Grec, établi en Italie, raconte à Énée les aventures d'Ulysse chez les Lestrygons et dans l'île de Circé.
IV. Métamorphose des compagnons d'Ulysse.
V. Établissement d'Énée en Italie. Métamorphose de ses vaisseaux.
VI. Destruction d'Ardée. Le héron.
VII. Apothéose d'Énée.

LIVRE QUATORZIÈME.

I. — ARRIVÉE D'ÉNÉE EN ITALIE.
(V. 101-120, 155-157.)

Has[1] ubi præteriit, et Parthenopeia dextra
Mœnia deseruit, læva de parte canori
Æolidæ[2] tumulum, et loca feta palustribus undis,
Littora Cumarum vivacisque antra Sibyllæ[3]
Intrat; et ut manes adeat per Averna paternos
Orat. At illa diu vultus tellure moratos
Erexit; tandemque, deo furibunda recepto :
« Magna petis, dixit, vir factis maxime, cujus
Dextera per ferrum, pietas spectata per ignes[4].
Pone tamen, Trojane, metum : potiere petitis,
Elysiasque domos et regna novissima mundi,
Me duce, cognosces, simulacraque cara parentis.

I

Quand Énée a franchi ces îles et laissé à droite les remparts de Parthénope, à gauche le tombeau du fils d'Éole à la conque retentissante, et ces lieux où croupit une eau marécageuse, il aborde aux rivages de Cumes, pénètre dans l'antre de l'antique Sibylle et demande qu'il lui soit permis de descendre dans l'Averne, vers les mânes de son père. Longtemps la Sibylle tient ses yeux fixés à terre ; enfin elle les relève, et inspirée par le dieu dont elle est possédée : « Tu demandes une grande faveur, dit-elle, illustre héros, de qui la valeur s'est fait connaître dans les combats, et la piété dans l'incendie. Cependant, noble Troyen, rassure-toi, tes vœux seront exaucés ; tu verras, sous ma conduite, les Champs-Élysées, le royaume le plus reculé du monde, et la chère ombre de ton père.

LIVRE QUATORZIÈME.

I. — ARRIVÉE D'ÉNÉE EN ITALIE,

Ubi has præteriit,	Dès qu'il (Énée) les eut dépassées,
et deseruit parte dextra	et qu'il eut laissé du côté droit
mœnia Parthenopeia,	les remparts de-Parthénope,
de læva	du *côté* gauche [*la conque*,
tumulum Æolidæ canori,	le tombeau du-fils-d'Éole qui-sonne-*de*
et loca feta	et les lieux pleins
undis palustribus,	d'ondes marécageuses,
intrat littora Cumarum,	il entre dans les rivages de Cumes,
antraque vivacis Sibyllæ,	et dans les antres de la vivace Sibylle,
et orat ut adeat	et il prie qu'il aille-trouver
per Averna	à travers l'Averne
manes paternos.	les mânes paternels.
At illa erexit oculos	Mais celle-ci leva *ses* yeux
moratos diu tellure;	restés longtemps à terre ;
tandemque, furibunda,	et enfin, entrée-en-extase
deo recepto,	par le dieu qu'elle a reçu *en elle*, [ses,
dixit : Petis magna,	elle dit : Tu demandes de grandes cho-
vir maxime factis,	homme très-grand par *tes* exploits,
cujus dextera spectata	*toi* dont la *main* droite *a été* éprouvée
per ferrum,	à-travers le fer,
pietas per ignes.	la piété à-travers les feux.
Pone tamen metum,	Dépose cependant *ta* crainte,
Trojane :	ô Troyen :
potiere petitis,	tu jouiras des choses demandées,
cognoscesque, me duce,	et tu connaîtras, moi *étant* guide,
domos Elysias,	les demeures Élyséennes,
et regna novissima mundi,	et les royaumes les derniers du monde,
simulacraque cara parentis.	et les fantômes chers de *ton* père.

Invia virtuti nulla est via. » Dixit, et auro
Fulgentem ramum silva Junonis Avernæ [1]
Monstravit, jussitque suo divellere trunco.
Paruit Æneas, et formidabilis Orci
Vidit opes, atavosque suos, umbramque senilem
Magnanimi Anchisæ; didicit quoque jura locorum,
Quæque novis essent adeunda pericula bellis.
Inde ferens lassos averso tramite passus,
Sedibus Euboicam Stygiis emergit in urbem [2]
Troius Æneas; sacrisque ex more litatis,
Littora adit, nondum nutricis habentia nomen [3].

II. — UN GREC NOMMÉ ACHÉMÉNIDE, RECUEILLI PAR ÉNÉE, RACONTE LES DANGERS QU'IL A COURUS DANS L'ILE DU CYCLOPE.

(V. 177-220.)

« Quid mihi tunc animi (nisi si timor abstulit omnem
Sensum animumque) fuit, quum vos [4] petere alta relictus
Æquora conspexi! Volui inclamare; sed hosti
Prodere me timui; vestræ [5] quoque clamor Ulyssis
Pæne rati nocuit. Vidi quum monte revulsum
Immanem scopulum medias permisit in undas.

Aucune route n'est fermée à la vertu. » Elle dit, et lui montrant un rameau d'or dans la forêt de Proserpine, elle lui ordonne de le détacher de son tronc. Énée obéit; et il voit l'empire du redoutable Orcus, ses propres ancêtres, l'ombre du vieil et magnanime Anchise; il apprend aussi quels sont les maîtres des contrées qu'il doit parcourir, quels périls il doit affronter dans de nouvelles guerres. Puis, revenant d'un pas fatigué par les sentiers qu'il a déjà suivis, le troyen Énée remonte du séjour des morts dans la ville de Cumes, et après avoir offert les sacrifices accoutumés, il aborde au rivage qui ne porte pas encore le nom de sa nourrice.

II

« Quelles furent alors mes pensées (si la frayeur ne m'enleva pas tout sentiment, toute pensée), lorsque, abandonné, je vous vis gagner la haute mer. Je voulus crier; mais j'appréhendai de me livrer à l'ennemi; car le cri d'Ulysse avait également failli être fatal à votre navire. Je vis alors le Cyclope détacher de la montagne un roc immense et le jeter au milieu des ondes.

Nulla via	Nulle route
est invia virtuti.	n'est impraticable à la vertu.
Dixit, et monstravit	Elle dit, et elle indiqua
ramum fulgentem auro	un rameau brillant d'or
silva Junonis Avernæ,	dans la forêt de la Junon de-l'-Averne,
jussitque divellere	et elle *lui* ordonna de *le* détacher
suo trunco	de son tronc.
Æneas paruit,	Énée obéit,
et vidit opes	et il vit les ressources (l'empire)
formidabilis Orci,	du formidable Orcus,
suosque atavos,	et ses *propres* ancêtres,
umbramque senilem	et l'ombre sénile
magnanimi Anchisæ;	du magnanime Anchise;
didicit quoque jura	il apprit aussi les droits
locorum,	des lieux *qu'il devait parcourir*,
quæque pericula essent	et quels dangers étaient
adeunda novis bellis.	à affronter dans de nouvelles guerres.
Inde ferens	De-là portant
tramite averso,	par un sentier en-sens-contraire
passus lassos	*ses* pas fatigués,
Troius Æneas	le Troyen Énée
emergit sedibus Stygiis	s'élève des demeures du-Styx
in urbem Euboicam;	dans la ville de-l'-Eubée; [la coutume,
sacrisque litatis ex more,	et des sacrifices ayant été offerts selon
adit littora	il aborde aux rivages
nondum habentia	n'ayant pas encore
nomen nutricis.	le nom de *sa* nourrice.

II. — UN GREC NOMMÉ ACHÉMÉNIDE, RECUEILLI PAR ÉNÉE, RACONTE LES DANGERS QU'IL A COURUS DANS L'ÎLE DU CYCLOPE.

Quid animi	Quoi de pensée
fuit tunc mihi	fut alors à moi
(nisi si timor abstulit	(sinon si la crainte *m*'ôta
omnem sensum	tout sentiment
animumque),	et *toute* pensée),
quum relictus vos conspexi	lorsqu'abandonné je vous aperçus
petere alta æquora!	gagner les hautes mers!
Volui inclamare;	Je voulus crier; [mi;
sed timui me prodere hosti;	mais je craignis de me livrer à l'enne-
clamor Ulyssis quoque	le cri d'Ulysse aussi
nocuit pene vestræ rati.	nuisit presqu'à votre navire.
Vidi, quum permisit	J'ai vu, lorsqu'il lança
in medias undas	au milieu *des* ondes
immanem scopulum	un immense roc
revulsum monte.	arraché de la montagne.

Vidi iterum, veluti tormenti viribus acta,
Vasta giganteo jaculantem saxa lacerto ;
Et, ne deprimeret fluctusve lapisve carinam,
Pertimui, jam me non esse oblitus in illa.
Ut vero fuga vos ab acerba morte reduxit,
Ille quidem totam gemebundus obambulat Ætnam,
Prætentatque manu silvas, et luminis orbus
Rupibus incursat, fœdataque brachia tabo
In mare protendens, gentem exsecratur Achivam,
Atque ait : « O si quis referat mihi casus Ulyssem
Aut aliquem e sociis, in quem mea sæviat ira,
Viscera cujus edam, cujus viventia dextra
Membra mea laniem, cujus mihi sanguis inundet
Guttur, et elisi trepident sub dentibus artus ;
Quam nullum aut leve sit damnum mihi lucis ademptæ ! »
Hæc et plura ferox. Me luridus occupat horror
Spectantem vultus etiamnum cæde madentes,
Crudelesque manus, et inanem luminis orbem,
Membraque, et humano concretam sanguine barbam.
Mors erat ante oculos ; minimum tamen ipsa doloris ;

Je le vis encore de son bras gigantesque lancer des rochers énormes avec autant de force que le ferait une machine de guerre ; et je tremblai que les flots et les pierres ne vinssent à submerger votre navire ; j'oubliais alors qu'il ne me portait pas. Enfin lorsque la fuite vous a soustraits à une mort cruelle, il parcourt en frémissant tout l'Etna ; il tâte de la main les arbres pour se diriger. Privé de la vue, il heurte les rochers ; et sur la mer étendant ses bras ensanglantés, il accable les Grecs d'imprécations. « O si quelque hasard, s'écrie-t-il, me ramenait Ulysse, ou un de ses compagnons sur qui je pusse assouvir ma fureur, dont je pusse dévorer les entrailles, déchirer de mes mains les membres vivants, dont le sang inondât mon gosier, et dont les ossements broyés palpitassent sous mes dents, combien la perte de l'œil qui m'a été ravi deviendrait pour moi insensible ou légère ! » A ces menaces le féroce Cyclope en ajoute d'autres. Je pâlis d'effroi en regardant son visage encore humide des traces du carnage, ses mains cruelles, l'orbite vide où fut son œil, ses membres, et le sang humain figé dans sa barbe. La mort était devant mes yeux ; et cependant c'était le moindre des maux que j'appréhendais.

Vidi iterum jaculantem	Je l'ai vu derechef jetant
lacerto giganteo	avec son bras gigantesque
saxa vasta,	des pierres énormes,
veluti acta	comme poussées
viribus tormenti ;	par les forces d'une machine-de-guerre ;
et pertimui	et je craignis-extrêmement
ne fluctusve lapisve	que ou le flot ou la pierre
deprimeret carinam,	ne coulât votre carène,
oblitus jam	ayant oublié déjà
me non esse in illa.	moi n'être pas dans elle.
Ut vero fuga reduxit vos	Mais dès que la fuite a retiré vous
a morte acerba,	d'une mort cruelle,
ille quidem gemebundus	celui-ci certes gémissant
obambulat totam Ætnam,	parcourt tout l'Etna,
prætentatque manu silvas,	et tâte-devant soi avec la main les forêts,
et orbus luminis	et privé de son œil
incursat rupibus,	il se heurte-contre les rochers,
protendensque in mare	et étendant sur la mer
brachia fœdata tabo, [vam,	ses bras souillés de sang,
exsecratur gentem Achi-	il maudit la nation achéenne (grecque),
atque ait :	et il dit :
O si quis casus	O si quelque hasard
mihi referat Ulyssem	me ramenait Ulysse
aut aliquem e sociis,	ou quelqu'un de ses compagnons,
in quem mea ira sæviat,	contre lequel ma colère sévisse,
cujus edam viscera,	dont je puisse-manger les entrailles,
cujus laniem mea dextra	dont je puisse-déchirer de ma main droite
membra viventia,	les membres vivants,
cujus sanguis mihi inundet	dont le sang m'inonde
guttur,	le gosier,
et artus elisi	et dont les membres broyés
trepident sub dentibus,	palpitent sous mes dents,
quam damnum	combien la perte
lucis ademptæ	de la lumière enlevée
sit mihi nullum aut leve.!	serait pour moi nulle ou légère !
Ferox hæc et plura.	Féroce il dit ces choses et plus encore.
Horror luridus occupat me	La terreur blême s'empare de moi
spectantem vultus	regardant ses visages (son visage)
etiamnum madentes cæde,	encore humides de carnage,
manusque crudeles,	et ses mains cruelles,
et orbem inanem luminis,	et l'orbite vide de l'œil,
membraque,	et ses membres,
et barbam concretam	et sa barbe coagulée
sanguine humano.	par du sang humain.
Mors erat ante oculos ;	La mort était devant mes yeux ;
tamen ipsa	cependant elle-même était
minimum doloris;	le moindre de ma douleur;

Et jam prensurum, jamjam mea viscera rebar
In sua mersurum, mentique hærebat imago
Temporis illius, quo vidi bina meorum
Ter quater affligi sociorum corpora terræ ;
Quum super ipse jacens, hirsuti more leonis,
Visceraque et carnes, cumque albis ossa medullis,
Semianimesque artus avidam condebat in alvum.
Me tremor invasit; stabam sine sanguine mœstus,
Mandentemque videns ejectantemque cruentas
Ore dapes, et frusta mero[1] glomerata vomentem.
Talia fingebam misero mihi fata parari ;
Perque dies multos latitans, omnemque tremiscens
Ad strepitum, mortemque timens, cupidusque moriri[2],
Glande famem pellens et mixta frondibus herba,
Solus, inops, exspes, leto pœnæque relictus,
Hanc procul adspexi longo post tempore navim;
Oravique fugam gestu, ad littusque cucurri;
Et movi, Graiumque ratis Trojana recepit. »

III. — UN AUTRE GREC, ÉTABLI EN ITALIE, RACONTE A ÉNÉE LES AVENTURES D'ULYSSE CHEZ LES LESTRYGONS ET DANS L'ÎLE DE CIRCÉ.

(V. 233-270.)

Inde Lami veterem Læstrygonis[3], inquit[4], in urbem

Je m'imaginais qu'il allait me saisir, engloutir mes entrailles dans les siennes; j'étais poursuivi sans cesse par l'image du moment où je l'avais vu prendre ensemble deux de mes compagnons, et les jeter à terre trois et quatre fois; puis, étendu sur leurs corps, comme un lion à la crinière hérissée, dévorer leurs entrailles et leurs chairs, leurs os avec leur blanche moelle, et dans son estomac avide faire disparaître leurs membres encore palpitants. Tout mon corps tremblait; le sang s'était retiré de mes veines, et je restais en proie à un sombre désespoir en le voyant mâcher ces mets ensanglantés, les rejeter de sa bouche, et vomir des lambeaux de sang mêlés de vin. Tel était le destin auquel je m'attendais dans mon infortune. Pendant de longs jours je me tins caché, tremblant au moindre bruit, craignant la mort et la désirant à la fois, sans autre aliment pour apaiser ma faim que des glands et de l'herbe mêlée de feuilles. Seul, sans ressources, sans espoir, abandonné au trépas et à la vengeance du monstre, j'aperçois enfin de loin votre vaisseau; du geste j'implore le moyen de fuir, et je cours au rivage ;mon sort excite votre pitié: grec, je suis recueilli par un navire troyen.

III

« De là nous arrivâmes, dit-il, à la ville antique du Lestrygon

et jam rebar prensurum,	et déjà je pensais *lui* devant *me* saisir,
mersurum jamjam	devant engloutis bientôt
mea viscera in sua,	mes entrailles dans les siennes,
imagoque illius temporis	et l'image de ce temps-là
hærebat menti,	était fixée dans *mon* cœur, [à-deux
quo vidi corpora bina	dans lequel *temps* j'ai vu les corps deux
meorum sociorum	de mes compagnons
affligi terræ ter quater,	être jetés à terre trois-fois *et* quatre-fois,
quum ipse jacens super,	lorsque lui-même étendu dessus,
more leonis hirsuti,	à la manière d'un lion hérissé,
condebat in alvum avidam	plongeait dans *son* ventre avide
visceraque et carnes,	et des entrailles et des chairs,
ossaque cum medullis albis,	et les os avec les moelles blanches,
artusque semianimes.	et les membres à-demi-vivants.
Tremor me invasit ;	Le tremblement m'envahit ;
stabam mœstus	je me tenais triste
sine sanguine,	sans sang,
vidensque mandentem,	et *le* voyant mâchant
ejectantemque ore	et rejetant de sa bouche
dapes cruentatas	des mets ensanglantés
et vomentem frusta	et vomissant des morceaux
glomerata mero.	mêlés de vin.
Fingebam fata talia	Je m'imaginais des destinées telles
parari mihi misero ;	être préparées à moi malheureux ;
latitansque per dies multos,	et me-tenant-caché pendant des jours
tremiscensque	et tremblant [nombreux,
ad omnem strepitum,	à tout bruit,
timensque mortem,	et craignant la mort,
cupidusque moriri,	et désireux de mourir,
pellens famem glande	repoussant la faim par le gland
et herba mixta frondibus,	et par l'herbe mêlée aux feuilles,
solus, inops, exspes,	seul, dénué *de tout*, sans-espoir,
relictus leto pœnæque,	laissé au trépas et au châtiment,
adspexi procul hanc navim	j'aperçus de loin ce navire
longo tempore post ;	un longtemps après ; [moyen de fuir),
oravique gestu fugam,	et je demandai par le geste la fuite (le
cucurrique ad littus ;	et je courus vers le rivage ;
et movi,	et je *vous* émus,
ratisque Trojana	et un navire troyen
recepit Graium.	reçut un Grec.

III. — UN AUTRE GREC, ÉTABLI EN ITALIE, RACONTE A ÉNÉE LES AVENTURES D'ULYSSE CHEZ LES LESTRYGONS ET DANS L'ILE DE CIRCÉ.

Venimus inde, inquit,	Nous arrivâmes de-là, dit-il,
in urbem veterem	dans la ville ancienne

Venimus; Antiphates terra regnabat in illa.
Missus ad hunc ego sum, numero comitante duorum,
Vixque fuga quæsita salus comitique mihique.
Tertius e nobis Læstrygonis impia tinxit
Ora cruore suo. Fugientibus instat, et agmen
Concitat Antiphates; coeunt, et saxa trabesque
Conjiciunt, merguntque viros, merguntque carinas.
Una tamen, quæ nos ipsumque vehebat Ulyssem,
Effugit. Amissa sociorum parte dolentes,
Multaque conquesti terris allabimur illis
Quas procul hinc cernis. Procul hinc (mihi crede) videnda est,
Insula visa mihi; tuque, o justissime Troum,
Nate dea (neque enim finito Marte vocandus
Hostis es, Ænea), moneo, fuge littora Circes[1].
Nos quoque, Circæo religata in littore pinu,
Antiphatæ memores immansuetique Cyclopis,
Ire negabamus, et tecta ignota subire.
Sorte sumus lecti : sors me, fidumque Politen,
Eurylochumque simul, nimiique Elpenora vini[2],
Bisque novem socios Circæa ad mœnia misit.

Lamus. Antiphate régnait dans cette contrée. On m'envoie vers lui; deux autres guerriers m'accompagnent. C'est à peine si un de mes compagnons et moi nous trouvons notre salut dans la fuite. Le troisième d'entre nous rougit de son sang la bouche impie du Lestrygon. Antiphate nous poursuit dans notre fuite; il excite contre nous ses sujets. Ceux-ci se réunissent, et lancent sur notre flotte des rochers et des arbres. Les hommes et les vaisseaux disparaissent sous les ondes. Un seul navire échappe : c'était celui qui nous portait avec Ulysse lui-même. Affligés de la perte d'une partie de nos compagnons, après avoir longtemps pleuré leur sort, nous abordons à ces terres que tu aperçois de loin. Crois-moi, c'est assez de voir de loin cette île que j'ai visitée. Et toi, fils d'une déesse, le plus juste des Troyens, (car maintenant que la guerre est terminée, nous ne devons plus, Énée, t'appeler notre ennemi), fuis, je t'en préviens, fuis les rivages de Circé. Et nous aussi, après avoir attaché notre navire sur ces bords nous rappelant Antiphate et le cruel Cyclope, nous ne voulions pas aller dans l'intérieur de l'île, et entrer dans une demeure inconnue. Ce fut le sort qui en décida. Il me désigna, moi et le fidèle Politès, Euryloque, ainsi qu'Elpénor trop adonné au vin, avec dix-huit compagnons, pour aller vers la demeure de Circé.

Læstrygonis Lami ;	du Lestrygon Lamus ;
Antiphates regnabat	Antiphate régnait
in illa terra.	dans cette terre.
Ego missus sum ad hunc,	Je fus envoyé vers lui,
numero duorum comitante,	le nombre de deux m'accompagnant,
salusque quæsita vix fuga	et le salut fut à peine acquis par la fuite
comitique mihique.	et à un compagnon et à moi.
Tertius e nobis	Le troisième d'entre nous
tinxit suo cruore	teignit de son sang [trygon.
ora impia Læstrygonis.	les bouches (la bouche) impies du Les-
Antiphates	Antiphate
instat fugientibus,	presse nous fuyant,
et concitat agmen ;	et il excite sa troupe ;
coeunt, et conjiciunt	ils se réunissent, et ils jettent
saxa trabesque,	des pierres et des poutres,
merguntque viros,	et font-enfoncer les hommes,
merguntque carinas.	et font-enfoncer les carènes.
Una tamen effugit	Une seule cependant échappe,
quæ vehebat nos	celle qui portait nous
Ulyssemque ipsum.	et Ulysse lui-même.
Dolentes	Nous affligeant [été perdue,
parte sociorum amissa,	une partie de nos compagnons ayant
conquestique multa,	et nous étant plaints beaucoup,
allabimur illis terris,	nous abordons à ces terres
quas cernis procul hinc.	que tu distingues loin d'ici.
Insula visa mihi	Cette île vue par moi
est videnda procul hinc	est à-voir loin d'ici
(crede mihi) ;	(crois-moi));
tuque, o nate dea	et toi, ô fils d'une déesse,
justissime Troum	le plus juste des Troyens
(neque enim, Ænea,	(ni, en-effet, ô Énée,
es vocandus hostis,	tu n'es devant être appelé ennemi
Marte finito),	Mars (la guerre) étant terminé),
moneo, fuge littora Circes.	je t'avertis, fuis les rivages de Circé.
Nos quoque,	Nous aussi,
pinu religata	le pin (le navire) ayant été attaché
in littore Circæo,	sur le rivage de-Circé,
memores Antiphatæ	nous souvenant d'Antiphate
immansuetique Cyclopis,	et du cruel Cyclope,
negabamus ire,	nous refusions d'aller,
et subire tecta ignota.	et d'entrer-sous des toits inconnus.
Lecti sumus sorte :	Nous fûmes choisis par le sort :
sors misit me	le sort envoya moi
fidumque Politen,	et le fidèle Politès,
Eurylochumque simul	et Euryloque en-même-temps,
Elpenoraque vini nimii,	et Elpénor d'un vin excessif,
bisque novem socios,	et deux-fois neuf compagnons

Quæ simul attigimus, stetimusque in limine tecti,
Mille lupi mixtæque lupis ursæque, leæque
Occursu fecere metum; sed nulla timenda,
Nullaque erat nostro factura in corpore vulnus.
Quin etiam blandas movere per aera caudas,
Nostraque adulantes comitant vestigia, donec
Excipiunt famulæ, perque atria marmore tecta
Ad dominam ducunt. Pulchro sedet illa recessu
Sublimi solio; pallamque induta nitentem,
Insuper aurato circumvelatur amictu.
Nereides, nymphæque simul, quæ vellera motis
Nulla trahunt digitis, nec fila sequentia ducunt:
Gramina disponunt, sparsosque sine ordine flores
Secernunt calathis, variasque coloribus herbas.
Ipsa, quod hæ faciunt, opus exigit; ipsa quis usus
Quoque sit in folio, quæ sit concordia mixtis,
Novit; et advertens pensas examinat herbas.

IV. — MÉTAMORPHOSE DES COMPAGNONS D'ULYSSE.
(V. 271-297, 290-307.)

« Hæc ubi nos vidit, dicta acceptaque salute,

Dès que nous y sommes arrivés, nous trouvons sur le seuil du palais mille loups, mille ourses et mille lionnes mêlées à ces loups. Cette vue nous glace d'effroi; mais aucun de ces animaux n'était à craindre; aucun ne devait enfoncer dans notre corps une dent cruelle. Bien plus, ils battent l'air de leurs queues caressantes, et accompagnent nos pas en nous flattant, jusqu'à ce que des femmes nous reçoivent et nous conduisent vers leur maîtresse à travers des galeries couvertes de marbre. Circé est assise sur un trône élevé, au fond du palais dans une salle magnifique; elle est vêtue d'une robe éblouissante sur laquelle est jeté un manteau enrichi d'or. Avec elle sont des néréides et des nymphes qui, au lieu de préparer la laine de leurs doigts agiles, et de tirer des fils flexibles, séparent des plantes, et mettent dans des corbeilles d'après leur espèce des fleurs éparses sans ordre, et des herbes de différentes couleurs. Elle-même dirige leurs travaux; elle sait la vertu de chacune de ces feuilles, comment ces sucs se mélangent et se fondent; elle pèse, et elle examine ces herbes avec attention.

IV.

« Dès qu'elle nous aperçoit, après un échange de saluts, elle mon-

CHOIX DES MÉTAMORPHOSES. — LIVRE XIV.

ad mœnia Circæa.	vers les murailles de-Circé. [atteintes,
Quæ simul attigimus,	Lesquelles *murailles* dès que nous eûmes
stetimusque in limine tecti,	et que nous fûmes arrêtés sur le seuil de
mille lupi,	mille loups, [la demeure,
ursæque leæque	et des ourses et des lionnes
mixtæ lupis,	mêlées aux loups, [tre;
fecere metum occursu;	causèrent de la crainte par *leur* rencon-
sed nulla timenda,	mais aucune *n'était* à craindre,
nullaque erat	et aucune n'était
factura vulnus	devant faire de blessure
in nostro corpore.	dans notre corps.
Quin etiam	Bien plus
movere per aera	elles agitèrent à-travers l'air
caudas blandas;	*leurs* queues caressantes,
adulantesque comitant	et *nous* flattant elles accompagnent
nostra vestigia,	nos pas, [vent,
donec famulæ excipiunt,	jusqu'à ce que des servantes *nous* reçoi-
ducuntque ad dominam	et *nous* conduisent vers *leur* maitresse
per atria tecta marmore.	à travers des galeries couvertes de mar-
Illa sedet	Celle-ci est-assise [bre.
recessu pulchro,	dans un enfoncement magnifique,
solio sublimi,	sur un siége élevé,
indutaque pallam nitentem,	et revêtue d'une robe brillante,
circumvelatur insuper	elle est enveloppée par-dessus
amictu aurato.	d'un manteau doré.
Nereides	Des néréides
nymphæque simul,	et des nymphes *sont* avec *elle*, [laine),
quæ trahunt nulla vellera	qui n'étirent aucunes toisons (aucune
digitis motis,	de *leurs* doigts remués,
nec ducunt fila sequentia :	ni ne tirent à *elle* les fils qui suivent:
disponunt gramina,	elles disposent des gazons (des plantes),
secernuntque calathis	et elles séparent dans des corbeilles
flores sparsos sine ordine,	des fleurs répandues sans ordre,
herbasque varias coloribus.	et des herbes variées par les couleurs.
Ipsa exigit opus	Elle-même dirige l'ouvrage
quod hæ faciunt;	que celles-ci font;
ipsa novit	elle-même connaît
quis usus sit	quel usage est
in quoque folio,	dans chaque feuille,
quæ concordia sit mixtis,	quelle concorde est aux *plantes* mêlées,
et advertens examinat	et appliquant *son esprit* elle examine
herbas pensas.	les plantes *après les avoir* pesées.

IV. — MÉTAMORPHOSE DES COMPAGNONS D'ULYSSE.

Ubi hæc nos vidit,	Dès-que celle-ci nous eut vus,
salute dicta acceptaque,	le salut ayant été prononcé et reçu,

OVIDE

Diffudit vultus, et reddidit omina votis.
Nec mora, misceri tosti jubet hordea grani,
Mellaque, vinique meri, cum lacte coagula passo,
Quique sub hac lateant furtim dulcedine, succos
Adjicit. Accipimus sacra data pocula dextra.
Quæ simul arenti sitientes hausimus ore,
Et tetigit summos virga dea dira capillos
(Et pudet, et referam), setis horrescere cœpi,
Nec jam posse queri, pro verbis edere raucum
Murmur, et in terram toto procumbere vultu;
Osque meum sensi pando occallescere rostro,
Colla tumere toris; et qua modo pocula parte
Sumpta mihi fuerant, illa vestigia feci.
Cumque eadem passis (tantum medicamina possunt!)
Claudor hara; solumque suis caruisse figura
Vidimus Eurylochum : solus data pocula fugit.
Quæ nisi vitasset, pecoris pars una manerem
Nunc quoque setigeri, nec tantæ cladis ab illo
Certior, ad Circen ultor venisset Ulysses.
Pacifer huic dederat florem Cyllenius album :

tre un visage épanoui, et nous rend tous nos souhaits de bonheur. Aussitôt elle ordonne de servir une boisson où se mêlent des grains d'orge grillés, du miel, du vin et du lait caillé; elle y ajoute secrètement des sucs que nous cache la douceur de ce breuvage. Nous recevons les coupes qu'elle nous présente de sa main divine. Mais à peine, pressés par une soif ardente, les avons-nous vidées avec avidité, à peine la cruelle déesse a-t-elle touché de sa baguette le bout de nos cheveux, que mon corps (j'ai honte de le dire, et je le dirai cependant,) se hérisse de poils; je ne puis plus me plaindre; au lieu de paroles, je fais entendre un sourd grognement; mon visage tout entier s'incline vers la terre, et je sens que ma bouche se durcit en un groin recourbé. Les muscles de mon cou se gonflent; et avec les mains qui venaient de me servir à prendre la coupe, je marche. Mes compagnons (telle est la force de ce breuvage!) avaient subi la même métamorphose. Je suis enfermé avec eux dans une étable. Seul Euryloque sous nos yeux ne fut point changé en pourceau. Seul il refusa la coupe qui lui était présentée. S'il n'avait évité ce piége, je serais encore maintenant un de ces animaux aux longues soies. Ulysse n'aurait point appris de lui une si grande infortune; il ne serait point venu auprès de Circé pour nous venger. Le dieu du Cyllène au pacifique caducée lui avait donné une fleur blanche

diffudit vultus,	elle épanouit *les* visages (son visage),
et reddidit omina votis.	et rendit des présages *favorables* à *nos* [vœux.
Nec mora,	Et point de retard,
jubet hordea grani tosti,	elle ordonne des orges d'un grain grillé,
mellaque, vimque meri,	et des miels, et la force du *vin-pur*,
misceri	être mêlés
cum lacte passo coagula,	avec du lait ayant subi des présures,
adjicitque furtim succos	et elle ajoute secrètement des sucs
qui lateant	qui puissent-se-cacher
sub hac dulcedine.	sous cette douceur.
Accipimus pocula data	Nous recevons les coupes données
dextra sacra.	par *sa main* droite sacrée.
Quæ simul sitientes	Lesquelles *coupes* dès-que *nous* altérés
hausimus ore arenti,	nous eûmes vidées d'une bouche des- [séchée,
et dea dira	et *que* la déesse redoutable
tetigit virga	eut touché d'une baguette
summos capillos	l'extrémité-de *nos* cheveux, [rai),
(et pudet, et referam),	(et j'ai honte et *pourtant je le* rapporte-
cœpi horrescere setis,	je commençai à me-hérisser de soies,
nec posse jam queri,	et à ne pouvoir plus me plaindre,
edere pro verbis	à pousser au-lieu-de paroles
murmur raucum,	un murmure rauque,
et procumbere in terram	et à tomber sur terre
toto vultu;	de tout *mon* visage;
sensique meum os	et je sentis ma bouche
occallescere rostro pando,	s'endurcir par un groin recourbé,
colla tumere toris,	*mon* cou se gonfler de muscles,
et feci vestigia	et je fis des traces, (je marchai) [quelle
illa parte qua	par *cette* partie de *mon corps* avec la-
pocula sumpta fuerant	les coupes avaient été prises
modo mihi.	récemment par moi.
Claudorque hara	Et je suis renfermé dans une étable
cum passis eadem	avec *ceux* ayant souffert les mêmes *mé*-
(tantum medicamina	(tant les médicaments [*tamorphoses;*
possunt !)	ont de puissance !)
vidimusque	et nous vîmes
Eurylochum solum	Euryloque seul
caruisse figura suis :	avoir-été-exempt de la forme d'un porc :
solus fugit pocula data.	seul il évita les coupes données.
Quæ nisi vitasset,	Lesquelles s'il n'eût évitées,
manerem nunc quoque	je resterais maintenant encore
una pars pecoris setigeri,	une partie du troupeau couvert-de-soies,
nec Ulysses certior ab illo	ni Ulysse *rendu* plus certain par lui
cladis tantæ,	d'un désastre-si grand,
venisset ultor ad Circen.	ne serait venu *en* vengeur vers Circé.
Cyllenius pacifer	Le *dieu* du-Cyllène qui-apporte-la-paix
dederat huic florem album:	avait donné à celui-ci une fleur blanche:

Moly¹ vocant Superi; nigra radice tenetur.
Tutus eo, monitisque simul cœlestibus, intrat
Ille domum Circes, et ad insidiosa vocatus
Pocula, conantem virga mulcere capillos
Reppulit, et stricto pavidam deterruit ense.
Spargimur ignotæ succis melioribus herbæ,
Percutimurque caput conversæ verbere virgæ,
Verbaque dicuntur dictis contraria verbis.
Quo magis illa canit, magis hoc tellure levati
Erigimur, setæque cadunt, bifidosque relinquit
Rima pedes; redeunt humeri, et subjecta lacertis
Brachia sunt. Flentem flentes amplectimur illum,
Hæremusque ducis collo, nec verba locuti
Ulla priora sumus, quam nos testantia gratos. »

V. — ÉTABLISSEMENT D'ÉNÉE EN ITALIE. MÉTAMORPHOSE
DE SES VAISSEAUX.
(V. 445-464, 528-543, 549-558.)

Solvitur herboso religatus ab aggere funis;
Et procul insidias infamatæque relinquunt
Tecta deæ, lucosque petunt, ubi nubilus umbra
In mare cum flava prorumpit Tibris arena,
Faunigenæque domo potitur nataque Latini¹;

que les dieux appellent moly; une racine noir la fixe dans la terre. Armé de cette plante, et instruit par le dieu, Ulysse pénètre dans la demeure de Circé; la déesse l'invite à boire le perfide breuvage, et veut lui toucher la chevelure de sa baguette; il la repousse, et tirant son épée, l'effraie, et la force à renoncer à ce dessein. Elle répand sur nous le suc salutaire d'une herbe inconnue, et nous frappe la tête de l'autre bout de sa baguette; en même temps, elle prononce des paroles contraires à celles qu'elle avait prononcées. A mesure qu'elle formule ses enchantements, notre corps se redresse et se relève par degrés; nos soies tombent; la fente qui séparait nos pieds en deux, disparaît; nos épaules renaissent; l'avant-bras se rattache au coude. Nous embrassons notre chef, et nous mêlons nos larmes aux siennes; nous restons suspendus à son cou; nos premières paroles ne sont que des paroles de reconnaissance. »

V

Les Troyens détachent le câble qui retient le navire au rivage verdoyant; ils s'éloignent de l'infâme demeure de l'artificieuse déesse, et arrivent vers les bois où le Tibre, aux bords ombreux, porte à la mer ses ondes mêlées d'un sable jaune. Là, Énée devient l'hôte et le gendre de Latinus, fils de Faunus;

Superi vocant moly;	les dieux *l*'appellent moly;
tenetur radice nigra.	elle est retenue par une racine noire.
Ille tutus eo,	Celui-ci (Ulysse) protégé par cette *fleur*,
simulque monitis cœlestibus	et en-même-temps par les avis célestes,
intrat domum Circes,	entre dans la demeure de Circé,
et vocatus ad pocula	et invité aux coupes
insidiosa,	insidieuses,
reppulit conantem	il repoussa *elle* s'efforçant
mulcere capillos virga,	de *lui* caresser les cheveux de *sa* baguette,
et ense stricto	et *son* épée ayant été tirée
deterruit pavidam.	il détourna *de son projet elle* effrayée.
Spargimur	Nous sommes arrosés
succis melioribus	des sucs meilleurs
herbæ ignotæ,	d'une herbe inconnue,
percutimurque caput	et nous sommes frappés à la tête
verbere virgæ conversæ,	d'un coup de la baguette retournée,
verbaque dicuntur	et des paroles sont dites
contraria verbis dictis.	contraires aux paroles *déjà* dites.
Quo magis illa canit,	Plus celle-ci chante,
hoc magis levati tellure	plus relevés de terre
erigimur,	nous nous redressons,
setæque cadunt,	et *nos* soies tombent,
rimaque relinquit	et la fente abandonne
pedes bifidos;	*nos* pieds fourchus;
humeri redeunt,	les épaules reviennent,
et brachia sunt	et les parties-inférieures-des-bras sont
subjecta lacertis.	placées-sous les parties-supérieures-des-
Flentes amplectimur	Pleurant nous embrassons [bras.
illum flentem,	lui (Ulysse) pleurant, [chef,
hæremusque collo ducis,	et nous nous attachons au cou de *notre*
nec locuti sumus	ni nous ne prononçâmes
ulla verba priora	aucunes paroles plus hâtives
quam testantia nos gratos.	que celles attestant nous reconnaissants.

V. — ÉTABLISSEMENT D'ÉNÉE EN ITALIE. MÉTAMORPHSE DE SES VAISSEAUX.

Funis religatus	Le câble attaché
solvitur ab aggere herboso,	est délié du rivage herbeux,
relinquuntque procul	et ils (les Troyens) laissent loin
insidias tectaque	les piéges et les demeures
deæ infamatæ,	de la déesse diffamée,
petuntque lucos,	et ils gagnent les bois-sacrés,
ubi Tibris nubilus umbra	où le Tibre sombre par l'ombrage
prorumpit in mare	se-jette dans la mer
cum arena flava,	avec un sable jaune,
potiturque domo nataque	et il s'empare de la demeure et de la fille

Non sine Marte tamen. Bellum cum gente feroci
Suscipitur, pactaque furit pro conjuge Turnus[1].
Concurrit Latio Tyrrhenia tota, diuque
Ardua sollicitis victoria quæritur armis.
Auget uterque suas externo robore vires,
Et multi Rutulos, multi Trojana tuentur
Castra : neque Æneas Evandri[2] ad mœnia frustra,
At Venulus[3] frustra profugi Diomedis ad urbem
Venerat. Ille quidem sub Iapyge maxima Dauno
Mœnia condiderat, dotaliaque arva tenebat.
Sed Venulus Turni postquam mandata peregit,
Auxiliumque petit, vires Ætolius heros[4]
Excusat, nec se soceri committere pugnæ
Velle sui populos, aut quos e gente suorum
Armet, habere ullos. Rutuli sine viribus illis
Bella infesta gerunt, multumque ab utraque cruoris
Parte datur. Fert ecce avidas in pinea Turnus
Texta faces ; ignesque timent, quibus unda pepercit.
Jamque picem et ceras alimentaque cetera flammæ
Mulciber urebat, perque altum ad carbasa malum

non toutefois sans combat. Il lui faut soutenir une guerre contre une nation belliqueuse : Turnus est transporté de fureur de se voir ravir sa fiancée. L'Étrurie tout entière se heurte contre le Latium, et longtemps on se dispute avec acharnement une victoire difficile. Les deux partis grossissent leurs forces des forces de l'étranger ; maintes nations combattent pour les Rutules ; maintes nations défendent le camp troyen. Ce n'était pas en vain qu'Énée s'était rendu dans la ville d'Évandre ; mais c'était en vain que Vénulus était allé dans la ville fondée par Diomède fugitif. Ce héros, sous la protection de Daunus, roi d'Iapygie, avait bâti de vastes remparts, et occupait les campagnes qu'il avait reçues en dot. Mais lorsque Vénulus, accomplissant les ordres de Turnus, demande du secours au prince étolien, celui-ci s'excuse sur l'insuffisance de ses forces ; il ne voulait pas, disait-il, exposer aux hasards des combats les peuples de son beau-père, et il ne lui restait pas de Grecs pour les armer. Privés de cet appui les Rutules n'en font pas moins une guerre terrible : beaucoup de sang coule des deux côtés. Mais voici que tout à coup Turnus porte contre la flotte troyenne des torches dévorantes ; le feu menace ce que l'onde a épargné. Et déjà la flamme consumait la poix, la cire, et les autres aliments de l'incendie, et, montant le long du mât élevé,

Latini Faunigenæ;	de Latinus fils-de-Faunus;
non tamen sine Marte.	non cependant sans Mars (sans combat).
Bellum suscipitur	Une guerre est entreprise
cum gente feroci,	avec une nation belliqueuse,
Turnusque furit	et Turnus est-furieux
pro conjuge pacta.	pour l'épouse promise *à lui*.
Tyrrhenia tota	La Tyrrhénie tout-entière
concurrit Latio,	se heurte-avec le Latium,
victoriaque ardua	et la victoire difficile
quæritur diu	est cherchée longtemps
armis sollicitis.	avec des armes inquiètes.
Uterque auget suas vires	L'un-et-l'autre augmente ses forces
robore externo,	par une vigueur étrangère,
et multi tuentur Rutulos,	et beaucoup défendent les Rutules,
multi castra Trojana :	beaucoup le camp troyen;
neque Æneas	ni Énée
venerat frustra	n'était venu-en-vain
ad mœnia Evandri;	vers les remparts d'Évandre ;
at Venulus frustra	mais Vénulus *était venu* en-vain
ad urbem Diomedis profugi.	vers la ville de Diomède fugitif.
Ille quidem condiderat	Celui-ci certes avait bâti
mœnia maxima	des remparts très-grands
sub Dauno Iapyge,	sous Daunus d'-Iapygie, [dot.
tenebatque arva dotalia.	et il occupait des campagnes reçues-en-
Sed postquam Venulus	Mais après-que Vénulus
peregit mandata Turni,	eut exécuté les ordres de Turnus,
petitque auxilium,	et eut demandé du secours,
heros Ætolius	le héros étolien
excusat vires,	donne-pour-excuse *ses* forces,
nec se velle	et *dit* soi ne pas vouloir
committere pugnæ	exposer au combat
populos sui soceri,	les peuples de son beau-père,
aut habere e gente suorum	ou n'avoir de la nation des siens
ullos quos armet.	aucuns qu'il puisse-armer.
Rutuli sine illis viribus	Les Rutules sans ces forces-là
gerunt bella infesta,	portent des guerres ennemies,
multumque cruoris datur	et beaucoup de sang est donné
ab utraque parte.	de l'un-et-l'-autre côté.
Ecce Turnus fert	Voici-que Turnus porte
faces avidas	des torches avides [seaux;
in texta pinea ;	contre les contextures de-pin (les vais-
et quibus unda pepercit	et *ces navires* que l'eau a épargnés
timent ignes.	craignent les feux.
Jamque Mulciber urebat	Et déjà Vulcain brûlait
picem et ceras	la poix et les cires
ceteraque alimenta flammæ,	et tous-les-autres aliments de flamme,
ibatque per malum altum	et il allait le-long-du mât élevé

Ibat, et incurvæ fumabant transtra carinæ;
Quum, memor has pinus Idæo vertice cæsas,
Sancta deum genitrix¹ tinnitibus æthera pulsi
Æris et inflati complevit murmure buxi;
Perque leves domitis invecta leonibus auras:
« Irrita sacrilega jactas incendia dextra,
Turne, ait; eripiam, nec me patiente, cremabit
Ignis edax nemorum partes et membra meorum. »
Intonuit, dicente dea, tonitrumque secuti
Cum saliente graves ceciderunt grandine nimbi.
Robore mollito, lignoque in corpora verso,
In capitum faciem puppes mutantur aduncæ;
In digitos abeunt et crura natantia remi;
Quodque sinus fuerat, latus est; mediisque carina
Subdita navigiis spinæ mutatur in usum.
Lina comæ molles, antennæ brachia fiunt :
Cærulus, ut fuerat, color est; quasque ante timebant,
Illas virgineis exercent lusibus undas,
Naides æquoreæ, durisque in montibus ortæ,
Molle fretum celebrant; nec eas sua tangit origo.

elle atteignait les voiles. Déjà des bancs de la nef recourbée sortaient des tourbillons de fumée, lorsque la sainte mère des dieux, se ressouvenant que ces pins ont été coupés sur le mont Ida, remplit l'air du retentissement des cymbales et du bruit des flûtes; et portée à travers l'espace céleste sur un char que traînent des lions apprivoisés : « C'est en vain, Turnus, s'écrie-t-elle, que ta main sacrilége lance l'incendie. Je sauverai ces navires; je ne souffrirai pas que le feu dévorant consume des arbres nés dans mes forêts. » Pendant qu'elle parle encore, le tonnerre gronde, et aussitôt tombe une pluie épaisse mêlée à la grêle qui rebondit. Le bois amolli se change en corps vivants. Les poupes recourbées prennent la forme de têtes; les rames deviennent des bras et des jambes qui nagent; les flancs arrondis deviennent des côtes; la quille, placée sous le milieu du navire, se convertit en épine dorsale, les voiles en chevelures flottantes, les antennes en bras. La couleur azurée reste la même, et, nymphes de la mer, elles agitent de leurs innocents ébats les flots que naguère elles redoutaient. Nées sur les dures montagnes, elles se plaisent dans les douces ondes, sans regret de leur première origine.

ad carbasa,	jusqu'aux voiles, [recourbée
et transtra carinæ incurvæ	et les bancs-de-rameurs de la carène
fumabant;	fumaient;
quum sancta genitrix deum,	lorsque, la sainte-mère des dieux,
memor has pinus cæsas	se-souvenant ces pins *avoir été* coupés
vertice Idæo,	sur le sommet de-l'-Ida,
complevit æthera	remplit l'air
tinnitibus æris pulsi	des tintements de l'airain frappé
et murmure buxi inflati;	et du murmure du buis enflé;
invectaque leonibus domitis	et portée par des lions domptés
per auras leves:	à-travers les airs légers :
Turnus, ait	Turnus, dit-elle,
jactas dextra sacrilega	tu lances d'une *main* droite sacrilége
incendia irrita;	des incendies inutiles ;
eripiam,	j'arracherai *ces navires,*
nec ignis edax cremabit,	ni le feu dévorant ne brûlera,
me patiente,	moi *le* souffrant,
partes et membra	les parties et les membres
meorum nemorum.	de mes forêts.
Intonuit, dea dicente,	Il tonna, la déesse parlant,
nimbique graves	et des averses pesantes
secuti tonitrum	ayant suivi le tonnerre,
ceciderunt	tombèrent
cum grandine saliente.	avec de la grêle sautillante.
Robore mollito,	Le chêne ayant été amolli,
lignoque verso in corpora,	et le bois ayant été converti en corps,
puppes aduncæ mutantur	les poupes recourbées sont changées
in faciem capitum ;	en forme de têtes ;
remi abeunt in digitos	les rames s'en vont en doigts
et crura natantia ;	et en jambes qui nagent;
quodque fuerat sinus,	et ce qui avait été la courbe,
est latus ;	est le flanc ;
carinaque subdita	et la quille placée-sous
mediis navibus	le milieu-des navires
mutatur in usum spinæ.	est changée en usage d'épine *dorsale.*
Lina fiunt comæ molles,	Les voiles deviennent des chevelures sou-
antennæ brachia;	les antennes des bras; [ples,
color est cærulus,	la couleur *du corps* est azurée
ut fuerat;	comme elle avait été ;
naidesque æquoreæ	et naiades marines
exercent lusibus virgineis	elles agitent par des jeux virginaux
illas undas	ces ondes
quas timebant ante,	qu'elles craignaient auparavant,
ortæque in montibus duris	et nées sur les montagnes dures
celebrant fretum molle;	elles habitent la mer molle;
nec sua origo eas tangit.	ni *leur* origine ne les touche.

VI. — DESTRUCTION D'ARDÉE. LE HÉRON.
(V. 566-580.)

Spes erat, in nymphas animata classe marinas,
Posse metu monstri Rutulum desistere bello.
Perstat; habetque deos pars utraque; quodque deorum est
Instar, habent animos. Nec jam dotalia regna,
Nec sceptrum soceri, nec te, Lavinia virgo,
Sed vicisse petunt, deponendique pudore
Bella gerunt; tandemque Venus victricia nati
Arma videt, Turnusque cadit; cadit Ardea, Turno
Sospite dicta potens. Quam postquam barbarus ignis
Abstulit, et tepida latuerunt tecta favilla,
Congerie e media, tum primum cognita, præpes[1]
Subvolat, et cineres plausis everberat alis.
Et sonus, et macies, et pallor, et omnia captam
Quæ deceant urbem; nomen quoque mansit in illa
Urbis, et ipsa suis deplangitur Ardea pennis.

VII. — APOTHÉOSE D'ÉNÉE.
(V. 581-608.)

Jamque deos omnes, ipsamque Æneia virtus
Junonem veteres finire coegerat iras,

VI

Lorsque les navires eurent été changés en néréides, on espéra que le Rutule, effrayé par ce prodige, renoncerait à la guerre. Il persiste; chaque parti a ses dieux, et ce qui vaut bien les dieux, s'arme d'un courage indomptable. Ce n'est plus le royaume promis en dot, ni le sceptre d'un beau-père, ni toi-même, ô vierge de Lavinium, qu'ils se disputent, c'est la victoire; ils combattent par honte de céder. Enfin, Vénus voit triompher les armes de son fils: Turnus tombe, et avec lui Ardée, réputée si puissante quand Turnus vivait. Lorsque la flamme étrangère a détruit cette cité, et que les demeures ont été ensevelies sous des cendres brûlantes, du milieu de ces débris s'élance un oiseau jusqu'alors inconnu. Du battement de ses ailes il écarte la cendre; son cri, sa maigreur, sa pâleur, tout offre en lui l'emblème d'une ville prise. Il conserve aussi le nom d'Ardée, et déplore son malheur en se frappant lui-même de ses ailes.

VIII

Et déjà la vertu d'Énée avait forcé tous les dieux, et Junon elle-même, à oublier leurs anciens ressentiments. Déjà la puissance du

VI. — DESTRUCTION D'ARDÉE. LE HÉRON.

Spes erat Rutulum,	L'espoir était le Rutule,
classe animata	la flotte ayant été animée
in nymphas marinas,	en nymphes marines,
posse desistere bello	pouvoir se-désister de la guerre
metu monstri.	par la crainte de *ce* prodige.
Perstat;	Il persiste;
et utraque pars habet deos;	et l'un-et-l'autre parti a des dieux;
quodque est instar deorum,	et ce qui est comme des dieux,
habent animos.	ils ont des courages.
Nec petunt jam	Et ils ne cherchent plus
regna dotalia,	les royaumes donnés-en-dot,
nec sceptrum soceri,	ni le sceptre d'un beau-père,
nec te, virgo Lavinia,	ni toi, vierge de-Lavinium,
sed vicisse,	mais ils *cherchent* à avoir vaincu,
geruntque bella	et ils font les guerres (la guerre)
pudore deponendi;	par honte de *les* cesser;
tandemque Venus videt	et enfin Vénus voit
arma nati victricia,	les armes de *son* fils victorieuses,
Turnusque cadit;	et Turnus tombe;
Ardea cadit,	Ardée tombe,
dicta potens Turno sospite.	*elle* appelée puissante Turnus étant-sauf.
Quam postquam	Laquelle après-que
ignis barbarus abstulit,	le feu barbare (phrygien) eut détruite,
et tecta latuerunt	et que les demeures furent cachées
favilla tepida,	par une cendre tiède,
præpes,	un oiseau,
cognita tum primum,	connu alors pour-la-première fois,
subvolat e media congerie,	s'élève-en-volant du milieu-du monceau,
et everberat cineres	et écarte les cendres
alis plausis.	avec *ses* ailes agitées.
Et sonus, et macies,	Et le cri, et la maigreur,
et pallor,	et la pâleur *sont à lui*, [nir
et omnia quæ deceant	et toutes les choses qui peuvent-conve-
urbem captam;	à une ville prise;
nomen urbis	le nom de la ville
mansit quoque in illa,	est resté aussi en cet *oiseau*,
et Ardea ipsa	et Ardée (le héron) elle-même
deplangitur suis pennis.	se bat de ses plumes (de ses ailes).

VII. — APOTHÉOSE D'ÉNÉE.

Jamque virtus Æneia	Et déjà la vertu d-'Énée
coegerat omnes deos	avait forcé tous les dieux
Junonemque ipsam	et Junon elle-même

Quum, bene fundatis opibus crescentis Iuli¹,
Tempestivus erat cœlo Cythereius heros.
Ambieratque Venus Superos ; colloque parentis
Circumfusa sui : « Nunquam mihi, dixerat, ullo
Tempore dure pater, nunc sis mitissimus oro ;
Æneæque meo, qui te de sanguine nostro
Fecit avum, quamvis parvum, des, optime, numen,
Dummodo des aliquod. Satis est inamabile regnum
Adspexisse semel², Stygios semel isse per amnes³. »
Assensere dii ; nec conjux regia vultus
Immotos tenuit, placatoque annuit ore.
Tum pater : « Estis, ait, cœlesti munere digni,
Quæque petis, pro quoque petis : cape, nata, quod optas. »
Fatus erat ; gaudet, gratesque agit illa parenti ;
Perque leves auras junctis invecta columbis
Littus adit Laurens⁴, ubi tectus arundine, serpit
In freta flumineis vicina Numicius undis.
Hunc jubet Æneæ quæcumque obnoxia morti
Abluere, et tacito deferre sub æquora cursu.
Corniger exsequitur Veneris mandata, suisque,

jeune Iule était solidement établie, et le héros fils de Cytherée était mûr pour le ciel. Vénus, après avoir sollicité tous les dieux, se jette au cou de Jupiter. « Mon père, dit-elle, toi qui n'as jamais été insensible à mes prières, donne-moi aujourd'hui, je t'en conjure. une marque plus grande encore de bienveillance. Tu vois mon fils Énée, qui, formé de mon sang, te reconnaît pour aïeul. Accorde-lui, ô le meilleur des pères, un rang parmi les Immortels ; si humble que soit ce rang, je m'en contenterai, pourvu que tu lui en accordes un. C'est assez d'avoir vu une fois le triste empire des ombres, d'avoir traversé une fois les ondes du Styx. » Les dieux approuvèrent ces paroles. L'épouse de Jupiter elle-même ne garde pas un visage impassible ; elle fait d'un air bienveillant un signe favorable. Alors le maître de l'Olympe : « Vous méritez tous deux cette faveur, dit-il, et toi qui la demandes et le héros pour qui tu la demandes ; tes vœux, ma fille, sont exaucés. » Il dit : Vénus se réjouit, et rend grâces à son père ; puis, portée à travers l'air léger sur un char attelé de colombes, elle va vers le rivage de Laurente où, sous les roseaux, le Numicius roule jusqu'à la mer voisine son onde paresseuse. La déesse lui ordonne d'enlever à Énée tout ce qu'il a de mortel et de porter d'un cours silencieux cette dépouille dans les flots de l'Océan. Le fleuve aux cornes puissantes accomplit les ordres de

finire veteres iras,	à mettre fin à *leurs* anciennes colères,
quum heros Cythereius	lorsque le héros fils-de-Cythérée
erat tempestivus cœlo,	était mûr pour le ciel,
opibus Iuli crescentis	les ressources (la puissance) d'Iule gran-
bene fundatis.	dissant bien affermies.
Venusque ambierat Superos;	Et Vénus avait sollicité les dieux ;
circumfusaque collo	et s'étant jetée-autour du cou
sui parentis,	de son père,
dixerat :	elle avait dit :
Pater nunquam dure mihi	Père, *qui ne fus* jamais dur pour moi
ullo tempore,	en aucun temps,
oro sis nunc mitissimus ;	je prie que tu sois maintenant très-doux ;
desque, optime, meo Æneæ	et donne, ô très-bon, à mon Énée
qui te fecit avum	qui t'a fait grand-père
de meo sanguine,	de mon sang,
numen quamvis parvum,	une divinité quoique petite,
dummodo des aliquod.	pourvu que tu lui *en* donnes quelqu'une.
Est satis adspexisse semel	Il est assez d'avoir aperçu une-fois
regnum inamabile,	le royaume odieux,
isse semel	d'être allé une-fois
per amnes Stygios.	à-travers les fleuves du-Styx.
Dii assensere;	Les dieux donnèrent-leur-assentiment ;
nec regia conjux tenuit	ni l'épouse royale ne tint
vultus immotos,	ses visages (son visage) immobiles,
annuitque ore pacato.	et elle approuva d'un air apaisé.
Tum pater : Estis, ait,	Alors le père : Vous êtes, dit-il,
digni munere cœlesti,	dignes du don céleste (du ciel),
quæque petis,	et *toi* qui demandes,
proque quo petis :	et *celui* pour qui tu demandes :
cape, nata, quod optas.	reçois, *ma* fille, *ce* que tu souhaites.
Fatus erat ; illa gaudet,	Il avait dit ; celle-ci se réjouit,
agitque grates parenti;	et rend grâces à *son* père ;
invectaque	et portée
per auras leves,	à travers les airs légers,
columbis junctis	par des colombes attelées
adit littus Laurens,	elle aborde au rivage de-Laurente,
ubi Numicius,	où le Numicius,
tectus arundine,	couvert par le roseau,
serpit undis flumineis	se glisse de *ses* ondes fluviales
in freta vicina.	dans les mers voisines.
Jubet hunc abluere Æneæ	Elle ordonne à celui-ci d'enlever-en-la-vant à Énée
quæcumque	toutes les *parties* qui
obnoxia morti,	*sont* soumises à la mort,
et deferre cursu tacito	et de *les* porter par une course silen-cieuse
sub æquora.	sous les mers.
Corniger exsequitur	Le *fleuve* qui-porte-des-cornes exécute
mandata Veneris,	les ordres de Vénus,

Quidquid in Ænea fuerat mortale repurgat,
Et respergit aquis : pars optima restitit illi.
Lustratum genitrix divino corpus odore
Unxit, et ambrosia dulci cum nectare mixta
Contigit os, fecitque deum ; quem turba Quirini [1]
Nuncupat Indigetem [2], temploque arisque recepit.

Vénus ; il lave et efface de ses eaux tout ce qu'il y avait de terrestre dans Énée : le héros ne conserve que la meilleure partie de lui-même. Sur son corps ainsi purifié Vénus répand une essence divine ; elle lui parfume le visage d'ambroisie mêlée de nectar, et du héros elle fait un dieu. Le peuple de Quirinus l'honore sous le nom de dieu Indigète ; il lui a donné un temple et des autels.

repurgatque	et il enlève-en-nettoyant
et respergit suis aquis	et il lave de ses eaux
quidquid fuerat mortale	tout-ce-qui avait été mortel
in Ænea :	dans Énée :
pars optima restitit illi.	la meilleure partie resta à lui.
Genitrix unxit odore divino	La mère frotta d'un parfum divin
corpus lustratum,	le corps purifié,
et contigit os	et elle *lui* toucha la bouche
ambrosia	avec de l'ambroisie
mixta cum nectare,	mêlée avec du nectar,
fecitque deum ;	et elle *le* fit dieu ;
quem turba Quirini	lequel la foule (le peuple) de Quirinus
nuncupat indigetem,	appelle *dieu* indigète,
recepitque	et il *l*'a reçu
templo arisque.	dans un temple et sur des autels.

NOTES

DU QUATORZIÈME LIVRE DU CHOIX DES MÉTAMORPHOSES D'OVIDE.

Page 598 : 1. *Has*, les îles Pithécuses. Elles étaient situées en face de Naples, laquelle s'appelait primitivement *Parthenope*.

— 2. *Æolidæ*. Misène, fils d'Éole. Il avait suivi Énée. Triton, jaloux de son habileté à sonner de la conque, le précipita dans la mer. Énée lui éleva un tombeau sur le promontoire qui porte encore aujourd'hui le nom de *Capo Miseno*.

— 3. *Vivacis Sibyllæ*. La Sibylle de Cumes avait alors sept cents ans, et elle avait encore à en vivre trois cents ; mais sans être exempte des atteintes de la vieillesse.

— 4. *Per ignes*. Énée avait emporté au milieu des flammes ses dieux pénates et son père.

Page 600 : 1. *Junonis Avernæ*, la Junon qui règne dans l'Averne, c'est-à-dire Proserpine.

— 2. *Euboicam urbem*, Cumes. Elle est ainsi appelée parce qu'elle avait été fondée par des colons de l'Eubée.

— 3. *Littora.... nomen*, la côte de Gaëte, où plus tard Énée éleva un monument à Caïète, sa nourrice.

II

Page 600 : 1. *Vos*. Achéménide répond à Macarée, un des anciens compagnons d'Ulysse, qui s'était fixé à Cumes. Étonné de retrouver

Achéménide parmi les Troyens, Macarée lui avait demandé comment il avait pu échapper à la férocité du Cyclope.

Page 600 : 2. *Vestræ rati*. Le navire que Macarée montait avec Ulysse et ses compagnons. Ulysse se croyant en sûreté avait poussé un cri de triomphe ; le Cyclope avait alors lancé sur le vaisseau des Grecs un roc énorme qui faillit l'abîmer. Cf. pour cet épisode, Virgile, Énéide, III, v. 588-691.

Page 604 : 1. *Mero glomerata*. Ulysse avait eu soin d'enivrer le Cyclope pour l'endormir.

— 2. *Moriri*, forme archaïque pour *mori*.

III

Page 604 : 1. *Lami Læstrygonis*. Lamus était le plus ancien roi des Lestrygons. La tradition plaçait ce peuple de géants anthropophages sur la côte campanienne, à Formies. Antiphate était alors le roi de ces Barbares.

— 2. *Inquit*. Celui qui parle est Macarée, un autre des compagnons d'Ulysse, à qui Achéménide vient de raconter ses propres aventures chez le Cyclope.

Page 606 : 1. *Circes*. Circé, magicienne célèbre, fille du Soleil, et sœur d'Éète, roi de Colchos. Homère, Odyssée, X, v. 147, place la demeure de cette déesse en Italie au pied du promontoire appelé aujourd'hui *monte Circello*; auprès est la ville de *Circeji*.

— 2 *Nimii.... vini*. Elpénor, dans un moment d'ivresse, tomba du haut du palais de Circé, et se tua dans sa chute.

IV

Page 612 : 1. *Moly vocant*. C'est le nom qu'Homère donne à cette plante que l'on croit être la *nymphæa alba* de Linné. Μῶλύ δέ μιν καλέουσι θεοί. Odyssée, X, 305. — Pline le naturaliste en fait la description suivante dans son histoire naturelle, XXV, 8 : « Laudatissima herbarum est, Homero teste, quam vocari a diis putat *moly*, et inventionem ejus assignat Mercurio, contraque summa veneficia utilem demonstrat. Nasci eam hodie circa Pheneum et in Cyllene Arcadiæ tradunt, specie illa Homerica : radice rotunda nigraque, magnitudine cepæ, folio scillæ ; effodi autem difficulter.... Dicunt et in Italia nasci. »

V

Page 612 : 1. *Faunigenæ.... Latini.* Latinus, roi de Latium, était fils de Faunus, qui avait été mis au rang des dieux champêtres.

Page 614 : 1. *Pro conjuge Turnus.* Turnus, roi des Rutules, avait été fiancé à Lavinie avant l'arrivée d'Énée dans le Latium.

— 2. *Evandri.* Évandre, exilé d'Arcadie, était venu en Italie, où il avait fondé la ville de Pallantéum sur le mont qui, dans la suite, fut appelé Palatin.

— 3. *Venulus.* Vénulus, guerrier rutule, fut député par Turnus auprès de Diomède. — *Diomedis.* Ce héros, après bien des épreuves, avait abordé en Iapygie ; c'était l'ancien nom de l'Apulie ; là il avait épousé la fille de Daunus, et fondé la ville d'Argyrippe sur le territoire que lui avait cédé son beau-père.

— 4. *Ætolius heros,* Diomède né en Étolie.

Page 616 : *Sancta.... genitrix.* Cybèle qui était particulièrement honorée sur le mont Ida, en Phrygie.

VI

Page 618 : *Præpes.* Cet oiseau est le héron, en latin *ardea.*

VII.

Page 620 : 1. *Iuli,* Iule, fils d'Énée, appelé d'abord *Ilus,* puis *Ascagne,* et enfin *Iule.*

— 2. *Adspexisse semel.* Énée était descendu une première fois aux Enfers pour voir son père Anchise. Cf. extrait I, v. 5-20.

— 3. *Littus Laurens,* le rivage de Laurente, ville du Latium, près de laquelle coulait le Numicius (aujourd'hui *Numica*). On prétend qu'Énée périt dans les eaux de ce fleuve en combattant les Étrusques.

Page 622 : 1. *Turba Quirini,* le peuple romain, ainsi appelé de Quirinus, nom sous lequel Romulus fut divinisé.

— 4. *Indigetem.* Indépendamment des dieux reconnus par toutes les nations païennes qui avaient adopté la mythologie grecque, chaque peuple avait ses divinités locales ; c'était ce que l'on appelait les dieux indigètes.

ARGUMENT

DU QUINZIÈME LIVRE DU CHOIX DES **MÉTAMORPHOSES**
D'OVIDE.

I. Pythagore s'établit en Italie.
II. Philosophie de Pythagore. La métempsycose.
III. Les quatre saisons et les quatre âges.
IV. Transformation des éléments.
V. Transformation des animaux. Le Phénix.
VI. Conséquence de la métempsycose ; Pythagore défend l'usage de la chair.
VII. Hippolyte, ressuscité sous le nom de Virbius, raconte sa propre mort.
VIII. Esculape, sous la forme d'un serpent, vient délivrer Rome de la peste.
IX. Présages de la mort de César.
X. Jupiter console Vénus en lui prédisant la gloire d'Auguste. Apothéose de César.
XI. Épilogue. Adieux du poëte.

LIVRE QUINZIÈME.

I. — PYTHAGORE S'ÉTABLIT EN ITALIE.
(V. 60-152.)

Vir fuit hic[1] ortu Samius[2]; sed fugerat una
Et Samon et dominos, odioque tyrannidis exsul
Sponte erat. Isque, licet cœli regione remotus,
Mente deos adiit, et quæ natura negabat
Visibus humanis, oculis et pectoris hausit.
Quumque animo et vigili perspexerat omnia cura,
In medium discenda dabat, cœtumque silentum[3],
Dictaque mirantum, magni primordia mundi,
Et rerum causas, et quid natura, docebat;
Quid Deus, unde nives, quæ fulminis esset origo ;
Jupiter, an venti, discussa nube, tonarent;
Quid quateret terras, qua sidera lege mearent;
Et quodcumque latet; primusque animalia mensis

I

Il y avait là un sage né à Samos, mais qui, fuyant à la fois sa patrie et la servitude, vivait par haine de la tyrannie dans un exil volontaire. Quelque éloigné qu'il fût des régions célestes, il s'éleva par la pensée jusqu'aux dieux, et ce que la nature dérobait aux regards des mortels, il le vit avec les yeux de l'intelligence. Lorsque, par la force de son esprit et par une étude attentive, il eut pénétré chacun de ces secrets, il les révéla à tous sans distinction. Entouré de disciples silencieux, émerveillés de ses discours, il expliquait l'origine du vaste univers, les causes des différents phénomènes, ce que c'est que la nature, ce que c'est que Dieu, comment se forment les neiges et la foudre, si c'est Jupiter ou les vents, qui déchirant les nues, font gronder le tonnerre; ce qui cause les tremblements de terre; la loi qui préside aux évolutions des astres, et tous les autres mystères ignorés des humains. Le premier, il défendit de servir sur les tables

LIVRE QUINZIÈME.

I. — PYTHAGORE S'ÉTABLIT EN ITALIE.

Vir Samius ortu fuit hic;	Un homme Samien par l'origine fut là;
sed fugerat una et Samon et dominos,	mais il avait fui à-la-fois et Samos et des maîtres,
eratque exsul sponte odio tyrannidis.	et il était exilé volontairement par la haine de la tyrannie.
Isque, licet remotus regione cœli,	Et celui-ci, quoiqu'éloigné de la région du ciel,
adiit deos mente, et hausit oculis pectoris ea quæ natura negabat visibus humanis. [nia	aborda les dieux par la pensée, et puisa avec les yeux de l'intelligence ces *mystères* que la nature refusait aux vues humaines.
Quumque perspexerat om- animo et cura vigili,	Et après-qu'il eut pénétré toutes choses par l'esprit et par un soin vigilant,
dabat in medium discenda,	il *les* donnait au milieu à-apprendre,
docebatque cœtum silentum mirantumque dicta	et il enseignait à une réunion de *disciples* et admirant *ses* paroles [silencieux
primordia magni mundi,	les origines du vaste monde,
et causas rerum,	et les causes des choses,
et quid natura,	et *ce qu'est* la nature,
quid Deus, unde nives,	*ce qu'est* Dieu, d'où *viennent* les neiges,
quæ esset origo fulminis;	quelle était l'origine de la foudre;
Jupiter an venti tonarent nube discussa,	*si* Jupiter ou les vents tonnaient la nue étant fendue,
quid quateret terras,	ce qui ébranlait les terres,
qua lege sidera mearent,	par quelle loi les astres circulaient,
et quodcumque latet;	et tout-ce-qui est caché;
primusque arcuit	et le premier il empêcha

Arcuit imponi; primus quoque talibus ora
Docta quidem solvit, sed non et credita, verbis :
　« Parcite, mortales, dapibus temerare nefandis
Corpora! Sunt fruges, sunt d ducentia ramos
Pondere poma suo. tumidæque in vitibus uvæ;
Sunt herbæ dulces, sunt quæ mitescere flamma
Mollirique queant; nec nobis lacteus humor
Eripitur, nec mella thymi redolentia flore.
Prodiga divitias alimentaque mitia tellus
Suggerit, atque epulas sine cæde et sanguine præbct.
Carne feræ sedant jejunia; nec tamen omnes :
Quippe equus et pecudes, armentaque gramine vivunt;
At quibus ingenium est immansuetumque ferumque,
Armeniæ tigres, iracundique leones,
Cumque lupis ursi, dapibus cum sanguine gaudent.
Heu! quantum scelus est in viscera viscera condi,
Congestoque avidum pinguescere corpore corpus,
Alteriusque animantem animantis vivere leto!
Scilicet in tantis opibus, quas optima matrum
Terra creat, nil te nisi tristia mandere sævo

la chair d'êtres animés; le premier aussi, il fit entendre de sa bouche ces paroles sages, mais qui ne furent point écoutées :

« Gardez-vous, ô mortels, de souiller vos corps de mets abominables! Vous avez des moissons, vous avez des fruits qui courbent les branches sous leur poids, et sur les ceps des raisins gonflés de sucs. Vous avez des herbes d'une saveur agréable; vous en avez d'autres, que le feu rend plus savoureuses et plus tendres. Ni le lait, ni le miel parfumé de thym ne vous sont interdits. La terre dans sa prodigalité vous fournit de doux aliments; elle vous présente des mets qui n'exigent point de meurtre, qui ne sont pas souillés de sang. Ce sont les bêtes qui apaisent leur faim avec de la chair, et encore toutes ne le font pas : car le cheval, la brebis et le bœuf se nourrissent d'herbe. Il n'y a que les animaux d'une nature indomptable et féroce, les tigres d'Arménie, les lions irascibles, les loups et les ours qui aiment les aliments ensanglantés. Quel crime n'est-ce pas d'engloutir des entrailles dans ses entrailles, d'engraisser du corps qu'on a dévoré son corps avide, et, de vivre, être animé, par le trépas d'un être semblable! Ainsi donc, au milieu des biens sans nombre que produit la terre, la meilleure des mères, tu n'aimes qu'à broyer d'une dent cruelle

CHOIX DES MÉTAMORPHOSES. — LIVRE XV. 631

animalia imponi mensis ;	des êtres-animés être placés-sur les tables ;
primus quoque solvit	le premier aussi il ouvrit [vérité,
dictis talibus	par des paroles telles
ora docta quidem,	ses bouches (sa bouche) savantes à-la-vérité,
sed non et credita :	mais non aussi accréditées :
Parcite, mortales,	Abstenez-vous, mortels,
temerare corpora	de souiller *vos* corps
dapibus nefandis !	par des mets abominables !
Sunt fruges,	Il y a les productions-de-la-terre,
sunt poma deducentia	il y a des fruits abaissant
ramos suo pondere,	les branches par leur poids,
uvæque tumidæ in vitibus;	et des raisins gonflés sur les vignes;
sunt herbæ dulces,	il y a des herbes douces,
sunt quæ queant mitescere	il y *en* a qui peuvent s'adoucir
mollirique flamma ;	et être attendries par la flamme ;
nec humor lacteus	ni le liquide laiteux
eripitur nobis,	n'est enlevé (interdit) à nous,
nec mella	ni les miels
redolentia flore thymi.	odorants par la fleur du thym.
Tellus prodiga suggerit	La terre prodigue fournit
divitias alimentaque mitia,	des richesses et des aliments doux,
atque præbet epulas	et elle présente des mets
sine cæde et sanguine.	sans carnage ni sang. [chair ;
Feræ sedant jejunia carne ;	Les bêtes apaisent *leurs* jeûnes par de la
nec tamen omnes :	ni cependant toutes : [bétail
quippe equus et pecudes	car le cheval et les troupeaux-de-menu-
armentaque	et les troupeaux-de-gros-bétail
vivunt gramine ;	vivent de gazon ;
at quibus est ingenium	mais *ceux* auxquels est une nature
immansuetumque	et non-apprivoisée
ferumque,	et sauvage,
tigres Armeniæ,	les tigres arméniens,
leonesque iracundi,	et les lions irascibles,
ursique cum lupis gaudent	et les ours avec les loups se réjouissent
dapibus cum sanguine.	de mets avec du sang.
Heu ! quantum scelus est	Hélas ! quel grand crime c'est
viscera condi in viscera,	des entrailles être englouties dans des
corpusque avidum	et un corps avide [entrailles,
pinguescere	s'engraisser
corpore congesto,	d'un *autre* corps entassé,
animantemque vivere leto	et un être-animé vivre par la mort
alterius animantis !	d'un autre être-animé !
Scilicet in opibus tantis	Ainsi donc dans des richesses si-grandes
quas creat terra	que crée la terre
optima matrum,	la meilleure des mères,
nil te juvat	rien ne te réjouit
nisi mandere dente sævo	sinon de mâcher d'une dent cruelle

Vulnera dente juvat, ritusque referre Cyclopum[1]!
Nec, nisi perdideris alium, placare voracis
Et male morati poteris jejunia ventris!
At vetus illa ætas, cui fecimus Aurea nomen,
Fœtibus arboreis, et, quas humus educat, herbis
Fortunata fuit, nec polluit ora cruore.
Tunc et aves tutæ movere per aera pennas,
Et lepus impavidus mediis erravit in arvis.
Nec sua credulitas piscem suspenderat hamo.
Cuncta sine insidiis, nullamque timentia fraudem,
Plenaque pacis erant. Postquam non utilis auctor
Victibus invidit, quisquis fuit ille, leonum,
Corporeasque dapes avidam demersit in alvum,
Fecit iter sceleri ; primaque e cæde ferarum
Incaluisse putes maculatum sanguine ferrum.
Idque satis fuerat, nostrumque petentia letum
Corpora missa neci salva pietate fatemur ;
Sed quam danda neci, tam non epulanda fuerunt.
Longius inde nefas abiit, et prima putatur
Hostia sus[2] meruisse mori, quia semina pando
Eruerit rostro, spemque interceperit anni.

d'affreux lambeaux de chair, et à imiter les Cyclopes! tu ne peux, sans la destruction d'un autre, apaiser la faim déréglée de ton estomac insatiable! Mais dans cet âge antique, que nous avons appelé l'âge d'or, l'homme vivait heureux des fruits que portent les arbres, des plantes que nourrit la terre, et le sang ne souillait point sa bouche. Alors l'oiseau fendait impunément l'air de ses ailes ; alors le lièvre errait sans crainte au milieu des campagnes. Le poisson, victime de sa crédulité, n'était pas suspendu à l'hameçon. Nulle part on ne voyait de piéges, nulle part on ne redoutait d'embûches : partout régnait la paix. Celui qui le premier, quel qu'il soit, par un funeste exemple, envia aux lions leur nourriture, et engloutit des chairs dans son estomac avide, celui-là ouvrit le chemin au crime. Il est à croire que le meurtre des bêtes sauvages rougit le premier le fer d'un sang tiède. Cela suffisait : on pouvait tuer sans blesser la justice des animaux qui voulaient notre mort ; mais autant il était légitime de les tuer, autant il l'était peu d'en faire des festins. Et le mal ne s'arrêta pas là. La première victime qui mérita de mourir fut, dit-on, le porc : il avait déterré de son groin recourbé les semences et ravi l'espoir de la moisson.

vulnera tristia,	des blessures affreuses,
referreque ritus Cyclopum !	et de reproduire les usages des Cyclopes!
nec poteris,	et tu ne pourras, [tre,
nisi perdideris alium,	à moins-que tu n'aies fait-périr un au-
placare jejunia ventris	apaiser les jeûnes d'un estomac
voracis et male morati.	vorace et mal réglé.
At illa ætas vetus,	Mais cet âge ancien,
cui fecimus nomen Aurea,	auquel nous avons fait le nom d'or,
fuit fortunata	fut fortuné
fœtibus arboreis,	par les fruits des-arbres,
et herbis quas humus	et par les herbes que la terre
educat,	élève,
nec polluit cruore ora.	et il ne souilla pas de sang les bouches.
Tunc et aves movere tutæ	Alors et les oiseaux remuèrent en-sûreté
pennas per aera,	*leurs* plumes (ailes) à travers l'air,
et lepus erravit impavidus	et le lièvre erra non-effrayé
in mediis arvis.	au milieu-des campagnes.
Nec sua credulitas	Ni sa crédulité
suspenderat piscem hamo.	n'avait suspendu le poisson à l'hameçon.
Cuncta erant sine insidiis,	Tout était sans embûche,
timentiaque	et ne craignant
nullam fraudem,	aucun artifice,
plenaque pacis.	et rempli de paix.
Postquam auctor non utilis	Après qu'un promoteur non utile
(quisquis fuit ille)	(quel qu'ait été celui-là)
invidit victibus leonum,	eut envié les nourritures des lions,
demersitque dapes corporeas	et eut plongé des mets charnus
in alvum avidam,	dans *son* ventre avide,
fecit iter sceleri ;	il fit un chemin au crime ;
putesque ferrum	et tu penserais le fer
maculatum sanguine	taché de sang
incaluisse e prima cæde	s'être échauffé du meurtre premier
ferarum.	des bêtes-sauvages.
Idque fuerat satis ;	Et cela avait été assez ;
fatemurque corpora	et nous avouons les corps *des animaux*
petentia nostrum letum	cherchant notre trépas
missa neci	*avoir été* envoyés à la mort
pietate salva ;	la piété *étant* sauve ;
sed quam fuerunt	mais autant ils furent
danda neci,	devant être livrés à la mort, [en-festin.
tam non epulanda.	autant ils ne *furent pas* devant être servis-
Nefas abiit inde longius,	Le crime alla de-là plus loin,
et sus putatur meruisse	et le porc est cru avoir mérité
mori hostia prima,	de mourir *comme* première victime,
quia eruerit semina	parce qu'il déterra les semences
rostro pando,	avec *son* groin recourbé,
interceperitque spem anni.	et *qu'*il intercepta l'espoir de l'année.

Vite caper morsa Bacchi mactatus ad aras
Dicitur ultoris : nocuit sua culpa duobus.
Quid meruistis, oves, placidum pecus, inque tuendos
Natum homines, pleno quæ fertis in ubere nectar,
Mollia quæ nobis vestras velamina lanas
Præbetis, vitaque magis quam morte juvatis?
Quid meruere boves, animal sine fraude dolisque,
Innocuum, simplex, natum tolerare labores?
Immemor est demum, nec frugum munere dignus,
Qui potuit, curvi dempto modo pondere aratri,
Ruricolam mactare suum ; qui trita labore
Illa, quibus toties durum renovaverat arvum,
Tot dederat messes, percussit colla securi !
Nec satis est quod tale nefas committitur : ipsos
Inscripsere deos sceleri, numenque supernum
Cæde laboriferi credunt gaudere juvenci.
Victima labe carens et præstantissima forma
(Nam placuisse nocet), vittis insignis et auro,
Sistitur ante aras, auditque ignara precantem,
Imponique suæ videt inter cornua fronti,

Le bouc, pour avoir mordu la vigne, fut immolé devant l'autel vengeur de Bacchus : tous deux périssaient victimes de leur faute. Mais, quel est votre crime, paisibles brebis, nées pour le bien des hommes, vous qui portez un nectar dans vos mamelles gonflées, qui nous offrez pour nous vêtir une laine moelleuse, et dont la vie nous est plus utile que la mort? Quel était le crime du bœuf, cet animal sans ruse et sans malice, inoffensif, simple, fait pour supporter les fatigues? Oui, c'est un ingrat, indigne des biens de la terre, celui qui a pu égorger le compagnon de ses travaux rustiques à peine délivré du poids de la charrue recourbée, celui qui a frappé de la hache ce cou usé par le labeur en retournant tant de fois le sol dur de la terre, et en faisant produire aux champs tant de moissons ! Et ce n'est point assez de commettre un tel forfait : on l'impute aux dieux mêmes; on suppose que le sang de ce laborieux animal leur est agréable. Une victime sans tache et d'une beauté remarquable (car la beauté est funeste), parée de bandelettes et les cornes dorées, est amenée au pied des autels. Elle entend réciter des prières qu'elle ne comprend pas; elle voit placer sur son front au milieu de ses cornes les grains dus à ses travaux,

Caper dicitur mactatus	Le bouc est dit *avoir été* immolé
ad aras Bacchi ultoris	devant les autels de Bacchus vengeur
vite morsa :	la vigne ayant été mordue *par lui* :
sua culpa nocuit duobus.	leur faute nuisit à *eux* deux.
Quid meruistis, oves,	Qu'avez-vous mérité, ô brebis,
pecus placidum,	bétail paisible,
natumque	et né
in homines tuendos,	pour les hommes devant-être protégés,
quæ fertis nectar	*vous* qui portez du nectar
in ubere pleno,	dans *votre* mamelle pleine,
quæ nobis præbetis	qui nous présentez
vestras lanas,	vos laines,
velamina mollia,	vêtements moelleux,
juvatisque vita	et *qui nous* aidez par *votre* vie
magis quam morte ?	plus que par *votre* mort ?
Quid meruere boves,	Qu'ont mérité les bœufs,
animal sine fraude	animal sans fraude
dolisque,	et *sans* ruses,
innocuum, simplex,	inoffensif, simple,
natum tolerare labores?	né pour supporter les travaux ?
Est demum immemor,	Il est décidément oublieux, [la terre,
nec dignus munere frugum,	et-non digne du présent des-biens-de-
qui potuit mactare	*celui* qui a pu immoler
suum ruricolam,	son laboureur,
pondere aratri curvi	le poids de la charrue recourbée
dempto modo,	ayant été enlevé récemment,
qui percussit securi	*celui* qui frappa de la hache
illa colla trita labore,	ces cous usés par le travail,
quibus renovaverat toties	par lesquels il avait renouvelé (labouré)
arvum durum,	*son* champ dur, [tant-de-fois
dederat tot messes !	*par lesquels* il avait donné tant *de* mois-
Nec est satis quod	Et il n'est pas assez que [sons !
tale nefas committitur :	un tel crime soit commis :
inscripsere deos ipsos	ils ont inscrit les dieux eux-mêmes
sceleri ; [num	sur le forfait ;
creduntque numen super-	et ils croient la divinité d'-en-haut
gaudere cæde	se réjouir du meurtre
juvenci laboriferi.	d'un jeune-taureau laborieux.
Victima carens labe	Une victime exempte de tache
et præstantissima forma	et très-remarquable par *sa* forme
(nam placuisse nocet),	(car avoir plu est-nuisible),
insignis vittis et auro,	remarquable par les bandelettes et l'or,
sistitur ante aras,	est placée devant les autels,
ignaraque audit precantem,	et ignorante entend *celui* qui-prie,
videtque fruges quas coluit	et elle voit les grains qu'elle a cultivés
imponi suæ fronti	être placés-sur son front
inter cornua,	entre *ses* cornes,

Quas coluit, fruges, percussaque sanguine cultros
Inficit in liquida prævisos [1] forsitan unda.
Protinus ereptas viventi pectore fibras
Inspiciunt, mentesque deum scrutantur in illis.
Unde fames homini vetitorum tanta ciborum?
Audetis vesci, genus o mortale? Quod oro,
Ne facite, et monitis animos advertite nostris :
Quumque boum dabitis cæsorum membra palato,
Mandere vos vestros scite et sentite colonos.

« Et quoniam deus ora movet, sequar ora moventem
Rite deum; Delphosque meos [2] ipsumque recludam
Æthera, et augustæ reserabo oracula mentis.
Magna, nec ingeniis investigata priorum,
Quæque diu latuere, canam : juvat ire per alta
Astra ; juvat, terris et inerti sede relicta,
Nube vehi, validique humeris insistere Atlantis [3],
Palantesque homines passim ac rationis egentes
Despectare procul, trepidosque obitumque timentes
Sic exhortari, seriemque evolvere fati :

II. PHILOSOPHIE DE PYTHAGORE. LA MÉTEMPSYCOSE.
(V. 153-199.)

« O genus attonitum gelidæ formidine mortis!

et, frappée, elle teint de son sang le couteau qu'elle a peut-être aperçu déjà dans l'eau limpide. Aussitôt on arrache les entrailles de son sein palpitant; on les interroge pour y lire la volonté des dieux. D'où vient à l'homme cette faim violente qui ne s'assouvit que d'aliments défendus? Osez-vous bien, mortels, vous en repaître? Ne le faites pas, je vous en conjure; prêtez une oreille attentive à mes avis, et, lorsque vous broierez sous vos dents les membres de vos bœufs égorgés, sachez et comprenez que vous mangez les cultivateurs de vos campagnes !

« Et puisqu'un dieu veut que je parle, j'obéirai comme je le dois, à ses ordres : j'ouvrirai passage à l'esprit qui m'inspire ; je dévoilerai les secrets mêmes du ciel et les oracles de la sagesse divine. Je vais chanter de grands mystères qu'aucun mortel n'a essayé de pénétrer, et qui restèrent longtemps ignorés. J'aime à m'élever au milieu des astres ; j'aime à quitter la terre, cette demeure immobile, pour marcher sur les nues, et à presser sous mes pieds les épaules du robuste Atlas. De là apercevant au loin les mortels errer au hasard sans les lumières de la raison, je les délivrerai de leur terreur, et je les rassurerai contre la crainte de la mort en déroulant ainsi la suite des destins :

II

« O mortels qu'étonne et glace la crainte du trépas, pourquoi

percussaque inficit sanguine   et frappée elle teint de *son* sang
cultros prævisos forsitan   les couteaux vus-auparavant peut-être
in unda liquida.   dans l'onde limpide.
Inspiciunt protinus fibras   Ils examinent aussitôt les fibres
ereptas pectore viventi,   arrachées du cœur vivant,
scrutanturque in illis   et sondent dans elles
mentes deum.   les volontés des dieux.
Unde homini fames tanta   D'-où *vient* à l'homme une faim si-grande
ciborum vetitorum ?   d'aliments interdits ?
Audetis vesci,   Osez-vous vous *en* nourrir,
o genus mortale ?   ô race mortelle ?   [pas,
Quod, oro, ne facite,   Laquelle chose, je *vous* prie, ne faites
et advertite animos   et tournez *vos* esprits
nostris dictis ;   vers nos paroles ;
quumque dabitis palato   et lorsque vous donnerez *à votre* palais
membra boum cæsorum,   les membres des bœufs égorgés,
scite et sentite vos mandere   sachez et sentez vous manger
vestros colonos.   vos laboureurs.
   Et quoniam deus   Et puisqu'un dieu
ora movet,   excite les bouches (ma bouche),
sequar rite   je suivrai selon-les-rites
deum moventem ora ;   le dieu qui excite *ma* bouche ;
recludamque meos Delphos   et j'ouvrirai mon *oracle de* Delphes
ætheraque ipsum,   et l'air (le ciel) lui-même,
et reserabo oracula   et je dévoilerai les oracles
mentis augustæ.   d'une intelligence auguste.
Canam magna,   Je chanterai de grandes choses,
nec investigata   et non *encore* recherchées
ingeniis priorum,   par les esprits des devanciers,
quæque latuere diu :   et qui furent-cachées longtemps : [vés ;
juvat ire per astra alta ;   il *me* plaît d'aller à travers les astres ele-
juvat vehi nube,   il *me* plaît d'être porté par la nue,
terris et sede inerti   les terres et une demeure inerte
relicta,   étant abandonnée,
insistereque humeris   et de me-tenir-sur les épaules
validi Atlantis,   du robuste Atlas,
despectareque procul   et de voir-d'en-haut au-loin
homines palantes passim   les hommes errant çà-et-là
ac egentes rationis,   et privés de raison,
exhortarique sic trepidos   et d'exhorter ainsi *eux* tremblants
timentesque obitum,   et craignant la mort,
evolvereque seriem fati.   et de dérouler la suite du destin.

II. — PHILOSOPHIE DE PYTHAGORE. LA MÉTEMPSYCOSE.

O genus attonitum   O race épouvantée
formidine gelidæ mortis !   par la terreur de la froide mort !

Quid Styga, quid tenebras et nomina vana timetis,
Materiem vatum, falsique pericula mundi?
Corpora sive rogus flamma, seu tabe vetustas
Abstulerit, mala posse pati non ulla putetis :
Morte carent animæ, semperque, priore relicta
Sede, novis domibus vivunt habitantque receptæ.
Ipse ego (nam memini) Trojani tempore belli
Panthoides Euphorbus[1] eram, cui pectore quondam
Hæsit in adverso gravis hasta minoris Atridæ.
Cognovi clypeum, lævæ gestamina nostræ,
Nuper Abanteis[2] templo Junonis in Argis.
Omnia mutantur, nihil interit. Errat, et illinc
Huc venit, hinc illuc, et quoslibet occupat artus
Spiritus, eque feris humana in corpora transit,
Inque feras noster, nec tempore deperit ullo.
Utque novis facilis signatur cera figuris,
Nec manet ut fuerat, nec formas servat easdem,
Sed tamen ipsa eadem est; animam sic semper eamdem
Esse, sed in varias doceo migrare figuras.
Ergo, ne pietas sit victa cupidine ventris,

redouter le Styx, le ténébreux empire, des noms sans réalité, sujet de fictions pour les poëtes, et dangers d'un monde imaginaire? Que la flamme du bûcher détruise les corps, ou bien que le temps les putréfie, sachez qu'ils ne peuvent ressentir aucun mal. Les âmes sont immortelles, et, quand elles quittent leur première demeure, toujours elles vont vivre et habiter dans de nouvelles. Moi-même, je m'en souviens, au temps de la guerre de Troie, j'étais Euphorbe, fils de Panthoüs. Ce fut alors, que le plus jeune des Atrides m'enfonça dans la poitrine sa lance pesante. Dernièrement, dans Argos où régna Abas, j'ai reconnu dans le temple de Junon le bouclier que portait mon bras gauche. Tout change, rien ne périt. Le souffle de la vie erre çà et là : il va d'un point à un autre, et pénètre dans tous les corps qu'il rencontre. Il passe du corps des bêtes dans celui des hommes, du nôtre dans celui des bêtes, et ne se perd jamais. Et comme la cire molle qui reçoit sans cesse de nouvelles empreintes, ne reste pas ce qu'elle était, et change de forme sans changer cependant de substance; ainsi j'enseigne que l'âme est toujours la même, mais qu'elle passe dans des figures différentes. Ne laissez donc pas vaincre votre piété par les ca-

quid timetis Styga,	pourquoi craignez-vous le Styx,
quid tenebras,	pourquoi *craignez-vous* les ténèbres,
et nomina vana,	et des noms vains,
materiem vatum,	sujet des poëtes,
periculaque mundi falsi?	et dangers d'un monde imaginaire?
Sive rogus abstulerit	Soit-que le bûcher ait enlevé
corpora flamma,	les corps par la flamme,
seu vetustas tabe,	soit le temps par la putréfaction,
putetis non posse pati	pensez *eux* ne pouvoir souffrir
ulla mala :	aucuns maux :
animæ carent morte,	les âmes sont-exemptes de la mort,
sedeque priore relicta, [bus,	et la demeure première ayant été laissée,
vivunt semper novis domi-	elles vivent toujours dans de nouvelles de-
habitantque receptæ.	et y habitent ayant été reçues. [meures,
Ego ipse (nam memini)	Moi-même (car je me souviens)
tempore belli Trojani	dans le temps de la guerre troyenne
eram Euphorbus	j'étais Euphorbe
Panthoides,	fils-de-Panthoüs,
cui hasta gravis	auquel la lance pesante
minoris Atridæ	du plus jeune Atride
hæsit quondam	s'enfonça autrefois
in pectore adverso.	dans la poitrine en-face.
Cognovi nuper clypeum,	J'ai reconnu récemment le bouclier,
gestamina nostræ lævæ,	charge de notre *bras* gauche,
templo Junonis	dans le temple de Junon
in Argis Abanteis.	dans Argos d'-Abas.
Omnia mutantur,	Toutes choses changent,
nihil interit.	rien ne périt.
Spiritus errat,	Le souffle erre,
et venit huc illinc,	et vient ici de-là,
hinc illuc,	d'ici là,
et occupat artus quoslibet,	et occupe des membres quelconques,
transitque e feris	et il passe des bêtes-sauvages
in corpora humana,	dans des corps humains, [vages,
nosterque in feras,	et notre *souffle passe* dans des bêtes-sau-
nec deperit ullo tempore.	et ne se perd en aucun temps.
Utque cera facilis	Et de-même-que la cire molle
signatur figuris novis,	est marquée de figures nouvelles,
nec manet ut fuerat,	et ne reste pas comme elle avait été,
nec servat easdem formas,	et ne conserve pas les mêmes formes,
sed tamen est ipsa eadem ;	mais cependant est elle-même la même;
sic doceo animam	ainsi j'enseigne l'âme
esse semper eamdem,	être toujours la même,
sed migrare	mais passer
in figuras varias.	dans des figures diverses. [cue
Ergo, ne pietas victa sit	Donc, pour que la piété ne soit pas vain-
cupidine ventris,	par le désir de l'estomac,

Parcite (vaticinor) cognatas cæde nefanda
Exturbare animas, nec sanguine sanguis alatur.
 « Et quoniam magno feror æquore plenaque ventis
Vela dedi, nihil est toto quod perstet in orbe :
Cuncta fluunt, omnisque vagans formatur imago.
Ipsa quoque assiduo labuntur tempora motu,
Non secus ac flumen ; neque enim consistere flumen,
Nec levis hora potest : sed ut unda impellitur unda,
Urgeturque prior veniente, urgetque priorem,
Tempora sic fugiunt pariter, pariterque sequuntur,
Et nova sunt semper : nam quod fuit ante, relictum est,
Fitque quod haud fuerat ; momentaque cuncta novantur.
Cernis et emeritas in lucem tendere noctes,
Et jubar hoc nitidum nigræ succedere nocti.
Nec color est idem cœli, quum lassa quiete
Cuncta jacent media ; quumque albo Lucifer exit
Clarus equo ; rursumque alius, quum prævia lucis
Tradendum Phœbo Pallantias [1] inficit orbem.
Ipse dei clypeus, terra quum tollitur ima,

prices de votre estomac. Cessez (je parle ici en prophète), cessez de chasser de leur demeure par un meurtre abominable des âmes qui sont de la même origine que les vôtres ; que le sang ne nourrisse pas le sang.

 « Et puisque je suis emporté sur une vaste mer, et que j'ai déployé mes voiles au vent qui les gonfle, rien dans l'univers entier ne dure constamment : tout passe ; tous les objets ne revêtent qu'une forme éphémère. Le temps lui-même est entraîné par un mouvement continuel ainsi qu'un fleuve ; en effet ni le fleuve ni l'heure rapide ne peuvent s'arrêter. Mais de même que les flots poussent les flots, que la vague qui précède est poussée par la vague qui suit, et presse celle qui la devance, ainsi le temps fuit et poursuit à la fois. Il se renouvelle sans cesse : ce qui était, est déjà loin ; ce qui est, n'était pas ; tout moment est un moment nouveau. Ne voyez-vous pas que les nuits après avoir accompli leurs cours, tendent vers le jour, et que cet astre radieux succède à la nuit obscure? La couleur du ciel n'est pas non plus la même, lorsque toute la nature fatiguée est ensevelie dans le sommeil, ni lorsque le brillant Lucifer paraît sur son blanc coursier ; ni lorsque la fille du géant Pallas, l'Aurore avant-courrière du jour, colore l'espace qu'elle va livrer à Phébus. Le disque même du dieu est rouge le matin, lorsqu'il se lève à l'hori-

CHOIX DES MÉTAMORPHOSES. — LIVRE XV. 641

parcite (vaticinor)	abstenez-vous (je-parle-en-prophète)
exturbare cæde nefanda	de déloger par un meurtre abominable
animas cognatas,	des âmes parentes, [sang.
nec sanguis alatur sanguine.	et que le sang ne soit pas nourri par le
Et quoniam feror	Et puisque je suis porté
magno æquore,	par une vaste mer, [pleines,
dedique ventis vela plena,	et *que* j'ai donné aux vents des voiles
est nihil quod perstet	il n'est rien qui dure-constamment
in orbe toto :	dans l'univers tout-entier :
cuncta fluunt,	toutes choses coulent,
omnisque imago formatur	et toute image est formée
vagans.	vagabonde.
Tempora ipsa quoque	Les temps eux-mêmes aussi
labuntur motu assiduo,	s'écoulent par un mouvement continuel,
non secus ac flumen ;	non autrement qu'un fleuve ;
neque enim flumen	ni en-effet un fleuve
potest consistere,	ne peut se-tenir-immobile,
nec hora levis ;	non plus-que l'heure légère ; [l'onde,
sed ut unda impellitur unda,	mais comme l'onde est poussée par
priorque	et *comme l'onde* précédente
urgetur veniente,	est pressée par *celle* qui-vient,
urgetque priorem,	et presse *celle* qui-précède,
sic tempora fugiunt pariter,	ainsi les temps fuient pareillement,
sequunturque pariter,	et suivent pareillement,
et sunt semper nova :	et ils sont toujours nouveaux :
nam quod fuit ante,	car *ce* qui a été auparavant,
relictum est,	a été laissé (dépassé),
quodque haud fuerat fit ;	et *ce* qui n'avait pas été arrive ;
cunctaque momenta	et tous les moments
novantur.	sont renouvelés. [service
Cernis et noctes emeritas	Tu vois aussi les nuits ayant-fait-leur-
tendere in lucem,	tendre vers la lumière,
et hoc jubar nitidum	et ce rayon brillant
succedere nocti nigræ.	succéder à la nuit noire.
Nec color cœli est idem,	Ni la couleur du ciel n'est la même,
quum cuncta lassa	lorsque tous *les êtres* fatigués
jacent media quiete ;	gisent au milieu-du repos ;
quumque clarus Lucifer	et lorsque le brillant Lucifer
exit equo albo ;	sort sur *un* cheval blanc ;
rursumque alius,	et de-nouveau *la couleur est* autre,
quum Pallantias,	lorsque la fille-de-Pallas,
prævia lucis,	avant-courrière de la lumière,
inficit orbem	colore le globe
tradendum Phœbo.	devant être livré à Phébus.
Clypeus ipse dei	Le bouclier lui-même du dieu
rubet mane,	est-rouge le matin,
quum tollitur ima terra,	lorsqu'il s'élève du bas-de la terre,

OVIDE 41

Mane rubet, terraque rubet quum conditur ima;
Candidus in summo est, melior natura quod illic
Ætheris est, terræque procul contagia fugit.
Nec par aut eadem nocturnæ forma Dianæ
Esse potest unquam; semperque hodierna sequente,
Si crescit, minor est, major, si contrahit orbem.

III. — LES QUATRE SAISONS ET LES QUATRE AGES.
(V. 199-217, 221-237.)

« Quid? non in species succedere quattuor annum
Adspicis, ætatis peragentem imitamina nostræ?
Nam tener, et lactens, puerique simillimus ævo
Vere novo est: tunc herba nitens et roboris expers
Turget, et insolida est, et spe delectat agrestes.
Omnia tunc florent, florumque coloribus almus
Ludit ager, neque adhuc virtus in frondibus ulla est.
Transit in æstatem, post ver, robustior annus,
Fitque valens juvenis: neque enim robustior ætas
Ulla, nec uberior, nec quæ magis ardeat, ulla est.
Excipit autumnus, posito fervore juventæ
Maturus, mitisque, inter juvenemque senemque,
Temperie medius, sparsus quoque tempora canis.

zon, et rouge, lorsqu'il disparaît derrière la terre; il est blanc au milieu de sa course, parce que là il trouve un air plus pur et dégagé des exhalaisons terrestres. La forme de l'astre des nuits n'est pas moins changeante; il se montre plus petit aujourd'hui qu'il ne ne sera le jour suivant, s'il est dans son cours, plus grand, s'il est dans son décours.

III

« Eh quoi? ne voyez-vous pas que l'année prend successivement quatre formes, images de la vie humaine? Le printemps naissant est l'âge tendre de la vie, celui où elle ressemble à l'enfant à la mamelle. Alors l'herbe brillante et faible se gonfle de sucs; quoique sans consistance, elle charme les laboureurs par l'espoir qu'elle fait naître. Alors tout fleurit; les fleurs qui émaillent la terre fertile, lui donnent un riant aspect; mais les feuilles n'ont encore aucune force. Après le printemps, l'année plus vigoureuse passe à l'été; c'est alors un robuste jeune homme: car il n'y a pas d'âge, qui soit plus fort, plus fécond, plus ardent. Puis quand le feu de la jeunesse s'est amorti, vient l'automne mûr et doux, à égale distance de la jeunesse et de la vieillesse, d'une chaleur tempérée, les tempes parsemées même de cheveux blancs.

CHOIX DES MÉTAMORPHOSES. — LIVRE XV.   643

rubetque,	et il est-rouge, [terre ;
quum conditur ima terra ;	lorsqu'il est caché par le bas-de la
est candidus in summo,	il est blanc au plus haut *point*,
quod natura ætheris	parce que la nature de l'éther
est melior illic,	est meilleure là,
fugitque procul	et *qu'il* a fui loin
contagia terræ.	les contagions de la terre.
Nec forma Dianæ nocturnæ	Ni la forme de Diane nocturne
potest esse unquam	ne peut être jamais
par aut eadem ;	pareille ou la même ;
hodiernaque est semper	et *celle* d'-aujourd'hui est toujours
minor sequente, si crescit,	plus petite que la suivante, si elle croît,
major, si contrahit orbem.	plus grande, si elle resserre *son* disque.

III. — LES QUATRE SAISONS ET LES QUATRE AGES.

Quid ? non adspicis	Quoi ? ne vois-tu pas
annum peragentem	l'année accomplissant
imitamina nostræ vitæ	des imitations de notre vie
succedere	passer-successivement
in quattuor species ?	dans quatre formes ?
Nam est vere novo	Car elle est dans le printemps nouveau
tener et lactens,	tendre et étant-à-la-mamelle,
simillimusque ævo pueri.	et très-semblable à l'âge de l'enfant.
Tunc herba turget	Alors l'herbe se gonfle
nitens et expers roboris,	brillante et dépourvue de force,
et est insolida,	et elle est sans-consistance, [rance.
et delectat agrestes spe.	et elle charme les paysans par l'espé-
Omnia florent tum,	Toutes choses fleurissent alors,
agerque almus ludit	et le champ nourricier joue (est riant)
coloribus florum ;	par les couleurs des fleurs ;
neque ulla virtus	ni aucune vigueur
est adhuc in frondibus.	n'est encore dans les feuilles.
Post ver,	Après le printemps,
annus robustior	l'année plus robuste
transit in æstatem,	passe dans l'été, [reux ;
fitque juvenis valens ;	et elle devient un jeune-homme vigou-
neque enim ulla ætas	ni en-effet aucun âge
est robustior,	n'est plus robuste,
nec uberior,	ni plus fécond,
nec quæ ardeat magis.	ni qui soit plus ardent.
Fervore juventæ posito,	L'ardeur de la jeunesse étant déposée,
autumnus excipit	l'automne succède
maturus mitisque	mûr et doux,
inter juvenemque senemque,	entre et le jeune-homme et le vieillard,
medius temperie,	moyen par la température,
sparsus quoque tempora	parsemé aussi quant aux tempes
canis.	de *cheveux* blancs.

Inde senilis hiems tremulo venit horrida passu,
Aut spoliata suis, aut, quos habet, alba capillos.
Nostra quoque ipsorum semper requieque sine ulla
Corpora vertuntur, nec, quod fuimusve sumusve,
Cras erimus. Fuit illa dies qua semina tantum,
Spesque hominum primæ, materna habitavimus alvo.
Editus in lucem, jacuit sine viribus infans;
Mox quadrupes rituque tulit sua membra ferarum ;
Paulatimque tremens et nondum poplite firmo
Constitit, adjutis aliquo conamine nervis.
Inde valens veloxque fuit ; spatiumque juventæ
Transit, et emeritis medii quoque temporis annis,
Labitur occiduæ per iter declive senectæ.
Subruit hæc ævi demoliturque prioris
Robora ; fletque Milon senior[1], quum spectat inanes
Illos, qui fuerant solidorum mole tororum
Herculeis similes, fluidos pendere lacertos.
Flet quoque, ut in speculo rugas conspexit aniles
Tyndaris, et secum, cur sit bis rapta[2], requirit.
Tempus edax rerum, tuque, invidiosa Vetustas,

Enfin arrive d'un pas tremblant l'affreux hiver, image de la vieillesse, la tête chauve ou complétement chenue. Nos corps aussi se transforment continuellement et sans relâche. Ce que nous avons été hier, ce que nous sommes aujourd'hui, nous ne le serons pas demain. Il fut un temps où simples germes, hommes, en espérance, nous habitions le sein d'une mère. Dès que l'enfant a vu le jour, il gît sans force sur le sol ; puis il se traîne sur ses pieds et sur ses mains, et marche comme les bêtes. Peu à peu tremblant et le jarret encore mal assuré, il se tient debout, et aide sa faiblesse de quelque appui ; après quoi il devient robuste et agile. La jeunesse passée, l'âge mûr s'écoule aussi, et il glisse sur la pente rapide de la vieillesse caduque. Celle-ci mine et détruit les forces de l'âge précédent. Milon vieilli pleure, quand il voit réduits à l'impuissance ces bras, jadis aussi vigoureux, aussi nerveux que ceux d'Hercule, et qui maintenant pendent énervés. Elle pleure aussi la fille de Tyndare en apercevant dans son miroir les rides de la vieillesse, et elle se demande pourquoi elle a été enlevée deux fois. Temps destructeur, Vieillesse jalouse,

Inde hiems senilis	Puis l'hiver d'*apparence* sénile
venit horrida passu tremulo,	vient hérissé d'un pas tremblant,
aut spoliata suis,	ou dépouillé de ses *cheveux*,
aut alba capillos	ou blanc quant aux cheveux
quos habet.	qu'il a.
Nostra corpora quoque	Nos corps aussi
ipsorum	de *nous*-mêmes
vertuntur semper	sont changés continuellement
sineque ulla requie,	et sans aucun repos,
nec erimus cras	et nous ne serons pas demain
quod fuimusve	*ce* que où nous avons été
sumusve.	ou *ce que* nous sommes.
Illa dies fuit	Ce jour-là fut (il y eut un jour)
qua tantum semina	dans lequel *étant* seulement germes,
spesque primæ hominum,	et espérances premières d'hommes,
habitavimus alvo materna.	nous avons habité dans le sein maternel.
Infans editus in lucem	L'enfant produit à la lumière
jacuit sine viribus;	a été-gisant sans forces;
mox tulit sua membra	bientôt après il a porté ses membres
quadrupes	marchant-à-quatre-pattes
rituque ferarum;	et à la manière des bêtes-sauvages;
paulatimque tremens,	et peu-à-peu tremblant,
et poplite nondum firmo,	et le jarret n'*étant*-pas-encore ferme,
constitit,	il s'est-tenu-debout,
nervis adjutis	*ses* nerfs étant aidés
aliquo conamine.	par quelque appui.
Inde fuit valens veloxque;	Puis il a été fort et agile;
spatiumque juventæ transit,	et la durée de la jeunesse passe,
et annis temporis medii	et les années du temps intermédiaire
emeritis quoque,	ayant-fini-leur-service aussi,
labitur per iter declive	elle glisse par le chemin en-pente
senectæ occiduæ.	de la vieillesse qui-est-au-déclin.
Hæc subruit demoliturque	Celle-ci mine et détruit
robora ævi prioris;	les forces de l'âge précédent;
Milonque senior flet,	et Milon plus vieux pleure,
quum spectat illos lacertos	lorsqu'il voit ces bras,
qui fuerant	qui avaient été
similes herculeis	semblables aux *bras* d'-Hercule
mole tororum solidorum,	par la masse de *leurs* muscles solides,
inanes pendere fluidos.	*devenus* inutiles pendre flasques.
Tyndaris flet quoque,	La Tyndaride pleure aussi,
ut conspexit in speculo	dès qu'elle a vu dans un miroir
rugas aniles,	*ses* rides de-vieille-femme,
et requirit secum	et elle *se* demande en-elle-même,
cur sit rapta bis.	pourquoi elle a été enlevée deux-fois.
Tempus edax rerum	Temps destructeur des choses,
tuque, Vetustas invidiosa,	et toi, Vétusté jalouse,

Omnia destruitis ; vitiataque dentibus ævi
Paulatim lenta consumitis omnia morte.

IV. — TRANSFORMATIONS DES ÉLÉMENTS.
(V. 237-269.)

« Hæc quoque non perstant, quæ nos elementa vocamus ;
Quasque vices peragant (animos adhibete) docebo.
Quattuor æternus genitalia corpora mundus
Continet : ex illis duo sunt onerosa, suoque
Pondere in inferius, tellus atque unda, feruntur ;
Et totidem gravitate carent, nulloque premente
Alta petunt aer atque aere purior ignis.
Quæ quanquam spatio distant, tamen omnia fiunt
Ex ipsis, et in ipsa cadunt, resolutaque tellus
In liquidas rarescit aquas ; tenuatus in auras
Aeraque humor abit ; dempto quoque pondere, rursus
In superos aer tenuissimus emicat ignes.
Inde retro redeunt, idemque retexitur ordo.
Ignis enim densum spissatus in aera transit,
Hic in aquas ; tellus glomerata cogitur unda :
Nec species sua cuique manet, rerumque novatrix
Ex aliis alias reparat natura figuras.
Nec perit in tanto quidquam, mihi credite, mundo ;

vous ruinez tout ; et ce que la dent de l'âge a rongé, vous le consumez peu à peu par une lente dissolution.

IV

« Ce que nous appelons les éléments n'est pas non plus immuable. Prêtez-moi votre attention et je vais vous apprendre les changements qu'ils éprouvent. Le monde éternel contient quatre corps primitifs : deux sont pesants, la terre et l'eau, et descendent entraînés par leur propre poids ; deux n'ont point de pesanteur, et n'étant retenus par rien, ils tendent à s'élever : ce sont l'air et le feu plus pur que l'air. Malgré la distance qui les sépare, tout vient d'eux, tout y rentre. La terre décomposée se résout en eau fluide, l'eau s'évapore en souffle, en air ; l'air lui-même, dégagé de ce qu'il a de plus pesant, se subtilise, et à son tour s'élance sous forme de feu dans les régions les plus élevées. Puis par une révolution contraire ces éléments reviennent à leur premier état. En effet, le feu condensé s'épaissit en air, l'air en eau, l'eau moins fluide se durcit en terre. Rien ne conserve sa forme primitive ; la nature qui renouvelle sans cesse la face de l'univers tire une forme d'une autre. Rien ne meurt, croyez le bien, dans ce monde si vaste ;

destruitis omnia,	vous détruisez toutes choses,
consumitisque paulatim	et vous consumez peu-à-peu
morte lenta	par une mort lente
omnia vitiata	toutes les choses endommagées
dentibus ævi.	par les dents de l'âge.

IV. — TRANSFORMATION DES ÉLÉMENTS.

Hæc quoque non perstant	Ces choses elles-mêmes ne persistent [pas
quæ nos vocamus elementa ;	que nous appelons éléments ;
doceboque	et j'enseignerai
quas vices peragant	quels changements ils accomplissent
(adhibete animos).	(appliquez *moi vos* esprits).
Mundus æternus continet	Le monde éternel renferme
quattuor corpora genitalia :	quatre corps générateurs :
duo ex illis sunt onerosa,	deux de ceux-ci sont pesants,
tellus atque unda,	la terre et l'eau,
ferunturque suo pondere	et sont emportés par leur poids
in inferius ;	dans la *région* plus basse ; [teur,
et totidem carent gravitate,	et autant *de corps* sont-exempts de pesan-
nulloque premente,	et nul ne *les* abaissant,
aer, atque ignis purior aere,	l'air, et le feu plus pur que l'air,
petunt alta.	gagnent les *régions* hautes.
Quæ quanquam	Lesquels *éléments* bien-que
distant spatiis,	ils soient éloignés par des distances,
tamen omnia fiunt ipsis,	cependant toutes choses sont faites d'eux-
et cadunt in ipsa,	et tombent en eux-mêmes, [mêmes,
tellusque resoluta	et la terre dissoute
rarescit in aquas liquidas ;	se-raréfie en eaux liquides ;
humor tenuatus	l'eau subtilisée
abit in auras aeraque;	s'en va en souffles et *en* air ;
pondere dempto quoque	du poids étant ôté aussi,
rursus aer tenuissimus	à-son-tour l'air très-fin (subtil)
emicat in ignes superos.	s'élance en feux qui-sont-en haut.
Redeunt inde retro,	Ils (les éléments) reviennent de-là en-
idemque ordo retexitur.	et le même ordre est refait. [arrière,
Ignis enim spissatus	Le feu en-effet condensé
transit in aera densum ;	passe en air épais,
hic in aquas.	celui-ci en eaux.
Tellus cogitur	La terre est durcie (formée)
unda glomerata ;	par l'eau condensée ;
nec sua species	ni sa *propre* forme
manet cuique,	ne reste à chaque *objet*,
naturaque novatrix rerum	et la nature qui-renouvelle les choses
reparat figuras	crée-de-nouveau des figures
alias ex aliis.	les unes *tirées* des autres.
Nec quidquam, credite mihi,	Ni quoi-que-ce-soit, croyez-moi,
perit in mundo tanto ;	ne périt dans un monde si-grand ;

Sed variat, faciemque novat, nascique vocatur
Incipere esse aliud, quam quod fuit ante, morique,
Desinere illud idem. Quum sint huc forsitan illa,
Hæc translata illuc, summa tamen omnia constant.
Nil equidem durare diu sub imagine eadem
Crediderim : sic ad ferrum venistis ab auro
Sæcula ; sic toties versa est fortuna locorum [1].
Vidi ego, quod fuerat quondam solidissima tellus,
Esse fretum ; vidi factas ex æquore terras ;
Et procul a pelago conchæ jacuere marinæ,
Et vetus inventa est in montibus ancora summis ;
Quodque fuit campus, vallem decursus aquarum
Fecit, et eluvie mons est deductus in æquor ;
Eque paludosa siccis humus aret arenis ;
Quæque sitim tulerant, stagnata paludibus hument.

V. — TRANSFORMATIONS DES ANIMAUX. LE PHÉNIX.
(V. 356-402.)

« Esse viros fama est in Hyperborea Pallene [2]
Qui soleant levibus velari corpora plumis,
Quum Tritoniacam [3] novies subiere paludem :

mais tout change d'aspect, tout se modifie. Commencer à être ce qu'on n'était pas, s'appelle naître; et mourir, c'est cesser d'être ce qu'on était. Il est possible que les parties se déplacent et aillent tantôt ici, tantôt là ; mais la somme de ces parties reste la même. Pour moi je pense que rien ne subsiste longtemps sous la même forme. C'est ainsi que les siècles ont passé de l'or au fer. C'est ainsi que le destin des lieux a changé tant de fois. J'ai vu la mer là où était auparavant une terre solide ; j'ai vu des terres dans des endroits que naguère couvraient les flots; on a trouvé des coquillages marins loin des rivages de l'océan et de vieilles ancres sur les sommets des montagnes. La chute d'un torrent a converti des plaines en vallées ; des inondations ont aplani des montagnes; des terres autrefois marécageuses ne sont plus qu'un sable aride et brûlant; des régions jadis dévorées par le soleil sont couvertes d'humides marécages.

V.

« La renommée rapporte que dans les régions hyperborées, à Pallène, il est des hommes dont le corps se couvre de plumes légères, lorsqu'ils se sont plongés neuf fois dans le marais de Triton,

sed variat	mais *chaque objet* change
novatque formam,	et renouvelle *sa* forme,
incipereque esse aliud	et commencer à être autre
quam quod fuit ante,	que ce qui a été auparavant,
vocatur nasci,	s'appelle naître,
desinereque illud idem,	et cesser *d'être* cette même chose,
mori.	*s'appelle* mourir.
Quum illa	Bien-que ces choses-là
translata sint forsitan huc,	aient été transportées peut-être ici,
hæc illuc,	celles-ci là,
tamen omnia	cependant toutes
constant summa.	subsistent par l'ensemble.
Equidem crediderim	Certes j'aurai cru *volontiers*
nil durare diu	rien ne durer longtemps
sub eadem imagine :	sous la même image ;
sic, sæcula, venistis	ainsi, ô siècles, vous êtes venus
ab auro ad ferrum ;	de l'or au fer ;
sic fortuna locorum	ainsi la condition des lieux
versa est toties.	a été changée tant-de-fois.
Ego vidi,	Moi j'ai vu
quod fuerat quondam	ce qui avait été autrefois
tellus solidissima,	une terre très-solide,
esse fretum ;	être mer ;
vidi terras factas ex æquore ;	j'ai vu des terres faites de la mer ;
et conchæ marinæ	et des coquillages marins
jacuere procul a pelago ;	ont-été-gisants loin de la haute-mer ;
et vetus ancora inventa est	et une vieille ancre a été trouvée
in summis montibus ;	sur les sommets-des-montagnes ;
decursusque aquarum	et une chute d'eaux
fecit vallem	a rendu vallée
quod fuit campus ;	ce qui a été plaine ;
et mons est deductus	et une montagne a été abaissée
in æquor eluvie ;	en plaine par une inondation ;
humusque e paludosa	et la terre de marécageuse *qu'elle était*
aret arenis siccis,	est-aride par des sables secs,
quæque tulerant	et des *contrées* qui avaient supporté
sitim,	la soif,
hument stagnata paludibus.	sont-humides inondées par des marais.

V. — TRANSFORMATIONS DES ANIMAUX. LE PHÉNIX.

Fama est viros esse	La renommée est des hommes exister
in Pallene Hyperborea,	dans Pallène hyperborée,
qui soleant velari corpora	qui ont-coutume d'être voilés quant à
plumis levibus,	de plumes légères, [*leurs* corps
quum subiere novies	lorsqu'ils sont entrés neuf-fois
paludem Tritoniacam :	dans le marais de-Triton :

Haud equidem credo. Sparsæ quoque membra veneno,
Exercere artes Scythides memorantur easdem.
Si qua fides rebus tamen est addenda probatis,
Nonne vides, quæcumque mora fluidoque calore
Corpora tabuerint, in parva animalia verti ?
I, scrobe delecta mactatos obrue tauros :
Cognita res usu : de putri viscere passim
Florilegæ nascuntur apes [1] quæ more parentum
Rura colunt, operique favent, in spemque laborant.
Pressus humo bellator equus crabronis origo est.
Concava littoreo si demas brachia cancro,
Cetera supponas terræ, de parte sepulta
Scorpius exibit, caudaque minabitur unca.
Quæque solent canis frondes intexere filis,
Agrestes tineæ (res observata colonis)
Ferali mutant cum papilione figuram.
Semina limus habet virides generantia ranas,
Et generat truncas pedibus ; mox apta natando
Crura dat, utque eadem sint longis saltibus apta,
Posterior superat partes mensura priores.
Nec catulus, partu quem reddidit ursa recenti,

Pour moi je ne le crois point. On dit encore que des femmes scythes, en répandant sur leurs membres des sucs magiques, opèrent le même prodige. Mais si cependant il faut ajouter foi à des faits qui sont avérés, ne voyez-vous pas que les corps décomposés par l'effet du temps et par la chaleur dissolvante se convertissent en insectes ? Allez, enterrez dans une fosse choisie des taureaux égorgés : l'expérience nous l'apprend : de leurs entrailles putréfiées naissent de toute part des abeilles qui recueillent le suc des fleurs, et qui, comme les auteurs de leur existence, se plaisent dans les campagnes, et industrieuses travaillent pour l'avenir. Enfoui sous le sol, le coursier belliqueux donne naissance au frelon. Otez ses bras arrondis à l'écrevisse des mers, couvrez de terre le reste de son corps ; de la partie ensevelie sortira le scorpion qui vous menacera de sa queue recourbée. Les chenilles des campagnes qui couvrent de fils blancs les feuilles des arbres, se changent (les laboureurs l'ont observé) en papillons pernicieux. Le limon contient des germes qui produisent les vertes grenouilles. Il les fait naître d'abord sans pieds ; puis il leur donne des jambes bonnes pour nager, et afin qu'elles puissent aussi sauter au loin, les jambes de derrière sont plus longues que celles de devant. Le petit que l'ourse vient de mettre bas,

equidem haud credo.	certes je ne *le* crois pas.
Scythides quoque,	Les femmes-Scythes aussi,
sparsæ veneno membra,	arrosées d'un suc quant aux membres,
memorantur exercere	sont racontées exercer
easdem artes.	les mêmes artifices.
Si qua fides tamen	Si quelque foi cependant [vées,
est addenda rebus probatis,	est devant être ajoutée à des choses prou-
nonne vides corpora	ne vois-tu pas les corps
quæcumque tabuerint	tous-ceux qui se sont liquéfiés
mora caloreque fluido,	par le temps et la chaleur dissolvante,
verti in parva animalia?	être convertis en petits animaux ?
I, obrue scrobe delecta	Va, enterre dans une fosse choisie
tauros mactatos :	des taureaux égorgés :
res cognita usu :	la chose *est* connue par l'expérience :
apes florilegæ	des abeilles qui-recueillent-le-suc-des-
nascuntur passim	naissent çà-et-là [fleurs
de viscere putri,	des entrailles pourries, [pères
quæ more parentum	lesquelles *abeilles* à la manière de *leurs*
colunt rura,	cultivent (habitent) les campagnes,
faventque operi,	et favorisent l'ouvrage,
laborantque in spem.	et travaillent pour l'espérance.
Equus bellator pressus humo	Le cheval belliqueux enfoui dans la terre
est origo crabronis.	est l'origine du frelon.
Si demas brachia concava	Si tu ôtes les bras recourbés
cancro littoreo,	à l'écrevisse du-rivage-de-la-mer,
supponasque terræ cetera,	et que tu places-sous terre *ses* autres
scorpius exibit	un scorpion sortira [*membres*,
de parte sepulta,	de la partie ensevelie,
minabiturque cauda unca.	et menacera de *sa* queue crochue.
Tineæque agrestes,	Et les chenilles agrestes,
quæ solent intexere frondes	qui ont-coutume d'entrelacer les feuilles
filis canis,	par des fils blancs,
mutant figuram	changent de figure [reurs)
(res observata colonis)	(la chose *a été* observée par les labou-
cum papilione ferali.	avec un papillon funeste.
Limus habet semina	Le limon a des germes
generantia virides ranas,	engendrant les vertes grenouilles,
et generat truncas pedibus ;	et il *les* engendre privées de pieds ;
mox dat crura	bientôt-après il *leur* donne des jambes
apta natando ;	propres à nager ;
utque eadem sint	et afin que les mêmes *jambes* soient
apta longis saltibus,	propres à de longs sauts,
mensura posterior	la mesure postérieure
superat partes priores.	*en* dépasse les parties antérieures.
Nec est catulus,	Et ce n'est point un petit
quem ursa	que l'ourse
reddidit partu recenti,	a rendu par une gésine récente,

Sed male viva caro est : lambendo ¹ mater in artus
Fingit, et in formam, quantam capit ipsa, reducit.
Nonne vides, quos cera tegit sexangula, fetus
Melliferarum apium, sine membris corpora nasci,
Et serosque pedes serasque assumere pennas ?
Junonis volucrem, quæ cauda sidera portat,
Armigerumque Jovis, Cythereidasque columbas,
Et genus omne avium, mediis e partibus ovi
Ni sciret fieri, quis nasci posse putaret ?
Sunt qui, quum clauso putrefacta est spina sepulcro,
Mutari credant humanas angue medullas ².

« Hæc tamen ex aliis generis primordia ducunt.
Una est, quæ reparet, seque ipsa reseminet, ales.
Assyrii phœnica ³ vocant ; non fruge, nec herbis,
Sed turis lacrimis, et succo vivit amomi.
Hæc ubi quinque suæ complevit sæcula vitæ,
Ilicis in ramis tremulæve cacumine palmæ
Unguibus et duro nidum sibi construit ore.
Quo simul ac casias, et nardi lenis aristas,
Quassaque cum fulva substravit cinnama myrrha,
Se super imponit, finitque in odoribus ævum.

n'est aussi qu'une masse de chair à peine vivante. C'est en le léchant que sa mère façonne ses membres, et l'amène à une forme semblable à la sienne. Ne voyez-vous pas que les petits de l'abeille qui donne le miel, enfermés dans des cellules hexagones, naissent sans membres, que ce n'est qu'à la longue qu'ils prennent leurs pieds et leurs ailes ? Et qui pourrait croire que l'oiseau de Junon avec sa queue semée d'étoiles, que celui qui porte la foudre de Jupiter, que les colombes chères à Cythérée, et tout le peuple ailé, sortent du milieu d'un œuf, si ce phénomène n'était avéré ? Il est des hommes qui croient que lorsque l'épine dorsale tombe en pourriture dans les tombes fermées, la moelle humaine se change en serpent.

« Cependant tous ces êtres tirent leur origine d'autres êtres. Mais il est un oiseau qui se reproduit et se renouvelle de lui-même : les Assyriens l'appellent phénix. Il ne mange ni herbe, ni grain ; il vit des larmes de l'encens, et du suc de l'amome. Puis quand, après avoir accompli cinq siècles, il est parvenu au terme de son existence, avec ses ongles, avec son bec dur il se construit un nid sur les rameaux d'une yeuse, ou la cime tremblante d'un palmier ; il le tapisse d'écorces aromatiques, de doux épis de nard, de branches de cinnamome, et de myrrhe dorée ; puis il se place dessus, et meurt au milieu des parfums.

sed caro male viva :	mais une chair mal (à peine) vivante :
mater lambendo	la mère en léchant
fingit in artus,	le façonne en membres,
et reducit in formam	et le ramène à une forme
quantam ipsa capit.	aussi grande-qu'elle-même en prend une.
Nonne vides fetus	Ne vois-tu pas les petits
apium melliferarum,	des abeilles qui produisent-le-miel,
quos cera sexangula tegit,	lesquels petits une cire hexagone couvre,
nasci corpora sine membris,	naître corps sans membres,
et assumere pedesque seros	et prendre et des pieds tardifs
pennasque seras?	et des ailes tardives?
Quis putaret,	Qui penserait,
ni sciret fieri,	s'il ne savait cela être fait,
volucrem Junonis	l'oiseau de Junon,
quæ portat sidera cauda	lequel porte des étoiles sur la queue,
armigerumque Jovis,	et l'oiseau qui-porte-les-armes de Jupiter,
columbasque Cythereidas,	et les colombes de-Cythérée,
et omne genus avium	et toute la race des oiseaux,
posse nasci	pouvoir naître
e mediis partibus ovi?	du milieu-des parties d'un œuf?
Sunt qui credant	Il en est qui croient
medullas humanas	les moelles humaines
mutari angue,	être changées en serpent,
qum spina putrefacta est	lorsque l'épine dorsale a été putréfiée
sepulcro clauso.	dans un sépulcre fermé.
Hæc tamen ducunt	Ces êtres cependant tirent
ex aliis	d'autres êtres
primordia generis :	les commencements de leur naissance :
una ales est	un seul oiseau est
quæ se reparet	tel qu'il se reproduise
reseminetque ipsa.	et se ressème lui-même.
Assyrii vocant phœnica ;	Les Assyriens l'appellent phénix ;
non vivit fruge, nec herbis,	et il ne vit pas de grain, ni d'herbes,
sed lacrimis turis	mais des larmes de l'encens,
et succo amomi.	et du suc de l'amome.
Ubi hæc complevit	Dès que cet oiseau a rempli
quinque secula suæ vitæ,	les cinq siècles de sa vie,
sibi construit nidum	il se construit un nid
unguibus et ore duro	avec ses serres et sa bouche dure
in ramis ilicis,	sur les branches d'une yeuse,
cacumineve palmæ tremulæ;	ou sur la cime d'un palmier tremblant;
quo simul ac substravit	où (dans lequel nid) dès-qu'il a étendu
casias, et aristas nardi lenis,	des cannelles et des épis de nard onc-
cinnamaque quassa	et des cinnamomes cassés [tueux,
cum myrrha fulva,	avec de la myrrhe fauve,
se imponit super,	il se place dessus,
finitque ævum in odoribus.	et finit sa vie dans les parfums.

Inde ferunt, totidem qui vivere debeat annos,
Corpore de patrio parvum phœnica renasci.

VI. — CONSÉQUENCES DE LA MÉTEMPSYCOSE ; PYTHAGORE INTERDIT L'USAGE DE LA CHAIR.
(V. 456-478.)

« Nos quoque pars mundi (quoniam non corpora solum,
Verum etiam volucres animæ sumus, inque ferinas
Possumus ire domos, pecudumque in pectora condi),
Corpora quæ possunt animas habuisse parentum,
Aut fratrum, aut aliquo junctorum fœdere nobis,
Aut hominum certe, tuta esse et honesta sinamus ;
Neve Thyesteis cumulemus viscera mensis [1].
Quam male consuescit, quam se parat ille cruori
Impius humano, vituli qui guttura cultro
Rumpit, et immotas præbet mugitibus aures !
Aut qui vagitus similes puerilibus hædum
Edentem jugulare potest, aut alite vesci,
Cui dedit ipse cibos ! Quantum est quod desit in istis
Ad plenum facinus ! Quam transitus inde paratus !
Bos aret, aut mortem senioribus imputet annis.

Alors, dit-on, des cendres de son père renaît un jeune phénix qui doit vivre autant d'années que lui.

VI.

« Et nous-mêmes qui sommes une partie du monde (car nous ne sommes pas seulement des corps, mais aussi des âmes légères, et nous pouvons aller habiter dans le sein d'animaux sauvages, ou être cachés sous l'enveloppe d'animaux domestiques), laissons à l'abri du danger et des outrages des corps qui peut-être ont renfermé les âmes de nos pères, de nos frères, de ceux qui nous sont attachés par quelque lien, ou tout au moins qui sont nos semblables ; ne chargeons pas nos entrailles de mets dignes de Thyeste. Quel funeste apprentissage ! Quelle préparation impie à verser le sang humain que d'ouvrir avec le fer la gorge d'un jeune taureau, d'entendre ses mugissements d'une oreille insensible, que d'immoler sans pitié le chevreau qui vagit comme un enfant, ou de se nourrir de l'oiseau qu'on a nourri soi-même ! Y a-t-il bien loin de là à un crime complet ? Combien le passage d'un acte à l'autre est aisé ! Laissez le bœuf labourer, ou imputer sa mort à la vieillesse

Ferunt parvum phœnica,	On rapporte un petit phénix,
qui debeat vivere	qui devra-vivre
totidem annos,	autant d'années,
renasci inde	renaître de-là
de corpore patrio.	du corps paternel.

VI. — CONSÉQUENCES DE LA MÉTEMSYCOSE; PYTHAGORE INTERDIT L'USAGE DE LA CHAIR.

Nos quoque pars mundi	Nous aussi *étant* une partie du monde
(quoniam sumus	(puisque nous sommes
non solum corpora,	non-seulement des corps,
verum etiam animæ	mais encore des âmes
volucres,	ailées,
possumusque ire	et *que* nous pouvons aller [de-bêtes
in domos ferinas	dans des habitations formées-du-corps
condique	et être enfermés
in pectora pecudum),	dans des poitrines de bestiaux),
sinamus corpora quæ	laissons des corps qui
possunt habuisse animas	peuvent avoir eu les âmes
parentum aut fratrum,	de *nos* pères ou de *nos* frères,
aut junctorum nobis	ou de *personnes* jointes à nous
aliquo fœdere,	par quelque alliance,
aut certe hominum,	ou au-moins d'hommes,
esse tuta et honesta;	être en-sûreté et honorés;
neve cumulemus viscera	et-ne chargeons pas *nos* entrailles
mensis Thyesteis.	de mets de-Thyeste.
Quam consuescit male,	Combien il s'habitue pernicieusement,
quam impius ille se parat	combien impie celui-là se prépare
cruori humano,	au sang humain,
qui rumpit cultro	*celui* qui perce avec un couteau
guttura vituli,	les gosiers (le gosier) d'un veau,
et præbet mugitibus	et présente à *ses* mugissements
aures immotas!	des oreilles non-touchées!
aut qui potest jugulare	ou *celui* qui peut égorger
hædum edentem vagitus	un chevreau poussant des vagissements
similes puerilibus,	semblables aux *vagissements* enfantins,
aut vesci alite,	ou se-nourrir de l'oiseau,
cui ipse dedit cibos!	auquel lui-même a donné des aliments!
Quantum est	Combien-grand *est*
quod desit in istis	ce qui manquerait dans ces *actes*
ad facinus plenum?	pour un crime complet?
Quam transitus inde	Combien le passage de-là
paratus!	*est* préparé!
Bos aret,	Que le bœuf laboure,
aut imputet mortem	ou qu'il impute *sa* mort
annis senioribus.	à des années plus vieilles.

Horriferum contra Boream ovis arma ministret.
Ubera dent saturæ manibus pressanda capellæ.
Retia cum pedicis laqueosque artesque dolosas
Tollite, nec volucres viscata fallite virga ;
Nec formidatis cervos includite pennis [1] ;
Nec celate cibis uncos fallacibus hamos.
Perdite, si qua nocent : verum hæc quoque perdite tantum ;
Ora vacent epulis, alimentaque congrua carpant. »

VII. — HIPPOLYTE, RESSUSCITÉ SOUS LE NOM DE VIRBIUS, RACONTE SA PROPRE MORT.
(V. 506-546.)

« Pittheam profugo curru Trœzena [2] petebam,
Jamque Corinthiaci carpebam littora ponti,
Quum mare surrexit, cumulusque immanis aquarum
In montis speciem curvari et crescere visus,
Et dare mugitus, summoque cacumine findi.
Corniger hinc taurus ruptis expellitur undis,
Pectoribusque tenus molles erectus in auras,
Naribus et patulo partem maris evomit ore.
Corda pavent comitum ; mihi mens interrita mansit,
Exsiliis contenta suis. Tum colla feroces
Ad freta convertunt, arrectisque auribus horrent

Que la brebis nous fournisse sa toison pour nous défendre de l'horrible Borée. Que les chèvres repues présentent leurs mamelles à nos mains qui les pressent. Plus de filets, plus de piéges, de lacets, ni d'engins perfides! Que la baguette enduite de glu ne trompe pas l'oiseau ; n'enfermez pas le cerf dans un cercle de plumes redoutées; ne cachez pas l'hameçon recourbé sous un appât trompeur. Tuez les animaux nuisibles, mais contentez-vous de les tuer. Que vos lèvres ne touchent pas à ces mets; qu'elles ne reçoivent que des aliments appropriés à l'homme. »

VII.

« Proscrit, je dirigeais mon char vers Trézène où régna Pithée, et déjà je suivais le rivage du golfe de Corinthe; soudain la mer s'élève; un énorme amas d'eaux s'arrondit et se grossit en forme de montagne; de son sein s'échappent des mugissements; sa cime se brise, et vomit en éclatant un taureau aux cornes menaçantes. Ce monstre que l'eau couvre encore jusqu'à la poitrine, rejette l'onde amère de ses naseaux et de sa large gueule. Les cœurs de mes compagnons sont glacés d'épouvante; je reste sans crainte, absorbé dans la pensée de mon exil. Mes coursiers fougueux se tournent alors vers la mer; ils dressent l'oreille et frissonnent.

CHOIX DES MÉTAMORPHOSES. — LIVRE XV. 657

Ovis ministret arma	Que la brebis fournisse des armes
contra Borean horriferum.	contre Borée horrible. [mamelles
Capellæ saturæ dent ubera	Que les chèvres repues donnent *leurs*
pressanda manibus	devant être pressées par *nos* mains.
Tollite retia cum pedicis	Enlevez les rets avec les piéges
laqueosque	et les lacs
artesque dolosas,	et les moyens perfides,
nec fallite volucres	et ne trompez pas les oiseaux
virga viscata;	par une baguette engluée ;
nec includite cervos	et ne renfermez pas les cerfs
pennis formidatis ;	dans des plumes redoutées ;
nec celate hamos uncos	et ne cachez pas les hameçons recourbés
cibis fallacibus.	sous des aliments trompeurs.
Perdite, si qua nocent :	Faites-périr, si quelques-uns nuisent:
verum perdite tantum	mais faites-périr seulement
hæc quoque ;	ceux-ci aussi ;
ora vacent epulis,	que *vos* bouches soient-vides de *ces* mets,
carpantque	et qu'elles prennent
alimenta congrua.	des aliments convenables.

VII. — HIPPOLYTE, RESSUSCITÉ SOUS LE NOM DE VIRBIUS, RACONTE SA PROPRE MORT.

Petebam curru profugo	Je gagnais sur *mon* char fugitif
Trœzena Pittheam,	Trézène de-Pitthée,
jamque carpebam littora	et déjà je côtoyais les rivages
ponti Corinthiaci,	de la mer de-Corinthe,
quum mare surrexit,	lorsque la mer s'éleva,
cumulusque immanis	et un amas énorme
aquarum	d'eaux
visus curvari et crescere	fut vu se courber et croître
in speciem montis,	en forme de montagne,
et dare mugitus,	et donner des mugissements,
findique cacumine summo.	et se fendre par sa cîme extrême.
Taurus corniger	Un taureau portant-des-cornes
expellitur hinc,	est rejeté de-là,
undis ruptis,	les ondes ayant été brisées, [ment
erectusque in auras molles	et élevé dans les airs qui-cèdent-facile-
tenus pectoribus,	jusqu'aux poitrines (à la poitrine),
evomit partem maris	il vomit une partie de la mer
naribus et patulo ore.	par *ses* naseaux et *sa* large gueule.
Corda comitum pavent ;	Les cœurs de *mes* compagnons ont-peur ;
mens mansit mihi interrita,	l'esprit resta à moi non-effrayé,
contenta suis exsiliis.	tendu par ses exils (son exil).
Tum quadrupedes feroces	Alors *mes* quadrupèdes fougueux
convertunt colla ad freta,	tournent *leurs* cous vers la mer,
auribusque arrectis horrent;	et les oreilles dressées ils frissonnent

Quadrupedes; monstrique metu turbantur, et altis
Præcipitant currum scopulis. Ego ducere vana
Frena manu spumis albentibus oblita, luctor,
Et retro lentas tendo resupinus habenas.
Nec vires tamen has rabies superasset equorum,
Ni rota, perpetuum quæ circumvertitur axem,
Stipitis occursu fracta ac disjecta fuisset.
Excutior curru : lorisque tenentibus artus,
Viscera viva trahi, nervos in stirpe teneri,
Membra rapi partim, partim deprensa relinqui,
Ossa gravem dare fracta sonum, fessamque videres
Exhalari animam, nullasque in corpore partes,
Noscere quas posses; unumque erat omnia vulnus.
Num potes, aut audes cladi componere nostræ,
Nympha [1], tuam? Vidi quoque luce carentia regna,
Et lacerum fovi Phlegethontide corpus in undâ ;
Nec, nisi Apollineæ valido medicamine prolis [2],
Reddita vita foret. Quam postquam fortibus herbis,
Atque ope Pæonia [3], Dite indignante, recepi,
Tum mihi, ne præsens augerem muneris hujus

Troublés par la crainte que leur inspire ce monstre, ils précipitent le char contre de hauts rochers. J'essaye d'une main impuissante de diriger les freins blanchis d'écume ; je me jette en arrière, je tire à moi les rênes flexibles. Ma force aurait triomphé de la fureur de mes chevaux, si la roue qui tourne autour de l'essieu fait d'une seule pièce, n'eût heurté contre un tronc d'arbre, et n'eût volé en éclats. Je suis lancé hors du char : je tombe embarrassé dans mes rênes. Alors vous auriez vu mes chairs vivantes traînées sur le sol, mes muscles retenus par les ronces, mes membres rapidement emportés, ou restant accrochés, mes os craquer avec bruit, et mon âme fatiguée s'exhaler de mon corps. Il n'y avait plus en moi une seule partie qu'on pût reconnaître : tout n'était qu'une plaie. Et maintenant, ô nymphe, pouvez-vous ou osez-vous comparer votre malheur au nôtre? J'ai vu aussi le ténébreux empire ; j'ai baigné dans les eaux du Phlégéthon mon corps déchiré, et sans les remèdes énergiques du fils d'Apollon je n'aurais pas recouvré la vie. Mais lorsque la vertu des plantes et l'art de Péon m'eurent rendu au jour, en dépit de Pluton, la déesse du Cynthe craignant que ma vue n'augmentât l'indignation qu'excitait une pareille faveur,

CHOIX DES MÉTAMORPHOSES. — LIVRE XV.   659

turbanturque metu monstri,	et ils sont troublés par la crainte du [monstre,
et præcipitant currum	et ils précipitent le char
altis scopulis.	contre de hauts écueils.
Ego luctor ducere	Moi je lutte *pour* diriger
manu vana	d'une main vaine
frena oblita	les freins enduits
spumis albentibus,	d'écumes blanchissantes,
et resupinus tendo retro	et renversé je tends-en-arrière
habenas lentas.	les rênes flexibles.
Nec tamen rabies equorum	Ni cependant la rage des chevaux
superasset has vires,	n'aurait vaincu ces forces-ci(mes forces),
ni rota, quæ circumvertitur	si la roue, qui tourne-autour
axem perpetuum,	de l'essieu non-interrompu,
fracta fuisset ac disjecta	n'eût été brisée et dispersée
occursu stipitis.	par la rencontre d'un tronc-d'arbre.
Excutior curru;	Je suis jeté-hors du char; [membres,
lorisque tenentibus artus,	et les courroies (les rênes) retenant *mes*
videres	tu verrais
viscera viva trahi,	*mes* chairs vivantes être traînées,
nervos teneri in stirpe,	*mes* nerfs être retenus sur une broussaille,
membra rapi partim,	*mes* membres être traînés en-partie,
partim deprensa relinqui,	en-partie arrêtés être laissés,
ossa fracta	*mes* os brisés
dare sonum gravem,	donner un son violent,
animamque fessam exhalari,	et *mon* âme fatiguée s'exhaler,
nullasque partes in corpore	et nulles parties *n'être* dans *mon* corps
quas posses noscere;	que tu pusses reconnaître;
unumque vulnus	et une seule blessure
erat omnia.	était tout (tout mon corps).
Num potes aut audes	Est-ce-que-tu peux ou-tu oses
componere, o nymphe,	comparer, ô nymphe,
nostræ cladi tuam?	à notre malheur le tien?
Vidi quoque regna	J'ai vu aussi les royaumes
carentia luce,	manquant de la lumière, [thon,
et fovi unda Phlegethontis	et j'ai réchauffé dans l'onde du-Phlégé-
corpus lacerum;	*mon* corps déchiré;
nec vita reddita esset,	et la vie ne m'aurait pas été rendue
nisi medicaminibus	sinon par le remède puissant
prolis Apollineæ.	du rejeton d'-Apollon.
Quam postquam recepi,	Laquelle *vie* après-que j'eus recouvrée,
Dite indignante,	Pluton s'en indignant,
herbis fortibus	par des herbes énergiques,
atque ope Pæonia,	et par le secours de-Péon, [moi
tum Cynthia jecit mihi	alors la *déesse* du-Cynthe plaça-devant
nubes densas,	des nuages épais,
ne præsens augerem	de-peur-que présent je n'augmentasse
invidiam hujus muneris;	l'odieux de cette faveur;

Invidiam, densas objecit Cynthia [1] nubes :
Utque forem tutus, possemque impune videri,
Addidit ætatem, nec cognoscenda reliquit
Ora mihi ; Cretenque diu dubitavit habendam
Traderet, an Delon ; Delo Cretaque relictis,
Hic [2] posuit ; nomenque simul, quod possit equorum,
Admonuisse [3], jubet deponere : « Quique fuisti
Hippolytus, dixit, nunc idem Virbius [4] esto. »
Hoc nemus inde colo, de disque minoribus unus,
Numine sub dominæ lateo, atque accenseor illi. »

VIII. — ESCULAPE SOUS LA FORME D'UN SERPENT VIENT DÉLIVRER ROME DE LA PESTE.
(V. 626-702, 709-714, 719-754.)

Dira lues quondam Latias vitiaverat auras,
Pallidaque exsangui squalebant corpora morbo.
Funeribus fessi, postquam mortalia cernunt
Tentamenta nihil, nihil artes posse medentum,
Auxilium cœleste petunt, mediamque tenentes
Orbis humum, Delphos adeunt oracula Phœbi ;
Utque salutifera miseris succurrere rebus
Sorte velit, tantæque urbis mala finiat, orant.
Et locus, et laurus, et quas habet ipse, pharetræ
Intremuere simul ; cortinaque reddidit imo

me couvrit d'un épais nuage; et pour que je vécusse à l'abri de tout danger, pour que je pusse me montrer impunément, elle me vieillit, et rendit mes traits méconnaissables. Longtemps elle balança entre la Crète et Délos pour y fixer mon séjour. Enfin renonçant à Délos et à la Crète, elle me transporte ici. En même temps elle me fait quitter un nom qui aurait pu rappeler le souvenir de mes chevaux. « Tu fus Hippolyte, dit-elle, maintenant sois Virbius. » Depuis lors j'habite ce bois, et admis au rang des divinités inférieures, je vis caché sous la protection de ma déesse, et je fais partie de ses fidèles. »

VIII.

Jadis une affreuse contagion avait corrompu l'air du Latium. Pâlis par le fléau, les habitants ressemblaient à de hideux fantômes. Fatigués de tant de funérailles et voyant que les efforts des hommes que l'art des médecins restent impuissants, ils implorent le secours du ciel. Ils vont à Delphes située au centre du monde, consulter l'oracle de Phébus : ils le prient de vouloir bien les secourir dans leur détresse par une réponse salutaire, et de mettre un terme aux maux d'une si glorieuse cité. Aussitôt le sol, le laurier, et le carquois que porte le dieu lui-même, tout tremble à la fois, et du fond du sanctuaire

utque forem tutus,	et afin que je fusse en-sûreté,
possemque videri impune,	et *que* je pusse être vu impunément,
addidit ætatem,	elle a ajouté de l'âge,
nec mihi reliquit	et elle ne m'a pas laissé
ora cognoscenda;	des traits devant être reconnus;
dubitavitque diu	et elle a douté longtemps
traderet Creten habendam,	*si* elle *me* livrerait la Crète à habiter
an Delon;	ou Délos;
Delo Cretaque relictis	Délos et la Crète ayant été laissées
posuit hic;	elle *m'a* placé ici; [poser
jubetque simul deponere	et elle ordonne en-même-temps-*moi* dé-
nomen quod possit	un nom qui pourrait
admonuisse equorum,	avoir-fait-souvenir des chevaux,
dixitque :	et elle a dit :
Qui fuisti Hippolytus,	*Toi* qui as été Hippolyte,
nunc idem esto Virbius.	maintenant le même sois Virbius.
Colo inde hoc nemus,	J'habite de-là (depuis ce temps) ce bois,
unusque de dis minoribus,	et *étant* un des dieux inférieurs,
lateo sub numine dominæ,	je me-cache sous la puissance de ma
atque accenseor illi.	et je suis attaché à elle. [maîtresse,

VIII. — ESCULAPE SOUS LA FORME D'UN SERPENT VIENT DÉLIVRER ROME DE LA PESTE.

Quondam lues dira	Jadis une contagion affreuse
vitiaverat auras Latias,	avait corrompu les airs du-Latium,
corporaque pallida	et les corps pâles [sang.
squalebant morbo exsangui.	étaient-sales par une maladie qui-ôte-le
Fessi funeribus,	Fatigués de funérailles,
postquam cernunt	après-qu'ils voient
tentamenta mortalia	les tentatives humaines
posse nihil,	ne pouvoir rien, [*voir rien*,
artes medentum nihil,	les arts de *ceux* qui guérissent *ne pou-*
petunt auxilium cœleste,	ils demandent le secours céleste,
adeuntque Delphos,	et ils vont à Delphes,
tenentes mediam humum	qui occupe le milieu-du sol
orbis,	de l'univers,
oracula Phœbi;	*vers* les oracles de Phébus;
orantque ut velit	et ils *le* prient qu'il veuille
succurrere sorte salutifera	secourir par une réponse salutaire
rebus miseris,	*leurs* choses (leur situation) malheu-
finiatque mala	et qu'il finisse les maux [reuses,
urbis tantæ.	d'une ville si-grande.
Et locus et laurus,	Et le lieu et le laurier,
et pharetræ quas ipse habet,	et les carquois que lui-même porte
intremuere simul;	tremblèrent en-même-temps:
cortinaque reddidit	et le trépied rendit

Hanc adyto vocem, pavefactaque pectora movit :
« Quod petis hinc, propiore loco [1], Romane, petisses ;
Et pete nunc propiore loco [2] ; nec Apolline vobis,
Qui minuat luctus, opus est, sed Apolline nato.
Ite bonis avibus, prolemque arcessite nostram. »
Jussa dei prudens postquam accepere senatus,
Quam colat, explorant, juvenis Phœbeius urbem,
Quique petant ventis Epidauria littora [3] mittunt.
Quæ simul incurva missi tetigere carina,
Concilium Graiosque patres adiere, darentque
Oravere deum, qui præsens funera gentis
Finiat Ausoniæ : certas ita dicere sortes.
Dissidet et variat sententia ; parsque negandum
Non putat auxilium ; multi retinere, suamque
Non emittere opem, nec numina tradere, suadent.
Dum dubitant, seram pepulere crepuscula lucem,
Umbraque telluris [4] tenebras induxerat orbi :
Quum deus in somnis opifer consistere visus
Ante tuum, Romane, torum, sed qualis in æde
Esse solet, baculumque tenens agreste sinistra,

une voix qui glace les cœurs, rend cet oracle : « Tu viens chercher ici, Romain, ce que tu aurais dû chercher moins loin; et maintenant cherche-le près d'ici. Ce n'est pas Apollon qu'il vous faut pour alléger vos malheurs, mais le fils d'Apollon. Allez sous des auspices favorables, et appelez auprès de vous notre rejeton. » Lorsque le sage sénat a reçu la réponse du dieu, il recherche dans quelle ville habite le jeune fils de Phébus; puis il envoie des députés que le vent doit porter vers Épidaure. Le vaisseau recourbé touche le rivage; ils se présentent devant le conseil des vieillards grecs, et les prient de leur donner le dieu de qui la présence mettra un terme aux désastres de la nation ausonienne. Ainsi l'avait annoncé un oracle infaillible. Les avis sont divers et partagés : les uns pensent qu'il ne faut pas refuser le secours; les autres, et ils sont nombreux, ne veulent pas laisser partir celui qui est leur appui : ils conseillent de le retenir, et de ne pas livrer leur divinité tutélaire. Pendant qu'ils hésitent le crépuscule avait chassé la lumière tardive, et l'ombre de la terre avait couvert le globe de ténèbres, lorsque le dieu secourable te paraît en songe se dresser devant ton lit, ô Romain, tel qu'on le représente dans les temples; de la main gauche il tenait un bâton rustique,

imo adyto	du fond-du sanctuaire
hanc vocem,	cette parole,
movitque pectora pavefacta:	et remua les cœurs effrayés: [chercher]
Romane, petisses	Romain, tu aurais cherché (tu aurais dû
loco propiore,	d'un lieu plus proche,
quod petis hinc;	ce que tu cherches d'ici;
et pete nunc	et cherche *le* maintenant
loco propiore;	d'un lieu plus proche;
nec est opus vobis Apolline	ni il n'est besoin à vous d'Apollon
qui minuat luctus,	pour qu'il diminue *vos* deuils,
sed nato Apolline.	mais du fils d'Apollon. [vorables,
Ite avibus bonis,	Allez avec des oiseaux (des auspices) fa-
arcessiteque	et mandez
nostram prolem.	notre rejeton.
Postquam prudens senatus	Après-que le sage sénat
accepere jussa dei,	eut reçu les ordres du dieu,
explorant quam urbem	ils recherchent quelle ville
juvenis Phœbeius colat,	le jeune *fils*-de-Phébus habite,
mittuntque	et il envoie des *gens*
qui petant ventis	qui doivent-gagner par les vents
littora Epidauria.	les rivages d'-Épidaure.
Quæ simul missi	Lesquels *rivages* dès que les envoyés
tetigere carina incurva,	eurent touchés de *leur* carène recourbée,
adiere concilium	il allèrent-vers le conseil
patresque græcos,	et les sénateurs grecs, [dieu,
oravereque darent deum,	et ils *les* prièrent qu'ils donnassent le
qui præsens finiat	qui présent devra-finir
funera gentis Ausoniæ:	les funérailles de la nation ausonienne:
sortes certas dicere ita.	des oracles infaillibles dire ainsi.
Sententia dissidet et variat;	L'avis diffère et varie;
parsque putat	et une partie pense
auxilium non negandum,	le secours ne devoir être refusé,
multique suadent	et beaucoup conseillent
retinere suam opem,	de retenir leur appui,
et non emittere,	et de ne pas *le* laisser-partir,
nec tradere numina.	et de ne pas livrer les divinités (le dieu).
Dum dubitant,	Tandis-qu'ils hésitent,
crepuscula pepulere	les crépuscules ont chassé
lucem seram,	la lumière tardive,
umbraque telluris	et l'ombre de la terre
induxerat orbi tenebras,	avait répandu-sur le globe des **ténèbres**,
quum deus opifer	lorsque le dieu secourable
visus in somnis consistere	fut vu pendant les sommeils se tenir
ante tuum torum, Romane,	devant ton lit, ô Romain, [temple,
sed qualis solet esse in æde,	mais *tel* qu'il a-coutume d'être dans *son*
tenensque sinistra	et tenant de *sa main* gauche
baculum agreste,	un bâton rustique,

Cæsariem longæ dextra deducere barbæ,
Et placido tales emittere pectore voces :
« Pone metum ; veniam, simulacraque nostra relinquam.
Hunc modo serpentem, baculum qui nexibus ambit,
Perspice, et usque nota, visum ut cognoscere possis ;
Vertar in hunc ; sed major ero, tantusque videbor,
In quantum verti cœlestia corpora debent. »
Extemplo cum voce deus, cum voce deoque
Somnus abit, somnique fugam lux alma secuta est.

 Postera sidereos Aurora fugaverat ignes ;
Incerti quid agant proceres ad templa petiti
Conveniunt operosa dei ; quaque ipse morari
Sede velit, signis cœlestibus indicet, orant.
Vix bene desierant, quum cristis aureus altis
In serpente deus prænuntia sibila misit,
Adventuque suo signumque, arasque, foresque,
Marmoreumque solum, fastigiaque aurea movit ;
Pectoribusque tenus media sublimis in æde
Constitit, atque oculos circumtulit igne micantes.
Territa turba pavet. Cognovit numina castos
Evinctus vitta crines albente sacerdos ;

de la droite il caressait sa longue barbe ; puis d'un cœur plein de calme il prononce ces paroles : « Bannis tes craintes, je viendrai, et j'abandonnerai mes autels. Regarde seulement le serpent qui entoure ce bâton de ses nœuds : considère le avec attention pour que tu puisses le reconnaître. Je prendrai sa forme, mais je serai plus grand ; je paraîtrai avec les proportions que doivent avoir les Immortels lorsqu'ils se métamorphosent. » Aussitôt le dieu se tait, et il a disparu ; avec le dieu s'évanouit le sommeil, et le jour bienfaisant suit la fuite du sommeil.

 Une aurore nouvelle avait chassé les astres de la nuit. Ne sachant ce qu'ils doivent faire, les grands se réunissent dans le temple magnifique du dieu que demandent les Romains. Ils le prient de manifester par des signes célestes dans quel séjour il préfère demeurer. A peine avaient-ils fini de prier, que le dieu, sous la forme d'un serpent à la crête haute et brillante, annonce son arrivée par un sifflement. Il paraît ; sa statue, les autels, les portes, le pavé de marbre, les faîtes dorés sont ébranlés ; il s'arrête au milieu de l'édifice le corps dressé jusqu'à la poitrine, et promène autour de lui des regards étincelants. La foule tremble épouvantée ; le prêtre, dont les cheveux sacrés sont ceints de blanches bandelettes, l'a reconnu.

deducere dextra	tirer-de-haut-en-bas de *sa* droite
cæsariem longæ barbæ,	le poil de sa longue barbe,
et emittere pectore placido	et émettre d'un cœur calme
voces tales :	des paroles telles :
Pone metum, veniam,	Dépose *ta* crainte, je viendrai,
relinquamque	et je quitterai
nostra simulacra.	nos simulacres (notre forme ordinaire).
Perspice modo	Regarde seulement
hunc serpentem	ce serpent
qui ambit baculum nexibus,	qui entoure le bâton de *ses* nœuds,
et nota usque,	et remarque *le* continuellement
ut possis cognoscere visum.	afin-que tu puisses reconnaître *lui* vu.
Vertar in hunc;	Je serai changé en celui-ci;
sed ero major,	mais je serai plus grand,
videborque tantus	et je paraîtrai aussi-grand
in quantum corpora cœlestia	en *aussi* grande *proportion* que les corps célestes
debent verti. [voce,	doivent être changés.
Deus abit extemplo cum	Le dieu s'en va aussitôt avec la voix,
somnus cum voce deoque,	le sommeil avec la voix et le dieu,
luxque alma secuta est	et la lumière bienfaisante suivit
fugam somni.	la fuite du sommeil.
Aurora postera fugaverat	L'aurore suivante avait mis-en fuite
ignes sidereos;	les feux des-astres;
proceres incerti quid agant	les grands incertains *de ce* qu'ils-doivent-faire
conveniunt	se réunissent
ad templa operosa	vers les temples (le temple) faits-avec-peine
dei petiti;	du dieu demandé ;
orantque indicet	et ils *le* prient qu'il indique
signis cœlestibus,	par des signes célestes,
qua sede velit morari.	dans quelle demeure il veut habiter.
Vix desierant bene,	A peine avaient-ils fini complétement,
quum deus in serpente,	lorsque le dieu en serpent,
aureus cristis altis,	doré par des crêtes élevées,
misit sibila prænuntia,	envoya des sifflements précurseurs,
movitque suo adventu [que,	et ébranla par son arrivée,
signumque, arasque, fores-	et la statue, et les autels, et les portes,
solumque marmoreum,	et le sol de-marbre,
fastigiaque aurea;	et les faîtes dorés ;
sublimisque in media æde	et élevé dans le milieu-du temple
tenus pectoribus,	jusqu'aux poitrines (à la poitrine),
constitit, atque circumtulit	il s'arrêta et porta-tout-à-l'-entour
oculos micantes igne.	*ses* yeux étincelants de feu.
Turba territa pavet.	La foule effrayée a-peur.
Sacerdos evinctus	Le prêtre ceint
vittâ albente	d'une bandelette blanche
crines castos	quant à *ses* cheveux chastes
cognovit numina ;	reconnut les divinités (le dieu);

Et : « Deus est, deus est ! animis linguisque favete¹,
Quisquis ades, dixit; sis, o pulcherrime, visus
Utiliter, populosque juves tua sacra colentes. »
Quisquis adest, visum veneratur numen, et omnes
Verba sacerdotis referunt geminata, piumque
Æneadæ præstant et voce et mente favorem.
Annuit his, motisque deus rata pignora cristis,
Ter repetita dedit vibrata sibila lingua.
Tum gradibus nitidis elabitur, oraque retro
Flectit, et antiquas abiturus respicit aras,
Assuetasque domos habitataque templa salutat.
Inde per injectis adopertam floribus ingens
Serpit humum, flectitque sinus, mediamque per urbem
Tendit ad incurvo munitos aggere portus.
Restitit hic, agmenque suum, turbæque sequentis
Officium placido visus dimittere vultu,
Corpus in Ausonia posuit rate. Numinis illa
Sensit onus; pressaque dei gravitate carina,
Æneadæ gaudent; cæsoque in littore tauro,
Torta coronatæ solvunt retinacula navis.

« Voici le dieu, voici le dieu, dit-il ! soyez attentifs et faites silence, vous tous ici présents; et toi, divinité d'une beauté merveilleuse, que ta vue nous soit propice; protége des peuples qui honorent tes autels. » Tous les assistants adorent le dieu qu'ils voient; et tous les Romains, répétant les paroles du prêtre, manifestent par leur recueillement et leurs prières un religieux respect. Le dieu fait signe qu'il exauce leurs désirs; et agitant sa crête, trois fois il darde sa langue, et fait entendre un sifflement, gage assuré de sa bienveillance. Puis il glisse sur les brillants degrés, et tournant la tête il regarde ses antiques autels au moment de les quitter, et salue ses demeures accoutumées et le temple qu'il habitait. Il rampe ensuite sur le sol jonché de fleurs, et repliant ses immenses anneaux il traverse la ville, et se dirige vers le port que protége un môle arrondi. Là, il s'arrête, et il semble d'un air bienveillant congédier son cortége et la foule respectueuse qui le suit; puis il monte sur le navire ausonien qui gémit sous ce poids. Heureux de voir la nef pressée par le dieu, les Romains immolent un taureau sur le rivage, et détachent les cordes qui retiennent le vaisseau orné de guirlandes.

CHOIX DES MÉTAMORPHOSES. — LIVRE XV.

et dixit :	et il dit :
Est deus, est deus!	C'est le dieu, c'est le dieu! [langues,
favete animis linguisque,	soyez-favorables par vos esprits et par vos
quisquis ades;	qui-que-tu sois-qui es-présent;
visus sis utiliter,	que tu aies été vu utilement,
o pulcherrime,	ô *dieu* très-beau,
juvesque populos	et secours les peuples
colentes tua sacra.	qui honorent tes *cérémonies* sacrées.
Quisquis adest,	Qui-que-ce-soit-qui est-présent,
veneratur numen visum,	adore la divinité vue,
et omnes Æneadæ	et tous les descendants-d'Énée
referunt geminata	reproduisent doublées
verba sacerdotis,	les paroles du prêtre,
præstantque favorem pium	et témoignent une faveur pieuse
et voce et mente.	et par *leur* voix et par *leur* esprit.
Deus his annuit,	Le dieu leur fait un-signe-de-tête
cristisque motis,	et *ses* crêtes ayant été agitées,
dedit ter lingua vibrata	il donna trois-fois de *sa* langue dardée
sibila repetita,	des sifflements répétés,
pignora rata.	gages assurés.
Tum elabitur	Puis il sort-en-glissant
gradibus nitidis,	par les degrés brillants, [tête),
flectitque retro ora,	et il fléchit en-arrière *ses* bouches (*sa*
et abiturus respicit	et sur-le-point de partir il regarde
aras antiquas,	*ses* autels antiques,
salutatque domos assuetas	et il salue *ses* demeures accoutumées
templaque habitata.	et les temples qu'il-a habités.
Inde ingens serpit	De-là grand *serpent* il rampe
per humum adopertam	à-travers la terre couverte
floribus injectis,	de fleurs jetées-dessus,
flectitque sinus,	et il courbe *ses* replis,
tenditque per mediam urbem	et se dirige à-travers le milieu-de la ville
ad portus munitos	vers les ports fortifiés
aggere incurvo. [mittere	par un môle arrondi.
Restitit hic, visusque di-	Il s'arrêta là, et ayant paru congédier
vultu placido	d'un visage calme
suumque agmen,	et sa troupe,
et officium turbæ sequentis,	et l'hommage de la foule qui suivait,
posuit corpus	il plaça *son* corps
in rate Ausonia.	sur le navire ausonien.
Illa sensit onus numinis;	Celui-ci sentit le poids de la divinité;
Æneadæque gaudent	et les descendants d'-Énée se-réjouissent
carina pressa	de la carène pressée
gravitate dei;	par la pesanteur du dieu; [rivage,
tauroque cæso in littore,	et un taureau ayant été immolé sur le
solvunt retinacula torta	ils délient les liens tordus
navis coronatæ.	du navire qu'ils ont couronné.

Impulerat levis aura ratem : deus eminet alte,
Impositaque premens puppim cervice recurvam,
Cæruleas despectat aquas; modicisque per æquor
Ionium zephyris sextæ Pallantidos ortu,
Italiam tenuit, præterque Lacinia [1] templo
Nobilitata deæ, Scylaceaque [2] littora fertur,
Leucosiamque [3] petit, tepidique rosaria Pæsti [4].
Inde legit Capreas [5], promontoriumque Minervæ,
Et Surrentino [6] generosos palmite colles,
Herculeamque urbem [7], Stabiasque [8], et in otia natam
Parthenopen, et ab hac Cumææ templa Sibyllæ.
Hinc calidi fontes [9], lentisciferumque tenetur
Linternum [10], multamque trahens sub gurgite arenam
Vulturnus [11], niveisque frequens Sinuessa [12] columbis.
Huc ubi veliferam nautæ advertere carinam
(Asper enim jam pontus erat), deus explicat orbes,
Perque sinus crebros et magna volumina labens,
Templa parentis init, flavum tangentia littus.
Æquore placato, patrias Epidaurius aras

Un souffle léger avait mis le navire en mouvement. Le dieu se redresse, et appuyant sa tête sur la poupe arrondie, il contemple l'onde azurée. Poussé par les doux zéphirs à travers la mer Ionienne, le vaisseau atteint l'Italie à la sixième aurore; il dépasse Lacinium, célèbre par le temple de Junon, puis le rivage de Scylacée ; il se dirige vers Leucosie, et vers les champs de roses de la tiède Pestum. Il rase ensuite Caprée et le promontoire de Minerve, les coteaux de Sorrente, fertiles en vin généreux, la ville d'Hercule, Stabies, Parthénope faite pour l'oisiveté, et après elle le temple de la Sibylle de Cumes. De là on arrive aux sources chaudes, à Linterne où croît le lentisque, au Vulturne qui traîne dans ses eaux un sable épais, et à Sinuesse riche en blanches colombes. Les matelots tournent vers ce rivage leur navire garni de voiles, car la mer commençait à se soulever. Alors le dieu déroule ses anneaux, et, glissant par de nombreux replis et des cercles immenses, il entre dans le temple qui sur le rivage au sable doré s'élève en l'honneur de son père. Lorsque les flots sont apaisés, le dieu d'Épidaure quitte le sanctuaire paternel,

Aura levis	Un souffle léger
impulerat ratem :	avait poussé le navire :
deus eminet alte,	le dieu s'élève haut,
premensque	et pressant
cervice imposita	de *son* cou posé-dessus
puppim recurvam,	la poupe recourbée,
despectat aquas cæruleas,	il regarde-d'en-haut les ondes azurées,
zephyrisque modicis	et *poussé* par des zéphyrs modérés
per æquor Ionium	à-travers la mer Ionienne
tenuit Italiam,	il tint (atteignit) l'Italie
ortu sexto Pallantidos,	au lever de la sixième aurore,
ferturque præter	et il est porté le long
littora Lacinia	des rivages de-Lacinium
nobilitata templo deæ,	rendus-célèbres par le temple de la déesse,
Scylaceaque,	et *des rivages* de Scylacée,
petitque Leucosiam,	et il gagne Leucosie,
rosariaque tepidi Pæsti.	et les roseraies de la tiède Pestum,
Inde legit Capreas,	De là il rase Caprée,
promontoriumque Minervæ,	et le promontoire de Minerve,
et colles generosos	et les collines généreuses
palmite Surrentino,	par le sarment (la vigne) de-Sorrente,
urbemque Herculeam,	et la ville d'-Hercule,
Stabiasque,	et Stabies,
Parthenopenque	et Parthénope
natam in otia,	née pour les loisirs,
et ab hac templa	et après celle ci les temples
Sibyllæ Cumææ,	de la Sibylle de-Cumes.
Hinc fontes calidi,	De-là les sources chaudes,
Linternumque lentisciferum	et Linterne qui produit-le-lentisque
tenetur,	est atteint,
Vulturnusque trahens	et le Vulturne traînant
multam arenam sub gurgite,	beaucoup *de* sable sous *son* gouffre,
Sinuessaque frequens	et Sinuesse abondante
columbis niveis.	en colombes blanches-comme-la-neige.
Ubi nautæ	Lorsque les matelots
advertere huc	eurent tourné de-ce-côté
carinam veliferam	la carène qui porte-des-voiles
(jam enim pontus	(déjà en-effet la mer
erat asper),	était dure),
deus explicat orbes,	le dieu déroule *ses* anneaux,
labensque per sinus crebros	et glissant par des replis répétés
et magna volumina,	et de grands cercles, [*son* père
init templa parentis	il entre-dans les temples (le temple) de
tangentia littus flavum.	lesquels-touchent le rivage jaune.
Æquore placato,	La mer ayant été calmée,
Epidaurius linquit	le *dieu* d'-Épidaure quitte
as patr ias,	les autels paternels,

Linquit, et auspicio juncti sibi numinis usus,
Littoream tractu squamæ crepitantis arenam
Sulcat, et innixus moderamine navis, in alta
Puppe caput posuit, donec Castrumque [1], sacrasque
Lavini sedes [2], Tiberinaque ad ostia venit.
  Huc omnis populus passim, matrumque patrumque
Obvia turba ruit, quæque ignes Troica servat
Vesta [3] tuos ; lætoque deum clamore salutant.
Quaque per adversas navis cita ducitur undas,
Tura super ripas, aris ex ordine factis,
Parte ab utraque sonant, et odorant aera fumis ;
Ictaque conjectos incalfacit hostia cultros.
Jamque, caput rerum, Romanam intraverat urbem ;
Erigitur serpens, summoque acclinia malo
Colla movet, sedesque sibi circumspicit aptas.
Scinditur in geminas partes circumfluus amnis ;
Insula [4] nomen habet ; laterumque a parte duorum
Porrigit æquales media tellure lacertos.
Huc se de Latia pinu Phœbeius anguis
Contulit : et finem, specie cœleste resumpta,
Luctibus imposuit, venitque salutifer urbi.

Après avoir pris les auspices de la divinité qui le touche de si près, il sillonne le rivage de ses écailles retentissantes, et s'appuyant sur le gouvernail, il pose sa tête sur la poupe élevée. Enfin on arrive à Castrum, au séjour sacré de Lavinium, et aux bouches du Tibre.

  Là le peuple tout entier, les hommes, les femmes, les vierges qui gardent tes feux, ô troyenne Vesta, se précipitent à la rencontre du dieu, et le saluent par des cris d'allégresse. Partout où le navire rapide remonte les eaux du fleuve, l'encens pétille sur les deux rives ornées d'une longue suite d'autels, et remplit les airs d'une fumée odorante. La victime échauffe de son sang le couteau qui la frappe. Déjà le navire était entré dans la ville romaine, la capitale du monde. Le serpent se dresse ; il agite son cou appuyé au sommet du mât, et cherche de tous côtés une demeure qui lui convienne. Le fleuve séparé en deux parties forme une île qui porte son nom ; il étend deux bras d'inégale grandeur autour de cette terre qu'il enveloppe. C'est là qu'au sortir de la nef romaine se dirige le serpent, fils de Phébus ; il reprend sa figure divine, et met un terme au deuil de la ville sauvée par sa présence.

et usus auspicio	et ayant usé de l'auspice
numinis juncti sibi,	de la divinité unie à lui-même,
sulcat arenam littoream	il sillonne le sable du-rivage
tractu squamæ crepitantis,	de la traînée d'une écaille bruyante,
et innixus	et appuyé-sur
moderamine navis,	le gouvernail du navire,
posuit caput	il plaça *sa* tête
in puppe alta,	sur la poupe élevée,
donec venit Castrum,	jusqu'à ce qu'il fut arrivé à Castrum,
sedesque sacras Lavini,	et aux demeures sacrées de Lavinium,
adque ostia Tiberina.	et aux bouches du-Tibre.
Omnis populus passim	Tout le peuple çà-et-là,
turbaque matrum	et la foule des mères
patrumque	et des pères
ruit obvia huc,	se précipite au devant de-ce-côté ;
et quæ servat ignes tuos,	et *la foule* qui garde tes feux,
Vesta Troica ;	ô Vesta troyenne,
salutantque deum	et ils saluent le dieu
clamore læto.	d'un cri joyeux.
Quaque navis cita ducitur	Et là-où le navire rapide est conduit
per undas adversas,	à travers les ondes opposées (qu'il re-
tura sonant super ripas	les encens pétillent sur les rives [monte),
ab utraque parte,	de l'un et-l'autre côté,
aris factis ex ordine,	des autels ayant été faits à la file,
et odorant aera fumis ;	et ils embaument l'air de fumées ;
hostiaque icta incalfacit	et la victime frappée échauffe
cultros conjectos.	les couteaux enfoncés *dans sa gorge.*
Jamque intraverat	Et déjà il était entré
urbem Romanam,	dans la ville romaine,
caput rerum ;	tête des choses (capitale du monde) ;
serpens erigitur,	le serpent se dresse,
movetque colla	et il remue *ses* cous (son cou)
acclinia summo malo,	appuyés au sommet-du mât,
circumspicitque	et il cherche-en-regardant-à-l'entour
sedes aptas sibi.	des demeures convenables pour lui-
Amnis circumfluus	Le fleuve qui coule-autour [même.
scinditur in geminas partes;	est séparé en deux parties ;
insula habet nomen ;	une île a *son* nom ;
aque parte duorum laterum	et de la partie de *ses* deux côtés
porrigit lacertos æquales	il étend des bras égaux
tellure media.	la terre (l'île) *étant* au milieu.
Anguis Phœbeius	Le serpent fils-de-Phébus
se contulit huc	se dirigea là
de pinu Latia,	au-sortir-du pin (du navire) latin,
et specie cœleste resumpta,	et *sa* forme céleste ayant été reprise,
imposuit finem luctibus,	il mit fin aux deuils,
venitque salutifer urbi.	et vint secourable à la ville.

IX. — PRÉSAGES DE LA MORT DE CÉSAR.
(V. 782-802.)

Signa tamen luctus dant[1] haud incerta futuri.
Arma ferunt inter nigras crepitantia nubes,
Terribilesque tubas, auditaque cornua cœlo,
Præmonuisse nefas. Solis quoque tristis imago
Lurida sollicitis præbebat lumina terris.
Sæpe faces visæ mediis ardere sub astris;
Sæpe inter nimbos guttæ cecidere cruentæ,
Cærulus et vultum ferrugine Lucifer atra
Sparsus erat; sparsi lunares sanguine currus.
Tristia mille locis Stygius dedit omina bubo :
Mille locis lacrimavit ebur; cantusque feruntur
Auditi, sanctis et verba minantia lucis.
Victima nulla litat, magnosque instare tumultus
Fibra monet, cæsumque caput[2] reperitur in extis.
Inque foro, circumque domos et templa deorum,
Nocturnos ululasse canes, umbrasque silentum
Erravisse ferunt, motamque tremoribus urbem.
Non tamen insidias, venturaque vincere fata
Præmonitus potuere deum ; strictique feruntur

IX

Cependant les dieux font connaître, par des signes certains les malheurs dont le monde est menacé. On raconte que le cliquetis des armes dans de sombres nuages, et le son terrible des trompettes et des clairons retentissant dans le ciel annoncèrent l'attentat. Le soleil lui-même attristé ne donnait qu'une pâle lumière à la terre inquiète. Souvent on vit des globes de feu s'enflammer au dessous des astres; souvent des gouttes de sang tombèrent avec la pluie. Lucifer couvrit d'une sombre rouille son visage azuré; le char de la lune parut taché de sang. L'oiseau du Styx, le hibou donna en mille endroits de sinistres avertissements; en mille endroits on vit pleurer l'ivoire. Des chants et des paroles menaçantes furent entendus, dit-on, dans les bois sacrés. Aucune victime n'offre d'heureux présages; les entrailles annoncent que de grands troubles sont proches, et on trouve l'extrémité du foie atteinte par le couteau du sacrificateur. On ajoute que dans le Forum, autour des maisons et des temples des dieux, des chiens hurlèrent dans l'ombre de la nuit, que l'on vit errer de silencieux fantômes, et que la ville fut ébranlée par des tremblements de terre. Cependant les avertissements préalables des dieux ne purent triompher de la trahison ni du cours des destins.

IX. — PRÉSAGES DE LA MORT DE CÉSAR.

Dant tamen	Ils (les dieux) donnent cependant
signa haud incerta	des signes non incertains
luctus futuri.	d'un deuil futur.
Ferunt arma crepitantia	On rapporte des armes retentissant
inter nubes nigras,	entre des nuages noirs
tubasque terribiles,	et des trompettes effrayantes,
cornuaque audita cœlo	et des cors entendus dans le ciel
præmonuisse nefas.	avoir annoncé-d'avance le crime.
Imago tristis solis quoque	L'image triste du soleil aussi
præbebat lumina lurida	fournissait des lumières livides
terris sollicitis.	aux terres inquiètes.
Sæpe faces visæ	Souvent des torches *furent* vues
ardere sub mediis astris;	s'enflammer sous le milieu-des astres;
sæpe guttæ cruentæ	souvent des gouttes sanglantes
cecidere inter nimbos,	tombèrent parmi les pluies,
et Lucifer cærulus	et Lucifer azuré
sparsus erat vultum	était parsemé (couvert) *quant* au visage
ferrugine atra.	d'une rouille sombre.
Currus lunares	Les chars de-la-lune
sparsi sanguine.	*étaient* arrosés de sang.
Bubo Stygius	Le hibou du-Styx
dedit mille locis	donna en mille endroits
omina tristia;	des présages tristes;
ebur lacrimavit mille locis;	l'ivoire pleura en mille endroits; [tendus,
cantusque feruntur auditi,	et des chants sont rapportés *avoir été* en-
et verba minantia	et (ainsi que) des paroles menaçantes
sanctis lucis.	dans saints les bois-sacrés.
Nulla victima litat,	Aucune victime ne donne-d'heureux-
fibraque monet	et la fibre avertit [présages,
magnos tumultus instare,	de grands tumultes être-proches,
caputque reperitur cæsum	et une tête *de foie* est trouvée coupée
in extis.	dans les entrailles.
Feruntque canes nocturnos	Et l'on rapporte des chiens nocturnes
ululasse,	avoir hurlé,
umbrasque silentum	et des ombres de silencieux (de morts)
erravisse in foro,	avoir erré dans le forum,
circumque domos	et autour des maisons
et templa deorum,	et des temples des dieux,
urbemque motam	et la ville *avoir été* ébranlée
tremoribus.	par des tremblements.
Tamen	Cependant
præmonitus deum	les avertissements-préalables des dieux
non potuere vincere	ne purent vaincre [river;
insidias fataque ventura;	les embûches et les destins devant ar-

In templum ¹ gladii; nec enim locus ullus in urbe
Ad facinus diramque placet, nisi Curia, cædem.

X. — JUPITER CONSOLE VÉNUS EN LUI PRÉDISANT LA GLOIRE D'AUGUSTE. APOTHÉOSE DE CÉSAR.
(V. 871-879.)

Tum vero Cytherea manu percussit utraque
Pectus, et ætheria molitur condere nube,
Qua prius infesto Paris est ereptus Atridæ,
Et Diomedeos Æneas fugerat enses ².
Talibus hanc genitor : « Sola insuperabile fatum,
Nata, movere paras? Intres licet ipsa Sororum
Tecta trium; cernes illic molimine vasto
Ex ære, et solido rerum tabularia ferro;
Quæ neque concussum cœli, neque fulminis iram,
Nec metuunt ullas, tuta atque æterna, ruinas.
Invenies illic incisa adamante perenni
Fata tui generis. Legi ipse, animoque notavi,
Et referam, ne sis etiamnum ignara futuri.
Hic sua complevit, pro quo, Cytherea, laboras,
Tempora, perfectis, quos terræ debuit, annis.
Ut deus accedat cœlo, templisque colatur,

On apporte dans le sénat des poignards prêts à frapper; car dans toute la ville on ne trouve pas pour commettre ce forfait, ce meurtre affreux, d'endroit préférable à la Curie.

X

Alors la déesse de Cythère se frappe la poitrine de ses deux mains; elle veut cacher César dans le nuage éthéré qui jadis déroba Pâris à la fureur d'Atride, Énée au glaive de Diomède. Mais son père lui adresse ces paroles : « Veux-tu songer seule, ma fille, à changer l'immuable destin ? Entre toi-même, tu le peux, dans la demeure des trois Sœurs. Là tu verras les archives du monde, œuvre d'un immense travail, en airain et en fer solide; éternelles et inviolables, elles ne redoutent ni les secousses du ciel, ni le courroux de la foudre, ni aucun ébranlement. Là tu trouveras gravées sur un métal indestructible les destinées des tiens. Je les ai lues moi-même; je les ai fixées dans ma mémoire, et je vais te les apprendre pour que tu n'ignores plus l'avenir. Le héros pour lequel tu t'inquiètes, déesse de Cythère, a rempli les temps qui lui furent donnés; les jours qu'il devait à la terre sont achevés. Tu le feras recevoir dans le ciel parmi

gladiique stricti	et des épées tirées
feruntur in templum ;	sont apportées dans le temple ;
nec enim ullus locus	ni en-effet aucun lieu
in urbe	dans la ville
placet ad facinus	ne plaît pour le forfait
cædemque diram,	et pour *le* meurtre affreux,
nisi Curia.	sinon la Curie.

X. — JUPITER CONSOLE VÉNUS EN LUI PRÉDISANT LA GLOIRE D'AUGUSTE. APOTHÉOSE DE CÉSAR.

Tum vero Cytherea	Mais alors Cythérée
percussit pectus	*se* frappa la poitrine
utraque manu,	de l'une-et-l-'autre main,
et molitur condere	et elle projette de cacher *César*
nube ætheria,	dans la nuée éthérée,
qua Paris est ereptus prius	dans laquelle Pâris fut enlevé aupara-
Atridæ infesto,	à l'Atride *son* ennemi, [vant
et Æneas fugerat	et *dans laquelle* Énée avait fui
enses Diomedeos.	les épées de-Diomède.
Genitor hanc talibus :	*Son* père *parle* à celle-ci en *termes* tels :
Paras sola, nata,	Tu t'apprêtes seule, ô ma fille,
movere fatum insuperabile?	à changer le destin insurmontable ?
Licet ipsa intres	Il est permis que toi-même tu entres
tecta trium Sororum ;	dans les demeures des trois Sœurs ;
cernes illic tabularia rerum	tu verras là les archives des choses
ex ære et ferro solido	*faites* d'airain et de fer solide
molimine magno;	avec un grand effort ;
quæ, tuta atque æterna,	lesquelles, en-sûreté et éternelles,
metuunt	ne craignent
neque concussum cœli,	ni l'ébranlement du ciel,
neque iram fulminis,	ni la colère de la foudre,
nec ullas ruinas.	ni aucunes ruines.
Invenies illic	Tu trouveras là
fata tui generis	les destinées de ta race
incisa adamante perenni.	gravées sur un dur-métal éternel.
Ipse legi,	Moi-même je *les* ai lues,
notavique animo,	et je *les* ai notées dans *mon* esprit,
et referam,	et je *te les* rapporterai, [tenant
ne sis etiamnum	pour que tu ne sois pas encore-main
ignara futuri.	ignorante de l'avenir.
Hic, pro quo laboras,	Celui, pour qui tu t'inquiètes,
complevit, Cytherea,	a rempli, ô Cythérée,
sua tempora,	ses temps,
annis, quos debuit terræ,	les années, qu'il a dues à la terre,
perfectis.	ayant été achevées.
Tu facies ut deus	Toi tu feras que dieu

Tu facies, natusque suus [1], qui nominis heres
Impositum feret unus onus, cæsique parentis
Nos in bella suos fortissimus ultor habebit.
Illius auspiciis obsessæ mœnia pacem
Victa petent Mutinæ [2]; Pharsalia sentiet illum,
Emathiique iterum madefient cæde Philippi [3],
Et magnum Siculis nomen [4] superabitur undis;
Romanique ducis conjux Ægyptia [5], tædæ
Non bene fisa cadet, frustraque erit illa minata
Servitura suo Capitolia nostra Canopo [6].
Quid tibi barbariem, gentesque ab utroque jacentes
Oceano numerem? Quodcumque habitabile tellus
Sustinet, hujus erit; pontus quoque serviet illi.
Pace data terris, animum ad civilia vertet
Jura suum, legesque feret justissimus auctor,
Exemploque suo mores reget, inque futuri
Temporis ætatem venturorumque nepotum
Prospiciens, prolem sancta de conjuge natam [7]
Ferre simul nomenque suum curasque jubebit.
Nec, nisi quum senior similes æquaverit annos [8],
Ætherias sedes cognataque sidera tanget.

les dieux, et adorer dans des temples ainsi que son fils, qui, héritier du nom paternel, soutiendra seul le fardeau de l'empire, et courageux vengeur de son père immolé, nous aura pour alliés dans cette guerre. Sous ses auspices Mutine assiégée et vaincue demandera la paix; Pharsale sentira la force de son bras, et les plaines d'Émathie à Philippes seront une seconde fois abreuvées de sang. Un grand nom sera vaincu dans les eaux de la Sicile, et l'épouse égyptienne d'un général romain, pleine d'une confiance insensée dans son hymen, périra. C'est en vain qu'elle aura menacé d'asservir notre Capitole à sa misérable Canope. Te ferai-je le dénombrement des pays barbares, des nations situées sur les rivages des deux océans? Toutes les contrées habitables de la terre appartiendront à ce héros; la mer même lui sera soumise. Lorsqu'il aura assuré la paix du monde, il tournera ses soins vers le droit civil; il fera des lois pleines d'équité, réglera les mœurs par son exemple, et portant ses regards sur les siècles à venir et sur nos arrière-neveux, il ordonnera aux fils de sa chaste épouse de prendre son nom et de partager ses travaux. Il faudra que parvenu à la vieillesse il ait vécu d'aussi longues années que son père, pour qu'il atteigne les demeures éthérées, le ciel, sa patrie.

accedat cœlo,	il aille-vers le ciel,
colaturque templis,	et qu'il soit honoré par des temples,
suusque natus,	et (ainsi que) son fils,
qui, heres nominis,	qui, héritier de son nom,
feret unus onus impositum,	portera seul le fardeau placé-sur lui,
ultorque fortissimus	et vengeur très-courageux
parentis cæsi,	de son père massacré,
nos habebit suos in bella.	nous aura siens (alliés) pour les guerres.
Mœnia victa	Les remparts vaincus
Mutinæ obsessæ petent	de Mutine assiégée demanderont
pacem auspiciis illius ;	la paix sous les auspices de celui-ci ;
Pharsalia sentiet illum,	Pharsale sentira lui,
Philippique Emathii	et Philippes Émathienne (en Macédoine)
madefient iterum cæde,	sera humectée de-nouveau de sang,
et magnum nomen	et un grand nom
superabitur undis Siculis ;	sera vaincu dans les eaux siciliennes ;
conjuxque Ægyptia	et l'épouse égyptienne
ducis Romani cadet,	d'un général romain tombera,
non fisa bene tædæ,	ne s'étant pas fiée à-propos à la torche nuptiale,
illaque minata erit frustra,	et elle aura menacé en-vain,
nostra Capitolia	nos Capitoles (notre Capitole)
servitura suo Canopo.	devoir être assujétis à sa Canope.
Quid tibi numerem	Pourquoi t'énumérerais-je
barbariem,	le pays-barbare,
gentesque jacentes	et les nations situées
ab utroque oceano?	du-côté de l'un-et-l'autre océan ?
Quodcumque tellus	Tout-ce-que la terre
sustinet habitabile,	soutient d'habitable,
erit hujus ;	sera le domaine de celui-ci ;
pontus quoque serviet illi.	la mer aussi sera-esclave à lui.
Pace data terris,	La paix ayant été donnée aux terres,
vertet suum animum	il tournera son esprit
ad jura civilia,	vers les droits civils,
auctorque justissimus	et auteur très-juste
feret leges,	il portera des lois,
regetque mores suo exemplo,	et il réglera les mœurs par son exemple,
prospiciensque in ætatem	et regardant-au-loin dans l'âge
temporis futuri	du temps futur
nepotumque venturorum,	et des petits-neveux devant venir,
jubebit prolem natam	il ordonnera la progéniture née
de conjuge sancta	d'une épouse sainte (vertueuse)
ferre simul	porter en même-temps
suumque nomen curasque.	et son nom et ses soins.
Nec tanget sedes ætherias	Et il ne touchera pas les demeures éthérées
sideraque cognata,	et les astres alliés à lui,
nisi quum senior	sinon lorsque plus vieux
æquaverit annos similes.	il aura égalé des années pareilles.

Hanc animam interea cæso de corpore raptam
Fac jubar, ut semper Capitolia nostra Forumque
Divus ab excelsa prospectet Julius æde. »
 Vix ea fatus erat, media quum sede senatus
Constitit alma Venus nulli cernenda, suique
Cæsaris eripuit membris, nec in aera solvi
Passa recentem animam, cœlestibus intulit astris.
Dumque tulit, lucem capere, atque ignescere sensit,
Emisitque sinu : simul evolat altius illa,
Flammiferumque trahens spatioso limite crinem,
Stella micat, natique videns benefacta, fatetur
Esse suis majora, et vinci gaudet ab illo.
Hic sua præferri quanquam vetat acta paternis,
Libera fama tamen, nullisque obnoxia jussis,
Invitum præfert, unaque in parte repugnat.
Sic magni cedit titulis Agamemnonis Atreus :
Ægea sic Theseus, sic Pelea vincit Achilles.
Denique, ut exemplis ipsos æquantibus utar,
Sic et Saturnus minor est Jove. Jupiter arces
Temperat ætherias, et mundi regna triformis;

Toi cependant reçois l'âme de César enlevée à son corps immolé, et change-la en étoile, afin que le divin Jules veille sans cesse du haut de l'Olympe sur notre Capitole et sur le Forum. »
 A peine avait-il cessé de parler, que l'auguste Vénus s'arrête, invisible à tous les yeux, sur le palais du sénat. Elle arrache aux membres qui la retiennent l'âme de César, et avant que celle-ci nouvellement affranchie se dissipe dans les airs, elle la porte au milieu des astres du ciel. Dans sa course, la déesse s'aperçoit que cette âme prend de l'éclat et s'embrase; elle la laisse s'échapper de son sein ; l'âme s'élève d'un plus haut essor, et traînant après soi dans un vaste sillon une chevelure enflammée, elle brille changée en étoile. Elle voit les exploits de son fils ; elle reconnaît qu'ils sont plus grands que les siens, et est heureuse d'être vaincue par lui. Auguste a beau défendre que l'on mette ses actions au-dessus de celles de son père ; la renommée, qui est indépendante et ne reconnaît aucune loi, lui donne, malgré lui-même, le premier rang : c'est le seul point où elle lui résiste. Ainsi la gloire d'Atrée est effacée par celle du grand Agamemnon; ainsi Égée est éclipsé par Thésée, Pélée par Achille. Enfin pour me servir d'exemples dignes de mon sujet, Saturne est moins grand que Jupiter. Jupiter gouverne les demeures éthérées, et le triple royaume du monde;

Interea fac jubar	Cependant fais (change en) astre
hanc animam raptam	cette âme ravie
de corpore cæso,	d'un corps massacré,
ut divus Julius	afin-que le divin Jules
prospectet semper	regarde sans-cesse
ab æde excelsa	de la demeure élevée [rum.
nostra Capitolia Forumque.	nos Capitoles (notre Capitole) et le Fo-
Vix fatus erat ea,	A peine avait-il dit ces *paroles*,
quum alma Venus constitit,	que la nourricière Vénus se-plaça,
cernenda nulli,	n'étant visible à aucun,
media sede senatus,	au milieu-de la demeure du sénat,
eripuitque membris	et *qu'*elle arracha aux membres
sui Cæsaris	de son *cher* César
animam recentem,	*son* âme *encore* fraîche,
nec passa	et n'ayant pas souffert
solvi in aera,	*cette âme* se résoudre en vapeur,
intulit astris cœlestibus.	elle *la* porta au milieu des astres céles-
Dumque tulit,	Et tandis-qu'elle *la* porta, [tes.
sensit capere lucem,	elle s'aperçut *elle* prendre de l'éclat,
atque ignescere,	et s'enflammer,
emisitque sinu :	et elle *la* laissa-partir de *son* sein :
simul illa evolat altius,	en-même-temps cette *âme* s'envole plus
trahensque	et traînant [haut,
limite spatioso	par un sillon vaste,
crinem flammiferum	*sa* chevelure enflammée
micat stella,	elle brille *étant* étoile,
vidensque benefacta nati,	et voyant les belles-actions de *son* fils,
fatetur esse	elle avoue *celles-ci* être
majora suis,	plus grandes que les siennes,
et gaudet vinci ab illo.	et elle se réjouit d'être vaincue par lui.
Quanquam hic vetat	Quoique celui-ci défende [ternelles,
sua acta præferri paternis,	ses actions être préférées aux *actions* pa-
tamen fama libera,	cependant la renommée libre,
obnoxiaque nullis jussis,	et n'étant soumise à nuls ordres,
præfert invitum,	*le* préfère malgré-lui,
repugnatque in parte una.	et *lui* résiste en ce côté seul.
Sic Atreus cedit titulis	Ainsi Atrée cède aux titres *de gloire*
magni Agamemnonis,	du grand Agamemnon,
sic Theseus vincit Ægea,	ainsi Thésée vainc Égée,
sic Achilles Pelea.	ainsi Achille *vainc* Pelée.
Denique ut utar exemplis	Enfin pour que je me serve d'exemples
æquantibus ipsos,	égalant *ces héros* mêmes,
sic et Saturnus	ainsi pareillement Saturne
est minor Jove.	est moindre que Jupiter.
Jupiter temperat arces	Jupiter gouverne les hautes-demeures
ætherias	éthérées [forme;
et regna mundi triformis ;	et les royaumes du monde à-triple-

Terra sub Augusto est : pater est et rector uterque.
Di, precor, Æneæ comites, quibus ensis et ignis
Cesserunt ; dique Indigetes, genitorque, Quirine,
Urbis, et invicti genitor, Gradive, Quirini,
Vestaque Cæsareos inter sacrata Penates,
Et cum Cæsarea tu, Phœbe domestice [1] Vesta,
Quique tenes altus Tarpeias, Jupiter, arces,
Quosque alios vati fas appellare piumque est,
Tarda sit illa dies, et nostro serior ævo,
Qua caput Augustum, quem temperat, orbe relicto,
Accedat cœlo, faveatque precantibus absens.

ÉPILOGUE. ADIEUX DU POËTE.
(V. 871-879.)

Jamque opus exegi [2], quod nec Jovis ira, nec ignes,
Nec poterit ferrum, nec edax abolere vetustas.
Quum volet illa dies, quæ nil nisi corporis hujus
Jus habet, incerti spatium mihi finiat ævi :
Parte tamen meliore mei super alta perennis
Astra ferar, nomenque erit indelebile nostrum ;
Quaque patet domitis Romana potentia terris,

la terre appartient à Auguste. Tous deux sont à la fois pères et rois. Dieux, compagnons d'Énée, vous à qui le fer et la flamme ont livré passage, dieux indigètes, Quirinus, père de la ville, et toi Mars, père de Romulus, Vesta adorée au milieu des pénates des Césars, toi aussi Phébus qui habites avec Vesta le palais des Césars, Jupiter, toi qui occupes la roche élevée du mont Tarpéien, vous tous autres dieux qu'il est permis au poëte, qu'il est juste d'invoquer, retardez, je vous en conjure, reculez après notre mort, le jour où, abandonnant l'univers qu'il gouverne, Auguste sera admis dans le ciel, et exaucera de loin les vœux des humains.

XI

Enfin j'ai terminé un ouvrage que ni le courroux de Jupiter, ni le feu, ni le fer, ni le temps qui ronge tout, ne sauraient détruire. Que le jour fatal, auquel mon corps seul est soumis, finisse, quand il lui plaira, le cours incertain de ma vie. La plus noble partie de moi-même, s'élancera immortelle au-dessus des astres élevés, et mon nom sera impérissable. Partout où la puissance romaine s'étend sur le monde dompté,

terra sub Augusto :	la terre *est* sous Auguste :
uterque est pater et rector.	l'un-et-l'autre est père et gouverneur.
Di, comites Æneæ,	Dieux, compagnons d'Énée,
quibus ensis et ignis cesserunt,	pour lesquels l'épée et le feu se sont retirés,
precor;	je *vous* prie;
dique Indigetes,	et *vous* dieux Indigètes,
Quirineque, genitor urbis,	et *toi*, Quirinus, père de la ville,
et Gradive, genitor Quirini invicti,	et *toi*, Mars, père de Quirinus invincible,
Vestaque sacrata inter Penates Cæsareos,	et *toi*, Vesta consacrée au milieu-des pénates Césariens,
et, tu, Phœbe domestice,	et toi, Phébus qui-es-de-la-maison,
cum Vesta Cæsarea,	avec Vesta Césarienne,
Jupiterque, qui altus tenes arces Tarpeias,	et Jupiter, *toi* qui haut occupes les citadelles Tarpéiennes,
aliosque quos est fas piumque, appellare,	et *vous* autres *dieux* qu'il est permis et pieux d'invoquer,
illa dies sit tarda,	que ce jour soit lent *à venir*,
et serior nostro ævo,	et plus tardif que notre âge,
qua caput Augustum,	dans lequel *jour cette* tête d'-Auguste,
orbe, quem temperat, relicto,	le monde, qu'elle gouverne, ayant été laissé,
accedat cœlo,	ira-vers le ciel,
absensque faveat precantibus.	et absente favorisera *ceux* qui prieront.

ÉPILOGUE. ADIEUX DU POËTE.

Jamque exegi opus	Et déjà j'ai achevé un ouvrage
quod nec ira Jovis,	que ni le courroux de Jupiter,
nec ignes, nec ferrum,	ni les feux, ni le fer,
nec vetustas edax poterit abolere.	ni la vétusté qui-ronge ne pourra détruire.
Illa dies, quæ habet nil nisi jus hujus corporis,	Que ce jour qui n'a rien sinon droit de (sur) ce corps,
finiat mihi, quum volet,	finisse pour moi, lorsqu'il voudra,
spatium ævi incerti :	l'espace d'une vie incertaine :
tamen perennis parte meliore mei	cependant éternel par la meilleure partie de moi
ferar super astra alta,	je serai porté au-dessus des astres élevés,
nostrumque nomen erit indelebile;	et notre nom sera ineffaçable;
quaque potentia Romana patet terris domitis,	et là-où la puissance romaine s'étend *sur* les terres domptées,

Ore legar populi ; perque omnia sæcula, fama,
Si quid habent veri vatum præsagia, vivam.

les peuples me liront ; et la renommée, si les pressentiments des
poëtes ne sont pas trompeurs, me fera vivre dans toute la durée des
siècles.

legar ore populi ;
vivamque fama
per omnia sæcula,
si præsagia vatum
habent quid veri.

je serai lu par la bouche du peuple ;
et je vivrai par la renommée
à-travers tous les siècles,
si les pressentiments des poëtes
ont quelque chose de vrai.

NOTES

DU QUINZIÈME LIVRE DU CHOIX DES MÉTAMORPHOSES D'OVIDE.

I

Page 628 : 1. *Fuit hic*, à Crotone, ville de la Grande Grèce.

— 2. *Samius*. Pythagore avait quitté Samos pour s'instruire en voyageant. Mais à son retour, trouvant sa patrie asservie par le tyran Polycrate, il s'exila volontairement.

— 3. *Silentum*. Pythagore imposait à ses disciples un silence absolu pendant un noviciat de cinq ans.

Page 632 : 1. *Ritus Cyclopum*. Les Cyclopes se nourrissaient, disait-on, de chair humaine.

— 2. *Hostia sus*, aux fêtes d'Éleusis en l'honneur de Cérès.

Page 636 : 1. *Cultros prævisos*. La victime pouvait voir le couteau dans les bassins placés près d'elle, et qui contenaient l'eau destinée aux sacrifices.

— 2. *Delphos meos*, mon oracle de Delphes, des vérités aussi certaines que celles qui sont révélées par l'oracle de Delphes.

— 3. *Humeris Atlantis*. Le mont Atlas portait le ciel sur ses épaules. Le poëte, par cette métaphore, indique qu'il va s'élever au-dessus des choses de la terre.

II

Page 638 : 1. *Panthoides Euphorbus*, Euphorbe fils de Panthoüs. Ce dernier était un guerrier troyen, tué par Ménélas, lequel suspendit le bouclier d'Euphorbe dans le temple de Junon à Argos.

Page 640 : 1. *Pallantias*, l'Aurore, fille du Titan Pallas.

III

Page 644 : 1. *Milon senior*, Milon de Crotone, athlète célèbre par sa vigueur extraordinaire.

— 2. *Bis rapta*, Hélène avait été enlevée une première fois par Thésée, puis une seconde par Pâris.

IV

Page 648 : 1. *Fortuna locorum*. Il ne s'agit point ici des événements dont les différentes contrées ont été le théâtre, mais des révolutions physiques qui les ont transformées.

V

Page 648 : 2. *Hyperborea Pallene*, Pallène, ville de Thrace. Cette contrée était située au nord de la Grèce.

— 3. *Tritoniacam paludem*, le marais de Triton en Thrace.

Page 650 : 1. *Nascuntur apes*. Cf. Virgile, Géorgiques. IV, v. 284 et suiv.

Page 652 : 1. *Lambendo*. Cf. Pline. VIII, 54 : « Hi (catuli) sunt candida, informisque caro, paulo muribus major, sine oculis, sine pilo ; ungues tantum prominent; hanc lambendo paulatim figurant. »

— 2. *Mutari... medullas*. Pline dit encore : « Anguem ex medulla hominis spinæ nasci accepimus a multis. » X, 86.

— 3. *Phœnica*, le phénix est l'oiseau fabuleux.

VI

Page 654 : 1. *Thyesteis mensis.* Thyeste, fils de Pélops, et frère d'Atrée, ayant séduit Érope sa belle-sœur, Atrée, pour se venger de cet outrage, lui fit servir dans un festin le fils né de cet inceste.

Page 656 : 1. *Formidatis... pennis.* On appelait en latin *formido*, épouvantail, une corde entremêlée de plumes de différentes couleurs et destinée à effrayer les animaux à la chasse.

VII

Page 656 : 2. *Pittheam.... Trœzena.* Pitthée, aïeul maternel de Thésée, avait régné à Trézène, en Argolide.

Page 658 : 1. *Nympha tuam.* Hippolyte fait ce récit à la nymphe Égérie, laquelle était inconsolable de la perte de Numa.

— 2. *Apollineæ prolis,* Esculape, qui fut foudroyé, dit-on, pour avoir rendu la vie à Hippolyte.

— 3. *Ope Pæonia.* Péon était le médecin des dieux.

Page 660 : 1. *Cynthia,* la déesse du Cynthe, Diane, adorée particulièrement dans l'île de Délos où s'élève cette montagne.

— 2. *Hic posuit,* dans le bois d'Égérie, près d'Aricie.

— 3. *Equorum admonuisse.* En grec Ἱππόλυτος, signifie déchiré par les chevaux.

— 4. *Virbius.* Les anciens grammairiens expliquaient *Virbius* par *vir bis,* qui a été deux fois homme.

VIII

Page 662 : 1. *Propiore loco,* plus près de vous, c'est-à-dire à Rome même, dans le Capitole où étaient gardés les livres sibyllins.

— 2. *Nunc propiore loco,* à Épidaure, ville plus voisine de Delphes que Rome. Il semble que dans ces deux vers Ovide ait voulu imiter l'obscurité ordinaire des oracles.

— 3. *Epidauria littora.* Il y avait en Grèce trois vill‍   nom d'Épidaure; il s'agit ici d'Épidaure en A‍

— 4. *Umbra telluris.* La terre sous laquelle le soleil avait passé, en interceptait les rayons.

DU QUINZIÈME LIVRE. 687

Page 666 : 1. *Animis... favete.* Formule consacrée dans les cérémonies religieuses pour recommander le recueillement et le silence.

Page 668 : 1. *Lacinia.... littora.* Le cap Lacinium, à l'extrémité orientale du Bruttium, était célèbre par un temple de Junon.

— 2. *Scylacea*, de Scyllacée, ville maritime du Bruttium.

— 3. *Leucosiam*, Leucosie, île de la mer tyrrhénienne

— 4. *Pœsti*, Pestum, ville de Lucanie, célèbre par ses roses.

— 5. *Capreas.* Caprée (aujourd'hui *Capri*), île située à la pointe extrême de la Campanie, et qui forme le promontoire de Minerve.

— 6. *Surrentino palmite.* Sorrente, ville de Campanie, était renommée pour ses vignobles.

— 7. *Herculeam urbem*, Herculanum en Campanie.

— 8. *Stabias*, Stabies également en Campanie.

— 9. *Calidi fontes*, les eaux thermales de Baies.

— 10. *Linternum*, Linterne ou Literne, ville de Campanie où le premier Africain mourut dans un exil volontaire.

— 11. *Vulturnus*, le Vulturne, fleuve de la Campanie.

— 12. *Sinuessa*, ville de la Campanie.

Page 670 : 1. *Castrum*, ville du pays des Rutules. Le nom complet de cette ville est *Castrum Inui*.

— 2. *Sacrasque.... sedes.* Le poëte appelle sacrée la ville de Lavinium parce qu'Énée y avait déposé ses pénates.

— 3. *Troica Vesta.* C'était Énée qui avait apporté de Troie, le culte de

— ..ire.
..insula. C'est à. ..cette île que les maîtres durs et avares, comme Caton l'ancien, abandonnaient leurs esclaves vieux ou malades. Ils laissaient au dieu Esculape le soin de les guérir.

IX

Pa.. .. 1. *Dant.* Ce verbe a pour sujet les dieux..

— 2. .... capu. ..us-entendu *extorum*, la tête du foie. C'était un présage funeste quand le sacrificateur avait atteint de son couteau l'extrémité du foie de la victime.

Page 674 : 1. *Templum*, le lieu où se tenaient les séances du sénat. *Templum*, se dit de tout lieu consacré par les augures.

X

Page 674 : 2. *Paris... enses.* Pendant la guerre de Troie, Pâris, près de succomber sous les coups de Ménélas, fut sauvé par Vénus qui l'enveloppa d'un nuage. Cette déesse employa encore ce moyen pour sauver son fils Énée, engagé dans une lutte inégale contre Diomède.

Page 676 : 1. *Natusque suus.* Il s'agit d'Auguste.

— 2. *Mutinæ*, Mutine, aujourd'hui Modène. Octave battit Antoine sous les murs de cette ville

— 3. *Pharsalia... Philippi.* Pharsale était située en Thessalie, et Philippes en Macédoine.

— 4. *Magnum nomen.* Ce grand nom se personnifie dans Sextus Pompée qui défendit longtemps la Sicile contre les armes d'Octave.

— 5. *Conjux Ægyptia.* Cléopatre, qu'Antoine avait épousée après avoir répudié Octavie, sœur d'Auguste.

— 6. *Suo Canopo*, Canope, ville située à l'embouchure d'un bras du Nil. Elle est prise ici pour l'Égypte elle-même.

— 7. *Prolem.... natam*, Tibère et Drusus, fils de Livie, adoptés par Auguste.

— 8. *Senior.... annos.* Beaucoup de commentateurs lisent *similes Pylios*, les années du vieillard de Pylos, Nestor, dont la longévité est restée célèbre.

Page 680 : 1. *Phœbe domestice.* Auguste avait consacré près de sa demeure sur le mont Palatin, un temple à Vesta et un autre à Apollon.

Épilogue.

Page 680 : 2. *Jamque opus exegi.* Cf. Horace, Odes, III, xxx.

Imprimerie générale. — Lahure, rue de Fleurus, 9, à Paris.

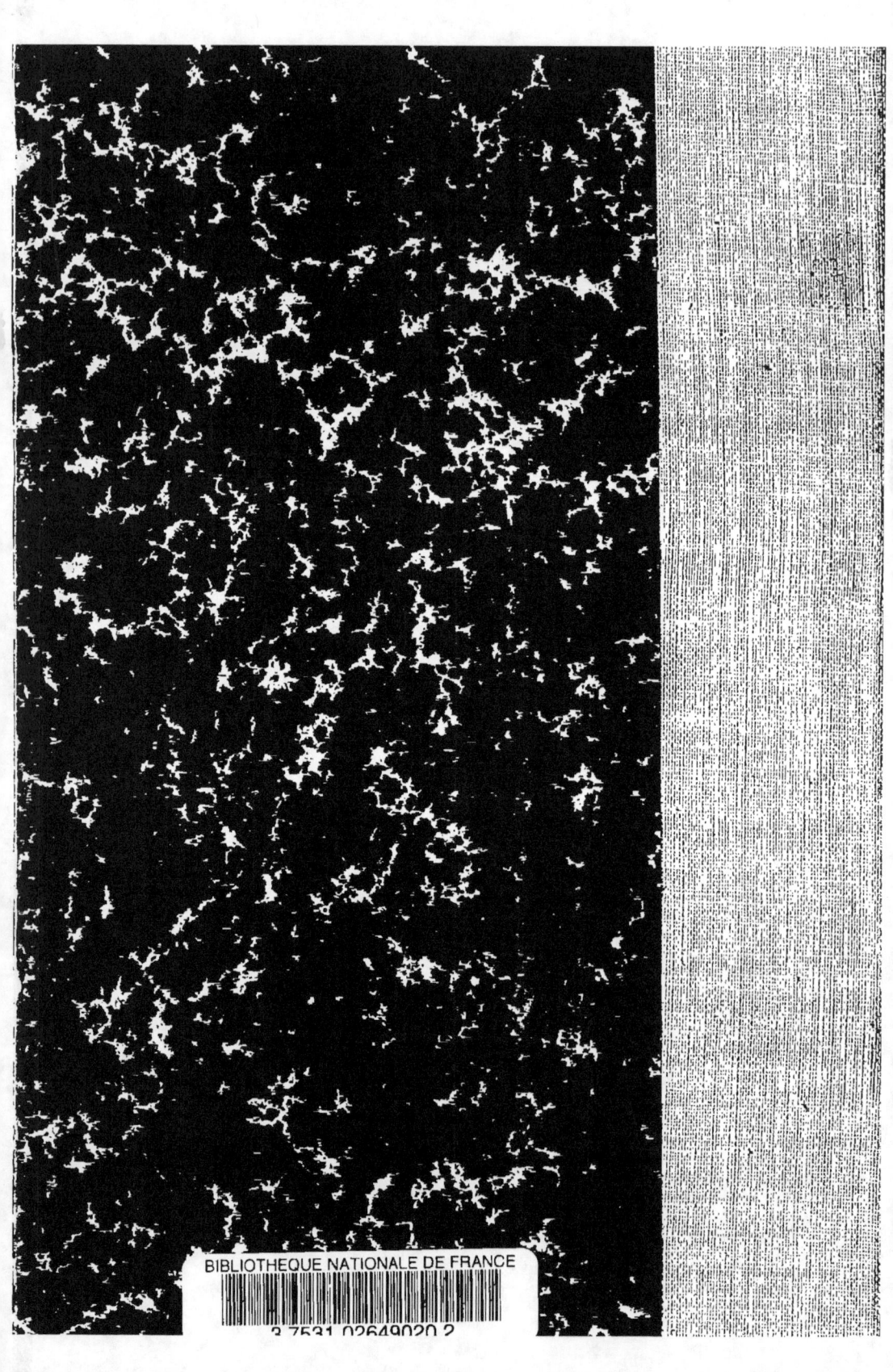